ENSEMBLE

DE SOLO A SINFONIA

Reino editorial

ENSEMBLE

DE SOLO A SINFONIA

ORGANIZADORAS

Maria Paula Fidalgo
Natasha de Caiado Castro
Roberta Matarazzo Suplicy
Adriana Alcântara
Flavia Vigio
Chris Ayrosa
Silvana Abramovay
Patricia Calazans-Ashton
Alexandra Akira
Aimée Peyronnet

Reino editorial

SÃO PAULO - BRASIL
2025

Ensemble: de solo a sinfonia

Edição: Cássio Barbosa
Coordenação: Arismar Garcia
Arte da Capa: Nathalie Cartolano
Ilustração: Luciano Tasso
Diagramação: TSLG Serviços Editoriais
Revisão: Gabriel Tavares
Formatação: Rennan Andrade

Dados Internacionais de Catalogação na Publicação (CIP)
Câmara Brasileira do Livro, SP, Brasil

Ensemble : de solo a sinfonia / [Maria Paula Fidalgo, Natasha de Caiado Castro, Roberta Matarazzo Suplicy, Adriana Alcântara, Flavia Vigio, Chris Ayrosa, Silvana Abramovay, Patricia Calazans-Ashton, Alexandra Akira, Aimée Peyronnet] — São Paulo : Reino Editorial, 2025.
Vários colaboradores
592 p. : il. ; 23 cm- 1ª Edição, 3ª Impressão
ISBN 978-65-88641-87-3

1. Humanismo 2. Mulheres – Aspectos sociais 3. Feminsmo 4. Biografias 5. Textos – Coletâneas. I. Fidalgo, Maria Paula, *et al.*

25–253511 CDD — 869.98

Índices para catálogo sistemático:
1. Textos : Coletâneas : Literatura brasileira — 869.98
Eliane de Freitas Leite – Bibliotecária – CRB 8/8415

Os textos deste livro são de responsabilidade das respectivas autoras e não representam necessariamente a opinião da editora ou das organizadoras.

Produzido e comercializado por Reino Editorial Ltda.
www.reinoeditorial.com.br
comercial@reinoeditorial.com.br
Av. Paulista, 1471, Cj 1110 / Cp 218 – CEP 01311-927
São Paulo – SP – Brasil
Telefone: +55 (11) 5575-8870

Impresso no Brasil / Printed in Brazil

"Todo movimento nasce do passo de alguém — quando uma mulher ousa, outras se unem e transformam."

~ Malala Yousafzai ~

Cannes Lions Festival 2022, durante a entrega do prêmio LionHeart por seu trabalho em prol da educação de meninas, em citação que inspirou a criaçao dos movimentos "Uma Sobe e Puxa a Outra" & "Rise and Raise Others"

PRIMEIROS ACORDES

Da voz solo à grande sinfonia

Este livro é uma ode à união. Ele revela a força transformadora que emerge quando histórias individuais se entrelaçam em harmonia.

A jornada de uma voz solo, marcada por desafios e conquistas pessoais, torna-se ainda mais potente ao fundir-se a outras vozes, criando uma sinfonia de propósito com impacto global.

É nisso que reside o poder sublime da união: em como ela transforma vidas, potencializa sonhos e materializa realidades antes consideradas inatingíveis. E, nesse grande espetáculo, o apoio não vem apenas de outras mulheres. Homens que escolhem ser aliados genuínos têm um papel crucial nesse movimento. Eles não apenas apoiam, mas ajudam a construir novas trilhas, oferecendo oportunidades que transformam vidas. Quando homens e mulheres atuam juntos, com respeito e propósito, abrem espaço para que talentos floresçam, vozes sejam ouvidas e barreiras sejam superadas.

Cada relato desta obra é como uma nota musical, uma melodia única que se entrelaça com outras, criando uma verdadeira obra de arte. Juntas, essas vozes soam como uma orquestra no centro do palco: cada uma, como um instrumento singular, acrescenta uma nuance insubstituível à melodia. Umas trazem o ritmo, outras a leveza, o drama, a alegria, o brilho. Só o ato de romper o silêncio e compartilhar nossas histórias já é uma conquista grandiosa para cada uma de nós. Mas o encantamento se dá mesmo quando as histórias se complementam, compondo algo extraordinário — uma harmonia coletiva de coragem e criatividade.

Essa sinfonia, composta por vozes e gestos de apoio mútuo vindos dos quatro cantos do mundo, é mais do que uma melodia inspiradora. É um movimento global. Um novo ato na grande peça de teatro planetária em que vivemos — e que, finalmente, abre suas cortinas para colocar as mulheres no centro, lado a lado com os homens. Um lugar de protagonismo que lhes foi negado por milhares de anos, mas que agora se consolida iluminando o palco com igualdade, colaboração e a promessa de um futuro mais justo e harmonioso para todos, onde o ser possa valer mais que o ter.

Ensemble é este coral afinadíssimo, com nossas próprias vozes compondo a sinfonia da vida.

PALMAS! BRAVO!

Este livro é dedicado a todas as mulheres extraordinárias que abriram caminhos para nós, especialmente às nossas mães, cuja força, sabedoria e coragem nos moldaram nas mulheres que somos hoje.

Também é dedicado àquelas que nos encorajaram a desafiar limites, superar barreiras e embarcar na jornada transformadora de escrever e compartilhar estas histórias que nos definem.

Expressamos nossa mais profunda gratidão aos homens visionários que se uniram a nós nesta jornada, elevando e inspirando este MANIFESTO que traduz a essência da alma feminina.

Uma homenagem especial é reservada a grandes "maestros" que nos deixaram enquanto esta sinfonia estava sendo composta. A professora Estella Baggio, professora e *storyteller* de literatura, por muitas gerações trouxe à vida personagens femininas, incentivando a imaginação, projeções e ensinando empatia, corrigindo assim valores morais. O Dr. Arno Penzias, que recebeu o Prêmio Nobel de Física aos 44 anos por desbravar o universo do Big Bang. Um grande feminista e o primeiro autor a entrar neste livro, deixando valiosas lições de vida. O Sir Edward Leaman, professor de Stanford, que incentivou e mentorou a criação deste livro com direcionamentos, palpites e muito amor. Um gigante na construção de marcas, quase do tamanho do seu coração. A generosidade ímpar e o espírito de empatia que os três inspiraram em vida estão eternizados em várias dimensões desta obra.

Por fim, a todas as autoras, nossas famílias e amigos, que nos deram as mãos durante o intenso processo de colocar no papel vertentes das nossas jornadas, nosso mais profundo agradecimento.

AS COMPOSITORAS

Este livro foi escrito por pessoas que embarcaram em jornadas repletas de valiosas lições pessoais e profissionais.

Executivas, empreendedoras, artistas, pesquisadoras, educadoras, atletas, cientistas, ativistas, diplomatas, mães, filhas e líderes de diferentes culturas e que falam diversos idiomas abrem seu coração, contribuindo para um maior aprendizado e empoderamento.

Estas páginas não têm o objetivo de unificar um único estilo literário ou apresentar uma escrita perfeitamente elaborada; em vez disso, focam na força que emerge desse esforço coletivo, transmutando-se em uma obra de arte.

Como diz o ditado: "O todo é incomparavelmente maior do que a soma de suas partes."

OS QUATRO MOVIMENTOS

Toda grande sinfonia é composta por quatro movimentos distintos, momentos que se entrelaçam para criar uma obra única e inesquecível. Assim também é este livro. Uma composição vibrante de histórias, talentos e experiências.

Veja como ele esta estruturado:

AS MAESTRINAS

No Primeiro Movimento, conhecemos as Maestrinas, as mulheres audaciosas que deram vida a esta obra. São elas que afinaram cada detalhe, organizaram cada nota e transformaram uma ideia em realidade.

As Maestrinas .... páginas 14 a 55

AS SOLISTAS

No Segundo Movimento, entram as Solistas. Mulheres extraordinárias, de todas as partes do mundo, que aceitaram o convite para dividir suas jornadas. Cada uma carrega um timbre único, uma experiência singular. No início deste movimento, você encontrará seus nomes e breves descrições de sua atuação. Em seguida, seus relatos, que são notas poderosas de inspiração e transformação.

As Solistas .... páginas 56 a 559

OS DIÁLOGOS MUSICAIS

O Terceiro Movimento traz os Diálogos Musicais. Nele, vozes masculinas se unem à melodia, não como protagonistas, mas como aliados que "também puxam".

Diálogos Musicais .... páginas 560 a 587

O BIS

Por fim, no Quarto Movimento, a música se abre para o futuro. Este é o convite para um novo ato, uma provocação para que mais histórias se unam e criem, juntas, as próximas sinfonias.

O Bis .... páginas 588 a 591

A batuta passa para suas mãos!

PRIMEIRO MOVIMENTO

AS MAESTRINAS

AS MAESTRINAS

Somos todas solistas.

Apresentamos as maestrinas desta sinfonia.

Entre nós, autoras deste livro, há artistas, empresárias e executivas dedicando seu bem mais valioso — o tempo — para transformar uma visão nesta realidade: Este livro! E o sonho dele se transformar em um Movimento Global.

Essas mulheres, com agendas atarefadas, estão utilizando seus superpoderes para nos PUXAR, ensinando que, juntas, ENSEMBLE, chegamos mais rápido, mais longe e mais fortes!

- **Silvana Abramovay** – Head de outreach deste projeto. Empreendedora, sócia do Amor aos Pedaços e Tramadoras. Conselheira de empresas. Pioneira, ajudou a desenvolver o sistema de franchising no Brasil 43

- **Roberta Matarazzo Suplicy** – Especialista em conexões corporativas e mentora. Mais de 30 anos de experiência impulsionando novos modelos de negócios e promovendo o consumo sustentável no varejo 30

- **Patricia Calazans-Ashton** – Head de operaçoes de PR deste livro. Filantropa, empreendedora e especialista em relações públicas. Lidera a Fundação Daniel Calazans para a conscientização sobre saúde mental e fundou uma startup de saúde com IA 47

- **Natasha de Caiado Castro** – Catalisadora deste projeto e dos movimentos Rise and Raise Others & Uma Sobe e Puxa a Outra. Empreendedora, professora e filantropa. CEO da WISH International Events Management 18

- **Maria Paula Fidalgo** – Head hostess deste projeto. Apresentadora de TV, atriz e autora best-seller. Especialista em saúde mental. Chief Happiness Officer, usou o humor para alcançar 20 milhões de espectadores semanais 26

- **Flavia Vigio** – Estrategista de PR do projetodeste livro. Profissional premiada de relações públicas. Liderou a comunicação do McDonald's e da WarnerMedia na América Latina e hoje comanda a startup de IA que fundou no Vale do Silício 36

- **Chris Ayrosa** – Head de posicionamento e eventos deste livro. Criou o conceito de storytelling corporativo. Pioneira e desbravadora na indústria de eventos e incentivos, inserindo elementos cenográficos que conceitualmente traduzem mensagens corporativas..39

- **Alexandra Akira** – Head na industria de broadcasting de NY. Produtora Executiva de Entretenimento, Conselheira Sênior das Nações Unidas, especialista em Sustentabilidade e Energias Renováveis. Palestrante inspiracional e presidente de mais de 40 organizações globais 52

- **Aimée Peyronnet** – Produtora internacional de cinema em Holywood, nomeada na lista da Variety das "10 Producers to watch". Paris/LA/NY/Londres/São Paulo – DreamWorks, Film 4, Warner Bros. e BBC. Especializada em adaptações de best-sellers, como *Um Olhar do Paraíso*. 54

- **Adriana Alcântara** – Head coach editorial deste projeto. Country Manager na Audible, plataforma de audiolivros da Amazon no Brasil. Autora best-seller, palestrante e premiada profissional de mídia. Executiva de Mídia e Tecnologia C-Level. Professora e mentora de Mídia...33

NATASHA DE CAIADO CASTRO

@natashacastro1
linkedin.com/in/natashadecaiadocastro
ensemble@ensemblenetwork.org

Pontes

Meu capítulo no livro conta a história do próprio livro que se funde com a minha jornada e homenageia alguns dos grandes mestres que tive. Personagens que me puxaram e abriram caminhos para que me tornasse a mulher que escolhi ser.

Para o livro, convidei pessoas queridas que chamaram quem mais admiram e assim, como uma "rede do bem" trouxemos trajetórias dos 4 cantos do planeta.

Então meu capitulo também fala de *network*... redes que tecemos para nos apoiar.

Somos solistas. Fazemos o melhor que sabemos fazer. Quando nos unimos, trazemos nossos "super poderes" para a equação, transmutamos em algo muito maior, sem limites. E o resultado deste livro é uma fantástica sinfonia de grandes solistas.

Um manifesto

Se um ET chegasse na Terra e perguntasse: "O que é Mulher?", entregaríamos este *manifesto*!

Um "manual", uma obra de arte sem a pretensão de ser *masterpiece* literário, mas o mais próximo de um relato de 360 graus que representa a alma feminina!

Foi depois de um mega horroroso *burnout* físico e mental causado por stress pós-traumático que terapeuticamente abracei a ideia de um livro que inspirasse generosidade e gratidão.

Em um mundo tão polarizado, provoquei titãs, mulheres questionadoras e resilientes, a contarem a trajetória de caminhos que abriram ou foram abertos para elas. Executivas e empreendedoras que desafiaram o *status quo* para conquistar espaços que não eram originalmente delas e "chegarem lá", seja o "*lá*" onde elas decidiram que seja.

Artistas, executivas, empresárias, diplomatas, donas de casa, mães que sacrificaram a segurança por voz.

Professoras que traduzem a vida.

Cientistas que a estendem.

Homens aliados na abertura de caminhos para que possamos brincar mais livremente nesta *nossa* Vila Global.

Ensemble: "juntas" na língua da diplomacia

Foram convidadas 293 pessoas.

Prazo curto... E o processo de transferir a vida para o papel é bem intenso.

Quem entregou a tempo virou autora nesta obra.

Quem ainda está trabalhando na sua narrativa, já faz parte do Movimento e certamente as veremos em cenas dos próximos capítulos.

Qual movimento? O de provar que *juntas* chegamos mais *longe*, mais *rápido* e mais *fortes*!

É necessário uma vila inteira para criar uma criança?

Conhecem o ditado?

Eu conto da *minha* Vila?

O Planeta Terra!

Era uma vez uma encrenqueira...

Leonina, escorpião de ascendente.

Primogênita de dois disruptores intelectuais.

Aluna e professora de Comunicação.

Chicleteira, corinthiana e Dub Nation de coração.

Sorte?

Siiim!!!

De na vida ter me divertido muito na Eca-USP, UCBerkeley, Sorbonne e Stanford. Tem ideia de quantos mestres gênios, visionários e loucos se conhece nesses lugares?

Criada com 38 vizinhos da mesma faixa etária, sou "mãe da rua" desde criancinha, empreendedora desde os 14 anos e professora desde a faculdade.

Tudo começou em Londrina, no Sul do Brasil, onde minha mãe ressignificou o termo "empreendedorismo" em uma cidade onde mulheres eram "donas de casa". Já meu pai "disruptou" a Medicina e o ensino dela na universidade que ajudou a fundar. Eles são meus modelos na vida, ajudaram a criar a história da região, assim nossa história se funde com a da cidade.

Nasci com sobrenomes ligados à "direita" política do Brasil, enquanto o outro lado da mesma família fundou a "esquerda". Cresci em um ambiente politizado e polarizado. Aprendi cedo a respeitar a diversidade de tons, intensidades e valores, o que fez toda a diferença nessa louca jornada.

Não nasci latina, virei latina!

Como assim?

Saí do Brasil acompanhando a pós-graduação dos meus pais aos 9 anos de idade.

Garotinha branca de classe média alta e longos cabelos cacheados.

Uma "branca privilegiada" que dormiu no avião e acordou do outro lado do mundo transformada em "estrangeira", com sotaque, pele marrom e "cabelo ruim".

Minoria marginalizada onde não se traduzia "diversidade". ESG começou cedo, sentindo na pele.

Cuspiam em mim quando eu passava...

#Affemaria!!

Rapidamente "redes de apoio" passaram a ecoar. Para a "sobrevivência da espécie" e autoestima. Flexibilidade, adaptabilidade e resiliência devem ter nascido ali.

O parquinho!

Bem novinha e em busca de adrenalina, fundei a Wish International Events Management. Minha empresa é um parquinho de diversões.

Agradeço a cada protagonista da jornada até aqui, contando algumas passagens.

Para contextualizar, a Wish abre "janelinhas mágicas" no mundo. Faz eventos corporativos internacionais.

Para nossos clientes já pintamos os *billboards* da Times Square de azul, privatizamos castelos, hotéis de Vegas e até um país.

Recriamos os passos dos artistas modernistas e pós-modernistas no Sul da França em viagens de incentivo.

Projetamos galas nas mais exclusivas vinícolas do mundo: Margaux, Cheval Blanc, Rothschild... Clicquot.

Dividi palco com Pierre Cardin em seu Maxim's de Paris. Privatizamos parte da Torre Eiffel.

Criamos aulas de Arqueologia na Acrópole, de política em "Constantinopla".

Palestras de arquitetura **em cima** da Muralha da China, de ESG nos Alpes. Produzi Copas do Mundo, Olimpíadas e Super Bowl. Ações e stands no SXSW e festivais pelo mundo.

Levei muitos executivos para beber na fonte de inovação no Vale do Silício.

Um ano antes da pandemia, dei duas voltas completas ao mundo em 365 dias.

Em 2025, comemoro 40 anos fazendo confusão pelo mundo junto com uma deliciosa equipe de 48 pessoas espalhadas por aí. Grandes profissionais que se transformaram em amigos queridos após "comermos muito sacos de sal juntos".

E as redes de apoio?

Quando trabalhei na Disney, o presidente Lee Cockerell, em palestra, disse que administrava de portas abertas.

Eu testei!

Tinha sido demitida dos parques por erro de comunicação, então deixei um "toca-fitas" com um enorme laço vermelho e um bilhete escrito "*play*"...

Na Presidência da Disney ;-)

Tinha uma choradeira...

Próximo passo?

Estava recontratada para criar o que se transformaria no primeiro departamento de eventos especiais da Disney.

Com dois telefonemas o Lee mudou uma história, ensinou generosidade, liderança e incentivou a criação de redes de apoio. E ganhei um mentor para a vida. Aprendemos com exemplos de quem admiramos, certo?

Bingo!

A Katia, uma francesa que duplava comigo na Disney, e seu pai Basile me adotaram quando mudei para a França sem falar uma palavra na língua com o desafio de criar um escritório, sozinha.

Pensem em generosidade!

Ufanistas, movidos pela paixão e pela "*Arte de Vivre*" francesa. Os dois se divertiam com minha "latinidade" enquanto me ensinavam sobre história da Europa, gastronomia francesa (o grande pilar cultural) e a poesia que envolve os vinhos.

Falavam de fronteiras da Geografia, História, Arquitetura e todas as nuances e charmes da França.

Mais tarde, o professor Perig, da Sorbonne, Elodie e Sandrine de Paris e Mônaco e Andreas e Wogen, da Alemanha, ampliaram horizontes incorporando a Antropologia e a Ciência Política Europeus.

Foi assim que as gigantescas barreiras culturais foram minimizadas.

Nossa! Como sou grata por terem me ensinado a **admirar** as diferenças em vez de percebê-las como obstáculos.

Entender os pilares culturais foi o grande divisor de águas entre "aproveitar a expatriação" e "ter saudade no exílio".

A magia da "curiosidade" sempre faz olhar para frente e não cultivar melancolia. *#ficaadica*

Desbravando o terceiro continente

Chegando à Califórnia para abrir o quarto escritório da Wish, conheci e fui adotada pela "fada madrinha" Nadejda. Ela e o marido, Jim, professores de Direitos Humanos de Stanford (e Harvard, UCLA...) generosamente abriram as portas da sua casa e da Universidade. Professora Nadejda também é autora aqui neste nosso livro, contando a emocionante jornada desde que perdeu seu pai para a ditadura quando criancinha.

A Sherry e a Laura, mulheres muito fortes e que mudaram a história da Califórnia, são as irmãs mais velhas que o destino me deu de presente.

Nos conhecemos estudando em Stanford.

Laura era uma grande gestora em educação e Sherry ajudou a moldar o Vale do Silício como é hoje.

Junto com elas, chegou na minha vida o meu parceiro de apresentações de ballet: Arno Penzias, marido da Sherry e vencedor do Prêmio Nobel em Física mais jovem da história, refletia sua inteligência privilegiada no senso de humor tão peculiar.

Juntos com nosso professor Patrick e sua esposa Pam se tornaram minha família e a mais carinhosa rede de apoio que poderia ter.

Eu, muda?

Uma história que amo contar aconteceu com eles durante as festas de fim de ano, quando os anfitriões escolhem quem senta onde na mesa — uma tradição bem americana.

Acabei "sentada" ao lado do Rob, marido da MaryAnne, a qual também está no nosso livro, trazendo de forma didática uma reflexão profunda sobre os processos do luto — algo que, infelizmente, todos enfrentamos sem realmente compreender.

O senso de humor desse casal é tão único que eles vestem seu Oscar, conquistado por revolucionar a arte do cinema para todos nós, com roupas do namorado da Barbie.

Ao meu outro lado estava Rich, o gênio que inventou o e-mail e o chat. E ele resgatava a emoção de ver pela primeira vez na história uma mensagem sair de uma máquina, atravessar cabos, achar direções e chegar em outra máquina... Digitalmente.

Ele conta a história neste livro também.

E, à minha frente, estava o anfitrião, Arno, que me deu uma taça vazia e disse que eu saberia o que fazer com ela. Ali ele quebrou paradigmas, simplificou processos de comunicação e operação... eu sabia o que fazer com a taça. Eu me senti lisonjeada e em casa. Arno era genial!

Ele tinha fugido do nazismo aos 6 anos de idade, colocado em um trem junto com o irmãozinho rumo à Inglaterra, e teve a sorte de, tempos depois, encontrar os pais em NY.

Dizia que a resiliência dele nasceu por isso. Além de ter desvendado o Big Bang, foi um grande feminista. Uma entrevista que me deu para uma publicação também está aqui no livro.

Não lembro de ter emitido um som sequer na conversa com aqueles *Titans*.

O cérebro estava congelado de admiração por ouvir três pessoas que revolucionaram o mundo, juntas. Esqueci que também falava inglês!

Palo Alto sendo Palo Alto

Estávamos saindo da aula do genialíssimo professor Sir Edward Leaman, maior "*brand builder*" que já conheci e meu guru intelectual. Ele ajudou a arquitetar a marca Stella McCartney que, de tão sólida, tira a sombra do pai Paul de perto.

Estávamos questionando algo do Facebook e ele, Edward "*solta*" do nada... "Resmunguem com ele!"

E mostra o Mark Zuckerberg, que tomava um café sozinho em uma mesa nos jardins de Stanford.

Palo Alto é assim... Informal, sem "pompa e circunstância" e talvez por isso a criatividade floresça. Diversidade é sistêmica e parte dos valores coletivos. A região é o epicentro de nove dos maiores movimentos da história, entre eles o hippie, LGBTQ+, tech/digital e slow food, por acolher o desconhecido com respeito e não receio.

O lugar mais legal do planeta

Outra pérola desta parte do mundo...

Achei minha "tribo" há uns 15 anos quando produzi pela primeira vez a Casa Brasil do festival SXSW, no Texas.

10 dias da mais louca mistura de pessoas disruptoras do planeta. 2000 palcos acontecendo ao mesmo tempo com o cruzamento de temas inimagináveis. Um festival de criatividade que passou a anualmente alimentar minha alma inquieta.

Debatemos física quântica com religião. *Mindfulness* com política e tecnologia genética já no café da manhã!

Já drenada no final do dia, seguimos para desbravar o mundo das artes nos lançamentos de filmes e apresentações musicais. Por três anos fui convidada a dar palestras, mas o bacana é desafiar o cérebro a criar sinapses com a pluralidade de conteúdos.

Andando nos corredores, conheci o gênio por traz da magia, Hugh Forrest. Este professor, brilhante curador de conteúdos, com sua ousadia amplia os horizontes dos criativos do mundo todo sem deixar de responder nenhum e-mail a ninguém.

Conversando com este gigante, ressignifiquei essências de audácia, amplitude e modéstia. De tão discreto, nem acho que saiba o barulho que ele tem causado.

Generosidade e gratidão

Foi nesse universo de generosidade, sem barreiras, que absorvi os valores mais intrínsecos e sutis da cultura americana. Aprendi de tudo: das regras do futebol americano às receitas tradicionais de *Thanksgiving*.

Sem a compreensão e absorção desses códigos velados, a história da Wish — e da Natasha — certamente teria sido bem menos sorridente.

To Rise And Raise Others

O *lockdown* aniquilou por anos o mercado de eventos, principalmente o meu, o internacional.

De líder do mercado me vi por anos proibida de trabalhar.

Da angústia e do tédio nasceu *"Rise and Raise Others"* ou "Uma Sobe e Puxa a Outra".

Estava cobrindo o Festival de Cannes para jornais e, após um bate papo com a Malala Yousafzai, em que dizia: "Em um movimento, alguém precisa começar para que os outros sigam", decidi batizar com esse nome um dos grupos de WhatsApp que havia criado.

Sugeri às amigas no chat que adicionássemos as pessoas que mais admirávamos.

Assim, foram puxadas para o chat grandes nomes, grandes cérebros e *troublemakers* de todas as áreas.

Como *juntas* chegamos mais rápido, mais longe e mais fortes, criamos o prêmio homônimo, com a ONU Mulheres da qual eu fazia parte no *Board*. Esta linda história está contada pela Camila Tsuruda aqui no livro.

Em um ano criamos 16 embriões de *startups*, e colocamos 380 mil votos em uma campanha usando nossos contatos pessoais.

Enviamos nossas "*Titans*" para os maiores palcos do planeta.

Lançamos três livros best-sellers e estruturamos ferramentas para desestabilizar nossa síndrome de impostora estrutural.

Essas histórias são contadas pela Daniela De Luca e pela Tina Ponte aqui no livro.

Fizemos tanta, tanta... *tanta* bagunça que fomos consideradas o mais influente grupo de mulheres do Brasil, pela grande mídia! Forbes, Marie Claire, Valor Econômico, Veja.

E a Natasha?

Achei o "happy place" em guinar de Oswald de Andrade para Toulouse Lautrec.

Fotografar os melhores "pôr do sol" do planeta.

Tietar todas as montagens do Ballet Giselle.

Com vinho, discutir o Tratado de Versalhes, opinar sobre o dourado de Louis XIV, pular o assunto para Disney e depois Lacan.

Citar Luís Fernando Veríssimo, Juò Bananiere e as novidades do Walter Isaacson.

Saber das novidades da União Europeia e fofocas da Rússia e China.

Aprender mais sobre Sauterne, Bordeaux, Champagne.

Ir a todas as micaretas (muitas... todas com Bell Marques).

Harmonizar Aligot, Escondidinho e Brisket com Veuve Clicquot, Caipirinha e Girly Drinks.

Orgulhos na vida

Muitos! Sou leonina, lembra?

Ser *member* do MET, British Museum, Hermitage e Louvre está no topo.

Ter conservado os mesmos melhores amigos desde a infância. Arthur, Marcão, Ricardinho, Nádia, Adriana, Guga, My, Xandi, Tiziu, Arnaldo, Marcinho, Di, Meu B, Lúcia, Luís, Natha. Minhas "*besties*" Patrícia, Renata e Juliana. Harley, Tia Marília e as primas todas. Já aproveito para agradecer também os guardiões da minha galáxia, Fernanda, Zuleica, Janaína, Vilma. E o Cassio, o *publisher* ninja que comprou a ideia deste livro conosco.

Batizada na Igreja Católica, sou Kumitè da Mahikari, uma arte japonesa que trabalha o corpo, mente e espírito com imposição de mãos.

A vida

Amei muito... E amo!

E fui traída de tantas formas...

Dói tanto questionar os porquês!

Tento forte desculpar, mas acho que nasci sem essa "funcionalidade" ;-)

Idealista, introspectiva, *workaholic*, perfeccionista...

Vivi umas 20 vidas, já.

Criei empresas, profissionais, enteado. Casei, separei, crio pets, que também amo.

A ideia de um livro com mulheres me acompanha desde que meu querido professor de História, que também está neste livro, contou como a Cleópatra conquistou o mundo... sem derramamento de sangue. A História não reconhece verdadeiramente seu valor porque ela não contou na primeira pessoa :-). Sonhava com um mundo em que todos tivessem direito de editar a narrativa da sua jornada.

Todos nós viemos ao mundo com um "superpoder" único. Ou desenvolvemos durante a vida.

O meu é de criar pontes. E este livro veio para isso. Uma ponte entre as autoras e o mundo.

Deixamos histórias escritas na primeira pessoa e sem edição ou direcionamento, gerando uma "obra de arte" feita a 150 mãos. Onde todas somos personagens e proprietárias.

Encerro com um *ask*! Um pedido...

Qual o seu superpoder ? Algo que faz você única no mundo?

Use-o de forma transformativa.

Saia da zona de conforto!

Você já começou a criar um "ecossistema do bem" quando adquiriu este livro que tem as vendas revertidas para a Casa do Caminho, que tira crianças de situação de vulnerabilidade (da Tânia Silveira, que também está aqui no livro).

Você também já se envolveu nessas deliciosas narrativas do livro.

E agora, qual o próximo passo?

Qual a sua contribuição para um mundo mais bacana de se viver?

Agir!

Como?

Usando sua generosidade e gratidão para transformar essa nossa *Vila Global*!

Agradecer quem te puxou?

Puxar alguém?

Criar uma rede de apoio?

Quais seus instrumentos?

Bora?

Hoje?

ENSEMBLE?

Bola no seu campo!!

MARIA PAULA FIDALGO

@mariapaula_brasil

O poder da risada: desvendando a psique humana através do humor

Eu sempre fui a artista da família. Quando era pequena, transformava qualquer sala em palco. Dançava em cima da mesa, sabia de cor todas as falas do musical infantil *Os Saltimbancos*, dirigia a criançada da rua em diferentes personagens e transformava qualquer tarde numa "Grande Estreia". A criatividade fluía naturalmente em mim, não apenas nas performances, mas no meu modo cotidiano de ser: carinhosa, sempre atenta a fazer com que cada pessoa ao meu redor se sentisse vista, ouvida, acolhida. Toda vez que minha mãe tinha amigas em casa, eu perguntava se alguém gostaria de receber meus cuidados... E assim eu fazia massagens, penteados maravilhosos nos cabelos e maquiagens incríveis nelas. Eu percebia que, quando a mulherada estava se sentindo bem, a atmosfera da casa ficava leve e divertida!

Transportei para várias dimensões da minha vida esse entendimento precoce de que existem conexões entre o bem-estar emocional e a forma como nos expressamos e nos relacionamos uns com os outros.

Muitos anos depois, quando já era famosa fazendo piada na TV, eu me formei em Psicologia, fiz um mestrado em Saúde Mental na UNB — que é uma das universidades com maior prestígio do Brasil — sem nunca perder de vista que era possível combinar os meus instintos artísticos com o fato de que eu sempre me importei com a saúde mental das pessoas.

Desde cedo percebi que minha missão era contribuir para superar a crise da saúde mental brasileira de uma forma muito pessoal e inovadora: através do humor e do acolhimento. Por isso, ser uma artista de comédia nunca me impediu de encarar a vida com a maior seriedade, especialmente quando o assunto é: direitos da mulher!

Minha mãe também tinha um talento enorme como atriz. Nas peças de teatro da escola, ela era sempre a protagonista, mas nunca teve a oportunidade de seguir uma carreira na dramaturgia, pois, quando se casou com meu pai, ele deixou claro que ela precisava escolher entre ser uma mulher casada, de família, que criava seus filhos... ou investir na carreira artística. Ela optou por nós!

Na geração dela, era comum que as mulheres se resignassem a aceitar os papeis que lhes eram permitidos. Talvez seja por isso que, desde criança, me tornei uma contestadora. Eu não poderia permitir que a sociedade me ditasse regras, que pautasse de forma repressora a minha própria vida ou limitasse meus domínios aos pequenos espaços periféricos considerados apropriados para uma mulher.

Preferi me tornar uma desbravadora. Abri caminhos: entrei na universidade aos 16, saí de casa aos 17 e, aos 19, já era completamente independente. Aos 21 anos de idade, eu era uma mulher bem-sucedida, formada na universidade e dona do meu nariz.

Sinto o coração aquecer toda vez que uma mulher me para na rua para me dizer que eu abri caminhos para ela. Que o fato de eu poder entrar em cena em horário nobre da Globo para fazer piada sobre nossos costumes, a situação política, social e cultural do país, fez com que se abrisse o precedente. E daí até a próxima conquista é só um pulinho... se a Maria Paula pode, eu também posso. E não só posso como vou...

Por mais de 17 anos, entrei na casa de todos os brasileiros invariavelmente nas terças-feiras à noite para fazer humor no "Casseta e Planeta". Isso me concedeu uma autoridade inimaginável. A minha credencial era ser a única mulher naquele time de humoristas geniais. Eu e minha trupe de sete "mocréios" conquistamos corações e mentes em todo o Brasil. Através da comédia, estimulava o país a uma reflexão sobre sua própria realidade e, com isso, ganhei uma "chave-mestra", capaz de abrir todas as portas. A confiança e a admiração do público foram, aos poucos, me permitindo usar minha credibilidade de imagem para tocar em assuntos delicados e relevantes.

Recebi o título de Embaixadora da Paz e passei a palestrar por todos os estados brasileiros, além de EUA, Europa e África.

Ao longo de tudo isso, permaneci convencida de uma verdade: o humor não é apenas entretenimento; é uma ferramenta profunda de transformação. Ele desarma defesas, constrói pontes e cria a segurança necessária para a reflexão. Verdadeiras mudanças sociais não surgem apenas de revoluções ou batalhas ideológicas — elas emergem do fortalecimento de laços e da promoção da confiança. E a confiança floresce apenas em ambientes livres do domínio do estresse crônico e do medo. Como criamos esses ambientes? Através da conexão, da empatia e do humor.

Minha trajetória deu um novo salto quando me aprofundei no estudo do desenvolvimento infantil. Fiquei cativada pelo poder transformador dos primeiros anos de vida — uma janela de oportunidade tão crucial que molda não apenas os indivíduos, mas o próprio tecido da sociedade.

A teoria do apego de John Bowlby ressoou profundamente em mim, revelando como os vínculos iniciais entre bebês e cuidadores lançam as bases para a saúde emocional, a resiliência e a capacidade de construir relacionamentos significativos. Essa compreensão tornou-se mais do que conhecimento — tornou-se um princípio orientador para meu trabalho e meu ativismo.

Em 2004, tive a honra de liderar a campanha nacional de amamentação do Brasil, incentivando mães a alimentarem seus bebês exclusivamente com leite materno durante os primeiros seis meses de vida. Apesar do sucesso, a campanha revelou uma dura realidade: muitas mães desejavam amamentar por seis meses, mas eram obrigadas a voltar ao trabalho após quatro. Esse paradoxo me levou a iniciar um movimento para estender a licença-maternidade de 4 para 6 meses em todo território nacional.

Como poderia um braço do governo defender seis meses de amamentação exclusiva enquanto outro obrigava as mães a retornarem ao trabalho após quatro? Após esforços incansáveis, alcançamos uma vitória significativa: estendemos a licença-maternidade de quatro para seis meses para trabalhadoras do setor público, com incentivos fiscais oferecidos às empresas do setor privado que optassem por aderir espontaneamente ao programa.

No entanto, essa conquista abriu meus olhos para injustiças ainda mais profundas relacionadas às condições horríveis enfrentadas por mães encarceradas, frequentemente impedidas de criar vínculos com seus bebês. Essa constatação desenhou a estratégia dos meus próximos passos.

Em 2013, durante a presidência de Dilma Rousseff, solicitei uma reunião com Eleonora Menicucci, então ministra da Secretaria de Políticas para as Mulheres do Brasil. Voei para Brasília cheia de esperança e o que me aguardava era um momento inesperado de serendipidade.

Ao compartilhar minha visão, os olhos da ministra Menicucci se encheram de lágrimas. Ela perguntou se eu havia lido seu livro e, quando admiti que não, ela contou sua própria história: durante a ditadura militar, foi presa logo após dar à luz e não pôde amamentar sua filha. "Você veio ao lugar certo", ela disse. "Eu vou lhe ajudar." Aquela coincidência improvável reafirmou minha crença de que, quando agimos com compaixão e propósito, o universo alinha os caminhos de formas inimagináveis.

Juntas, iniciamos um programa que mudou vidas, permitindo que mães encarceradas criassem vínculos significativos com seus filhos. Mas, implementar essa visão estava longe de ser simples. As regulamentações fragmentadas das penitenciárias brasileiras apresentaram imensos desafios. Sem me intimidar, viajei pelo país, encontrando-me com diretores de prisões, autoridades estaduais e, principalmente, com as próprias mulheres.

A realidade que encontrei era devastadora. Nas prisões masculinas, filas de mães, filhas, esposas e irmãs se formavam para visitar os detentos. Em contraste, nas prisões femininas, a realidade era desoladora, quase ninguém. A maioria das mulheres encarceradas estava lá numa situação de isolamento emocional assustadora e, ainda por cima, a maioria delas havia sido presa por transportar pequenas quantidades de drogas, muitas vezes coagidas pelos parceiros. Poucas haviam cometido crimes violentos.

Essa injustiça apenas fortaleceu minha determinação. Batalhei incansavelmente por salas de amamentação nas prisões, sabendo do impacto profundo que o vínculo entre mãe e filho poderia ter. Conhecer essas mulheres — grávidas ou já mães — foi ao mesmo tempo devastador e transformador. Muitas viviam com medo da separação, já que os bebês eram frequentemente retirados após seis meses ou, no máximo, dois anos, dependendo do estado. Sem apoio familiar, essas crianças acabavam institucionalizadas em espécies de orfanatos, e a perda iminente fazia com que as mães hesitassem em criar vínculos.

Ainda assim, ao falar com elas sobre o poder da amamentação e a conexão duradoura que ela promove, testemunhei transformações incríveis. Vi mães segurarem seus bebês com uma ternura recém-descoberta, percebendo que, mesmo dentro da cela de uma prisão, poderiam criar um vínculo amoroso precioso para o futuro de seus filhos. Esses momentos de esperança e resiliência me deram forças para continuar, apesar do peso emocional de enfrentar realidades tão duras.

Nada disso, no entanto, me preparou para os dias mais difíceis da minha vida. O pesadelo ocorreu em uma prisão no Nordeste. Como de costume, o secretário de Segurança, o diretor da prisão e a imprensa me receberam com uma demonstração de apoio. Eles estavam ansiosos para exibir seus supostos feitos. Fiz minha palestra, como sempre, sobre a importância do vínculo nos primeiros dias de vida de um bebê. Então, algo inesperado aconteceu. Uma mulher pediu para falar. Entreguei-lhe o microfone. Com uma coragem trêmula, ela começou a expor o tratamento desumano e os abusos que ela e suas colegas haviam sofrido, acusando diretamente a diretoria do presídio. Suas palavras pairaram no ar, cruas e desafiadoras.

Ao sair dali naquele dia estava esperançosa, acreditando ter conseguido provocar um impacto profundo. No dia seguinte, era meu aniversário, e entrei radiante no avião de volta para casa. Mas, fui acordada no meio da noite, por uma notícia devastadora: a mulher corajosa que havia falado durante o nosso evento havia sido encontrada morta em sua cela. A causa oficial de morte foi declarada como suicídio.

O peso dessa tragédia me esmagou. Senti-me responsável, embora soubesse que não era minha culpa. Entrei em contato com o ministro da Justiça, mas ele estava inacessível. Foi o pior aniversário de que tenho memória; enquanto eu ignorava as ligações de amigos e familiares, me tranquei em casa, consumida pela tristeza e pelo medo. Até hoje, não consigo parar de me perguntar: ela realmente tirou a própria vida? Eu deveria ter sido mais prudente e negado o microfone a ela? Sou apenas uma artista ingênua fingindo ser uma agente de mudanças?

Eu nunca saberei. Esta é a primeira vez que escrevo sobre essa história triste.

A única coisa que pude fazer foi continuar. Acreditando firmemente que o silêncio nunca é uma opção para alguém como eu. Minha jornada tem sido repleta de confirmações do impacto profundo que a fusão do ativismo social com o poder artístico pode alcançar. Nos últimos cinco anos, ampliei minha contribuição à indústria do entretenimento — não apenas estrelando filmes, mas também escrevendo seus roteiros, garantindo que as histórias que conto carreguem tanto humor quanto significado.

Essa evolução me levou a abraçar o papel de "artivista", usando a arte como um chamado à ação. Seja falando em palcos globais, ajudando empresas a superarem o burnout e outros desafios de saúde mental no trabalho, ou escrevendo livros e artigos sobre saúde mental, vínculo, apego, ambientes saudáveis e humor, encontrei maneiras de amplificar minha voz e meu impacto.

Em 2024, meu trabalho ganhou ainda maior relevância quando fui convidada a me juntar a uma missão da Fiocruz e das Nações Unidas em Angola, África, onde estabelecemos bancos de leite humano em unidades de terapia intensiva neonatal. Pude sentir a gratidão do povo angolano e me comover ao ouvir as histórias emocionantes de como meu trabalho de humorista, diversas vezes, foi capaz de ajudá-los a enfrentar com leveza situações desfavoráveis da vida. Aqui no Brasil já estou acostumada a ouvir relatos semelhantes, mas perceber que minha influência positiva conseguiu chegar tão longe me deixou arrepiada.

Por essas e outras, tenho cada dia mais certeza de que minha missão é levar alegria ao mundo. E isso, mais que um dom, é uma responsabilidade. A alegria tem o poder de transpor barreiras, curar feridas, construir pontes e ultrapassar fronteiras. É a ferramenta mais poderosa que temos para implantar a arquitetura da paz.

ROBERTA MATARAZZO SUPLICY

linkedin.com/in/robertasuplicy
@robertasuplicy

De geração em geração: das primeiras conquistas femininas ao empreendedorismo com propósito

Cresci ouvindo histórias de coragem e pioneirismo que moldaram não apenas a história da minha família, mas também a de tantas mulheres no Brasil. Minha avó do lado paterno, Filomena Matarazzo Suplicy, é um exemplo dessas mulheres à frente de seu tempo. Foi ela quem, ainda no início do século XX, tornou-se a primeira mulher a conquistar uma carteira de motorista no Brasil, aos 13 anos de idade (não existia idade mínima na época). Parece apenas um detalhe, um documento, mas o que isso representava naquela época era uma quebra de paradigmas: o direito de ir e vir, a independência, a voz que ecoava por tantas outras que também queriam guiar suas vidas com autonomia e dignidade.

Minha avó do lado materno, aquela avó que cuidava de tudo e de todos com seu jeitinho, me ensinou a ter o olhar para o próximo e a cuidar de todos com afeto. O que meus pais e meus avós têm em comum é que todos que conviveram com eles sofreram impactos positivos em suas vidas.

Esse espírito de liberdade e determinação sempre esteve presente em minha família. A força da minha avó e de tantas outras mulheres me inspirou a buscar caminhos próprios, empreender com ousadia e, principalmente, devolver à sociedade aquilo que a vida generosamente me proporcionou. Meus pais foram pioneiros em várias áreas em São Paulo (leia o capítulo da Vera Suplicy neste mesmo livro). Fui empreendedora aos 19 anos, quando abri o restaurante Filomena, onde Alex Atala trabalhou como *chef* pela primeira vez. Em 2013, cofundei a Urban Remedy no Brasil, trazendo a proposta de alimentação consciente, saudável e que respeitava tanto o meio ambiente quanto os produtores locais. Não existia esse tipo de empresa no Brasil.

A Urban Remedy nasceu de um sonho: oferecer uma alternativa real para uma vida mais equilibrada e nutritiva, conectada com aquilo que a natureza nos dá de melhor. Nossa jornada começou com os sucos prensados a frio, que preservam os nutrientes das frutas e vegetais de maneira integral. Com o tempo, expandimos nossa linha para incluir alimentos vivos desidratados, feitos com ingredientes orgânicos. Mais do que um símbolo do cuidado com o alimento e nosso corpo, isso representava nosso compromisso com a simplicidade e com a terra — valores que herdei das gerações que me precederam.

Minha jornada empreendedora e minha paixão por alimentação saudável me aproximaram do campo e das pessoas que fazem dele um motor essencial do nosso país. Por isso, é uma honra integrar o seleto grupo Mulheres do Agro, uma iniciativa reconhecida pela Forbes que destaca lideranças femininas ligadas ao agronegócio brasileiro. Mais do que um setor econômico, o agro é uma rede viva de conexão entre produtores, meio ambiente e a mesa de cada brasileiro. Ao lado de mulheres extraordinárias que compartilham esse espaço, tenho aprendido ainda mais sobre a importância de fortalecer os pequenos produtores, valorizar o alimento saudável e contribuir para um sistema alimentar mais justo e sustentável.

Essa conexão entre o campo e a cidade, entre o que produzimos e o que consumimos, reforçou em mim o poder transformador das redes humanas. Assim como na natureza, onde tudo está interligado, acredito que nossa força como indivíduos cresce exponencialmente quando nos conectamos com propósito.

Minha trajetória profissional é, em grande parte, pautada na capacidade de criar conexões, o que, para mim, vai além do convencional. A criatividade é a base que uso para imaginar soluções inusitadas e criar pontes inesperadas entre pessoas e ideias, sempre com a intenção de gerar valor real e transformador. Sou uma entusiasta do *networking* genuíno, aquele que nasce do respeito, da escuta ativa e da intenção real de gerar impacto positivo. Ao longo dos anos, tive o privilégio de construir uma rede sólida de relacionamentos, que transita por diversos setores: empresárias visionárias, produtores rurais inovadores, lideranças do setor público e privado, além de artistas e criadores que, como eu, acreditam na transformação coletiva. Tenho certeza de que pequenos movimentos feitos por muitas pessoas têm o poder de gerar resultados gigantes, e é essa visão estratégica que aplico ao desenvolver projetos para empresas. Uso todas essas habilidades e conexões para transformar ideias em iniciativas concretas, sempre com o objetivo de criar valor real e significativo.

Costumo dizer que uma boa rede é como uma árvore frondosa: suas raízes são fortes, seus galhos se espalham com leveza e suas folhas trazem vida por onde passam. Para mim, conectar pessoas não é apenas uma habilidade — é a minha maneira de fazer o mundo girar de forma mais equilibrada e colaborativa. Além disso, é o meu combustível. Amo conhecer pessoas e sinto que aprendo com todas elas. Tenho uma curiosidade sem fim por assuntos diversos.

Como presidente da Câmara Setorial de Sucos do Estado de São Paulo, essa habilidade tornou-se uma ferramenta essencial. Criar pontes entre produtores, empresas, governos e consumidores exige mais do que visão estratégica; exige confiança, diálogo e a compreensão de que ninguém constrói algo relevante sozinho.

Foi com esse mesmo olhar que aceitei o desafio de coordenar o livro *Ensemble: From Solo to Symphony*. O projeto não poderia ter um nome mais apropriado. Cada história compartilhada neste livro é como uma nota musical: bela por si só, mas capaz de criar uma sinfonia extraordinária quando alinhada ao coletivo. Meu papel aqui é justamente o de regente: alguém que conecta, organiza e, acima de tudo, inspira essas vozes a encontrarem harmonia e propósito juntas.

Aceitei esse desafio porque acredito profundamente no poder das histórias e na importância de uma rede robusta para amplificar conquistas e gerar impacto.

Ao coordenar este livro, não apenas trago minha experiência como empresária e minha habilidade em unir pessoas, mas também abro espaço para que outras mulheres se destaquem e inspirem. Muitas das participantes desta obra fazem parte da minha própria rede: mulheres que conheci em fóruns internacionais, empresárias com quem compartilhei desafios, lideranças que abriram portas para mim ou que, em algum momento, tiveram suas vidas transformadas por uma simples conexão. E, todas elas, suas histórias me emocionam e me inspiram.

Minha avó Filomena abriu caminhos em uma época em que as mulheres não tinham voz. Minha avó Adélia e minha mãe me ensinaram a ouvir e cuidar do próximo. Hoje, cabe a nós continuar essa trajetória, ampliando essas vozes e criando novas oportunidades. O livro "Ensemble" é uma celebração desse legado: uma prova de que, quando trabalhamos juntas, conseguimos criar verdadeiras sinfonias de transformação.

Para mim, atuar profissionalmente como uma "*network wizard*" significa unir, inspirar e mobilizar redes inteiras em prol de um objetivo comum. Mais do que isso, significa deixar um impacto positivo que transcenda gerações.

Frequentemente, recebo agradecimentos de pessoas que foram impactadas positivamente pelas minhas ações, seja por pequenas mudanças, como adotar uma alimentação mais saudável, ouvir um artista novo, fazer uma viagem ou se aventurar em uma experiência diferente — coisas simples, mas que, muitas vezes, na correria do dia a dia, esquecemos de viver. Ou, ainda, por conexões que criei entre empresas e pessoas, gerando parcerias bem-sucedidas.

Recentemente, vivi uma experiência profundamente emocionante ao reencontrar, em um lugar completamente inesperado, uma pessoa com quem convivi há mais de 15 anos. Nenhuma de nós imaginava que nossos caminhos se cruzariam ali, mas, nesse encontro, entre lágrimas, ela me contou como um gesto meu havia transformado sua trajetória e contribuído positivamente para quem ela se tornou hoje — algo que, até então, eu não sabia.

Cada história neste livro é uma semente que plantamos hoje, mas que, juntas, têm o potencial de se tornarem árvores frondosas no futuro. Que possamos, juntas, construir uma sinfonia onde cada nota representa uma mulher que ousou sonhar, liderar e transformar o mundo. Porque, no final, não há maior propósito do que ajudar outras mulheres a encontrarem o seu lugar no mundo e, de mãos dadas, seguirmos em frente — mais fortes, mais unidas e com muito mais vida para compartilhar.

ADRIANA ALCÂNTARA

Linkedin.com/in/adrianaalcantara
@alcantaraadri
adrianaalcantara2403@gmail.com

Astronauta: lições de liderança entre as estrelas

Gosto de mirar alto, mas metaforicamente prefiro alcançar outros planetas — explorar o desconhecido, desafiar a gravidade, traçar rotas que outros considerariam impossíveis. Minha vida tem sido uma jornada para romper fronteiras e criar conexões que me impulsionaram muito mais longe do que eu jamais imaginei.

Era março de 1974 quando todos esperavam meu nascimento, um menino — ou pelo menos era isso que todos pensavam. Minha chegada reescreveu a história. O sonho do meu pai de ter um filho transformou-se no sonho de ter uma filha que desafiaria expectativas, embora nem ele pudesse prever até onde eu chegaria.

Pendurado na porta do meu quarto na maternidade havia um enfeite de um astronauta, presente do meu padrinho. De forma simbólica, a expectativa de um primogênito era clara em todos os detalhes. Aquele pequeno astronauta tornou-se meu emblema, uma declaração silenciosa do meu destino de alcançar as estrelas — não como um homem, mas como uma mulher navegando em um mundo que nem sempre fora projetado para mim.

Enquanto eu progredia na minha carreira, passando por empresas como Globo, Apple, Amazon, Viacom, Warner Bros., Discovery e Casablanca, aprendi que a liderança, assim como a exploração espacial, exige coragem, resiliência e uma crença inabalável no poder da conexão. Mais importante ainda, aprendi que a liderança — especialmente a liderança feminina — não consiste em imitar os outros, mas em abraçar a autenticidade e liderar de maneiras que só nós mulheres podemos.

Coisas que não eram claras em meu início de carreira foram aos poucos se moldando através de erros e acertos, conscientes ou não. Gostaria de ter sabido há 30 anos, quando iniciei minha trajetória profissional, coisas que somente hoje ficaram mais claras, depois de muitos tropeços.

Tomo aqui a liberdade de compartilhar algumas:

1. Lidere com empatia

Os líderes mais poderosos que conheci não apenas davam ordens; eles ouviam. Entendiam que liderança não é sobre comandar, e sim sobre conectar. As mulheres, em particular, se destacam nesse aspecto porque valorizamos intrinsecamente os relacionamentos. Empatia não é fraqueza — é um superpoder. Quando você compreende as necessidades e temores da sua equipe, inspira confiança, e a confiança é a base de qualquer equipe de alto desempenho.

2. Construa relacionamentos autênticos

Liderança não se trata de transações — trata-se de transformações. No início da minha carreira, descobri que os líderes mais impactantes não são aqueles que simplesmente gerenciam tarefas, mas aqueles que investem genuinamente em suas equipes. Construa relacionamentos autênticos sendo transparente, mostrando vulnerabilidade e dando às pessoas espaço para compartilhar suas ideias e dificuldades. Quando as pessoas se sentem vistas e valorizadas, elas entregam o seu melhor trabalho.

3. Abrace sua singularidade

Para as mulheres, muitas vezes existe pressão para "se encaixar" ou liderar de formas alinhadas a modelos tradicionais, dominados por homens. Mas as maiores líderes que conheço são aquelas que não se desculpam por serem elas mesmas. Meu conselho? Não se diminua para caber no molde de outra pessoa. Sua perspectiva única, sua intuição, seu estilo de comunicação — tudo isso são pontos fortes, não fraquezas. Lidere de uma forma que pareça autêntica a você e inspirará outros a fazerem o mesmo.

4. Encontre força na colaboração, não na competição

A liderança muitas vezes é retratada como uma jornada solitária, mas nada poderia estar mais longe da verdade. Aprendi que o verdadeiro sucesso vem de fortalecer os outros, e não de derrubá-los. A colaboração cria sinergia, e uma equipe unida pode superar até os desafios mais assustadores. Especialmente para as mulheres na liderança, é essencial elevar umas às outras, criar oportunidades e celebrar as vitórias mútuas.

5. Prepare-se incansavelmente, depois confie em si mesma

Existe um dito na exploração espacial: "Planeje para o pior, espere o melhor." Ao longo da minha carreira, aprendi que a preparação é a chave para a confiança. Estude. Pratique. Esteja pronta. Mas, quando chegar o momento, confie em si mesma. As decisões que você tomou, o trabalho que realizou, as conexões que cultivou — tudo isso a prepara para a decolagem.

6. Aprenda a navegar pela resistência

Como mulheres, muitas vezes encontramos resistência — não apenas dos outros, mas dentro de nós mesmas. A síndrome da impostora, a dúvida e a necessidade de provar nosso valor podem nos pesar como gravidade. Mas eis o que aprendi: a resistência não é uma barreira, é uma oportunidade. Cada vez que enfrentei ceticismo ou crítica, usei isso como combustível para subir mais alto. E quando duvidei de mim mesma, lembrei do trabalho que fiz para merecer meu lugar.

7. Priorize o propósito em vez do poder

A verdadeira liderança não é escalar uma escada pelo poder em si, mas criar impacto e deixar um legado. No início da minha carreira, perguntei a mim mesma: Que tipo de líder eu quero ser? A resposta foi clara — queria ser o tipo de líder que inspira os outros, que constrói equipes fortes e que usa sua posição para criar oportunidades para quem vem depois.

8. Capacite os outros a brilhar

Grandes líderes não monopolizam os holofotes — eles o compartilham. Um dos meus maiores orgulhos foi orientar e empoderar outras mulheres. Quando você ajuda os outros a crescer, cria um efeito dominó de crescimento e positividade. Liderança não se trata apenas do seu sucesso, trata-se de como você inspira o sucesso nos outros.

O poder da liderança feminina

A liderança feminina é transformadora porque desafia normas ultrapassadas e introduz novas formas de pensar. Lideramos com intuição e intelecto, compaixão e coragem. Sabemos equilibrar ambição com humanidade, estratégia com coração.

Ao longo dos anos, vi como mulheres líderes trazem uma perspectiva única à mesa. Somos resolvedoras de problemas, cuidadoras, visionárias e realizadoras. Sabemos nos adaptar à atmosferas em constante mudança, seja liderando equipes, navegando em crises ou equilibrando carreira e família.

No entanto, também sei que a liderança para mulheres ainda é repleta de desafios. Há momentos em que portas permanecem fechadas, tetos parecem inquebráveis e o progresso parece lento. Mas aprendi que persistência, preparação e coragem para acreditar em si mesma podem quebrar até as barreiras mais difíceis.

Quando olho para minha trajetória, desde aquele enfeite de astronauta pendurado na porta do meu quarto até as salas de reunião das maiores empresas do mundo, vejo um caminho forjado não pela conformidade, mas pela ousadia de liderar de forma diferente. Vejo um caminho iluminado por conexões — conexões com mentores, colegas, amigos, com minha própria força interior e, acima de tudo, com mulheres que foram modelos e mentoras muitas vezes sem perceber.

Traçando seu próprio caminho

Este livro não é apenas sobre a minha história; é sobre a história de outras mulheres e, possivelmente, a sua também. Trata de como você pode construir conexões que a impulsionem adiante. Trata de como você pode liderar com autenticidade, inspirar os outros e criar impacto.

Espero que as lições nestas páginas a inspirem a alcançar suas próprias estrelas, a sonhar sem limites e a liderar sem medo. Porque, esteja você liderando uma equipe, uma empresa ou simplesmente sua própria vida, você tem o poder de criar mudanças.

Aperte o cinto, querida leitora. As estrelas a chamam, e o universo aguarda seu brilho. Prepare-se para a decolagem. Lidere com propósito. Voe mais alto do que jamais imaginou.

Se você quiser mergulhar mais profundamente na minha experiência, sinta-se à vontade para se conectar comigo no LinkedIn ou imergir em meu livro *Conexões: A Importância de Criar Vínculos na Jornada Profissional.* Juntas, podemos explorar novos caminhos e territórios desconhecidos, forjando alianças sob céus estrelados de possibilidades. Vamos trocar ideias como segredos sussurrados numa brisa morna e construir sobre sonhos que se estendem até onde o horizonte alcança. Venha, junte-se a mim — sua voz, sua visão, sua história podem moldar nossos próximos passos. Vamos nos erguer como uma constelação de colaboradoras, iluminando o caminho à frente com brilho e unidade.

FLAVIA VIGIO

linkedin.com/in/flavia-vigio

Estamos no mesmo barco

"Somos flecha e somos arco"

De idade eu tinha pouco mais que os dedos da mão. Nesse domingo, como em todos os outros, eu estava deitada na areia branca da praia no Rio de Janeiro, de olhos fechados sob o chapeuzinho de tricô, sentindo o vento lamber das minhas canelas o sal da água que o sol forte já tinha secado desde o meu último mergulho. E, meio cochilando, meio ouvindo, embalada pela conversa entre minha mãe, Walkyria, minha avó materna, Wanda, e bisavó, Maria Antonietta. Falavam sobre a minha irmã, Sílvia, que chegaria em breve, já na barriga da minha mãe, sobre o curso de inglês em que me matriculariam nesse novo ano escolar, e sobre seus respectivos trabalhos no dia seguinte.

Meu pai, meu avô e meu irmão tinham ido comprar peixe para assar no forno, enquanto todos esperávamos as visitas, que incluiriam várias tias, tias postiças, avós e avós postiças. Todas elas trabalhavam também e a boa conversa da tarde já se antecipava na praia.

Para mim, nunca houve diferença da capacidade e talento entre homens e mulheres porque essa era a óbvia forma de funcionar da minha família. Nunca imaginei que fora de casa pudesse haver alguma consideração sobre "o papel do homem" e o "papel da mulher". Todos tínhamos responsabilidades dentro de casa, e ao mesmo tempo víamos o trabalho como fonte de realização pessoal dos nossos talentos individuais.

Minha mãe, professora, se preparava para fazer nova faculdade; minha avó, que trabalhava no IPASE, gostava de me levar ao escritório nas minhas férias para me ensinar a usar a máquina de escrever; minha bisavó, que fazia e vendia lindas colchas e bolsas de tricô e crochê... bem, ela nunca conseguiu me ensinar o artesanato, mas ficava horas comigo na cadeira de balanço contando sobre a vinda da família dela da Itália e como era um ponto de honra para todos o estudo e a preparação para estabelecerem uma vida digna no novo continente, com pais e tios chegados ao Rio de Janeiro durante a década de 1870 com os vapores que traziam imigrantes para o novo país que se formava. A mãe dela, Angiolina, era herborista e fazia xaropes e sabonetes no quintal da casa na Villa Ruy Barbosa, para vender na drogaria do centro do Rio enquanto o marido, alfaiate, atendia os clientes no salão do sobrado.

Sempre entendi que este era o "normal" e por isto não via a hora de também trabalhar e colocar em prática aquilo que ia aprendendo. Eu devorava revistas em quadrinhos, e depois montava uma banca de caixotes de fruta para vendê-las na calçada em frente de casa, alistando meu irmão para o trabalho comigo; quando o técnico da companhia telefônica trocou toda a fiação da caixa de telefones do prédio, juntei todos aqueles fios coloridos e fiz pulseirinhas para vender na escola — e levei uma bronca da diretora... Mais tarde, já no ginásio, comecei a dar aulas de inglês. Eu adorava ganhar meu dinheiro para comprar os quadrinhos do Pato Donald, Professor Pardal, das Turmas da Mônica e da Luluzinha. Tanto adorava esses quadrinhos que até hoje guardo boas lembranças de um dos meus trabalhos favoritos, no início da minha carreira em Comunicação: traduzir os quadrinhos do Garfield. À época não existiam computadores para isso e o trabalho de desenhar e colar os balõezinhos com o novo texto em português era todo manual: papel, caneta, cola, estilete e horas de alegria.

Tenho a impressão de que me lancei no mundo do trabalho impulsionada pelas mulheres da minha família, que sempre me colocaram em condições de produzir algo que me dê prazer e orgulho. Eu sempre digo que a recompensa por um bom trabalho é mais trabalho! Então sempre dou, aos trabalhos que me chegam, a oportunidade de abrirem novas portas, novos conhecimentos, novas experiências.

Com isto, tive chance de conhecer tanta gente, tantos lugares, tantas perspectivas. Toda essa experiência traz consigo a responsabilidade de impulsionar mais gente. Daquela conversa na praia, guardei a expectativa da chegada da minha irmã, e a certeza de que eu também teria a chance de participar das conversas que formariam o futuro dela e de outras mulheres. Até hoje espero estar fazendo isto.

Entrei na Comunicação por onde eu menos esperava: atendendo telefones em Milão. Recém-casada e recém-chegada à Itália, em uma viagem inversa à de Angiolina, fui contratada por uma grife de moda — eles precisavam de alguém que falasse inglês, e eu precisava de um emprego. O que parecia uma função simples logo se transformou em algo maior. A empresa estava crescendo, a imprensa italiana e internacional tinha curiosidade sobre aquela marca, e alguém precisava organizar tudo isso. Aos poucos, fui assumindo as relações externas, que sequer existiam como área formal. Sem perceber, estava ajudando a criar um departamento do zero.

Foi um aprendizado intenso e estimulante. Ao lado do fundador da marca e de uma equipe pequena, mas muito diversa, incluindo gente de vários países, estruturamos a relação com a mídia, organizamos desfiles durante as semanas de moda e criamos eventos muito especiais, como uma exposição de fotos do Tibet feitas pelo ator Richard Gere, na nossa loja principal, na famosa Via Montenapoleone. Milão era vibrante, e viver esse processo de crescimento foi um batismo na forma de ver um mundo cheio de culturas, que carreguei comigo para sempre.

Quando voltei ao Brasil, essa experiência abriu uma porta inesperada: fui convidada por uma agência de comunicação, Publicom (hoje Golin), para cuidar dos projetos especiais. Entrei em um universo onde a criatividade era testada diariamente. Transformamos caminhões do Senac em vitrines móveis de educação, levamos uma conversa sobre segurança alimentar para o lançamento de produtos de limpeza e criamos uma revista interna que se tornou essencial para engajar os funcionários do McDonald's.

Foi na Publicom, trabalhando com um grupo de muitas mulheres fortes, que aprendi o poder da colaboração. Descobri que as melhores soluções vêm da soma entre o conhecimento profundo do cliente e a visão ampla da agência. Mais do que isso, entendi o valor do trabalho em equipe. Não era apenas sobre entregar projetos; era sobre criar conexões e gerar impacto para toda uma rede de pessoas.

Depois de cinco anos intensos e transformadores na agência, a equipe do McDonald's me chamou para "mudar de lado" e integrar o time interno da empresa. Aceitei o desafio e iniciei uma jornada de mais de uma década que me levou a cuidar da reputação dessa poderosa marca na América Latina.

No McDonald's, por mais de uma década vivi experiências que forjaram meu conhecimento, trabalhando ao lado de mulheres que até hoje são minhas referências — algumas delas fazem parte deste livro — e que me ensinaram a ver o microcosmo que cada uma traz consigo: suas perspectivas, suas famílias, suas vidas pessoais, que fazem de cada pessoa uma oportunidade de aprender e criar juntas.

Anos depois, retornei à Golin, desta vez em Miami, que estava expandindo sua operação na América Latina. Reestruturamos equipes, redesenhamos processos e ampliamos nossa base de clientes. Foram quase cinco anos dedicados a transformar uma operação promissora em uma referência regional.

Essa experiência me levou a uma nova indústria — a da mídia — quando me somei à HBO e tive a oportunidade de unir meu amor por narrativas com a complexidade de uma nova indústria. Entre as campanhas de lançamento de sucessos como *Game of Thrones* e *Succession* e das plataformas de streaming HBO Go e HBO Max, o grande desafio veio das fusões corporativas: HBO com WarnerMedia, depois AT&T e, por fim, Discovery. Uma nova responsabilidade na mesma indústria de mídia me levou a passar à comunicação da TelevisaUnivision, para mais um processo de fusão corporativo e o lançamento do serviço de streaming em espanhol ViX, em uma experiência desafiadora e gratificante, com vários novos aprendizados e a criação de uma equipe incrível de profissionais de comunicação.

Hoje, vejo como cada etapa da minha trajetória se conectou e me manteve na trilha do autodesenvolvimento junto com o propósito de contribuir para o desenvolvimento de outras pessoas. Até hoje, me dedico aos desafios contemporâneos da comunicação em um cenário onde as redes sociais e a fragmentação da mídia redefinem as crises corporativas. Também fundei uma *startup* focada em métricas de reputação e invisto meu tempo em mentorar jovens profissionais, especialmente em inovação nas indústrias de mídia e comunicação.

Nada é apenas uma coisa, e tudo que fazemos existe dentro de um ecossistema, seja na vida pessoal ou profissional. Da mesma forma, é fundamental que cada um conheça seu poder de contribuir com ideias e palavras.

Hoje em dia, o meu maior prazer profissional é reunir pessoas e estabelecer um sistema em que todos se sintam confiantes de poder oferecer o melhor de si mesmos e que saibam que esse espaço é seguro e que todas as opiniões são respeitadas. Cada um de nós quer poder se realizar em uma área que represente nossos próprios talentos, então por que não podemos dar asas a que esse talento se manifeste?

Há um ditado que diz que "a maré, quando sobe, eleva todos os barcos". É responsabilidade de cada um de nós usar as oportunidades que temos para trazer conosco mais pessoas, sejam irmãs, amigas ou colegas, e para puxar para cima toda uma nova leva. Um futuro melhor só construiremos com a participação de todos, portanto a generosidade e a honestidade intelectual são fundamentais para chegarmos lá juntos.

CHRIS AYROSA

@chrisayrosa

O extraordinário está em quem ousa transformar

"Vovó, como você escolhe o que faz?" foi a pergunta que minha neta Maria me fez, em uma tarde qualquer. É uma pergunta gigante, e tentar respondê-la me fez refletir sobre o quanto o que eu faço se transformou ao longo dos últimos 42 anos. Minha jornada tem sido uma aventura e tanto, e cada vez mais extraordinária, guiada pelo respeito ao planeta, e pelo desejo essencial de ajudar a construir um mundo melhor. O que me traz a este capítulo, a este livro, um delicado convite para compartilhar um pouco da minha jornada a partir da criação de experiências — para mim mais do que um ofício, e sim parte de quem eu sou.

Antes de mais nada, me apresento: meu nome é Chris Ayrosa, sou cenógrafa e designer de experiências, e acredito que eventos são muito mais do que celebrações — são oportunidades de construir conexões, significados e memórias inesquecíveis. Muito cedo decidi que eu não queria apenas organizar festas, mas criar experiências que refletissem a identidade de quem as vivia. Trabalhei com marcas, empresas e pessoas para transformar eventos em narrativas visuais e emocionais. Aos poucos, vi meu trabalho se expandir para o universo do luxo — um segmento que já foi sinônimo de ostentação, mas que sempre enxerguei como a busca pela excelência nos detalhes e no significado.

Costumo dizer que tudo o que fazemos deixa um impacto. Quando crio um evento, não estou apenas decorando um espaço. Estou criando memórias. E isso vale para tudo na vida. Cada criação minha passa por um profundo respeito pelo planeta. Uso estruturas reutilizáveis, evito desperdícios e procuro soluções que unam beleza e sustentabilidade. É o meu jeito de contribuir para um futuro mais equilibrado, tanto para meus netos, que hoje são uma grande inspiração, quanto para as próximas gerações.

Naquela mesma tarde de conversas, Maria me fez outra pergunta inesperada: "Vovó Chris, é verdade que você já fez uma festa de novela dentro de uma feira?" Sorri. Sim, é verdade. Não é sempre que uma história de tantos anos atrás volta à tona desse jeito, me remetendo a um dos momentos mais interessantes que vivi na minha profissão, quando organizava eventos extraordinários para apresentar as novelas da Globo ao mercado. Para lançar a novela "Desejos de Mulher", em 2002, escolhi como locação um mercado municipal pequeno, quase escondido, na Vila Madalena. A feira livre era um cenário central da novela, com seu movimento vibrante, barracas coloridas e a energia única.

Decidi criar não apenas uma festa, mas uma experiência que transportasse os convidados para dentro do universo da trama. Ele tinha o charme de uma feira tradicional, mas estava longe de estar em condições ideais para receber o evento. O espaço precisava de uma transformação completa. Reuni minha equipe e fomos à obra. Lavei o chão, removemos cheiros desagradáveis, reorganizamos as barracas e conversei com cada feirante para garantir que tudo estivesse impecável. As barracas foram preenchidas com frutas frescas, legumes e petiscos. No dia do evento, os convidados podiam pegar comida diretamente das barracas e experimentar a sensação autêntica de estar em uma feira livre.

Do lado de fora, montamos um palco para uma apresentação musical e instalamos um telão gigante, onde exibimos o primeiro capítulo da novela. O resultado foi mágico. Não foi só um evento: foi uma vivência completa.

Enquanto contava essa história, meu neto João provocou: "Vovó Chris, mas como você sabia que ia funcionar?"

A resposta é que nunca se sabe exatamente. Eu vi potencial, mas é sempre um risco. É como cozinhar sem receita: você junta os ingredientes e torce para que dê certo. Isso me remete a outros trabalhos ao longo da minha vida, fortemente marcados pela ausência de certezas, mas sempre muita intuição e imaginação. Como o lançamento do Ford EcoSport em plena Floresta Amazônica: a ideia era criar uma experiência imersiva em um local que, até então, ninguém associava a lançamentos de automóveis. Foi um trabalho imenso, envolvendo logística delicada, mas o resultado foi uma celebração da biodiversidade e da inovação.

No projeto World Tour da Philips, usamos tecnologia de ponta para iluminar a então recém-inaugurada Ponte Estaiada, em São Paulo. Transformamos uma estrutura urbana em um espetáculo de luz e som que até hoje é lembrado por quem esteve presente.

Esses são mais do que projetos. São histórias que conectam pessoas, marcas e emoções. E é isso que sempre busquei: não apenas criar cenários bonitos, mas experiências que transformam. Que ajudaram a transformar o padrão de como eventos são feitos no Brasil. Até hoje ouço relatos de pessoas que trabalharam comigo ou participaram daquela festa da novela *Desejos de Mulher*, por exemplo, contando como essa experiência abriu seus olhos para novas possibilidades.

Pessoas incríveis como a Natasha de Caiado Castro, organizadora deste livro, que me contou o quanto aquele evento foi inspirador e memorável para ela, naquele início de sua carreira. Mas, se por um lado aquele evento foi considerado super inovador, para mim ele se conectava ao fio da minha história, muitas décadas antes, quando comecei a transformar leilões de gado e cavalos em espetáculos. Foi ali, entre mesas com flores, música que evocava histórias e luzes que valorizavam até mesmo o que parecia trivial, que aprendi a importância de criar uma moldura afetiva em torno do que precisa ser celebrado.

Ao longo do tempo, também meu entendimento de luxo foi se transformando. No início, o mercado de luxo que comecei a explorar estava associado à exclusividade, sofisticação e grandiosidade. Mas os códigos mudaram. Lembro-me de uma frase que ouvi certa vez de um cliente: "O melhor ou nada". Para mim, isso sempre significou que o luxo não é um destino, mas um caminho. Luxo é um jeito de ser e de fazer, de buscar excelência, respeitar o outro e transformar até as menores interações em algo significativo. Luxo passou a significar responsabilidade, cuidado, atenção aos detalhes e respeito pelo mundo ao nosso redor.

E, por falar em cuidado e respeito, gosto sempre de lembrar das mulheres que marcaram a minha caminhada e em como foi ser mulher em um mercado predominantemente masculino. Quando comecei, a cenografia ainda não era reconhecida como uma profissão, e boa parte do meu trabalho envolvia convencer as pessoas de que minha visão tinha valor. Havia preconceito, barreiras e, muitas vezes, uma desconfiança inicial por parte dos clientes. Mas nunca me deixei abalar. Sabia que meu trabalho falaria por mim, e sempre busquei entregar o melhor, independentemente das circunstâncias.

Reconheço nessa confiança o papel da minha avó, Maria Antonieta Medeiros, que me ensinou que criatividade e coragem andam de mãos dadas. E da minha sogra, dona Régis, que segue, aos 97 anos, sendo um exemplo de elegância e atenção aos detalhes. Ambas foram modelos de força e inspiração que ajudaram a moldar quem sou hoje.

Minhas filhas, Carolina e Juliana, também fazem parte de maneira visceral da minha história. A Carol está ao meu lado há 28 anos, cuidando do planejamento estratégico dos projetos e contribuindo com sua visão brilhante. Já a Juliana, que começou como arquiteta, trabalhou comigo por oito anos, organizando eventos de terceiro setor que ajudavam a arrecadar fundos para instituições beneficentes. Foi ali que ela encontrou sua verdadeira paixão: ajudar as pessoas por meio de eventos que fazem a diferença.

Hoje, Juliana ocupa uma posição de destaque em uma instituição internacional e é brilhante no que faz. Carol segue contribuindo comigo nos projetos que realizamos juntas. Tenho muito orgulho de ambas e sinto que nosso aprendizado foi sempre recíproco. Elas são meus suportes emocionais e minhas maiores inspirações.

Da mesma forma, sinto que posso ser um exemplo e referência importante para os meus netos. Maria cresce em um mundo tão diferente do meu, mas ainda repleto de desafios para as mulheres. Quero que ela cresça sabendo que pode ser quem quiser. E desejo que o João viva em um mundo onde a igualdade e o respeito sejam a norma.

Preciso confessar que, nos últimos dois meses, minha trajetória atingiu um novo ápice. Liderar 14 eventos em um período tão curto foi um teste de tudo o que aprendi ao longo da minha carreira e reafirmou minha paixão pelo que faço. Esses projetos, realizados em locais icônicos e para marcas de prestígio, não foram apenas desafios logísticos, mas também provas de como o mercado de luxo exige criatividade, inovação e execução impecável.

Na Casa Jereissati, criei uma experiência íntima para os melhores clientes da Goyard, onde cada detalhe foi pensado para refletir exclusividade e sofisticação. Já no Shopping JK Iguatemi, reimaginei a chegada do Papai Noel, integrando tecnologia e magia em um show de drones que iluminou o céu e os olhos de quem assistiu. Outro evento marcante foi a parada de Natal no Shopping Iguatemi Faria Lima, onde coordenei três mil pessoas em um espetáculo que reuniu 140 bailarinos, carros alegóricos e performances emocionantes. Estive no coração do evento, garantindo que tudo acontecesse com precisão e encantamento. E não posso esquecer o *flash mob*, um presente de Natal para os frequentadores do shopping, onde trabalhadores fictícios surpreenderam o público com danças e músicas vibrantes.

Cada um desses eventos é um reflexo da minha busca de transformar o ordinário em extraordinário. Sobre construir legado, inspirar conexões e transformar o mundo ao meu redor, um evento por vez.

Encerrar um evento é como finalizar um capítulo: ele fica para trás, mas sua marca permanece. Aos 69 anos, continuo a aprender, criar e me reinventar, sempre movida pela certeza de que o meu trabalho vai além de uma profissão. Transformar espaços, emocionar pessoas e inspirar novas ideias é o que me motiva, e cada projeto reflete não apenas quem eu sou, mas quem eu desejo ser para o mundo ao meu redor.

Quando penso no futuro, imagino um cenário onde as próximas gerações — como meus netos, que questionam e sonham com um mundo de possibilidades — levem adiante a ideia de que criar algo significativo é mais do que uma escolha: é um compromisso com o impacto que queremos deixar. Essa é a história que escrevo todos os dias, evento por evento, conexão por conexão, lembrando de que o extraordinário está em quem ousa transformar.

Tenho falado sobre isso nas palestras que faço pelo Brasil, a convite de grandes marcas, e cada vez mais quero levar adiante a mensagem sobre a responsabilidade de cada pessoa, de cada marca, de cada empresa, com o seu impacto e seu legado. Enfatizando que ESG não são três letrinhas da moda, mas representam responsabilidade e, sobretudo, cuidado com o presente e com o futuro. Isso sim é luxo.

Para finalizar, eu gostaria de deixar uma provocação para você, que me lê: o que você tem feito para impactar positivamente as próximas gerações? Como você está ensinando, pelo exemplo, a importância de cuidar do planeta e das pessoas?

No final, é isso que importa: o impacto que deixamos no mundo e nas pessoas. É isso que nos conecta, nos transforma e nos permite construir legados verdadeiramente significativos.

SILVANA ABRAMOVAY

linkedin.com/in/silvana-abramovay-marmonti
@silvanabramovay

Meu amor e meu legado por inteiro

Nasci em uma família judaica onde a mesa era altar, a comida celebração, e ser mulher era mais que gênero — era ser base, fundação. Por isso sou a caçula de cinco filhos — minha família toda queria tanto uma mulher que minha mãe teve quatro meninos antes de mim. Nessa quinta e última tentativa, quando minha mãe entrou em trabalho de parto, minha avó ordenou que se eu fosse "mais um menino e nascesse de madrugada" que ela não fosse acordada, que ligassem "só de manhã". Cresci nesse matriarcado populado por quatro irmãos homens mais velhos, em que ser mulher não era visto como ser do sexo frágil, e desde cedo tive que batalhar pelo meu espaço.

Só muito mais velha percebi o privilégio e limitações impostas por esse meu mundo de regência conscrita das mulheres, afinal também tive um pai conservador. Minha voz tinha igual força às opiniões dos meus irmãos, mas eu não podia nem sonhar em pintar as unhas de vermelho. Ganhei um carro aos dezesseis anos e dirigia sem carta pela cidade — outras épocas, mas meus horários eram rigorosamente controlados. Saí de casa aos 20 anos para morar sozinha, mas não podia visitar meus pais usando maquiagem. Incorporei por décadas essas dicotomias, de que podia ter todas as obrigações e responsabilidades, mas não me eram permitidas as mesmas liberdades e me vi reproduzindo restrições exclusivas à minha filha. Vejo que mesmo crescendo em uma casa com cinco homens gravitando em volta de nós mulheres, sigo percorrendo um caminho árduo para desconstruir essa herança geracional.

Geração esta que, no meu caso, foi criada em meio ao cheiro de bagel, bolo Napoleão, cache, e challah. A comida nunca foi tratada como necessidade do cotidiano na minha família, era ritual, negócio, prazer e também penitência. Minha avó Sima foi uma banqueteira respeitada e minha avó Estela sempre viajou por longos períodos e o fim da saudade vinha acompanhado de presentes com sabores estranhos. Eu cresci fugindo para a cozinha com meus irmãos para assistir o fogo alto e a dança dos temperos, mas só quando meu pai resolvia se aventurar no território das panelas, porque a minha avó Sima nos expulsava gritando. Lembro dela como uma fortaleza autoritária, que pairava acima do meu avô de estatura baixa, e que matava e escorria galinhas na sua área de serviço.

Ela muito teve que sacrificar pela cozinha, que via como martírio. Por isso, nunca quis compartilhar esse sacrifício com sua filha, minha mãe, que não sabe fritar um ovo, ou conosco, seus netos. Então, com ela partiram as receitas dos sabores da minha infância que às vezes tentamos reproduzir de memória nas reuniões familiares. Acredito que a nostalgia das nossas expedições gastronômicas fez com que a comida virasse a vocação e eixo dos negócios dessa minha geração da família. Afinal, a semente foi plantada cedo, enquanto compartilhávamos refeições típicas em mesas cheias e barulhentas.

É fácil olhar para trás e perceber que não foi à toa que comecei minha trajetória profissional no ramo alimentício aos 19 anos com quem cresceu comigo nesse ambiente de alquimia culinária: meu irmão Reinaldo, que foi meu sócio no Amor aos Pedaços por uma década até sair para buscar novos desafios no mesmo mercado. E com a nossa sócia Ivani, uma cozinheira apaixonada e fundadora da nossa empresa, que estava à procura de mais um sócio para abrir sua segunda loja. Na época, essa minha paixão por comida não era clara: eu sabia apenas que queria empreender e me encantei em como a Ivani trazia para os doces do Amor aos Pedaços uma energia criativa que eu admirava. Com o tempo eu mesma fui aprimorando meus gostos e descobrindo sabores novos, enquanto administrava as finanças e as questões comerciais da empresa.

No Amor aos Pedaços, eu e minha sócia tínhamos funções diversas, e isso nos deixava muito sozinhas nas nossas colocações. Porém sempre fizemos expedições de descobertas culinárias juntas para diversos países para aprender as tendências do mundo dos sabores. Como contei, aprendi cedo a apreciar ingredientes e ideias gastronômicas forasteiras porque quando minha avó Estela voltava das suas viagens exóticas para a Índia e China, nas décadas de 70 e 80, ela trazia de volta estranhezas para nosso paladar. Ela foi uma mulher inglesa, rígida e desbravadora, que se separou do marido, pai do meu pai, nos anos 50 quando não existia a possibilidade de divórcio no Brasil, para viver uma história de amor com o homem que passei a conhecer como avô. Ela vivia em um apartamento que me assustava como criança, de tão gigante, e lá ela colecionava um antiquário particular, com baús cheios de objetos estrangeiros que hoje permeiam as casas de todos os membros da nossa família.

Eu sinto que dediquei a mesma curiosidade ao meu negócio, do que a que eu tinha quando criança, ao explorar os quartos da casa da minha avó. E essa curiosidade moveu minha carreira, mesmo não sendo aplicada na criação de novos sabores como fazia minha sócia. Ela me impulsionou a buscar novas estruturas, como a de franquias que na época que implementamos mal existia no país, ou até mesmo campanhas comerciais. Esse inquietamento intelectual inclusive me levou a começar um novo negócio paralelo, de eventos, com a minha melhor amiga aos quase 60 anos de idade, que chamamos carinhosamente de as “Tramadoras”. Por isso sempre tento frisar que quando nossa vocação não está clara, basta buscá-la nas áreas que nos instigam fascínio, que nos despertam interesse, porque é isso que nos move para frente e nos leva a ter maiores chances de sucesso nas nossas empreitadas.

Independentemente do que escolhemos como trabalho, a nossa jornada é sempre um pouco solitária. Quando eu e minha sócia começamos a nossa, há mais de 40 anos, existiam menos redes de apoio, os eventos de *networking* aconteciam dentro de organizações e associações com pouca recorrência, e não se falava abertamente dos problemas do negócio como percebo que fazemos hoje. Qualquer dificuldade era tratada com discrição, quase como segredo. O ato de empreender é sentir o peso de não compartilhar decisões, mas na época me parecia quase requisito de ofício, e eu sentia falta de ter alguém para debater possíveis caminhos.

Esse sentimento de isolamento piorou quando aos 15 anos de empresa, em 2001, eu fui vítima de uma tentativa de sequestro. Por um período de uns cinco anos na cidade de São Paulo, o crime organizado estava focado em sequestrar empresários para conseguir dinheiro de resgate. Foi aparentemente o meu caso, tentaram me pegar na porta da minha fábrica na Vila Olímpia. Tudo aconteceu muito rápido e um dos seguranças do local perdeu a vida. Eu me lembro que, de imediato, o único sentimento que tive foi de fuga do país. Naquele momento eu já tinha três filhos, e lembro que tirei todos das suas atividades extracurriculares. Avisei a escola. Deixei meu marido para trás, porque ele precisava trabalhar e tive o privilégio de poder sair do país com meus filhos e minha mãe por algumas semanas.

Quando voltei, tudo estava diferente, me senti muito fragilizada e o trauma me empurrou para dentro: do meu negócio, da minha família, de mim mesma. Eu sentia que tinha uma nova missão — manter o que eu já havia conquistado, proteger minha família e fazer o que fosse necessário para seguir em frente. E, no ínterim, sinto que travei: não andava mais na rua, não frequentava mais eventos. Eu passei a olhar tudo de uma torre isolada para que não houvesse possibilidade de vulnerabilidade externa e infelizmente sinto que isso afetou também meus negócios, porque foi na porta da minha empresa que tudo aconteceu.

Entendo que essa experiência não é muito relacionável, não é todo mundo que se fecha por conta de uma tentativa de sequestro. No entanto, infelizmente muitas de nós passamos por questões pessoais marcantes, e a maioria delas nos leva à introspecção. Eu demorei por volta de duas décadas para retornar à pessoa que eu era antes desse momento, foram quase 20 anos assustada. Até hoje, às vezes, meu coração palpita nos faróis da cidade. Demorei tanto tempo para retornar para o meu eu anterior porque foquei em seguir em frente, a qualquer custo. Enterrei diversos problemas para que fossem lidados em doses homeopáticas, e eu pudesse continuar com meus compromissos diários. O resultado foram diversos momentos do que hoje chamamos de "burnout".

O mais recente, há alguns anos, me impulsionou em direção a mudanças. Reascendi a chama da minha curiosidade para que ela me puxasse para novos desafios. Foi assim que virei mentora, conselheira, e abri um novo negócio. Redescobri o prazer de longas caminhadas, e que nada é tão urgente que não possa ser resolvido após uma ou até mesmo *duas* horas de tranquilidade. Reconheço hoje que nunca prestei atenção na minha saúde física e mental, me colocava em segundo plano e sabemos que o equilíbrio é o grande segredo de uma vida feliz. Mesmo com meus novos rituais, tenho recaídas de estresse, mas considero esse processo de aprender a viver melhor quase superado. Com isso, olho com pesar para as oportunidades perdidas do meu período de truncamento, porque elas se originam nesse lugar de abertura que eu não fui capaz de fomentar dentro de mim antes.

Claro que não foi só essa questão que restringiu minhas trocas. Acho que também me faltaram mentoras, referências no universo feminino, e masculino. Por exemplo, criar meus três filhos enquanto construía um negócio foi um dos maiores desafios da minha vida. Hoje se discute muito sobre a culpa da mulher dividida entre os negócios e a maternidade, existem livros e podcasts sobre o tema. Mas eu não tinha mentoras que me ajudassem a navegar o sentimento de insuficiência da minha função nos dois papéis. Eu tinha algumas poucas amigas que trabalhavam o tanto quanto eu e a gente se aconselhava, mesmo sabendo que no fim estávamos todas no mesmo lugar perdido.

Hoje, olhando para minha trajetória no Amor aos Pedaços, vejo o quanto a solidão de empreender poderia ter sido mais suportável se estivesse de braços enredados aos das mulheres que vieram antes de mim. De maneira nostálgica, queria ter tido longas conversas sobre os negócios da cozinha com minha avó e talvez ter aceitado dela um pouco do peso que ela parecia carregar com seu ofício, e assim ter deixado tudo mais leve para nós duas. Hoje, sou grata por poder fazer parte dessa rede para outras mulheres. Torno-me uma mentora, uma aliada, porque entendo a importância de dar espaço para nos sentirmos menos sozinhas.

Eu sei como é difícil lidar com os desafios de um mundo ainda predominantemente masculino, mas acredito que, ao estender a mão, ajudamos a criar um ambiente mais inclusivo para todas. Não estou falando apenas sobre redes de apoio formais ou grupos de *networking* — estou falando sobre mulheres que abrem espaço para outras, que compartilham suas lutas e suas vitórias. Mulheres como eu, que, mesmo sem perceber, ajudaram a pavimentar um caminho que antes parecia intransponível. Elas me mostraram que empreender, ser mulher e estar em constante crescimento não precisa ser uma jornada solitária. Mas não é apenas sobre nos sentirmos apoiadas, é sobre gerar ideias e fomentar nossos negócios.

Há centenas de anos os homens entenderam a importância das redes para multiplicar capital. Eram os negócios feitos nos almoços corporativos, no bar depois do trabalho, nas entidades de classe, nos clubes. Em espaços que eu sentia que a maternidade não me permitia presenciar já que eu vivia correndo para chegar em casa, no almoço estava no telefone para organizar quem ia buscar o meu filho doente na escola. Foi somente quando redescobri o feminismo com meus filhos crescidos que comecei a entender a força de ter tempo para esses lugares. Envolver-me com outras mulheres empreendedoras me fez perceber que, sim, é possível ir mais longe quando você não está sozinha. Eu insisto que precisamos aprender a pedir umas às outras os favores, a discutir nossos negócios, a possibilitar conexões que gerem crescimento, e podemos fazer isso do nosso jeito. No meu caso, eu volto sempre para o lugar onde minha jornada começou: convidando as pessoas a sentarem comigo em volta de uma mesa, para que possamos conversar enquanto tomamos um cafezinho acompanhado dos melhores bolos da cidade.

PATRICIA CALAZANS-ASHTON

@DanielCalazansFoundation
patricia2017bruno@icloud.com

Decapitação

"Você terá uma mudança significativa de carreira, e eu estarei com você, orientando e guiando seus passos. Você se lembra de quando passávamos horas conversando sobre bots, robótica e inteligência artificial?

Nada disso jamais mudará. Quero ver sua paixão e entusiasmo pelo trabalho como uma missão, algo que me influenciou profundamente e me encheu de orgulho. Por favor, faça o que sempre fez: seja uma voz, deixe que os outros saibam o que você não soube a tempo de me salvar. Sua missão estará cumprida se você salvar uma vida."

Acordei sentindo náuseas e perdida no tempo e no espaço. Meu celular mostrava várias chamadas não atendidas de Daniel, meu filho. Por que ele me ligaria, sabendo que eu não conseguiria falar?

Já são 17h47. Adormeci logo depois de meu filho tentar falar comigo antes do almoço. Não nos vimos o dia todo. Eu o vi subindo as escadas e fiz um gesto, indicando que falaríamos depois. Que conversaríamos em outro momento.

Senti uma tristeza profunda, como se alguém estivesse apertando meu coração. Perdi completamente a noção do tempo e, ao mesmo tempo, ele parecia congelado quando olhei novamente para o celular: 17h47.

Desde o início de 2020, mesmo antes da pandemia, nossa família enfrentava desafios, como uma maratona interminável de problemas de saúde, pressões no trabalho e dificuldades pessoais. Era minha segunda cirurgia em menos de duas semanas.

A primeira, realizada por um cirurgião de Stanford, resultou em um erro médico, deixando minha corda vocal esquerda danificada durante a tentativa de remover minha tireoide e os nódulos glandulares do meu pescoço — possivelmente malignos. Eles tiveram que interromper a cirurgia logo no início, quando a paralisia aconteceu.

Nada foi resolvido. Tudo o que consegui foi uma enorme dificuldade para engolir qualquer coisa além de líquidos e a incapacidade de falar. É uma sensação parecida com tentar segurar o choro, aquele nó na garganta.

Olhei no espelho para observar os pontos e a cicatriz no meu pescoço. Envelheci mais nos últimos seis meses do que na última década. O espelho em frente à cama refletia a imagem de uma mulher que parecia ter sido alvo de uma tentativa de decapitação.

No dia 5 de agosto, foi meu aniversário. Completei 53 anos. Como tradição na minha família, minha mãe foi a primeira a me ligar. Ela me contou a mesma história que adorava repetir, a história do meu terceiro aniversário.

Minha mãe passou semanas planejando o tema "A Maravilhosa Terra do Açúcar", transformando toda a mesa de doces em uma cidade feita de balas e bolos. Maria Antonieta teria adorado e copiado minha festa de aniversário. Eu, não.

Era a festa de aniversário perfeita para Maria Antonieta e, no entanto, para surpresa de todos, caí no choro. Recolhi-me ao meu quarto, tomada por uma onda de tristeza inexplicável.

No meu aniversário de 53 anos, todas as lojas estavam fechadas, pois era o auge da pandemia da Covid-19. Ainda assim, meus filhos encontraram uma forma de celebrar: um cupcake de cenoura com uma vela de Natal vermelha no topo.

Daniel me disse para assoprar a vela e fazer um pedido. Sem muito fôlego, pensei: *Que meus filhos fiquem em segurança; que eu consiga trabalhar e vê-los crescer e construir suas famílias.* Gravei um vídeo dos meus dois filhos comemorando minha vida ao lado da minha cama.

Mesmo após anos de terapia, nunca consegui entender por que sempre senti tanta tristeza nos momentos em que deveria estar celebrando minha vida. É como se o peso das experiências passadas lançasse uma sombra sobre o presente, tornando difícil abraçar completamente a ocasião.

Os desafios do ano pandêmico de 2020 nos afetaram de formas diferentes. Para Daniel, foi um período extremamente difícil. Ele entrou e saiu de hospitais e clínicas, lutando contra sua saúde mental. Entre abril e junho, tentou tirar a própria vida três vezes. Foi uma contradição brutal testemunhar o mundo inteiro lutando para sobreviver à Covid-19 enquanto meu filho queria desistir da vida.

A dor de ver um filho e um irmão esperando a morte é paralisante e indescritível para Amanda e para mim.

Muitos achavam que Amanda e Daniel eram gêmeos. Os dois irmãos sempre foram inseparáveis, sempre juntos. Ver-me fisicamente doente e profundamente preocupada com a depressão de seu irmão fez Amanda sentir uma imensa responsabilidade por nós dois e pelo bem-estar da família.

A postura admirável de Amanda diante de todas as dificuldades que nossa família enfrentou é um testemunho da nossa união e força. Amanda cuidou do irmão e de mim como se essa fosse sua missão de vida. Enquanto eu ia a consultas médicas com Daniel ou para mim mesma, ela assumia cada detalhe, desde preparar as refeições até administrar a agência de relações públicas no Brasil, além do seu trabalho na Meta.

No outono de 2019, o filme da minha vida começou a mudar para preto e branco — uma metáfora para a perda repentina de cor, vitalidade e alegria. Eu trabalhava no setor educacional de uma organização sem fins lucrativos fundada por um casal extremamente poderoso. Ele havia criado o maior conglomerado de redes sociais do mundo.

Descobri que estava doente logo depois de perder meu emprego.

Era um cargo de prestígio, mas, paradoxalmente, o menos exigente que já ocupei. Ainda assim, eu tinha dificuldades para me concentrar e sentia que não estava no meu melhor desempenho. No fim, fui demitida pela primeira vez na vida.

Fui diagnosticada com a doença de Hashimoto, um distúrbio autoimune que afeta a tireoide. Os sintomas incluem fadiga, lentidão, sonolência excessiva, dificuldades de memória e concentração, além de depressão — o que explica minha baixa performance no trabalho.

Perder um emprego aos 30 anos é desafiador, mas, aos 50, é algo totalmente diferente. Pesquisas mostram que a discriminação por idade é uma preocupação para muitos com mais de 50 anos, com uma porcentagem significativa relatando rejeição em vagas devido à idade.

Tentei encontrar maneiras de não ser apenas mais um número nessas estatísticas. Estava prestes a embarcar em uma jornada de crescimento pessoal e resiliência.

Candidatei-me e fui aceita em um programa intensivo de um ano na UC Berkeley Haas School of Business, focado em marketing digital. Era um curso altamente exigente, de segunda a sábado. A ideia era fortalecer meu currículo e ganhar tempo, pois eu sabia que, em algum momento, precisaria passar por cirurgia.

O plano era parar de procurar emprego e focar nos estudos. Os professores eram mais jovens e tinham menos experiência do que eu. Meus colegas de classe poderiam ser meus filhos. Tive que ser humilde e reconhecer que paramos de aprender novas tecnologias quando nos tornamos profissionais seniores, focando no lado estratégico.

Daniel morava em Berkeley, trabalhava para uma empresa de robótica e me ensinou muito no primeiro semestre. Ele me mostrou como pegar o *BART* (o metrô de São Francisco), como usar o trem e até como instalar *plug-ins* ao criar um site no WordPress.

Daniel me levava para assistir a filmes independentes e procurar tesouros em lojas vintage em nosso tempo livre, e saíamos com amigos em comum aos domingos, nosso único dia de folga. E, sim, falávamos muito sobre bots, robótica e inteligência artificial.

Eu estava doente, e Daniel também estava, mas eu não sabia que meu filho estava em risco. Eu fazia minha lição de casa da UC Berkeley quando soube que meu filho estava inconsciente em um hospital de São Francisco.

Quando cheguei lá, os médicos me disseram que ele era um milagre. Poucas pessoas sobrevivem depois de um envenenamento por *fentapill*, que mais tarde descobri ser um comprimido de Rivotril misturado com fentanil. Eu nunca tinha ouvido falar disso antes.

Daniel e eu sempre tivemos uma relação baseada na confiança e na comunicação. Compartilhávamos as senhas do celular e do computador um do outro. Quando descobri que Daniel havia comprado um Rivotril falso por 10 dólares, entrei em contato com o traficante, que preferia ser chamado de *Miami*. Ele explicou que Daniel não sabia que havia fentanil no comprimido.

Miami disse que era um "lote ruim", descartando o fato de que todos os seus outros clientes deveriam estar mortos ou no hospital. A Comissão de Stanford sobre a Crise dos Opioides nos Estados Unidos relata que 1,9 milhão de americanos morrerão até 2029 devido a essa pandemia. Uma pessoa morre a cada 5 minutos devido à crise dos opioides. Uma pessoa morre a cada 8 minutos por suicídio.

A parte mais desesperadora dessas estatísticas é que os principais usuários são os *Gen Zers* — aqueles nascidos entre 1996 e 2010 — que representarão *65% da força de trabalho dos Estados Unidos em 2025*. Essa geração desenvolveu o hábito arriscado de usar medicamentos para TDAH para melhorar o desempenho no trabalho e remédios para ansiedade para dormir.

Na noite do meu aniversário, quarta-feira, 5 de agosto, Daniel ficou abalado ao saber que dois de seus amigos haviam morrido — um por suicídio e o outro em um acidente de carro. Ele passou de triste e chorando para um estado suicida em questão de minutos. Daniel repetia: *"O sistema falhou comigo."*

Daniel entrou em uma espiral suicida, e eu não conseguia dizer nada para impedi-lo. Amanda ligou para o 911, esperando que levassem seu irmão sob uma *51-50*, que é a internação involuntária de 72 horas na Califórnia para pessoas que estão tendo ideação suicida. A ideia por trás dessa lei não é necessariamente colocar alguém em tratamento psiquiátrico, mas evitar o suicídio. Em muitos casos, as pessoas saem piores. Naquela noite, tudo o que queríamos era mantê-lo seguro — onde quer que "seguro" fosse.

Daniel convenceu a polícia de que estava bem.

No dia seguinte, dia 6 de agosto, quando acordei enjoada, decidi fazer uma xícara de chá para mim e para Daniel. Um bom chá de camomila sempre ajuda. O quarto dele ficava no andar mais baixo da casa, um dos poucos edifícios que sobreviveram ao grande terremoto de São Francisco em 1902, seguido por um incêndio que queimou quase toda a cidade. São Francisco precisou renascer das cinzas.

Daniel desfez as malas e deixou o quarto impecável. Sobre a cama perfeitamente arrumada, havia um bilhete. Eu já sabia, mas não conseguia acreditar. Provavelmente entreguei a Amanda um pedaço de papel rabiscado, perguntando onde estava Daniel.

Minha filha me disse que seu irmão tinha saído para se exercitar e que logo estaria de volta. *Volte para a cama e descanse. Vou te trazer a sopa que fiz para o jantar.* Ela tentou me acalmar, sempre positiva.

Daniel está bem. Dani sempre fica bem. Amanda estava tentando se convencer disso.

A campainha tocou.

"É Daniel. Ele esqueceu as chaves, como sempre."

Amanda desceu correndo, feliz, para encontrar seu irmão amado. Ela abriu a porta, fazendo piadas, acreditando que ele estava na entrada, apressado e com fome para voltar para casa.

Ouvi um choro primitivo. Nunca ouvi minha filha, meu filho ou qualquer outra pessoa fazerem aquele som — um som de dor profunda. Eu não conseguiria reproduzir aquele som pelos próximos um ano e meio. E que hoje repito com frequência.

O som da morte. O momento em que o mundo muda para sempre. Para o bem ou para o mal. Em todas as entranhas do corpo e da mente.

O policial me pediu para reconhecer o corpo do meu filho pelo celular e me informou que Daniel foi declarado morto às 17h47, em frente ao Pier 27. A mesma hora em que acordei me sentindo mal.

Pesquisei no Google: *"Quanto tempo dura a consciência após a morte?"*

Percebi que precisaria aprender um novo idioma para falar com meu filho.

Amanda logo aprenderia esse idioma também.

Nós duas aprendemos.

Amanda e eu honramos seu último pedido criando a Daniel Calazans Foundation. A missão da DCF é alertar sobre a interconexão entre doenças mentais e abuso de substâncias legais e ilegais. Fazemos advocacia junto ao governo americanos para regular de forma mais forte a indústria farmacêutica e oferecemos incentivos financeiros para empresas na área de tecnologia voltadas para epidemia de ansiedade, depressão, insônia e medo.

Em 2025, na Daniel Calazans Foundation vamos cumprir a promessa feita ao meu filho e lançar gratuitamente uma solução na área de realidade virtual para tratar depressão e ansiedade.

Meu filho vive para sempre em nosso coração. Daniel me ensinou que a morte não é nada além do fim do corpo físico. Ele, eu e Amanda continuamos unidos para sempre através do único motivo que justifica nossa jornada aqui e agora, o amor e o serviço ao próximo.

ALEXANDRA AKIRA

aakira@curatepurpose.org

Uma vida de resiliência, reinvenção e impacto: a história de Alexandra Akira

Olá, meu nome é Alexandra Akira. Cresci em uma pequena cidade em Connecticut, sempre ansiando por algo maior — uma vida que deixasse sua marca no mundo. Com uma curiosidade infinita e um senso de propósito inegável, embarquei em uma jornada que me moldaria de maneiras que nunca imaginei.

Após a faculdade, arrumei minhas malas e fui para o oeste, rumo à Califórnia, onde comecei a trabalhar como modelo para uma das maiores agências de modelos do mundo. Embora minha aparência exótica não fosse um encaixe perfeito ali, encontrei meu caminho de volta para Nova York, onde a Elite Model Management me recebeu de braços abertos. Guiada por uma diretora de bom coração, fui apresentada a um mundo muito maior do que qualquer coisa que eu pudesse ter sonhado.

O capítulo seguinte me levou ao Japão, onde trabalhei como modelo, ensinei inglês e, inesperadamente, descobri meu amor por contar histórias enquanto reescrevia roteiros para produtores. Foi lá que percebi que minha verdadeira vocação não estava na frente das câmeras, mas por trás delas. De volta a Nova York, mergulhei no universo da televisão, começando como assistente de produção em um *game show* da Nickelodeon. O salário era modesto — muito menor do que na época de modelo —, mas era uma oportunidade, e eu a abracei com gratidão.

Encontrando meu lugar no mundo da mídia

Logo me juntei à MTV no 1515 Broadway, um sonho realizado para uma garota de cidade pequena com grandes aspirações. Ao longo de 10 anos, cresci na empresa, trabalhando em programas inovadores, especiais e conteúdos de estilo de vida. Meu tempo na Viacom me ensinou a pensar grande, agir com ousadia e confiar nos meus instintos.

Mas nem tudo era glamour. Para me sustentar quando me mudei para Nova York no início dos anos 80, trabalhei como *bartender*. Foi durante a vibrante cena dos clubes da cidade — lugares como Palladium, Tunnel e Roxy pulsavam com energia. Convivi com lendas como Keith Haring, Madonna e Andy Warhol, absorvendo a criatividade da época. Meu tempo em Fire Island, gerenciando uma boate durante a crise da AIDS, me ensinou o poder da comunidade, compaixão e resiliência.

Os altos e baixos da vida

Nos anos 90, me casei com meu futuro ex-marido e me tornei mãe da minha linda filha, Gigi — a luz da minha vida. Embora o casamento não tenha durado, ele me ensinou força, independência e o valor da reinvenção.

Ao transitar para o mercado imobiliário comercial, aproveitei os conhecimentos da minha família sobre desenvolvimento e rapidamente obtive sucesso. No entanto, nunca perdi de vista minha paixão pela filantropia. Comecei a trabalhar em projetos que combinavam negócios com propósito, desde desenvolvimento sustentável até construção de comunidades.

Um chamado para servir em uma escala global

No início dos anos 2000, meu trabalho de defesa de causas me levou às Nações Unidas. Tive a honra de representar mais de 4.000 ONGs, trabalhando em iniciativas de sustentabilidade e desempenhando um papel fundamental na formulação dos Objetivos de Desenvolvimento Sustentável (ODS) da ONU. Colaborando com líderes mundiais e organizações de base, vi de perto o poder da ação coletiva para criar mudanças significativas.

Um dos momentos de maior orgulho foi minha contribuição na luta contra o *fracking* no estado de Nova York. O que começou como um pequeno grupo de seis pessoas cresceu para um movimento de mais de 100.000 organizações. Conseguimos garantir uma proibição estadual, provando que até as menores vozes podem ter um impacto monumental quando unidas.

Lições de uma vida com propósito

Ao longo da minha jornada, trabalhei em mais de 150 iniciativas em mais de 100 países, arrecadei mais de 300 milhões de dólares para causas próximas ao meu coração e conheci indivíduos extraordinários dedicados a melhorar o mundo. Contudo, minha vida não foi isenta de desafios. Testemunhar os ataques de 11 de setembro de perto, evacuar meu prédio com minha filha pequena e reconstruir minha vida depois disso me ensinaram sobre a fragilidade da existência e a urgência de viver com propósito.

Hoje, continuo sendo uma defensora fervorosa da sustentabilidade, igualdade e colaboração. Acredito que os ODS fornecem um roteiro para nos tornarmos melhores cidadãos globais e encorajo todos a abraçarem seu potencial para fazer a diferença.

Encontrando força na conexão

Se há algo que aprendi, é que ninguém tem sucesso sozinho. Cerque-se de pessoas que o elevem e inspirem, e nunca subestime o poder da bondade, resiliência e de um coração aberto. A colaboração, não o isolamento, será a chave para resolver os maiores desafios do mundo.

Espero que minha história inspire você a abraçar sua força interior, encontrar seu propósito e fazer um impacto positivo. Lembre-se, não importa onde você comece, as possibilidades são infinitas se você ousar acreditar em si mesma.

Que você encontre seu caminho, sua tribo e sua voz. Juntas, podemos criar um futuro mais brilhante para todos.

Com gratidão e esperança,

Alexandra Akira

AIMÉE PEYRONNET

Aimee Peyronnet
@aimeepeyronnet
ap@aimeepeyronnet.com

Contos de uma bela jornada

Qual era a única coisa que a encantava quando criança, aquela que enchia o seu coração de alegria e admiração? Essa coisa, seja qual for, provavelmente é o que você será boa em fazer na vida adulta.

Quando criança, eu amava contar histórias. Eu podia ver o brilho nos olhos das pessoas, um vislumbre de encantamento. De certa forma, eu as levava em uma jornada, ajudando-as a sonhar. Hoje, como cineasta, percebo que meu caminho já estava sendo moldado naquela época, guiado pela curiosidade e paixão.

Não importa onde você esteja na vida ou quem você seja, você pode alcançar o que seu coração deseja. O universo tem uma maneira misteriosa de mostrar o caminho — por meio de sinais, oportunidades e portas inesperadas que se abrem. Mas você precisa estar pronta para enxergá-los. A beleza está na sua capacidade de escolher o seu caminho, mesmo quando o medo aparecer. Esteja aberta, preste atenção e deixe sua intuição guiar você. Decisões tomadas com o coração levam à realização. Desafios surgirão, mas com fé, resiliência e gratidão, você saberá que está no caminho certo.

Uma história de amor, perda e o inesperado

Nasci em uma tarde ensolarada de primavera na Provença, sudeste da França, e meus pais me deram o nome de Aimée, que significa "amada". Não era apenas um nome; parecia uma missão, um chamado para espalhar o amor em todas as suas formas.

Minha mãe, uma holandesa descendente da linhagem nobre de Joana d'Arc, encarnava força e cuidado, enquanto meu pai, um jornalista francês, me apresentou às maravilhas do mundo. Ele era misterioso, frequentemente desaparecendo por meses — um homem que mais tarde descobri ter trabalhado para o governo francês. Juntos, eles lançaram, sem saber, a base para minha criatividade e meu senso de admiração.

Livros, música, arte e cinema tornaram-se o meu mundo. Eu ouvia as trilhas sonoras das sessões de cinema noturnas dos meus pais do meu quarto, imaginando histórias e aventuras. Mesmo naquela época, eu sentia que pertencia ao reino mágico do cinema.

Aos sete anos, comecei a fazer balé, o que me ensinou resiliência e disciplina. Aos 18 anos, eu estava pronta para uma carreira brilhante na dança até que um acidente de carro devastador mudou tudo. Meu equilíbrio se foi e, com ele, meu sonho de dançar. Eu tinha duas opções: afundar no desespero ou abraçar a gratidão por essa segunda chance de viver. Escolhi a gratidão.

Portas se abrem quando você menos espera

Uma série de encontros definiu minha vida. Um dia, durante um jantar em Nova York, me vi sentada ao lado de Bill Murray. Conversamos e, quando mencionei meu futuro incerto, ele simplesmente perguntou: "Você ama filmes?" Eu disse que sim, e ele respondeu: "Agora você me conhece." Uma semana depois, eu tinha um trabalho em Los Angeles, e assim começou minha carreira no cinema.

A vida continuou a me surpreender. Trabalhei com Luc Besson, ajudando a dar vida a *The Fifth Element*[1]. Descobri meu talento para encontrar grandes histórias, como manuscritos que se tornaram *best-sellers*, como *The Lovely Bones*[2]. Esse dom abriu portas para colaborações com Steven Spielberg, Peter Jackson, Pawel Pawlikowski e outros.

Amor e perda, crescimento e resiliência

Durante minha jornada, conheci JJ, uma pessoa brilhante e com o maior caráter do mundo, que se tornou meu maior apoiador e amor. Juntos, tivemos um filho e uma década de amor, separação, reencontro e, finalmente, um casamento em Veneza. Ele me incentivou a abraçar minha carreira, mesmo quando isso me afastava dele. Quando ele faleceu devido a um câncer, levei adiante seu ato supremo de amor — dar-me a liberdade de ser eu mesma.

Gratidão e retribuição

Olhando para trás, vejo como o universo sempre me guiou. Cada passo, cada pessoa que conheci, cada reviravolta me moldou em quem sou hoje. Produzir filmes é um trabalho desafiador, muitas vezes nada glamoroso, mas também é um ato milagroso de criação. Tive o privilégio de trabalhar com talentos extraordinários e trazer histórias incríveis à vida.

Para quem está lendo isso: acredite em si mesma, ouça sua voz interior e abrace o desconhecido. O medo não tem lugar na sua jornada. A vida se desdobrará de formas que você não pode imaginar, com desafios, sim, mas também com possibilidades infinitas.

Minha história é uma prova disso: quando você dá amor, ele retorna a você multiplicado por dez.

Desejo a você uma vida bela e plena,

Aimée.

---

1 Filme lançado no Brasil como "O Quinto Elemento", em 1997.

2 Livro lançado no Brasil em 2003 como Uma Vida Interrompida". Como filme, seu título foi Um Olhar do Paraíso, em 2009.

SEGUNDO MOVIMENTO

As Solistas

AS SOLISTAS

- **Adriana Araújo** – Jornalista, escritora, âncora do Jornal da Band e autora do livro "Sou a mãe dela" 68
- **Adriana D'Urso** – Advogada criminalista, professora, mestre e pós-graduada em Direito Penal, líder em entidades jurídicas. 73
- **Adriana Gonçalves Lobo** – Empreendedora social e cultural, fotógrafa, comunicadora, diretora do Instituto Jardins da Infância e mentora 77
- **Alice Coutinho** – Sócia da agência Mandarin e VP do Conselho Estatutário do Grupo Mulheres do Brasil 81
- **Allyson Stewart-Allen** – CEO, autora, palestrante, instrutora e consultora internacional, fundadora da International Marketing Partners. 85
- **Ana Paula Sampaio** – Diretora-adjunta de auditoria da ONU. Ex-Secretária Geral do Tribunal de Contas da União – TCU 87
- **Andrea Alvares** – Pensadora independente, Presidente do Conselho do Instituto Ethos e Líder do Fundo Sociobioeconomia FamaGaia 91
- **Andrea Bartelle** – Empreendedora social, conselheira de projetos sociais transformadores. 95
- **Andrea Dietrich** – Uma mente inquieta que conecta o digital e o humano para fazer a diferença nos negócios e na vida das pessoas 100
- **Aneta Ksiazek** – Chefe do Poland Convention Bureau, gestão de destinos, especialista na Indústria de eventos, analista de notícias, influenciadora 104
- **Bebel Gilberto** – Cantora, compositora e musicista brasileiro-americana com multipremiada carreira internacional 107
- **Besita Suplicy** – Formada em Psicologia, é presidente da Fundação Jovem Profissional 109
- **Bilai Joa Silar** – Executiva do Emmy Award que sempre usou a mídia como um caminho para se conectar com os outros 112

- **Brandi Hale** – Executiva dedicada do setor social, mentora, consultora de RP, construtora de cultura e amante de viagens 116
- **Bruna Lombardi** – Atriz, apresentadora, escritora, poeta, roteirista, produtora, palestrante e ativista ambiental, sendo referência no tema Felicidade........ 121
- **Bruna Milet** – CMO, diretora na América Latina, especialista em e-commerce, marketing, branding, ESG, RIG e mentora de scale-ups........ 127
- **Camila Tsuruda** – Designer gráfica e head de design na codie.digital. Criadora da identidade do Uma Sobe e Puxa a Outra / Rise and Raise Others........ 130
- **Carla Barrichello** – Pesquisadora em bem-estar, ativista da alma, mentora e palestrante, impulsiona uma nova cultura 133
- **Carol Maluf** – Alia Carol Maluf é libanesa exilada, comunicadora, filósofa, autora e ex-executiva musical, analisa migração forçada........ 138
- **Carola Monteiro de Barros Matarazzo** – Líder no terceiro setor, transforma desafios em conquistas para a justiça social e o bem comum........ 141
- **Carolina Burg Terpins** – Empresária e fundadora da Antonella Realty, no setor imobiliário 146
- **Carolina Cavenaghi** – Fundadora e CEO da Fin4She, TEDx speaker, colunista na Exame e Women in Finance........ 150
- **Carolina Nucci** – Engenheira de marketing, palestrante, empreendedora, conselheira, Top Voice do LinkedIn e mãe de Olívia........ 155
- **Caroline de Moraes** – Conselheira de Trauma, CEO da Ilumina e fundadora da Spiritual Emergence Network Brasil........ 159
- **Caroline Putnoki** – Líder da Agência de Turismo do Governo Francês na América do Sul........ 163
- **Carolyn Ong** – Especialista em operações de eventos globais. Diretora Sênior de Operações das Olimpíadas e Paralimpíadas 168
- **Catherine Petit** – Diretora-Geral da Moët Hennessy Brasil, especialista em Negócios e Finanças 172
- **Ceres Vittori** – Atriz, bailarina, coreógrafa, diretora e doutora em Letras, pesquisa Artaud e a relação com o espectador 176
- **Christine R. Gould** – Líder em inovação, empreendedora e estrategista, fundadora da GIGA, focada no futuro dos sistemas alimentares globais........ 180
- **Cinira Amaral Ferraz** – Fundadora & CEO do Instituto Raiz Nova. Ama o presente, proativa para o futuro e mãe que espalha alegria. 183

- **Cintia Hachiya** – CMO do PicPay, publicitária com trajetória nas agências W/Brasil, Lew'Lara e Africa 186
- **Claudia Furini** – Diretora de Marketing, ESG e Gestão de Clientes no Banco BV. Mulher, mãe, esposa e profissional apaixonada pelo que faz 190
- **Consuelo S. Blocker** – Criadora digital desde 2010, une vivência global e curiosidade para abordar estilo, cultura, design e lifestyle 193
- **Cristiane V. S. Jackson** – Pernambucana, filha de "Seu Davi e Dona Cila", apaixonada por música e literatura 196
- **Cristina Palmaka** – Presidente da SAP América Latina e Caribe desde 2020 após quase sete anos liderando a SAP Brasil 199
- **Daniela DallAcqua** – Diretora de RH com experiência em recrutamento, gestão de talentos, remuneração, comunicação interna e ESG 203
- **Daniela De Luca** – Empreendedora, sócia-fundadora da Tuc Glasses, mentora e consultora de estratégia de negócios 206
- **Duda Alcantara** – Arquiteta urbanista, fundadora da incorporadora social Reurba e diretora da Vivenda 208
- **Ebru Semizer** – Líder turca ousada e visionária no Brasil, inspira com sua jornada internacional de coragem e empoderamento 210
- **Elisa Alves Campos** – Editora-executiva da Época NEGÓCIOS e do portal Um Só Planeta 214
- **Elisa Gaspar** – Médica Pediatra, fundadora e coordenadora do Banco de Leite Humano em Angola 218
- **Elizana Baldissera Paranhos** – Eng. agrônoma e produtora rural, mãe, integrante do Forbes Mulher Agro e líder em diversas entidades 222
- **Elzbieta Lendo** – Presidente da Assoc. Polonesa de Hoteis Independentes e gestora do Hotel Willa Port. Membro da Assoc. Europeia de Gestores de Hoteis 227
- **Erika Prieto** – Diretora sênior de Qualidade, líder global em segurança alimentar, nutrição animal e gestão de riscos. 229
- **Fabiana Freua Antacli** – Executiva com mais de trinta anos de experiência em grandes agências de publicidade 234
- **Fabiane M. Borges** – Doutora em Psicologia Clínica e pesquisadora em Arte-Ciência no Instituto Oceanográfico da USP 238
- **Fernanda Camargo** – Sócia-cofundadora da Wright Capital, diretora da Anbima e conselheira na Fundação Grupo Boticário e iCS. 242

- **Fernanda Montenegro** – Atriz brasileira, indicada ao Oscar e membro da Academia Brasileira de Letras........ 249
- **Fernanda Ribeiro** – É cofundadora e CEO da Conta Black e presidente do conselho administrativo da Associação AfroBusiness........ 250
- **Gabriela Comazzetto** – Head de Global Business Solutions do TikTok para a América Latina........ 254
- **Giovana Pacini** – Country Manager da Merz Aesthetics® Brasil e atua há mais de 20 anos na área de medicina estética........ 256
- **Helen Jacintho** – Colunista Forbes, Fundadora do Grupo Forbes Mulher Agro e Conselheira COSAG/FIESP........ 261
- **Helena Galante** – Jornalista, criadora do podcast Jornada da Calma e diretora de CLAUDIA........ 265
- **Helena Rosén** – Relações internacionais na Embaixada da Paz do Brasil, com atuação em hotelaria, entretenimento e mercado imobiliário........ 269
- **Irene Vida Gala** – Diplomata brasileira e primeira presidente da Associação Brasileira de Diplomatas Mulheres (AMDB)........ 275
- **Isabella Maciel de Sá** – Diretora Jurídica Regional, ativista da Diversidade e Inclusão, mãe de dois e Mergulhadora Certificada........ 279
- **Jennifer Waddell** – Educadora, defensora da educação domiciliar e inovadora na aprendizagem, conecta ensino, comunidade e experiência real........ 282
- **Jeong Choe** – Assistente Superintendente de Inovação & Equipes Ágeis (EUA), líder em educação, mentora e criadora de programas de aprendizado........ 286
- **Johanna Fischer** – Ocean Wizard na Alemanha. Exploradora de ideias, conectando água, turismo e sustentabilidade com paixão........ 294
- **Juliana Rosa** – Comentarista da Band, eleita "Jornalista Econômico do Ano" pela Ordem dos Economistas do Brasil........ 296
- **Karen Sinnema** – Conectora de pessoas e negócios, apaixonada por gestão e liderança. Entusiasta em apoiar gente a crescer e se desenvolver........ 300
- **Karin Dauch** – Corretora de imóveis na Sotheby's NYC e diretora do conselho da BrazilFoundation........ 304
- **Karina Sato Rahal de Abreu** – Empresária, reconhecida por seu papel influente na gestão de talentos e no setor de entretenimento........ 309
- **Kathy Roth-Douquet** – Líder do setor sem fins lucrativos, fundadora da organização Blue Star Families........ 314

- **Leena Yadav** – Diretora de cinema, produtora, roteirista e editora indiana em Bolywood na Ashlee Films Ltd. 319
- **Letícia de Araújo Funari Ferri** – Líder Médica Executiva com experiência em biotecnologia, equidade em saúde e desenvolvimento de medicamentos. 325
- **Lidi Barbosa** – Empreendedora e empreendedora social, especialista em gastronomia voltada para saúde, cozinheira, professora e palestrante. 330
- **Lilian Cruz** – Consultora e mentora em estratégia de negócios, marketing e inovação. Ex-executiva sênior de marketing em empresas multinacionais 334
- **Lorian von Fürstenberg** – Fundadora e presidente do Instituto CrediPaz, promovendo inclusão financeira e empreendedorismo solidário para todos 338
- **Luciana Brafman** – Fundadora e CEO da Time to Act Entertainment, criando experiências imersivas e narrativas de impacto sobre o meio ambiente 342
- **Luciana Gaia** – Especialista em gestão da experiência, defende a empatia como pilar para lideranças autênticas e transformadoras 347
- **Luciana Pacheco** – Cofundadora da Mirá Sustentabilidade, conselheira e mentora de mulheres negras 351
- **Luciane Angelo** – Jornalista, colunista de sexualidade e terapeuta com trabalho voltado para o bem-estar feminino 355
- **Luly Vianna** – Designer e artesã, dedica-se a preservar saberes culturais e empoderar comunidades tradicionais através do artesanato 359
- **Mabel Feres** – Fundadora da plataforma VivaOM para a saúde integral, professora de práticas integrativas corpo e mente 362
- **Magda Feres** – Professora e chefe de Medicina Oral, Infecção e Imunidade na Harvard School of Dental Medicine. Líder em Periodontia 362
- **Maira Pinto Cauchioli Rodrigues** – Head de projetos na APEXBrasil. Especialista em neuropsicologia, diversidade, inovação e sustentabilidade. 366
- **Manzar Feres** – Diretora Geral de Publicidade na Globo, conselheira no IAB, Eletromidia e Bem Querer Mulher 362
- **Marcela Caiado** – Advogada em Agronegócio e Direito Ambiental, focada em sustentabilidade 368
- **Marcela Miranda** – Empreendedora, fundadora da Seastorm Ventures e primeira mulher a fazer um exit em fintechs no Brasil 372
- **Maria Brasil** – Consultora, professora e palestrante, há mais de uma década criando Marcas com Alma que geram impacto e valor. 376

- **Maria Gal** – Atriz, apresentadora, criadora de conteúdo, produtora e CEO da Move Maria 380
- **Maria Helena Válio** – Especialista financeira, fundou a Women Invest para empoderar mulheres no mercado financeiro 385
- **Marisa Rowinski** – Cientista, mentora, mãe de UTI e sobrevivente de um câncer raro, especialista em desenvolvimento humano 389
- **Mary Anne Cook** – Especialista em terapia de luto e transições baseada na Califórnia (EUA), integra aconselhamento, mindfulness e artes 393
- **Maure Pessanha** – Empreendedora social, executiva e colunista do Estadão PME, especialista em negócios de impacto e sustentabilidade. 401
- **Michelle Hoffmann** – Estrategista de relacionamentos nos EUA, ajuda a atrair as pessoas certas, liberar as erradas e fortalecer conexões para crescer 404
- **Milena Herdeiro** – Cofundadora da Mirá Sustentabilidade, especialista em Políticas Públicas e Gestão de Crise 351
- **Mônica Sampaio** – Estilista, engenheira e fundadora da Santa Resistência, unindo design autoral e memórias do Recôncavo Baiano 409
- **Nadejda Marques** – Professora da Wesleyan University (EUA), pesquisa e leciona sobre saúde pública, imigração e direitos humanos 413
- **Nathalie Cartolano** – Diretora Criativa premiada do Score Group e designer da capa deste e de outros livros impulsionados pelo Rise and Raise Others 417
- **Neivia Justa** – Jornalista, executiva, influenciadora, conselheira, nexialista, esposa e mãe 418
- **Nelinha do Babaçu** – Empreendedora e palestrante, inovando com sustentabilidade por meio da Palmeira de Babaçu no MA 422
- **Paloma Gastal** – Jornalista, autora e mãe de quatro, compartilha como mulheres a fortaleceram em momentos decisivos 426
- **Patrícia Peres** – Palestrante Comportamental e Estrategista Financeira e Previdenciária 430
- **Patty Ann O'Brien White** – Cofundadora da ReBoot Accel, aceleradora que capacita mulheres para retornarem ao mercado de trabalho nos EUA 434
- **Phoebe McKinney** – Consultora global em gestão de ONGs, liderança e aprendizado. Diretora Sênior, focada em impacto e sucesso com propósito 438
- **Priscila Bellusci Pereira Ticianelli** – Psicóloga, perita judicial e mestranda em Educação, atuando com perícias familiares com equilíbrio e empatia 444

- **Raquel Teixeira** – Sócia da EY, mentora e apaixonada por apoiar empreendedores 448
- **Regina Marques** – Especialista em Vendas, Operações e Supply Chain, integração e otimização de processos. Voluntária no Grupo Mulheres do Brasil 454
- **Renata Andréa Marques** – CIO América Latina na Natura, eleita top 10 CIOs pela Forbes, apaixonada por tecnologia humanizada 458
- **Renata Bindo** – Líder brasileira sênior baseada em Londres, com mais de 20 anos em estratégia corporativa e experiência global 462
- **Rocio Van Nierop** – Fundadora da Latinas in Tech EUA/México, e vencedora do prêmio UN Women USA – Rise and Raise Others 466
- **Rosangela Chammé** – Farmacêutica que tornou-se empreendedora ao adquirir um bar icônico 469
- **Sandra Chemin** – Empreendedora em inovação, negócios e impacto, pioneira da internet e mentora de líderes na FutureYou 471
- **Sandra Montes** – CMO do Olist, conselheira e investidora-anjo, tem o propósito de fazer a diferença e gerar impacto positivo nas pessoas 475
- **Sandrine Camia** – Head do Turismo do Principado de Mônaco 480
- **Sara Mohazzebi** – Escritora, produtora, diretora, estrategista editorial e moderadora com publicações em grandes veículos internacionais 481
- **Sherry Penzias** – Advogada, executiva destacada, com atuação pioneira no Vale do Silício (EUA) 484
- **Silvia Tocci Masini** – Educadora, psicanalista, psicopedagoga, com atuação no mercado editorial 486
- **Simone Caggiano** – Diretora da FIESP, conselheira, mentora e palestrante. Especialista no mercado de luxo, inovação e novos negócios. Coautora de 3 livros 490
- **Simone Silotti** – Líder no agronegócio, colunista Forbes Agro, idealizadora do #FaçaumBemINCRÍVEL e da Vale Louros, une inovação e sustentabilidade 493
- **Sneha Khanwalkar** – Compositora, apresentadora e diretora musical indiana que trabalha com trilhas sonoras para filmes em Bollywood 497
- **Sol Feliciano** – Empreendedora social, consultora e palestrante, impacta a inclusão e diversidade na tecnologia. 499
- **Susan L. Jurevics** – Executiva de nível C-suite, reconhecida pela liderança em empresas multinacionais, membro de conselhos, cidadã global e mãe 505

- **Talita Zampieri** – Mulher, mãe, madrasta, CMO, líder em tecnologia, empreendedora e visionária 508
- **Tânia Cosentino** – Engenheira Elétrica, trabalha na Microsoft desde 2019, como CEO Brasil e, atualmente, VP Cyber Latam 513
- **Tânia Silveira** – Fundadora da Casa do Caminho, criada para acolher crianças em situação de rua, oferecendo um lar e esperança 066
- **Tina Ponte** – Head no Movimento Uma Sobe e Puxa a Outra. Executiva em Marketing, Tecnologia e CX, mestre pela EAESP-FGV, mentora 517
- **Valerie Cockerell** – Autora de "Lidere como uma Mãe", ex-líder da Disney e atual palestrante principal e consultora 521
- **Vanessa Giacomo** – Atriz premiada, produtora e roteirista com participação em filmes, séries e telenovelas 525
- **Vanessa Simões** – Consultora em Capital Humano, CEO da VSX Pessoas e Conselheira Consultiva 528
- **Vera Ondei** – Vera Ondei é jornalista, editora e ativista. É presidente da Rede Agrojor e editora de agro na Forbes Brasil 532
- **Vera Suplicy** – Psicóloga, foi cofundadora do Bar Supremo e do bloco Gueri-Gueri, transformando a cultura de São Paulo 536
- **Virginie Fernandez** – Líder multicultural traçando caminhos ousados em liderança, crescimento e impacto 540
- **Virna Dias** – Medalhista olímpica, a melhor jogadora de vôlei do mundo do ano de 1999. Mulher, mãe e empresária 544
- **Vivi de Marco** – Jornalista brasileira, migrou dos telejornais para o entretenimento e há 25 anos trabalha com Ana Maria Braga, dirigindo seu programa 547
- **Yosra Mojtahedi** – Nascida em Teerã, no Irã, une arte, ciência e tecnologia para explorar tabus de gênero e corpo 551
- **Zuleica Barreto Campos** — Médica psiquiatra. Há mais de 20 anos questiona o status quo e acolhe pacientes com escuta singular e empatia 556

• • •

Sendo um projeto filantrópico, autoras e editora buscaram uma causa que traduzisse o espírito de "puxar outros".

A Casa do Caminho, fundada por Tânia e Júpiter da Silveira, desde 1972 resgata crianças de situações de extrema vulnerabilidade. Mais de 2.000 já foram acolhidas.

Embora não haja vínculo formal entre a entidade, as autoras e a editora, 100% dos royalties deste livro estão sendo destinados para que mais crianças tenham oportunidades reais.

• • •

A Casa que ensina a ver e a caminhar

www casadocaminholondrina.org.br

Por Tânia Silveira

Algumas pessoas nascem com o caminho aberto, claro, pavimentado. Outras chegam ao mundo sem trilha alguma, rodeadas apenas por ares de desamparo e escuridão. E há aquelas que, como eu, aprendem cedo que enxergar a vida é muito mais do que olhar ao redor. É abrir os olhos para os outros. Foi isso que me trouxe até aqui.

Eu sou Tânia Silveira, mãe de sete filhos, esposa do Júpiter e fundadora da Casa do Caminho, um lugar onde o olhar encontra sentido e o amor constrói trilhas para quem nasceu sem rumo. Minha história não é feita de grandes viradas ou acasos espetaculares. É tecida com pequenos passos, decisões firmes e um desejo profundo de enxergar o outro — e de não desviar o olhar.

O olhar que herdamos

Nasci no Rio Grande do Sul, em uma casa onde o olhar era uma bússola. Meu avô, um comerciante que também era maçom, dizia que o pouco que temos pode ser um mundo para quem não tem nada. Ele não falava; ele fazia. Ofereceu dois morros inteiros a famílias pobres, sem esperar nada em troca, porque acreditava que os olhos foram feitos para ver, não para ignorar. Meu pai seguiu o mesmo caminho: distribuía roupas, alimentos e esperança a quem precisava. Foi nesse ambiente que aprendi que olhar para os outros é mais do que ver. É um chamado para agir.

Um novo caminho

Quando me casei com Júpiter e nos mudamos para Londrina, nos anos 70, levamos nossos sonhos e a coragem de construir. A cidade crescia, e, com ela, as desigualdades. Eu, que sempre olhei além do meu quintal, não consegui ignorar as crianças que vagavam pelas ruas, sem família, sem abrigo, sem um amanhã.

No início, eu oferecia o que tinha: comida, roupas, um pouco de atenção. Mas percebi logo que isso não bastava. Olhar para aquelas crianças era também enxergar a verdade: não era só fome de pão. Era fome de amor, de lar, de pertencimento. Decidi, então, que era hora de construir um caminho onde antes só havia abismo. Assim nasceu a Casa do Caminho.

O primeiro passo

A Casa começou como um lugar pequeno, despretensioso, mas cheio de propósito. Não importava a simplicidade das paredes ou a escassez dos recursos; o que importava era que nenhuma criança passasse mais uma noite ao relento. As primeiras chegaram com medo no olhar, desacreditadas na vida. Nós ficamos.

Cada criança que cruzava aquele portão trazia uma história que partia o coração: bebês encontrados em banheiros públicos, crianças abusadas, pequenos deixados à própria sorte. Mas também trouxeram algo mais: a oportunidade de mostrar que, com amor, disciplina e esperança, é possível construir novos caminhos.

Caminhos construídos

Foram anos de desafios, de noites em claro, de correr atrás para garantir comida para o jantar de 200 crianças. Às vezes faltava tudo, menos a vontade de seguir. Em dias assim, eu pegava meu carro e batia de porta em porta, buscando doações. Com o tempo, amigos, vizinhos e até desconhecidos passaram a enxergar o que estávamos construindo.

O trabalho foi ganhando forma e vida. As crianças tinham rotina, escola, e, acima de tudo, amor. Chamavam-nos de tios e tias para preservar a imagem dos pais, mesmo quando estes já não estavam presentes. Algumas voltaram às suas famílias; outras cresceram conosco, formaram suas próprias vidas e até regressaram para ajudar a conduzir a Casa. Dois irmãos que resgatamos, filhos de pais alcoólatras, hoje são os novos gestores, uma prova viva de que, quando oferecemos um caminho, ele floresce.

O legado de ver e andar

Mais de duas mil crianças já passaram pela Casa do Caminho. Cada uma delas me ensinou que enxergar o outro é o primeiro passo para mudar o mundo. Não sou melhor do que ninguém, mas carrego comigo a certeza de que, quando você vê a dor do outro e pode fazer algo, o verdadeiro erro é virar o rosto.

Minha jornada não foi feita sozinha. Meu marido, meus filhos, amigos e voluntários foram meus companheiros. Porque, no fundo, ninguém constrói um caminho sozinho. Agora, jovens cheios de energia e ideias assumem essa missão, garantindo que a Casa continue abrindo portas, oferecendo novas trilhas.

A Casa do Caminho é mais do que um abrigo; é uma lição de que o olhar transforma, o amor constrói e o caminho nunca se fecha para quem tem coragem de seguir.

ADRIANA ARAÚJO

driaraujo72@gmail.com
@adrianaaraujo_

A louca das luvas

"Pra você não dá mais."

Apenas cinco palavras e um enorme medo. Parecia uma condenação: fim da linha, aos 25 anos.

Eu era uma *foca*, termo usado nas redações de jornais e emissoras de TV para definir os repórteres em início de carreira. Fazia apenas um ano que tinha deixado a função de *trainee* de editora de texto para me tornar repórter do Jornal Nacional pela Globo Minas. Aos 25 anos, estava assustada e grávida. E, alguns meses depois, o prognóstico ainda iria piorar.

"Impossível conciliar a vida de repórter, sem rotina, com os cuidados de uma criança com deficiência". O ultrassom havia revelado que a minha filha nasceria com uma síndrome ortopédica rara e grave que exigiria muitas cirurgias, por muitos anos.

Eu, uma jornalista recém-formada e recém-saída de Contagem, na região metropolitana de Belo Horizonte, já tinha trombado com o peso de algumas palavras pelo caminho.

"Trabalhar na TV? Viajar pelo mundo fazendo reportagens? Sem conhecer ninguém pra te ajudar? Não viaja na maionese, menina" .

Mas, as palavras que tentam impor um teto baixo para os sonhos de meninas da periferia, como eu fui, simplesmente não faziam efeito em mim. Eu corria para a frente do espelho do banheiro com um martelo de bater bife na mão que fazia as vezes de microfone. Passei a adolescência imitando as repórteres de TV que me fascinavam, voando pelo meu mundo imaginário até que cheguei ali: na sentença do fim da linha em 1997.

Mas, uma voz dentro de mim ousava duvidar. "Impossível? Será mesmo?"

As frases que poderiam ter cortado meus sonhos antes de formarem raiz foram ditas por mulheres. À época elas me pareceram cruéis. Hoje consigo compreender o contexto em que viviam. Eram mães, sobrecarregadas, exaustas, num mercado de trabalho injusto, especialmente com as mães solo como em breve eu me tornaria. Vi em muitas delas frustração e a certeza de que a maternidade pode enterrar carreiras promissoras. Eu tinha que escapar dessa sina e me apressar a dar a notícia da gravidez no trabalho.

Entrei para a reunião tremendo. Do outro lado da mesa havia uma mulher. Olga Curado ouviu meu pedido, para que a gravidez não me impedisse de ser repórter e me disse o que eu precisava ouvir naquele momento.

"Daqui a uns dois anos, você bota a sua filha na cintura e pode ser repórter em qualquer lugar do mundo."

Ordem direta: siga trabalhando. Gravidez não é doença.

Objetiva, durona, por muitos temida, Olga não tinha tempo para delongas. Havia acabado de assumir a chefia do jornalismo da Globo Minas, em um tempo que poucas mulheres alcançavam postos de comando. Vale para 1997 e , infelizmente, ainda vale para hoje.

À época não tinha repertório para entender as pressões e preconceitos que muito provavelmente ela enfrentava. Pois as palavras da Olga me sacudiram forte. E ela não foi a única. Olga passou como um relâmpago na chefia da TV e foi sucedida por outra mulher. Foi Nereide Beirão quem me telefonou durante a licença-maternidade com a notícia de um reajuste de 100%. Estava corrigindo uma injustiça porque eu ganhava metade do salário do homem que fazia o mesmo trabalho que eu, como repórter do Jornal Nacional.

Pula o calendário para 2006. Outra chefe: Sílvia Faria, diretora de jornalismo em Brasília. Foi ela quem me ofereceu um abraço quando enxergou em meus olhos um mar de dúvidas se eu deveria deixar a Globo para me tornar apresentadora.

"Voa, você está pronta!"

Três mulheres e mães que me entregaram estímulo e coragem em vez de desânimo e medo. Tive a sorte de encontrá-las no meu caminho profissional.

Prestes a completar 31 anos de TV, realmente botei minha filha na cintura e rodinhas nos pés. Fui repórter em Minas Gerais, São Paulo e Brasília, atuei como correspondente em Nova York e Londres, participei de grandes coberturas internacionais como o terremoto no Japão, os mineiros soterrados no Chile, o G-20, duas eleições americanas e, no Brasil, já mediei cinco debates presidenciais. Estive em mais de 25 países fazendo reportagens. Fui finalista do Prêmio Esso de Jornalismo, recebi o prêmio Vladimir Herzog. Já são 18 anos como âncora de TV, agora à frente do Jornal da Band, sem nunca ter deixado de ser repórter.

Já minha filha está com 27 anos. É uma médica formada por uma das melhores faculdades do país, a Escola Paulista de Medicina (Unifesp) e já cursando a especialização em Clínica Médica na mesma universidade. A Dra. Giovanna Araújo começa a escrever os primeiros capítulos da vida profissional dela, com a experiência de quem passou boa parte da vida em corredores de hospital como paciente.

O desafio foi árduo e longo. Giovanna teve um prognóstico de amputação da perna direita com apenas um ano de idade. Ah... essa mania de amputar os sonhos na largada. Simplesmente recusei. E seguimos outro caminho, guiadas por médicos que acreditaram que ela poderia caminhar com as próprias pernas.

Enquanto construía minha carreira como repórter, os ossos da perna direita e dos pés da Giovanna eram reconstruídos em blocos cirúrgicos. Foram quase 18 anos de tratamento, muitos pinos nas pernas, cadeira de rodas, muletas, fisioterapia, reabilitação. Dor e medo a cada entrada no hospital para realizar os alongamentos ósseos que ela precisava. Foram 10 cirurgias no total. E ela caminha!

Muita gente me pergunta como foi possível conciliar a vida de jornalista com tantas cirurgias. A resposta tem muitas camadas. A primeira delas é que a maternidade não me trouxe um fardo. Ser mãe de uma pessoa com deficiência, ao contrário do que muitos pensam, não me trouxe uma frustração, mas uma experiência de amor e propósito. Isso me guiou.

Muitos enxergam em mim uma mãe-coragem que se esforçou pra que a filha pudesse caminhar sem abrir mão dos próprios sonhos profissionais. Sou essa mulher. Mas sou também a mulher que recebeu da filha as maiores lições de resiliência, força e serenidade que poderia ter. Cuidei da Giovanna e cuidei da minha carreira com o senso de urgência, o senso de prioridade que ela me trouxe. Ela foi e é farol na minha vida.

E foi possível também porque muitas mãos foram estendidas na nossa direção; uma corrente de mãos, quase sempre femininas. Minhas irmãs, Luciene e Giane, que nos deram um amor incondicional; todas as professoras que dividiram comigo a tarefa de educar a Giovanna com autoestima e confiança em si mesma. Todas as babás que nos ajudaram na rotina pesada; minha tia Diná Antunes que abdicou da convivência com a própria família para que eu pudesse ser correspondente nos Estados Unidos. Mulheres que se doam, se desdobram, costurando uma teia de cuidado e afetos que jamais esquecerei.

Honro a todas elas e honro especialmente a primeira de todas elas: Efigênia Marques Araújo, minha mãe. Para escapar da pobreza no interior de Minas ela foi trabalhar em São Paulo como empregada doméstica, aos 12 anos. Era assim que eu contava a história dela. Levei muito tempo para entender que ela não tinha um emprego aos 12 anos, mas sim que sofreu uma violência; foi violentada em seu direito de ter uma infância, de frequentar uma escola. Mesmo assim, nunca me entregou palavras de amargura ou descrença.

"Escolha sua profissão. Seja boa no que você faz; busque sua independência financeira antes de tudo. Você nasceu para ser livre."

Pelas palavras e pelo olhar dela comecei a enxergar o mundo. E era a voz dela que ecoava dentro de mim quando ousei duvidar que a maternidade seria o fim da linha para o meu sonho de ser repórter.

Como numa corrida de revezamento, entreguei à Giovanna o que já havia recebido. Ensinei minha filha a não se vitimizar, não aceitar o papel de coitadinha, o rótulo de deficiente. Ensinei que ela tem talentos, inteligência, beleza, força, coragem mas que para enxergar tudo isso precisa se olhar com amor. Que a deficiência física é uma parte da história dela, não a história inteira. Que existe um lugar no mundo para ela. Mesmo quando o mundo tenta dizer não.

"Não dá. Impossível fabricar luvas médicas sob medida para uma pessoa com deficiência."

"Parar um processo de fabricação industrial para atender apenas uma pessoa? Não tem como."

"Impossível."

Em 2018, no final do primeiro ano da faculdade, era minha filha que ouvia uma sentença de fim da linha para ela.

Giovanna nasceu com dois dedos na mão direita. Eu que sempre foquei nas pernas dela, só então entendi que era das mãos que ela precisaria para seguir na

Medicina. E faltavam as luvas. Foi um ano inteiro ouvindo nãos. Ou apenas o silêncio da indiferença após enviar a foto da mão dela para um fabricante.

Foi a busca mais angustiante da minha vida. Chorei muitas madrugadas debaixo do chuveiro, inconformada. Revirei o Google milhares de vezes em vão. Até que uma noite descobri um médico americano que tinha uma mão muito parecida com a da Giovanna e, após 12 anos de buscas, ele tinha conseguido as luvas na Malásia.

Chorei de emoção mas, de novo, veio a indiferença. Falamos com a secretária dele, Giovanna enviou vídeo em inglês contando a história dela, mostrando a mão direita, pedindo ajuda para conseguir as luvas. Ele nunca nos atendeu; nunca respondeu nossos e-mails. Um silêncio que jamais vou compreender.

Foi assim me tornei a louca das luvas. A pessoa que faz questão de contar aos quatro cantos que as luvas médicas feitas sob medida para a Giovanna existem! E são fabricadas bem pertinho de nós, no estado de São Paulo, num processo considerado inédito no país. E tudo começou com um apelo por e-mail para um diretor comercial da fábrica.

"Há 50 anos, o homem construiu um foguete e chegou à lua. Eu me recuso a acreditar que é impossível fabricar luvas de látex sob medida para que a minha filha se torne a médica que sempre sonhou. Meu pedido é de qualquer tipo de ajuda — uma indicação, uma ideia, o nome de alguém que considere a necessidade dela possível. Nem que seja um professor Pardal para me ajudar a inventar uma máquina. No telefone você me disse que tem filhos, imagino que você entenda exatamente o quanto é crucial para mim conseguir essas luvas".

A Látex São Roque ouviu meu desespero de mãe e enxergou a minha filha, abraçou a nossa causa, conseguiu produzir 14 moldes da mão direita da Giovanna na Malásia, treinou funcionários, alterou protocolos de produção e, nove meses depois, eu estava correndo ao redor de grandes máquinas, vendo os moldes de cerâmica serem mergulhados em tonéis de látex; vendo as luvas surgirem na nossa frente. O sim para a minha filha se tornava realidade. Ela, emocionada, via a mãe pagando mico. Naquele dia uma fábrica de luvas virou parque de diversões. Eu transbordava de alegria e gratidão e sigo assim até hoje.

Giovanna tem as luvas médicas, de altíssima qualidade, que precisa para trabalhar. Usa vários pares por dia na rotina intensa de uma residente de Medicina. Já entrou com as luvas em blocos cirúrgicos, ajudou em diversos procedimentos, já acompanhou partos, entubou pacientes em UTI, fez curativos, suturou... e poderá seguir em qualquer especialidade que desejar.

Conto essa história no livro *Sou a Mãe Dela*, lançado pela Editora Globo em 2020. E, de tanto a louca das luvas falar sobre as luvas, essa história não parou na Giovanna. As luvas também se tornaram realidade para outras jovens médicas que nasceram com alguma deficiência nas mãos. Em Brasília, a pediatra Sarah Reis tem as luvas dela. A Dra. Cecília Duarte, de Minas Gerais, também! E depois vieram as luvas da Dra. Isabella Caroprezo, de São Paulo. E pelo menos outros oito profissionais estão aguardando o processo de desenvolvimento de suas luvas.

Da direção ao chão da fábrica, centenas de mãos se estenderam para nós. E as mãos de uma mulher estão na coordenação desse projeto: Célia Gavazzi, mãe, avó e diretora de importação e exportação da Látex São Roque. É ela que abraça cada pedido de luvas especiais, negocia com os fornecedores da Malásia para que novos moldes industriais de cerâmica cheguem ao Brasil e se transformem em luvas.

Recentemente fiz uma visita à fábrica e ouvi da Célia uma confidência.

"Já poderia ter me aposentado, mas atender os médicos que precisam tanto dessas luvas me motiva a não parar."

Não sei quantas pessoas a iniciativa das luvas ainda poderá beneficiar. Mas sei exatamente a razão de contar essa história.

É com as mãos que cada um de nós se apresenta ao mundo. Estendemos a mão para dizer "bom dia", "como vai?", muito prazer!". É com as mãos que abrimos portas. E quando uma criança nasce com uma deficiência nas mãos ela precisa vencer muitas barreiras, precisa vencer olhares de rejeição, olhares que se assustam, que julgam, olhares até de repulsa. Essa criança precisa travar uma batalha pessoal enorme para se sentir capaz. Para ter coragem de se mostrar ao mundo, para dizer que ela é inteira ainda que, aos olhos dos outros, lhe falte um pedaço do próprio corpo. Para se sentir plena.

Eu vi a luta de uma criança assim! Eu testemunhei a batalha silenciosa da minha filha para se amar e se respeitar, para vencer o medo, os preconceitos, para entregar uma mensagem ao mundo: "Estou aqui e sou uma médica!

O exemplo de coragem da minha filha me tornou a mulher que sou hoje. E quando conto sobre as luvas, quero dizer às crianças e adolescentes que se sentem como a minha filha que eles têm direito de existir e de ser o que desejarem. Quero dizer que suas mãos diferentes são valorosas, guardam talentos, guardam força, guardam o poder de realizar grandes feitos. E, se alguns de vocês tiverem o desejo de se tornarem médicos, dentistas, enfermeiros, veterinários, sigam em frente porque as luvas existem!

A Giovanna está apenas no começo da jornada dela como médica. Sabe que vai encontrar um mercado de trabalho injusto com as mulheres e desumano com as pessoas com deficiência. Sabe que muitos podem tentar diminuir a capacidade dela, podem duvidar dela. Mas sabe também que carrega dentro de si o poder de escolher e construir seus caminhos, o poder da decisão, da transformação; a força para vencer os obstáculos que virão.

Pra encerrar, volto ao começo. Estendo as minhas mãos para me apresentar.

Sou Adriana Araújo, uma jornalista e mãe. Tenho 52 anos e muita energia para seguir em frente. Tudo que caminhamos até aqui é apenas uma parte do caminho.

E quero dizer a todas as meninas e mulheres, mais jovens ou mais velhas do que eu; a todas as pessoas com deficiência que estão lendo este texto agora: contem comigo, com meu amor, minha esperança e a minha voz para ajudar a construir um mundo mais digno. Eu me junto a vocês nessa corrente de mãos e de luvas! E termino com as palavras que são meu lema e meu leme.

É possível! Pra você dá!

ADRIANA D'URSO

adriana@durso.com.br
@adrianadursoadv
Adriana Filizzola D'Urso
Adriana Filizzola D'Urso

Ajudando a quebrar o silêncio — minha contribuição para a luta contra a violência de gênero

Tudo começou com o convite especial para participar deste livro, que recebi da minha querida amiga Silvana Abramovay — a quem aproveito para agradecer de coração. Eu, que já participei de inúmeros livros jurídicos, sempre tecnicamente, agora precisava escrever de maneira direta e simples (sem termos jurídicos), relatando minhas memórias. De pronto, aceitei o desafio!

Quando soube que o lançamento do livro seria em março de 2025, meu coração se encheu de gratidão e alegria! Março é o mês do meu aniversário e também o Mês da Mulher. Nesta vida, nada acontece por acaso! Eu me senti mais empolgada ainda para participar do livro e dividir minha história.

Depois de aceitar participar do projeto, decidi que não poderia falar de outro tema, a não ser sobre um lema de vida: a minha luta contra a violência de gênero, que, infelizmente, acomete muitas e muitas mulheres no nosso país e pelo mundo afora.

Para contar como esta luta começa, eu volto para os bancos da Faculdade de Direito, em 2006, quando eu, ainda muito jovem, tive meu primeiro contato com o tema da violência de gênero, quando a Lei Maria da Penha entrou em vigor. Os professores falavam sobre a nova lei, explicando assuntos que até então (ainda bem) eram totalmente desconhecidos para mim, mas que, infelizmente, já faziam parte da realidade de tantas mulheres e famílias.

Temas como a definição de violência doméstica, as formas de evitar, enfrentar e punir as agressões, os tipos de violência doméstica (física, psicológica, patrimonial, sexual e moral) e as medidas protetivas, passaram a fazer parte do meu conhecimento técnico e também me tocaram no âmbito pessoal. Naquele momento, eu descobri o quanto eu era privilegiada, por ter crescido em um ambiente saudável, sem violência, com profundos valores familiares, incentivo e muito amor. Tudo isto me provocou a estudar mais o tema e querer fazer algo, aproveitando meus estudos e trabalho, para mudar a triste realidade das mulheres vítimas de violência.

Após minha formatura, quando iniciei minha trajetória profissional como advogada criminalista, casos de violência contra mulheres começaram a aparecer no escritório, alguns até nos quais tive que pedir a decretação de medidas protetivas, tamanho era o risco que a mulher sofria.

Mesmo que muitos pensem que uma advogada criminalista só pode defender pessoas acusadas de um crime, é importante esclarecer que, por vezes, também podemos atuar como assistentes da acusação, na defesa dos interesses das vítimas de crimes, inclusive de violência doméstica. Nestes casos, o meu trabalho contribui para a efetiva condenação de muitos agressores e minha rápida atuação na solicitação de medidas protetivas, por vezes, pode ser fundamental para salvar algumas mulheres de um eventual feminicídio. Além de advogar para estas mulheres, eu ofereço a elas suporte, apoio, acolhimento e escuta ativa para resolução do grave problema pessoal que vivenciam. Muitas das vezes, o agressor é o homem da vida daquela mulher, pai dos seus filhos, e não é tarefa fácil quebrar o silêncio, denunciar e querer ver aquele homem preso.

Ainda naquela época, um caso que me marcou muito, pois, em uma discussão de casal, a mulher havia sido empurrada na direção de um armário com espelhos, os quais estouraram nela, quando ela caiu sobre eles. A mulher veio ao escritório com o corpo todinho cortado e ainda com o dedo da mão quebrado. Na sala de reuniões, ela narrou com detalhes todo o momento de terror que havia vivido. A violência física sofrida por ela, naquele momento do início da minha carreira, me atormentou muito.

Algum tempo depois, foi a vez de uma amiga próxima me procurar. Ela é uma mulher destacada na sua profissão, que sempre estudou muito, fez pós-graduação, é independente financeiramente, e possui alto nível social. E menciono isto para demonstrar que a violência de gênero não tem raça, credo, nível social, pois acomete muitas mulheres, de todos os tipos, o tempo todo. Seu ex-marido (e pai do seu filho) havia ido em sua casa para buscar o menino e resolveu agredi-la verbalmente. Assustada, ela proibiu a entrada dele no prédio. Em uma próxima visita, ele não estava autorizado a entrar no prédio e subir. Ficou revoltado, quebrou o portão de vidro do prédio, arrombou a porta do apartamento e, mesmo ela tentando fugir, ele partiu para cima dela, agarrando-a pelos braços. Conseguiu bater nela, dando alguns socos em sua cara. Como resultado da agressão, ela teve alguns dentes quebrados e deslocou a mandíbula. E tudo isso aconteceu em frente ao filho deles, de apenas cinco anos. Que tristeza saber que ela havia passado pelo que passou e que eu, enquanto amiga dela, não pude fazer nada para evitar!

A partir daí, outro tema dentro do espectro da violência de gênero passou a me incomodar: os filhos da violência (meninos e meninas filhos das mulheres vítimas de violência doméstica). Grande parte das mulheres que sofrem violência doméstica tem filhos. Estas crianças seriam vítimas indiretas da violência, pois presenciam, quase que diariamente, episódios de agressão por parte de seus pais contra sua própria mãe. Isto quando não são também agredidas, tornando-se vítimas diretas da violência.

Passei, então, a me perguntar quais seriam as consequências (principalmente psicológicas) sofridas pelos filhos da violência. Estas crianças não passariam ilesas após presenciarem tamanha violência. E, infelizmente, não passam. Muitos são marcados por destinos trágicos.

Analisando o tema, descobri estudos que demonstram significativas alterações no comportamento dos bebês e das crianças em fase escolar. Ao longo dos anos, crianças e adolescentes que moram em lares violentos têm maior pré-disposição a desenvolverem enurese noturna, depressão, ideação suicida, uso abusivo de álcool e drogas, gravidez na adolescência e comportamentos ilícitos. Além disto, o desenvolvimento social destas crianças fica prejudicado, com incapacidade de desenvolvimento da empatia, maior tendência de comportamentos agressivos, sensação de deslocamento, solidão e dificuldade de estabelecer relacionamentos.

Ademais, há dados que comprovam que a exposição à violência aumenta consideravelmente as chances de perpetuação da violência doméstica e familiar ao longo das gerações. Meninas que crescem em um lar violento tendem a normalizar tais comportamentos e aceitam mais a violência, reagindo de maneira passiva quando são vítimas. Por outro lado, meninos que crescem em um lar violento costumam repetir o comportamento ao qual foram submetidos, tornando-se agressores.

Depois de tudo isto, cheguei à conclusão que precisávamos (enquanto sociedade) voltar os olhos para os filhos da violência, tratando do tema com o cuidado que ele merece, conscientizando estas crianças, ainda na escola, do que é violência doméstica e ensinando-as que isto não está certo. Passei, então, a dar aulas em escolas alertando sobre o tema. Desta forma, poderíamos ter as crianças como aliadas no combate à violência doméstica (pois elas passariam a denunciar o que acontece em suas casas) e, sabendo do problema vivido por elas, poderíamos oferecer auxílio psicológico, objetivando diminuir os efeitos trágicos e danosos da violência doméstica para estas crianças.

Em busca de dar minha contribuição na luta contra a violência de gênero, passei a estudar e me aprofundar cada vez mais no tema e, além de atuar diretamente nos casos como advogada criminalista, participei de campanhas, dei palestras por todo o país, comecei a escrever artigos para jornais, revistas e livros sobre violência contra a mulher e incluí nas minhas aulas da graduação e pós-graduação o estudo da Lei Maria da Penha, objetivando conscientizar cada vez mais pessoas sobre o assunto e informar as mulheres sobre as possibilidades de denúncia, para oportunizar que saíssem do ciclo de violência que estavam. Nestes casos, a informação é uma grande aliada na luta pela erradicação da violência contra a mulher, e propagar esta informação foi também uma forma que encontrei de ajudar.

O tempo foi passando e o tema da violência de gênero só foi me perturbando cada vez mais, mas foi em 2020 que as coisas se agravaram. Naquele ano, vivenciamos a pandemia de Covid-19, que assolou o mundo. Todos ficaram presos em casa, inclusive as mulheres vítimas de violência doméstica. Essas mulheres vivenciaram o terror, pois se viram presas dentro de casa com seus agressores, sem ter para onde fugir e nem ter como pedir ajuda. Resultado: os casos de violência contra a mulher aumentaram drasticamente na pandemia.

Mesmo diante das dificuldades da pandemia, eu sabia que minha luta tinha que continuar, pois as mulheres vítimas de violência precisavam mais do que nunca de ajuda. Passei a fazer *lives* no Instagram sobre o tema, organizei congressos e simpósios online, dei palestras e aulas online, tudo para proporcionar informação e indicar as alternativas de denúncia e socorro àquelas mulheres. Ainda na pandemia, ajudei a desenvolver um aplicativo que auxiliava as mulheres a pedirem ajuda de forma velada, pois elas não podiam simplesmente ligar para a polícia e relatar o que sofriam, estando presas em casa com o agressor.

Nesse período, algumas mulheres vítimas de violência me procuraram e, mesmo durante as reuniões online, foi possível sentir o drama que estavam vivendo. Não se tratava apenas da violência física. Mesmo a violência física sendo a mais perceptível, a violência psicológica é a mais comum. Dentro de casa o dia todo com seus agressores, as mulheres sofriam chantagem emocional, ameaças, xingamentos e ridicularização o tempo todo, o que era realmente perturbador.

Com o fim da pandemia, os números da violência contra a mulher não diminuíram, e a luta continuou. No escritório, recebi uma senhora que me contou que sofria violência doméstica há muitos anos. Foram inúmeros episódios, que ela narrou, dentre eles o dia em que seu marido lhe deu uma facada na barriga. Ela teve que passar por uma cirurgia e quase morreu. Isso havia sido há alguns anos e só agora ela tinha tido coragem para procurar ajuda e tomar uma providência contra ele. Fiquei chocada. Perguntei para ela qual tinha sido a pior violência sofrida (acreditando que ela responderia que tinha sido a facada). Surpreendentemente, ela me respondeu que a pior violência era que ele a xingava o tempo todo, diariamente, que aquilo doía muito e que ela tinha passado a acreditar que era burra, inútil, fedida, dentre outras coisas.

Naquele dia, eu reforcei o que já sabia, mas que nunca tinha ficado tão claro: que além de ser a mais comum, a violência psicológica é a mais grave, a mais dolorida. A violência física, com o tempo, cura: o braço quebrado se regenera, a marca roxa desaparece, a facada cicatriza. Por outro lado, a violência psicológica traz tanto abalo emocional que provoca feridas profundas na alma da mulher, o que é muito difícil (por vezes, impossível) de cicatrizar.

Os dias passam e os números da violência de gênero, infelizmente, não param de crescer. Da minha parte, me comprometo a continuar lutando, incessantemente, contra a violência de gênero, auxiliando, com meu conhecimento e trabalho, as mulheres a procurar ajuda e, finalmente, sair deste ciclo de violência, objetivando sempre evitar o fim trágico do feminicídio. Sei que minha atuação já foi fundamental para acolher as vítimas, evitar tragédias e já transformou a vida de muitas mulheres, que se viram livres da violência e viram seu agressor ser preso.

Espero, por fim, que este meu texto possa ajudar muitas mulheres a quebrar o silêncio, a procurar auxílio e a sair do ciclo de violência, devolvendo a elas sua dignidade e autoestima, para que possamos construir uma sociedade mais justa, mais igualitária e menos violenta. Espero, ainda, que este texto sirva de inspiração a muitas mulheres para que, assim como eu, também possam contribuir na luta contra a violência de gênero, que buscamos, de uma vez por todas, erradicar.

ADRIANA GONÇALVES LOBO

@dricalobo

Gratidão, meu nome é Adriana Lobo

Meu nome é Adriana Lobo, há 32 anos sou fotógrafa de mulheres e família, editora, empreendedora social e cultural, idealizadora do Instituto Jardins da Infância. Uma iniciativa coletiva formada por mães, durante a minha trajetória profissional, para criar filhos e netos com segurança e qualidade de vida na cidade de São Paulo, no Brasil. A ideia nasceu quando, depois de 14 anos trabalhando no mercado publicitário, resolvi fazer faculdade e engravidei, mas a iniciativa só se torna instituto quando, em 2015, fui procurada por uma executiva de *compliance* de uma grande empresa e mãe, Andrea Zanin, que quis ser fotografada nua, antes da sua cirurgia, por conta de um diagnóstico de câncer de mama.

No dia das fotos, eu vi a pesquisa extensa que Andrea tinha feito sobre o tema, com isso conectei com outra amiga, Sabrina Parlatore, que tinha passado pelo tratamento recente de um tumor, super agressivo; daí tive a ideia de fazer o projeto "Talk Show sobre o Câncer de Mama". Uma conversa educativa de duas mulheres, amigas, falando ativamente sobre a importância do diagnóstico precoce sobre câncer de mama. Assim que o roteiro ficou pronto, levamos o projeto ao Bank of America, em 2015. Através de uma amiga comum que trabalhava no banco. Esta iniciativa sensibilizou os quatro executivos do banco: Annali Duarte, Michele Narimatsu, Darlene Alvarez e Thiago Fernandes que estavam abrindo uma área de diversidade e inclusão, líderes voluntários. Uma sessão foi marcada no mês do *Outubro Rosa*. Neste comitê, eles chamaram lideranças de clientes & comunidades, onde apresentamos para este grupo, pela primeira vez, o piloto do projeto. Desta apresentação, fomos para o JPMorgan, outro banco; de lá para a Bloomberg Philanthropies e a partir deste grupo não paramos mais. Impactamos 2 milhões e meio de mulheres do meio corporativo em apenas seis meses. Este fato deu a mim a energia necessária para transformar a iniciativa em um instituto.

Desde então, o Instituto Jardins da Infância já recebeu prêmios importantes e todo novo projeto do instituto é, por gratidão, primeiro apresentado para o Bank of America, para estas mesmas pessoas que nos ajudaram no início, em 2015.

Desde 2022, após a pandemia de Covid-19, o Instituto tem como um dos seus temas centrais a prevenção à violência contra mulheres e saúde mental. O instituto recebeu em 2023 uma missão de uma pessoa da sociedade civil, Elisabeth Vinson. Uma mulher, terapeuta, que só depois de décadas entendeu com clareza o relacionamento abusivo que havia vivido no passado e quis conscientizar as adolescentes sobre o tema, para reconhecerem precocemente os sinais para não terem que passar pelo mesmo problema. Esta ideia foi transformada em palestra, por meio da

Assessoria Especial de Direitos Humanos, da Secretaria da Segurança Pública de São Paulo. O conteúdo do material utilizado e o apoio técnico para o projeto por parte da Dra. Jamila Ferrara e Dra. Fabiana Zapata foi articulado contando com a participação da Polícia Civil e da Polícia Militar do Estado, e foi entregue ao Instituto para que pudesse trabalhar o piloto, para crianças e adolescentes de até 17 anos incompletos, como um trabalho de prevenção à violência, nas escolas públicas e privadas. O piloto foi feito em 2024, por meio de uma emenda parlamentar da vereadora Janaína Lima.

Sob coordenação técnica da Dra. Vera Rocha, oito jovens multiplicadores estudantes dos cursos de Direito e de Psicologia foram formados para apresentar esta palestra a 600 estudantes de ensino fundamental II e ensino médio de escolas públicas. A partir desse projeto piloto executado com multiplicadores e escolas, o Instituto apresentou proposta, à Secretaria da Segurança Pública, de expansão da formação de adolescentes e jovens como uma ação no âmbito do SP Criança e Adolescente, sistema que tem como foco o enfretamento de violências contra crianças e adolescentes e que poderia resultar entre uma parceria formal entre a Secretaria e o Instituto. Thiago Fernandes, executivo do Bank of America, foi o conselheiro voluntário deste projeto desde o início. E sua colaboração fundamental foi ampliar o projeto para educar e trazer os meninos para esta conversa. Os resultados alcançados trazem diferentes desdobramentos que incluem a aprovação de captação de recursos pela Lei Rouanet para continuidade do projeto de formação de multiplicadores e apresentação das palestras, bem como a ampliação para os temas de cidadania e educação financeira, projetos que precisam de apoio e financiamento da iniciativa privada para que se possa levar este trabalho para mais e mais pessoas.

Hoje o instituto, novamente em parceria com o comitê do Bank of America, é pioneiro em colocar luz em um novo projeto, junto com a loja Trousseau e o Ministério da Cultura, para contar uma história de gratidão e pertencimento. Trata-se da história de Lúcia, uma artista que me procurou no meio de um divórcio difícil e abusivo, para escrever um livro de sua trajetória profissional com fotos, junto com um time todo de mulheres, e apresentar seu trabalho como designer floral ao longo de 25 anos. Este livro mostra como ela encontrou forças no trabalho para manter a saúde mental, proteger sua família e interromper este processo triste para as futuras gerações.

O processo de quase um ano e meio para esta ideia sair do papel começou com a aprovação da ideia numa linha de financiamento do governo para que pudesse receber verba de desenvolvimento. Depois fui atrás do patrocinador e montar uma apresentação. Foram 20 encontros com investidores para encontrar aquele que tivesse mais sinergia com a proposta. Assim começamos a montar um time de seis mulheres que tinham a missão de desenhar uma vida de 25 anos de trabalho, ouvindo, fotografando, ilustrando, editando. Em paralelo a isso, eu pensava: ela não pode desistir nos momentos mais difíceis. Eu lembrava que uma amiga comum nos tinha apresentado há 25 anos. Elas me deram a primeira oportunidade para fazer a minha primeira exposição, nos fundos da floricultura de Lúcia, que estava começando. Tantos momentos passaram pela minha cabeça, a gravidez da segunda e do terceiro filho, os momentos de retratos de família, as primeiras matérias profissionais, os retratos com sua mãe (também florista), foram tantas fotos ao longo dos anos e ela se tornou uma florista incrível, de quem pude acompanhar o desenvolvimento e crescimento na carreira. Nossa primeira exposição juntas foi na minha galeria, em 2014, onde ela fazia a arte com as flores e eu iluminava e fotografava. Portanto, fazer este livro era para ela e também para mim. A história de duas mulheres que cresceram, se desenvolveram e se apoiaram uma na outra. Que se tornaram profissionais, que conquistaram tantas coisas, que puderam cuidar da maternidade com alegria, sem deixar de se dedicar ao sonho de ser quem queriam ser, com criatividade e empreendedorismo.

Olhando para trás, olhando para mim, nestas três décadas de trabalho, percebo que comecei muito cedo a fotografar, tinha 15 para 16 anos. O olhar pela câmera me permitiu ver e entender as mulheres, mães, que amaram e foram amadas por seus pais, filhos, maridos e companheiras. Isso me permitiu crescer, aprender com essas famílias. Vi tantas histórias, me tornei cúmplice delas e elas me ajudaram a me identificar e reconhecer a minha própria história. Foram tantos altos e baixos, laços que se quebram, mas que se refazem momentos depois, de outras maneiras. Percebi que as crianças são reflexos destas relações; como é bonito o crescer da vida. Observar tudo isso me fez melhor, trabalhei os meus preconceitos.

Eu saí da casa dos meus pais, casei muito cedo com uma pessoa 26 anos mais velha do que eu. Enquanto eu estava no primeiro relacionamento, eu era o sexto casamento do meu companheiro. Ele já tinha três filhos, já era um fotógrafo muito famoso, reconhecido. Eu era uma aprendiz, curiosa, determinada a aprender tudo que pudesse. Vivi num meio completamente diferente da casa dos meus pais, da minha escola, e a câmera foi o meu filtro, a minha ferramenta; e os relacionamentos à minha volta foram uma escola.

Acredito que desenvolvi, ao longo dos anos, um super poder que é fotografar as situações na vida à minha volta e entender qual é o meu papel, onde posso contribuir para, através do meu trabalho, colaborar com a autoestima das mulheres e ajudá-las a ver como podemos ser incríveis.

Acredito que todos estes anos de trabalho, com pessoas tão diferentes, me deram uma liberdade e uma possibilidade para falar com qualquer pessoa na esfera pública ou privada, para construir projetos e impulsionar causas ou pessoas que geralmente seria impossível pensar, anos trás. Como se eu tivesse uma varinha de condão mágica para transformar a realidade à minha volta, diante de coisas que me sensibilizam. Com isto, aprendi que numa comunidade todos são importantes neste processo e cada um pode contribuir com algo. Que a vida é mesmo feita de altos e baixos, que é cíclica.

Nesse sentido vejo que uma contribuição que pude dar foi interferir para que determinada área, dentro de uma comunidade carente chamada Paraisópolis, pudesse se tonar uma praça. É um lugar com 56 mil mulheres, onde 52 mil delas são a estrutura da sua família, provedoras financeiras, que saem de casa às 5h da manhã e voltam depois de uma longa jornada de 15 horas entre o trabalho e o transporte público para casa. Neste lugar não tinha uma área de lazer onde as crianças pudessem ficar e brincar em segurança quando que saíam da escola, até suas mães voltarem do trabalho. Eu consegui imaginar e criar um projeto, levantar o recurso, sensibilizar a opinião pública e a mídia com isso, sensibilizar o governo de que este piloto era muito importante. Mulheres e crianças em segurança são um grande ativo de uma região, porque são a vida e o futuro. E este piloto se tornou, em 2018, programa oficial do governo do Estado de São Paulo, sendo replicado em outras 24 comunidades, impactando positivamente a vida de milhares de mulheres e crianças. Este projeto, chamado inicialmente de "Jardins da Cidade", ganhou dois prêmios de Diversidade e Cidadania da Secretaria de Direitos Humanos, sendo uma iniciativa reconhecida pela ONU/ Unesco, o que me enche de orgulho até hoje.

As minhas iniciativas pessoais, que se confundem com as do Instituto Jardins da Infância, são um exemplo de que a história de uma mulher, com um olhar atento e sensível, pode abrir caminho e encontrar as histórias de outras mulheres e suas crianças. É preciso apenas ter intenção e disposição para trabalhar ao redor e transformar o mundo à sua volta, impactando pessoas positivamente.

ALICE COUTINHO

alicexavier3@gmail.com
@alicec23
linkedin.com/in/alicecoutinhoxavier

Do sonho ao propósito: a jornada de uma empreendedora

Se me contassem aos 18 anos que um dia escreveria sobre minha trajetória ao lado de tantas mulheres inspiradoras de diferentes partes do mundo, provavelmente eu não acreditaria. Naquele tempo, a única coisa que eu sabia era que precisava mudar minha realidade. Cresci com o propósito de dar uma vida melhor à minha família e construir algo que realmente fosse meu. Foi com essa determinação que comecei minha carreira empreendedora.

Meus primeiros passos até empreender

Digo que tive um berço de ouro emprestado: meus pais eram simples — minha mãe costureira, meu pai motorista de táxi — mas os irmãos deles tiveram sucesso e passaram por uma ascensão social. Foi convivendo neste mundo da família que pude visualizar as possibilidades de crescer e conquistar uma condição melhor.

Com essa inspiração, comecei muito cedo a pensar em como poderia ganhar mais dinheiro enquanto estudava. Minha jornada no empreendedorismo começou cedo, mas eu nem imaginava que era empreendedora. Iniciei vendendo camisetas na escola, animando festinhas, trabalhando como *babysitter* no meu prédio, fui auxiliar em uma escolinha e cheguei até a cursar Instrumentação Cirúrgica, para poder trabalhar à noite, finais de semana e madrugadas.

Nunca esqueço que um dos médicos da equipe, ao ver minha vontade de aprender, com perguntas incessantes, me questionou: "Onde você quer chegar?". Parei, pensei por um segundo e respondi: "Senhor, ainda não sei onde e nem quando, mas vou chegar!"

Em paralelo, quando fui cursar o ensino médio, contei de novo com essa força interior. Era meu sonho estudar no Mackenzie, mas minha família não tinha condições para pagar a mensalidade. Escrevi, então, uma carta para a escola, de próprio punho, em papel almaço — como gostaria de reler essa carta hoje! Depositei nesta carta o meu sonho, minha vontade de mudar o rumo da minha jornada e fui aceita, com bolsa integral.

Mas, claro que não foi fácil. Como vim de uma escola pública, com ensino mais fraco, acabei pegando DP em uma matéria e teria que pagar uma taxa de 15 reais. Eu não tinha esse valor na época — sim, não tinha 15 reais! — precisei pedir a ajuda de uma amiga para pagar. No fim, deu tudo certo, segui meus estudos, me formei e cheguei até a ser convidada para dar aula na escola americana do Mackenzie. Um baita orgulho!

Um touro na loja de cristais

Sempre acreditei que as respostas estão dentro de nós, mas nem sempre elas são óbvias. Depois de trabalhar com tantas coisas diferentes, acabei entrando para uma empresa de eventos e promoções, onde me apaixonei pela comunicação. Mas, ainda que tivesse me encontrado na área, sentia que a empresa não estava alinhada aos meus valores. Algo me incomodava profundamente, e eu sabia que não poderia continuar ali. Foi então que uma amiga me sugeriu conversar com o vice-presidente de uma grande agência de publicidade. Nunca vou esquecer aquele encontro!

Cheguei nervosa, com aquela mistura de insegurança e esperança. Ele me recebeu com um sorriso acolhedor, mas foi direto ao ponto. Após ouvir minha história e meu descontentamento, ele olhou para mim e disse: "Você é um touro em uma loja de cristais." Na hora, não soube se aquilo era um elogio ou uma crítica, mas ele continuou: "Você tem uma energia incrível e uma determinação que não se encaixam aqui. Está claro para mim que você deveria empreender."

Essa fala já teria sido suficiente para me dar coragem, mas ele foi além. Disse algo que moldou minha visão de futuro: "Pense bem sobre o que você quer para a sua vida. Você prefere ser uma fatia de um bolo grande, trabalhando em uma grande empresa, ou começar do zero e fazer seu próprio bolo crescer? Não existe certo ou errado, é uma escolha. Mas pense nisso com cuidado."

Aquelas palavras ecoaram na minha mente por dias. Ele ainda me tranquilizou dizendo que, se minha tentativa de empreender não desse certo, as portas da empresa dele estariam abertas para mim. Mas naquele momento eu soube: eu queria fazer meu próprio bolo. Pequeno, do zero, mas meu.

Depois dessa conversa e de decidir abrir meu negócio, sabia que queria criar algo novo, algo que fosse diferente de tudo o que eu já tinha visto em outras empresas. Peguei o telefone e liguei para uma prima que era professora de inglês. Perguntei a ela: "Como se fala 'novo estilo' em inglês?" Foi assim que nasceu a New Style. Simples, direta e carregada de significado. O começo de uma história que eu mal sabia onde iria me levar, mas que começou com a vontade de fazer diferente.

Crescimento e desafios

No início da minha trajetória como empreendedora, compreendi que o diferencial estava nos pequenos detalhes. Um exemplo foi a estratégia que criei para conquistar clientes: eu mesma datilografava as propostas, passava na casa de uma senhora que fazia coxinhas deliciosas e levava esses salgados fresquinhos junto com as propostas de serviço. Brinco que não sei se fechavam o trabalho pela minha proposta ou pelo sabor das coxinhas. Essa atitude não só chamava a atenção, mas também criava uma conexão emocional com os clientes. Pequenos gestos como esse impulsionaram meu negócio e demonstraram que criatividade e dedicação fazem toda a diferença. Quando acreditamos no que fazemos, mostramos confiança e investimos antes, sem custo, a chance de sermos aprovados é muito maior.

Com o tempo, os desafios foram mudando. Ao longo de 28 anos à frente da New Style, enfrentei obstáculos que pareciam intransponíveis. À medida que a agência crescia, com mais de 200 funcionários e prêmios importantes, a necessidade de criar processos e confiar na equipe se tornou fundamental. Acredito que o sucesso de um negócio depende de unir-se às pessoas certas, ter coragem e humildade de querer aprender e adaptar-se às mudanças do mercado.

Durante essa fase, também percebi que abrir caminhos para outros era tão importante quanto construir o meu. Sempre fiz questão de dar espaço para jovens profissionais crescerem. Ver colegas e colaboradores se tornarem líderes dentro e fora da agência foi uma grande satisfação da minha carreira.

A pausa e o recomeço

Perto dos 50 anos, senti que era hora de começar um novo ciclo. Sempre me dediquei de corpo e alma ao trabalho e comecei a sentir os impactos disso até mesmo em minha saúde. Percebi que era hora de dar uma pausa, mas uma pausa ativa.

Após vender a New Style para um grande grupo de comunicação, dediquei um período sabático a mim mesma. Esse tempo foi transformador. Fiz cursos, viajei com minha família e descobri a força do autoconhecimento em um curso que me levou até à Índia. Foi também nesse período que me envolvi mais profundamente com o Grupo Mulheres do Brasil e outros projetos que ajudavam mulheres a empreender e se fortalecer.

Foi essa pausa para recalcular a rota que me deu ainda mais energia para voltar ao mercado em 2019, agora animada em abraçar novos desafios. Virei sócia da Agência Mandarin, fundada por um daqueles líderes que se formaram na New Style, e também passei a investir e auxiliar no desenvolvimento de *startups*. Nessa nova fase, trouxe tudo que aprendi sobre delegar e confiar. Não estava mais na linha de frente, mas sim aconselhando, fazendo as conexões e dando os conselhos para os negócios decolarem.

Propósito e mentoria

Meu propósito sempre guiou minhas escolhas. Quando comecei minha jornada, meu maior objetivo era mudar minha realidade, dar uma vida melhor à minha família e ter a realização de construir algo do meu jeito. Esse propósito me impulsionou a vencer os desafios do início e a conquistar tantas coisas ao longo dos anos.

Porém, ao chegar aos 50 anos, percebi que meu propósito havia evoluído. Agora, meu maior desejo é inspirar e ajudar outras mulheres a alcançarem seus sonhos. Não apenas inspirar, mas oferecer ferramentas reais para que elas se sintam confiantes e capacitadas. Por isso, a mentoria se tornou a parte mais significativa do meu trabalho hoje.

Uma das histórias que gosto de compartilhar nas sessões de mentoria é sobre o Fundo Dona de Mim, que lancei com minha amiga Sonia Hess, com o objetivo de apoiar pequenas empreendedoras. Escolhemos, na agência, que a letra "O" de

"Dona" fosse um coração, simbolizando a paixão que as mulheres colocam em seus negócios. Esse gesto não foi apenas gráfico, mas também uma declaração do espírito de acolhimento e amor que guia o Fundo. Você como dona das suas escolhas, da sua vida e dos seus negócios.

Minha jornada como mentora também me fez perceber a importância de um olhar externo. Durante as reuniões mensais com minhas mentoradas, ajudo a trazer clareza sobre os passos que precisam dar. Isso não é apenas sobre compartilhar meu conhecimento; também é sobre ouvir e compreender as histórias de cada uma. É aí que encontro meu verdadeiro propósito: capacitar essas mulheres a alcançar o sucesso sem perder sua identidade.

Hoje meu foco continua sendo o mesmo: compartilhar experiências que inspirem. Sei que quem tem um propósito claro acorda todos os dias com mais motivação e energia. Quero continuar ampliando essa visão, mostrando que é possível ter sucesso e ser feliz, desde que haja dedicação e vontade de evoluir. Afinal, o caminho não precisa ser solitário — quando nos conectamos e aprendemos umas com as outras, o crescimento se torna muito mais rico e significativo.

CEO da minha própria vida

Por fim, acredito que para alcançar uma excelente performance profissional, precisamos primeiro cuidar de nós mesmas. Cuidar da saúde, da mente, do coração. Só assim conseguimos cuidar da família, das pessoas ao nosso redor e da empresa. É o que eu sempre chamo de ser o CEO da sua própria vida: você precisa conhecer e administrar seu patrimônio, ter clareza de seus objetivos e estar no controle, independentemente de ter um companheiro ou companheira ao seu lado.

Eu vivi isso de forma intensa quando fiquei viúva de repente. Da noite para o dia, precisei cuidar de tudo, desde a gestão da casa até os sentimentos dos meus quatro filhos. Foram eles, aliás, que me impulsionaram a atravessar o luto e a me tornar uma pessoa ainda melhor. Sempre acreditei que é possível conciliar o trabalho, a família e os filhos — mas nunca esquecendo que a felicidade é o que mais importa.

Hoje, aos 57 anos, sou uma mulher realizada e me sinto jovem para realizar muitos projetos ainda. A idade está em nossa cabeça! A alma não envelhece. Meu desejo é expandir essa realização para quem deseja evoluir, especialmente mulheres que, assim como eu, começaram apenas com um sonho. Porque sonhos, quando guiados por determinação e propósito, têm o poder de transformar vidas. Acredito muito na máxima de que "*O impossível é o difícil de que se desiste*". Eu nunca desisti e quero motivar a que mais e mais mulheres sigam esse propósito e determinação.

ALLYSON STEWART-ALLEN

allyson@intmarketingpartners.com
linkedin.com/in/muse-of-marketing-allyson-stewart-allen
intmarketingpartners.com

10 presentes para a vida: lições para empoderar a próxima geração

Ter uma filha é um presente maravilhoso, uma oportunidade de ajudá-la a alçar voo, de dar-lhe a confiança para assumir riscos, de refletir sobre o que você gostaria de ter sabido quando tinha a idade dela.

Assim, no 21° aniversário de Grace, criei uma lista de reflexões em uma moldura elaborada, intitulada "10 presentes que eu gostaria de ter recebido aos 21 anos", e espero que estas ideias ressoem com você, suas filhas, netas, afilhadas, sobrinhas e outras pessoas nas quais você veja sua versão mais jovem.

1. Saiba o valor de construir e manter redes de pessoas de quem você gosta

Embora o desempenho acadêmico seja muito importante, construir redes sociais e profissionais é igualmente vital para uma vida e carreira felizes. Enquanto eu tive a sorte de aprender isso na Universidade do Sul da Califórnia, durante meu primeiro curso de Marketing Internacional, conheço muitas mulheres que não perceberam a importância de criar e manter um grupo diversificado de confidentes, que enriquecem sua vida e frequentemente colocam você no caminho de grandes oportunidades profissionais.

2. Não se preocupe com o que as pessoas pensam de você

Ao correr pequenos riscos, você verá que muitos deles valerão a pena, o que é um grande reforço de confiança, e às vezes criará inveja em quem não se sente motivado a fazer o mesmo. Não se deixe abalar pelo que os outros pensam, pois sempre haverá pessoas que se ressentem com aqueles que tomam iniciativa, desafiam o status quo e enxergam as coisas de formas novas.

3. Cerque-se de pessoas e energias positivas

Sempre haverá pessoas que julgarão você negativamente, então escolha se cercar daquelas que o afirmam, que oferecem amor e afeição. Elas estão ao seu redor, basta perceber quem são e dar prioridade a elas.

4. Confie que, não importa quão desafiadoras sejam as circunstâncias, sua inteligência e intuição ajudarão você a superar

Confiar em seus instintos e na sua capacidade de analisar situações complexas quase sempre dará a resposta. Seja em um contexto social ou profissional, confiar em sua experiência de vida e em sua inteligência emocional são fontes incríveis que pertencem somente a você.

5. Profissionalmente, faça o que ama, e o dinheiro virá

É muito tentador aceitar um emprego pelo dinheiro e ignorar outros aspectos que podem comprometer seu sucesso em uma organização, como os líderes com quem você trabalha, a cultura corporativa que pode suprimir criatividade e realizações, ou a indústria que prejudica seus usuários ou o planeta. Confie, em vez disso, em sua paixão, seus valores e seu propósito, pois, ao fazer isso, o dinheiro (a seu tempo!) virá.

6. Escolha um parceiro que tenha um bom relacionamento com os pais

Tendo namorado homens com bons e maus relacionamentos com os pais, ficou claro para mim que aqueles que tinham boas relações conseguiam dar amor mais facilmente aos outros, tinham autoestima e eram capazes de apoiar quem estava ao redor.

7. Às vezes, entregar algo que seja "bom o suficiente" é a escolha mais inteligente do que a perfeição

No mundo do trabalho, ao enfrentar o dilema entre buscar a perfeição ou entregar algo "bom o suficiente" quando os prazos são apertados e o tempo, invariavelmente, escasso, "bom o suficiente" é a resposta. Alcançar a perfeição nessas circunstâncias é geralmente impossível, então fazer o melhor possível diante das limitações alivia frustrações intermináveis e dúvidas sobre si mesmo.

8. Cerque-se de pessoas que amam e acreditam em você

Assim como na sugestão de se cercar de pessoas e energias positivas, você tem a escolha de com quem passar o tempo fora do ambiente profissional (e, às vezes, dentro dele!). Aqueles que acreditam em você, fortalecem sua confiança e inspiram você a pensar de maneiras novas e enxergar o mundo são os que tornam você mais resiliente, constroem seu caráter e ajudam você a olhar para frente e além.

9. A persistência vale mais do que a competência, na maioria das vezes

Se pensar em inventores ou empreendedores, verá que eles só encontraram o sucesso após muitas e muitas tentativas para resolver o problema no qual estavam focados. James Dyson levou 14 anos e 3.500 protótipos de seu aspirador sem saco até finalmente criar um produto confiável. O fracasso faz parte do processo de persistência, então abrace-o como uma chance de aprender e um passo necessário para avançar.

10. O melhor presente que você pode dar a si mesmo e aos outros é a confiança

Com confiança, você sente liberdade e não é sobrecarregado pela dúvida. A voz em sua cabeça é uma voz de sucesso, que diz que tentar maneiras novas e diferentes de resolver problemas trará resultados. Trazendo à tona suas memórias de experiências passadas em que foi bem-sucedida — ajudando os outros ou a si mesma —, você faz uma escolha que só depende de você.

ANA PAULA SAMPAIO

@anapaula.sspdf
anapaula.sspdf@gmail.com

Liderança feminina: um caminho de inspiração e mudança

Meu pai queria que eu fosse uma grande advogada. Minha avó sonhava em me ver como jornalista na TV. Minha mãe dizia para eu ser servidora pública e ter independência financeira. E eu? Bom, eu quis muitas coisas, mas nenhuma delas era ser líder. Quis ser psicóloga, mas em algum momento desisti. Quis fazer Educação Física e cheguei a me matricular na Universidade de Brasília. Quis ser delegada e por isso decidi cursar Direito. Ao longo do curso mudei de ideia e quis ser advogada, mas descobri que detestava advocacia! Depois de fazer estágio no Tribunal de Contas da União (TCU), órgão responsável por fiscalizar a aplicação de todo recurso público federal no Brasil, resolvi prestar concurso e, aos 23 anos de idade, me tornei auditora pública. Queria um emprego estável, com um bom salário, onde o trabalho fosse interessante e desse para conciliar com a vida doméstica. A última coisa que eu queria era ocupar cargo de liderança. E o que aconteceu? Quinze anos depois me tornei a segunda mulher na história do TCU e a pessoa mais jovem a ocupar o cargo de Secretária-Geral de Controle Externo, que lidera toda a área fim da organização, chefiando mais de mil auditores! E hoje, aos 40 anos de idade, em meio a uma mudança para trabalhar em Nova York como diretora adjunta de Auditoria Externa da ONU, tive a honra de receber o inusitado convite para fazer parte deste livro.

Escrever um texto literário era mais uma coisa que estava totalmente fora das minhas pretensões, mas resolvi, mais uma vez, aceitar o desafio! E para isso vou contar como, para minha surpresa e contrariando meus planos, me tornei uma das mulheres que dividem este livro de histórias inspiradoras sobre liderança e sororidade. Já adianto que a virada de chave dessa história tem tudo a ver com este livro! Foi o propósito de abrir caminho para outras mulheres que me fez mergulhar nos desafios que a vida colocou diante de mim e me tornar uma líder.

Bom, mas vamos à história. Cresci vendo minha mãe e minhas avós cuidarem de filhos, casa e marido. Todas trabalhavam fora de casa também, mas não tinham independência financeira e sempre priorizaram a vida doméstica. Eu me achava uma mulher muito moderna e independente, pois só aceitei me casar quando já tinha um bom emprego "para não depender de marido". Só depois descobri que não era tão "moderna e independente" quanto pensava. Apesar da independência financeira, ainda acreditava que as atividades domésticas e o cuidado com os filhos (que ainda viriam) eram apenas minha responsabilidade. Gostava de trabalhar, mas não achava viável assumir cargos altos pois não teria como conciliar tantas demandas com a maternidade e com os esportes, que eu amo. Além disso, não gostava de mandar nas pessoas e tinha pavor de falar em público.

Passei no concurso, me casei e planejava ter o primeiro filho. Foi quando recebi um convite para ser assessora de um novo ministro, que acabara de chegar ao TCU. Aceitei o convite sob uma única condição: quando ele assumisse a Presidência do TCU, eu não ocuparia qualquer cargo de liderança, continuaria como assessora.

Tive o primeiro filho, depois o segundo, substituía o chefe de gabinete esporadicamente e tudo seguia conforme o planejado até que um dia, no meio da confraternização do gabinete, o ministro me disse: "Quero que você seja a secretária-geral de Controle Externo durante minha presidência". Eu fiquei chocada e pensei: "De jeito nenhum! Isso seria uma irresponsabilidade! Não tenho experiência com gestão, nunca ocupei cargo de liderança e não me pareço em nada com os secretários-gerais que já conheci. Não teria cabimento uma coisa dessas! Ele deve ter bebido demais, amanhã com certeza vai esquecer isso".

No dia seguinte tínhamos reunião e a primeira coisa que o ministro me disse foi: "Está pronta para ser secretária-geral?" Nesse momento comecei e me preocupar um pouco, mas ainda estava certa de que ele acabaria desistindo, pois a ideia me parecia realmente absurda.

Lembro-me de dizer para o chefe de gabinete: "Pelo amor de Deus! Explique para o ministro que isso é uma insanidade! Eu não sou gestora, não me preparei para isso e nem quero me preparar". Mas, para minha irritação, ele me respondia: "Calma, Ana, você ainda vai ter tempo para se preparar, pode ser que amanhã você queira, não feche essa porta ainda".

Os anos foram se passando e vez ou outra o ministro voltava a tocar nesse assunto. Eu continuava com pavor da ideia! Até que um dia ele estava insistindo, dizendo que ia ser bom para minha carreira e que poderia me abrir muitas portas. Mas nada do que ele dizia me atraía. Eu só pensava "ele não entende que não quero nada disso? Só quero fazer o meu trabalho, cuidar dos meus filhos, praticar meus esportes e viver minha vida em paz". Até a hora que ele disse as palavras mágicas que viraram minha chave: "Vai ser simbólico, uma mulher, jovem, como secretária-geral de Controle Externo".

Nessa hora a ficha caiu! Percebi, pela primeira vez, que dar um não a esse convite era muito mais do que recusar uma oportunidade para mim. Era recusar uma oportunidade para todas as outras mulheres auditoras do TCU que nunca receberam esse convite e que, assim como eu, nem achavam que um dia poderiam ocupar essa posição, por não se sentirem e nunca terem visto uma mulher nesse cargo. Então respondi: "Certo, vou me preparar para o cargo, mas só vou assumir se me sentir pronta".

Em janeiro de 2021 me tornei chefe de gabinete da Vice-Presidência para começar a planejar a presidência do ministro, que ocorreria dali a dois anos. Assumi minha primeira equipe durante a pandemia, de forma totalmente remota, para cuidar de assuntos e pessoas com os quais nunca tinha trabalhado. Era uma equipe pequena, mas foi um grande desafio! Ao longo desse período de preparação, contei com o apoio de colegas mais experientes, a maioria homens. Eram pouquíssimas as mulheres que ocupavam cargos de nível estratégico no TCU e eu não tinha sequer uma referência feminina na qual pudesse me inspirar. Esses colegas, assim como o ministro, me encorajaram, me incentivaram e me ajudaram a acreditar na minha capacidade e no meu trabalho.

Ao longo dos dois anos de preparação fiz vários cursos sobre gestão estratégica e liderança. Ao mesmo tempo, experimentei, gerindo minha própria equipe, muito do que era tratado nesses cursos. E me surpreendi ao perceber que os principais atributos que um bom líder precisa ter, e que esses cursos buscavam desenvolver, eram algo que eu fazia naturalmente, de forma intuitiva. Aprendi, nesse período, que liderar não é saber todas as respostas e menos ainda mandar nas pessoas. Liderar é cuidar das pessoas, é estar atento a elas e guiá-las para descobrirem suas próprias respostas. É ajudá-las a encontrar propósito e motivação no que fazem para entregarem sua melhor versão para a organização. Liderar é, por meio do exemplo, criar um ambiente de colaboração, respeito e segurança, no qual as pessoas desenvolvam sua criatividade e gastem energia com o que realmente importa. Liderar é também uma oportunidade incrível de aprender e de ensinar, de transformar e ser transformado, de se doar e de receber. Liderar lhe dá o poder de mudar a vida de várias pessoas e de contribuir para um mundo melhor, mais empático e mais amoroso.

Quando descobri tudo isso, descobri também que adoro ser líder! Por isso, para minha surpresa, quando me tornei secretária-geral me sentia totalmente pronta para o cargo. Não porque achava que sabia tudo, mas porque tinha consciência de que não sabia nem precisava saber tudo, mas sabia o necessário para ser líder de uma grande organização. Sabia reconhecer minha própria ignorância sobre uma diversidade enorme de temas complexos, sabia assumir meus erros, sabia perguntar, sabia ser atenta às pessoas, sabia dar e exigir respeito, sabia ser leal à minha equipe e transmitir confiança para que pudéssemos confiar uns nos outros. Sabia, por fim, que eu não daria conta de tudo, mas faria o melhor possível!

Não tive uma referência feminina para me inspirar e usei isso para construir livremente meu estilo de liderar. Eu me permiti ser autêntica e mais informal no trato com a equipe, expressei por diversas vezes minha sensibilidade e minhas fragilidades. Em alguns momentos até me permiti chorar em público, pois preferi expor minhas emoções para uma plateia a reprimir as coisas mais bonitas e profundas que eu tinha a dizer para aquelas pessoas. Precisei construir também novas referências como mãe e esposa e criar meu próprio estilo de maternar. Precisei problematizar uma série de coisas e quebrar paradigmas para conciliar trabalho e vida pessoal. Precisei ser uma boa líder, sem deixar de chegar mais tarde para levar meus filhos na escola. Precisei encontrar uma forma de ser uma boa mãe sem acompanhar os grupos de WhatsApp da escola e sem comparecer a algumas apresentações de Dia das Mães por estar viajando a trabalho. E precisei aprender a treinar mais tranquila, respeitando os limites de um corpo mais cansado. Não dei conta de tudo, e nem tentei. Mas sei que fiz o melhor que pude!

Espero, com isso, ter ajudado outras mulheres a perceberem que elas são boas o suficiente para serem o que quiserem e que para isso não é preciso abrir mão do que são nem darem conta de tudo. Procurei dar oportunidade ao maior número possível de mulheres durante esse período. Fiz questão de encorajá-las, de compartilhar minha experiência. Usei meu lugar de fala para problematizar o papel da mulher na sociedade, para enfatizar a capacidade das mulheres e reforçar a importância de trazer mais diversidade para o espaço decisório das organizações públicas e privadas.

Ao longo desses dois anos, tive o prazer de ouvir de várias colegas mulheres que eu era um exemplo, uma referência. Vi mulheres incríveis ganharem mais segurança e deslancharem profissionalmente. Vi também muitos homens passarem a admirar e respeitar a liderança feminina. E na minha última semana como secretária-geral, vi o presidente e a procuradora-geral do Ministério Público elogiaram publicamente o trabalho que realizei utilizando falas que enfatizavam a competência e a capacidade feminina e ressaltavam a importância de ampliarmos a participação de mulheres em cargos de poder.

Terminei meu período como secretária-geral sabendo que no ano seguinte mais mulheres ocupariam funções estratégicas no TCU e que minha sucessora seria uma mulher da qual tive a honra de ouvir: "Você mudou o TCU, fico muito feliz por assumir depois de você".

Saí feliz e realizada, sabendo que aproveitei a oportunidade que me foi ofertada por homens que reconheceram a importância de valorizar o trabalho feminino para impulsionar não uma, mas várias mulheres. Espero ter deixado um legado como referência para que mulheres possam se espelhar e, a partir dela, construir outras referências de líderes.

ANDREA ALVARES

linkedin.com/in/andrea-alvares-ab1b7
@deaalvares71

Do medo ao fluxo, uma jornada pessoal de regeneração

Tudo desmoronou em um final de tarde. O cenário é uma sala de reunião com janelas opacas e uma luz fria de escritório. 18h. Sexta-feira.

Eu estava ali sentada, aguardando o que eu pensava ser uma revisão anual de um ano que eu acreditava ter sido muito bom. Todos os meus objetivos haviam sido atingidos e vários superados, apesar de um contexto muito difícil e grandes desafios. Esse era o *meu* ponto de vista sobre o ano.

Meu chefe entrou e, sem qualquer preparação ou antecipação, disse a seguinte frase: "Você sabe as mudanças organizacionais que estamos fazendo, não é?". "Sim", eu disse, "claro, 40% da meta é minha". "Bem", ele respondeu, "gostaria de aproveitar a ocasião em que vamos anunciar essas mudanças para também comunicar a sua saída da sua posição".

Um momento de silêncio pairou por um segundo enquanto eu fiquei sentada ali, uma mistura de choque e incredulidade, quando finalmente murmurei: "O quê? O que exatamente isso significa?" E o que se seguiu foi uma sequência de lembranças confusas.

Meu mundo desmoronou, ali mesmo, naquele momento. Eu, a executiva corporativa talentosa, a primeira mulher diretora de uma empresa, a primeira presidente mulher de uma indústria, a mulher no *C-suite* de uma corporação muito grande, premiada e reconhecida inúmeras vezes... de repente, demitida.

O processo não foi tranquilo. A saída foi muito difícil, demorou mais e foi pior do que poderia ter sido. Mas, no fim das contas, quando tudo terminou, me encontrei só com a sensação angustiante de ter perdido o chão sob meus pés.

Quem eu era sem um crachá corporativo? Como me descrever para os outros? Como superar a vergonha e a estranheza de contar aos meus amigos, à minha família e aos meus filhos? Como eu não vi isso chegando?

Obviamente, essa não é uma história única, muitos já viveram essa queda. Eu mesma não era alheia aos desafios da vida. Já havia enfrentado a necessidade de desistir de uma carreira potencial na dança clássica devido a uma lesão na adolescência. Enfrentei um diagnóstico de toxoplasmose em minha terceira gravidez enquanto morava sozinha com meus dois filhos em um país estrangeiro. E experimentei a dor e a tristeza do fim de um casamento de 14 anos, com 3 filhos... Havia já passado por algumas dificuldades na vida e sabia como era cair.

Mas todas essas experiências anteriores não tornaram essa mais fácil, porque a dor de uma desilusão profissional era algo totalmente novo para mim.

Avancemos agora alguns meses para aquele mesmo ano. Eu estava no meu terceiro dia caminhando pelo Caminho de Santiago, com cinco bolhas nos pés, sob o sol escaldante de um final de verão espanhol, atentando para a bolha que acabara de estourar dentro do meu sapato, criando uma dor lancinante enquanto eu estava sentada ao lado de uma trilha isolada, sozinha, pensando: "Em que raios de momento em que eu achei que isso era uma boa ideia?"

Avançando novamente, vinte e oito dias depois, cheguei exausta, mas exultante, à praça da igreja em Santiago de Compostela, depois de caminhar 800 km sozinha, vivendo do que podia carregar em uma mochila e com uma certeza: que eu dedicaria minha energia vital nos anos que estavam por vir para entender e promover a regeneração de ecossistemas, da minha própria vida e daquelas pessoas que estão ao meu redor.

Depois de sair do meu antigo emprego, escolhi continuar nos conselhos de empresas e pessoas em quem acreditava, e me juntei a mais alguns no Brasil e no exterior ao final do meu ano sabático. Fundei minha empresa Camomila, uma desenvolvedora de sistemas regenerativos, que se tornou meu campo de testes para ideias, descobertas e projetos relacionados à regeneração de sistemas alimentares, criatividade voltada para a autonomia de gênero e biomimética.

Também tive a sorte de receber e aceitar um convite para liderar um fundo de investimentos focado em criar fluxos de capital para nutrir iniciativas de socibioeconomia nos seis biomas, áreas costeiras e manguezais do Brasil.

Essa história curta, uma breve revisão da minha recente jornada pessoal, é o ponto de partida para o processo de aprofundar minha conexão com a terra, com os lugares e, especialmente, com as pessoas com quem me relaciono. Estou aprendendo a deixar a vida vir até mim sem resistência, a ouvir sem julgamento e a compreender meus próprios preconceitos ao me envolver com situações e pessoas.

Isso tem sido fundamental para o florescimento do trabalho na minha empresa Camomila, assim como para a estruturação do fundo FamaGaia Sociobioeconomia.

Um fundo de investimentos com a audaciosa visão de usar o capital para regenerar os ecossistemas que o próprio capital ajudou a destruir. Um instrumento financeiro que olha para as assimetrias sistêmicas e desenha seu modelo intencionalmente para reduzir essas assimetrias. Permitindo que os fluxos de capital nutram a terra através das práticas ecológicas e regenerativas das pessoas que lá estão. Financiando soluções sociais e ambientais que trazem a mudança necessária para um futuro positivo.

O fundo tem o mandato de investir em pessoas e comunidades que geralmente são marginalizadas pelos sistemas de crédito financeiro, como quilombolas, povos indígenas, pequenos agricultores, comunidades extrativistas tradicionais, entre outros. Ele utiliza instrumentos de crédito cujo desenho e estrutura são feitos sob medida para garantir a adequação do tamanho, prazos de pagamento e garantias que permitam empréstimos de crédito responsáveis e éticos, aumentando a capacidade de pagamento e o uso adequado dos recursos.

Fizemos isso acessando e ajudando a fortalecer uma rede de atores que constroem um ecossistema de impacto composto por aceleradoras, consultorias, assistências técnicas e provedores de conteúdo, para citar alguns, todos focados em criar resiliência e autonomia dos territórios regionais.

Os projetos nos quais investimos precisam aderir a três princípios. Primeiro, não podem, de forma alguma, estar ligados ao desmatamento. Segundo, a atividade econômica deve fomentar a biodiversidade e proteger os ecossistemas onde estão inseridas. Terceiro, devem reduzir as desigualdades.

As medidas de sucesso contemplam simultaneamente o retorno esperado para os investidores do fundo, juntamente com indicadores de impacto, como o número de comunidades beneficiadas, a presença nos seis biomas, zonas costeiras e manguezais, e taxas efetivas de juros muito mais baixas do que as instituições financeiras tradicionais oferecem e com condições justas.

O portfólio de projetos que já recebeu investimento solidificou ainda mais a minha crença de que uma forma de atuar totalmente diferente é possível. Uma onde a confiança está no coração das relações construídas, onde a ambição não é maximizar o lucro e minimizar o risco, mas redefinir a criação de valor e sua distribuição justa.

Encontrar formas de alimentar o tipo certo de atividades econômicas. Remover intermediários exploratórios e transferir poder para os biomas e para as pessoas que os protegem.

Os resultados até agora têm sido extremamente gratificantes. As conversas profundas com as pessoas nos territórios, entendendo seus desafios, sendo inspirada pelas ações e capacidade delas de criar iniciativas tão incríveis, e a alegria pura de ver como esses investimentos financeiros podem gerar um impacto tão grande.

Um dos exemplos mais recentes dos tipos de projetos nos quais investimos é a Amazonbai. Uma cooperativa fundada em 2017, composta por 141 membros do Arquipélago Bailique e da região do Beira Amazonas, no estado do Amapá. A região cobre 4,5 mil hectares do bioma Amazônico e atualmente está se expandindo para atuar também na Território Indígena Waiapi. A cooperativa cria os meios para oferecer condições comerciais mais justas para os produtores de açaí da região. Eles também atuam em parceria com outros atores do sistema de impacto, como o Instituto Terroá, que os ajudou a melhorar a governança e práticas operacionais, e a Interelos, que tem oferecido assistência técnica e apoio ao desenvolvimento da cadeia de fornecimento e produção do açaí.

O investimento do fundo ajudou a cooperativa a obter capital de giro, o que permitiu que ela pudesse comprar as colheitas de açaí dos produtores a preços muito melhores do que os intermediários normalmente oferecem, impactando positivamente a prosperidade econômica das comunidades. A expectativa é de que a capacidade da cooperativa de absorver a produção das colheitas aumente substancialmente com o empréstimo do fundo.

Desenhado para caminhar lado a lado com essa prosperidade econômica está o aumento da autonomia feminina e da participação das mulheres em cargos de liderança na cooperativa. O testemunho das mulheres extrativistas da região é que a Amazonbai é a única cooperativa onde elas são respeitadas e valorizadas, muito diferente da realidade que enfrentam tantas vezes de assédio e desvalorização. O programa também inclui treinamento e capacitação, gestão adequada dos resíduos da produção do açaí e práticas agroecológicas utilizadas na região.

Um exemplo onde os ganhos são de todos.

Não posso expressar o quanto sou imensamente grata pela jornada que me trouxe até aqui. Trabalhar com esses homens e mulheres, jovens e idosos, de tantas regiões do Brasil, com tamanha diversidade cultural, socioeconômica e étnica. Interações que tornam minha experiência neste planeta e nesta vida muito mais rica e cheia de sentido.

Eles me dão fé em nós, na humanidade, e na crença de que podemos superar esse sistema empobrecido, linear e sem sentido de "tomar-produzir-descartar". Um sistema que está destruindo nossa preciosa Terra, todas as suas formas de vida — incluindo nós, humanos — enquanto também corrói a qualidade das relações que estabelecemos com aqueles ao nosso redor.

Tanto aconteceu desde aquela distante sexta-feira naquela sala de reunião fria de um edifício de escritórios. De uma forma estranha e inesperada, aquele evento me impulsionou para uma trajetória de regeneração e florescimento pessoal.

Como senti em um dia muito especial no Caminho de Santiago, quando o milagre da vida se revelou diante de mim na exuberância de um céu azul e rosa, em uma manhã fria e clara, tão vívida que eu quase poderia tocá-la:

Eu encontrei meu ritmo, compreendi meu passo, estou em paz.

Estou em fluxo.

ANDREA BARTELLE

aebartelle@gmail.com

A essência do bem

Fiquei pensando, qual foi meu ponto de partida?

Para mim sempre foi o outro.

Talvez a facilidade que tenho para me conectar com as pessoas ajude.

Mas, de onde vem a vontade de ajudar?

"Cada um põe a felicidade onde pode, e o quanto pode, a seu gosto." Disse Voltaire.

Eu decidi pôr a minha felicidade no caminho do bem.

Escolher ser do bem é como traçar uma rota para um horizonte radiante, onde cada passo ecoa a leveza da compaixão e a profundidade do amor. É um compromisso com a luz, um desejo de semear bondade em cada passo da vida.

Muitas vezes, o caminho é repleto de obstáculos. Ser do bem exige coragem para permanecer firme em um mundo onde a indiferença e o egoísmo podem prevalecer. Algo como uma anestesia do egocentrismo!

Esse caminho, uma vez escolhido, é sem volta, como um rio que flui com determinação em direção ao mar. As águas da bondade nos envolvem, transformando a maneira como vemos a vida e como interagimos com os outros. A cada gesto gentil, construímos um legado que ressoa através do tempo, um testemunho de que a verdadeira força reside no coração generoso.

Ser do bem não é apenas um ato isolado, é uma forma de ser, um estilo de vida que pulsa na frequência da empatia e da solidariedade. É na disposição de estender a mão que encontramos a essência dessa escolha. Cada pequeno ato de bondade, por mais simples que seja, se multiplica e se transforma em ondas de esperança que alcançam aqueles que mais precisam.

Imagine, por um momento, uma onda suave que se desprende de uma mão generosa. Essa onda não busca reconhecimento ou recompensa; ela simplesmente toca a vida de alguém, uma alma desconhecida que enfrenta desafios duros. Não há necessidade de saber quem recebe o bem, pois a bondade é, por sua natureza, um presente que se dá ao universo.

Quando estendemos a mão em solidariedade, cada ato de bondade se torna uma semente plantada em um solo fértil. Embora muitas vezes não vejamos o impacto direto de nossos gestos, é reconfortante saber que, como um eco etéreo, a gentileza reverbera, tocando vidas de maneiras que nunca poderíamos imaginar.

A beleza dessa conexão invisível reside na confiança de que mesmo atos humildes de carinho podem iluminar o caminho de um desconhecido. É um lembrete de que, enquanto vivemos em um mundo vasto e complexo, a bondade tem o poder de criar laços entre estranhos e a capacidade de transformar um momento comum em uma experiência significativa.

Em um mundo que muitas vezes prioriza o visível e o tangível, a bondade nos ensina a importância do amor desinteressado. Ela nos convida a agir a partir do coração, encorajando-nos a confiar que cada gesto de compaixão, por pequeno que seja, é capaz de deixar uma marca indelével na jornada de alguém.

Cada ato sempre ressoa por aí.

É como lançar uma mensagem em uma garrafa ao mar. Não importa quem a encontrará, a mágica está na intenção. Quando você faz o bem, você espalha e semeia esperança, mesmo que nunca veja o sorriso daquele que está recebendo sua intenção. É um presente anônimo que pode iluminar a vida de alguém que nem faz ideia de onde veio.

A bondade é a melodia que une todos nós em uma harmonia silenciosa, lembrando-nos de que somos parte de algo grandioso e interconectado. É através desse simples e elegante ato de ser gentil que encontramos não só a beleza em dar, mas também a verdade mais profunda de nossa própria humanidade. Você se torna parte de algo maior, uma corrente invisível de bondade que amarra o mundo em laços de empatia.

Fazer o bem é dar ao outro uma situação digna, um lugar melhor. Em paralelo enobrece o caráter, faz aflorar a sensibilidade, toca a alma, faz sentir o amor. Então, é quase desmedida a proporção da recompensa de quem recebe e de quem se dá. É o mais suave prazer que se pode experimentar. É perceber o amor fluindo das suas mãos e a alegria retornando diretamente para o coração. É conexão.

Aprendi em minha trajetória que quando nos comprometemos a ser do bem, também nos tornamos agentes de mudança. Inspiramos outros a seguir o mesmo caminho, criando uma corrente de amor e solidariedade que ultrapassa barreiras. Esse chamado coletivo para o bem atinge grandes resultados.

No terceiro setor, medimos o tamanho do impacto social, medimos matematicamente o resultado. Na vida, ao escolher ser do bem, abraçamos uma jornada de transformação tanto interna quanto externa.

Ao agir com generosidade, não apenas iluminamos a vida dos outros, mas também encontramos uma alegria profunda e autêntica em nosso próprio ser. É um ciclo que se perpetua, que não conhece fim.

Para Aristóteles, o bem supremo é a felicidade. Tanto se diz que a felicidade é tão breve! Quem sabe o bem não é a forma mais brilhante de ampliar, de expandir e viver nela?

Para ele, pensador clássico, a felicidade é o objetivo final da vida humana. E todos nós já descobrimos isso! Em sua obra argumenta que a felicidade não é simplesmente um estado emocional, mas um modo de ser que envolve viver de acordo com a virtude e a razão. Propõe que a verdadeira felicidade é alcançada através da prática das virtudes, que são hábitos que promovem o bem. Essas virtudes incluem a coragem, a temperança, a justiça e a sabedoria.

Além disso, enfatiza a importância da comunidade e das relações sociais, indicando que a felicidade também está ligada ao convívio e à colaboração com os outros.

Tive a felicidade de perceber cedo que o bem era meu caminho. Se pudesse dar um conselho, diria: não doe o que você tem, doe quem você é.

Felicidade, então, é questão de ser.

A bondade é um sutil e precioso atributo que reside no âmago do ser humano. É uma luz suave que brilha em todos, um gesto que transcende barreiras e aproxima corações. A verdadeira beleza da bondade está em sua capacidade de fluir livremente, muitas vezes sem que saibamos de antemão quem será acolhido por ela. Basta a escolha! A disposição para deixá-la se fazer presente.

A bondade, enquanto virtude, é atitude, está profundamente entrelaçada com os valores internos de quem a pratica. Esses valores moldam nossas ações e influenciam como interagimos com o mundo ao nosso redor.

Para mim, não se trata de agir somente com os menos favorecidos, mas de cultivar uma forma de agir com todos.

Viver o bem é uma extensão da integridade pessoal. Aqueles que possuem valores sólidos, como honestidade e ética, tendem a ser mais propensos a agir com bondade, pois suas ações refletem um compromisso com seus princípios essenciais. Ser gentil e solidário, mesmo em situações desafiadoras, é uma demonstração de integridade e compromisso moral.

Quando valorizamos a dignidade e a individualidade de cada pessoa, nossa tendência é agir de maneira gentil e compreensiva. A bondade se torna uma extensão natural dessa visão de vida e do outro.

A bondade muitas vezes surge da capacidade de se colocar no lugar do outro, de sentir suas dores e alegrar-se com suas conquistas. A empatia é um valor interno que permite que as pessoas compreendam as experiências e as necessidades alheias, motivando-as a agir com bondade.

A prática da bondade está intrinsecamente ligada ao altruísmo, que é a preocupação desinteressada pelo bem dos outros. Quando se tem esse valor interno, frequentemente se sente motivado a apoiar aqueles que precisam. A bondade se transforma em um valor central na construção de laços comunitários e na promoção de um ambiente social mais inclusivo e harmonioso.

Praticar a bondade está ligado ao desejo de crescimento pessoal. Muitas vezes, indivíduos buscam as melhores versões de si mesmos! Agir no bem é uma maneira de cultivar virtudes como gratidão, paciência e compreensão.

Um gesto gentil, uma atitude que impacte positivamente, às vezes na singeleza de um ato cotidiano, se transforma em rastro de amor compartilhado.

É o toque da mão que levanta o caído,
É um abrigo acolhedor.
A bondade é essa arte sutil e divina,
E, ao fazer o bem, não apenas se faz,
Mas se transforma em parte do que se é capaz.

Um dos aspectos mais lindos é o desejo genuíno de ver o outro prosperar, tornando-se uma parte essencial da experiência humana e da convivência social.

A ação é plena! Minhas ações hoje concentram-se em meninas e mulheres em vulnerabilidade social; luto por um futuro para elas.

Também luto pelos refugiados, principalmente as crianças, que encontraram no Brasil um lar para curar suas feridas.

Também luto por todo projeto que possa transformar o Brasil, projetos não só assistencialistas, mas transformadores, luto pelos pequenos trabalhadores informais que buscam crescimento.

Amor e bondade: aliados eternos

Em um mundo repleto de nuances e complexidades, amor e bondade se destacam como aliados eternos, entrelaçando-se. Eles são como uma dupla inseparável, onde um complementa e enriquece o outro, criando um ciclo infinito de luz e transformação.

O amor, em sua essência mais pura, é uma força poderosa que transcende barreiras. É a capacidade de aceitar, compreender e abraçar o outro em sua plenitude. O amor nos move, nos inspira e nos faz sentir parte de algo maior que nós mesmos. É como um farol que ilumina até os dias mais sombrios, trazendo esperança e calor às relações.

Por sua vez, a bondade é a expressão tangível desse amor. Ela se manifesta em gestos simples e significativos — um sorriso acolhedor, uma mão estendida, um ato de compaixão. A bondade é a arte de se importar, de ir além do individual e acolher a humanidade coletiva. Quando somos bondosos, refletimos o amor que habita em nós, espalhando sua essência pelo mundo.

Esses dois sentimentos, quando se unem, criam um impacto transformador. O amor nos ensina a ver o valor em cada ser humano, enquanto a bondade nos impulsiona a agir de maneira a contribuir para o bem-estar dos outros. Juntos, eles têm o poder de curar feridas emocionais, restaurar a esperança e construir pontes que conectam almas.

Nas pequenas ações do cotidiano, amor e bondade se entrelaçam como raízes de uma árvore frondosa. Cada gesto bondoso é uma ramificação que se expande, alcançando aqueles que mais precisam, mesmo que nunca venhamos a conhecê-los. Esse amor desinteressado, expresso através da bondade, tem o poder de criar uma onda de positividade que ressoa em todas as direções, contagiante e inspirador.

Em tempos de incerteza e desafios, recordar a união de amor e bondade nos oferece um caminho a seguir. Eles nos lembram da importância de cultivar a empatia, de olhar para o outro com compaixão e de agir com generosidade. Ao fazer isso, contribuímos para um mundo mais caloroso e acolhedor, onde cada ser humano se sente valorizado e amado.

Assim, amor e bondade permanecem como aliados eternos; juntos, eles são a essência do que significa ser verdadeiramente humano. Que possamos nutrir essa aliança em nosso coração e permitir que ela nos guie em nossas interações diárias. Afinal, ao espalhar amor e bondade, criamos um legado de luz que perdurará através das gerações, transformando vidas.

A boa ação, muitas vezes, é um reflexo de fé em um mundo que pode ser melhor. É a escolha de caminhar pelo afeto.

Portanto, será sem volta trilhar esse caminho, onde a bondade e o amor se tornam a linguagem universal, e onde o coração humano encontra sua verdadeira expressão.

E, ao escolher ser boa, a vida, plena, se torna um poema, onde o amor é a norma.

Lembro-me de uma citação de Nelson Mandela: "O que conta na vida não é o simples fato de ter vivido. É a diferença que fizemos para as vidas dos outros que determinará o significado da nossa."

Uma vez meu filho, quando era criança, me disse: "Você tem o melhor trabalho do mundo". E, se ele também consegue ver assim é porque esse, realmente, é o melhor caminho. Seja você esse herói, heroína do cotidiano, um guerrilheiro da bondade!

Como dizia Mahatma Gandhi: "A melhor maneira de se encontrar é se perder ajudando os outros."

ANDREA DIETRICH

linkedin.com/in/andreadietrich
@didietrich_oficial
andrea@didietrich.com.br

Marias: coragem, essência e transformação

Marlene não era apenas uma estrela; era uma força da natureza, uma mulher que se recusava a caber nas molduras impostas pela sociedade. Transgressora. Nos anos 20, enquanto o mundo esperava glamour e submissão, Marlene Dietrich surgia de calças e cartola nas telas, quebrando paradigmas e estereótipos. Uma das atrizes mais bem pagas da sua época, a alemã desafiou ditaduras, combateu o fascismo e abraçou os valores do humanismo e da liberdade, mesmo quando isso significava nadar contra a maré da própria história. Marlene não apenas brilhou — ela iluminou o caminho de muitas mulheres.

Esse espírito indomável da minha tia-avó é um eco que ressoa no DNA que corre nas minhas veias. É o mesmo espírito que vi nas mulheres que vieram antes de mim — minhas avós, minha mãe — que enfrentaram um mundo ainda mais árido e hostil. Elas não apenas sobreviveram; elas abriram portas, mesmo quando eram pesadas demais para empurrar. E agora, olhando para as minhas filhas, Maria Fernanda e Maria Clara, sinto a responsabilidade visceral de passar esse espírito adiante. Não é apenas sobre inspirá-las — é sobre construir um futuro em que possam ser exatamente quem desejarem, sem medo, sem limites.

Estamos vivendo uma era de transformação radical e, como diria Amy Webb — futurista, somos a geração da transição, testemunhando um mundo que se torna irreconhecível em velocidade assustadora. Tecnologia reescreve regras, revoluciona mercados, muda os relacionamentos e as dinâmicas sociais. É tudo instável. Para as Marias, que ainda estão descobrindo quem são, é um universo cheio de possibilidades — e incertezas. Cabe a mim ser uma bússola em meio a isso, mostrando que, mesmo em um mundo imprevisível, o que nos define é a coragem de ser fiel à nossa essência.

Essa jornada não é nova para mim, onde adaptação contínua tem sido também a minha história. Vai além das transformações organizacionais e inovações que tenho liderado ao longo de mais de duas décadas como publicitária, executiva e empreendedora. É, acima de tudo, uma jornada de transformação interna, um reflexo do turbilhão de mudanças do mundo exterior.

E enquanto o mundo se equilibra entre inteligência artificial e emocional, entre algoritmos e humanidade, meu maior desejo é que minhas filhas vejam em mim uma lanterna, algo que ilumine as encruzilhadas e os caminhos que vão trilhar.

Quero que se orgulhem do meu legado, que se inspirem na minha jornada, que entendam que ser mulher é, por si só, um ato de resistência e criação. E que, assim como Marie Magdalene "Marlene" Dietrich (uma Maria!), elas aprendam que o mundo nunca será maior do que a coragem de uma mulher que sabe quem é — e para onde está indo.

Os três capítulos da minha trajetória profissional

Quando olho para trás, acho que meu início profissional foi curioso. Comecei como atriz de TV e cinema entre os 11 e 18 anos, apertando e encaixando com o colégio. Foi nesse período que soube de minha parentalidade com Marlene. Nessa etapa passei por situações extremas que testaram minha resiliência, meus valores e meu amor-próprio. Com pouca idade me deparei com competição, inveja e assédio. Eu me fortaleci, mas não foi nada fácil, desenvolvi uma força para os próximos capítulos que com o desenrolar das coisas percebi que seriam "atrás das câmeras".

Escolhi Publicidade e Propaganda e, no segundo ano da faculdade, ao invés de estágios em empresas multinacionais gigantes, me joguei no mundo das *startups*, trabalhando no !ObaOba, um portal de entretenimento online. Ali, conheci o dinamismo e a mentalidade "mão na massa" e digital que, anos depois, seriam cruciais para minha liderança. Iniciava-se então meu segundo capítulo profissional como executiva.

Aprendi muito e senti a necessidade de uma experiência numa grande empresa. Meu próximo passo foi no Grupo Pão de Açúcar, maior varejista da América Latina à época, onde depois de alguns anos fazendo a gestão de tabloides e campanhas publicitárias tradicionais, vivi um dos desafios mais marcantes na minha jornada profissional: liderar, aos 26 anos, a criação de uma das primeiras equipes de digital do varejo brasileiro. Um dos maiores testes a que fui submetida. Tinha pouca idade e experiência em gestão, e ainda não havia modelos a serem seguidos, era algo inovador; precisava criar do zero. Os resultados foram muito bons para o GPA, fortalecendo sua imagem inovadora e, para mim, aprofundando a paixão pelo mundo digital nascida no !ObaOba.

De lá, fui aprofundar meus conhecimentos de *branding* na Netshoes, líder no comercio eletrônico de artigos esportivos, tocando o reposicionamento da marca num momento estratégico. Depois, na BRF, abracei desafios ainda mais complexos, que passaram por reposicionar as marcas mais fortes e tradicionais no mercado de alimentos no mundo digital e, em conjunto com o RH, consolidar a cultura dessa gigante numa fusão de Sadia e Perdigão.

Durante a licença maternidade da minha segunda filha, algo começou a mudar e não demorei a entender que chegava o momento de um novo desafio; a princípio, foi um inesperado até para mim: empreender. Tinha início o meu capítulo 3.

Abrir o próprio negócio foi provocador em muitos níveis: financeiro, emocional, e até espiritual. Precisava encontrar clareza em quem eu era e no impacto que queria gerar no mundo. Uma viagem de 20 dias à Índia foi transformadora. Conectei-me com minha essência, redefini valores e voltei disposta a usar o empreendedorismo como ferramenta de impacto positivo.

Tive algumas sociedades, abri minha própria consultoria e fui encontrando no meu propósito um pilar muito importante: apoiar mais mulheres em suas jornadas de transformação, como agentes de mudança dentro das organizações ou como empreendedoras realizando sonhos.

Essa motivação levou ao desenvolvimento da Ambidestra, fundada em 2020, durante a pandemia, com a Lilian Cruz, em resposta às crescentes demissões e desafios enfrentados pelas mulheres. O projeto começou com o Podcast Ambidestra, amplificando vozes femininas no mercado, evoluindo para mentorias voluntárias e apoio a iniciativas voltadas para o empreendedorismo feminino e inovação, até a extensão para serviços de consultoria, capacitação e facilitação que já fazíamos para organizações.

Ambidestria e a energia feminina no mercado de trabalho

De onde veio o nome Ambidestra? Pessoas ambidestras são igualmente habilidosas nos dois lados do corpo; levando isso para o mundo dos negócios, ambidestria é a habilidade de uma empresa ou de um profissional em alcançar eficiência operacional e, ao mesmo tempo, buscar a inovação. Em um contexto de grandes transformações e aceleração exponencial de tecnologias, a exigência pela flexibilidade e poder de inovação combinado a um modelo de gestão estruturado que garanta as entregas do dia a dia e a escalabilidade é essencial.

E essa ambidestria também enxergamos no equilíbrio das forças do feminino e masculino no ambiente dos negócios e da vida.

Por milênios imperaram as características masculinas, um modelo que enaltecia a agressividade, ambição, competição e dominação ao mesmo tempo que negligenciava e desvalorizava as características femininas. O resultado disto podemos ver nos dias de hoje na falta de cuidado com as pessoas e com o planeta.

Quando a produtividade e o esforço em prol de alcançar objetivos individuais é mais importante do que a empatia, a vulnerabilidade e a abertura para contribuir com o coletivo, estamos diante de um desequilíbrio empresarial e até social. Um exemplo disso é quando, para conquistar um espaço de liderança, algumas mulheres relevam a feminilidade, ficam mais duras e diretivas.

Ser mulher no mercado de trabalho é uma luta constante contra estereótipos e preconceitos. Muitos acreditam que precisamos escolher entre sermos respeitadas e sermos nós mesmas. Não acredito nisso. Aprendi na prática, com minhas líderes mulheres, o que eu queria e o que eu não queria ser. Nunca abdiquei da intuição, sensibilidade ou feminilidade para liderar — e isso se tornou uma das minhas principais forças.

Empatia, sensibilidade, vulnerabilidade, generosidade e criatividade nunca foram tão indispensáveis quanto nos tempos atuais. E aí me pergunto, qual espaço estamos abrindo para que essas virtudes floresçam em nossas vidas, negócios e sociedade? Para mim, fortalecer a mulher não é apenas uma questão de números ou presença no mercado de trabalho. É sobre transformar nosso entorno com essas virtudes femininas como guias.

Para evoluir na carreira senti falta do apoio de mais mulheres, em alguns momentos acho que fui mais julgada do que apoiada por outras mulheres. Ao ser promovida ou ganhar destaque até vivi situações em que o preconceito veio de algumas mulheres e não dos homens. Isso me fez enxergar claramente o quanto é preciso abandonar a mentalidade de escassez e criar uma rede genuína de apoio mútuo. Ainda temos um bom espaço pela frente para colocarmos nossas virtudes em prol da nossa evolução coletiva.

Praticando a generosidade, compartilhando aprendizados

Minha mãe é, e sempre será, a maior inspiração da minha trajetória. Como mãe, mulher e profissional, ela personificou a harmonia entre autonomia e dedicação, equilibrando uma carreira autônoma de dentista com a infinita lista de atividades extracurriculares de três filhos. Ela é uma fortaleza — firme, presente e inabalável. Foi ela quem me mostrou, na prática, que as virtudes femininas podem caminhar lado a lado com força, coragem, honestidade e transparência. Esses pilares não apenas me sustentam; eles moldam tudo o que sou e tudo o que espero ser.

Dessas lições, vieram princípios que carrego comigo e que desejo passar para as Marias — e para qualquer um que se proponha a construir um futuro com propósito:

1. *Nunca pare de aprender.* O mundo nunca descansa, e o aprendizado é a chave para navegar por ele. Pergunte, experimente, seja curiosa — a curiosidade é o motor da evolução.

2. *Valorize as relações.* É nas conexões humanas que encontramos aprendizado, inspiração e oportunidades inesperadas. Invista em relações autênticas e generosas.

3. *Mantenha sua essência.* Não se perca nos moldes que o mundo quer impor. Sua autenticidade será sempre seu maior diferencial em um cenário de repetição.

4. *Pense diferente.* O que trouxe você até aqui pode não ser o que a levará adiante. Questione, reinvente-se e tenha coragem de abandonar o que já não faz sentido.

5. *Seja uma agente de mudança.* Liderança hoje não é sobre títulos, mas sobre impacto. Descubra seu propósito, conecte-o aos seus talentos e movimente-se para transformar o que está ao seu alcance.

Liderar, viver e construir um legado nunca é simples, mas é a forma mais poderosa de criar o futuro que queremos. A maior ousadia está em ser fiel a si mesma — em alinhar valores, propósito e habilidades para transformar não apenas sua vida, mas o mundo ao seu redor. Que este texto inspire você a ser essa mudança. Porque, no fim, somos a geração da transição, e nosso maior poder é fazer isso com autenticidade e coragem.

ANETA KSIAZEK

aneta.ksiazek@pot.gov.pl
linkedin.com/in/aneta-ksiazek

O caminho da Polônia: resiliência e transformação no turismo

Eu não esperava que minha vida se tornasse uma história de transformação. Crescendo em Varsóvia, estava cercada por lembranças do nosso passado — uma cidade marcada pela resiliência, mas ainda contida pelas sombras de sua antiga estrutura socialista. A Polônia estava se reconstruindo, seu espírito era forte, mas sua mentalidade permanecia enraizada em um tempo em que aspirar ao básico já era o suficiente. Turismo? Isso era um conceito para outros países. Luxo, conforto e hospitalidade como forma de arte pareciam algo estrangeiro. Mas, para mim, o potencial da Polônia era claro, como um vasto e inexplorado reservatório esperando para ser descoberto.

Minha jornada nesse mundo foi quase acidental. Recém-saída da universidade, em 1999, eu estava determinada a encontrar uma maneira de deixar minha marca. Cheguei à feira TT Warsaw com uma pilha de currículos nas mãos, esperando por uma única oportunidade. Por acaso — ou talvez por destino — encontrei um amigo que trabalhava no Escritório de Informações de Varsóvia. "Venha trabalhar conosco", ele disse, guardando meu currículo no bolso do paletó com um sorriso. Não era o início formal que eu havia sonhado, mas era o suficiente. Em poucos dias, encontrei-me no Escritório de Informações de Varsóvia, aprendendo os meandros da indústria do turismo de formas que nenhum livro poderia ensinar.

Meus primeiros dias foram um exercício de paciência e resiliência. Trabalhando na linha direta de atendimento ao turista e nos centros de informações, encontrei pessoas de todo o mundo, cada uma com suas próprias histórias, necessidades e frustrações. Tornei-me uma tradutora informal, conselheira, guia. Alguns ligavam em busca de informações práticas, outros precisavam de conforto. Um passaporte perdido, uma reserva cancelada — cada encontro era uma oportunidade de moldar a impressão de alguém sobre a Polônia. Essas interações me fundamentaram, ensinaram empatia e mostraram o poder sutil de compreender a perspectiva do outro.

Com o passar dos meses e anos, comecei a perceber que o turismo era mais do que apenas uma indústria. Era um espelho de identidade, uma chance de contar nossa história para o mundo. Eu queria que as pessoas experimentassem a Polônia que eu conhecia, que vissem além dos estereótipos pós-soviéticos e reconhecessem a beleza, a resiliência e o potencial de nossas cidades e nosso povo. Varsóvia, Cracóvia, Gdansk — todas tinham um charme e uma história que mereciam ser celebrados. Mas eu sabia que transformar essa visão em realidade exigiria mais do que ambição. Exigiria uma mudança de mentalidade, algo que muitos hesitavam em abraçar.

Naquela época, a economia da Polônia ainda estava se recuperando, e a ideia de investir no turismo parecia, para alguns, um desperdício. Os resquícios do socialismo nos ensinaram que o luxo era desnecessário, que o conforto era um privilégio. Mas eu via as coisas de forma diferente. O turismo era uma porta para uma economia mais forte, para criar oportunidades, especialmente para as mulheres. Minha missão tornou-se clara: trabalhar para remodelar o cenário turístico da Polônia, trazer padrões internacionais e redefinir nossa abordagem à hospitalidade, ao conforto e ao serviço.

Conforme minha carreira avançava, tive oportunidades de representar a Polônia em feiras e exposições internacionais. Com cada aperto de mão, cada apresentação, eu compartilhava um pedaço da minha visão. Falava da Polônia como um destino de história e acolhimento, um lugar pronto para receber o mundo. Mas sabia que palavras sozinhas não seriam suficientes. Se quiséssemos competir no cenário global, precisávamos agir. E isso significava capacitar nosso próprio povo a ver o turismo não como um detalhe, mas como um pilar da economia.

Em 2007, juntei-me à Organização de Turismo da Polônia, e meu foco se expandiu para construir uma estratégia nacional. Meu trabalho no Poland Convention Bureau (PCB) permitiu que eu defendesse a Polônia como um destino para MICE — Reuniões, Incentivos, Conferências e Exposições — um setor que poderia transformar a posição da Polônia na comunidade internacional. Meu papel não era apenas sobre logística; era sobre visão. Eu precisava inspirar outros, mostrar-lhes o que eu via — uma Polônia que não estava apenas alcançando os outros, mas estabelecendo novos padrões.

Um dos maiores desafios foi guiar a força de trabalho para compreender as nuances culturais e as necessidades dos visitantes internacionais. Trouxe especialistas de toda a Europa para treinar nossos provedores de serviços poloneses na arte da hospitalidade. Precisávamos fechar a lacuna entre um passado enraizado na escassez e um futuro cheio de potencial. Essa tarefa não foi fácil. Conceitos como luxo e personalização eram desconhecidos para muitos na Polônia, mas fui incansável. Sabia que, se conseguíssemos mudar mentalidades, poderíamos transformar nossa indústria e, por extensão, nossa economia.

Meu trabalho me levou ao redor do mundo, de exposições a congressos e feiras, cada evento uma oportunidade de mostrar a Polônia. Cofundei a Aliança Estratégica de Escritórios Nacionais de Convenção da Europa, uma iniciativa que reuniu líderes para compartilhar *insights*, reunir recursos e criar uma visão unificada para o turismo europeu. A aliança foi mais do que uma estratégia — foi uma demonstração de como a colaboração pode nos elevar. Não éramos mais concorrentes; éramos parceiros em uma missão compartilhada.

Por meio dessa aliança, vi a Polônia evoluir de uma nação que adotava práticas de outros para uma que agora serve de exemplo para os demais. Hoje, a Polônia é reconhecida não apenas por suas paisagens, mas por seus padrões de serviço, sua hospitalidade e seu profissionalismo. Nossa jornada tem sido de transformação, e cada passo fortaleceu minha determinação de continuar avançando.

Os últimos anos testaram a todos nós. A pandemia nos atingiu fortemente, e a recente guerra na Ucrânia enviou ondas de choque pela nossa indústria. Mas, como digo à minha equipe: "Toda crise é uma oportunidade." Nos unimos de maneiras que eu nunca imaginei, nossa resiliência ficando mais forte a cada desafio. Não estamos apenas sobrevivendo — estamos inovando. Vi nossa indústria se adaptar, nosso povo se unir e nossa determinação se tornar inquebrável.

Em 2023, a Polônia deu um salto significativo no ranking de países e cidades da ICCA, passando da 23ª para a 17ª posição globalmente. É uma vitória coletiva, que compartilho com cada cidade e região que contribuiu. Varsóvia, Cracóvia, Gdansk, Wroclaw, Poznan, Lodz — cada uma trouxe sua própria força a essa jornada, mostrando ao mundo que a Polônia é uma força a ser reconhecida.

Refletindo sobre meu caminho, fico impressionada com o quanto o turismo me deu. Quando jovem, sonhava em explorar o mundo, inspirada por filmes de Indiana Jones e programas de viagem poloneses que me mostravam um mundo além do meu. Hoje, tenho o privilégio de trazer um pedaço desse mundo para a Polônia e convidar outros a experimentar a beleza do nosso país. É uma jornada que compartilho com inúmeras outras pessoas, cada uma contribuindo para uma visão maior do que nós mesmos.

Minha história não é apenas sobre promover a Polônia; é sobre criar um legado. O turismo, para mim, é uma forma de conexão — uma ponte que nos permite enxergar além das fronteiras, entender uns aos outros e encontrar um terreno comum. Meu papel é continuar construindo essa ponte, criar um futuro onde a Polônia seja reconhecida não apenas por sua beleza, mas por seu povo, sua resiliência e sua hospitalidade.

Esta é minha Polônia: um país que se ergueu de seu passado, que abraça sua história e que recebe o futuro de braços abertos. E enquanto continuo nesta jornada, estou pronta para abrir ainda mais caminhos, mudar mais mentalidades e convidar o mundo a ver a Polônia como eu vejo — um lugar de força, transformação e potencial infinito.

BEBEL GILBERTO

@bebelgilberto

Entre continentes e canções: uma garota de Ipanema

Eu me considero uma sobrevivente.

Nasci em Nova Iorque, mas sou carioca. Uma garota de Ipanema. Meu pai, João Gilberto, estava sempre em turnê, e minha mãe, Miúcha Buarque de Hollanda, o acompanhava pelo mundo. Por isso, ela não pôde ficar comigo. Assim, fui criada até os três anos por Dolores, minha babá, em New Jersey.

Eles continuaram viajando, e eu fiquei lá até meu tio Sergito, irmão mais velho da minha mãe, ser convencido a ir me buscar. Quando meus pais fixaram residência no México, ele atravessou o continente para me levar até eles. Mesmo assim, nossa convivência familiar era intermitente. Cada reencontro era em um canto diferente do mundo. Contaram para mim que comemorei meu primeiro aniversário em Berlim! Tio Sergito sempre foi uma figura importante na minha vida; até hoje somos muito próximos. Ele foi meu padrinho de casamento — um casamento que, aliás, não deu em nada, mas casar é sempre bom, ainda mais em Trancoso, na Bahia. Afinal, sou filha de baiano... Uma carioca, nascida em Nova Iorque, com sangue baiano.

Depois de dois anos no México, fui para São Paulo morar com meus avós, Maria Amélia e Sérgio Buarque de Hollanda. Passei de carioca a paulista dos cinco aos oito anos, até minha mãe me buscar para morarmos juntas no Rio. Na verdade, o apartamento onde vivemos era dos meus avós; ela voltou de Nova Iorque "com uma mão na frente e outra atrás", como costumam dizer. Depois de tantos anos se dedicando a apoiar meu pai em sua carreira artística, o casamento naufragou e ela voltou para o Brasil. Recomeçamos a vida em uma coberturinha na Rua Prudente de Moraes, com vista para o mar. Era um Rio de Janeiro diferente: ainda havia casas na orla de Ipanema, e em nossa frente havia apenas uma charmosa casinha na esquina da Avenida Vieira Souto com a Joana Angélica.

Minha fascinação pela praia começou cedo. Eu me lembro da primeira vez que fui a Ipanema, ainda pequena, em uma de nossas visitas ao Rio. Fiquei encantada. Foi também nessa época que me aproximei da minha madrinha de coração, Marieta Severo. Ela me protegeu, me educou e, de certa forma, me "adotou". Tenho uma família imensa e linda. Minhas verdadeiras irmãs são minhas primas Silvia, Lelê e Luísa.

Meu tio Chico Buarque é meu herói e uma figura paterna que sempre tive o privilégio de ter por perto. Com eles, minha infância foi como viajar de primeira classe.

Mais tarde, minha mãe e eu nos mudamos novamente para Nova Iorque. Foi um período difícil. Aos nove anos, sofri muito *bullying* na escola. As crianças foram cruéis comigo, e eu me sentia sozinha. Morávamos numa casa enorme que o Stan Getz[1] havia comprado depois do sucesso de "Garota de Ipanema". Mesmo assim, me apaixonei por Nova Iorque. Vivemos no West Village, e aquele sonho de morar na cidade ficou comigo.

Quando finalmente me mudei para Nova Iorque, foi com "uma mão na frente e outra atrás", a convite de Arto Lindsay, para um show no BAM (Brooklyn Academy of Music). Dividi o palco com Laurie Anderson, Regina Casé, Gal Costa e Naná Vasconcelos. Foi minha estreia internacional. Depois disso, me envolvi com a cena de música eletrônica, fazendo shows no Windows of the World, no topo do World Trade Center, um bar mágico no 107° andar. A música me levou a Londres, onde gravei o disco *Tanto Tempo*, com um orçamento pequeno e um sucesso gigantesco. Minha vida nunca mais foi a mesma.

Os altos e baixos vieram, como acontece com qualquer artista. Voltei ao Brasil quando minha mãe ficou doente. Não esperava que ela partisse tão rápido — o combinado eram seis meses; foram nove dias. Desde então, mantive o Rio como base. Continuo viajando muito, mas é aqui que meu coração encontra repouso.

Já se passaram 25 anos desde *Tanto Tempo*. Tive o privilégio de levar minha música a palcos de todos os continentes, conquistando espaços únicos. Hoje, quase aos 60 anos, virei mãe de cachorro. Nunca fui de fazer planos, mas me preocupo com o futuro do planeta, com o clima e com o que aguarda as gerações que virão.

Mas, acima de tudo, sou grata por estar viva. Continuarei cantando, compondo e trazendo um pouco de beleza para esse mundo.

1 Stan Getz, um dos músicos de jazz mais influentes do século XX, é amplamente reconhecido por seu papel em popularizar a música brasileira, especialmente a bossa nova, nos Estados Unidos e no mundo. Seu encontro com a bossa nova resultou no álbum icônico Getz/Gilberto (1964), que ele gravou ao lado de João Gilberto, com participação de Tom Jobim e Astrud Gilberto. Este álbum inclui a versão em inglês de Garota de Ipanema (The Girl from Ipanema), que se tornou um sucesso estrondoso. A interpretação de Getz para "Garota de Ipanema" ajudou a levar a Bossa Nova ao público internacional. Seu timbre de saxofone tenor, suave e melódico, casou perfeitamente com o estilo minimalista e intimista da música brasileira, criando um som que ressoou profundamente no cenário musical da época. A canção foi um dos maiores sucessos da década de 1960, chegando ao Top 5 das paradas americanas e ganhando o Grammy de Gravação do Ano em 1965. Este sucesso catapultou a carreira de Getz a novos patamares, consolidando sua reputação como um mestre do jazz e também como uma figura essencial na difusão da Bossa Nova no cenário global. Além disso, "Garota de Ipanema" tornou-se uma das canções mais gravadas da história, um verdadeiro emblema cultural do Brasil.

BESITA SUPLICY

A jornada de Besita

Contando algumas partes da história de minha vida.

Em 1964, eu morava na Alameda Campinas com meu marido e nossos quatro filhos. Toda quarta-feira havia uma feira e, no fim dela, sempre pessoas humildes ficavam recolhendo o que havia sobrado. Um dia vi duas mulheres que estavam catando verduras e chamaram minha atenção, uma delas estava em estado avançado de gestação, com uma barriga enorme. Perguntei: "Você vai ter gêmeos?" E ela, com seu sotaque baiano, respondeu: "Sei não, senhora!" Naquele momento, decidi pegar algumas roupas de bebê da minha última filha para lhe dar, e ela ficou muito contente. Assim, semanalmente, elas tocavam a campainha de minha casa pedindo algo, como açúcar, farinha, arroz entre outros itens. Lembrei-me de uma lição importante, "não dê o peixe ao próximo, ensine-o a pescar", e resolvi ajudá-las de uma maneira melhor.

Ao invés de simples doações, combinei de ir à casa delas nas próximas semanas para fazermos uma reunião, e poderiam também convidar outras mães, com o objetivo de criar um espaço em que pudessem compartilhar suas dificuldades e aprenderem juntas.

Em minha primeira visita, fiquei muito impactada pelas condições que viviam. Foi difícil permanecer dentro. A casa tinha a cozinha, por onde entrávamos, duas cadeiras e um quarto de cada lado, em que dormiam no mesmo colchão seus sete filhos. O cheiro de urina era insuportável, assim optamos por nos sentar do lado de fora, na terra batida. Começamos nossa primeira reunião com quatro mães, sobre assuntos do seu interesse, problemas com filhos, casamento, relacionamento, dinheiro etc. Convidei algumas amigas que tinham disponibilidade para irem junto comigo, ensinar também sobre bordado, costura e outras atividades manuais. Além de minhas duas filhas que ficavam com as crianças, distraindo-as, durante nossas conversas.

Com a frequência aumentando, fomos mudando de lugar para o clube, ou igreja, ou nas associações dos moradores do bairro e assim por diante. Essas reuniões eram muito alegres e terapêuticas.

Muitas mães, no fim das reuniões, queriam ter também conversas individuais. Todo resultado do trabalho que essas mães faziam, de crochê e bordado, era vendido em bazares aos quais nós levávamos e o lucro era revertido para as próprias.

Depois de 13 anos com esse trabalho, com muito sucesso, já tínhamos mais de 60 mães cadastradas; as reuniões eram realizadas três vezes na semana. A cada momento eram mais conquistas coletivas; nós ganhamos máquinas de costura e armários para guardar todos os pertences. Dessa forma, foi aumentando em todos os sentidos este clube de mães.

Este período foi de imensa satisfação, porque víamos como elas adoravam a reunião, como se sentiam acolhidas, como esta criação de laços se tornou forte. Nós e elas nos relacionávamos, compartilhando as dificuldades, mas sempre saíamos muito contentes, empoderadas e transformadas.

Devido a mudanças em minha vida, precisei me desligar com muita tristeza. Foi uma época muito difícil, porque meu marido havia saído de casa e eu precisei reestruturar minha vida com (agora) meus cinco filhos.

Fundação Casa do Pequeno Trabalhador

Em 1982, resolvi me dedicar à Fundação Casa do Pequeno Trabalhador. Mas antes de detalhá-la, vou relatar a linha cronológica desta fundação. A Fundação teve início em 1941 e, em 1952, Paulo Cochrane Suplicy, meu pai, assumiu a presidência por 30 anos. Era lá que jovens a partir dos 9 anos cursavam o ensino fundamental e, no outro período, aprendiam uma profissão e habilidades para a vida.

Nós tivemos um exemplo de dedicação aos que tinham menos recursos e como podíamos ajudá-los a serem pessoas mais produtivas na vida. A finalidade era tirar os menores das ruas, encaminhá-los para terem uma nova perspectiva de vida, um projeto para capacitá-los, em todos os sentidos, como se apresentar, como falar, como se portar, a higiene pessoal, conviver com outras pessoas e se relacionar. Foi um sucesso e havia filas enormes para uma vaga, pois todos os cursos sempre foram gratuitos. Com o falecimento do meu pai, assumi a presidência, ampliando o escopo para atendimento às meninas. Convidei Terezinha Fran para me ajudar, pois além de renomada psicopedagoga, havia plantado o Ginásio Experimental da Lapa.

Implantamos os cursos de assistente administrativo (*office-boy* naquele tempo), auxiliar de produção de materiais em PVC laminado e silkscreen (serigrafia), todos com certificação pelo SENAI, que facilitava a empregabilidade. Com o tempo, todos os cursos passaram a incluir conhecimentos em informática.

Há 20 anos, um novo curso foi iniciado, em espaço cedido pela Câmara Municipal de São Paulo. O curso de serviços em restaurante é desenvolvido no Restaurante-Escola, onde os alunos aprendem tudo a respeito de um restaurante. Eles aprendem a atender os clientes, arrumar a mesa, tudo de bar, café, sucos, drinks, confeitaria e panificação, saladas e massas. Nessa fase a Fundação já se chamava Fundação Jovem Profissional.

De uns tempos para cá, em consonância com a Prefeitura, passamos a inscrever pessoas com mais idade, em situação de rua e abrigos, transgêneros, imigrantes, expatriados, sempre com o objetivo de melhoria da situação de vida e inserção no mercado de trabalho.

Iniciamos há cerca de dois anos, com apoio do Instituto Bichara, o curso de Cuidador de Idosos. Esse novo curso, em parceria com o Colégio São Camilo, para o conteúdo específico, em uma complementação do que eles aprenderam na fundação. Há três anos descontinuamos o curso de serigrafia e implantamos o curso de operador em logística.

Esse é um resumo das nossas atividades, tendo impactado mais de 60 mil pessoas durante este tempo. O resultado dos nossos esforços é muito compensador. Todos os alunos se sentem acolhidos, identificados pelos seus nomes e reconhecidos em suas qualidades, diferentemente do que acontece no ensino público regular. Todos recebem café da manhã, almoço e lanche antes de saírem. Recebem vale-transporte e desenvolvem seu "Projeto de Vida", ampliando seu horizonte, criando objetivos e definindo as ferramentas para chegar lá. Então, apresentam expectativa e incentivo para uma nova vida.

No início dessa minha trajetória na Fundação resolvi cursar a Faculdade de Psicologia, para que pudesse atender os alunos que quisessem e precisassem, além da clínica particular.

Eu me lembro de um jovem de 16 anos que, quando entrou na Fundação, não conseguia prestar atenção às aulas. Muitas vezes tentei conversar, para entender o que acontecia, mas ele sempre fechado dizia que nada podia falar. Insistimos e certo dia ele chegou com a mão cheia de comprimidos, que utilizava para permanecer acordado à noite. Trabalhava para o Comando Vermelho, ele era o motorista, enquanto os mais velhos faziam roubos e atentados. Pediu nosso auxílio para que pudesse ficar longe de ameaças do Comando Vermelho sobre ele e sua família. Ajudamos esse rapaz a arranjar emprego e se mudar de região, pois se voltasse ameaçariam matar alguém de sua família.

Depois de 15 anos ele voltou à Fundação, trajado de terno e gravata, e perguntou se podia me dar um beijo e contar o que tinha acontecido com ele. Trabalhando na Prefeitura de Santo André, tinha se casado e tinha dois filhos, e havia comprado seu apartamento no conjunto popular Singapura. Veio agradecer, pois se não tivesse frequentado a Fundação nada disso teria acontecido na vida dele.

O exemplo do meu pai de ajudar o próximo nunca me abandonou. Tenho uma filha que me ajuda na Fundação há 30 anos e outro filho que desenvolve atividades de palhaçuras em hospitais.

Eu creio que todos meus filhos, cada um à sua maneira, tem esse mesmo espírito.

Hoje, com 89 anos, estou me aposentando, mas a semente do auxílio ao próximo foi plantada em meus 16 netos.

BILAI JOA SILAR

linkedin.com/in/bilai-joa-silar-1a65b77

A descoberta de uma vida

A vida muitas vezes nos exige que abracemos o desconhecido, desafiando-nos a crescer de maneiras que nunca imaginamos. Naquele momento, eu não fazia ideia de como uma única decisão poderia ser transformadora. Mudar-me para Nova York para assumir um novo trabalho parecia um passo em direção a um mundo vasto e desconhecido. A cidade parecia um lugar onde os sonhos eram realizados ou destruídos, onde as pessoas chegavam com grandes esperanças, mas sem garantias. O desconhecido era assustador, e a incerteza, avassaladora. No entanto, olhando para trás, percebo que foi esse salto no desconhecido que abriu as portas para que eu me tornasse a profissional e a pessoa que sou hoje.

O que eu não conseguia enxergar naquele momento, enquanto era dominada pelo desconhecido, era que essa mudança se tornaria uma das experiências mais marcantes da minha vida. Tornou-se a aventura de uma vida inteira. Foi em Nova York, cercada pela constante agitação da cidade, que descobri verdadeiramente meu propósito e meu potencial. Foi lá que encontrei minha voz, aprendi a liderar com paixão e me tornei a pessoa que sou hoje: uma líder apaixonada, cuidadora e uma força implacável que prospera com o crescimento e os desafios.

Esta reflexão é sobre as lições que aprendi ao enfrentar o desconforto da mudança e abraçar a vulnerabilidade que vem com ela. É sobre como os desafios que enfrentei, muitas vezes esmagadores e intimidadores, acabaram me moldando. Encontrei inspiração em modelos que me ensinaram a importância de equilibrar força com empatia e me cerquei de pessoas autênticas e positivas que me elevaram. Juntas, essas experiências remodelaram a maneira como vejo a mim mesma e o mundo.

O que aprendi durante essa jornada foi que eu sou a minha melhor versão quando estou sendo desafiada, quando sou forçada a ir além da minha zona de conforto. Nesses momentos de desconforto, descobri a profundidade da minha resiliência e o poder de abraçar a incerteza. O desconforto da mudança tornou-se um catalisador para o crescimento, impulsionando-me a assumir papéis que nunca imaginei desempenhar.

Como imigrante, sempre estive acostumada à mudança. Ela faz parte do tecido da minha vida, entrelaçada em cada experiência. Ainda assim, como muitos, eu também ansiava por estabilidade. Mudar-me para Nova York foi ao mesmo tempo assustador e emocionante. Isso significava deixar para trás um ambiente familiar e entrar em um mundo que parecia muito diferente de onde eu cresci. Os céus ensolarados e as palmeiras foram substituídos pela agitação interminável de ruas lotadas, prédios imponentes e pessoas sempre apressadas para algum lugar importante. A cidade estava cheia de energia, mas também era opressora. Tive que me ajustar rapidamente, não apenas a um novo emprego, mas a um estilo de vida completamente novo. Meu trabalho anterior era como programadora de canais na indústria de TV a cabo na América Latina, mas este novo cargo era um passo adiante, no competitivo mercado dos Estados Unidos. Era uma promoção, mas também veio acompanhada de um profundo sentimento de síndrome do impostor. Lá estava eu, na "Big Apple", sentindo-me deslocada.

No início, lutei para encontrar minha voz dentro da equipe. A pergunta persistia na minha mente: eu precisava me tornar outra pessoa? Mais cosmopolita, mais afinada com o ritmo acelerado, mais parecida com as pessoas ao meu redor? A pressão para me adaptar era palpável. No entanto, o que percebi rapidamente foi que esse desconforto não era algo a ser evitado. Era um convite para crescer, testar meus limites e descobrir forças que eu nem sabia que tinha. Isso me forçou a confiar mais em quem eu realmente sou.

O poder dos modelos pode ser positivo ou negativo, dependendo de como você decide segui-los. Uma das lições mais profundas da minha jornada veio de uma mentora cujo estilo de liderança deixou uma marca indelével em mim. Sua habilidade de equilibrar inteligência com empatia criou um ambiente colaborativo e próspero. Ela me ensinou que liderança não é apenas sobre estratégia ou expertise, mas sobre o equilíbrio delicado entre mente e coração.

Lembro-me de um momento particularmente estressante, enquanto nos preparávamos para uma reunião do conselho que determinaria o futuro da nossa rede. Nosso financiamento estava em jogo, e os riscos não poderiam ser maiores. Embora o plano de negócios que criamos fosse importante, o que mais se destaca na minha memória foi a abordagem da minha mentora. Ela criou um espaço para a equipe compartilhar pensamentos, ideias e preocupações. Não ditou soluções; em vez disso, nos empoderou para colaborar, ouvir e contribuir. Não foi uma abordagem de cima para baixo, mas uma parceria construída sobre respeito e confiança mútua. Isso resultou em cada um de nós sentindo que tinha um papel importante no sucesso da empresa e dando o seu melhor.

Nesses momentos de colaboração é que vi verdadeiramente o brilho de sua liderança. Ela tinha uma habilidade incrível de motivar a equipe, fazendo com que cada um de nós sentisse que tínhamos uma participação no sucesso da empresa e que tudo era possível. Através dela, aprendi que liderança não é sobre comandar autoridade; é sobre criar um ambiente onde todos se sintam valorizados e ouvidos. Quando as pessoas se sentem realmente vistas e respeitadas, elas dão o seu melhor.

Ela me ensinou que um bom líder lidera pelo exemplo. Alguém que não apenas vê o potencial nos outros, mas o nutre ativamente. Ela liderava com coração e estratégia, e foi essa combinação que fomentou um ambiente colaborativo e próspero.

Um dos exemplos mais pessoais da liderança dela veio durante um momento crucial da minha vida. Dei à luz minha filha apenas um mês após os devastadores eventos de 11 de setembro. Com o mundo ainda se recuperando daquela tragédia, decidi tirar minha licença-maternidade e retornar à minha cidade natal, onde teria o apoio da família para cuidar do bebê. Foi uma decisão enorme, tanto profissional quanto pessoalmente.

Em vez de questionar minha escolha ou criar tensão, minha mentora foi solidária e compreensiva. Ela não apenas me encorajou a tirar o tempo necessário, mas continuou sendo uma fonte de orientação e apoio ao longo da minha carreira. Sua crença inabalável em mim, especialmente durante um momento tão significativo na minha vida, reforçou o tipo de líder que eu queria ser. Alguém que vê além das tarefas imediatas e investe no bem-estar da equipe, tanto pessoal quanto profissionalmente. Essa abordagem me ajudou a construir equipes de alta performance que colaboram e se apoiam enquanto alcançam o sucesso.

Outra lição transformadora veio da realização de que o sucesso não se trata apenas do que você sabe ou do que pode conquistar sozinho. Trata-se das pessoas que você escolhe ao seu redor e do que vocês realizam juntos. É a importância de conexões significativas. Durante meu tempo em Nova York, fiz um esforço consciente para construir relacionamentos com pessoas que me desafiavam, me apoiavam e compartilhavam meus valores de trabalho. Vinte anos depois, algumas dessas pessoas ainda estão na minha vida. Usei as habilidades que aprendi para aplicar essas lições a novos relacionamentos, criando equipes de alto desempenho.

No passado, eu acreditava que, para fazer *networking* de forma eficaz, era necessário se conectar com o maior número possível de pessoas. Quanto mais conexões no LinkedIn, melhor. Mas, com o tempo, percebi que o verdadeiro sucesso está na qualidade dos relacionamentos. Não se trata de quantas pessoas você conhece, mas da profundidade com que você se conecta com elas. Minhas equipes ao longo dos anos não foram apenas um grupo de colegas. Elas foram meu ponto de apoio, meus colaboradores. Nós nos responsabilizávamos uns aos outros, celebrávamos as vitórias de cada um e aprendíamos com os erros. Esses relacionamentos, forjados por meio de respeito mútuo e experiências compartilhadas, me ajudaram a superar desafios que antes pareciam intransponíveis.

Formei uma equipe de colegas de confiança que, ao longo dos anos, lançou novas marcas, corrigiu redes que tinham problemas e lançou vários serviços de *streaming* em tempo recorde. Construir conexões significativas, em vez de simplesmente expandir minha rede, foi essencial para meu crescimento pessoal e profissional. O apoio daqueles ao meu redor tornou-se um recurso inestimável que me impulsionou para frente e me permitiu ter sucesso.

Olhando para trás, agora percebo que as maiores recompensas da vida vêm de abraçar o desconforto, aprender com aqueles que nos inspiram e cultivar conexões significativas. Minha jornada nem sempre foi fácil, mas foi inegavelmente transformadora. Em cada desafio, aprendi que o crescimento geralmente acontece nos momentos de maior incerteza. É nesses momentos, quando o caminho à frente parece incerto, que a coragem de assumir riscos abre portas para oportunidades que poderiam permanecer fechadas.

Apesar de tudo, aprendi a confiar no meu eu autêntico. Especialmente nos momentos em que isso parecia desconfortável ou arriscado. Nessas instâncias encontrei a coragem de tomar decisões ousadas, assumir riscos e abraçar o desconhecido. O desconforto da mudança, embora por vezes inquietante, tornou-se uma porta de entrada para o crescimento e uma compreensão mais profunda de quem sou e de quem estou me tornando.

Também aprendi que liderança não é sobre alcançar o sucesso sozinho, mas sobre trazer os outros junto com você, capacitando-os a se tornarem a melhor versão de si mesmos. Como resultado, desenvolvi uma paixão profunda por construir equipes, lançar *startups* e ajudar outras pessoas a transformar seus sonhos em realidade. As lições que aprendi continuam a moldar minha abordagem ao trabalho e à vida.

Enquanto embarco na minha próxima aventura, estou aprendendo a abraçar o que amo fazer e me aventurar em novas áreas além da indústria da mídia. Essa mudança é ao mesmo tempo empolgante e assustadora, mas também uma oportunidade de explorar como minhas habilidades e experiências podem ser aplicadas a diferentes profissões. Percebi que meu valor não está confinado a um papel ou indústria específica, e a chance de expandir para territórios desconhecidos me permite crescer de maneiras que nunca imaginei. Refletindo sobre minha aventura em Nova York, descobri que o crescimento não é um destino, mas uma jornada ao longo da vida.

Ao refletir sobre essa história, deixo uma pergunta para você: quais passos você pode dar para abraçar a mudança, nutrir suas paixões e se cercar de pessoas que a elevam?

BRANDI HALE

@brandinhale
linkedin.com/in/brandi-hale-b3b3584

Abraçando o seu poder

Ao longo dos anos, aprendi três lições-chave que moldaram uma vida que amo e pela qual me sinto abençoada, e que podem ajudar outras pessoas a alcançar seus objetivos e guiá-las em tempos difíceis. A primeira é acreditar em si mesmo e no seu valor. A segunda é pegar tudo o que aprendi e compartilhá-lo com o propósito de elevar os outros e abrir seus olhos para enxergar além dos limites que colocaram em si mesmos. A terceira é a mais simples: procurar o lado bom, mesmo nas situações mais difíceis. É claro que muitas outras lições me moldaram, mas essas três me definiram como pessoa e me sustentaram nos meus maiores desafios: enfrentar o câncer, a perda dos pais, criar uma vida no exterior, mudar de carreira, entre outros. Minha esperança é que minhas ferramentas se tornem suas ferramentas, para elevá-la quando necessário e lembrá-la de sua grandiosidade, para que você também possa elevar outros ao longo do caminho. Uma das ferramentas mais poderosas que temos é o outro.

Lição 1: Acredite em si mesma

Na jornada da vida, aprendi que o primeiro passo para alcançar algo significativo é acreditar em mim mesma. Parece simples, mas é um mantra poderoso que transformou minha vida. Lembro-me de momentos em que me sentia insegura, presa por dúvidas, permitindo que limitações tomassem conta da minha mente. Então, descobri técnicas que mudaram tudo: respirar fundo, endireitar os ombros e dizer um "sim" enfático a qualquer desafio que surgisse. Há 26 anos, aos 25, no auge de uma carreira promissora e de uma vida jovem e vibrante, fui diagnosticada com um tumor maligno raro no seio — era câncer. Muito rapidamente, após o diagnóstico, ficou claro para mim que eu tinha duas escolhas: me render ao desespero ou enfrentar o desafio de cabeça erguida. Escolhi a segunda opção; recusei-me a ceder ao negativismo. Naquele momento, percebi que meu potencial seria ilimitado se eu não colocasse barreiras em meu próprio caminho. Cada dia era uma nova batalha, mas eu a encarava com a convicção de que poderia vencer. Cada inspiração me enchia de força, e cada expiração liberava meus medos. Tornei-me minha própria torcedora, lembrando-me de que era capaz de muito mais do que jamais imaginei.

O Poder das Afirmações Positivas – Minhas afirmações positivas começaram durante minha jornada contra o câncer. Uma das estratégias mais eficazes que descobri foi o uso de afirmações positivas. Todas as manhãs, ao encarar a, às vezes, inconcebível realidade, eu precisava alinhar minha mente e meu coração. Eu repetia para mim mesma: "Eu consigo" e "Eu não estou sozinha". Com o tempo, esses pequenos incentivos tornaram-se mais do que palavras; transformaram-se em um sistema de crenças que fortaleceu minha força e me lembrou de que eu não estava sozinha. Eu tinha minha fé e um grupo de apoio incrível formado por familiares e amigos.

Essas afirmações me motivavam a continuar e desempenharam um papel importante ao me ajudar a mudar minha mentalidade de dúvida para possibilidade. Comecei a ver oportunidades onde antes via obstáculos. Essa prática não apenas aumentou minha confiança, mas também criou um efeito cascata, influenciando aqueles ao meu redor. Quando compartilhei minha jornada e as técnicas que me ajudaram, percebi que outros também começaram a abraçar seu próprio poder. Com o tempo, vi que compartilhar essa prática ou modelá-la era poderoso tanto para mim quanto para os outros. Muito tempo após minha luta contra o câncer, ainda uso essas pequenas celebrações diariamente e, às vezes, me pego dizendo "com certeza!" quando concluo um projeto ou tarefa difícil — algo engraçado de se notar quando estou de volta a um escritório corporativo e não sozinha no meu *home office*.

Ferramentas de Sobrevivência – O dia em que recebi o diagnóstico foi um divisor de águas. Desde o início, tive minha equipe de apoio ao meu lado. Era o dia seguinte ao casamento da minha irmã, e estávamos cercados por família e amigos. Não foi coincidência eu estar envolvida por tanto amor naquele momento. Eles estavam lá para me amparar antes que eu caísse e me sustentaram pelos meses seguintes.

Quando recuperei o fôlego, percebi que poderia me entregar à autopiedade ou enfrentar o desafio pela frente. Ninguém ao meu redor permitiria que eu me entregasse, então isso nunca foi uma opção. Escolhi mergulhar de cabeça, aceitando cada reviravolta dessa jornada inesperada, que às vezes parecia tão surreal que me sentia como uma espectadora, como se aquilo não estivesse realmente acontecendo comigo. Não foi fácil; houve momentos em que fiquei aterrorizada. No entanto, encontrei força na minha fé e me apoiei profundamente na minha família e amigos. Eles se tornaram meu porto seguro, lembrando-me de que eu não estava sozinha nessa luta e de que tínhamos um plano.

Uma ferramenta que usei foi a "caixa de palavras", um recipiente com cartões e bilhetes que as pessoas me enviaram durante esse período. Alguns eram orações, outros compartilhavam suas lutas, mas todos eram positivos e encorajadores. Adicionei também algumas citações que rasguei de livros. Durante minhas cirurgias e recuperação, carreguei essa caixa comigo e, ao abri-la, sentia forças renovadas.

Durante minhas cirurgias e recuperação, essa "caixa de palavras" tornou-se minha companheira. Eu a carregava comigo em uma caixa plástica transparente, e nos momentos mais difíceis retirava um cartão para me lembrar de manter a fé e continuar em frente. Alguns conselhos eram simples, como viver um dia de cada vez; em momentos mais desafiadores, a orientação era encarar a vida uma hora de cada vez, se necessário. Cada nota me lembrava de que todos temos lutas e, embora eu não soubesse como minha jornada com o câncer terminaria, tinha a força coletiva para enfrentar o que viesse.

Mesmo hoje, muitos anos após essa experiência, uso uma ferramenta semelhante chamada "Presente de Palavras". É um exercício de construção de equipe em que todos do grupo escrevem palavras gentis e encorajadoras uns para os outros. Cada membro sai com uma folha de papel com seu nome no topo e uma coleção de afirmações positivas escritas pelos colegas. Esses lembretes poderosos mostram que cada pessoa importa, tem valor e traz talentos únicos para o grupo. A maioria das pessoas que participa relata guardar essas mensagens por anos, recorrendo a elas em momentos de dificuldade. Essa experiência me ensinou a importância de um sistema de apoio: de ter boas pessoas ao seu redor, que acreditam em você, e em quem você também acredita. Quando você tem uma equipe forte e que confia nos outros, quase tudo pode ser alcançado.

Eliminando o Medo – O medo é um ladrão. Ele rouba nossa confiança e sufoca nosso crescimento. Ao enfrentar o câncer, o medo competia com minha esperança, e eu me forçava a ser corajosa diante do desconhecido. Essa experiência de sobrevivência me ensinou que, para realmente abraçar meu potencial, precisava confrontar meus medos de frente e continuar escolhendo a esperança e a crença. Comecei a entender que insegurança, ciúmes e até comportamentos como o microgerenciamento muitas vezes surgem de uma falta de crença em nós mesmos. Então, tomei a decisão consciente de me livrar do medo que me impedia de ser minha melhor versão.

Enfrentando Meus Medos – Esse processo de superar o medo não aconteceu da noite para o dia. Exigiu que eu desenvolvesse novas habilidades e uma mentalidade que celebrasse o sucesso em vez de fugir dele. Passei a ver os desafios como oportunidades de crescimento, e não como ameaças. Cada pequena vitória tornou-se um degrau, reforçando minha crença de que eu era capaz de alcançar a grandeza.

O medo esteve presente durante minha luta contra o câncer e reapareceu anos depois, quando me vi criando uma vida no exterior, vivendo e trabalhando em uma cultura e idioma diferentes do meu. Lembro-me de um momento marcante na minha carreira: enfrentar o medo de falar em público em espanhol. Sempre gostei de palestrar, ensinar oratória e discursar. A habilidade de falar em público era algo em que trabalhei duro para desenvolver e refinar. No entanto, quando me mudei do Texas para Porto Rico para ser diretora executiva de uma organização sem fins lucrativos internacional, a ideia de me apresentar diante de uma multidão em outro idioma fez meu coração disparar. Comecei devagar, praticando espanhol em reuniões e, aos poucos, aumentando o tamanho do público. Eventualmente, participei de programas de TV e rádio. A cada vez, sentia-me um pouco mais confiante, um pouco mais poderosa. Reenquadrar meu medo de me conectar com comunidades às quais eu desejava pertencer transformou minha ansiedade em entusiasmo e em uma oportunidade de compartilhar meu amor por meu novo lar e seu povo incrível.

A Liberdade de Deixar Ir – Ao eliminar o medo e simplesmente "mergulhar," portas se abriram para novas oportunidades de liderança e um mundo onde meus sonhos não apenas eram possíveis, mas estavam ao meu alcance. Deixar o medo de lado foi libertador; permitiu-me abraçar novas experiências e possibilidades sem hesitação. Aprendi a correr riscos, sabendo que, mesmo que eu tropeçasse, fazia parte da minha jornada. Uma das maiores conquistas foi perceber que, ao abraçar o novo idioma, construí relacionamentos que antes seriam impossíveis. Ao abandonar a insegurança sobre como seria percebida e acreditar em mim mesma e nos outros, fui aceita e valorizada nas circunstâncias mais incríveis, o que me permitiu apoiar outros líderes de organizações sem fins lucrativo ao redor do mundo.

Eu comecei a incentivar outros líderes ao meu redor a fazer o mesmo: a se orgulharem de compartilhar suas próprias experiências e a usarem sua voz para transmitir suas perspectivas únicas e conhecimentos especializados. Eu compartilhava que o medo é uma parte natural do crescimento e criava oportunidades para que outros mostrassem suas melhores práticas em palcos importantes. Juntos, embarcamos em uma jornada de autodescoberta, apoiando uns aos outros enquanto enfrentávamos nossos medos e celebrávamos nossas vitórias, aprendendo a confiar uns nos outros, independentemente das nossas diferenças. Ao liberar meu medo e minha dúvida em relação ao novo idioma, tive a bênção de me tornar parte de muitas culturas e famílias. Todos esses momentos são memórias preciosas ao longo da minha jornada.

Lição 2: Eleve os outros

À medida que naveguei pelos meus próprios desafios e sucessos, percebi a importância de retribuir. A vida é sobre elevar os outros enquanto subimos. Encontrei alegria em oferecer grandes oportunidades às pessoas ao meu redor e aprendi que é essencial ensinar aos outros que falhar é aceitável — porque o fracasso não é o fim; é uma parte do caminho para o sucesso.

Uma realização importante que tive foi que não se trata apenas de mim. A vida é incrível, bela, muito curta — e se torna mais significativa quando não é apenas centrada no "eu". Focar nos outros e encontrar maneiras de ajudá-los a ir além do que acreditam ser seu potencial traz uma satisfação avassaladora. Isso me traz felicidade genuína.

O Efeito Cascata da Bondade – Sempre acreditei no poder do mentorado. Lembrando-me das pessoas incríveis que me ajudaram em minha jornada, sempre me esforcei para estender a mão e puxar outros para cima. Tive pessoas que abriram portas e acreditaram em mim, mesmo sabendo que eu não estava totalmente preparada ou que ainda não tinha tudo resolvido. Elas simplesmente acreditaram em mim e tinham fé de que eu descobriria o caminho — o que foi incrivelmente poderoso para construir minha autoconfiança. Outros líderes me deram a oportunidade de mergulhar em projetos, liderar equipes e aprender com dificuldades. Por meio de sua bondade e amor exigente, ensinaram-me a ser a luz guia para outra pessoa, a apontar o potencial dos outros quando eles mesmos não conseguem enxergá-lo. Olhando para trás, sou extremamente grata pelo tempo que essas pessoas investiram em mim. Dedicar-se a ouvir, orientar, compartilhar experiências e permitir fracassos foi um presente inestimável.

Sempre que tive a oportunidade de ser mentora de alguém, fui lembrada do impacto profundo que podemos ter na vida uns dos outros. Isso reforçou minha crença de que a bondade e o apoio criam um efeito cascata, inspirando outros a fazerem o mesmo. Quando elevamos os outros, nos elevamos também, criando uma cultura de positividade e crescimento. Quando nossas ações demonstram que acreditamos em alguém, isso é poderoso e constrói a confiança dessa pessoa de maneira autêntica.

Lição 3: Veja o bem

Procurar o bem em todas as situações tornou-se um princípio orientador. A vida é cheia de desafios, mas é nossa perspectiva que molda nossas experiências. Na vida e no trabalho, tentei treinar a mim mesma para buscar o bem, seja nas pessoas, nas circunstâncias ou nas provações. Essa mudança de mentalidade foi terapêutica. Desde cedo em minha jornada, foi a compreensão de que eu poderia escolher enxergar o bem que deu início a essa prática. Às vezes, é o simples lembrete de que tenho uma escolha em cada situação, não importa o quão difícil ela seja.

Não posso dizer que é sempre fácil, mas sou uma pessoa mais feliz quando escolho ativamente enxergar o bem. Minha mãe, que perdemos recentemente para o câncer, minha irmã e eu praticamos escrever declarações de gratidão por vários anos, especialmente durante as festas de fim de ano. Todos os dias, compartilhávamos algo pelo qual éramos gratas — umas com as outras ou publicamente.

Ao cultivar intencionalmente a gratidão, desenvolvi uma apreciação mais profunda por coisas que talvez não notasse no meu dia a dia. Essas são sempre coisas que eu não deveria dar como garantidas, mas às vezes dou. Ao compartilhar essas bênçãos, mesmo durante os desafios, encontrei razões para celebrar. Essa prática não apenas enriqueceu minha vida, mas também inspirou outras pessoas a adotarem essa prática. É algo que funcionou para nós, mantendo-nos em busca do bem.

Celebrando os Outros – Quando vejo alguém fazendo um bom trabalho, sendo gentil ou precisando de um pouco de incentivo, faço questão de reconhecer ou compartilhar palavras de elogio. Isso muitas vezes embaraça meu filho adolescente quando faço isso em público com estranhos. Mas percebi que um simples reconhecimento pode fazer uma diferença enorme. Isso incentiva uma cultura de positividade e reconhecimento, lembrando aos outros que seus esforços importam. Essa prática é magnética e se multiplica como um efeito dominó, à medida que outras pessoas continuam essa ação porque se sentem bem e querem que outros sintam o mesmo.

Escrever essa experiência me ajudou a refletir sobre minha jornada, algo que eu não fazia há muito tempo. Ser convidada a compartilhar minha história e como superei desafios e me esforcei para elevar os outros trouxe clareza sobre os muitos blocos de construção ao longo do caminho que criaram minha história perfeitamente imperfeita de força e superação. Abraçar o poder dentro de nós e compartilhá-lo com os outros é incrivelmente empoderador. Acreditar em mim mesma levou tempo e também o reconhecimento de que havia pessoas que acreditavam em mim, mesmo nos momentos mais difíceis. A bondade delas me motiva a elevar aqueles ao meu redor, mentorar e orientar os outros, enquanto também aprendo com suas jornadas. Com autoconfiança e foco nos outros, juntos podemos criar um mundo onde enxergamos o bem, espalhamos luz positiva e incentivamos uns aos outros a ir além do que achamos possível.

Convido você a respirar fundo, endireitar os ombros e dizer "sim" para tudo o que está por vir. Sua história importa, e você tem o poder de inspirar os outros de maneiras que talvez nem imagine. Nossos capítulos estão cheios de escolhas e contribuem para uma narrativa maior. Que possamos continuar acreditando em nossas próprias habilidades, elevando os outros, compartilhando nossas histórias e buscando o bem. Que possamos sempre acreditar uns nos outros.

BRUNA LOMBARDI

@brunalombardi

Nossos caminhos de luz

As mulheres carregam um poder extraordinário, mas muitas vezes isso é sufocado pelas pressões da sociedade, pela competição imposta e pelas cobranças internas. Quantas vezes nos sentimos desvalorizadas? Desprezadas, humilhadas? Quantas portas se fecham? Quantas vezes nos machucam o coração?

Minha missão, em muitos aspectos, é mostrar que juntas podemos nos ajudar e ser mais fortes. A ideia de que as mulheres precisam competir entre si é um conceito prejudicial que impede nosso crescimento. Nós somos capazes de criar redes de apoio, compartilhar experiências e nos ajudarmos a descobrir o nosso potencial. Descobrir a liberdade de ir além das fronteiras visíveis. Buscar a nossa liberdade é abrir a porta do nosso poder interior.

O primeiro caminho que se abriu para mim foi exatamente o da liberdade — a liberdade de imaginar, criar e viver de acordo com minha própria essência.

Às vezes, abrir caminhos significa desafiar as estruturas existentes. Quando comecei a entrevistar mulheres que haviam rompido barreiras em suas áreas, confirmei o quanto a jornada feminina é constantemente marcada por desafios e preconceitos, em qualquer setor da sociedade.

O quanto qualquer uma de nós precisa lutar para que sua voz seja ouvida em um ambiente dominado por homens. Nós, mulheres, temos que abrir caminho não só para nós, mas para todas, para as que nos acompanham e para as que virão depois. Nosso trajeto não é só individual, é também voltado para o coletivo. Essa generosidade é a base da responsabilidade que carregamos. Cada conquista individual é também uma porta aberta para todas.

Quando uma mulher aprende, ela ensina. Ainda hoje me considero uma eterna estudante. Tudo o que vivo é experiência e aprendizado. Viajei para lugares distantes, convivi com culturas milenares e mestres espirituais que me ensinaram que o maior caminho a ser aberto é aquele dentro de nós. Carregamos o universo em cada poro. Mas precisamos aprender a escutar a pequena voz do nosso coração.

No trabalho que faço com a Rede Felicidade e nas minhas palestras por todos os lugares, reforço que a autoestima não nasce de padrões externos, mas da descoberta de quem você realmente é. Cada mulher tem sua história, sua luz própria, que não pode ser apagada ou comparada. O autoconhecimento é a chave para desbloquear essa força.

Quando você se aceita, entende que não precisa se encolher para caber nos moldes que os outros criaram. Não podemos nos deixar definir por padrões alheios. Nenhuma de nós precisa ser o que não é.

Ao longo da vida, percebi que muitas mulheres sentem medo de não serem boas o suficiente ou de fracassarem. Minha resposta a isso é simples: todas nós estamos aprendendo. A vulnerabilidade não é fraqueza; ela é a base da coragem. Aceitar nossas imperfeições e continuar seguindo em frente é o que nos torna humanas e poderosas. Eu mesma passei por momentos de dúvidas, mas sempre encontrei força na minha conexão comigo e com outras mulheres que me inspiraram. Acreditem em si mesmas. Valorizem suas conquistas, por menores que pareçam. Cada pequena vitória é um passo em direção à mulher que estamos destinadas a ser. Não podemos nos afastar e nem permitir que nos afastem do potencial que carregamos dentro de nós.

Acredito que a verdadeira beleza vem disso, dessa plenitude de ser o que somos. Durante muito tempo, fomos bombardeadas com imagens de perfeição inalcançável, padrões que nos dizem como devemos ser, como devemos nos comportar, e até o que devemos desejar. Mas a verdadeira transformação acontece quando paramos de tentar nos encaixar em moldes e começamos a nos aceitar como somos. Não é sobre buscar ser perfeita; é sobre ser inteira.

Eu sempre digo que a autoestima é como um músculo que precisa ser trabalhado todos os dias. Ela cresce quando reconhecemos nossas conquistas, por menores que sejam, e nos permitimos celebrar quem somos. Trabalhar a autoestima não significa ignorar os desafios ou negar as dificuldades, mas sim enfrentar tudo isso com coragem e amor-próprio.

Muitas mulheres me escrevem dizendo que se sentem presas, que não conseguem enxergar um caminho. E minha resposta sempre é: comece pequeno. Pequenos passos diários. Diferentes escolhas. Uma pequena mudança na forma como você pensa sobre si mesma pode levar a uma transformação enorme.

Acredito profundamente no poder do diálogo. Quando mulheres se unem para conversar abertamente, compartilhar suas dores e vitórias, algo mágico acontece. As barreiras caem, e a empatia toma conta. É por isso que faço questão de promover esses encontros e espaços seguros, onde possamos trocar ideias, aprender umas com as outras e, principalmente, apoiar umas às outras.

Quando penso no futuro, vejo um mundo onde as mulheres não apenas ocupam seus espaços, mas o fazem sem medo, com confiança. Isso começa com pequenas atitudes: um elogio sincero, uma palavra de incentivo, uma mão estendida, segurar a mão de alguém que precisa de apoio, um momento de escuta atenta e aprender a escutar com o coração aberto. A competição nos divide, mas a solidariedade nos fortalece.

O meu trabalho nos filmes e livros também reflete essa visão. No cinema e na literatura, encontrei um espaço para abordar questões que me inquietam profundamente. Criar, escrever, produzir e atuar em filmes como *O Signo da Cidade* e *Onde Está a Felicidade?* ou na série *A Vida Secreta dos Casais*, foi minha forma de trazer temas urgentes e reflexões profundas para as telas.

Em *O Signo da Cidade*, por exemplo, escrevi histórias de pessoas enfrentando desafios profundos, mas que, no fundo, estão em busca de conexão e pertencimento.

Eu quis mostrar as dores e os sonhos que se escondem nas grandes metrópoles. A solidão, a busca por conexão e o desejo de encontrar um sentido maior na vida são temas universais que dialogam com todo mundo.

Em *Onde Está a Felicidade?*, o humor e a reflexão se uniram para falar sobre a nossa obsessão por respostas e soluções mágicas. A verdade é que a felicidade não está em um lugar específico, mas na jornada. Ela é construída em cada escolha que fazemos. Eu quis mostrar que a jornada em busca de si mesma é tão importante quanto o destino final. Cada passo que damos para nos conhecer e nos aceitar faz parte do processo de nos tornarmos quem realmente somos.

Cada filme é uma conversa com quem assiste, um convite para olhar para dentro de si e para o mundo com mais empatia.

Abrir portas é entrar num território desconhecido e se jogar. É fazer o que nunca fizemos e se empenhar totalmente. Vencer obstáculos, barreiras e encontrar soluções ao que parecia insolúvel.

Quando fiz, durante uma década, o meu programa independente *Gente de Expressão*, eu entrevistava pessoas e viajava pelo mundo inteiro. Foi um trabalho insano, mas conheci pessoas fantásticas, talentos fabulosos nos mais diversos campos e foi um aprendizado intenso.

De todos o mais difícil desafio foi criar, escrever, produzir e atuar na série *A Vida Secreta dos Casais* para a HBO. Eu me sentia como se tivesse me atirado na escuridão do espaço e precisasse aprender urgentemente a voar. Mesmo com toda a minha experiência de roteirista, escrever três temporadas sozinha foi como querer abraçar a imensidão.

Mas a gente precisa vencer o medo. A coragem sempre aparece quando a gente precisa dela. E a verdadeira transformação começa dentro de cada um de nós.

Quando você encontra equilíbrio interno, começa a viver de uma forma mais plena e harmoniosa. E isso não é algo que vem de fora; é um trabalho diário de olhar para dentro e se conectar com sua essência. A força da confiança e da autoestima florescem quando paramos de nos comparar com os outros e começamos a nos valorizar pelas nossas ações, que vão traduzir aquilo que somos.

Todas nós temos uma história para contar. Cada mulher carrega consigo uma coleção única de experiências, dores e conquistas que moldam sua visão de mundo. Ao compartilhar essas histórias, ajudamos outras mulheres a se sentirem menos sozinhas em suas jornadas. Esse é um dos motivos pelos quais continuo escrevendo e criando. Quero que as mulheres se sintam vistas e compreendidas.

Toda mulher tem uma luz única, mas às vezes essa luz fica obscurecida pelas circunstâncias da vida. Nosso trabalho, como indivíduos e como sociedade, é ajudar umas às outras a reacender essa luz. E não deixar que sombras cubram nosso brilho. Não importa se é através de uma conversa, de um filme, de um livro ou de um gesto simples. O importante é nunca perder de vista a força que temos dentro de nós e como ela pode inspirar outras pessoas.

Sempre me perguntam como consigo equilibrar tantos papéis: atriz, poeta, escritora, produtora, entrevistadora, empresária, ativista, mãe. Minha resposta é que o equilíbrio não é uma linha reta. Ele é dinâmico, e cada dia enfrenta novos desafios. O segredo é se manter conectada consigo mesma. Eu tenho meus momentos de introspecção e silêncio, onde recarrego minhas energias. São os momentos para dentro que me permitem estar presente em tudo o que faço. O equilíbrio vem desse alinhamento com meus valores e de saber que estou colocando minha energia no que realmente importa.

Nos eventos que participo, percebo o impacto profundo da troca entre mulheres. Em uma das *Jornadas de Conhecimento*, que criamos, uma participante me disse: "Bruna, eu estava completamente perdida, mas suas palavras me ajudaram a encontrar um caminho". Isso me acontece constantemente e reforça o trabalho que venho fazendo.

Todos os dias eu renovo esse meu desejo de ajudar as pessoas a se encontrarem e viverem melhor e mais felizes. Saber que o que realizo pode iluminar o caminho de alguém é uma das grandes recompensas.

Acredito no poder da reinvenção. A cada dia, viramos uma página, começamos um novo capítulo, revisitamos histórias que moldaram quem somos. Muitas vezes, somos condicionados a seguir caminhos que não escolhemos, mas a vida sempre nos oferece a chance de recomeçar. Cada momento de ruptura na vida de uma mulher pode se transformar em um ponto de partida, uma oportunidade para redescobrir sua força e reavaliar suas escolhas.

Na minha experiência, o autoconhecimento é um processo contínuo. Ele não acontece em um único momento ou decisão. É como um rio que flui, mudando o curso com o tempo. Minha mensagem é sobre a importância do autoconhecimento. Conhecer quem somos de verdade nos liberta das expectativas alheias.

Quando você entende seus valores, suas paixões, suas vulnerabilidades, nada pode abalá-la. Você deixa de se comparar com os outros e começa a focar no que realmente importa: a sua jornada. E é exatamente isso que quero transmitir às mulheres que me acompanham, seja através dos filmes, dos livros, das redes sociais e da Rede Felicidade.

Eu sempre acreditei que a arte tem o poder de transformar vidas. Desde menina descobri na poesia uma forma de expressar o que sentia e enxergar o mundo por uma lente mais sensível. Era algo visceral, como se cada palavra escrita tivesse um propósito maior, uma conexão profunda com o universo.

A poesia foi meu ponto de partida e, de certa forma, continua sendo o eixo central de tudo o que faço. A vida me levou a outros caminhos, mas nunca me desviei dessa essência. Como atriz, vivi personagens que desafiaram e ampliaram minha compreensão sobre a natureza humana. Ser Diadorim em *Grande Sertão Veredas* foi uma experiência transformadora, pois aquele papel exigia que eu mergulhasse em questões de identidade, coragem e amor, que continuam tão relevantes hoje quanto naquela época.

Entendi, então, que abrir caminhos não é um ato individual. Quando você tem coragem de seguir sua verdade, inevitavelmente abre espaços para que outros também floresçam. Abrir caminhos exige coragem. É preciso estar disposto a andar por terrenos desconhecidos, enfrentar medos e inseguranças e, muitas vezes, ser o primeiro a trilhar uma estrada nova. Não é fácil, mas é libertador. Quando olhamos para trás e vemos o que conquistamos, percebemos que cada desafio foi, na verdade, um presente disfarçado. Cada obstáculo nos tornou mais fortes, mais resilientes.

Falar de felicidade é inevitável para mim. Não acredito que ela seja um estado permanente e nem que exclua dores, melancolias, sofrimentos.

A felicidade não é sobre ser feliz o tempo todo, mas sobre despertar uma nova consciência. É entender que a mudança só acontece quando mudamos nossos valores. Não existe transformação verdadeira sem isso.

A felicidade é uma escolha diária, um exercício de gratidão e de aceitação.

"A dor é inevitável, mas o sofrimento é opcional", nos ensina o Budismo.

Tudo isso faz parte da jornada. Não há força maior do que poder sentir as coisas plenamente. E mesmo na derrota, levantar e continuar.

A Rede Felicidade foi criada como um espaço para troca e inspiração, mas ela se tornou muito mais do que isso. Recebo histórias todos os dias de mulheres que, ao se conectarem com outras pessoas, descobriram forças que nem sabiam que tinham. Não há nada mais poderoso do que mulheres se apoiando mutuamente. Quando tiramos a ideia de competição da equação, abrimos espaço para a colaboração, e é aí que a verdadeira mágica acontece.

Eu criei a Rede Felicidade e minhas redes sociais para compartilhar essa visão de mundo. É um espaço onde conecto pessoas em torno de ideias que promovem equilíbrio, qualidade de vida e gentileza. Acredito que pequenos gestos podem ter grande impacto. Um telefonema para perguntar se alguém está bem, um sorriso para alguém, uma palavra de incentivo. Tudo isso cria ondas que transformam o mundo à nossa volta.

Gente feliz não quer guerra. Gente feliz não destrói.

Minha conexão com a natureza, meu ativismo ambiental, é uma extensão do meu próprio entendimento de felicidade. Sempre vi o planeta como um reflexo do que somos por dentro. Se a humanidade não cuidar do meio ambiente, estará ignorando a própria essência e caminhando para sua destruição.

Não adianta buscarmos um estilo de vida sustentável apenas na teoria; precisamos adotar práticas que realmente façam a diferença. Nossas escolhas diárias são uma forma de demonstrar que pequenas atitudes podem se transformar em grandes mudanças.

Como mulher, aprendi a não deixar o medo me paralisar, não permitir que os desafios me limitassem e nem as dúvidas me fizessem desistir. Entendo profundamente as batalhas das mulheres, mesmo as que não fazem parte da minha experiência pessoal.

Conheço mães solteiras que, com muita fibra, criaram seus filhos sozinhas, transmitindo valores preciosos em condições adversas.

Esse tipo de heroísmo anônimo é algo que merece ser celebrado. É por isso que o empoderamento feminino é uma causa constante na minha vida. Não se trata apenas de igualdade, mas de abrir espaço para que todas as vozes sejam ouvidas.

Hoje olho para as entrevistas, viagens, encontros e conexões que acumulei ao longo da vida e vejo um fio invisível que conecta todas essas histórias: a capacidade humana de superar, transformar e compartilhar. Cada pessoa que conheci me ensinou algo sobre resiliência, esperança e amor. Entendi que, mesmo nas situações mais difíceis, há sempre um caminho a ser encontrado — e que, ao caminharmos, também abrimos espaço para os outros seguirem. A vida é um constante abrir e fechar de portas. Algumas se fecham para nos proteger, outras se abrem para nos transformar. Que possamos ser aqueles que deixam portas abertas para os outros, aqueles que constroem pontes ao invés de muros, aqueles que iluminam os caminhos escuros com a luz da generosidade, da fé e do amor.

Seja um farol, um guia silencioso, uma força de transformação. Porque, no final, o que realmente importa são as vidas que tocamos, os sorrisos que despertamos e os caminhos de luz que ajudamos a abrir.

Minha missão é continuar criando, inspirando e aprendendo. Acredito que cada pessoa tem o poder de ser um catalisador de mudanças, de transformar o mundo ao seu redor. Cada um de nós é um agente transformador.

Se consegui inspirar alguém a buscar uma vida mais plena, a despertar uma consciência, a lutar por seus sonhos, a enxergar a beleza no cotidiano, então sinto que cumpri meu propósito.

BRUNA MILET

linkedin.com/in/brunamilet

Resgatando a força feminina em cada passo da jornada

Nasci numa família tradicional e machista (ou zelosa, como meu pai preferia chamar). Tive acesso a uma ótima educação e todos os livros que quisesse, mas era tratada de forma diferente. Única mulher de três irmãos, eu tinha regras muito mais rígidas que eles — inclusive diferentes das que meu irmão gêmeo precisava seguir, o que tornava as coisas mais difíceis pois tínhamos a mesma idade e os mesmos amigos. Meu horário de voltar para casa era mais cedo e eu só podia sair de noite se meu pai ou tios fossem me buscar. Meus irmãos podiam chegar mais tarde, voltar de carona ou como quisessem, afinal "precisavam aprender a se virar". Eles iam nas viagens da escola, eu não. Os meninos fizeram viagem de mochilão na Europa e Estados Unidos com amigos. Eu viajei com minha mãe e minha avó. Meu pai costumava dizer "solto meus bodes mas prendo minha cabrita", e assim encerrava a discussão — eu não podia e pronto, afinal era menina.

Minha mãe, embora concordasse com aquilo, sempre trabalhou, ao contrário da maioria das mães de meus amigos na branca e privilegiada Zona Sul do Rio de Janeiro. Pelo seu exemplo e por ouvir insistentemente dela que "mulher tem que trabalhar para ser independente", descobri que esse seria o caminho para ter mais liberdade e que autonomia era importante para mim. Aos 15 anos, seguindo os passos do meu irmão mais velho, pedi um emprego temporário de Natal na empresa de um dos meus tios e fui trabalhar lá no contraturno escolar, vendendo cartilhas das Normas de Qualidade ISO 9000 por telefone. Sentia-me o máximo recebendo meio salário mínimo por mês e não precisando pedir dinheiro aos meus pais para ir ao cinema ou à lanchonete.

Terminei a escola e comecei a estudar jornalismo. Estava no primeiro ano da faculdade quando meu pai morreu por problemas no coração. Ele tinha apenas 49 anos, e eu, 19. Mesmo sendo tão rígido, eu o amava muito e fiquei arrasada. Vivi o luto com o apoio dos meus irmãos e cuidei da minha mãe, que teve uma depressão profunda. Quando comecei a me recuperar, percebi que meu irmão mais velho tentou assumir o controle sobre mim, seguindo a tradição da proteção masculina. Naquele momento eu disse que não e subconscientemente assumi definitivamente as rédeas da minha vida e decidi criar um enredo de protagonista para mim, no qual não seria salva por um príncipe. Também concluí que precisava ser forte e não queria que ninguém me tratasse com condescendência; eu não queria mais ser ingênua ou protegida.

Nesse ponto exagerei, sufoquei minhas emoções e tentei simular um comportamento mais duro e próximo do masculino no trabalho, o que fiz por muitos anos, até que a maternidade "me adoçou". *Workaholic* e ambiciosa, tive poucas referências femininas de liderança e achava que aquele era o único jeito de ser respeitada e atingir os cargos mais altos do *C-level*, onde eu só via homens.

Fui trabalhar numa agência e, assim que me formei aos 22 anos, me mudei para São Paulo para morar sozinha e assumir minha primeira posição de liderança na recém privatizada distribuidora de gás local, Comgás, para a qual eu tinha prestado serviços na agência. Era um ambiente muito masculino, composto basicamente de engenheiros. Perfeito para engolir sem dó uma jovem profissional da área de humanas. Intuitivamente adotei os cabelos curtinhos, só usava calça, quase nenhuma maquiagem e brincos sempre pequenos. Sem "frescuras", costumava dizer aos colegas que eu era como um caminhoneiro, não precisavam fazer cerimônia na minha frente. Ouvia (e ria) de piadas inapropriadas, achava graça nos falsos boatos de que eu estaria saindo com superiores e até comentava que preferia ter chefes homens porque eram mais diretos. Nos eventos da liderança, eu colocava maiô e ia para a piscina, e ficava conversando com os colegas mais velhos enquanto as poucas meninas faziam outros programas. Uma vez um deles, meu amigo, até comentou: "Acho legal você vir e ficar aqui com a gente, não ficar com essa bobagem de vergonha de colocar roupa de banho". E só nessas horas eu notava que era a única ali (a vergonha e medo de assédio nem me ocorriam). Trabalhei por 12 anos nessa empresa, passando por várias áreas e sendo promovida diversas vezes, chegando a *Head*. Quando dei por mim eu já estava com muitos comportamentos masculinos enraizados, incluindo a anacrônica ideia de competição entre mulheres.

Engravidei duas vezes e me tornei mãe. Nesse processo comecei a me reconectar com meu feminino e me despir de algumas armaduras masculinas que não me serviam mais. Voltei de licença maternidade e me flagrei sem dar crédito a uma profissional de RI nova que entrou na empresa. A Renata Oliva era muito bonita, chique e confiante. Falava de igual para igual e defendia veementemente seus pontos embora fosse mais jovem e tivesse uma posição hierárquica abaixo da minha (essa empresa era muito hierarquizada, coisa de antigamente). Achava-a presunçosa até que percebi que eu estava sendo horrorosamente preconceituosa com ela. Baixei a guarda e a partir da minha mudança de postura passamos a colaborar em projetos com ótimos resultados, aprendi com ela e percebi que era uma profissional muito inteligente e com super potencial, que deveria ser incentivada, e não desmerecida. Não chegamos a ficar amigas na época, mas construímos uma relação de parceria e admiração mútua.

Meses depois, a empresa foi comprada por um grupo brasileiro e fui desligada. Passaram-se apenas algumas semanas e a jovem talentosa de RI me telefonou: "Fui convidada para trabalhar numa nova empresa e precisam de alguém para liderar o Marketing. Indiquei seu nome".

Foi assim que surgiu uma das oportunidades mais importantes da minha carreira e quem me abriu foi justamente aquela profissional de RI da qual eu desdenhei no início.

A empresa era a Smiles, programa de fidelidade e *spin-off* da Gol, importante companhia aérea brasileira. Tive a oportunidade de participar da construção da empresa, atuar como CMO e fazer parte do Comitê Executivo pela primeira vez. Fizemos um IPO de sucesso, tornamos a empresa líder de mercado e atuamos muito em parceria, e posso dizer que a Renata Oliva é uma das pessoas mais competentes com as quais já trabalhei. Passado algum tempo, quando eu estava organizando o evento do IPO, foi minha vez de puxar todas as mulheres através da Renata. Inicialmente só havia homens escalados para bater o martelo no pregão. Falei que aquilo não podia (e não deve mesmo), que precisava ter uma mulher naquela foto e que não deveria ser eu. E assim a Renata, que teve um papel decisivo no processo, foi merecidamente escolhida e uma das primeiras mulheres a participarem da batida do martelo num IPO brasileiro.

Essa passagem é apenas um exemplo das muitas vezes que puxei e fui puxada por mulheres na minha vida desde então, e aprendi muitas lições que creio que devem ser compartilhadas. Porque essas coisas aconteciam na minha infância e adolescência mas se tornaram bem mais raras a partir do momento que passei a associar o sucesso a comportamentos masculinos e a me comportar como achava que eles agiam na época para poder "fazer parte do clube". Isso me fez renegar parte de minhas características e personalidade por anos, até que a terapia e a maternidade me ajudassem e promovessem esse reencontro comigo mesma.

Foi isso mesmo: a terapia, o relacionamento saudável com meu marido e a maternidade me ajudaram a equilibrar força e empatia, resgatando meu verdadeiro feminino. Eles me tornaram mais leve e adoçaram meu coração, que relaxou após anos em que estava travestido de coração durão, desde a morte de meu pai. Entendi que não é necessário sufocar os sentimentos para ser forte ou respeitada. Passei a lidar melhor com minhas emoções, reconhecendo o meu poder de empatia como um diferencial. Reconectei-me com outras mulheres, resgatei meu feminino e revi meus próprios preconceitos e comportamentos, passando a atuar com intencionalidade. Finalmente ficou claro que eu não precisava agir como homem para sentar à mesa, e ser mulher não me desautoriza de fazer nada. E, a partir de então, essa seria minha fortaleza.

O mais bonito é que a partir daí tanta coisa boa aconteceu, tantas conexões e reconexões profundas, tantos apoios dados e recebidos, que às vezes me pego perguntando como me deixei contaminar pela ideia da competição feminina por tanto tempo. Desde então, tenho dedicado um tempo especial para mentorar outras mulheres em seu desenvolvimento de carreira, seja no meu ambiente de trabalho ou fora dele, e utilizado meus espaços de influência para derrubar esse mito e trazer luz a questões de gênero, entre outras.

E quanto mais a gente atua com consciência e intencionalidade, as portas vão se abrindo (muitas vezes por outras mulheres) e o puxar e ser puxada vira um círculo virtuoso no qual todas ganham. Por isso, não espere uma grande oportunidade ou acontecimento para começar. Aproveite os pequenos momentos: seja na conversa com a estagiária, no almoço de domingo com a sobrinha, numa interação via LinkedIn, no *happy hour* com as amigas ou mesmo no *feedback* com sua chefe. Sempre dá para a gente dar apoio, estímulo, reconhecimento e força para outras mulheres nos diversos aspectos de sua vida.

CAMILA TSURUDA

linkedin.com/in/camilatsuruda
@camilatsuruda
behance.net/camilatsuruda

O prêmio United Nations Women USA Rise and Raise Others: Quando um reconhecimento se transforma em movimento global

Quando um prêmio vira movimento

Era 2022, um mundo tentando se reconstruir pós-pandemia, onde o engajamento parecia frágil e o propósito, incerto. Mas, enquanto as manchetes falavam de recuperação, mulheres ao redor do planeta não pararam. Elas continuaram quebrando barreiras, desafiando sistemas, transformando realidades.

E, muitas vezes, fizeram isso no silêncio.

Foi para mudar essa narrativa que nasceu o United Nations Women USA Rise and Raise Others Award.

Não era um simples reconhecimento. Era um holofote para vozes que o mundo ainda não tinha parado para ouvir. O prêmio não celebrava apenas histórias de sucesso, mas histórias de impacto. Historias de mulheres que abriram caminhos para outras, que ousaram criar soluções onde antes só existiam obstáculos.

O chamado global e a onda de histórias

Quando a chamada foi lançada, o mundo respondeu. Indonésia, Índia, Brasil, México, Polônia, Estados Unidos, Inglaterra, França, Alemanha, Paquistão—de todos os continentes, chegaram nomes de mulheres que estavam mudando a realidade à sua volta.

Cientistas. Empresárias. Líderes comunitárias. Artistas. Políticas. Ativistas. Inovadoras.

Cada mulher carregava uma revolução. E cada revolução carregava muitas outras mulheres.

Foi aí que entendemos: esse prêmio não era sobre uma vencedora. Ele era sobre o impacto coletivo de cada mulher que decide não apenas subir, mas puxar outras com ela.

Além do troféu: o impacto real

Para muitas vencedoras, o prêmio não foi um fim, mas um começo.

- Na Índia, uma ativista que lutava há anos para garantir educação para meninas em vilarejos rurais conseguiu mais financiamento e ampliou seu projeto.
- No México, uma advogada que defende os direitos das trabalhadoras

domésticas viu seu trabalho ser levado ao Congresso, resultando em mudanças na legislação.

- No Paquistão, uma empreendedora que criou tecnologia para crianças neurodivergentes atraiu investidores internacionais e expandiu seu impacto.
- Nos Estados Unidos, uma sobrevivente do tráfico humano conseguiu apoio político para aprovar leis de proteção a jovens em situação de risco.
- Na Europa, uma ex-atleta que usa o esporte para ajudar vítimas de violência doméstica multiplicou suas ações para diversos países.

O que elas tinham em comum?

O prêmio deu a elas visibilidade. E a visibilidade potencializou o impacto. Não era sobre um troféu. Era sobre projeção de vozes. O poder da validação. O poder de dar a essas causas a chance de ter a voz amplificada. O poder de ver o mundo finalmente prestando atenção no que sempre esteve ali.

O invisível se torna imparável

Se o Rise and Raise Others Award nos ensinou algo, é que liderança feminina não é sobre ocupar espaço. É sobre criar espaço para outras chegarem também.

Cada mulher reconhecida não estava ali apenas por sua jornada individual. Ela abria portas para outras trilharem novos caminhos.

A cerimônia no MAKERS Conference em Los Angeles foi um marco — um dos mais icônicos palcos de empoderamento feminino global que também receberam Hillary Clinton, Eva Longoria e Loretta J. Ross — mas o verdadeiro impacto aconteceu nos meses seguintes.

Aconteceu quando uma menina em uma vila remota viu que estudar era possível.

Aconteceu quando uma mulher presa em um ciclo de violência encontrou abrigo e uma nova chance.

Aconteceu quando uma empreendedora obteve investimento para transformar inovação em impacto social.

O prêmio não só reconheceu mudança — ele a acelerou.

Um efeito dominó de conexões e colaboração

Um dos maiores legados do prêmio foi a criação de uma rede poderosa.

- As finalistas viraram colaboradoras, unindo projetos que atravessam continentes.
- As vencedoras se tornaram mentoras, abrindo portas para a nova geração de líderes.
- As 60 juradas influentes se tornaram advogadas das causas julgadas, amplificando ainda mais o impacto do prêmio.

O que começou como um reconhecimento está se tornando um movimento global de transformação. Porque a missão nunca foi só entregar um prêmio.

A missão era mudar o mundo.

Um legado de generosidade e ação

Esse prêmio só foi possível porque muitas mulheres dedicaram seu tempo, energia e visão se voluntariando por um propósito maior do que elas mesmas.

- Bibiana Gutierrez, presidente da UNEWomen USA de São Francisco, liderou o projeto com determinação implacável.
- Tracy Johnes, estrategista, garantiu que o processo fosse fluido.
- Natasha de Caiado Castro, membro do conselho do capítulo do Vale do Silício e presidente do júri, transformou o prêmio em uma rede poderosa de impacto.
- Roberta Rivelino, executiva global, ajudou a expandir o alcance do prêmio.
- Lo Bras, especialista em *advocacy*, foi fundamental para garantir reconhecimento internacional às vencedoras.
- Eliana Cassandre, *expert* em *branding*, fez com que a mensagem do prêmio chegasse ao mundo.
- Gisele Perasolo Alves, líder no setor, ajudou a estruturar cada etapa do processo de seleção.
- E eu, Camila Tsuruda, como diretora criativa, dei a esse prêmio sua identidade, sua voz. E me voluntariei junto com varias outras nas centenas de dias de 36 horas para que o projeto acontecesse.

Porque nós não fizemos isso sozinhas.

Fomos centenas. Mulheres de todas as áreas, idades e países, unidas por um único propósito: elevar umas às outras. E, juntas, criamos algo que viverá muito além de nós.

A pergunta que fica: "Qual é o seu superpoder?"

No encerramento da cerimônia, uma pergunta foi lançada ao público: "Qual é o seu superpoder? E como você vai usá-lo para transformar o mundo?"

As mulheres do Rise and Raise Others Award tinham a resposta.

Seu superpoder não era apenas liderança, inovação ou ativismo, era a capacidade de ver o invisível, ouvir o inaudível e trazer luz para quem sempre esteve nas sombras.

E assim, o movimento continua.

Esse prêmio não é o fim da história.

Ele é apenas o começo.

CARLA BARRICHELLO

@cbarrich
linkedin.com/in/carla-barrichello-369a34b
+55 11 94109-8872

A bruxa executiva

Essa é a história de uma jornada de autorreconhecimento a partir de uma conexão radical com o momento presente, uma entrega (quase) incondicional à vida e um diálogo sincero entre a mente tecnológica, racional e analítica da executiva com a mente vincular, sensível e intuitiva da bruxa... Uma história sobre uma buscadora...

Quando nasci me chamaram Carla Regina, nome que contém em si uma Rainha Livre como destino. Neta de Maria Carolina, plantadeira de flores e amores e Maria Cacilda, benzedeira amante das lãs e dos perfumes, fui nutrida por um feminino com cheiro de rosas, pão de queijo, arruda e macarrão à bolonhesa.

Ganhei o nome dos patriarcas... Câmara do avô materno e Barrichello do avô paterno. O primeiro, um grande autodidata, nos presenteou com mitologia, mãos na terra, caleidoscópio e um contato profundo com a natureza no sítio onde cresci junto com meus dois irmãos. O segundo construiu o patrimônio com as próprias mãos e esteve sempre preocupado em saber se íamos bem na escola, se o salário era bom e o quão bem-sucedidos éramos no trabalho.

O vovô Barrichello honrei cursando Farmácia na USP e desde muito cedo trabalhando em multinacionais. Sempre na área de inovação, trilhei um caminho tranquilo e natural de crescimento profissional assumindo logo posições de gerência e liderança, viajando muito a trabalho e sendo forjada no desenvolvimento da mente analítica... Pensar, controlar, provar... Dados, dados, dados... Foco no resultado, estratégia, vencer a concorrência... Tempo é dinheiro, o segredo é a alma do negócio... Meta, carreira, competição. Para entrar na sala de reuniões do patriarcado, vesti meu terninho e aceitei, sem questionar, jogar aquele jogo. Vovô estava muito orgulhoso de mim!

Um contrato de expatriação para a França pela maior empresa de cosméticos do Brasil expandiu minhas fronteiras e fui morar no centro de Paris, Rive Gauche, inacreditável! De repente estava realizando meu maior sonho sem saber muito bem como tinha conseguido chegar até ali. Influenciada pelas ideias dos fantasmas dos meus vizinhos iluministas me firmei mais um pouco na ciência como a única via possível de saber e provar o mundo. "Penso, logo existo", Descartes soprava em meus ouvidos toda vez que abria a porta do meu espaçoso apartamento na Rue Gracieuse. Sem falar francês, sofri as dores de aprisionar todo meu pensamento e inteligência dentro da habilidade de comunicação de uma criança de três anos, falei palavras inadequadas em reuniões bem importantes e aprendi na marra a etiqueta de boa convivência na sociedade francesa, quantas histórias colecionei, quanto perrengue, quanta diversão!

Quando a gestão do laboratório e as relações com redes de pesquisa internacionais me davam uma folga lá estava eu dentro de um avião indo viver aventuras deliciosas em algum canto desse planeta lindo... Marrakesh, Turquia, Tailândia, Tunísia, quase todos os países da Europa. Arte, restaurantes, consumo, cultura, experiências insólitas, encontros superinteressantes!

Quatro anos depois, quando já não tomava bronca de francês e estava deliciosamente integrada àquela sociedade, fui chamada de volta ao Brasil. Apesar de, desde o início, saber que esse sonho chegaria ao fim não conseguia parar de chorar sentada no meio da minha sala totalmente vazia e ali entrei em estado de luto que mexeu em algo muito profundo dentro de mim. Passei 8 meses em São Paulo dormindo em um colchão no chão, acampada na casa do meu pai, enquanto reformava de cima a baixo o apartamento que comprei com as economias dos tempos de salário e bônus em euro. Gradualmente fui percebendo que o quebra-quebra daquele que seria, em breve, meu novo lar se refletia em um quebra-quebra imenso dentro do meu mundo interno... Uma tristeza e uma sensação de vazio tomaram conta dos meus dias e me empurraram para uma caverna escura onde soavam apenas duas perguntas: quem sou eu e o que estou fazendo nesse mundo? Ecos que tiravam minha paz e passaram a me perseguir onde quer que eu fosse.

No trabalho as coisas estavam muito estranhas! Recebi a gestão de uma pequena área chamada Ciências do Bem-Estar, uma área "marginalizada" em uma empresa cujo coração dos negócios eram os produtos cosméticos. O projeto principal era a pesquisa dos benefícios de um programa de 8 semanas de práticas meditativas com um grupo de mulheres estressadas que eram muito parecidas comigo: pouco sono, muita ansiedade, falta de atenção, memória capenga, algum nível de falta de sentido na vida. Claro que a minha equipe de pesquisadores, percebendo o perfil dessa gestora que vos fala, para o seu próprio bem, me convidou para participar no grupo meditando e assim acompanhando de perto o campo da pesquisa. Eu, movida pela ciência, aceitei, porém sem nenhuma vontade de experimentar aquela balela de meditação.

Nem consigo descrever a quantidade de "siricuticos" que me dava quando a instrutora mandava fechar os olhos e respirar... A cabeça coçava, a lista do supermercado vinha com toda força, histórias da infância, receita de bolo de laranja, era tudo menos o tal silêncio e relaxamento que a instrutora insistentemente propunha a cada encontro. A cada fechar de olhos o eco gritava: "Quem sou eu e o que estou fazendo nesse mundo?" O tal programa de tortura chinesa estava quase chegando ao fim quando por alguns instantes minha mente ficou silenciosa e uma voz diferente soprou na minha cabeça: chegou a hora de começar a responder essa pergunta, hora de se transformar profundamente, você está pronta! A sensação de bem-estar era tão grande e diferente ao final daquela prática que passei a partir daquele dia a me interessar pela meditação e por todas as outras ferramentas de autoconhecimento que poderiam me ajudar com aquela perguntinha existencial dentro na minha cabeça de executiva-penso-logo-existo.

E assim, mergulhei... Umbanda, cabala, canto, yoga, dança, xamanismo peruano, medicinas da floresta, antroposofia, constelação familiar, ocultismo, cristianismo primitivo, retiros mil... Conexão com muitos saberes antigos... Um pouco de tudo... Em cada lugar um pedaço do quebra-cabeças... Expansão radical na minha visão de mundo! Comecei a questionar a saúde que tinha aprendido na faculdade e fui estudar o Ayurveda, a "medicina" indiana e o cabeção quase explodiu com essa visão radicalmente diferente sobre o funcionamento da vida em nós! Um mês estudando na Índia me levou também ao Vedanta, que me levou ao Caminho de Santiago, que me levou ao Caminho de Madalena, no sul da França, e a partir daí um interesse profundo nos mistérios da força feminina que por séculos foi desqualificada e calada para que um sistema de controle do nosso poder humano fosse instaurando com eficiência.

Em vez de respostas fui me deparando com novas perguntas e a vida passou a ser uma grande caça ao tesouro na busca da próxima pista em busca de mim mesma. Passei a querer loucamente me relacionar com o mistério presente em todas as religiões, nas forças da natureza, nos ciclos do meu corpo e no que está por trás de tantas mentiras que nos contaram sobre qual é o sentido da vida. Vovô Câmara estava feliz!

Concomitantemente, a executiva seguia firme em suas pesquisas, análises, gestão e estratégias, mas naturalmente as Ciências do Bem-estar começaram a se integrar com esse novo estilo de vida peregrina buscadora louca da espiritualidade. Abri novas linhas de pesquisa, instaurei um programa corporativo de meditação e, quem diria, passei a guiar grupos semanais no desejo sincero de despertar novos corações para o caminho da autopercepção. Essa paixão-missão virou até um protótipo de um aplicativo de meditação, a minha entrega preferida de toda essa trajetória corporativa.

Tudo ia muito bem, obrigada, até que um vírus planetário mudou totalmente o cenário! Extremamente privilegiada, pude trabalhar de casa, sem filhos, no silêncio do meu lar que às vezes era um desafio, mas na maior parte do tempo um imenso bálsamo. A primeira sensação que tive, com muita clareza, foi de ter sido preparada nos últimos cinco anos de Ciências do Bem-estar e caminho espiritual para aquele momento e com uma vela sempre acesa no altar passei a trabalhar loucamente, dado que o bem-estar e saúde mental viraram do dia para a noite um tema de altíssima prioridade dentro e fora das empresas.

Nesse período vi minha intuição e criatividade se expandirem muito, passei a ser chamada para facilitar vivências corporativas para a promoção do bem-estar, ministrei muitas palestras para as mais diferentes áreas da empresa integrando as ciências que tanto estudava com as experiências do tanto que buscava e, gradualmente, percebi algo que se integrava dentro de mim... A dimensão racional-controladora-corporativa ultradesenvolvida foi se acalmando e ganhou a companhia de uma dimensão sensível-confiante-receptiva. Podia ouvir a voz da minha alma com grande clareza!

Soltei o powerpoint e passei a fazer palestras lendo a necessidade do campo que se formava no encontro entre as pessoas. É, esse tal "campo" passou a ser muito visível para mim e percebi que quanto mais presente estava no presente mais conseguia entregar o que as pessoas precisavam naquele momento. Funcionava!

Um dia acordei com uma inspiração: sou uma ativista da alma. À medida que entro em contato com a minha alma e dou mais um passo em direção à minha essência, mais posso me abrir para ajudar as pessoas a fazerem o mesmo... Uma facilitadora e catalisadora de processos de despertar dessa dimensão feminina tão adormecida e adoecida em mulheres e homens nesses nossos tempos normóticos.

Mais tarde, convidada a falar em um podcast sobre meditação no mundo corporativo, soltei sem querer essa história secreta de ativista da alma e uma semana depois, no site da Vejinha SP, estava publicada a seguinte chamada: "Bancando sua autenticidade — Carla Barrichello, gerente de Ciências do Bem-estar da Natura fala sobre a sua vocação: Ativista da Alma". Oi??? Quase desmaiei com essa identidade oficialmente revelada publicamente (e para mim mesma)!

Recuperada do baque, entendi que a vida estava abrindo de fato essa nova-antiga vocação, e assim me assumi.

O final da minha carreira CLT foi anunciado dentro de mim quando recebi a seguinte mensagem de uma gerente de Marketing da empresa: "Bom dia, estou precisando da Carla bruxa, você pode vir fazer uma leitura de tarot na abertura da minha reunião de área amanhã?". Minha alma sorriu e eu disse sim, mesmo com a executiva meio envergonhada.

Abri essa reunião dizendo que tinha chegado ao topo da minha carreira corporativa com esse convite e que estava pronta para deixar esse modelo de trabalho e alçar novos voos e, sem saber, naquele momento, profetizei a saída que aconteceria meses mais tarde. Em maio de 2022 deixei essa empresa amada em um imenso estado de graça por toda a minha história até ali, e tinha um único foco: viver a experiência de um período sabático. Dona do meu tempo, sem agenda, descobri que tempo não é dinheiro, tempo é vida... Que não é o segredo que é a alma do negócio; mas que é a alma o segredo do negócio. E que para ver a gente tem que primeiro crer, e não o contrário.

Como uma boa pesquisadora, me propus a fazer um experimento de conexão radical com o momento presente e de escuta ativa da minha intuição, do meu corpo. Em resposta passei a viver uma vida cheia de sincronicidades e o que vivi nesses quase dois anos certamente dão um belo livro lotado de histórias fantásticas e cheias de magia, lindas paisagens e incríveis encontros!

Entrei em um vulcão na Islândia, participei de um ritual druida no interior da Inglaterra, cantei dentro da Grande Pirâmide no Egito, fiz um ritual para Maria Madalena dentro de uma igreja em Portugal e terminei abençoando o padre. Fiz uma trilha com monges dominicanos na Provence, participei de um retiro de canto na Colômbia e de um ritual do fogo com Xamãs na Guatemala... Brinquei de boneca com a minha sobrinha sem hora para acabar, fiz alguns retiros de jejum, fiquei três meses crudívora, fiz uma formação superpoderosa de cura energética e mais um mundo de coisas!

Perguntava pra vida... Mas, e a Carla do futuro? E a resposta era clara... Não existe Carla do futuro, só Carla do presente! E assim eu só seguia, aprendendo sobre a força do não saber.

Dizendo apenas sim para a vida e seus convites, comecei, sem querer, a facilitar vivências de círculos de mulheres e retiros de autoconhecimento e ampliação de consciência. E de repente a vida era só vida, VIVA... Em constante movimento e transformação e eu estava seguindo seu fluxo... Essa era a essência da dimensão feminina que tanto buscava... Receber, fluir, aceitar, confiar, amar...

Um dia minha alma pediu: integra sua trajetória corporativa com essa experiência de puro fluxo feminino do sabático e transborda em um serviço... Leva para as organizações e seus colaboradores vitalidade, leveza, ciência, bem-estar, consciência, experiência, ancestralidade, conversa, história, ritual, conhecimento, descompressão, alegria...

Virei mentora, palestrante, consultora, designer de rituais e experiências com significado. Enfim, amparadora de espaços de construção de uma nova cultura a partir de uma nova consciência. Desapeguei do rótulo, virei múltipla, mutante e muito mais interessante. A carreira perdeu o sentido e minha ação vital ficou focada no que a vida me convoca no agora!

A voz, o som, o silêncio, as imagens, o simbólico, o corpo, o encontro viraram meus grandes aliados no trabalho e na vida... Vida e trabalho... Dissolvi essas fronteiras... E me sinto tão mais inteira!

Enfim, essa é uma história de uma buscadora... Nem executiva, nem bruxa. Só alguém que segue buscando, encontrando e desencontrando... Perguntando e observando... Desaprendendo, soltando as certezas, as crenças... Confiando e confiando mais um pouco... Até o fim.

CAROL MALUF

@carolbmaluf
carolcivita@me.com

Meu amigo palestino

Marie era uma mulher doce e frágil, mas a vida lhe ensinara a se proteger dos perigos. O bairro em que ela morava era pobre, sujo, bagunçado e repleto de conflitos políticos e sociais. Na minha primeira visita, após anos de autoexílio no Brasil, desde 1970, senti medo. Afinal, voltava ao Líbano depois de fugir de uma guerra civil que começava a se formar, envolvendo facções de várias religiões locais. Cristãos, Melquitas, Muçulmanos Sunitas e Xiitas, Ortodoxos, Judeus e Drusos. Grupos que, até há pouco tempo, antes da Revolução Islâmica e o novo poderio assustador iraniano, conviviam harmoniosamente naquele país conhecido como a Pérola do Oriente Médio ou a Suíça do Oriente Médio. O Líbano contemplava o mundo dentro de seu pequeno espaço e era bom demais para ser real.

Minha avó Marie, uma jogadora de pôquer destemida, havia se separado do meu avô. Na verdade, foi o contrário. Ele a deixou por causa das altas dívidas que ela acumulava nas mesas de jogo. Por isso, Marie teve que se mudar para um bairro mais modesto, habitado principalmente por refugiados palestinos. Eles estavam chegando aos milhares, fugindo da perseguição na Jordânia, após o Setembro Negro de 1970, e encontrando abrigo entre os libaneses, que ainda viam em sua causa um reflexo das próprias lutas internas que começavam a se formar.

Naquele bairro, apesar da pobreza e das dificuldades, minha avó encontrou uma inesperada sensação de conforto. As portas dos apartamentos do conjunto onde ela morava permaneciam sempre abertas. As vizinhas passavam o dia conversando enquanto cozinhavam juntas, e o trabalho mais pesado, como lavar as roupas, era compartilhado. Nos corredores, crianças brincavam sem preocupações, enquanto a música árabe, tocada a todo volume, ecoava pelas escadas. As meninas trocavam bonecas, os meninos jogavam bola ou brincavam com tampinhas de refrigerantes que encontravam. O programa mais sofisticado era ir ao cinema, aos sábados, assistir a comédias leves e ingênuas.

Foi nessa época que conheci um menino que morava no apartamento em frente ao da minha avó. Miúdo, de pele clara e olhos esverdeados, ele tinha uma coragem que me impressionava, do alto dos seus, nossos, 11 anos de idade. Fazia as compras da casa sozinho, falava com os feirantes da rua como um adulto, pegava o ônibus para atravessar a cidade e buscar alimentos que não encontrava nos mercadinhos locais.

Um dia, ele me convidou para ir ao cinema. Disse que compraria os ingressos, as pipocas e os refrigerantes com o dinheiro que havia economizado durante o mês. Ele fazia questão de oferecer. Combinamos o programa, mas, no dia marcado, ele me esperou por mais de uma hora na porta do cinema segurando a pipoca em uma mão e o refrigerante em outra, como relatou minha vó, que foi ao seu encontro para explicar minha ausência. Acontece que a outra parte da família morava do outro lado da cidade, e ninguém achou que deveria fazer um esforço para me levar ao seu encontro.

Nunca esqueci daquele dia. Chorei ao imaginar o meu amigo esperando por mim, provavelmente pensando que eu era mais uma "riquinha cristã" que não se importava com os sentimentos dos já tão maltratados palestinos. Mas ele estava enganado. Para mim, ele era muito mais importante do que qualquer amigo que eu tivesse feito em uma das caras escolas de elite no Brasil. Naquele dia, fiz uma promessa a mim mesma: jamais voltaria a magoar um amigo dessa forma.

Alguns meses depois, comecei a perceber mudanças no bairro. A presença de grupos armados crescia. Entre eles, o Hezbollah começava a ganhar força, apoiado pelo Irã, que financiava e organizava suas operações. Muitos meninos, como o meu amigo, passaram a ser recrutados para "treinamentos". A princípio, eram ensinados a lidar com armas leves, mas logo esses mesmos jovens, cheios de sonhos e esperanças, se tornavam alvos de uma doutrinação brutal.

Os líderes do Hezbollah sabiam exatamente como manipular essas crianças, aproveitando-se de suas vulnerabilidades. Usavam histórias de vingança e honra, misturadas a discursos religiosos, para convencê-los de que sacrificar suas vidas em atentados suicidas era a forma mais pura de heroísmo. Esses meninos, que um dia brincavam nos corredores do prédio, agora eram transformados em mártires, prontos para explodir ônibus, mercados ou qualquer outro local que fosse ordenado.

Minha avó Marie, com sua sabedoria tranquila, tentou me proteger dessa realidade. "Não é culpa deles", ela dizia. "São apenas crianças. Eles nem entendem o que estão fazendo". Mas eu via a dor nos olhos dela, a mesma dor que sentia ao pensar no meu amigo aguardando no cinema. Será que ele também acabaria sendo aliciado? Será que, um dia, ele também acreditaria que sua única saída seria entregar a própria vida em um atentado? Seríamos nós, minha vó e eu, em parte responsáveis?

Poucas semanas depois, vários incidentes alimentaram as tensões entre os cristãos maronitas e a coalizão de muçulmanos e drusos, aprofundando o abismo entre as comunidades. O conflito foi ganhando força e, em pouco tempo, o Líbano seria arrastado para a longa guerra civil que destruiria não apenas a infraestrutura do país, mas também os laços que ainda existiam entre suas diferentes religiões e etnias.

Com o aumento da violência e o clima cada vez mais tenso, minha mãe, Mireille, e eu começamos a sentir o desejo de voltar ao Brasil. Depois de quase um ano no Líbano, finalmente desembarcamos em São Paulo, onde meu pai, Ibrahim, nos recebeu com um abraço apertado, matando as saudades que havia acumulado por tanto tempo. Até hoje, penso no meu amigo palestino e me pergunto o que aconteceu com ele. Será que conseguiu escapar do destino trágico que atingiu tantos outros meninos do bairro? Ou será que ele também se tornou uma das muitas vidas perdidas na guerra que parecia não ter fim?

Foi ele quem me ensinou o verdadeiro valor da amizade leal e o impacto de uma promessa não cumprida. A lição que tirei daquele episódio — de nunca mais trair a confiança de um amigo — tornou-se o motor que guia minha vida. É por causa dele que busco um pouco mais de justiça no mundo, lutando para que as histórias de sofrimento, como a dele, não sejam esquecidas. Não tenho a menor dúvida de que o meu envolvimento e trabalho com organizações sociais se deve a ele. E, por isso, só tenho gratidão. A ele devo meu senso de brutal lealdade.

CAROLA MONTEIRO DE BARROS MATARAZZO

carola@kmbm.com.br
carola@movimentobemmaior.org.br

O mapa que não desenhei

A síndrome da impostora já começou quando recebi o convite para escrever este capítulo: mas será que eu tenho algo a compartilhar? Minha história é comum.

Ser mulher, uma liderança e referência faz com que eu tenha uma pulga atrás da orelha que diariamente põe em xeque e questiona o meu potencial. Até hoje eu treino e faço uma colinha para as reuniões mais importantes. Fico nervosa, mando mensagem para os meus filhos, peço por uma reza forte. Alguns diriam que é insegurança, mas eu acredito ser discernimento.

Eu sei a importância e o peso de uma decisão. E quando eu digo decisão, não me refiro apenas àquelas que vêm acompanhadas de cinquenta páginas de um contrato, e sim as decisões diárias. Algumas destas decisões na minha vida se transformam em gestos de afeto, e outras em grandes conquistas profissionais que ajudam a mover o ponteiro do desenvolvimento social no nosso país.

Cada decisão importa. E a decisão de escolher reinventar os caminhos da minha vida talvez tenha sido a decisão mais importante que eu já tomei. Mas para contar sobre isso preciso voltar alguns anos atrás.

Sou caçula de cinco irmãos. Cresci numa casa alegre, onde os valores e a fé ditavam o rumo das coisas. Ambos advogados, meu pai exerceu a profissão sempre tendo, como norte, a garantia de direitos da sociedade civil, foi um homem que sempre defendeu a democracia. Minha mãe advogou por alguns anos, depois trabalhou, como voluntária, a vida toda na Fundação Dorina Nowill. São meus grandes exemplos profissionais e de amor, e principalmente alicerces da minha vida.

Quando eu resgato as minhas lembranças da adolescência, lembro de juntos participarmos das passeatas, do movimento das Diretas Já, que culminou na Constituição de 1988. Lembro das discussões no colégio sobre esse momento histórico e consigo reconhecer a diferença que isso fez na minha formação. Ter visto o esforço que foi feito para o país ser redemocratizado foi algo marcante, que consolidou a minha percepção da importância da democracia numa nação.

Quando nasceu minha terceira e última filha, eu comecei meu trabalho na Liga Solidária. De repente, eu me vi assumindo um lugar que dialogava diretamente com os exemplos que eu tive dentro de casa: uma voluntária trabalhando pela garantia de direitos da sociedade. Para quem não sabe, a Liga Solidária, antiga Liga das Senhoras Católicas, é uma entidade social de 100 anos na Zona Oeste de São Paulo e na época tinha doze mil atendimentos por dia e quase mil funcionários. Tão complexo como uma grande empresa.

Neste período da minha vida, aos 30 anos, eu tive a oportunidade de moldar a minha forma de ver o mundo e as demandas sociais bem de perto. Jamais poderia imaginar que o trabalho voluntário seria a melhor escola e escolha, para fortalecer meu caráter e para a minha carreira no Terceiro Setor.

Tive a sorte de entrar no mundo voluntário através das mãos sábias e acolhedoras da Dona Xinha, como é carinhosamente chamada. Foi minha grande inspiração. Uma verdadeira mentora profissional, que me pegou pela mão e me ensinou como navegar na complexidade das causas sociais e a importância de desbravar o mundo sem medo do que iríamos encontrar. Mas o que levo comigo são os ensinamentos interpessoais, que hoje estão no cerne da minha visão de liderança e que procuro exercer com as pessoas à minha volta: ouvir o que não está sendo dito e enxergar o que não está sendo visto.

Amparada pela Dona Xinha, sinto que consegui ter a coragem de me surpreender e fazer coisas que eu jamais imaginei. Teve um dia que recebemos uma ligação anônima sugerindo que fechássemos as creches antes do horário, pois iria ter *"um problema na região"*. Resolvi seguir o conselho deste telefonema anônimo porque em algum lugar eu sabia que estávamos sendo avisadas pelo bem das famílias e das crianças daquela região.

Nós éramos protegidos pelos líderes da comunidade porque sabiam da relevância que tínhamos na educação e acolhimento das pessoas daquele território.

Mas isso não impediu de que vivêssemos episódios que me marcaram profundamente, porque vi o preconceito violento que tantos seguem sofrendo no nosso país. Estávamos subindo o morro em dois carros com pessoas daquela comunidade, que trabalhavam conosco, e fomos interpelados pela polícia. A polícia estranhou a movimentação e fez uma abordagem truculenta. Tiraram os dois colaboradores que estavam conosco no carro, e os revistaram de uma forma hostil, eles achavam que estávamos sendo sequestradas. A Xinha desceu do carro e os enfrentou, dizendo que eram nossos amigos e que aquilo era um absurdo, que trabalhávamos juntos há tempos. Esse dia foi um divisor de águas na minha vida, conscientização do racismo escancarado da nossa sociedade: duas mulheres brancas acompanhadas de dois homens negros jamais poderia ser cumplicidade, quiçá amizade, nos olhos da maioria do Brasil.

O meu período na Liga foi muito importante para a minha formação profissional. Foram oito anos trabalhando na tesouraria, assumi a vice-presidência e depois fui presidente por seis anos. Tive o prazer de ter pares como a Rosalu Queiroz, que foi a minha dupla por muitos anos. Pensávamos e tínhamos jeitos diferentes, mas éramos complementares. Alinhadas e alegres na missão de trabalhar para o próximo.

Durante meu período na presidência, passei a ter ainda mais exposição. Eu estava no olho do furacão, ouvindo sobre diferentes projetos, desenhando e buscando soluções, apoiando políticas públicas, aprendendo novas tecnologias sociais, ampliando meu repertório diariamente! Mas, tinha o *enorme* desafio da captação de recursos. Nessa época eu aprendi a transitar muito bem entre os diferentes ambientes, da periferia à Faria Lima.

Nesses anos, a situação financeira era crítica e precisávamos de uma grande reestruturação, o que implicava diretamente em um olhar cuidadoso para as pessoas que trabalhavam comigo e para o futuro da Liga, sem perder de vista o legado construído por mulheres potentes que me antecederam.

A forma que eu escolhi navegar este processo foi sempre prezar pela verdade e sentar junto dos colaboradores, consultores, conselhos, além das famílias e beneficiários, para entender o que era possível fazermos, juntos. Nem sempre conseguimos fazer exatamente o que queremos, mas descobri que o possível pode ser tão gratificante quanto.

Dentro de uma organização, os conflitos são inevitáveis, mas os acordos são necessários.

Pensar em tudo que vivi na Liga, e implementar um novo modelo de gestão que virou referência na época, se resume em uma palavra: coragem. Eu não sabia como negociar com juízes sobre a liberdade de jovens, o processo de desenhar políticas públicas com secretários de assistência social, conversar com lideranças do poder paralelo para salvaguardar o espaço onde trabalhávamos. Nessa época, a frase que eu sempre ouvia, era "não é bem um trabalho, né?". Isso me aborrecia, mas o que me motivava era a certeza de que meu trabalho voluntário era para garantir os direitos daquelas pessoas.

Nos meus quase 20 anos de Liga, o paradoxo em que eu vivia diariamente era que eu não poderia ser a Carola da Liga dentro de casa, e nem a Carola de casa dentro da Liga. Como virar a chave de uma violência policial contra meus pares de manhã e à noite estar arrumada em um jantar de gala acompanhando meu ex-marido?

Mas, depois de alguns altos e baixos, uma pitada de maturidade e muita terapia, percebi que eu era sim a mesma Carola, no mundo desigual em que vivemos. O dia que caiu essa ficha, de que independentemente de qual lado da ponte eu estava, eu era uma só Carola, meu coração se apaziguou. Quando vivemos com coerência de valores nas nossas escolhas, não tem como viver duas verdades.

Hoje tenho muita clareza de que foi pelo paradoxo das situações que vivi que eu amadureci.

Minha espiritualidade e a religião sempre me acompanharam, foram meu grande refúgio. Ter um mundo espiritual rico e aberto ao mistério divino me proporciona uma calmaria doce na alma. A sensação é de encontrar água no meio do caminho para beber e restabelecer minha força. Porém, esse também é um caminho que às vezes me surpreende, alternando entre a abundância de fé e um sentimento de deserto e esvaziamento. O amor a Deus e ao próximo sempre esteve presente, mas nunca garantiu que o deserto espiritual não se apresentasse.

No fim da minha jornada na Liga, me separei. Esse foi o maior deserto que eu já enfrentei. Foi um divórcio difícil e eu tinha um compromisso enorme com esta organização.

Nesta mesma época, meus três filhos foram morar fora do Brasil! Um em cada canto do mundo. Lisboa, Edimburgo e Los Angeles! Um novo desafio, além das saudades, o fuso horário, para nos mantermos conectados como família.

Então, em um ano e meio eu estava divorciada, depois de 28 anos, finalizando uma etapa profissional importante que me preenchia, e meus três filhos estavam morando fora do pais. Saí da minha casa e fui para um novo apartamento, (re)começando uma nova vida sozinha. Ah, e para além da queda o coice: eu já estava com quase cinquenta anos. Ou seja, a crise da meia idade já estava batendo na porta.

Esse foi um dos momentos mais desafiadores na minha vida. Minha mãe já estava doente, me acompanhou só no olhar carinhoso, no cafuné, e no abraço que cabe em uma mão dada, mas com muito poucas palavras. Meus amigos e minha família foram de extrema importância nesse momento de transição e, sem dúvida, a minha reinvenção profissional foi crucial.

Depois de inúmeras escolhas e decisões, nos meus quase cinquenta anos, essa foi a vez de me escolher. Olhar para mim, ouvir o que meu corpo e minha alma estavam pedindo, foi onde encontrei forças para me reerguer e seguir. E, dessa vez, o encontro que mudou o meu caminho foi com o Dr. Elie Horn.

O Dr. Elie foi uma grande surpresa na minha vida. Um senhor, judeu ortodoxo, que na época era a única pessoa que já havia assinado o Giving Pledge na América Latina. Ele me escolheu para ajudá-lo a pensar como realizar o seu sonho: montar o que ele chamava de "ONG do Bem". Ficou muito claro, logo no nosso primeiro encontro, que tínhamos dois alinhamentos fundamentais: o primeiro, de que todas as nossas escolhas de vida eram baseadas nos nossos valores, algo inegociável para nós dois. E, segundo, que tínhamos uma missão muito clara de servir ao próximo. Depois de algumas conversas e uma certeza muito grande da nossa potência social, o Dr. Elie me convidou para estruturar uma organização social que fomentasse a filantropia do país. E foi aí que nasceu o Movimento Bem Maior, o MBM.

Fiquei receosa, não sabia nem por onde começar, mas me entreguei ao desafio. Então, eu desenvolvi a visão estratégica da organização e mapeei o seu potencial. Em seguida, trouxe meu braço direito e juntos passamos meses arquitetando essa estrutura até colocarmos de pé. Tivemos um trabalho desafiador, mas acredito que todo aquele suor representa o respeito e a responsabilidade que me foi delegada.

Logo no início da operação do Bem Maior, fomos surpreendidos com a pandemia de Covid-19. Aqui, toda a minha experiência, expertise, rede de contatos e resiliência foi posta em xeque. Nós, junto a outras duas organizações sociais, IDIS e BSocial, criamos o Fundo Emergencial Para Saúde, onde captamos um recurso financeiro importantíssimo para socorrer hospitais filantrópicos públicos, servindo a população mais vulnerável do país, onde os recursos do Governo Federal não chegavam. Foi um ano e meio de trabalho, dezesseis horas por dia, noites sem dormir, na linha de frente da pandemia, mas que possibilitou milhares de vidas serem salvas: um alento no coração em meio a notícias tão assustadoras. Essa empreitada, naquele ano, me rendeu o maior reconhecimento da minha carreira, o prêmio de Empreendedor Social da Folha de São Paulo e Fundação Schwab por ajuda humanitária relevante no país. E se você achou que o paradoxo não ia me dar uma rasteira aqui, enquanto eu vivia a maior pressão profissional da minha vida, em um nível de estresse extremo, eu estava conhecendo pela primeira vez um amor novo, um amor indescritível... Uma alegria sem medida: meu neto, Martim.

Foi só nesse momento, depois de liderar uma ação emergencial importante, que eu entendi que tinha sido preparada nestas últimas décadas para exercer essa função: representar empresários relevantes no cenário nacional, selecionar e avaliar projetos significativos, aprimorar minha habilidades de gestão, dialogar com todos os públicos e ser uma representante do Terceiro Setor.

É no MBM que posso expressar minha crença num país mais igualitário e equitativo, onde realmente posso trabalhar pela justiça social, aproximando os mundos da filantropia estratégica, das soluções e tecnologias sociais que estão buscando caminhos viáveis para melhorar o país.

Hoje me reconheço como uma profissional relevante para o setor, porém ainda acompanhada do sussurro da impostora: "Ah, mas não é pra tanto". Se os paradoxos me ajudarem um pouco, quem sabe ao final deste texto eu consiga dizer: "Sim, é para tanto".

Eu mergulhei nessa nova fase da minha vida, marcada pelo meu divórcio e a cadeira de diretora executiva do MBM, com muito medo. E hoje tenho uma sensação muito serena e deliciosa de superação. Orgulho-me muito de ter conseguido pegar a peteca todas as vezes que ela caiu e, quando me vi em pé, tive coragem de arremessá-la ainda mais alto.

Hoje me encontro em um momento curioso da minha caminhada e me pergunto: aonde quero estar daqui a 15 anos na minha carreira? Agora, acho que vou ter que começar a fazer planos e escolhas. É a primeira vez que eu me deparo pensando em planos futuros profissionais. O que eu acho engraçado, porque o que todo mundo faz no início da vida profissional, eu estou fazendo agora. Sigo muito empolgada por novos temas e aprendizados. Sigo alegre e interessada a cada encontro que a vida me proporciona.

Se não fosse por todos os paradoxos, eu não teria me arriscado e tomado as decisões que me trouxeram até aqui. Eles me prepararam para os desafios e abrirão alas para novas oportunidades: um novo mundo de amizades improváveis, novas configurações familiares, viagens maravilhosas e, principalmente, crescimento pessoal. Na estrada que tenho caminhado, cheia de lombadas e sacolejos, sem muita sinalização, eu encontrei um amor maduro: o Luiz Guilherme, que é meu companheiro, ouvinte e com quem divido as alegrias da maturidade.

O não a gente já tem. Correr riscos é poder trazer uma nova possibilidade para a vida. Então, quando olho pelo retrovisor, o risco valeu a pena.

E, sabe de uma coisa?

Sim, é para tanto.

CAROLINA BURG TERPINS

contato@antonellabr.com
linkedin.com/in/carolina-burg-terpins-6658a613

Um legado de coragem

Eu carrego em meu DNA a coragem e a determinação. Sou descendente de mulheres que arriscaram tudo para sobreviver, o que não deixa de ser um paradoxo. Digo isso porque a própria sobrevivência pressupõe a preservação da vida, enquanto arriscar tudo envolve uma postura de extremo perigo, onde a possibilidade de perder o essencial é muito real. Por outro lado, esse aparente contraste revela a força e a determinação necessárias para encarar situações onde a única escolha é entre dois extremos: o risco total e a estagnação fatal.

Minhas avós materna e paterna fugiram da guerra, se lançaram em mares revoltos, cruzaram fronteiras e enfrentaram situações em que o ato de arriscar tudo — deixando para trás suas casas, culturas e até a segurança imediata — era a única forma de garantir a continuidade de suas vidas e de suas famílias. Ao deixarem para trás suas terras e raízes, elas se atiraram em uma incerteza que exigia mais do que força: era preciso uma fé inabalável no futuro e um espírito resiliente.

Ao apostar no incerto, minhas avós perpetuaram um legado de coragem, mostrando que, em certos momentos, sobreviver exige não apenas preservar, mas ousar perder para ganhar algo maior no futuro. Foi nesse mesmo espírito que eu aprendi a enfrentar desafios que pareciam maiores do que eu.

Esta é a reflexão que me surge de imediato ao me sentar para escrever este texto. Quando olho para minha trajetória, vejo o reflexo desse legado. Desde cedo, a vida me apresentou escolhas difíceis. Troquei carreiras, larguei seguranças e abracei incertezas, sabendo que cada passo carregava o potencial de moldar não apenas o meu destino, mas o de outros ao meu redor. Assim como minhas ancestrais, tive que encontrar a coragem para abrir caminhos onde antes havia apenas obstáculos.

Tive uma estrutura familiar tradicional, machista, onde os homens eram os provedores, mas foram muito sábios por saberem lidar com tantas mulheres fortes. Por muito tempo eu era a única neta mulher e poderia ter me transformado numa menina mimada, mas, por algum motivo, meu avô paterno entendeu que eu era uma mulher destemida e, ao invés de me dar tudo de mão beijada, determinou que eu seria "alguma coisa". Assim, desde muito cedo, tive que lidar com os paradoxos.

Meu avô era um visionário, abriu uma incorporadora e construiu um patrimônio. Ele poderia ter me dado todo o conforto sem que eu nunca precisasse trabalhar, mas não foi assim. Não esqueço do dia em que ele disse para minha mãe: "Não vou facilitar a vida dessa menina porque sei que ela vai vencer por conta própria". Isso ficou marcado em minha memória. No entanto, mesmo ele tendo sido um exemplo para mim e de eu gostar de frequentar o escritório dele, nunca encarei a Engenharia como uma possibilidade de trabalho para mim. E, hoje, olhando para trás, acho curioso porque de alguma forma acabei indo trabalhar com o mercado imobiliário.

Como havia previsto meu avô, num dado momento, decidi que não queria mais depender financeiramente de ninguém. Quando os meus pais se separaram, senti a necessidade de ter segurança e descobri que poderia conquistá-la pelo meu próprio esforço. Eu queria viver bem, ir atrás do que fosse melhor para minha família e para mim. Não queria que ninguém decidisse o que eu poderia ou não fazer. Antes de entrar para a faculdade, fui trabalhar em lojas de shopping para ter meu próprio dinheiro. Era o começo da jornada que me levaria a alcançar a meta que havia estabelecido para minha vida.

Tentei aproveitar todas as oportunidades que se abriram para mim: iniciei duas faculdades ao mesmo tempo, Direito, na PUC-SP, e Economia, na FAAP. No meu primeiro ano de faculdade já fui estagiar na multinacional Alcoa. Lá, o mundo se revelou para mim e não demorou muito para que eu optasse definitivamente pela Economia. Foi na Alcoa também que tive meu primeiro contato com o mercado financeiro e acabei indo trabalhar no Citibank.

Sempre trabalhei muito e, apesar de não descartar a possibilidade de casar e ter filhos, o meu foco era todo na minha vida profissional. Adotei um visual sóbrio, usava óculos e colar de pérolas para parecer mais velha. Tentava criar estratégias para lidar com um *métier* extremamente machista.

Meu lado executivo e masculino sempre foi bem construído, mas meus *hobbies* estiveram e estão ligados à arte. Isso me permitiu encontrar um equilíbrio entre o masculino e o feminino. Toda vez que tive oportunidade de atuar nesse meio estive presente. Tanto é que, em 2001, saí do Citibank e fui morar na França, onde estudei francês e fiz aulas de pintura em Barbizon. Este vilarejo é um lugar mítico onde moraram muitos pintores no período que antecedeu o Impressionismo na França. Além disso, visitei todas as exposições que eu pude nos museus de Paris.

Nesta época, também tive oportunidade de conhecer muitas culturas. Foi uma experiência transformadora que ampliou significativamente minha perspectiva sobre o mundo, já que a França é um destino multicultural, atraindo pessoas de diversas origens, seja por sua história, cultura, educação ou oportunidades de trabalho. Sem falar que viajei bastante pela Europa.

Quando voltei para o Brasil, fui trabalhar com finanças na área de risco da petroquímica Braskem, o que considero ter sido minha segunda maior escola, depois da Alcoa. Lá, eu adquiri conhecimento para que eu construísse uma sólida experiência em finanças corporativas.

Ao mesmo tempo fiz minha primeira investida como empreendedora, criando uma empresa de exportação de biquínis com uma amiga. Isso transformou minha visão sobre negócios, pois, dessa vez, antes de ter lucro eu precisava devolver o dinheiro que peguei emprestado para o investimento inicial. Eu sabia que só contava comigo e por isso continuei a trabalhar no mercado financeiro, deixando para pensar no meu "lado fashion" da meia-noite às cinco da manhã.

Foi em 2006 que tive meu primeiro contato com o setor financeiro do mercado imobiliário, sendo que, entre 2007 e 2011, participei do movimento de IPOs (*Initial Public Offering*, em português "Oferta Pública Inicial") dessa área, como vice-presidente de planejamento estratégico e relações com investidores nas incorporadoras Rossi, Brookfield e Klabin Segall. IPO é o processo pelo qual uma empresa emite ações pela primeira vez, permitindo que investidores comprem e negociem essas ações na bolsa de valores.

A esta altura, eu já estava estabelecida no setor imobiliário e, em 2011, fui trabalhar em um banco de investimentos como *head* desta área. Lá comecei a estudar sobre o conceito "multifamily", que se refere a edifícios ou complexos residenciais projetados para abrigar várias famílias ou unidades habitacionais em uma única propriedade e é muito comum no setor imobiliário dos Estados Unidos. Esses imóveis geralmente são desenvolvidos como empreendimentos de aluguel (em vez de venda) e atendem diferentes faixas de renda, desde o mercado acessível até o de luxo.

Diferentemente do modelo tradicional, onde imóveis são construídos para venda individual, os prédios multifamily permanecem sob a propriedade de uma única entidade, geralmente uma empresa ou gestora de ativos, que os opera como um investimento de longo prazo. Apaixonei-me por este modelo de negócio e entendi que a capital paulista estava preparada para receber o novo morar contemporâneo. Assim, em 2015, fundei, em sociedade com o investidor Jorge Felipe (Pipo) Lemann, a JFL Realty, empresa pioneira no conceito multifamily no Brasil.

Apesar de acreditar que este negócio tinha tudo para dar muito certo também me questionei bastante: e se eu errar? Larguei tudo para fazer isso! E se? E se? Mais uma vez na minha vida me vi diante de um paradoxo, em que os sentimentos de entusiasmo e aflição se misturavam.

Foi justamente nesse período que conheci meu marido, Ricardo Terpins, e acabei vivendo duas gestações ao mesmo tempo. Quando estávamos montando nosso primeiro projeto de multifamily, engravidei do meu único filho, Thomas, que nasceu em 2017. Vivi dois desafios ao mesmo tempo. Enquanto eu aprendia a exercer a maternidade — amamentando, trocando fraldas, dormindo mal à noite —, também tinha que cuidar do meu outro primeiro filho na área profissional. Sinceramente, se eu não tivesse tido o apoio incondicional do meu marido, não sei como teria conseguido.

Atualmente, o modelo multifamily é cada vez mais adotado em diversos países, incluindo o Brasil, onde ele começa a ganhar espaço como alternativa inovadora para atender a demanda por moradia urbana e fomentar o mercado de aluguel profissional. E o que mais ouço é que fui a primeira pessoa que disse que o conceito multifamily daria certo, mas a verdade é que, durante muito tempo, ouvi incontáveis vezes a palavra "não".

De qualquer forma, não acho que meu trabalho tenha terminado. Toda a bagagem que adquiri em todos esses anos atuando no setor imobiliário e a credibilidade que conquistei me fizeram entender que este mercado está longe de ter se desenvolvido completamente no Brasil. Hoje, um dos principais desafios do país é o déficit habitacional, já que apenas 20% das necessidades de moradia são atendidas por meio de locação.

O fato é que este setor se desenvolveu de forma muito pulverizada aqui, já que a locação também funciona como uma solução para complementar a renda, principalmente no segmento de menor custo. Pequenos investidores compram imóveis com recursos acumulados ao longo da vida e os alugam para garantir um reforço financeiro. Profissionalizar este nicho é o que mais me instiga atualmente.

Por conta disso, em março de 2024, me desliguei da sociedade anterior e lancei a empresa Antonella Realty, na qual pretendo aprofundar ainda mais a visão de oferecer o desenvolvimento, a estruturação e a gestão de ativos em propriedades multifamily que redefinem o cenário de investimentos no setor. A ideia é oferecer ao investidor uma alternativa mais rentável do que a locação pulverizada.

Hoje, é muito claro para mim que meu trabalho não é apenas sobre construir prédios, mas sobre construir histórias de inovação, transformação e, principalmente, superação. O que me impulsiona é o desejo de criar espaços de moradia que possam acolher a imprevisibilidade da vida. Acho que isso tem muito a ver com a coragem e a habilidade de calcular riscos que herdei de minhas avós. E, talvez, por causa delas também há em mim o desejo de impactar o universo feminino. A minha realização está diretamente ligada à possibilidade da minha história inspirar outras mulheres não apenas pela quebra de barreiras, mas também pela capacidade de transformar desafios em oportunidades.

Não posso negar que a decisão de recomeçar com a Antonella foi difícil. Tive medo e precisei de muita coragem, assim como um dia minha avó materna, em meio ao domínio nazista, foi extremamente destemida ao pular do trem que a levava para um campo de concentração. No caso dela, ainda é possível pensar que, diante do destino que a conduzia à morte, preferiu se arriscar e se jogar no desconhecido em busca de sua sobrevivência, mesmo que sua chance fosse mínima.

No meu caso, eu abandonei um negócio no qual já estava estabelecida para praticamente começar do zero outra vez. Por quê?

Eu me fiz várias vezes esta pergunta e a resposta sempre foi a mesma, não me deixando dúvidas quanto à minha decisão: pulsava em mim uma necessidade de ser vanguardista novamente e olhar para outras oportunidades.

Acredito que meu trabalho realmente será eficiente se eu conseguir abrir caminhos, ou pelo menos indicá-los, para que outras mulheres ocupem espaços de liderança e protagonismo em setores antes inalcançáveis.

Só assim estarei fazendo jus ao espírito inquieto e determinado da menina de 19 anos que trocou o Direito pelo Mercado Financeiro e à herança de minhas ancestrais. A diferença é que a longa jornada que percorri até aqui me fez entender que, quando um ciclo é encerrado e parece restar apenas um vazio onde se acredita que tudo parou, algo novo pode renascer. Há sempre um espaço onde podemos nos reencontrar e onde, apesar das provações, existe a promessa de uma nova conquista a ser construída.

CAROLINA CAVENAGHI

linkedin.com/in/carolinacavenaghi
@carolinacavenaghi
carolina@fin4she.com.br

Raízes de coragem e asas para transformação

Eu nasci em Itapira, no interior de São Paulo e morei por mais de 20 anos na capital paulista, onde construí toda a minha trajetória profissional.

Sempre tive o sonho de trabalhar com impacto social, mas escolher uma profissão que me permitisse isso não foi tão óbvio para mim. Principalmente porque eu faço parte de uma geração que buscava ser alguém na vida, que sempre procurou ter um bom emprego e desejava a independência financeira.

Eu me lembro de a minha mãe sempre me falar durante a minha adolescência: "Você tem que ser independente financeiramente". Na prática, o que acontece é que a gente entra no mercado de trabalho, engata a primeira e segue em frente. Assim, sem que eu me desse conta, todos aqueles sonhos de gerar impacto foram colocados na gaveta. Eu fui trabalhar para ser independente financeiramente, quase como se os sonhos e dinheiro não pudessem coexistir.

Saí de casa muito nova e precisei assumir responsabilidades desde cedo. Acredito que a liderança sempre foi algo muito presente na minha história, mesmo que por muito tempo eu não tivesse essa consciência.

Hoje, olho para trás e vejo a ousadia dos meus pais, que seguiram os seus instintos e me deram muitas oportunidades, mas também me colocaram para enfrentar riscos e me adaptar às adversidades desde muito jovem. Eles já estavam à frente do seu tempo e me prepararam para ser a mulher que sou hoje. Sou infinitamente grata.

Durante a faculdade, consegui um estágio no mercado financeiro, uma oportunidade única que parecia me aproximar da tão desejada independência financeira. E, assim, construí uma carreira de 15 anos no mercado financeiro, passando por instituições como Banco Modal, Citibank e uma história de 10 anos na Franklin Templeton, uma das maiores gestoras globais de fundos de investimentos.

Hoje eu entendo que isso foi parte importante do processo. A minha jornada foi mais longa e eu demorei para ter coragem de olhar para dentro e seguir o que eu realmente gostaria de fazer, mas acredito que todos esses caminhos e histórias me levaram a ser quem eu sou.

Necessidade de mudança

Eu segui a minha jornada, mas a verdade é que por muito tempo eu sentia como se o mercado financeiro não fosse o meu lugar. Mas eu também não tinha coragem suficiente para sair. Depois que me tornei mãe, mais especificamente, quando tive o meu segundo filho, me reconectei com aquela mulher que tinha o sonho de trabalhar com algo que tivesse mais sentido na sua vida.

Os meus filhos me deram a coragem que faltava para que eu pudesse fazer esse movimento e entender de fato o que eu queria fazer.

Foi durante a licença maternidade do meu segundo filho que eu comecei a pesquisar muito sobre o tema de equidade de gênero e diversidade. Eu não tinha muita certeza do que eu queria fazer, mas eu sabia que queria mudar, que ali onde eu estava não era o lugar onde eu queria estar.

Até que um dia, conversando com uma amiga, ela olhou para mim e disse: "Você tem que fazer alguma coisa com essa sua dor, com o que você está sentindo". Voltei para casa com a certeza de que trabalharia com o tema "mulheres", mas não sabia exatamente com o que.

Acontece que a vida não é uma linha reta e nada aconteceu magicamente. Eu não tive coragem de pedir demissão, não tive coragem de seguir com os meus sonhos. Muito menos tive o apoio necessário ou aquela mensagem de segurança: "Pode ir, vai atrás dos seus sonhos que vai dar tudo certo!".

Pelo contrário. Fui colocada num cenário de medo, de trocar uma carreira de tantos anos por algo tão incerto. Sendo mãe recente, com dois filhos. "O que é que você vai fazer? Você tem certeza de algo?". E, assim, eu não tive coragem suficiente naquele momento de ir atrás dos meus sonhos, mas resolvi continuar investindo neles.

Foi então que eu decidi promover, na empresa onde eu trabalhava, um evento para mulheres, para o qual eu esperava a presença de 80 profissionais, mas, para a minha surpresa, 800 mulheres se inscreveram para participar.

Esse evento, chamado *Women in Finance*, foi um divisor de águas na minha vida. A partir disso, tudo começou a acontecer. Iniciei uma transição de carreira e criei a minha própria empresa, a Fin4She.

Desde então, as peças do quebra-cabeça começaram a se encaixar e eu passei a me sentir no lugar certo, a sentir que era isso que eu queria fazer. Não foram caminhos fáceis. Precisei, além de ter clareza da minha intenção, de muita coragem. Eu entendi que essa era uma decisão minha comigo mesma.

Assim, criei uma empresa de impacto social com foco em equidade de gênero, onde eu posso trabalhar temas como igualdade, equidade, empregabilidade e independência financeira feminina.

Recalculando a rota

Mas, novamente, a vida me trouxe o lembrete de que as coisas não saem exatamente como planejamos. Logo após a pandemia, no momento em que todos nós estávamos retomando as nossas vidas, aconteceu algo inesperado, que foi uma mudança da minha família de São Paulo para o Piauí.

Não foi uma escolha minha, mas meu marido recebeu uma proposta de trabalho, à qual fui muito resistente no início. Esse episódio mostrou mais uma vez como nós, mulheres, somos colocadas nesse lugar de escolha entre nossos sonhos, nossa carreira ou nossa família. Eu não queria abrir mão de nada disso.

Mãe de dois filhos pequenos, pensei: "Por que é que a gente não pode fazer dar certo, fazer diferente?". Lembro de uma amiga especial me dizer: "Medo nós precisamos ter de ficar na bolha, não de furá-la".

Então, mais uma vez resolvi recalcular a rota, embarcar nessa aventura com a minha família e fazer a minha empresa e os meus sonhos darem certo mesmo assim.

Foram quase três anos vivendo no Nordeste, em Teresina, no Piauí. Eu não consigo expressar a transformação positiva que isso trouxe para a minha vida e da minha família. Essa experiência me abriu muitas portas e me fez olhar para além do horizonte, além de ter me gerado diversas transformações e alguns amigos que levarei para toda a vida.

Durante esse tempo no Piauí, tive a oportunidade de conhecer a comunidade do Mimbó, formada por 13 mulheres quilombolas que construíram o seu próprio negócio.

Durante essa imersão, em um lugar distante da capital do Piauí, eu pude sentir e me conectar com algo muito diferente, não somente pela força das mulheres, mas também pela ancestralidade, diversidade e, principalmente, por conta do poder e força do empoderamento econômico. É sobre a necessidade urgente que nós, mulheres, temos de nos conectar com o dinheiro.

De certa forma, o tema da independência financeira sempre permeou a minha vida e minha história, mas com certeza se intensificou nos últimos cinco anos, quando comecei a minha jornada empreendedora com a Fin4She.

Potência e inspiração

Eu acredito que cada filho tem uma missão especial em nossa vida, eles são diferentes e chegam em momentos diferentes. Por isso, eu quero contar um pouco da minha história com os meus filhos e a maternidade. O quanto eles fazem parte das minhas conquistas profissionais.

Meu filho Tomas me fez sentir o maior e inexplicável amor da minha vida. Ele me tornou mãe. O Martin me mostrou que esse amor é multiplicável e me fez acreditar em mim mesma para ter a coragem de seguir meus sonhos. Meus filhos são a minha potência e fonte de inspiração. Foram eles que me fizeram recalcular a rota e começar a minha empresa.

Eu tenho um discurso muito forte sobre a relação entre carreira e maternidade. Apesar de achar que nós, como seres humanos e sociedade, precisamos evoluir nessa pauta e começar a falar sobre carreira e parentalidade, eu gostaria de deixar esse recado do quanto os filhos são potência e agentes de transformação, inclusive no âmbito profissional para nós mulheres.

Que a gente possa sempre se conectar com essa força e estar atenta às oportunidades que eles trazem. Que nós não sejamos julgadas pela escolha de ter ou não ter filhos ou qualquer escolha que a gente faça na nossa vida. E que a gente possa sempre olhar as oportunidades.

Liberdade econômica feminina

A experiência de conhecer as mulheres quilombolas do Mimbó me transformou e me fez ter ainda mais certeza de que o protagonismo feminino não existe sem o empoderamento econômico.

É preciso reconhecer que as nossas conquistas são muito recentes. No Brasil, até a década de 1960, nós mulheres não tínhamos direito de ter CPF, nem conta em banco. As casadas precisavam de uma autorização do marido para trabalhar.

Em 1974, foi aprovada no Brasil a lei de "igualdade de oportunidades de crédito". Até então, uma mulher solteira não podia ter cartão de crédito e as casadas também precisavam da assinatura do marido.

E, em 1988, finalmente a nova Constituição passa a enxergar mulheres iguais aos homens. Trago esses pontos para reforçar que nós mulheres conquistamos muito, mas as nossas conquistas são muito recentes.

Em contrapartida, as mulheres estão avançando muito econômica e financeiramente. A maioria dos lares no Brasil são liderados financeiramente por mulheres. Elas são a força motriz da economia doméstica, tomam muitas decisões sobre as finanças da casa, mas ainda têm muita dificuldade em cuidar do seu próprio dinheiro do ponto de vista de investimento.

Eu acredito que esse protagonismo e essa equidade que nós tanto buscamos como mulheres está totalmente relacionada ao protagonismo financeiro que precisamos assumir. A verdade é que não existe o protagonismo feminino sem o empoderamento econômico.

Impacto consistente

O que me move é gerar impacto e transformação verdadeira. Criamos na Fin-4She um projeto para preparar mulheres que querem começar ou desenvolver uma carreira no mercado financeiro, para caminhar com elas para que cheguem lá preparadas, em condição de igualdade. Fazemos um trabalho de certificação com jovens pretas dentro desse projeto, com objetivo de realmente mudar a vida dessas meninas.

Meu objetivo é fazer com que as mulheres se conectem com o dinheiro de forma mais honesta, mais amigável e consciente, porque o dinheiro está totalmente relacionado à nossa jornada de protagonismo.

É importante destacar que, nessa jornada de protagonismo, nós mulheres não podemos nos esquecer de ser gentis com nós mesmas. Nós tivemos muitas conquistas, continuamos conquistando muitos outros lugares e, nesse caminho, não podemos excluir o nosso lado feminino, o nosso lugar de mulher.

É preciso honrar a nossa história e as nossas conquistas. Esse caminho do protagonismo, da liderança, da independência como mulher, da liberdade financeira, muitas vezes é um caminho que não é rápido e nem linear. E está tudo bem. Cada uma tem o seu ritmo e história.

É preciso destacar que toda essa jornada de protagonismo só é possível com muita conexão, com a criação de uma rede. Todo esse meu processo, esse meu caminho, não seria possível sem a construção de uma rede. Essa rede da qual nós devemos cuidar e nos conectarmos com muita verdade. Hoje, minhas conexões são o meu ativo mais valioso.

Muito se fala sobre networking, sobre estar presente em eventos, reuniões e conferências. Mas pouco se fala sobre nos conectarmos, sobre olharmos uns aos outros para entender as necessidades e estender as mãos. Eu só estou aqui hoje porque muitas pessoas permitem que eu esteja aqui. Muitas mulheres estenderam a mão, abriram caminhos, portas, atenderam minhas ligações quando eu mais precisei de ajuda.

Hoje o que eu mais busco na minha vida é estabelecer conexões verdadeiras para que eu possa ouvir histórias que me transformem e para que eu possa transformar as pessoas também através da minha história, da minha empresa e de tudo o que a gente vem construindo.

Conectem-se verdadeiramente. Hoje, em um mundo em que tudo é tão raso, quem tem coragem de olhar pra dentro de si e para quem está ao seu lado tem a grande chance de fazer uma transformação não só na sua vida, mas na vida de quem está por perto ou além.

CAROLINA NUCCI

linkedin.com/in/carolinanucci
@carolina.nucci

Existe valor sem um sobrenome corporativo?

A gente cresce aprendendo que precisa *pertencer a algum lugar* para ter valor. Eu sentia isso desde a escola. Quem nunca sentiu que, para ser alguém na vida, precisava pertencer ao grupo das crianças populares? Pois bem. Lá estava eu, menina mestiça, baixinha, um pouco fora do padrão, bolsista na escola particular... Por mais que eu quisesse, eu estava longe de fazer parte desse grupo.

Mas eu tinha algo bom: eu sempre estudei muito. O estudo era meu refúgio, meu valor. Eu era a menina *nerd* que estuda muito, tira as melhores notas... O estudo pode não ter me dado um lugar na mesa dos populares, mas foi a chave para entrar em uma boa universidade. Quem era eu? Eu era a Carol *DA [universidade chique].* Eis aí um primeiro pertencimento.

Ainda jovem, eu absorvi rápido a importância dessas conquistas. Ganha quem conquistar mais, mais rápido e melhor. Sem perceber, eu estava sempre acelerada, pensando três passos à frente. Uma corrida individual — muitas vezes contra mim mesma.

Só que isso que começa na escola se intensifica no trabalho. Assim como na escola, onde os grupos definem quem "vale mais", encontrei no mundo corporativo outras etiquetas de valor — cargos, empresas e títulos que substituem as mesas populares.

Dos processos seletivos às rodas de *networking*, as pessoas não me avaliavam por quem eu era, o que eu fiz e era capaz de fazer, mas sim pelos lugares por onde passei, os cargos que eu tive e da velocidade com que eu os conquistei. Foi ali que eu aprendi uma verdade dura de engolir: esse pertencimento desenfreado se tornou minha medida de valor. Essas etiquetas se tornaram meu nome, minha identidade.

Eu não era a Carol, eu era a Carol *DE* algum lugar.

A Carol que é *[cargo bonito] DA [empresa chique].*

Com sobrenomes assim, parecia que eu tinha vencido na vida. Tem uma lógica aqui, é claro. Se você conseguiu estudar em uma boa universidade e cresceu em uma empresa de sucesso, é claro que você tem valor para o mercado. Eu não estou dizendo o contrário.

Por outro lado, esse sistema de valor tem seus problemas. Para começar, quando o sucesso e a percepção de valor são restritos a uma única fórmula, as pessoas passam a ser segmentadas pelas etiquetas que carregam. Assim como eu fui (e sou) avaliada pelos meus sobrenomes corporativos, eu confesso que também avaliei outras pessoas assim. É um "pré-conceito" que se propaga silenciosa e prejudicialmente.

Para piorar, essa definição limitada de sucesso obriga as pessoas a seguir uma mesma fórmula, mesmo quando ela contraria seus próprios valores. Nos momentos de performance *"a qualquer custo"* e *"manda quem pode, obedece quem tem juízo"*, o medo de ser eu mesma me fez deixar pedaços de mim pelo caminho para caber nesse padrão. Sem perceber, lá estava eu replicando coisas que não condizem com o *meu valor* justamente para ser reconhecida como *alguém de valor*, conquistando um *sobrenome de valor*. Que valor há nisso?

"Carol, finge costume, não vale a pena reagir". Era preciso tolerar o intolerável, especialmente vindo de alguém com sobrenome mais importante que o meu. Comentários inadequados, preconceituosos e machistas precisavam ser engolidos. A cada denúncia ou assédio que dava em nada, eu pensava: *não dá pra rebater, é assim que a banda toca.*

"Carol, morrer é deixar de ser visto, tem que mostrar trabalho". O jeito é mostrar que trabalha demais e SE mostrar o tempo todo. Vi isso gerar um monte de pessoas (e eu) obcecadas por trabalhar até tarde, esfregando acertos e escondendo erros. Tolerância ao erro? Só na palestra de inovação — na prática, o jeito é acertar de primeira e se provar para todo mundo.

"Carol, você é muito competente, mas muito emotiva. Só cresce quem deixa a emoção de lado". Logo eu, que sempre transbordei emoção para tudo. Aos poucos, fui apagando essa essência de tal forma que, na frente de diretoria e *C-level*, eu vestia a máscara e nem me reconhecia mais.

"Carol, pare de ser ingênua e confiar nos outros. É cada um por si". Nas fotos, nos eventos e nos posts de LinkedIn, não faltavam momentos ótimos em equipe. Mas, a cada puxada de tapete, a vida corporativa me ensinava: melhor desconfiar. Não dá para ser vulnerável, vão se aproveitar. Não dá para confiar, vão usar isso contra você. A desconfiança crescia, e a jornada se tornava mais individual.

Pode parecer que eu estou só reclamando. Mas, por muito tempo, eu também fiz parte desse sistema. Cresci valorizando meus sobrenomes corporativos. Tive ótimos cargos, viajei o mundo, ganhei prêmios e, a cada conquista, meu sobrenome corporativo ficava mais "bonito". Mas, no fundo, algo não encaixava. Quanto mais eu corria e mais conquistava, mais parecia que o meu valor nunca era suficiente.

Sabe quando foi o meu basta? Quando eu virei mãe. Ela nasceu e tudo mudou.

Nessa corrida por valor, a triste realidade é que a maternidade é uma etiqueta que nos desvaloriza no mercado de trabalho. Mesmo assim, eu escolhi ser mãe. Quando a Olívia nasceu, meu sistema de valor mudou. A pessoa mais importante da minha vida não se importava com o que estava escrito no meu LinkedIn ou no meu crachá. O que importa é estar ali, presente, com ela.

Mas a gente não deveria precisar ter filhos para entender isso, né? De uma forma ou de outra, o importante é lembrar que nosso valor está na gente e no que é valioso para nós, independentemente dos sobrenomes que conquistamos. Para mim, ser mãe da *Oli* foi o que me recolocou nos eixos: ela me mostrou o que é valor de verdade. Em troca, eu queria fazer o mesmo por ela e ensiná-la que não precisa abrir mão de quem ela é para valorizar um sobrenome corporativo. O exemplo precisava ser meu.

Esse propósito me ajudou a recuperar os pedaços de mim que havia perdido. A Carol genuína, sensível, vulnerável, gentil e humana estava de volta. Não por menos, quando eu voltei a trabalhar, a máscara corporativa não me servia mais.

Mas será que eu tinha razão? Existe valor sem um sobrenome corporativo?

Se fosse fácil, todo mundo já estaria bem resolvido e responderia a essa pergunta com o coração — e não com o viés corporativo. Na jornada que vim compartilhar aqui, eu passei por **cinco fases** para responder a essa pergunta.

Para começar, a 1ª fase foi a INQUIETAÇÃO. Eu precisava mudar minha relação com o trabalho. Mudar *DE* trabalho. Era para ser fácil, já mudei tantas vezes. Mas, para minha surpresa, não foi — e o motivo era óbvio: eu tinha uma carreira sólida, filha para criar, boletos para pagar e tudo a perder.

Foi aí que enfrentei o que chamei de *dilema da prisão*. Voltar a um trabalho em que eu não acreditava mais, me fazia sentir presa. Eu, finalmente, tinha visto a grama verde e o céu azul lá fora e, com essa comparação, o que antes parecia normal tornou-se insuportável. A rotina ficou mais difícil, a cela menor e, de tão sufocante, tudo o que eu queria era sair.

Mas, junto com a vontade de sair, vieram as dúvidas. "Será que dá para sair? E se lá fora for pior? Como vou sobreviver? Pensando bem... A prisão não é tão ruim, já conheço as pessoas; todo dia tem almoço, janta, banho de sol — até prometeram me *promover* para uma cela melhor. Acho melhor ficar." No final, toda mudança é assim: quanto maior o risco, maior o dilema.

Com esse dilema, na 2ª fase, veio a ACOMODAÇÃO. No início, venceu o medo de estar errada e ser julgada por deixar uma carreira estável com uma filha pequena. Por um ano, após o nascimento da Olívia, eu me acomodei naquele caminho conhecido, achando que poderia mudá-lo por dentro, sem realmente mudar a mim mesma.

A cada dia e a cada evidência de que aquele padrão não condizia com o que eu acreditava, minha autoconsciência recém-descoberta gritava mais alto. Até que entendi: medo e acomodação, sozinhos, não levam a um próximo passo - e nem são bons exemplos para dar à minha filha.

Só que, na 3ª fase, infelizmente, cai na DESILUSÃO. Superada a acomodação, eu estava decidida a mudar. Naquele momento, foi mais fácil culpar e mudar de lugar. Se o problema é o lugar, é só achar outro, né? Um lugar menor, em crescimento, mais alinhado com os meus valores, onde eu possa demonstrar meu valor pelo que eu sou, sem sobrenomes antigos... Quando achei esse lugar, topei sem pensar. Até aí, tudo ótimo. No início, senti que podia ser eu mesma, sem a pressa exacerbada e a máscara desgastada de antes. Ser autêntica tornou a jornada menos individual e mais colaborativa. Sem medo da competição, baixei a guarda e me conectei com pessoas que pareciam ter o mesmo brilho nos olhos que eu. Talvez por isso eu demorei para perceber... Quando eu dei de cara no chão. Mesmo em uma organização menor, sentindo que eu podia ser quem eu sou e valorizar as pessoas pelo que elas são, ainda sentia que o sobrenome corporativo era importante para ser valorizada — como um cobertor de segurança difícil de largar.

Só que, junto com o sobrenome, vieram as mesmas amarras. Os problemas dos quais fugi ainda estavam lá. Sem a máscara de antes, eu estava mais vulnerável e demorei para perceber que a teoria da cultura diferenciada, que parecia tão atraente, nos bastidores se distanciava mais e mais da prática. Com isso, eu não cabia mais ali também. *Não era só mudar o lugar.*

Fui então jogada na 4a fase, que chamei de CONEXÃO. Agora, sem pertencer a nenhuma empresa mesmo, eu me vi, pela primeira vez, sem um sobrenome corporativo para chamar de meu. Se eu disser que foi fácil, seria uma baita mentira. Apesar da epifania inicial, a realidade era dura: eu, sem sobrenome corporativo, me vi completamente sem valor. Quem vai querer me contratar agora? Quem vai me chamar para um evento? O que raios eu preencho no campo de "*cargo*" e "*empresa*" em um formulário de uma *landing page*?

Com o tempo, eu vi que não era bem assim. Pessoas se aproximaram de mim, sim, pessoas que me viam pelo que eu sou, pelo que eu fiz e pelo que sou capaz de fazer. Sabe o ponto em comum entre essas pessoas? Quase todas eram mulheres. Em comunidades de mulheres, de empoderamento feminino. Diferentemente do que dizem, grande parte das mulheres não quer competir entre si: elas querem ajudar e puxar umas às outras. Queremos, juntas, conquistar e abrir espaço para que mais mulheres ocupem os lugares que desejam.

No meu pior momento, essas mulheres me enxergaram além do meu sobrenome corporativo. Elas me ouviram, me conheceram e, sem agenda oculta, me conectaram com outras mulheres que podiam me ajudar — ou a quem eu podia ajudar. Eu, que sempre aprendi que precisava correr sozinha, encontrei na conexão com elas um espaço seguro para ser quem sou e compartilhar, genuinamente, o valor que tenho sem um sobrenome atrelado.

O que me trouxe, finalmente, para a 5° e última fase, a VALORIZAÇÃO. As mulheres com quem eu me conectei nos últimos anos enxergaram o melhor em mim. No entanto, não adianta ter uma legião de pessoas que me valorizam: se eu não me valorizar, eu caio na mesma armadilha e me escondo atrás de um sobrenome corporativo.

Ao contrário do que possa parecer, isso não significa que eu abandonei meus sobrenomes corporativos — eles seguem fazendo parte da minha história. Depois de ter passado por tantas realidades diferentes, entendi que meu valor não está neles, está em mim. Não existe só um caminho para ter sucesso, não existe só um tipo de pessoa, não existe só um tipo de valor. Há uma infinidade deles, em muitos formatos, com ou sem sobrenomes corporativos.

Eu precisei me despir desses sobrenomes para me valorizar pelo que sou e ser quem sou, aposentando de vez as máscaras que não me servem mais. Hoje eu não tenho mais vergonha de dizer que meu valor está na emoção de chorar nos momentos bons e ruins, na empatia de abraçar outras perspectivas e na vulnerabilidade de compartilhar o que acredito, sem medo.

Sabe no que acredito? Que existe valor com *E* sem sobrenome corporativo. Que o sucesso não exige abrir mão da nossa essência humana. O valor está em cada pessoa. Meu valor está em demonstrar tudo isso, na prática. Ao viver e compartilhar isso, eu inspiro outras pessoas a encontrar o próprio valor também, para além de qualquer sobrenome.

E você? Qual é o seu?

CAROLINE DE MORAES

iluminamentalhealth.com
emergenciaespiritualbr.org
@caroline_de_moraes
hello@carolinedemoraes.com

Urgência em amar

Amar fora dos padrões e resistir à discriminação exige a mesma força interior para enfrentar a *Noite Escura da Alma*. O preconceito fere para nos acuar, ao passo que o antídoto para resistir é o movimento em direção a si mesmo, a recusa de ser oprimido pela sombra. Amar é um ato de insurgência contra limitações, um impulso que diz "sim" à possibilidade de ser quem se é, mesmo com barreiras. É reconhecer a humanidade compartilhada que transcende qualquer ilusão de separação. Há dez anos, aprendi isso de um jeito doloroso e inusitado.

Quando eu e minha ex-esposa encontramos aquela "escola filosófica", sentimos como se nossas almas estivessem em um lugar reservado há muito para nós. Era como receber uma senha secreta para uma dimensão onde se encontra algo maior do que nós mesmas. Em pouco tempo aquele lugar se tornou a casa que abrigava o que havia de mais inocente e genuíno em mim — a esperança de viver e construir um mundo mais fraterno e justo para todos.

Foram cinco anos de dedicação, recheados de conversas edificantes, exercícios para o desenvolvimento da mente, trabalho voluntário, almoços e jantares aconchegantes na presença de amigos com o mesmo propósito. Minhas práticas espirituais já causavam uma transformação interna quando foi colocado em meu caminho um obstáculo intransponível. Foi em uma tarde ensolarada, em Joinville, que tudo começou a desmoronar. O preconceito veio de forma sutil, como um vento frio que se infiltra por frestas invisíveis, quando ouvi que de todo o nosso grupo apenas eu e minha ex-esposa não estávamos habilitadas a avançar nos cursos da escola.

A rejeição, revestida de "preocupação com o caminho espiritual" e palavras elegantes, quebrou algo dentro de mim. Algo profundo, percebido de imediato pela minha alma, mas negado pelo ego em uma tentativa de não permitir que meu mundo desmoronasse. Tentativa fracassada. A dissonância cognitiva gerada por sofrer preconceito em uma escola de filosofia, considerada por mim um lar espiritual, me colocou em um lugar interno desesperador. Meus valores e princípios foram feridos por aqueles em quem confiava, e era muito difícil aceitar que estava em um campo de espinhos.

Não havendo remédios para a dor existencial que sentia, pedia ao Universo para retirá-la de mim. Até que um dia, para minha surpresa, tive uma experiência fora do corpo (EFC), também chamada de projeção astral ou desdobramento, um fenômeno em que minha consciência parecia se separar do meu corpo físico, permitindo-me "observar" a mim mesma e ao ambiente de uma outra perspectiva. Flutuava acima da minha cama quando um vórtex de energia abriu-se em minha frente e fui lançada para dentro dele. Os momentos seguintes foram místicos e transcendentes e quando retornei permaneci em estado não ordinário de consciência, vivendo por meses em dois mundos, um deles bem diferente do material.

Não sabia, e só fui descobrir dez anos depois, que adentrava em uma *emergência espiritual*, uma crise de transformação profunda, um processo natural de evolução, acelerado, que, no meu caso, durou três anos, e me fez vivenciar estados mentais extraordinários e uma série de fenômenos parapsicológicos, como *clarividência, clariaudiência, clarissenciência* e muitos outros.

As experiências fora do tempo-espaço, que me colocaram em contato com um Espírito-guia, eram inefáveis e me traziam *insights* e aprendizados sobre a vida, mas sentia que não eram a grande questão da minha evolução. A ruptura interna que foi gerada despertou uma poderosa reação emocional e psicológica, típica das crises espirituais. Não sabia se estava me iluminando, como indicavam os tratados de espiritualidade a que recorria, ou enlouquecendo, como apontavam os manuais de saúde mental. Por segurança, silenciei. Tinha medo de ser internada em um hospital psiquiátrico ou julgada e invalidada por ser uma mulher gay — indigna das bênçãos que recebia. Sem conseguir falar sobre as experiências divinas e sobre o preconceito, me isolei em algum lugar dentro de mim e em pouco tempo estava no fundo do poço, acuada, sem conseguir lutar contra a discriminação que sofria.

Aos poucos fui vendo minha vida desmoronar. Perdi amigos, o casamento de treze anos, me demiti de um emprego estável, deixei minha promissora carreira corporativa e mudei de cidade. Quando a noite escura chegou sorrateiramente, arrumei uma baita confusão com Deus. Certo dia, quando a dor se tornou insuportável, me dentei no chão da sala. Havia algo que eu mesma estava evitando ver. No mergulho profundo tentei resistir, lutei contra as trevas, tentando fugir dos espelhos que se erguiam ao meu redor, refletindo os fragmentos mais dolorosos e esquecidos de mim mesma.

Exausta da batalha, entreguei-me e permiti que a escuridão me engolisse por completo. A crise de ansiedade que me esmagava o peito não me matou e ali, no chão, pude reconhecer que ainda ansiava por um lugar onde fosse "permitido" amar. O preconceito que me atacava externamente era uma réplica ampliada das dúvidas e inseguranças que ainda carregava dentro de mim. Lá no fundo, não tinha abraçado por completo quem eu era, e essa recusa de me aceitar era a raiz de tanta dor — não via meu valor.

Estava à deriva, afundada em uma das fases mais difíceis da minha vida. O chão parecia ter se perdido sob meus pés, e os dias se arrastavam sem direção. Foi quando uma amiga surgiu como uma âncora. Andrea Neiva não apenas me levou à terapia, como insistia em me tirar da cama e me lembrar de que havia vida do lado de fora das minhas dores. Um dia, me ligou com entusiasmo; havia um cara na cidade querendo organizar um evento sobre física quântica e espiritualidade, e ele precisava de ajuda. *"Por que não?"* — me perguntei.

Assim, entrei em uma sala com Gustavo Arns, um completo desconhecido que tinha uma visão ambiciosa e uma paixão contagiante. Sem perceber, abracei seu sonho, ocupando meus dias com planilhas, panfletos e reuniões. O vazio que me consumia começou a ser preenchido por propósito. Não sabia que aquele projeto estava prestes a se tornar o maior evento de felicidade da América Latina, nem que ele mudaria minha vida para sempre.

O grupo de palestrantes estava quase todo definido, quando minha terapeuta fez uma sugestão que me deixou em choque: *por que eu não dava uma palestra?* Ri de nervoso. *"Eu? Falar sobre o quê?"* Não era famosa, não tinha seguidores em redes sociais, e havia me especializado em comunicação corporativa. Nada relacionado à felicidade. Ainda assim, algo dentro de mim despertou. Tremia da cabeça aos pés, não conseguindo ignorar a ideia. Lembrei-me de uma visão que havia tido durante o momento mais intenso da minha emergência espiritual, uma espécie de premonição de que eu estaria em um palco, falando algo significativo para um grande público. Poderia ser aquilo?

Conversei com Andrea; não queria que o Gustavo achasse que o estava ajudando em troca de algo quando, na verdade, aquele projeto já era uma tábua de salvação. Ela, como sempre, me deu força: *"Vai, Carol. Tenta"*. Enfrentei o medo de ser menosprezada mais uma vez e, com minha amiga ao meu lado, pedi a ele uma oportunidade. Contei sobre o preconceito e sobre minha jornada de autoaceitação. Ele ouviu atentamente e, para minha surpresa, respondeu com generosidade: *"Seria uma honra dar este espaço a você"*. Com aquela frase, estendeu a mão e me puxou para o lugar mais alto que conseguiu.

O medo de subir ao palco do I Congresso Internacional de Felicidade era paralisante. Falar sobre homossexualidade em um evento daquele porte, mostrar meu sofrimento e denunciar o preconceito que havia sofrido, parecia assustador, como se estivesse me oferecendo ao apedrejamento. Procurei por ajuda terapêutica para desenvolver a palestra, e no caminho percebi que o que iria fazer lá era mais do que imaginava. Teria a oportunidade de falar para meus pais como foi difícil me assumir gay e como era difícil amar livremente. Aquele seria um marco poderoso em minha jornada de autocura e autoaceitação.

Quando o grande dia chegou, meus familiares estavam na plateia. Respirei fundo, olhei para o teatro com mais de mil pessoas e naquele momento recuperei minha voz. Jurei jamais deixar o preconceito me calar novamente. A *Noite Escura da Alma* se desfez em um novo e simbólico amanhecer. Dei aquela palestra como uma mulher ainda machucada, mas disposta a fazer o que o Espírito-guia, que me acompanhou durante os três anos da emergência espiritual, havia me ensinado: não era mais para eu ter esperança. Era para *Ser a Esperança*.

Tornei-me a esperança da coragem no mundo do medo, a esperança da autenticidade no mundo da hipocrisia, e fui aplaudida muitas vezes naqueles quarenta e cinco minutos. Ao término, minha mãe foi me receber na descida das escadas do palco, e me presenteou com um quadro do Divino Espírito Santo. Dentro do meu contexto psíquico, aquele foi um poderoso símbolo de reconhecimento dos céus pela força em expressar a verdade e lutar contra injustiças.

Caminhei pelo evento de braços dados com meu pai, cuja presença era um testemunho do amor que nos sustentava. Quando soube minha verdade — que amava de forma diferente do que a sociedade esperava — nunca vacilou. Em um mundo que muitas vezes nega a legitimidade de amores como o meu, meu pai permaneceu ao meu lado, inabalável, oferecendo a força e a aceitação de que tanto precisava.

Seu apoio incondicional tornou-se um escudo contra o preconceito. Várias pessoas paravam para cumprimentá-lo, com palavras cheias de admiração. Via o orgulho em seus olhos, não apenas por mim, mas pelo laço que compartilhávamos — um laço mais forte do que o medo, o julgamento ou a ignorância. Foi então que um homem se aproximou de nós, com lágrimas escorrendo pelo rosto. Sua voz tremia de emoção quando disse: *"Estou indo para casa pedir desculpas à minha filha. Não a tratei como ela merecia quando me disse que amava outra mulher."* Ali estava, de fato, a chance de outra família reescrever sua história. Um lembrete de que o amor, quando oferecido livre e incondicionalmente, tem o poder de transformar não apenas nossas vidas, mas também as vidas de quem nos rodeia.

Em meu íntimo, sentia que havia cumprido a primeira etapa da missão à qual minha alma havia sido predestinada. Aquela foi a ação mais nobre que pude realizar, com o incentivo, o abraço e o cuidado de muitos seres, tanto deste mundo, quanto do outro. Andrea estendeu a mão para que eu pudesse me levantar, Gustavo me deu um palco para renascer e, ao final de tudo, encontrei meu próprio caminho. O que começou como uma crise tornou-se minha maior bênção. Sabia que precisava continuar acreditando na humanidade, recomeçar minha vida e encontrar um novo amor — que não demorou muito para chegar.

Em poucos dias, fui abordada por uma mulher que acompanhava a movimentação em minhas redes sociais, não poderia imaginar que ela era minha alma companheira e que tudo o que havia passado, havia me deixado pronta para recebê-la.

Em poucos meses, mudei-me para o Canadá, onde ela morava. Lá nos casamos e criamos um mundo onde nos permitimos amar e sermos amadas plenamente.

Deste amor, nasceu Ellena.

CAROLINE PUTNOKI

linked.com/in/carolineputnoki
@carolineputnokioficial
caroline.putnoki@me.com

Da Guiana ao mundo: coragem e transformação

Meu pai me ensinou a liberdade e o trabalho, minha mãe a resiliência e a força de ser mulher, ai eu fui atrás da excelência.

Nasci em Caiena, capital da Guiana Francesa, no coração da Amazônia, filha de pai húngaro e mãe parisiense.

Meus pais eram aventureiros de coração. Meu pai, um revolucionário húngaro, fugiu de seu país após o levante de 1956, uma revolta violentamente reprimida que custou 2.500 vidas e levou 250.000 húngaros ao exílio. Entre eles estava papai, que escolheu a França como seu novo lar. Foi na Mauritânia que ele conheceu minha mãe. Após o casamento em Paris, eles decidiram se estabelecer na Guiana Francesa, uma região ultramarina que estava em expansão depois que o general de Gaulle decidiu construir um centro espacial lá. Foi nesse ambiente de expansão que eu nasci, juntamente com minhas duas irmãs. Crescemos em uma simplicidade feliz.

Embora fisicamente eu não me pareça em nada com uma "cabocla amazônica", sou, no entanto, uma mulher amazônica, uma singularidade que me levou muito tempo para transformar em uma força real. Sou francesa, sim, mas não "francesa clássica". Mas quem pode afirmar que é?

Quando eu tinha 17 anos, deixei esse continente vibrante para estudar em Bordeaux, uma cidade que me parecia burguesa e fechada. Passar de uma pequena cidade amazônica de gente conhecida para uma metrópole francesa foi mais que uma mudança geográfica, foi um transtorno cultural e emocional. O clima frio, as pessoas pouco calorosas e a distância da minha família dificultaram a transição. Foi meu primeiro choque na vida, mas também uma lição valiosa.

Depois de estudar nas universidades em Bordeaux e de Angers, me mudei para o Quebec quase por acaso e aí "me apaixonei" pela La Belle Province. Foi uma revelação descobrir esse canto da América onde se fala francês mas se vive à maneira americana, um verdadeiro hibridismo cultural que me conquistou imediatamente.

Montreal, onde morei por quase 17 anos, foi um lugar de muitas descobertas para mim. Descobri um país, mas também outra versão de mim mesma. Foi lá que minha carreira profissional realmente decolou, livre de preconceitos e rótulos. E foi provavelmente para ampliar mais meus horizontes ainda muito estreitos para mim, que fui atraída para o setor de viagens, um campo que incorpora liberdade e descoberta.

No fundo, sempre me considerei como muito diferente, talvez pela saudade que eu tinha da minha terra Amazônica. Mas no Canadá, rapidamente senti algo novo: uma sensação de liberdade, a ideia de que tudo era possível e, acima de tudo, que eu não estava sendo permanentemente vigiada e julgada. As Américas encarnam essa esperança de um futuro a ser construído, de um campo infinito de possibilidades! E depois havia o Quebec, com sua relação especial com a nossa história, uma sociedade para mim aberta e profundamente igualitária, embora tivesse uma relação complexa com a França.

Aos 23 anos, descobri tudo isso quando cheguei na magnífica cidade de Quebec, fundada em 1534 por marinheiros de Saint Malo. Fiquei hospedada na casa de Astrid, minha "mãe de Quebec", que generosamente abriu sua casa centenária para mim, no histórico distrito de Trait-Carré. Foi um verdadeiro privilégio de começar com ela meu estágio nesse novo continente.

A história de Astrid me comoveu muito.. Seu "chum" (companheiro em francês do Quebec), o pai de seus três filhos, charmoso, culto e muito gentil, a havia trocado por outro homem, um tardio *coming out* após anos de convivência. Apesar dessa dolorosa separação, Astrid irradiava uma admirável alegria de viver e força interior, mostrando uma resiliência excepcional. A casa de Astrid era um verdadeiro ponto de encontro familiar, um lugar onde todos se reuniam e onde eu era acolhida de braços abertos.

A convivência com Astrid me fez mergulhar na cultura de Quebec e na história trágica da Nova França, bem como na complexa relação entre Quebec e a "pátria-mãe", uma dualidade que compreendi intimamente. Os quebequenses se sentem franceses, mas se sentem também diferentes. Eu estava vivenciando esse paradoxo à minha maneira e compartilhar esse sentimento me ajudou muito a ter uma melhor compreensão do meu próprio posicionamento.

Depois de concluir meu estágio, decidi prolongar minha estadia no Quebec e continuar meus estudos em Montreal. Descobri então uma cidade completamente diferente, muito maior mas profundamente humana, e incrivelmente cosmopolita. Depois de Quebec, a cidade das raízes da Belle Province, a aventura começava em Montreal, a cidade internacional!

Voltando a estudar, descobri no processo um sistema universitário norte-americano projetado acima de tudo para ajudar os alunos a serem bem-sucedidos — mediante pagamento, é claro. Aqui, os professores estavam realmente a serviço dos alunos: um sonho para mim.

O Canadá tinha com certeza um charme irresistível, e tomei a decisão de me mudar para cá permanentemente. Isso significava solicitar a imigração e passar por um rigoroso processo de seleção. Havia pouco ou quase nada que me prendesse à França continental, e a ideia de começar uma carreira profissional em outro lugar parecia cheia de oportunidades.

Por coincidência do destino, depois de dois anos numa agência de viagem quebequense, foi a França que bateu à minha porta novamente. Depois de encontros casuais, entrei na Maison de la France, o órgão oficial responsável pela promoção do turismo francês, como chefe dos mercados canadenses de língua inglesa, uma função que levaria minha carreira para uma direção completamente nova.

Meu diploma em literatura inglesa, que antes eu considerava de pouca utilidade, finalmente seria aproveitado. Agora eu era encarregada de conquistar as cidades de Toronto, Vancouver e Calgary. Esses lugares se tornariam meus novos *playgrounds*, marcando o início de uma aventura profissional tão empolgante quanto inesperada.

Os anos se passaram, e consegui participar de muitos projetos e de eventos onde eu misturava viagens, gastronomia, moda com toques de criatividade e de luxo. No Canadá, descobri um ambiente de trabalho profundamente igualitário, que respeita não apenas os direitos das mulheres, mas os indivíduos em geral. Nesse país, o consenso é a palavra de ordem, e o conflito é raramente encontrado. Fiéis à sua imagem e sua tradição pacíficas, os canadenses me impressionavam também pelo profissionalismo. Sua cultura de resultados, seu pragmatismo e sua abordagem respeitosa e benevolente tiveram uma influência duradoura na minha maneira de pensar e trabalhar.

A Amazônia foi o elo entre meu marido e eu quando nos conhecemos em Miami. Ele tinha morado em Manaus e me contava sua visão brasileira da região, enquanto eu compartilhava minha versão guianense. Ele conhecia essa parte do mundo como a palma de sua mão e, como filho de um grande embaixador, tinha uma abertura e uma compreensão que me tocavam profundamente. Era um verdadeiro cidadão do mundo, com imensa cultura e sabedoria. Dividia comigo o mesmo amor da liberdade, do trabalho, da criatividade e da aventura. Apesar da diferença de idade e dos obstáculos que inicialmente nos separavam, começamos a caminhar juntos e nos casamos 12 anos depois.

Aos 40 anos de idade, deixei o Canadá para segui-lo, primeiro alguns meses em Nova York e depois no Brasil. Uma nova aventura estava se abrindo para mim. Eu havia decidido lançar uma nova atividade profissional, e tudo tinha que ser escrito.

Cheguei ao Brasil em 2011, em um período de oportunidade. Inicialmente, meu principal projeto eram os cruzeiros fluviais na Amazônia, graças a uma empresa de cruzeiros da qual me tornei acionista. Mas, muito rapidamente, essa atividade foi superada pelo meu trabalho em marketing e comunicações. Não demorou muito para que eu me encontrasse à frente de uma agência com 12 funcionários e um portfólio de clientes franceses e internacionais no turismo mas também nos setores de alimentos e bebidas, com destaque para frutas, queijos e vinhos. O trabalho era intenso, e eu não contava as horas. Mesmo assim, me preparava para uma aventura ainda mais forte.

Durante vários anos, eu sonhava em ser mãe e sempre imaginava ter uma menina. Mas durante oito anos esse desejo não se realizou até que uma funcionária veio me contar sua experiência. Tendo acabado de sofrer um aborto espontâneo sem saber que estava grávida, ela me disse: "Sei que você quer um bebê. Eu perdi o meu, mas tenho certeza de que não foi por acaso. Conheço um médico em uma clínica de fertilidade. Minhas amigas estiveram lá e todas conseguiram engravidar. Suas palavras foram o catalisador para esse grande projeto, mesmo que o caminho, no entanto, estivesse repleto de armadilhas. FIV após FIV, porque eu já havia passado da idade ideal para engravidar, nunca desisti. E Patrícia estava certa: aos 44 anos, engravidei.

Hoje, sou a feliz mãe de uma garotinha brasileira, Iris, que alegra a vida do meu marido e a minha própria.

Foi durante uma missão profissional no Taiti que sofri um grave acidente, um evento que me marcou para sempre. Tudo aconteceu durante um passeio de bicicleta elétrica nas montanhas de Teahupoo, a três horas de Papeete. Estávamos em um grupo, sob uma chuva torrencial. Uma curva acentuada, controle de velocidade ruim, freios defeituosos... e uma queda. Minha cabeça bateu com força em uma pedra, e o ferimento que sofri na cabeça foi muito sério. Na hora, achei que era apenas minha clavícula que estava quebrada. Mas, na verdade, meu crânio havia sido seriamente danificado. Algumas horas depois, um neurocirurgião, que percebeu imediatamente a gravidade da minha situação, realizou uma cirurgia de emergência. Ele literalmente salvou minha vida.

As horas que se seguiram à operação foram extremamente difíceis. Salva, mas terrivelmente diminuída, eu não conseguia comer — minha mandíbula estava fraturada — nem conseguia me movimentar. Imagine-se do outro lado do mundo, no Taiti, em um estado crítico, sem forças, sozinha e longe de sua família. Acho que cheguei às profundezas do desespero naquele momento e até falei ao meu marido, que foi imediatamente avisado, que não viesse me acompanhar. Mas ele não respeitou minha vontade, largou tudo em São Paulo e achou no mesmo dia um avião para se juntar a mim no outro lado do mundo durante quase duas semanas.

Foi durante essa experiência avassaladora que tive um suporte comovente da Teanatea, uma amiga taitiana. Todos os dias, ela ia ao hospital com pequenos pedaços de melancia, o único alimento que eu conseguia engolir devido a meu estado. Pode não parecer muito, mas para mim foi imenso.

A gentileza e a atenção das mulheres taitianas me tocaram profundamente. Tea, juntamente com as enfermeiras do hospital em Papeete, me cercaram de cuidado até que eu finalmente pudesse fazer a longa viagem de volta a São Paulo, onde minha família estava me esperando.

Hoje, posso parecer ilesa para quem não conhecesse os detalhes do meu acidente, mas as sequelas invisíveis me deram muito trabalho depois. O choque pós-traumático, a depressão e a dolorosa percepção de que eu nunca mais voltaria ao estado em que estava antes levaram anos de luta para serem superados. Foi, sem dúvida, uma das provações psicológicas mais significativas de minha vida. Hoje, essa experiência se transformou em uma força interior, uma vitória sobre mim mesma, o que foi possível em grande parte graças ao meu marido, que teve a paciência e a coragem de me acompanhar durante as consequências desse acidente.

No final, o que tirei dessas experiências e o que aprendi foi, sem dúvida, uma maior empatia para com os outros. Percebi que nunca se deve julgar alguém sem conhecer sua história, seu sofrimento, seu trauma e as provações pelas quais passou. Essa atitude é ainda mais essencial no campo em que trabalho: viagens. É um setor que oferece a oportunidade de entrar em contato com uma grande variedade de pessoas, cada uma com suas próprias experiências únicas.

Após sete anos de experiência profissional, na minha própria empresa decidi voltar ao meu primeiro amor. Assim, aproveitei a oportunidade de trabalhar novamente para o turismo francês em São Paulo. Com uma vasta experiência e uma sólida rede de contatos, coloquei minhas habilidades em prática no desenvolvimento de projetos inovadores para promover a França como diretora da agência de desenvolvimento turístico Atout France.

O projeto de France Excellence América Latina ocupa assim um lugar especial em minha carreira. Esse evento único, dedicado ao luxo francês, incluído nas viagens, combina *networking* e narração de histórias, com uma abordagem inovadora que destaca o aspecto cultural do *know-how* francês. Consegui criar sinergias entre mulheres excepcionais: especialistas em *branding*, especialistas em hospitalidade, escritoras, líderes em sustentabilidade, bem como porta-vozes de prestigiadas casas de moda francesas. Em 2025, a quinta edição parece promissora e será realizada como parte do Ano França-Brasil. Essa oportunidade excepcional mostrará o diálogo e as fontes de inspiração que alimentam as trocas entre nossos dois países no mundo do luxo. E, sempre procurando novas fontes inspiradoras, já estou trabalhando em outros projetos inovadores combinando minhas paixões para as viagens, a gastronomia e os vinhos. E fico me lembrando todo dia que sou também uma mulher da Amazônia, que não pode descartar projetos para sua terra.

CAROLYN ONG

linkedin.com/in/carolyn-ong-3a284812
@carolyn0111
carolynosy@hotmail.com

Uma jornada na gestão de eventos globais

A ideia de "estar no lugar certo, na hora certa" soa como um grande clichê, mas ao refletir sobre minha trajetória ao longo das últimas duas décadas, percebo que isso nunca foi realmente um "clichê". Na verdade, foi a crença consistente e a autossuperação em relação ao que eu queria alcançar, compartilhar e inspirar em outras pessoas com ambições semelhantes.

Como todas as jornadas, sempre há um começo... O que parecia ser uma incrível oportunidade de estágio em Pequim, na China, em 2006, transformou-se em minha carreira após a graduação, e ainda prospero nela até hoje.

Comecei como gerente de eventos, especializada em gestão de hospitalidade, durante meu estágio em Pequim, em uma empresa local conhecida por ativações de grandes eventos, lançamentos de produtos e relações públicas. Com minha fluência em inglês e mandarim, uma das minhas principais tarefas era ser a ligação com uma empresa americana que estava trabalhando com diferentes patrocinadores de grandes eventos esportivos. Eles precisavam da empresa chinesa onde eu trabalhava como parceira estratégica para executar os Jogos Olímpicos e Paralímpicos de Pequim 2008. A parceria não prosseguiu como planejado, nem resultou em negócios relacionados aos Jogos. No final de novembro de 2007, decidi deixar a empresa chinesa. Ao saber dessa informação, a empresa americana me "resgatou" e fui contratada como gerente de operações para ajudar a criar estratégias em diferentes aspectos da recepção de seus convidados internacionais localmente, um desafio, já que eles não estavam familiarizados com as nuances do ambiente chinês. Naquela época, a China ainda era um mistério para o resto do mundo, então tive o trabalho divertido de descobrir que tipo de comida e atividades chinesas seriam atraentes para o público global! Isso proporcionou oportunidades de exploração, incluindo diferentes trechos da Grande Muralha da China, várias atrações de Pequim, e a degustação de pratos em restaurantes culturais e fascinantes. O objetivo era usar essas descobertas para criar roteiros e experiências localizadas para os programas de hospitalidade de nossos clientes.

Parece um trabalho incrível, não é? Se você já sentiu um "frio na barriga" e sempre pensou em querer lidar diretamente com clientes em uma indústria de serviços, continue lendo!

Essa era apenas a parte "divertida" do meu trabalho! Basicamente, para executar programas de hospitalidade, um dos nossos maiores desafios era o recrutamento de pessoal. Para os Jogos de Pequim 2008, precisávamos recrutar motoristas locais e equipe para trabalhar em nossos programas. Por exemplo, VIPs geralmente estão acostumados a ter um veículo privado à disposição, em vez de transporte em grupo em veículos maiores. No entanto, devido à falta de recursos, tivemos que recorrer a um grupo de motoristas de táxi locais para atender nossos convidados. Antes das Olimpíadas de Pequim 2008, o nível de serviço dos motoristas não atendia aos padrões internacionais. Embora os motoristas de táxi conhecessem a cidade como a palma de suas mãos, suas habilidades de direção para conforto dos convidados eram abaixo da média; além disso, higiene pessoal e comportamento estavam longe dos requisitos de um programa de hospitalidade de classe mundial. Essa era a realidade do mercado, e tivemos que tirar o melhor proveito dela. O resultado foi um treinamento intensivo de seis semanas para nossos motoristas recrutados. Eles receberam uniformes que os fizeram parecer elegantes; foram implementadas regras de não fumar nos veículos e de não cuspir pelas janelas enquanto estivessem trabalhando! Você poderia dizer "velhos hábitos são difíceis de mudar", mas nós "eliminamos" os maus hábitos com muito treinamento, lembretes e tratando os motoristas com gentileza e respeito. Isso foi importante e algo que a cultura chinesa realmente valoriza. Embora o processo tenha sido definitivamente desafiador, aos poucos vimos a mudança, e eles se divertiram muito trabalhando conosco. No final, esse grupo local de motoristas de táxi teve um impacto muito melhor nos programas, em comparação com o grupo de motoristas profissionais que também contratamos.

Enquanto devo dizer que o recrutamento em eventos e jogos posteriores em que estive envolvida trouxe seus próprios desafios, minha primeira experiência de recrutamento em um evento tão grandioso na China foi uma verdadeira revelação. Na época, a China ainda estava nos estágios iniciais de se abrir para o mundo e não estava acostumada a receber grandes quantidades de pessoas de outros países por longos períodos. O pessoal que recrutamos era, em geral, jovem, mas tímido e apreensivo com tudo. Multitarefa, uma habilidade essencial em eventos dinâmicos, não era uma prática comum na força de trabalho local. Isso levou alguns dos meus colegas americanos a se sentirem frustrados e a adotarem uma abordagem mais dura ao lidar com a equipe. Essa postura acabou gerando uma espécie de "tentativa de golpe", em que todos os funcionários locais decidiram não ir trabalhar no dia seguinte! Isso teria sido um problema sufocante, já que não há tempo de inatividade quando se está executando eventos dessa magnitude. A necessidade de pensar rápido e reagir a qualquer tipo de problema é absolutamente essencial. Nesse caso, tanto meu chefe quanto eu conversamos imediatamente com alguns dos funcionários para entender o que estava acontecendo e qual era o problema, trabalhando para encontrar uma solução o mais rápido possível. A tentativa de golpe foi finalmente resolvida, e foi interessante perceber como, ao dedicar um tempo para ouvir a equipe, conseguimos empatizar com os problemas que enfrentavam e fazê-los se sentir melhor. Além disso, para ajudar a restaurar o moral e a motivação do time, decidimos organizar uma atividade de integração baseada em karaokê, com o objetivo de reunir todos. Escolhemos o karaokê porque é um passatempo extremamente popular entre os jovens. Naquela noite, conseguimos entusiasmar e motivar a equipe novamente, fazendo com que estivessem dispostos a voltar ao trabalho no dia seguinte. Com nossa reação rápida para resolver o problema, a equipe local se sentiu valorizada e voltou a acreditar em nós.

Esse pequeno incidente, que poderia ter tido consequências desastrosas, me ensinou uma lição muito valiosa, que mantenho como mantra até hoje: trate os outros como gostaria de ser tratado e sempre procure entender a cultura local. Ninguém é melhor do que ninguém, então nunca subestime ninguém e, sempre que possível, faça um esforço extra para ser gentil, pois bondade gera bondade.

Retribuindo! Nunca é cedo ou tarde demais para entender retroativamente como as coisas evoluíram e por que fazemos o que fazemos, de uma forma ou de outra!

Algo que sempre despertou minha curiosidade foi o fato de minha empresa ter me oferecido um emprego em Pequim sem uma entrevista. Um dia, quando tive a chance de perguntar isso à minha ex-chefe, ela me contou que foi por causa de um gesto simples durante um jantar que eu planejei e organizei enquanto ainda trabalhava para a empresa chinesa em 2008. Sentada na diagonal em uma mesa de 12 pessoas, notei que ela não tocava na comida, apenas a empurrava no prato. Ao verificar com ela (ela não come carne) e procurar imediatamente uma solução (consultando o *chef* da cozinha), consegui que ela desfrutasse de um simples, mas delicioso, prato de brócolis refogado com arroz frito com ovos. Minha curiosidade me fez perguntar sobre isso, e ela finalmente me contou que sua razão para evitar carne era devido a notícias na mídia global sobre como donos de restaurantes “inescrupulosos” na China substituíam carnes por outros tipos de carne (como carne de rato)! Quem diria que minha ação aparentemente insignificante naquele dia abriria caminho para o início da minha aventura! Ter um olhar atento, ser curioso e dar atenção aos pequenos detalhes faz toda a diferença no mundo da gestão de hospitalidade!

Depois de Pequim, precisei retornar para Vancouver, no Canadá, para concluir meu último semestre na faculdade. Formar-me na primavera de 2009 trouxe outra oportunidade perfeita. Com os Jogos Olímpicos e Paralímpicos de Inverno de Vancouver 2010 se aproximando, fui oferecida a um cargo semelhante de gerente de operações na mesma empresa, com a qual mantive contato. Antes mesmo de completar o contrato de Vancouver 2010, fui informada de que ele seria estendido para que eu pudesse trabalhar na Copa do Mundo da FIFA 2010, na África do Sul. Com múltiplos sucessos em jogos e grandes eventos, a empresa decidiu me transferir para Londres para trabalhar nos Jogos de Londres 2012.

Às vezes, no curso da vida, fazer uma pausa pode ajudar a criar novos caminhos, seja para a carreira ou como parte das experiências de vida. Meu envolvimento nos Jogos Olímpicos seguintes e em grandes eventos foi possível ao demonstrar crescimento e confiabilidade, além de manter uma boa rede de contatos com aqueles com quem trabalhei e que testemunharam meu desempenho em ação. Retribuir gera maravilhas!

A vida nem sempre é um mar de rosas! Gostaria de compartilhar que, embora pareça tudo positivo e em constante progresso, houve momentos que poderiam facilmente ter me feito desistir!

Durante os Jogos de Londres 2012, decidi assumir um papel diferente, mas ainda dentro do contexto dos Jogos Olímpicos e Paralímpicos. Em vez de trabalhar em operações gerais para dar suporte a diversos programas da empresa, entrei na área de Gestão de Contas. Esse cargo me proporcionou a oportunidade de gerenciar orçamentos, transporte, sistemas de gerenciamento de hóspedes e ingressos para um patrocinador estreante com um programa de hospitalidade de grande porte. Trabalhar com contas de clientes me permitiu explorar outro aspecto do meu crescimento pessoal e profissional, que eu sabia ser importante, mas desafiador. O desafio veio de trabalhar com alguém que tinha mais experiência e uma personalidade muito diferente, além de uma abordagem distinta à gestão de eventos. Essas diferenças resultaram em momentos tensos, insatisfação e situações difíceis que surgiam dentro da equipe.

Uma lição importante que tirei dos Jogos de Londres 2012 foi que, como gestores de eventos, precisamos lembrar da importância — e da fragilidade — das relações humanas. Empatia, demonstrações ocasionais de apreço e comunicação são fundamentais para o sucesso do nosso trabalho. Isso é especialmente verdadeiro em programas longos, como os Jogos Olímpicos e Paralímpicos ou as Copas do Mundo da FIFA, onde trabalhamos no local por trinta dias ou mais. As horas são longas, e a exigência física pode ser desgastante. Sem paixão pelo que é necessário fazer, é fácil começar a enfrentar desistências, funcionários descontentes ou colegas infelizes. Isso, por sua vez, pode levar a hóspedes insatisfeitos e clientes frustrados.

Foi algo que aprendi durante essa etapa, e, embora tenha sido difícil, minha mentalidade de "nunca desistir" ajudou a pavimentar o caminho para o crescimento da minha confiança e a construção da minha credibilidade.

Nos eventos seguintes — desde Sochi até o Rio, retornando a Pequim e depois para Tóquio, seguido por Paris — minhas responsabilidades evoluíram e aumentaram, assim como a necessidade de gerenciar e supervisionar equipes, orientar colegas e integrar novos membros. Com o mundo avançando, também cresce a necessidade de nos atualizarmos continuamente em áreas como sustentabilidade, diversidade e inclusão, tanto no recrutamento quanto no trabalho em equipe. Sempre que possível, incentivamos clientes, interna e externamente, a contratar pessoas com necessidades especiais. Contudo, isso pode ser desafiador e difícil de convencer o cliente a adotar. Por exemplo, ao sugerir um funcionário autista na equipe, o cliente pode temer que isso afete a experiência dos hóspedes. Entretanto, em um ambiente controlado e em programas menores, isso pode funcionar com um pouco mais de supervisão da nossa parte.

Sempre haverá obstáculos no que fazemos, especialmente em eventos esportivos dinâmicos e de grande escala, onde qualquer tipo de problema pode surgir, sem contar os desafios culturais e nuances específicas das cidades anfitriãs.

Confesso que, em alguns momentos, questionei a mim mesma e até pensei em mudar de carreira. As responsabilidades em constante evolução e a mudança frequente entre cidades geravam tanto o desejo de explorar mais quanto a vontade de tirar longas pausas. No entanto, minha perseverança e a crença no que eu queria alcançar — orientar e compartilhar com pessoas que têm ambições semelhantes — foram o objetivo principal desta história.

CATHERINE PETIT

linkedin.com/in/catherine-petit-14b228
@catherinepetit2012

Cidadã do mundo

No mês passado dei uma entrevista para a revista Versatille e o artigo saiu com o título "Tripla Nacionalidade", um relato da minha vida no Brasil e os aprendizados no decorrer desses 20 anos de vivência neste país que se tornou meu país de coração. Vou tentar contar como cheguei aqui e como minhas experiências internacionais me levaram aonde estou hoje.

De Toulouse para o mundo!

Nasci no Sudoeste da França, de um pai francês e uma mãe inglesa, e embora tenha feito toda minha escolaridade na França, cresci já com esse "toque" internacional. Falávamos inglês em casa, eu ia muito para a Inglaterra na casa dos meus avós ou em *summer camps*, gostava demais de aprender idiomas e sempre me interessei por viagens internacionais.

Aos 20 anos fui para Paris para estudar numa *Business School* renomada e depois de me formar entrei na Arthur Andersen, na época uma das *Big Five* que mandavam no mundo. Comecei em Paris com algumas missões na França e no segundo ano apareceu uma missão em Casablanca, Marrocos, era um projeto de um ano para três consultores do escritório francês que iriam se juntar ao time de Casablanca. Uma oportunidade única para mim, finalmente ia poder começar a conhecer o mundo. Foi um ano maravilhoso em Marrocos: o projeto era extremamente inovador e desafiador e eu tive a oportunidade de descobrir um país lindo, um povo muito simpático e uma cultura totalmente diferente. Conheci mais da religião muçulmana, cheguei a acompanhar o Ramadan e a ser convidada em algumas festas, e ver a vida difícil das mulheres marroquinas numa sociedade bem machista.

Quando voltei para Paris, não demorei para perceber que a França não era para mim, queria conhecer outros países, culturas etc. Depois de dois anos em Londres, pedi de novo para me mudar, mas desta vez para o escritório de Buenos Aires, porque meu namorado da época jogava rugbi num clube francês e foi convidado a passar uma temporada na Argentina, só que a temporada se transformou em emprego fixo e optei então em tentar minha chance lá também.

Foi assim que cheguei na América Latina e foi o começo dessa grande história de amor com este continente encantador. Depois de um ano em Buenos Aires, recebi uma oferta para trabalhar como Controladora na Região América Latina da seguradora AGF-Allianz, baseada em São Paulo. Como não falava português ainda, fui encarregada de Colômbia e Venezuela. Sem filho e com uma fome de descobrir outros países, aproveitei todas minhas viagens para lá para conhecer esses dois países caribenhos, fiz amizades, entendi mais sobre a cultura, a música, a arte e a história desses países... Três anos depois mudei de empresa e entrei em outra Regional "LatAm" que me deu a oportunidade de conhecer Chile, Uruguai e Peru, com o mesmo encanto de poder me enriquecer de novas experiências culturais e abrir cada vez mais minha mente a novas coisas.

Em 2007 se abriram as fronteiras da África para mim com meu primeiro cargo na Moët Hennessy como *business development manager*. Meu trabalho: "Demonstrar para a França que a Nigéria é o país do futuro"; isso foi como nosso presidente me apresentou meu futuro trabalho. Na época, a Nigéria era conhecida pelo seu petróleo e as terríveis guerras de tribos. Mas eu topei... Começaram uma sequência de nove anos com viagens a Nigéria, África do Sul e Dubai. E mais uma vez numerosos contatos com pessoas diversas, culturas e costumes tão diferentes da minha Europa de origem, lugares e formas de viver totalmente novos para mim.

Em 2016 fui convidada a assumir um cargo de negócios como *general manager* para África do Norte, Oeste e Central e Oriente Médio (25 países). Foi o começo da minha ascensão profissional, estava chegando a um cargo de liderança que era um reconhecimento pelo meu trabalho e a minha capacidade de atuar em universos diversos adquirida no decorrer desses anos todos. Mas foi preciso deixar meu Brasil querido após viver aqui por 15 anos. Com coração partido, me "expatriei" para a França, pois foi como chegar num novo país depois de 20 anos fora. Comecei uma bela aventura de quatro anos descobrindo novos países da África, Costa do Marfim, Gana, Camarões, os Congos, Israel, Líbano, Egito... Descobri através de minhas viagens um continente fascinante, movimentado pela energia das pessoas e a transformação que está acontecendo lá. Foram anos de crescimento importante para mim, aprendi a negociar com clientes, conduzir reestruturações estratégicas e me afirmar como líder num entorno bastante masculino. Adorei. Ao mesmo tempo observei com tristeza as dificuldades que estava enfrentando meu país de coração, Brasil: crise econômica, escândalos políticos, crescimento das extremas e mais e mais divisões na sociedade. Estava com muitas saudades da minha vida no Brasil.

E em 2020 veio o convite tão esperado, assumir a direção geral da afiliada do Brasil, junto com a adega Chandon no Sul, meu *dream job*, e voltando para meu querido Brasil! Dessa vez, meu foco profissional era 100% no Brasil. Entendi rapidamente que Brasil era um verdadeiro continente, como a África: cada estado tem sua cultura, suas tradições, sua culinária, seu sotaque. Descobri o Sul, o mundo dos vinhedos, o momento sagrado da vindima, as famílias de pequenos produtores de origem italiana que vieram para o Brasil há um século e mantiveram as tradições de lá. Fui para o Nordeste e senti a diversidade de origens da população, incluindo as africanas. Conheci Brasília, Curitiba, Florianópolis, Amazônia... Estou há cinco anos nessa cadeira e todo dia descubro algo diferente, aprendo coisas novas, faço novos encontros e estou amando...

Brasil – aprendizados pessoais e profissionais

Eu sei que hoje sou uma pessoa diferente de quem eu era quando comecei a querer conhecer o mundo. Nunca imaginei que seriam 20 anos de Brasil quando pisei na Argentina no ano 2000. O Brasil me mudou, me fez crescer, enxergar as coisas de uma forma diferente, me equiparou para essa carreira internacional e essa capacidade de "dar as caras" sem ter medo.

Minha chegada ao Brasil em 2001 foi pela estrada, de carro, com as três malas que tínhamos, eu e meu namorado. Decidimos ir de carro, passando por Misiones, Iguaçu e depois a costa até São Paulo. Essa cidade gigante que eu nem sabia colocar num mapa antes de chegar à América Latina, que me deixou apavorada no começo, com as histórias de violência, o idioma que eu não conhecia. Chegamos a um flat na Avenida Paulista e a minha empresa nos recomendou o "toque de recolher" à noite, por causa da violência. Fiquei desesperada, querendo voltar para a doce Buenos Aires... No primeiro sábado pedimos para um motorista de táxi nos levar para um lugar "legal"; ele olhou para nós com cara de "não sei o que pode ser legal para esses gringos" e nos levou até a Vila Madalena. No momento de sair do carro caiu uma chuva dessas de verão e corremos para o primeiro barzinho que encontramos, para nos abrigar. Era um bar de pagode (lotado), e quando entramos todos olharam para nós e começaram a rir. Fomos sentados e nos serviram caipirinha, e aí recomeçaram a tocar. Foram várias caipirinhas e muita música, e naquele dia soube que ia me apaixonar por este país. Acabamos morando nesse bairro por vários anos.

A falta de conhecimento do português foi um desafio a princípio, tentava falar em espanhol, mas as pessoas achavam que eu era argentina e os sorrisos diminuíam, logo dizia que era francesa e, aí, tudo bem. Mas, entendi que deveria aprender rapidamente. Casei-me, engravidei, tive meu filho e me divorciei, foram vários episódios que me fizeram aprender mais o idioma e o modo de vida brasileiro. O amor dos brasileiros pelas crianças e o respeito pelas mães, o acolhimento de todos e o otimismo que me fizeram sobrepassar os desafios da minha vida pessoal, mãe divorciada com carreira e sem família para ajudar. A gentileza dos brasileiros é algo muito conhecido e sentido pelos estrangeiros, em particular nós, franceses, que somos por natureza mais "rabugentos"! E isso ajuda demais no dia a dia a juntar coragem para ir em frente.

Profissionalmente também aprendi muito com o Brasil. As interações são mais suaves que lá fora e as relações conflituosas não funcionam com os brasileiros. Usar palavras abruptas, gritar, discutir só irá paralisar os times e matar a criatividade. É preciso desenvolver um ambiente de confiança e incentivar o espírito de trabalho em equipe, promover a inclusão e deixar que todos possam se expressar. O brasileiro tem a "síndrome do vira-lata", ele não se vende bem fora e os europeus têm muito preconceito, pensando que as pessoas são folgadas, o estereotipado "samba, praia, caipirinha e futebol". Tem também muito respeito à hierarquia — o que é bom quando você é uma jovem líder! —, mas que também pode atrapalhar no sentido de não haver muita autonomia ou tomada de iniciativa. Outra grande força dos brasileiros é a capacidade de inovar: ao contrário da França, que é um país muito "assistido", o brasileiro cresce entendendo que muita coisa vai depender dele mesmo, daí existe essa grande criatividade que faz com que não desistam diante de obstáculos, até pelo contrário, são muito mais conquistadores.

O Brasil é uma sociedade extremamente patriarcal, e embora as coisas tenham mudado ultimamente, graças aos movimentos de mulheres querendo ter o espaço delas no mundo profissional, tem ainda muita coisa para fazer. É preciso de mais exemplos, mulheres contando suas histórias de sucesso para poder inspirar outras, mas também para mudar a cabeça dos homens e fazê-los enxergar a riqueza de trabalhar com diversidade. Isso vale também para a diversidade de raças, origem social, orientação sexual etc. Ou seja, as coisas estão evoluindo, mas o caminho a percorrer é ainda muito longo.

Dicas

Para quem quiser conhecer o mundo, viver em outro país ou tentar uma experiência no próprio Brasil, eu diria que, antes de tudo, é importante deixar sua bagagem cultural em casa. Venha aberta a descobrir e entender novas culturas, formas de pensar, apreender a viver de forma diferente. Identificar suas diferenças vai lhe ajudar a entender e se comunicar, mesmo com pouco domínio da língua. Aceitar que não é tudo igual, que existem outras formas de atuar — que também estão certas — é o maior passo que você pode dar para se integrar e ser aceita num país estrangeiro. Não significa que deve mudar totalmente quem você é, mas receber outras influências é extremamente enriquecedor, nos ajuda a abrir os olhos e ver as coisas de forma diferente do que nós aprendemos. Eu sou uma fervorosa defensora da diversidade em todas as suas formas, ela ajuda a inovar e a buscar sempre soluções melhores para todos e, sobretudo, cria um mundo mais inclusivo onde todos podem encontrar seu lugar e se desenvolver. Assim também você vai perder o medo do desconhecido e vai querer sempre descobrir mais. A vida é muito curta e vale a pena abraçá-la da forma mais intensa possível!

CERES VITTORI

ceresvittori@gmail.com

Taurina de palco: pegadas de arte, disciplina e inspiração

Tentando aqui refazer as pegadas da minha trajetória, uma mulher me vem imediatamente à lembrança: Yeda Marques e a escola de balé Adanac. Uma mulher que me abriu caminho para as Artes Cênicas em Sampa e me trouxe de volta para os braços do grupo Delta de teatro. Comecei a dançar que com ela e lá aprendi a criar, a ter disciplina e a conhecer meu corpo, minha força e meus medos. Saí de lá direto para a capital, fazer teatro de gente grande, profissional. Carteira assinada, fiz musicais, dei aulas, conheci gente que me aquece o coração até hoje. Eu, que até então só havia morado "pra trás da porteira", em Londrina, comecei minha carreira de bailarina e atriz em SP, 1982, com um renomado musical internacional chamado *Aí Vem o Dilúvio*. Muita pirueta rolou, prêmios, escola de Samba, e toda a loucura dos anos 80 passaram na minha vida. Trabalhei no grupo Ponkã, onde fiz "*Quioguém*", que são peças da comédia japonesa, sob a direção de Isa Kopelman. Fui coreógrafa e preparadora corporal de grandes nomes como Bibi Ferreira, Wladimir Capella, Ulysses Cruz e atores como Alexandre Borges, José Mayer e Juca de Oliveira. Fui professora na escola de teatro Macunaíma, do saudoso Nissim Castel e outras aventuras. Mas decidi que queria terminar o curso de Psicologia, abandonado quando ganhei uma bolsa de estudos em balé clássico com Ismael Guiser, e assim derivei meu caminho.

De volta a Londrina, voltei também ao Adanac, que sempre foi minha casa e lá fui trabalhar. Encontrei a escola lotada de gente de teatro e música, e aí conheci José Antonio Teodoro, diretor do grupo Delta de teatro, que nessa época ensaiava *Gota D'água*, ali no Adanac. Logo comecei a fazer parte do trabalho com o grupo e além da participação como bailarina, auxiliei na montagem da coreografia e fiz uma personagem da peça. Minha carreira que começou como profissional, inverteu-se. Fui fazer teatro amador, mas não menos profissional em seus estudos, ensaios e pesquisas. Só não tínhamos salário...

O Teo, como era conhecido nosso diretor, levou *Gota D'água* para os palcos e já começou a pensar em outra montagem, enquanto a gente também levava nosso trabalho para os bares, e, entre outros *pockets*, fazendo um tributo a James Dean, e eu fazendo Marilyn Monroe. O dia que o Teo me viu caracterizada achei que ele ia pirar. Ou chorar. Como se ele tivesse sido abduzido em uma volta no tempo. Ficou parado, incrédulo, sem saber se sonhava ou se estragava o sonho, encostando a mão na peruca que eu usava só para ver se era verdade. Ele era assim, acreditava na fantasia, vivia o teatro como um mundo real. Fazia teatro como professor de história e suas aulas eram mágicas, cenas da vida real contadas por um criador de sonhos. Um homem culto, inteligente, meticuloso, que largou a faculdade de Medicina e foi fazer anatomia da vida.

O Delta começou com uma montagem de *Os Filhos de Kennedy*, (1978), de Robert Patrick, depois vieram *O Interrogatório*, de Peter Weiss (1979), *O Milagre de Anne Sullivan*, de William Gibson (1980), *Papa Highirte*, de Oduvaldo Vianna Filho (1981), *O Santo Inquérito*, de Dias Gomes (1982), *A Resistência*, de Maria Adelaide Amaral (1983), *Gota D´água*, de Paulo Pontes e Chico Buarque (1984), *Hello Boy*, de Roberto Gil Camargo (1984), e *Toda Nudez Será Castigada*, de Nelson Rodrigues (1984). Mas foi com *Toda Nudez Será Castigada* que o grupo atingiu o seu auge e representou o Brasil nos principais festivais internacionais em 1986/7, entre eles: Royal Shakespeare Festival — Nova York, FITEI — Portugal, Festival Ibero-americano de Cádiz — Espanha e FILO — Londrina. Foram mais de 100 apresentações incluindo temporadas em Londrina, São Paulo, Rio de Janeiro, além de representar o Brasil no Festival Latino de Nova York em agosto de 1986, no qual o Delta teve *"sold out"* em todas as apresentações, sendo assistido por um público total de 2.500 pessoas.

No final de uma das apresentações o Delta recebeu nos camarins o produtor Joseph Papp que, emocionado, queria cumprimentar o diretor e os atores. Papp foi o produtor de musicais clássicos da Broadway como *Hair* e *Chorus Line*, e naquele ano estava produzindo a peça *Cuba* protagonizada por Robert de Niro. Sobre a experiência da temporada americana Teodoro disse à Folha de Londrina: "Sinto que a grande lição que esta excursão trouxe para todos nós reside no fato de fazermos teatro com poucos recursos econômicos, suprindo as dificuldades financeiras com criatividade. As cenas simples eram aplaudidas em plena peça." E, de fato, o Delta obteve sucesso de público e crítica, com matérias elogiosas no The New York Post e Daily Mirror. Nessa montagem antológica do texto clássico de Nelson Rodrigues, Teodoro inscreveu Londrina no eixo teatral da melhor qualidade no Brasil e internacionalmente. Com ele acumulei os prêmios como atriz e/ou coreógrafa: Mambembe, APCA e Apetesp.

Em uma noite de comemoração, o Teodoro que nunca bebia, tomou um drink e, meio alto, me confessou que só montou a *Nudez* quando eu entrei no grupo porque sempre esperou por alguém que caracterizasse, para ele, a Geni, personagem principal da obra de Nelson Rodrigues. Rimos muito e ele ainda falava, brincando: roubei você da Yeda! Esse era o Teo, sutil, mas pleno de certeza daquilo que queria. Um visionário que arrancava todos os nossos esforços e emoções com delicadeza, nos fazia vomitar a alma com a certeza de que era nossa ideia, e não dele. Doce ilusão a nossa. E a gente amava toda essa vida e energia.

Foi também seu último trabalho

Parece que nada do que eu escrevo sobre o Teo depois desta frase faz sentido, nem o ponto final coube lá. Ele faleceu precocemente em 4 de agosto de 1987, no começo de uma carreira teatral marcante, aos 34 anos. O vazio que seu desaparecimento deixou não é esquecido até hoje e partiu depois de ter conquistado para Londrina um lugar no teatro brasileiro e formado vários artistas que, como eu, povoam os palcos da cidade e do país. O buraco aberto pela sua falta só fez virar forças para seguir em frente e com aqueles que restaram no Delta, encenar *Erêndira*, de Gabriel Garcia Márquez, sob direção do grande amigo do Teo, Ulysses Cruz.

Caminhos abertos de volta a São Paulo, fui trabalhar com Rainer e Klauss Vianna. Juntamente com o senso estético e ético conquistado com o Teodoro, os Vianna me proporcionaram um conhecimento do movimento consciente que trago até hoje e que reverbera em trabalhos de estudantes que viveram projetos de Artes Cênicas comigo e seguiram seu caminho, mas carregaram parte do legado que eu também recebi. Assim, vamos distribuindo pedras preciosas, carregando o nome desses descobridores da cena e do trabalho de atores. E estamos em Londrina mais uma vez, depois de alguns anos em São Paulo com *Erêndira*.

E agora, com uma filha linda, minha melhor criação, a Giorgia a quem eu amo infinitamente e por mais seis meses! E de volta ao Adanac ainda mais uma vez. E ainda mais aulas, agora na pós-graduação. E um convite para trabalhar em Curitiba, no novo curso de dança que se instalava por lá. Fui.

Já havia trabalhado com uma mulher batalhadora, que fez parte de *Toda Nudez...*, e para onde também já havia carregado a Leila Garcia, bailarina em *Aí Vem o Dilúvio*. Graças ao Teo, trouxe gente para trabalhar comigo e agora eu era levada pelas mãos da Silvia Monteiro para um novo trabalho em teatro. Assim, mais uma volta de um espiral infinito se deu e foi somado à Confraria Cênica, em Curitiba, sendo dirigida por Lala Schneider em *A Mulher*, além de atuar como diretora de movimento e coreografar *O Sofá* e *O Juca na Caixa*, junto da querida companheira de teatro, Silvia Monteiro. Devo destacar que junto dessas duas mulheres, Curitiba me mostrou um lado pouco conhecido, de gentileza e compartilhamento. Quem conhece a capital do Paraná sabe que sua gente é tida como "enferruscada". Para mim foi pura amizade e profissionalismo que respinga até hoje em convites para cursos em 2025.

Mais uma vez pé vermelho de volta a Londrina. Nomeada professora da Universidade Estadual de Londrina, no Departamento de Música e Teatro, eu já contava com experiência na área de Artes Cênicas e ênfase em formação de atores e performance, atuando principalmente em dramaturgia corporal, formação de atores, interpretação e arte e educação. Comecei quase no início do recém-implementado curso de Artes Cênicas e graças a essa experiência anterior, também desempenhei as funções de coordenadora de colegiado e de estágio em diversas gestões na UEL. Também ministrei classes na área de dramaturgia corporal, trabalhando na linha de pesquisa: práticas interpretativas. Orientei Trabalhos de Conclusão de Curso e estudantes de Iniciação Científica e Artística. E me aposentei. Mas não parei.

Mas não é isso o que importa. O que eu quero falar é do Projeto de Pesquisa: *Resquícios do Corpo Sonoro em Antonin Artaud e Klauss Vianna*, do Programa de Formação Complementar: *Práticas de Encenação*, do Núcleo de pesquisa Klauss Vianna e também do Grupo de Pesquisa do CNPQ: *O corpo pós-moderno: aplicações extra-cotidianas*. Esses projetos oportunizaram meu trabalho como pesquisadora, diretora e, principalmente, como mentora de queridas amigas que hoje seguem o caminho no rumo da dança e do teatro. O compartilhamento desses processos com estudantes foi para além dos estudos teórico-práticos em sala de aula. Se transformaram em carreiras sólidas, em busca de novos aprendizados, em cafés e refeições degustadas enquanto muito trabalho rolava. Aquele senso estético e ético vivenciado com o Teo, a criatividade que brotava da falta de estrutura financeira do grupo Delta, a dedicação dos amadores do teatro e toda a disciplina da Yeda me acompanharam, e me amparam enquanto construo meu caminho e seguem com minhas alunas, hoje profissionais dedicadas e reconhecidas.

Eu não tive só uma filha, tenho muitas espalhadas pelo mundo e hoje elas me convidam para visitá-las para um café, para fazer parte de uma banca de doutorado, montar uma cena ou ministrar uma oficina. Por isso não parei. Meu caminho segue pelas mãos delas e, certamente, pelas mãos dos próximos que virão. Quando a gente divide, a gente não perde, a gente soma, compartilha, avança no espiral infinito. O trabalho visceral que o Teodoro, com delicadeza arrancava de nossas interpretações me seguiu, me inspirou e me fez quem eu sou. Uma taurina, que grita 7, 8!

Meu bordão jamais esquecido pelos que comigo estiveram e que ecoam em suas salas de trabalho e na vida. Tenho orgulho da minha trajetória, do respeito pelos que vieram antes de mim e a certeza de que minhas pegadas seguirão firmes mesmo quando eu me for.

"*Caminhante, não há caminho, o caminho se faz ao caminhar.*" (Antonio Machado).

CHRISTINE R. GOULD

linkedin.com/in/christinergould

Como a tecnologia abre caminhos para sistemas alimentares melhores, mais sustentáveis e "multiespectrais"

A agricultura está no centro dos desafios mais urgentes da humanidade — alimentar uma população em crescimento, combater as mudanças climáticas e garantir um crescimento equitativo. As soluções exigem mais do que avanços tecnológicos; demandam uma nova maneira de pensar. Surge, então, o conceito de "pensamento multiespectral": uma abordagem que desenvolvi ao longo de minha carreira em sistemas alimentares, que abraça a complexidade, conecta ideias aparentemente distintas e reconhece que as melhores soluções frequentemente surgem nas interseções de disciplinas, culturas e perspectivas. Este artigo explora como a tecnologia possibilita soluções multiespectrais para a alimentação e a agricultura, como empodera mulheres e vozes sub-representadas, e por que fomentar a colaboração entre fronteiras e setores é essencial para criar sistemas verdadeiramente regenerativos.

A tecnologia como facilitadora de soluções multiespectrais

A tecnologia nos permite enxergar a agricultura não como um elemento isolado, mas como um sistema com inúmeras dimensões — biológicas, sociais, ambientais e econômicas. Assim como a imagem multiespectral revela detalhes ocultos ao capturar diferentes comprimentos de onda de luz, aplicar uma abordagem aberta e colaborativa ao uso de tecnologias, como a inteligência artificial, revela *insights* e possibilidades ousadas que antes eram invisíveis.

Em 2013, fundei a Thought For Food (TFF), acreditando que as melhores soluções surgem quando diferentes perspectivas e disciplinas convergem. Essa filosofia guiou a criação do TFF Digital Labs, uma plataforma projetada para democratizar o acesso ao conhecimento, ferramentas e redes. A plataforma capacitou mais de 13.000 usuários de 180 países a colaborar e inovar para construir sistemas alimentares melhores. Agricultores conectaram-se a cientistas de dados; empreendedores sociais uniram forças com engenheiros. O resultado? Um ecossistema vibrante onde ideias que poderiam ter permanecido locais ganharam impacto global.

Por exemplo, o TFF Digital Labs forneceu acesso a dados de satélite de código aberto da Agência Espacial Europeia, projetos de *hardware* da Wikifactory e módulos de aprendizagem entre pares, permitindo que os usuários aplicassem o pensamento multiespectral para enfrentar desafios locais. Essa abordagem foi testada e comprovada durante a pandemia de Covid-19. Quando o mundo entrou em *lockdown*, a colaboração na plataforma acelerou. Por meio do TFF Covid Collaboration Collective, os participantes criaram soluções para cadeias de suprimento interrompidas, utilizando *hackathons* virtuais e narrativas para implementar inovações no mundo real.

Mulheres: o espectro ausente nos sistemas regenerativos

Uma omissão evidente na transformação da agricultura tem sido a sub-representação das mulheres. No entanto, pesquisas mostram consistentemente que, quando as mulheres têm acesso igualitário aos recursos, os rendimentos agrícolas aumentam até 30%, e a desnutrição global diminui.

No Thought For Food (TFF), temos defendido as mulheres como impulsionadoras-chave da regeneração. *Startups* como a IZagro, no Brasil, estão fornecendo ferramentas e conhecimento para que agricultoras adotem práticas regenerativas. No México, a Húmica está empoderando mulheres a utilizarem sistemas agroflorestais baseados em biochar para melhorar a saúde do solo e acessar mercados de carbono. Já a Agrosmart, no Brasil, é uma *startup* liderada por mulheres que utiliza dispositivos de IoT e inteligência artificial para ajudar agricultores a gerenciar culturas com precisão. Além de otimizar os rendimentos, a *startup* promove a conservação da água, apoia a adaptação climática e aumenta a transparência nas cadeias de suprimento. Essas iniciativas demonstram que colocar as mulheres no centro não é apenas uma questão de equidade, mas também uma estratégia essencial para alcançar sistemas regenerativos.

As inovadoras com quem tive o prazer de trabalhar e apoiar ao longo dos anos naturalmente incorporam o pensamento multiespectral — equilibram tradição e inovação, promovem a biodiversidade enquanto impulsionam a produtividade, e conectam a sabedoria comunitária à ciência de ponta. Priorizar a liderança feminina desbloqueia um potencial inexplorado tanto para a agricultura quanto para a sociedade como um todo. De fato, elas podem ser vistas como a verdadeira força da regeneração. Por isso, grande parte do trabalho que realizei ao longo dos anos tem sido voltado a amplificar as visões e soluções de empreendedoras. Tenho orgulho de dizer que mais de 80% das equipes que financiamos em todo o mundo foram lideradas por mulheres.

Minha trajetória: a tecnologia como catalisadora de impacto

Refletindo sobre minha própria trajetória, vejo como a tecnologia foi um facilitador profundo para tudo o que conquistei. Meus pais e mentores cresceram em uma época em que a informação estava trancada atrás de *paywalls* e bibliotecas. Hoje, o *smartphone* que eu e meus amigos usamos nos fornece acesso instantâneo a conversas globais, parcerias e recursos.

A tecnologia me permitiu transformar o Thought For Food (TFF) de uma iniciativa local em um movimento global. Ela me possibilita trabalhar com agricultores na África, *startups* no Vale do Silício e formuladores de políticas na Europa — tudo no mesmo dia. Mais importante, mostrou-me o quão poderosa a colaboração pode ser quando alimentada por ferramentas que conectam pessoas através de fronteiras, setores e culturas.

Para as gerações Millennials, Gen Z e Alpha — as mais digitalmente conectadas e socialmente conscientes da história — a tecnologia é um portal para impactos sem precedentes. Esses nativos digitais estão reescrevendo as regras do que é possível, usando o pensamento multiespectral para enfrentar desafios com criatividade e agilidade.

Um chamado à ação: usando a tecnologia para a regeneração

A tecnologia não é uma solução mágica, mas é um poderoso facilitador. Quando usada intencionalmente, nos ajuda a enfrentar os desafios urgentes da agricultura enquanto cria soluções inclusivas e escaláveis. Para construir um futuro onde a agricultura sustente a vida e regenere os ecossistemas, devemos não apenas abraçar a tecnologia, mas utilizá-la por meio da poderosa lente do pensamento multiespectral. Isso significa derrubar barreiras, conectar pontos entre indústrias e disciplinas, e colocar vozes sub-representadas — especialmente as das mulheres — no centro das soluções. Significa alavancar a tecnologia não apenas para eficiência, mas também para equidade, sustentabilidade e resiliência.

Os agricultores, frequentemente ignorados, mas essenciais, carregam o peso do mundo em seus ombros. É hora de amplificar suas vozes, empoderar suas comunidades e construir sistemas que honrem seu trabalho e sabedoria. Vamos criar um futuro onde a agricultura não apenas alimente o planeta, mas também nutra esperança, equidade e prosperidade para as gerações vindouras.

CINIRA AMARAL FERRAZ

ciniraamaralferraz@gmail.com
@ciniraaferraz
linkedin.com/in/ciniraamaralferraz
+55 41 99953-5399

Almas gêmeas: um encontro além do tempo

Muita gente fala, busca e se pergunta se já encontrou ou se encontrará sua "alma gêmea", aquela pessoa com quem possa compartilhar seus sentimentos mais profundos, com interesses, valores e objetivos semelhantes. Com quem possa encontrar confiança, lealdade e apoio nas dificuldades e que possa celebrar nas alegrias.

Como vocês verão, tenho bastante autoridade para falar sobre este tema. Em 30 de julho de 1975 foi uma noite diferente, fazia frio em Londrina, Paraná, e neste ano nevou em Curitiba, algo que nunca tinha acontecido antes. Naquela noite, minha mãe estava em um evento com meu pai, começou a ter contrações e, por sorte, o obstetra dela estava no mesmo evento. Foram à maternidade, onde ela entrou em trabalho de parto.

O obstetra começou a ajudar minha mãe a dar à luz. Saiu um bebê, e depois o médico disse "uau!", pois vinha outro atrás. Não me perguntem como nem por quê, mas ninguém sabia que minha mãe esperava gêmeas. Em 1975 não era possível saber com antecedência, e ela tinha engordado somente oito quilos durante toda a gravidez.

Ninguém sabe qual nasceu primeiro, pois éramos idênticas e o médico não se atentou a isso. E assim crescemos juntas Gisela e eu, brincando, brigando e brincando junto com minha outra irmã Caroline, um ano e sete meses mais velha. Gisela me incentivava a ler, pois ela adorava, e eu a praticar esportes, adorava jogar basquete, vôlei e surfar. Também incentivava minha irmã a sair de sua zona de conforto social, pois ela era muito tímida e eu adorava socializar. As pessoas mudam, agora ela é muito mais desinibida do que eu nas atividades sociais.

Meus pais, amorosos e dedicados, incutiram valores importantes em todas nós: a importância do trabalho duro, de estudar e se preparar profissionalmente, da educação e do respeito, de ser honestas e do senso de excelência. Ainda pequenas, meus pais se divorciaram, e nós fomos morar em Curitiba, enquanto meu pai ficou em Londrina.

Minha mãe foi uma mulher dedicada a nós em corpo e alma. Doce e amorosa, que apesar disso sempre se preocupou em nos educar com disciplina. Devido à mudança de cidade infelizmente tivemos menos convivência com o meu pai. Apesar da distância, ele teve uma grande influência em nossa formação. Ele é médico oftalmologista, minha irmã também é. Minha irmã gêmea é cirurgiã-dentista.

Eu fui a ovelha negra que se dedicou a outra coisa. Estudei Administração de Empresas e fiz uma pós-graduação e um MBA em Marketing e outro em Gestão de Projetos.

Nossa mãe morreu jovem, há mais de vinte anos, foi um golpe muito amargo para todas nós. Cada uma foi afetada de maneira diferente. Ainda sinto falta dela, sinto que em momentos-chave da minha vida, quando tive que tomar decisões importantes, teria sido de grande ajuda poder compartilhar com ela minhas dúvidas, medos e incertezas. Ela sempre tinha um ponto de vista valioso e me dava perspectiva.

A vida nos levou por caminhos diferentes. Desde cedo me dediquei a trabalhar, primeiro na área de turismo e depois em bancos e serviços financeiros, após, fui para consultoria de marketing e vendas. Gisela se dedicou à Odontologia. Nós duas ficamos em Curitiba, enquanto Caroline foi para São Paulo fazer uma carreira brilhante como médica, oftalmologista como meu pai, e com outra especialidade em clínica médica.

Continuei trabalhando, sempre adorei, e chegou um ponto em que a janela de tempo para ser mãe estava se estreitando. Decidi ser mãe, as mulheres sempre pagam um preço em nível profissional. No entanto, foi uma decisão maravilhosa. Esta história não é idêntica ao meu nascimento, mas também foi uma surpresa. No primeiro ultrassom percebemos que no meu útero batiam dois corações, como ela, engordei apenas oito quilos em minha gestação. E, assim, a irmã gêmea teve filhas gêmeas, fechando um círculo maravilhoso.

Coincidentemente, como somos uma família reservada, eu e minha irmã tínhamos uma notícia a dar a todos; porém, ninguém havia falado no assunto. Ambas ficaram grávidas ao mesmo tempo. De repente ela colocou no WhatsApp “estou grávida”, e um mês depois eu informei também. Eu tinha receio, pois gravidez gemelar com 39 anos de idade tinha um risco grande, então só falei quando completei o terceiro mês.

Tive as gêmeas na segunda quinzena de junho de 2015 e ela um menino após 23 dias, foi incrível.

Tenho me esforçado para que cada uma cresça e potencialize sua própria personalidade, explorando suas fortalezas, desenvolvendo a curiosidade e afinidade natural que cada uma tem por diferentes áreas da vida. São dois seres diferentes que também têm uma conexão única, a qual — tenho certeza — nunca perderão.

A vida me ensinou que os planos mudam, os destinos traçados se alteram e as realidades que enfrentamos ao avançar na vida podem ser muito diferentes do que originalmente planejamos. Talvez isso seja o que realmente se chama de “viver”.

Minha realidade mudou depois que nasceram minhas adoráveis gêmeas. Eu me separei, e isso me fez repensar muitas de minhas prioridades, visualizar minha vida de uma perspectiva diferente.

Busquei dar mais sentido ao meu caminho profissional. Queria um sentido de propósito maior. Embora goste de marketing e vendas, queria algo diferente, algo mais transcendente, no qual pudesse deixar uma marca e sentir que estava contribuindo mais para a sociedade e para o meu querido Brasil.

Neste momento da minha vida, aproveitei muito das experiências que obtive na minha trajetória em empresas e em vários grupos profissionais diferentes, todos nutriram meu interesse e preocupação pela sustentabilidade e educação. Também desenvolvi minha própria empresa de educação ambiental com alcance nacional, na qual promovi o "empreendedorismo verde", implementado em escolas públicas, privadas e em algumas regiões precárias, através do plantio de agroflorestas e da meliponicultura. Feliz também em ser conselheira de uma outra ONG em Curitiba que promove arte e cultura, cuja CEO é uma pessoa maravilhosa que começou sua jornada em um cenário extremamente difícil, com apenas 15 anos. Aprendo muito com ela, principalmente a ser resiliente.

Tem sido uma jornada difícil, empreendi caminhos onde tinha claro o destino que queria alcançar, mas encontrava obstáculos no caminho, muitos dos quais diversas vezes não sabia como superar.

No entanto, minha experiência tem sido que sempre quando se tenta evoluir em um projeto e se tem claro o norte que se quer seguir, aparecem pessoas, verdadeiros anjos, principalmente mulheres, no caminho que permitem aprender, crescer, superar os medos e avançar.

Ao longo desta evolução conheci pessoas com almas diáfanas, com um desejo sincero e genuíno de impactar positivamente o ambiente, e de adotar estudantes de escolas ao longo do país de iniciativas de sustentabilidade e empreendedorismo que lhes deem recursos e ao mesmo tempo impactem positivamente o ambiente. As experiências e conversas que tive com elas, muitas vezes entre as fileiras de uma horta, em uma mesa simples durante a preparação de um terreno para plantar, ou instalando colmeias em áreas escolares, encheram minha alma.

Há algum tempo, minha irmã gêmea também se divorciou. Compartilhamos muito a vida toda, mas depois de sua separação nos encontramos muito mais frequentemente, e temos conversas profundas que às vezes vão até de madrugada. Por acaso, eu estava em uma viagem de férias com ela quando me pediram para escrever este artigo. Enfrentamos a separação de maneira diferente em muitos aspectos, nossos respectivos divórcios nos uniram muito mais. Rimos, choramos e viajamos juntas.

Existem almas gêmeas? Penso que sim. Mas não se preocupe se você não nasceu com uma irmã gêmea e não foi trazida ao mundo como uma grande surpresa. Você ainda tem a oportunidade de conhecê-la. Reconheço e adoro a alma gêmea que encontrei em minha irmã, mas também reconheço e valorizo muito as almas gêmeas que encontrei ao longo da minha vida.

Como encontrá-las? Não as procure. Busque avançar, busque desafios, busque novos projetos que encham sua alma. Nesse avanço, quando você perceber, suas almas gêmeas pousarão suavemente em sua mão, como um pássaro ou uma borboleta fazem em um galho.

CINTIA HACHIYA

cintia.hachiya@gmail.com
linkedin.com/in/cintiahachiya

Dona Amélia

"Amélia não tinha a menor vaidade, Amélia que era mulher de verdade."

A música *Ai, Que Saudades da Amélia*, composta por Mário Lago e Ataulfo Alves, tornou-se um símbolo de um "ideal feminino" muito difundido no Brasil na década de 40. Os versos dizem *"Amélia não tinha a menor vaidade, Amélia que era mulher de verdade"*, uma imagem de mulher submissa era celebrada na sua simplicidade e a renúncia de qualquer desejo ou ambição pessoal.

Essa "Amélia" representava o padrão social imposto às mulheres durante grande parte do século XX. Uma mulher conformada com um papel secundário, que se sacrificava em silêncio pela família sem questionar ou ambicionar mais. Uma visão romantizada e, ao mesmo tempo, limitadora, que silenciava a voz, os sonhos e a força de muitas mulheres.

Mas a história da minha mãe, Dona Amélia, reescreve esse conceito. Ela não é uma Amélia nos moldes da música. Minha mãe é um exemplo de força, coragem e independência.

Minha mãe: Dona Amélia.

Minha mãe nasceu em 1947, em uma pequena cidade chamada Iacanga, no interior de São Paulo, filha de imigrantes japoneses. Meus bisavós vieram para o Brasil em busca de oportunidades, enfrentando o desafio da língua e cultura.

As famílias ficaram muito próximas, e como era comum na época arranjaram casamentos dentro da colônia. Meu avô e minha avó, meu tio-avô e minha tia-avó, amigos, parentes.

Filha mais velha, nascida logo depois do pós-guerra, foi obrigatório o registro com um nome brasileiro. Seu nome, tão "brasileiro", talvez tenha sido uma tentativa de inserção, uma forma de adaptação da família ao país.

Minha mãe cresceu cercada pelo cheiro da terra. Ainda bebê, era carregada em um cesto para a plantação. A família foi mudando de cidade, em busca de novas oportunidades. Bauru, em São Paulo, e depois com cinco anos minha mãe foi para Dourados, no Mato Grosso do Sul, onde a família se estabeleceu.

A casa em que foram morar era compartilhada com as famílias dos irmãos dos meus avôs. Três famílias vivendo sob o mesmo teto significava dias sempre movimentados. Avós, pais, tios, irmãos, primos. Era um esforço conjunto que ensinava, desde cedo, o valor da responsabilidade compartilhada. *"A gente foi de Bauru para Dourados. Eu tinha cinco anos. Era uma família relativamente simples, e com nove anos eu já estava trabalhando. Meu pai tinha uma fabriqueta de Guaraná. As crianças ficavam fazendo controle de qualidade. A gente levantava a garrafa, olhava se tinha abelha. Se não tivesse abelha, ia para o outro lado para ser rotulado e colocado no engradado. Eu trabalhava também atrás do balcão na mercearia e arrumava o estoque. Meu pai teve uma loja de secos e molhados, tipo um supermercadinho de interior, sócio com meus outros dois tios. Todo mundo morava junto e trabalhava junto."*

Meu avô, além de agricultor e comerciante, era uma figura central na comunidade nipônica de Dourados, onde a família se estabeleceu. Ele acreditava que era dever de todos devolver à comunidade o acolhimento que receberam, e sempre fez questão de que os filhos aprendessem desde cedo sobre generosidade e gratidão.

Estava sempre envolvido em iniciativas que conectavam os imigrantes e preservavam suas tradições. Foi treinador do time de *yakyū* (baseball) e organizava atividades na colônia. Além da família, a casa estava sempre cheia com o time, e minha mãe ajudava a receber e alimentar a todos.

Mesmo com muita simplicidade, meu avô sempre fez questão de que todos tivessem acesso a estudo e cultura.

Ajudou a construir uma escola para a comunidade, mandava trazer o São Paulo Shinbun, jornal com as notícias da colônia, e fez um acordo com o cinema local para exibir filmes japoneses para a comunidade. Ele dava um jeito de trazer filmes do Japão, garantindo que os imigrantes pudessem se reconectar com sua terra natal, mesmo a milhares de quilômetros de distância.

"Era emocionante ver as famílias se reunirem, conversarem e se sentirem um pouco mais perto de casa".

Aos 14 anos, minha mãe deu um passo que marcaria sua vida para sempre. O pai a mandou sozinha para São Paulo, num gesto que simbolizava tanto sacrifício quanto a confiança que tinham nela. Ela foi morar em um pensionato e, com a ajuda de um amigo da família, gerente de banco, conseguiu abrir uma conta, algo raro para menores de idade na época. Essa pequena conquista foi o primeiro passo e aprendizado para a sua independência financeira. Minha mãe aprendeu, na raça, a administrar o dinheiro enviado pelo meu avô. Com um orçamento fixo, ela administrava tudo: mensalidade da escola, transporte, material escolar, alimentação e o aluguel da pensão.

Seus irmãos, crescendo, também foram mandados para São Paulo, e minha mãe assumiu o papel de líder da família: casa, finanças, organizava a rotina de todos e ainda estudava. Equilibrava responsabilidades, cuidava dos outros sem perder o foco dos seus próprios objetivos. Diferentemente da Amélia da canção, que aceitava as condições sem questionar, minha mãe encarava os desafios com planejamento e ação. *"Eu sabia que precisava fazer dar certo. Era minha responsabilidade"*.

Foi em um baile que minha mãe conheceu meu pai. Ele, engenheiro recém-formado pela Politécnica, logo se encantou pela determinação e inteligência dela. Casaram-se e começaram uma vida juntos. Além das responsabilidades típicas de um jovem casal, meus tios mais novos que ainda estudavam foram morar com ela e meu pai após a morte do meu avô.

Poucos anos depois, vieram as filhas. Minha mãe teve nós três em sequência — eu, Adriana e Sílvia.

Eu sempre me lembro da minha mãe correndo. Fazendo tudo caber no dia: levava a gente para a escola, almoçava conosco e voltava ao trabalho. Ainda levava para o pediatra, aula de inglês, reforço ou alguma atividade extracurricular. Ela sempre fazia mais do que o esperado, na sua forma de cuidar. *"Se você tem algo para oferecer, ofereça de coração. Isso sempre volta para você."*

Meu pai, com espírito empreendedor, enfrentava altos e baixos nos negócios, especialmente em tempos de crise econômica. Foi minha mãe, com seu salário fixo como funcionária pública, que deu estabilidade à família nos momentos mais difíceis. *"Nunca dependa de ninguém para sua segurança financeira, nem do seu marido. Tenha sempre um dinheiro guardado para qualquer emergência"*.

Quando a superintendência onde ela trabalhava foi extinta, ela ficou um tempo em casa. A empresa do meu pai estava em momento de alta, e foi a primeira vez que ficou "parada". Durou pouco. Resolveu empreender. Abriu uma pequena revenda de roupas, quebrou.

Depois montou uma copiadora pequena, a Projecópias. Ela mesma atendia no balcão, fazia as cópias, encadernava e, muitas vezes, ia até os escritórios buscar e entregar pedidos.

Não era um trabalho glamouroso, mas ela se divertiu. O dinheiro da copiadora ajudou a sustentar a casa e permitiu que eu e minhas irmãs fizéssemos intercâmbio nos Estados Unidos (Minha mãe confessou, recentemente, que mandar a gente estudar fora foi um dos grandes desafios e medos da sua vida. Ela sabia o quanto era importante, mas teve muito medo de que, em algum momento, a gente decidisse morar fora do Brasil. Pensou em como seria ter a gente longe, e se ela teria condições financeiras de ir nos visitar).

Alguns anos depois, ela foi reintegrada ao funcionalismo público, dessa vez no Hospital das Clínicas. Mas não deixou a sua copiadora. *"Eu voltava do serviço, saía às quatro horas do hospital, saía correndo, feito uma louca. Não tinha esse trânsito de hoje, e então dava tempo, e ficava lá na copiadora até depois do expediente, e ainda fazia apostilas para uma escolinha de inglês, que era a Tiny Tots"*.

Foi essa pequena copiadora que também abriu oportunidades para mim. A minha mãe me apresentou a essa escola, e comecei a dar aulas ainda cursando a faculdade. Lá conheci algumas mães generosas que abriram algumas portas para estágios, entre eles a W/Brasil, o que até hoje é motivo de lembrança e orgulho para ela.

Voltando para o Hospital das Clínicas, ela encontrou um novo propósito. Além do seu *job description* na Ouvidoria do hospital, ela participou de algumas comissões humanitárias, olhando o bem-estar dos pacientes e dos funcionários. Foram anos presentes e atuantes nos grupos de humanização. Dava aulas de yoga voluntariamente para os colegas e até fez parte da brigada de incêndio do hospital.

Durante a pandemia, mesmo sendo grupo de risco, minha mãe encontrou formas de continuar ajudando, mostrando que a idade é apenas um número. Em casa, costurava máscaras para doar aos funcionários e pacientes do hospital. E, ainda em 2020, escolheu voltar para o trabalho presencial no hospital, mesmo não sendo médica ou enfermeira, mas acreditando no seu dever como cidadã e funcionária. Sua capacidade de olhar para o outro, mesmo nas situações mais difíceis, é um grande exemplo e inspiração.

Depois de mais de meio século servindo ao Estado, resolveu se aposentar.

Hoje, aos 77 anos, Dona Amélia continua em movimento. Frequenta o clube todos os dias, pratica ginástica, hidroginástica e yoga. Faz parte de um grupo de voluntárias que costura enxovais para mães carentes e em situação de risco do Hospital das Clínicas e aplica reiki para as amigas que precisam. Parar, para ela, não é uma opção.

Minha mãe nunca foi aquela Amélia. Ela viveu muito além do papel de mulher submissa e resignada que a música de Mário Lago romantiza.

Sua história é uma prova de que ser mulher é encontrar forças na adversidade, é crescer nas dificuldades e, acima de tudo, é ser mais do que o mundo espera de você.

Hoje ela se orgulha das três filhas que formou e das mulheres que inspirou. Publicitária e marketeira, médica e advogada. Três mulheres independentes, parceiras, companheiras, generosas e reconhecidas profissionalmente.

Ela tem também certeza de que as netas, Yasmin e Victoria, serão igualmente mulheres incríveis, assim como o Thomas será um incentivador e apoiador das mulheres.

A minha Amélia tem sim vaidade, faz sim exigências, e sabe o que quer, e nos ensina todos os dias que uma mulher de verdade não precisa se anular. Pelo contrário, ela pode ser tudo.

CLAUDIA FURINI

linkedin.com/in/claudiafurini
claufurini@gmail.com

Poderosa força interior

Amiga, você já se perguntou de onde vem a força que tantas pessoas enxergam em você?

Aquela força que parece inabalável, que inspira, que é motivo de elogios... Mas que, por dentro, às vezes parece tão diferente? Eu já me perguntei isso tantas vezes. Porque, enquanto o mundo vê uma mulher forte, determinada e resiliente, dentro de mim existem cicatrizes que carregam histórias profundas — histórias que me machucaram, que quase me fizeram desistir, mas que, paradoxalmente, também me transformaram na mulher que sou hoje.

Hoje, prestes a completar 50 anos, olho para trás com um misto de orgulho e emoção. Orgulho por ter conquistado algo que, em muitos momentos da minha vida, parecia impossível. Tornar-me esposa, mãe de quatro filhos e, ao mesmo tempo, alcançar uma posição de liderança como CMO — Chief Marketing Officer de uma das maiores instituições financeiras do país foi, sem dúvida, uma conquista imensa. Mas o caminho até aqui não foi linear ou simples. Ele foi marcado por desafios constantes, dores profundas e batalhas internas que, muitas vezes, me fizeram questionar se eu teria forças para seguir em frente.

Minha força não veio de um lugar confortável; ela foi forjada nas minhas maiores dores. Cada momento de dificuldade, cada situação que parecia insuperável, moldou em mim uma capacidade de resistência que eu nem sabia possuir. Essas dores deixaram cicatrizes, marcas que ainda carrego. E, sabe de uma coisa? Hoje, enxergo essas cicatrizes como partes importantes de mim. Elas são mapas de uma escalada árdua, marcas de uma trajetória cheia de altos e baixos, mas também de vitórias, aprendizados e superações.

Minha escalada começou cedo, na infância. Entre os seis e oito anos, vivi algo que nenhuma criança deveria viver. Um abuso de quem deveria cuidar de mim, proteger-me, amar-me. Naquele momento, eu sequer entendia o que havia acontecido. Tudo parecia confuso, como um pesadelo do qual eu não conseguia acordar. Durante muitos anos, guardei esse segredo comigo. Era um peso enorme, um fardo que parecia impossível de carregar. Eu me sentia culpada, envergonhada, e, acima de tudo, sozinha.

O processo de cura foi longo e doloroso. Foi somente na terapia, no apoio incondicional de amigos e no carinho da minha família que comecei a encontrar respostas. Descobri que aquela pequena menina que fui nunca teve culpa de nada. Entender isso, no entanto, foi um caminho cheio de dores e lágrimas. A aceitação veio aos poucos, assim como a compreensão de que essas memórias sempre estariam comigo, mas que eu poderia conviver com elas sem permitir que me definissem.

Essas experiências deixaram marcas profundas em mim. Na adolescência, essa dor começou a transbordar. Eu sentia uma raiva intensa. Qualquer gesto de proximidade de um garoto despertava em mim um turbilhão de emoções: raiva, medo, desconforto. Era como se eu quisesse que todos sentissem a mesma dor que eu carregava em silêncio. Foi nesse período que minha vida tomou outro rumo inesperado: aos 16 anos, descobri que estava grávida. Eu era apenas uma adolescente com sonhos ainda engavetados, cheia de incertezas, e, de repente, estava diante da imensa responsabilidade de cuidar de duas vidas. Sim, amiga, descobri que estava grávida de gêmeos.

Essa foi, talvez, a maior reviravolta da minha vida. A gravidez trouxe julgamentos, olhares de reprovação e comentários maldosos. "Ela será nada nesta vida." "Essa menina está arruinada." Essas palavras doíam profundamente, mas também acenderam algo em mim. Era como se, a cada frase de julgamento, eu ganhasse mais força para provar o contrário.

No início, a solidão era esmagadora. Eu sentia que ninguém acreditava em mim, e, muitas vezes, nem eu mesma acreditava. Mas, então, algo mudou. Ao olhar para os meus meninos, ainda tão pequenos, percebi que eu precisava ser forte por eles. Transformei os julgamentos em motivação, as lágrimas em determinação, e dei início a uma jornada de resiliência que me trouxe até aqui.

Cada pequena vitória foi um combustível para continuar. Havia dias em que o cansaço parecia insuportável, em que a dúvida sobre o futuro me assombrava. Mas, nesses momentos, um sorriso dos meus filhos ou uma pequena conquista na escola me fazia lembrar de que eu estava no caminho certo. Essa força que tantas pessoas enxergam em mim hoje nasceu, na verdade, desses momentos de desespero, quando tudo o que eu tinha era a vontade de continuar.

Ser a mulher, mãe e profissional que sou hoje é motivo de imenso orgulho. Poder compartilhar essa história com você, amiga, sem derramar uma lágrima, é uma vitória que celebro todos os dias. Representa não apenas os desafios que enfrentei, mas também as lições que aprendi. Mais do que isso, representa minha missão de inspirar outras mulheres, de mostrar que é possível transformar dor em força e construir uma vida cheia de significado, mesmo que o caminho seja difícil.

Amiga, quero que você saiba: minha força não veio de um lugar perfeito. Ela foi construída a partir das minhas cicatrizes, das marcas que ainda doem, mas que, hoje, me impulsionam a ir além. Superar completamente? Nunca. As memórias estão vivas, sempre presentes. Mas aprendi que essa dor faz parte de quem eu sou. Ela não me define, mas me dá o impulso para seguir em frente.

Quando olho para trás, vejo que cada degrau dessa montanha foi construído com esforço, determinação e coragem. Cada lágrima derramada, cada momento de dúvida, contribuiu para que eu chegasse até aqui. E, ao alcançar uma posição mais alta nessa montanha, percebo algo ainda mais bonito: o que conquistei não é só meu. Cada passo que dei abriu um caminho para outras mulheres, outras mães, outras amigas.

E você, amiga? Como está enfrentando sua própria escalada? Não importa quantas vezes você tropece ou sinta vontade de desistir. Saiba que a força para se reerguer está dentro de você, esperando para ser descoberta. Tente encontrar, em cada pequeno sorriso ou em cada gesto de carinho, um motivo para continuar. E, quando você alcançar o topo, não se esqueça de olhar para trás — sempre há alguém precisando da sua mão e, é claro, do seu sorriso.

Com carinho e um grande sorriso,

Claudia Furini

CONSUELO S. BLOCKER

@consueloblocker

Uma jornada de resiliência e autodescoberta

Eu frequentemente reflito sobre o que significa ser mulher neste mundo, e posso dizer honestamente que nunca considerei isso um obstáculo. EU ADORO! Devo isso a todos ao meu redor — minha família, meus amigos e, em particular, minha criação. Em minha casa, nunca ouvi frases que minassem minhas capacidades, como "você não pode fazer isso porque é mulher!" Em vez disso, fui incentivada a explorar minhas paixões e buscar meu próprio caminho. Tive a sorte de receber uma educação privilegiada que, implicitamente, abriu portas para mim e me encorajou a perseguir todos os sonhos que meu coração desejava.

Anos depois, descobri que a experiência da minha avó foi bem diferente. Ela viveu em uma época em que as mulheres tinham oportunidades muito mais limitadas mas não aceitou esse destino. Uma verdadeira pioneira, ela foi feminista muito antes do termo entrar em uso popular, se formando na Universidade Ca' Foscari aos 22 anos — quase cinquenta anos antes que eu pisasse no meu próprio campus universitário. Sua vida, entrelaçada com contradições e coragem, serviu como lembrete poderoso da luta por nós mulheres ao longo das gerações. Ao reunir essas narrativas, sinto como se estivesse tecendo uma rica tapeçaria de resiliência e força, ligando o passado ao presente.

No entanto, percebi que um diploma, seja de uma instituição renomada ou não, nunca define o valor ou o potencial de uma pessoa. O verdadeiro valor reside na forma como aplicamos o conhecimento que acumulamos ao longo da jornada da vida. É a síntese de nossas experiências — nossos desafios e nossos triunfos — que moldam quem somos. Essa é, de fato, a parte divertida! Nunca se esqueça! Cada momento é uma costura no tecido de nossas vidas, contribuindo para o *design* mais amplo. Quando me formei na Universidade Brown com um diploma em Relações Internacionais, nunca imaginei um futuro em diplomacia; na verdade, a profissão que me realiza hoje nem existia naquela época.

Avançando ao presente, vejo-me abraçando o papel em evolução de criadora de conteúdo. Uma profissão que me permitiu ter independência financeira, me deu autoestima e orgulho. Ao longo de quatorze anos, com muito trabalho e sempre aberta às novidades, naveguei por várias plataformas — blogueira, instagrammer, snapchatter e até youtuber. A evolução da minha carreira reflete a evolução da tecnologia e da cultura, revelando uma paisagem em transformação onde conexão e criatividade se entrelaçam. A velocidade da tecnologia permite reinvenções rápidas, oferecendo oportunidades infinitas para nos adaptarmos e crescermos à medida que amadurecemos. Isso nos lembra que a mudança não é apenas inevitável, mas também emocionante. Assim como uma aranha tece sua teia de novo a cada dia, nós também podemos renovar nossas narrativas, sabendo que cada fio carrega uma história própria.

Eventualmente, a indústria se acomodou no termo "influenciadora", que não é apenas um rótulo; representa uma conexão profunda com meu público e o poder da narrativa. Ele incorpora minha paixão por compartilhar *insights*, experiências e criatividade. Nessa capacidade, envolvo-me com uma comunidade que me inspira diariamente, facilitando conversas que nos desafiam a pensar criticamente e a abraçar nossos eus autênticos.

Em culturas dinâmicas como o Brasil, há uma busca insaciável por modelos e referências. Talvez seja por isso que o Brasil tenha o maior número de influenciadores do mundo. Os jovens estão frequentemente em busca de alguém em quem se espelhar, alguém que reflita seus sonhos e aspirações. No entanto, em um país repleto de exuberância juvenil e chauvinismo subjacente, envelhecer como mulher é frequentemente percebido como uma falha — algo a ser ocultado, em vez de celebrado. Os valores que temos como sociedade precisam mudar. Devemos nos esforçar para criar uma cultura que honre a idade e reconheça a sabedoria que vem com a experiência.

Esse é o estandarte que trago para as minhas redes sociais.

A princípio, eu não entendia isso, no entanto, ao sempre me engajar com o meu público, aprendi com eles que falar sobre moda, a ideia original para o meu blog, poderia ser encontrado em outros lugares. O que faltava no mercado era um espaço onde a mulher madura pudesse encontrar uma referência de comportamento, formas de se vestir, cuidar de si mesma, ser feliz e se amar. Em minha comunidade digital, isso é o que cultivamos! Encontrar o seu nicho é fundamental neste ou em qualquer negócio!

Também me ajudou a entender que os meus parceiros deveriam ser coerentes com o meu diálogo. Portanto *skincare* para pele madura, shampoos anti-queda de cabelo e sapatos baixos elegantes entraram no portfólio! E suas aceitações são muito positivas!

Ao me mudar para a Europa e adotar um ponto de vista diferente sobre a maturidade, encontrei-me preenchendo um vazio para mulheres como eu, aquelas que oferecem uma perspectiva refrescante sobre o que significa envelhecer com graça — como fios de um tapeçário vibrante que adiciona profundidade e cor às nossas vidas. Descobri que em cidades menores, como Florença, a cultura reconhece a beleza do envelhecimento, permitindo-nos abraçar cada ruga e cada fio prateado como emblemas de honra. Essa aceitação pode promover uma sensação de liberdade e nos inspirar a viver plenamente no presente.

Mas chegar a essa compreensão não aconteceu da noite para o dia...

A questão de como lidamos com o envelhecimento é incrivelmente sutil. Cada um de nós a vive de maneira diferente; é inegavelmente pessoal. Em minhas observações, especialmente na Europa e em cidades menores, o processo de envelhecer tende a ser mais aceito e integrado na cultura. Lá, a passagem do tempo é vista como um desdobramento gentil, uma progressão natural que não precisa ser resistida. É claro, você pode sentir um leve desconforto quando seus joelhos reclamam ou quando vê as linhas suaves que não existiam alguns anos atrás, mas, ei, pelo menos você já pagou o carro! É essencial reconhecer os lados positivos.

Em contraste, nas metrópoles brasileiras, como São Paulo, envelhecer se torna um campo de batalha — não apenas físico, mas psicológico, onde a luta contra a passagem do tempo é eterna. Ao nos reunirmos com amigas, esse tema frequentemente surge em nossas conversas e reflexões, cada história entrelaçada em uma narrativa coletiva de experiências compartilhadas. Claro, essa é apenas minha perspectiva. Mas, se me permite compartilhar meus pensamentos: é claro que adaptar-se à mudança é vital. Encontramos novas realidades, tanto internas quanto externas, incluindo um novo rosto que pode nos parecer estranho. Isso não significa que não possamos abraçar e aprender a amar essa aparência em evolução! Ao refletir sobre minha própria jornada, reconheço a beleza nas linhas traçadas pelas risadas e pelas lágrimas — elas são o mapa de uma vida bem vivida.

Uma das realizações mais profundas que tive é a importância de estar aberta à reinvenção à medida que amadurecemos. Isso não significa descartar nosso passado; ao invés, significa integrá-lo em nosso presente, permitindo que cresçamos. Cada nova fase da vida é um convite para explorar nossa singularidade e autenticidade. Os avanços tecnológicos podem nos ajudar a nos tornarmos mais flexíveis e nos dar ferramentas para inovar, mas são nossos valores e conhecimento que nos mantêm enraizados. A curiosidade deve ser nossa luz guia, sempre mantendo nossos olhos abertos e prontos para aprender.

No entanto, uma verdade fundamental permanece: nunca devemos negligenciar a nós mesmas! O autocuidado é primordial — uma verdadeira expressão de respeito próprio! É essencial honrar nossos corpos através de um sono adequado, hidratação e condicionamento físico. Essa abordagem holística adiciona camadas às nossas vidas! E não se esqueça da saúde mental! Manter bom humor também é um ato de respeito próprio, que se estende a quem está ao nosso redor. Isso envolve engajamento intelectual também. Encorajo você a explorar novas ideias! Descartar esse aprendizado com uma desculpa preguiçosa de ser "velho demais" para compreender não é apenas irresponsável, mas prejudicial. Você não precisa concordar, mas é crucial entender diferentes pontos de vista. Esse tipo de abertura aguça nossas mentes e enriquece nossas vidas!

E, lembre-se, o que importa é a jornada e a conquista, porque quando você chega lá, não é tão divertido quanto a própria jornada. Encontrar alegria na vida é uma dança que abrange tanto os altos quanto os baixos, as conquistas e as lições aprendidas ao longo do caminho.

Então, vá em frente, viva plenamente, sempre ao máximo!

CRISTIANE V. S. JACKSON

crisgib@icloud.com
linkedin.com/in/cristiane-jackson-8b64a4275
@happyusfour

Além das fronteiras: construindo um legado feminino

Não é todo dia que se é convidada para ser destaque entre cerca de 140 mulheres, líderes pioneiras, que fazem uma diferença imensurável, buscando um mundo melhor para a vida de outras mulheres.

É uma honra ser apresentada ao lado dessas líderes e modelos incríveis, dignas da minha maior admiração.

No início da minha idade adulta, era a respeito de ser a mãe em tempo integral, dona de casa e esposa dedicada à família, quando fui casada com marido brasileiro por mais de duas décadas. Isso é o suficiente de informação voluntariada aqui sobre o ex-marido.

Agora, e sobre a meu respeito, mãe solteira de três lindas meninas, todas com menos de sete anos de idade, profissional de Marketing que vive em um mundo que lida com preconceitos contra mulheres e principalmente mulheres como eu, corajosa e que pensa fora da caixa. Com coragem de leoa, abraçando com gratidão o que a vida me mostrava e em um caminho completamente gelado e desconhecido num país estrangeiro. Eu tive que aprender a correr atrás e fazer acontecer a minha realidade que eu acreditava que merecia e que tornou-se palco de aprendizado para minhas três crianças.

Bem-vinda ao meu mundo! E aqui queria deixar registrado o processo em minha jornada particular, como encontrei o meu caminho quando senti o chão desaparecer sob meus pés literalmente, não me dando a opção de não ser a única provedora, protetora e líder de minha família, após o meu divórcio. Eu sentia um senso de urgência gigante de ter que resgatar uma força sobre-humana que era uma necessidade, não um luxo. E, para agravar ainda mais, naquele momento, a minha situação, quando soube da morte do meu irmão no Brasil, eletrocutado em um acidente horrível. Minha alma ficou vazia e tive que encontrar forças e resiliência para preencher ou ignorar o vazio. Com intuito de proporcionar conforto às minhas filhas, que não entendiam absolutamente nada sobre a fluidez ou a dinâmica da situação que se desenrolava de maneira sufocante e incontrolável.

Cristiane Jackson, 51 anos, filha de Auxiliadora e Davi Santiago, irmã de Daniela, Davizinho e Cinara. Mãe apaixonada de Sophia, Júlia e Alice e tia de Érika, Dan e Gabriella e hoje casada com Steven Jackson, o amor da minha vida, que me presenteou com mais duas filhas lindas, Charli e Sarah. Sou natural de Recife, estado de Pernambuco, localizada no belo Nordeste do Brasil, onde as pessoas falam através da poesia e da gentileza.

Sou canadense de coração devido a uma excelente experiência incrível de morar no Canadá na deslumbrante cidade de Vancouver, onde eu e minhas filhas nos tornamos cidadãs canadenses depois de poucos anos de residência no país. Obter a minha cidadania canadense me deu a perspectiva de pertencimento. Tive que aprender a história do país, seu sistema judicial, os direitos dos cidadãos, incluindo os direitos das mulheres, especialmente protegidos pela Constituição.

Ser cidadã, falar a língua e conhecer a história e os direitos me deram a chance de me aprofundar na dinâmica do país. Durante minha vida no Canadá, eu tive a sorte de compartilhar minha cultura, a história do Brasil, dividir com os outros um novo lado do Brasil que a maioria não entendia. E meu objetivo foi desmistificar dentro do possível o estereótipo que o brasileiro tem de tirar vantagens que ouve-se pelo mundo afora. Fiz grandes amigos e participei de excelentes grupos de *networking* onde tive a honra de conhecer mulheres poderosas e de grande valor para a sociedade. Hora de procurar novos rumos perto da família e de ter espelhos na criação das filhas. De Vancouver para os Estados Unidos, onde todas nós obtivemos nossa cidadania americana por escolha, por considerar um país de progresso.

A ideia sempre foi manter o *status quo*. Sim, somos 4, com 12 passaportes.

Com um diploma de bacharel em Marketing e Business, eu me preparei para ser agente imobiliária de sucesso no Vale do Silício, vivendo a vida da qual me orgulho hoje.

Uma vida mágica, apesar das fronteiras geográficas e masculinas impostas que exigem a demonstração contínua de coragem, entusiasmo e foco no que realmente importa.

Eu, mulher expatriada, enfrentei desafios e tribulações diárias, o que só mostra como o mundo acomoda o olhar masculino. Eu tive que superar a incapacidade percebida de executar, adaptar-me ao ambiente único e, mais importante ainda, promover novas ideias sem perder o valor da minha origem ou agredir o mundo patriarcal implícito num sistema que poda a mulher discretamente. E, por meio do poder do *networking* de mulheres, hoje eu ajudo e dou de volta esse apoio *sine qua non* que tive ao chegar na América do Norte, até os dias de hoje.

Eu sempre penso no ponto de partida, mesmo que seja um pequeno passo, ser paciente e abraçar cada uma de nossas singularidades nos torna fortes, e encontrar um *networking* em um país estrangeiro é fundamental para a saúde emocional. Tive que trabalhar a empatia através das lentes de outros indivíduos no mundo ao meu redor e somente então pude apreciar genuinamente as diferentes partes do mundo e ter a vontade de adicionar esses atributos à minha vida, em todos os lugares que pude experimentar viver e fazer parte. Percebi que quando você fala outras línguas, você naturalmente se coloca em um lugar onde aprende a se comunicar, em um lugar mais próximo e conectado dentro dessa cultura. É quando você percebe a verdadeira comunicação através do entendimento de como vive um povo e, partindo desse princípio, nos tornamos uma pessoa melhor.

Minha vida de expatriada envolveu desafios de equilibrar trabalho, família, estabelecer uma rede de apoio, e dias de alegria, frustração e muitas dúvidas. As mulheres na maioria das culturas têm dificuldade em alcançar a verdadeira igualdade. Ser uma mulher expatriada aumenta a resistência cultural, porém existe a constante pressão de enfrentar discriminação no mundo corporativo, na carreira, nos negócios próprios, sendo uma eterna provação de competência e valor antes de mais nada.

Hoje sou corretora de imóveis estabelecida no Vale do Silício, California. E essa carreira, na qual hoje me sinto extremamente realizada, há um tempo atrás me exigiu um compromisso ímpar e de vários anos de estudos e certificados em uma língua não nativa, a tenacidade de saber fazer escolhas de parcerias para meu negócio desenvolvendo minha marca pessoal em uma plataforma de formato rígido que ou você se mistura com a sua verdadeira vocação ou é segregada pelo caminho de pedras. A gratidão de ter podido experimentar a vida em outros países me trouxe a realização de que a mistura de raças e culturas, recheadas por situações distintas, me fez evoluir e me conhecer cada dia mais.

Como expatriada, tentar construir uma carreira e uma vida social é um desafio diário, especialmente por haver uma barreira linguística que pode levar rapidamente ao isolamento social. Sempre me beneficiei de ingressar em uma rede de expatriados e aprender o idioma local. Juntar me a um grupo de expatriados para mim sempre foi de extrema utilidade para melhorar a curva de aprendizado na navegação cultural. Percebo também que é preciso expandir minha *network* para grupos nativos pois é também minha intenção mergulhar de cabeça no mundo que escolhi para desenvolver-me como ser humano e profissionalmente. Procurei grupos onde as mulheres ajudassem outras mulheres, mulheres com vontade de mudar o futuro para os outros, dispostas a correr riscos e fui membro de conselhos sem fins lucrativos com a missão de capacitar as mulheres a desafiarem-se, apoiarem umas às outras e estarem presentes umas para as outras para alcançar novos patamares.

Ao mudar o mundo futuro para as mulheres, vejo a minha necessidade pessoal de me tornar não apenas o exemplo, mas embaixadora de nossas filhas, daquelas mulheres que lutam, daquelas que têm sucesso e daquelas que buscam direção. Como expatriada trilíngue, cidadã em três países distintos, possuindo meu próprio negócio em um país estrangeiro, tudo é possível se houver o exercício da tolerância, determinação e um ponto de começo onde possamos construir para mudar o mundo. Escolhi mergulhar em outras culturas por meio da linguagem, cidadania, gratidão e busca incansável do meu desejo de orientar e demonstrar a força das mulheres.

As mulheres podem e têm feito grandes contribuições para o cenário global, e é nossa responsabilidade acrescentar, sendo isso nosso dever.

CRISTINA PALMAKA

linkedin.com/in/cristinapalmaka
@cristina.palmaka
cristina.palmaka@hotmail.com

Never Give Up! Energia para impactar e deixar um legado

Feliz aquele que transfere o que sabe e aprende o que ensina. (Cora Coralina, brasileira, escritora e poetisa, 1889-1985)

Este ano, no qual completo 40 anos de carreira no mundo corporativo, vem com uma grande quantidade de reflexões e gratidão pela jornada.

Parece que foi outro dia, tinha 16 anos e fiquei muito feliz ao ser aprovada para o estágio na Philips — Consumer Electronics. Sem grandes pretensões, preenchi uma ficha, fiz entrevista (nem lembro o que abordei ou que qualificações me levaram a conseguir o estágio) — mas a resposta positiva me trouxe a primeira oportunidade para iniciar minha carreira e também o apoio financeiro à minha família e a minha independência.

Como muitas da minha geração, não tínhamos mulheres para nos espelhar, *role models* no mundo corporativo como VPs, diretoras ou CEOs. Mas tínhamos algumas mulheres fortes como Margaret Thatcher — primeira-ministra do Reino Unido, conhecida como "A Dama de Ferro"; a princesa Diana — presença forte, mas doce; Madonna — desafiando muitos paradigmas presentes na sociedade; Maria da Penha — farmacêutica, incansável, dedicando sua vida à luta pelos direitos das mulheres, contra o abuso feminino.

Eu tinha, entretanto, como referências outras grandes mulheres perto de mim: minha avó materna, que veio com sua família, incluindo três filhos, para o Brasil, deixando tudo para trás na Polônia, trazendo somente sua força, resiliência, uma mentalidade muito inclusiva e coragem para começar sua vida do zero; ou minha mãe — que trabalhava no Banco Bandeirantes e, como poucas na época, tinha carteira de motorista e dirigia para trabalhar e ajudar nos temas da família.

E, claro, homens que me apoiaram, me deram oportunidades — meu pai, indiretamente meu avô (que emancipou minha mãe), meus irmãos, meus chefes e mentores, e meu marido e companheiro de vida, Luiz.

Dentro deste contexto de mundo, mas principalmente familiar, é que me moldei e foram pilares importantes para minha trajetória de vida. Começando pela Philips — onde trabalhei 15 anos — e depois a entrada em tecnologia, em 2000, quando ingressei na Compaq — adquirida depois pela HP; a passagem pela Microsoft por três anos e mais de doze anos na SAP — onde, após vários anos de posições de liderança, ocupei a primeira cadeira de presidente da SAP Brasil (por sete anos) e posteriormente quase cinco anos na posição de presidente da SAP para a América Latina.

Os valores sempre me pautaram, mas foi no início dos anos 2000 que comecei a colocar mais luz e foco em temas que estão cada vez mais próximos do meu coração, de forma intencional: maior engajamento nos temas de diversidade e impacto nos negócios através de uma liderança inclusiva e humana.

Nos primeiros projetos, o foco maior foi nos temas de inclusão de gênero — mas mais do que somente termos mais mulheres em tecnologia, meu foco foi promover mais mulheres a cargos de liderança. Busquei entender por que as mulheres entravam na carreira de tecnologia e não progrediam em posições seniores. Iniciamos um trabalho de mentoria, foco, encorajamento de mulheres a participarem de vagas disponíveis.

Ao longo destes anos e provocações, tive muito orgulho ao ver mulheres crescendo, enviando mensagens sobre este olhar de "SIM, é possível estar em uma cadeira de diretora, VP, CEO". Eu sempre priorizei muito meu tempo para mentorar e acompanhar jovens talentos ao longo da jornada profissional. Quando assumi a posição de presidente para América Latina, expandi meu foco de mentoria para mulheres em toda a região — tendo várias *mentees* para poder conhecer e desenvolver talentos em diferentes lugares da América Latina.

Entre várias histórias e mentoradas, inclusive fazendo mentoria reversa, uma profissional que acompanhei tinha uma boa experiência e bagagem profissional e técnica, mas tinha pouca exposição e autoconfiança em perseguir seus objetivos de crescimento e posições de liderança. Nas nossas conversas, foi interessante destravar algumas barreiras que ela tinha, aumentar o *networking* junto a outros líderes, reforçar os temas de comunicação e preparação para liderar times e quais competências seriam fundamentais para o próximo passo. Após alguns meses das nossas sessões, ela decidiu participar de um processo para uma posição de liderança, inclusive junto a uma gestora americana. Ela tinha todo o preparo técnico e profissional, mas faltava a coragem para se posicionar — e, entre vários candidatos, fiquei muito feliz em ver que ela foi selecionada.

Para mim, ver pessoas que acompanhei — direta ou indiretamente — se desenvolvendo, buscando seus espaços, me traz muita gratidão e é uma fonte de inspiração para seguir meu propósito de impactar e deixar um legado.

Com o passar do tempo, trazer novos focos como inclusão racial, em um país tão desbalanceado e com raízes no racismo estrutural, passou a ser gritante. Consegui trazer para o Brasil o programa da SAP de apoio a empresas/start-ups lideradas por pessoas pretas. Tive a oportunidade de conhecer talentos incríveis e iniciativas que me fizeram aprender ainda mais sobre o tema, crescer como profissional e pessoalmente através de mentorias e grandes trocas, alavancando a tecnologia como uma aliada na inclusão e desenvolvimento de negócios para estas empresas em um estágio importante de sua evolução.

Estas mentorias e este olhar de como a tecnologia é um meio para inclusão me levou a discutir com meu time como estruturar um programa para escalar e acelerar ainda mais este apoio a empresas lideradas ou fundadas por grupos de maior vulnerabilidade. Outra iniciativa muito importante foi trazer para a região o Programa Impactful Procurement — que busca de maneira intencional incluir nas cadeias de suprimento empresas lideradas por grupos minoritários (mulheres, negros, autistas, LGBTIA+).

Neste trabalho e mentoria, tive a chance de conhecer a fundadora de uma fintech maravilhosa, que foca sua empresa para pessoas de alta vulnerabilidade, pretas e pardas, para proporcionar oportunidades e acesso à bancarização e crédito.

E o que aprendi nestes anos de vida e nestas trocas de ensinar e aprender é que, ao abrir espaço e dar oportunidades, encontramos novos caminhos e formas de ver o mundo. Cada vez mais fica claro que fazer o bem e trazer resultados estão diretamente conectados. Vejo isso em muitos dos princípios que estudei, focando no tema do Capitalismo Consciente e analisando as discussões de casos como o Whole Foods e os movimentos liderados por Raj Sisodia.

Cada vez que me debruçava a discutir cada um destes temas, mais eu via impactos da desigualdade — e como, em ESG, o "S" tinha que ser tratado com muita urgência. Não que o Ambiental não seja crítico — está evidente nas mudanças climáticas que estamos enfrentando; e a Governança é fundamental para empresas e corporações funcionarem. Mas, sem um foco e direcionamento de ações efetivas no Social, no Brasil e em toda América Latina, não resolveremos problemas estruturais de desigualdade... E isso vai além de ações de responsabilidade social — tem que ser parte de decisões de negócio, da forma de operar, ser INTENCIONAL!

Um exemplo foi quando estava como presidente da SAP Brasil e consegui trazer o programa global da SAP "Autism at Work" para o país. Já tínhamos alguns funcionários dentro do espectro autista, mas trazer o programa permitiu aprendermos a recrutar, engajar e cuidar da forma adequada de nossos talentos dentro do espectro, bem como aumentar o número de participantes do programa. Começamos pelo treinamento dos líderes (eu inclusive) — e isto permitiu vermos o impacto positivo nos negócios e na vida de muitos talentos.

Tive uma experiência marcante quando participei de um evento do Jornal Valor Econômico. Eu estava falando sobre várias ações e principalmente deste programa, quando uma pessoa conhecida do jornal veio emocionada comentar que tinha um filho dentro do espectro autista e, ao saber o que estávamos fazendo, trouxe a ela a visão de que sim, seu filho teria oportunidades e ela iria buscar esses caminhos. Anos depois, eu soube que o filho estava feliz e trabalhando em uma empresa do setor farmacêutico. Impactar diretamente a empresa ou indiretamente outras organizações — e mostrar que SIM, é possível — me faz concluir que vale a pena viver o propósito.

Alguns dos temas que trouxe para dentro das organizações que tive o privilégio de liderar têm, obviamente, o apoio dessas empresas, alinhados com seus propósitos de impacto, mas tenho orgulho por ter trazido temas que não eram comuns no ambiente corporativo. Ter a iniciativa e coragem em trazer essas discussões me movem — porque deixamos um impacto e legado — em empresas mais humanas, mais sólidas, mais sustentáveis com todos seus *stakeholders*.

Os temas de saúde mental dentro do mundo corporativo sempre foram um grande tabu. Por volta de 2018, acompanhei de perto uma pessoa muito próxima do meu time que viveu uma situação muito grave em relação à saúde mental em família, culminando na perda do filho por suicídio. Isso me fez pensar no que poderia fazer para apoiar as pessoas e criar programas que criassem um ambiente (mesmo corporativo) livre de estigma em relação a este tema.

Montamos um programa, apoiado por especialistas da área, psicólogas, rodas de conversa e até usando tecnologia para identificar, pelos algoritmos, a propensão à depressão e suicídio em posts no Twitter/X, por exemplo. Esta preparação, junto com parcerias de *start-ups* com atendimento remoto, nos preparou para o que viria alguns anos depois com a pandemia. Saber que as pessoas são uma só pessoa, e que cuidar do corpo e mente são pontos fundamentais para uma vida bem vivida, trouxe uma dimensão enorme, um impacto e reconhecimento dos nossos times que podiam contar com as ferramentas de apoio necessárias para se manterem saudáveis nos diferentes aspectos.

Para mim, uma grande válvula de escape sempre foi a corrida — uma forma de me conectar comigo, o meio ambiente, trazer corpo e mente para uma paz interior. Também encontrei muita similaridade entre a corrida e o aspecto profissional: definir objetivos, se preparar, ter disciplina — e poder usar uma rede de apoio — time —, seja na corrida ou na empresa.

Eu sempre compartilhei com meus times sobre a minha forma de encontrar este equilíbrio através da corrida, de cuidar de mim. E fico muito orgulhosa ao ver quantas pessoas começaram a correr, cuidar do corpo e mente, muitos na corrida ou em outras modalidades. Mas, novamente, mostrar que SIM, é possível! Colocar o cuidar de si como uma prioridade cabe a cada pessoa e mostrar que tem que ser incluída no nosso dia a dia é fundamental.

E esta jornada de vida, do aprendizado contínuo, curiosidade e interesse genuíno, me levou a refletir que temos que ser os protagonistas da nossa vida. Um livro que me marcou muito como foco e atitude foi *Conscious Business*, de Fred Kofman — que fala que precisamos ser os protagonistas e não vítimas da nossa vida. Tomar esta postura diante das circunstâncias permite que controlemos o que possa e precisa ser controlado, mas não sofrer com coisas que estão fora do nosso controle.

E é por isso que tenho focado cada vez mais em impactar e deixar um legado para as novas gerações. Seja nas mentorias, incentivar programas para inclusão de jovens para novas abordagens, tecnologia e impacto da inteligência artificial — ou seja, em elementos humanos e liderança. Fiquei muito feliz em anunciar o apoio da SAP ao NAUFest 2024, uma iniciativa da Junior Achievement Americas que tem o objetivo de inspirar e preparar a nova geração de líderes da América Latina e vai impactar mais de 120 mil jovens, mais um impacto para o "S" de ESG na região.

Poder dividir os aprendizados da vida, seguir aprendendo mais enquanto ensino, são momentos que me dão imensa realização por poder impactar e ser impactada.

Começando pela definição deste projeto: Ensemble é muito mais do que apenas juntas... Significa um modelo, uma maneira de conectar para trazer juntas RESULTADOS MELHORES para a minha filha Katarina e as próximas gerações de lideranças.

Somos sempre melhores e mais fortes juntas!

DANIELA DALLACQUA

linkedin.com/in/danieladallacqua

Sororidade em ação: tecendo redes de apoio e liderança feminina

Escrevo no início da tarde de um domingo de dezembro, o primeiro dia da semana mesmo para quem trabalha em dias e horários comerciais. Avançar no tempo para estar no presente, com alegria, cuidado e atenção plena diante do desafio de cada dia, é uma forma de adiantar, antes de tudo, a vida dos outros. Passei a manhã resolvendo as coisas da casa, dei uma olhada no trabalho dos próximos dias, ainda quero comprar presentes de Natal e ver meus pais idosos até o fim do dia. Cito a agenda dominical multitarefas apenas para lembrar o dia a dia típico de uma mulher. Compilando estudos, impressões e sentimentos para esse artigo, sinto que das pontas soltas vão surgindo novos laços que formam a rede de afetos e significados pelos quais construímos a realidade. Desde as sociedades ditas primitivas, paradigma hoje de uma nova civilização mais justa e sustentável, que cabe às mulheres o saber e o fazer dessa grande tecelagem, inclusive no ambiente corporativo, em cargos de liderança e confiança.

Muitas mulheres de notório saber e sucesso aqui nesse livro já nos mostraram como "Uma puxa e a outra sobe" ao contarem suas inspiradoras trajetórias profissionais. Penso que posso ajudar mais falando dos conceitos, processos e estruturas que utilizo na minha experiência como gestora de Recursos Humanos. Para além de relações pessoais de afeto e incentivo, a solidariedade feminina é a mão que puxa o desenvolvimento de qualquer empresa ou sociedade até se tornar uma política compulsória, autônoma e impessoal.

Drauzio Varella, homem que tem "ella" no nome, afirma com base no seu testemunho em 50 anos de Medicina, atendendo em hospitais e presídios: o apoio via de regra vem das mulheres. Tanto em salas de quimioterapia como nas filas de visitas, levando um doce, uma muda de roupa ou apenas um olhar amoroso, quem está lá sempre são as mães, filhas, esposas, amigas. Não importa se o beneficiário desse cuidado seja homem ou mulher. Quem está disposto a cuidar na imensa maioria das vezes são as mulheres. Pela maneira que fui compelida a agir na minha vida pessoal, identifico que esse sentimento que nós, mulheres, experimentamos ao longo da vida só aumenta com o passar do tempo e acúmulo de responsabilidades.

Um estudo publicado recentemente em 2023 sobre amizades femininas "*Women's Friendships: A Basis for Individual-Level Resources and Their Connection to Power and Optimism*", de Maya Guerrero e outros, compila pesquisas que comprovam a importância da amizade feminina. Vale destacar o seguinte trecho em tradução livre: "*Amizades entre mulheres podem fornecer recursos sociais críticos e promovem bem-estar geral, sentimentos de autoestima e empoderamento. Descobertas de estudos que examinam esses relacionamentos entre mulheres indicam que a qualidade do suporte de amizade é mais importante do que o mero número (Billings & Moos, 1984). Amizades de apoio, que são caracterizadas por intimidade, nutrição, lealdade e comportamentos pró-sociais, estão associadas a um maior bem-estar psicológico e físico (Cable et al., 2013).*"

Além dos estudos e pesquisas na área, sentimos muito isso na nossa vida pessoal: nos momentos difíceis, como nascimento dos filhos ou separações, o apoio e ombro amigo costuma vir de outra mulher. Já no mundo do trabalho, temos menos estudos a respeito, pois a inserção completa da mulher no mercado é mais recente: até a geração de nossas mães, era comum a mulher não trabalhar fora. Hoje, aos 50 anos, são poucas as colegas e amigas que optaram por cuidar apenas da casa, e o mundo corporativo já tem grande representatividade de mulheres nas empresas no Brasil, embora ainda precise avançar nas posições de alta liderança, como CEOs e Conselhos Executivos.

Além do meu interesse pessoal no assunto, como Executiva de Recursos Humanos, tenho também a obrigação de fomentar nas empresas as condições para que se exerça a sororidade. É um compromisso pessoal em nome de um processo autônomo e sem volta. Tal qual o trabalho das tecelãs, que operam em conjunto, juntando as partes até que a rede sirva para acolher e impulsionar a todos.

Infelizmente, no Brasil, ainda temos a cada ano situações expostas em redes sociais de iniciativas de empresas que reforçam estereótipos, por exemplo, dando flores e bombons para as funcionárias no Dia da Mulher. Minha primeira recomendação, bastante óbvia, é sempre constituir um Comitê de Mulheres na empresa. Os homens podem e devem apoiar: aqui no nosso grupo "Uma sobe e puxa outra", por exemplo, temos vários colegas que literalmente vestem a camisa do "Eu também puxo". Toda a colaboração é necessária e bem-vinda, mas o protagonismo deve vir das mulheres. Grupos diversos ajudam muito no debate sobre a pertinência das melhores ideias e ações.

O nome do nosso grupo já é exemplar de um conceito autoexplicativo. Para que uma mulher possa ascender, sendo puxada pela sororidade, é porque outra mulher já está em alta na empresa. Assim, tão importante quando o canal aberto para as promoções, é ter mulheres entre os avaliadores. O preço da igualdade é a eterna vigilância. Monitore as métricas regularmente, não apenas de admissão e demissão por gênero, mas também por promoções e avaliações de desempenho. Como ainda é muito comum nas empresas que as mulheres recebam avaliações piores, o acompanhamento das medições evita que decisões sejam tomadas pelo preconceito inconsciente. Avalie constantemente a equidade salarial de gênero. Depois que o governo brasileiro determinou recentemente que esses números fossem publicados, muitas empresas se surpreenderam ao ver que os próprios indicadores de equidade salarial eram mais baixos do que imaginavam.

Processo de mão dupla, que pode puxar ou derrubar, a empresa deve rever seus processos de dentro para fora e de fora para dentro. Avalie não apenas as ações internas de recursos humanos, mas estenda a toda a cadeia: envolva o comitê na avaliação de campanhas para clientes, por exemplo. Isso pode evitar inclusive muito prejuízo e risco de reputação em campanhas publicitárias pensadas de forma pouco diversa. Monitore se a sua rede de fornecedores tem empresas lideradas por mulheres. Mais importante do que o discurso são os exemplos pelas ações. O compromisso não acaba depois do expediente, avança vida pessoal afora. Caso você seja uma mulher de classe média, que já estimula as colaboradoras de renda menor ao seu entorno, como manicures e empregadas domésticas, veja se está sendo justa nos valores e na atenção que repassa a cada uma delas.

Participe de projetos de mentoria para apoiar meninas e mulheres que possam aprender com sua experiência: organizações não governamentais como Casa do Zezinho, Casa José Coltro e SoulCode, entre muitas outras, apresentam oportunidades de crescimento mútuo. Quem doa seus valores mais caros — seja tempo, dinheiro ou conhecimento — também recebe muito de volta. Participe de grupos como o nosso. Além de nos apoiarmos mutuamente, muitas amizades surgiram para tornar a jornada mais duradoura e prazerosa. São muitas ideias soltas pra gente fazer a rede em conjunto. Entenda as necessidades de grupos diferentes dentro da empresa e use os recursos disponíveis. Entre iniciativas de impacto implementadas, já estive em companhias que davam apoio jurídico *pro bono*, do seu próprio corpo de advogados para mulheres vítimas de violência doméstica ou patrimonial; outras, que implementaram a licença maternidade de seis meses e/ou horários flexíveis, algumas tiraram coparticipação de exames preventivos. São pequenos gestos que podem ser sugeridos pelo Comitê e implementados pela liderança com resultados significativos para a força de trabalho feminina.

Apoiar outras mulheres segue sendo um caminho natural: além de ter exemplos de na vida pessoal, desde o começo da minha carreira, também tive e sigo tendo chefes, colegas e mentoras incríveis. A melhor forma de honrá-las é seguir na luta, de coração e sorriso abertos, e com a mão sempre estendida: Uma puxa e a outra sobe.

DANIELA DE LUCA

dani_deluca@yahoo.com.br
+55 11 97337-8484
linkedin.com/in/danieladelucabrandao
@danidelucabrandao

Juntas somos mais fortes: o poder da colaboração feminina

"Juntas somos mais fortes." Este é o lema do grupo Uma Sobe e Puxa a Outra, ou Rise and Raise Others, do qual tenho a honra de ser cofundadora ao lado de Natasha de Caiado Castro, e a partir do qual nasceu este livro. Este lema tem especial significado para as mulheres que historicamente encontraram na união a força para superar desafios e construir um futuro melhor. Mais do que um slogan, é uma filosofia de vida, um compromisso de impulsionar umas às outras rumo ao crescimento pessoal, profissional e social. Seja na vida pessoal, nos negócios, no ambiente corporativo ou em qualquer outro espaço, a colaboração feminina se revela uma poderosa ferramenta de transformação.

A força dessa união reside na riqueza de perspectivas, experiências e habilidades que cada mulher traz consigo. Em um ambiente colaborativo, a singularidade de cada mulher enriquece o grupo, gerando soluções criativas, inovadoras e, muitas vezes, revolucionárias. Quando unimos nossas forças, multiplicamos nosso potencial, ampliamos nossa visão e fortalecemos nossa capacidade de impactar positivamente o mundo ao nosso redor.

Imagine mães se ajudando em grupos de apoio à maternidade, compartilhando angústias, dicas e dividindo tarefas, criando uma rede de suporte essencial nos primeiros anos de vida dos filhos. Visualize amigas que se incentivam em seus projetos pessoais, seja na busca por uma nova carreira, no retorno aos estudos ou em um hobby, celebrando cada conquista como se fosse delas. Pense em mulheres que se unem em comunidades online, compartilhando conhecimento, oferecendo suporte emocional e promovendo o trabalho umas das outras, construindo pontes que transcendem a distância geográfica. Esses são apenas alguns exemplos do poder da colaboração feminina em ação.

No ambiente corporativo, a colaboração entre mulheres se torna ainda mais crucial para quebrar o "teto de vidro" e alcançar a equidade de gênero. Mentorias, redes de apoio e a promoção da sororidade são fundamentais para navegar em um espaço que ainda apresenta desafios para as mulheres. A união feminina nesse contexto não só impulsiona carreiras individuais, mas também contribui para a construção de uma cultura empresarial mais inclusiva e justa.

No entanto, como em toda jornada de crescimento, a colaboração genuína também apresenta seus desafios. Diferenças de opinião, estilos de comunicação distintos e inseguranças podem se tornar obstáculos a serem superados. A competição, muitas vezes presente em diversos contextos, pode minar a confiança e dificultar a construção de laços genuínos. O medo da vulnerabilidade, de ter suas ideias rejeitadas ou de não receber o devido reconhecimento também pode inibir a participação ativa e a troca sincera.

Outro desafio reside na dificuldade de equilibrar as necessidades individuais com os objetivos coletivos. Como garantir que todas as vozes sejam ouvidas e valorizadas em um grupo diverso? Como lidar com conflitos de forma construtiva e respeitosa? Como criar um ambiente de confiança e apoio mútuo, onde cada mulher se sinta segura para contribuir com o seu melhor e buscar seu pleno potencial?

No nosso grupo não foi diferente. Enfrentamos diversos desafios, diferenças de opiniões, formas e objetivos. Enfrentamos também muitos conflitos entre os vários "EUs" e os "NÓS". Mas também provamos a delícia das conquistas potencializadas pela nossa união. *E é aí que acontece a mágica!*

Para que *"juntas somos mais fortes"* se torne uma realidade palpável em todas as esferas da vida, é preciso cultivar uma cultura de colaboração intencional. Isso implica em *criar espaços seguros para o diálogo*, onde todas se sintam à vontade para expressar suas ideias e opiniões. Mesmo em momentos de divergência, *manter a escuta sempre ativa e empática*, procurando compreender a perspectiva da outra, é muito importante. Valorizar contribuições, reconhecer individualidades, *compartilhar conhecimentos e recursos*, trocando informações e experiências, promove um aprendizado mútuo e crescimento coletivo. *Celebrar as conquistas coletivas e individuais*, reconhecendo e valorizando o esforço conjunto e as vitórias pessoais, reforça a importância da colaboração e incentiva a participação de todas.

E você, como enxerga os desafios e as oportunidades da colaboração feminina? Como podemos, de fato, ser mais fortes juntas? Que ações podemos implementar para construir um mundo mais colaborativo, inclusivo e empoderador, onde cada mulher se sinta inspirada a alcançar seu pleno potencial? Reflita sobre essas questões e junte-se a nós nessa jornada de crescimento e transformação coletiva. Afinal, juntas, somos realmente mais fortes.

DUDA ALCANTARA

linkedin.com/in/dudaalcantara
@dudaalcantarasp

Minha trajetória no mercado imobiliário: rompendo barreiras

Eu tinha 23 anos quando participei de uma reunião de alto nível no mercado imobiliário brasileiro. Ao redor da mesa, estavam 30 pessoas: 29 homens e eu. A única outra mulher presente era a que estava servindo o café. Momentos como esse não são incomuns no setor. Entre as 10 maiores incorporadoras do país, nenhuma é liderada por uma mulher. Aposto que esse percentual muda muito pouco se expandirmos a lista para as 100 maiores.

Cresci próxima ao mercado imobiliário por influência familiar, mas permaneci nele por idealismo e paixão. Meu pai foi incorporador e construtor por 50 anos. Parte dele queria que eu seguisse seus passos; outra parte dizia que não queria que eu lidasse com obras ou trabalhadores porque "eu era mulher". Ainda assim, sua influência (e alguns testes vocacionais) me levaram a cursar Arquitetura e Urbanismo e começar a trabalhar com ele aos 18 anos.

Naquela época, questões de gênero ainda não faziam parte da minha consciência. É claro que elas estavam ao meu redor, mas eu ainda não as via pelo que realmente são: desigualdades estruturais. Anos depois, durante a reunião que mencionei, ficou claro que algo estava errado. Lembro-me até de alguém se desculpando comigo após fazer uma piada machista (que, felizmente, já esqueci). Naquele momento, eu já tinha muitas críticas ao mercado imobiliário. Para mim, o setor constrói cidades baseando-se em planilhas de Excel, e não em projetos pensados que considerem o entorno, as necessidades sociais ou o impacto de longo prazo. Entendo a necessidade de "fechar as contas", mas a pergunta que sempre faço é: "Qual é o tamanho do equilíbrio que você deseja alcançar?"

O mercado imobiliário é uma das ferramentas mais poderosas que temos hoje. Ele pode transformar bairros, ruas e cidades, impactando a vida de milhares, até milhões, de pessoas. Foi aí que meu idealismo ganhou força. Acredito que cidades projetadas por mulheres — que frequentemente têm a sensibilidade de atender às necessidades de crianças, gestantes ou idosos — são cidades melhores para todos. O que falta são mais vozes femininas liderando essas transformações a partir da cadeira de CEO.

Passei anos buscando novas maneiras de "fechar as contas". Mais de 15 anos de preparação: uma graduação e uma pós-graduação em habitação social, oito anos no mercado imobiliário trabalhando com diferentes empresas, projetos em assentamentos informais, experiências como professora universitária, atuação como diretora em uma empresa de impacto social e participação em fóruns de urbanismo ao redor do mundo. Mesmo assim, muitas vezes me perguntei: faltava preparo ou confiança? Confiança é difícil de adquirir quando você não tem referências. Eu nunca tinha visto mulheres fazendo o que eu queria fazer. Nunca vi ninguém criando o que eu sonhava em criar.

Depois de mais de uma década, fundei a primeira Incorporadora Social do Brasil. Hoje, sou CEO, e parte de mim espera mudar o número de mulheres nos rankings das maiores empresas. Mas, para mim, ser número um só faz sentido se for em um ranking que mede impacto, transformação e quantas vidas foram melhoradas. Ser líder em um ranking baseado apenas no lucro não me motiva; parece pequeno demais frente ao potencial de transformação do mercado imobiliário.

Recentemente, fui capa de um dos grandes jornais do Brasil. Recebi muitos parabéns, mas também perguntas como: "Quem é seu sócio?" ou "Quem a está apoiando?" Sei que um homem provavelmente não enfrentaria essas perguntas. A reação do meu pai também foi reveladora: ele estava mais preocupado do que orgulhoso. Ele admitiu que isso se devia ao fato de eu ser sua filha — e mulher. Esse é apenas um dos muitos tetos de vidro que precisamos quebrar.

Acredito que é possível construir um mundo mais inclusivo, colaborativo, humano e generoso. Para alcançar isso, não depende apenas de termos mais mulheres em posições de liderança, mas também de abraçarmos qualidades frequentemente associadas à feminilidade: empatia, visão sistêmica e cuidado. Vamos avançar juntas? Confio que *você* pode.

EBRU SEMIZER

linkedin.com/in/ebru-semizer-cmo-marketing-branding
@ebrusemizer
esemizer@gmail.com
+55 11 99260-7849

De Istambul ao Brasil: a coragem de transformar sonhos em realidade

Eu nasci na Turquia, um país fascinante que é um ponto de encontro entre o Oriente e o Ocidente. A cultura turca é um mosaico de contrastes: o aroma do café turco mistura-se com as memórias de impérios antigos, o som das mesquitas coexiste com a música moderna, e a tradição e a inovação convivem lado a lado. Foi nesse ambiente dinâmico que cresci, com uma sensação clara de que o mundo era muito maior. A Turquia sempre teve uma forte identidade, mas meu coração ansiava por algo além dos limites dessa identidade, algo que me levasse a conhecer outras realidades, outras formas de viver.

Desde pequena, meus pais sonhavam que eu fosse médica, uma profissão respeitada e a Medicina representava orgulho para eles. Para os meus pais, ser médica não era apenas uma profissão, mas uma confirmação de que suas expectativas e sonhos estavam sendo realizados. No começo, eu tentei me adaptar à ideia de ser médica, mas, no fundo, algo dentro de mim me dizia que meu destino seria bem diferente. Eu sempre fui fascinada por outras culturas, pela diversidade do mundo e, especialmente, pela ideia de poder conhecer diferentes formas de viver.

A decisão de estudar Administração, em vez de Medicina, não foi fácil. Meus pais ficaram desapontados. Para eles, a Medicina era uma segurança, uma escolha prática e respeitável, mas, para mim, abriria poucas portas para explorar o mundo de forma mais ampla. Eu sabia que a escolha que eu fiz me faria crescer e me sentir realizada. Não sabia exatamente o que o futuro me reservaria, mas sabia que seguir o meu instinto seria a única forma de realmente ser feliz.

Meu pai sempre dizia uma frase que ecoava em minha mente: "Nós não criamos você para nós, a criamos para o bem do mundo." Isso me fez refletir sobre o propósito da minha jornada. Decidi então seguir a carreira em Administração, justamente para explorar o mundo e ampliar minhas próprias fronteiras.

Durante a faculdade, tive a oportunidade de realizar um intercâmbio na Costa Rica, uma experiência que mudaria completamente minha visão de mundo. Lá, fui desafiada a ver o mundo de uma perspectiva diferente, onde a diversidade não era apenas uma palavra, mas uma vivência diária. A experiência me ensinou a importância de escutar e entender os outros, independentemente de sua origem, e me ajudou a perceber que somos muito mais parecidos do que imaginamos, apesar das diferenças. Isso me fez entender que a verdadeira riqueza de uma pessoa não está no que ela possui, mas no que ela consegue aprender com os outros e na capacidade de entender diferentes realidades.

Ao retornar à Turquia, depois dessa experiência transformadora, fui surpreendida por uma nova oportunidade. Uma vaga para um programa de *trainee* em uma multinacional alemã apareceu. A Alemanha nunca foi um país que imaginei morar, mas a proposta parecia ser um passo gigantesco na minha carreira. A ideia de estar em um país com uma economia forte, uma cultura corporativa altamente desenvolvida e com uma grande tradição de excelência, fez meu coração bater mais forte. Eu sabia que essa oportunidade poderia ampliar meus horizontes de maneira significativa.

Quando me formei, com meu diploma de Administração em mãos, não tinha grandes planos de trabalhar em uma multinacional. Sempre acreditei que, em uma empresa menor, eu poderia fazer mais diferença, minha voz seria ouvida, e minha influência, mais palpável. Então, comecei a trabalhar em uma empresa pequena, atuando na área de vendas internacionais. Viajei para diferentes partes do mundo, conheci pessoas de várias culturas, e isso me fez sentir que estava realmente fazendo algo de importante.

Mas a vida, como sabemos, tem suas próprias surpresas. Um dia, recebi uma ligação inesperada de uma multinacional alemã. Eles estavam à procura de alguém que falasse espanhol e, aparentemente, meu perfil chamou a atenção deles. Embora eu não tivesse muito interesse em seguir esse caminho, resolvi dar uma chance. Nunca imaginei que aquela decisão mudaria minha vida de forma tão profunda.

Quando comecei a trabalhar na multinacional, logo percebi que o trabalho não era exatamente o que eu imaginava. A maior parte do tempo eu passava fazendo relatórios e conversando com outras pessoas, mas não estava utilizando minhas habilidades linguísticas e culturais ou técnicas. A rotina começou a me incomodar. Eu sentia que estava desperdiçando meu potencial. Após seis meses, resolvi tomar uma atitude. Fui até meu chefe e disse: "Tenho tempo de sobra, posso fazer mais coisas. Quero contribuir de maneira mais significativa."

Ele ouviu meu pedido e, então, me ofereceu uma oportunidade que mudou tudo. A empresa estava iniciando um programa de consultoria para melhorar seus processos e eliminar desperdícios. Eu poderia trabalhar com os consultores alemães e contribuir para essa transformação. Eu aceitei com entusiasmo, porque sentia que era o tipo de desafio que procurava.

Trabalhar com os consultores foi uma experiência intensiva. Juntos, mapeamos processos, identificamos desperdícios e encontramos maneiras de agregar valor. O aprendizado foi imenso, a conclusão que nós chegamos foi que a área que eu trabalhava não agregava valor ao processo e precisava ser fechada. O momento que realmente mudou minha trajetória aconteceu quando tivemos que apresentar essas conclusões para o conselho da empresa. Eu tinha apenas 25 anos, recém-formada, sem qualquer experiência em apresentações para um público tão importante, e ainda fazia tudo isso em inglês.

Eu estava nervosa, claro. Mas preparei-me como nunca. Ensaiava em voz alta, repetindo as falas diante dos meus pais, que, apesar de não falarem inglês, me davam dicas valiosas sobre postura e tom de voz. O grande dia chegou, e a apresentação foi um sucesso. Tudo correu bem, até que o CEO, um homem alemão, fez uma pergunta inesperada: "Ebru, você já pensou no que vai fazer quando o departamento em que você trabalha for fechado?" Eu, sem hesitar, respondi: "Não, até esse momento eu não tinha pensado nisso." Todos riram, mas o mais importante para mim era fazer algo que agrega valor, não estava preocupada de verdade com meu futuro profissional naquele momento. No final da reunião, o CEO fez algo surpreendente: ele criou um novo departamento interno para mapeamento de processos, e eu fui escolhida para fazer parte dessa nova equipe. Nos anos seguintes, continuei trabalhando nesse time, com grandes treinamentos em metodologias como Six Sigma e Kaizen. Cada projeto foi uma oportunidade de aprendizado, e eu me sentia cada vez mais preparada para enfrentar desafios maiores.

Contudo, um belo dia, uma novidade mexeu com minhas convicções: o CEO foi transferido para o Brasil. Quando soube, não sei porque, dentro de mim, algo começou a ferver. Não sei explicar direito, mas senti uma espécie de impulso, uma sensação forte que me dizia: eu preciso falar com ele.

Então, decidi tomar uma atitude ousada: pedir uma reunião com o CEO. Eu estava ciente de que era um passo fora da minha zona de conforto, mas a sensação de que esse poderia ser o momento da minha vida me impulsionou. A secretária do CEO, surpresa, passou meu pedido para ele e, no dia seguinte, fui recebida por ele. Sem perder tempo, compartilhei meu desejo de ir ao Brasil. Ele me ouviu atentamente, e nossa conversa foi muito mais fluida do que eu imaginava. Ele perguntou o que eu acreditava que poderia agregar e o que me motivava a ir para o Brasil. Quando a reunião terminou, senti que havia dado o primeiro passo rumo a algo grande.

Poucos meses depois, em fevereiro de 2010, recebi a confirmação da minha transferência para o Brasil. O CEO me ligou e perguntou se estava disposta a ajudar a melhorar os processos administrativos no Brasil. Sem hesitar, respondi que sim. E assim, em abril de 2010, eu deixei Istambul para seguir um novo caminho no Brasil, o país que viria a se tornar meu novo lar. Tudo começou com uma decisão corajosa de pedir uma reunião. Algo simples, mas que mudou a direção da minha vida.

Era um novo começo, e a cada dia eu me apaixonava mais pelo país. A comida, as pessoas, o ritmo da vida... Tudo era uma novidade emocionante. A adaptação não foi fácil, mas fui conquistando meu lugar pouco a pouco, me apaixonando cada vez mais pela cultura e pelas pessoas.

No trabalho, apliquei tudo o que aprendi nas metodologias de melhoria de processos e, com a ajuda da minha equipe brasileira, conseguimos implementar diversas mudanças que elevaram a eficiência da empresa.

A minha carreira também seguiu crescendo. Fui promovida várias vezes, trabalhei em diferentes áreas. Agora, em 2024, olho para trás e vejo como cada escolha, cada passo dado, me trouxe até aqui. Hoje, com meu filho e meu marido brasileiro, no Brasil, meu país adotivo, percebo que tudo começou com uma decisão: ao invés de esperar que as oportunidades viessem até mim, eu fui lá e criei a minha própria chance.

Essa é, para mim, a verdadeira essência de uma vida inspiradora: não se deixar paralisar pelas dificuldades, mas enfrentá-las de frente. A vida nunca será um caminho reto, fácil ou previsível. Mas o mais importante é a maneira como lidamos com esses desafios. Porque a forma como decidimos reagir a um obstáculo é o que realmente define o nosso destino.

A maioria dos grandes momentos da minha vida aconteceu quando eu decidi dar o primeiro passo, mesmo sem saber qual seria o próximo. Quando escolhi estudar Administração em vez de Medicina, quando decidi me candidatar para uma vaga em uma multinacional, quando aceitei o desafio de mudar para o Brasil. Nenhuma dessas decisões foi tomada com total segurança, eu sabia que havia riscos, mas também sabia que não poderia esperar para sempre por uma oportunidade que, talvez, nunca fosse aparecer.

Foi nesse processo de tomar decisões corajosas, mesmo sem garantias, que encontrei o segredo. Se você esperar o momento perfeito, ele pode nunca chegar. Mas, se você tiver coragem de criar esse momento, o mundo estará à sua disposição.

Quando olhei para trás, percebi que todas as oportunidades de mudança, de crescimento e de transformação vieram porque tomei decisões difíceis, porque não fiquei esperando que o momento certo caísse do céu. Não esperei pela sorte ou por um sinal. Percebi que a única coisa que posso controlar é a minha atitude. Tive coragem para seguir em frente e o mundo se abriu para mim.

Hoje, sou do mundo, não porque ele me pertence, mas porque sou capaz de explorar suas infinitas possibilidades. E nada disso seria possível sem o apoio incondicional dos meus pais, que, mesmo vendo-me trilhar um caminho diferente do que imaginaram para mim, sempre acreditaram em minha coragem de seguir a verdade que eu sentia. Agradeço profundamente a eles por me ensinarem que a maior herança que podemos deixar não é uma profissão ou um destino, mas a liberdade de ser quem somos e a coragem de fazer as escolhas que realmente acreditamos.

Que eu também tenha a habilidade de passar essa mesma confiança e liberdade para meu filho, para que ele saiba, assim como eu, que o mundo é dele para ser vivido, do jeito que ele escolher.

ELISA ALVES CAMPOS

elisacam@gmail.com
linkedin.com/in/elisaalvescampos

Jornalismo, propósito e sustentabilidade

O fato mais importante sobre a minha história pouco tem a ver comigo. E é assim que gostaria que fosse. Quero ser lembrada pelo que fiz. Não há nada de excepcional na minha biografia. Nasci em 17 de abril de 1984. A capa da Folha de S. Paulo daquele dia estampa a maior passeata das "Diretas Já" feita no país. Típico de jornalista prestar atenção a um detalhe desse. Mas, comigo não poderia ter sido diferente. Sou filha de dois jornalistas, com uma tia e um tio também jornalistas. Não era possível evitar a influência da Comunicação na minha vida. Chegada a hora da faculdade, no entanto, foi difícil escolher qual carreira seguir. Gostava de tudo. Não queria abandonar os livros de Biologia, nem dar adeus à Matemática. Mas, como ficar sem as aulas de História e Geopolítica? Prestei, literalmente, de Biomedicina a Economia. Mas, no final, o sangue falou mais forte. Minha mãe e meu pai, minhas maiores inspirações, haviam me revelado uma profissão interessante e instigante, ainda que desafiadora. Passei na USP em Jornalismo e por ali decidi seguir meu rumo.

Lembro ainda de uma das primeiras aulas, conduzida por Leonardo Sakamoto, em que os estudantes tinham de responder o que os tinha levado ao Jornalismo. Muitos disseram que fora a vontade de mudar o mundo. Não foi o meu caso, confesso. Nunca achei que o Jornalismo mudasse o mundo. Sempre acreditei que ajudasse a dar os subsídios para que a sociedade mudasse o mundo. Não creio que opinião e posicionamento político devam se misturar ao noticiário. Eu queria escrever, conhecer pessoas interessantes, ser testemunha de acontecimentos históricos e, sim, contribuir para uma sociedade mais justa.

O primeiro ano de faculdade foi divertido, como deveriam ser todos os primeiros anos de faculdade. Mas eu, uma nerd convicta, achava que faltaria substância na minha formação, se não tivesse uma área de especialização. Fui estudar Economia na PUC-SP. Queria entender como o mundo funcionava e achava que uma graduação na área me faria ver sentido onde muitas vezes não via nenhum.

Fiz as duas faculdades a partir de 2003. Depois de me formar em Jornalismo, em 2005, consegui meu primeiro emprego em uma redação: como repórter de Economia no Diário de S. Paulo, na época uma publicação do Grupo Globo. Os quase três anos que passei lá foram uma escola como poucas. Foi duro, mas raras vezes na vida aprendi tanto tão rápido. Uma das grandes lições veio da minha editora Vanessa Pessoa: "Nunca escreva um lide (primeiro parágrafo de uma matéria jornalística) burocrático". Não, eu não tinha espaço (nem tempo) para fazer um nariz de cera, mas isso não era desculpa para ser medíocre. Levei aquilo para a vida. Vale para os textos, vale para tudo.

Passados quase três anos no *Diário*, percebi que era hora de mudar. Devo a Nelson Blecher a oportunidade de entrar para a Época NEGÓCIOS. Foi ele quem me abriu as portas da Editora Globo, onde eu construí boa parte da minha carreira e estou até hoje. Cheguei logo após a crise de 2008, em janeiro de 2009, para trabalhar numa tal de internet — também como repórter de economia e negócios.

O jornalismo online, à época, ainda era visto como algo menor em boa parte das redações do país. Reportagens aprofundadas e análises de fôlego ficavam reservadas às versões impressas das publicações. No entanto, na Editora Globo, já havia a compreensão de que a internet seria o futuro do jornalismo. Nem todos morriam de amores pela ideia, mas os anos que viriam mostrariam que não se tratava de uma opção, mas de uma realidade. Ter identificado e apostado em uma área em ascensão em uma profissão hoje em muitos aspectos em crise me ajudou a construir uma carreira sólida.

Em 2012, após uma indicação de Nelson Blecher (novamente ele), concorri e ganhei uma bolsa de estudos para um curso de liderança de três meses nos EUA, na Universidade de Georgetown, o *Global Competitiveness Leadership Program*. A bolsa não só me proporcionou experimentar a vida acadêmica em uma universidade de elite americana como conhecer jovens promissores de diversos países da América Latina, do Uruguai ao México. Foi uma experiência única que me relembrou, assim como Sakamoto o fez no início da faculdade de Jornalismo, da importância de procurar propósito no que fazemos e combater a inércia que muitas vezes pode tomar conta de nossas vidas.

Com o lema "Inspiração para Inovar", a Época NEGÓCIOS nunca deixou de me provocar. Pude, nos últimos 15 anos, acompanhar de perto negócios revolucionários, tecnologias transformadoras e as tendências que moldariam o futuro. Nesta jornada, a repórter cresceu, rodou o mundo, virou editora e depois executiva. Ao meu lado, tive a sorte de contar com colegas que me inspiraram e me ensinaram a ser uma profissional melhor. Sem eles, não seria metade da jornalista que sou.

Trabalhar com Jornalismo no Brasil não é tarefa fácil. A missão de levar informação de qualidade aos leitores tornou-se mais desafiadora desde que comecei a minha carreira: a confiança na imprensa diminuiu, os hábitos de consumo de notícia mudaram, o Google e as redes sociais drenaram boa parte da verba publicitária que era direcionada aos veículos de imprensa. A importância de um Jornalismo bem feito, no entanto, é cada vez maior num mundo onde *fake news* se alastram feito rastilho de pólvora. E, principalmente, num mundo com necessidade urgente de mudança.

A preocupação ambiental sempre me acompanhou. Meu TCC em Jornalismo, publicado em 2005, foi sobre desenvolvimento sustentável. Na faculdade, sempre defendi esse tema como uma das grandes questões da nossa época. Fiz disciplinas optativas em ecologia, no Instituto de Biologia da USP. Mas ainda era um tempo em que ambientalistas eram vistos como "aquele pessoal que abraça árvore". Os anos passaram e as mudanças climáticas aos poucos foram ganhando vulto, saindo das discussões nas rodinhas de acadêmicos para ganhar o noticiário e afetar a vida de milhões de pessoas.

Foi ao final de um dia de trabalho, no último trimestre de 2019, que Sandra Boccia me chamou para lançar um desafio. Não era a primeira nem seria a última vez em que faria isso. Algo pelo qual sou muito grata. À época diretora editorial responsável pelos veículos Época NEGÓCIOS, PEGN, Globo Rural e Autoesporte, Sandra queria desenhar um projeto ambicioso para a cobertura da emergência climática, envolvendo todas as marcas da Editora Globo. A essa altura, os primeiros *benchmarks* internacionais nessa linha começavam a surgir, mas não havia nada parecido na grande imprensa brasileira.

Começava a nascer ali o *Um Só Planeta*, um veículo especializado na cobertura das mudanças climáticas que conta com redação própria e também com conteúdo produzido pelas outras marcas da editora, como Valor Econômico, O Globo, Galileu e Época NEGÓCIOS. Além de uma estrutura diferente, em rede, também queríamos que o Jornalismo do *Um Só Planeta* fosse original. Acreditávamos que a sucessiva divulgação de números negativos e alarmantes envolvendo a deterioração da saúde do planeta não nos levaria a nada, a não ser à apatia. Por isso, decidimos apostar no Jornalismo de soluções e ter como missão mostrar as iniciativas e ações mais promissoras realizadas no Brasil e no mundo na busca pela transição para uma economia de baixo carbono.

Tirar o *Um Só Planeta* do papel exigiu um esforço imenso. Marcos Coronato, editor-executivo da Época NEGÓCIOS, foi peça fundamental, ao articular a parceria com todas as redações envolvidas, sem as quais muito do brilho da iniciativa se perderia. Já o time de projetos e a equipe comercial da editora foram essenciais para viabilizar o novo veículo. Não foi fácil, ainda mais com uma pandemia nos atropelando no meio do caminho.

O *Um Só Planeta* foi criado oficialmente em fevereiro de 2021 e ganhou site (e vida própria) em abril daquele ano. Foi também o ano em que nasceu minha filha, a Malu. Lembro até hoje do enjoo insuportável que sentia enquanto o site ia finalmente ao ar. Esses dois nascimentos tornaram 2021 o ano mais especial da minha vida. Hoje o *Um Só Planeta* é o maior movimento editorial de combate às mudanças climáticas no Brasil. Já ganhou quatro prêmios internacionais, entre eles o Digital Media Awards Latam, a mais importante premiação do Jornalismo digital na América Latina. Mérito de toda a equipe de jornalistas que se dedicou com afinco ao nosso Planetinha, em especial Vanessa Oliveira e Sabrina Neumann, parte do time desde a primeira hora.

O *Um Só Planeta* é um dos meus grandes orgulhos como profissional. A emergência climática será a questão fundamental a ser enfrentada pela humanidade no século 21. É literalmente uma crise existencial. Como responderemos a ela, sem exageros, definirá como serão nossas vidas nas próximas décadas.

Uma das grandes frustrações de quem acompanha as COPs organizadas pela ONU é sempre encerrarmos os diálogos com acordos insuficientes para alterar a trajetória rumo ao abismo em que nos encontramos. Um dos papeis do *Um Só Planeta* é lançar luz sobre as mudanças climáticas para que a sociedade possa pressionar seus líderes a tomarem posturas mais responsáveis e efetivas. Porém, na minha opinião, essa não é a missão mais importante. Não será um punhado de políticos que irá salvar a Terra.

A mudança que fará a diferença cabe a cada um de nós. Está nas decisões do que comprar, do quanto comprar, de quem comprar. E em como nos livramos do que compramos. Está também nas nossas escolhas como eleitores. Já passou da hora de a questão climática entrar seriamente para o debate político. Decisões de organismos internacionais, de governos e órgãos reguladores, serão, sim, importantes, porém cabe a nós tomar o destino em nossas mãos. A missão mais importante do *Um Só Planeta* é essa conscientização. As palavras atribuídas a Gandhi nunca foram tão inspiradoras: seja a mudança que você quer ver no mundo.

ELISA GASPAR

+24 4924224056
elisa_gaspar@live.com
@dra.elisagaspar

Eu sou a primeira a viver a minha história

Sou angolana e vou partilhar com vocês um pouco de mim, minha superação, como fui levantada, puxada, potencializada e apoiada por homens e mulheres em diferentes ocasiões da minha vida e como fui um agente de mudança na vida de muitas famílias.

Meu nome Elisa significa "o meu Deus é um juramento", "Deus é abundância", "promessa divina"; "alegre".

Sou uma sexagenária, mãe, avó, de cor negra, cabelo castanho cacheado, porte atlético, 1,72m de altura, confiável, responsável e detalhista profissional que gosta de ver tudo funcionando perfeitamente, adoro explorar novas cidades e experimentar novas cozinhas, música, dança e adoro assistir concertos ao vivo. Sou uma pessoa que sempre faz o que acha certo e não o que é fácil. Tenho um pai que sempre foi muito exigente e correto, homem de princípios e valores, que me incentivam à tomada consistente de decisões éticas e morais, mesmo que isso exija de mim mais esforço ou sacrifício. Minha mãe foi uma mulher boa, gentil, incentivou-nos a tratar os outros com amor, compaixão e empatia, mesmo em situações difíceis.

Eu sempre vivi cada dia com muita intensidade, aprendendo tudo que fosse possível, viver o momento e aproveitar ao máximo a vida. Ainda adolescente, fiz cursos de datilografia, corte e costura, e educação de adultos; estes cursos foram uma mais valia para mim e para o meu povo. "Elisa, vais dar aulas de alfabetização aos trabalhadores do Ministério da Construção", ouvi de um homem, mas não acreditei. Sem dúvida, porém, minha maior satisfação foi ver homens e mulheres a aprender a escrever e ler, soletrar as palavras, ligarem as letras e depois ver pela primeira vez escrito o seu nome por ele próprio. Sinto até hoje a emoção estampada nos rostos deles quando se deram conta de que já sabiam escrever e ler seus nomes, com certeza fiz a diferença na vida de muitas famílias.

Aos 17 anos fiz uma formação intensiva de professores de artes plásticas, e dei aulas no 2º Nível. Servi o Exército do meu país num momento difícil, mas foi assim que outras mulheres também se alistaram para fazer a diferença e mostrar que nós mulheres podíamos assumir cargos e defender a pátria. Sempre acreditei em mim e em tudo o que faço. Sei que existe algo dentro de mim que é maior do que qualquer obstáculo. É muito importante ter autoconfiança e fazer disso uma prioridade na nossa vida.

Com 12 anos comecei a jogar basquetebol e hoje, como reformada do desporto, sou a primeira mulher presidente da mesa da Assembleia da Federação Angolana de Basquetebol, coordenadora das bolsas de estudo do Comitê Olímpico em Angola. Estas tarefas requerem introspecção e compreensão do que eu represento para o meu povo e inspirar outras mulheres a adotarem valores semelhantes. Cada degrau que subo é sempre uma vitória. Por trás de cada vitória está sempre muito trabalho e dedicação dando oportunidade a outras mulheres de participarem nos novos projetos.

Médica pediatra e o Banco de Leite Humano em Angola

Trabalho há 32 anos como médica pediatra, já exerci alguns cargos públicos relevantes, assessora de Informação Sanitária ao Ministério da Saúde de Angola, membro de direção e diretora clínica do posto médico do clube militar 1° de Agosto, responsável médica da seleção de voleibol da Zona VI, diretora geral do Centro de Desenvolvimento da Criança "Nova Esperança", membro permanente do Conselho Nacional da Criança e outros. Em muitas destas funções fui a primeira mulher em Angola e, com certeza, tenho sido exemplo para outras mulheres se afirmarem nos seus locais de trabalho para o bem de Angola.

Sou licenciada pela Faculdade de Pediatria Piragova, do Instituto Superior de Medicina da cidade de Vinnitsa, na antiga URSS, hoje na República da Ucrânia, cidade onde tive bons e memoráveis momentos. No início foi difícil, o povo, a cultura, a língua, a alimentação as temperaturas baixas, a neve, etc, era tudo novidade para mim, foi um aprendizado de sete anos que valeu para o meu crescimento técnico, profissional, social e cultural, conheci muita gente, estudantes de vários países mas sobretudo ganhei uma família, a família Kravetc, com uma mãe, um pai e uma irmã para a vida toda. A irmã Irina foi minha colega de turma com quem falo quase todos os dias, dividimos nossos momentos bons e menos bons, e sempre que possível passamos férias juntas num país combinado previamente. Depois da minha formação, voltei algumas vezes a Vinnitsa, pois no final da nossa formação comprometemo-nos que de cinco em cinco anos encontrar-nos-íamos no Instituto para celebrarmos e partilhar todos os acontecimentos dos cinco anos. O primeiro encontro de tantos outros foi marcante para cada uma de nós. Muito choro de emoção, cada um tinha a sua história para contar.

O primeiro ano foi dedicado ao aprendizado da língua Russa, a cultura, etc. Aprendi músicas russas e ucranianas e assim cantava nas atividades culturais da faculdade. No ano de 1996 houve o festival de estudantes em Moscovo e fui a única mulher escolhida para fazer parte da delegação que representou o Instituto Piragova, fiz dupla com um colega colombiano e cantamos algumas músicas no festival, ganhamos o segundo lugar e daí passamos a ser conhecidos e convidados para cantarmos nas diferentes cidades da URSS, sempre com sucesso. Apresentávamonos com diferentes trajes tradicionais da Ucraína. Fui capa de revista e de diversos jornais que contavam parte da minha história enquanto estudante em Vinnitsas, o cruzeiro no mar Negro com estudantes estrangeiros de todas as repúblicas da URSS, onde passei a experiência das raízes da cultura do povo angolano.

Potencializada por um homem, ganhei a paixão pelo Banco de Leite Humano. Foi quando conheci o pesquisador Dr. João Aprígio, na 54ª Assembleia Mundial de Saúde em Genebra, em 2001. Nessa ocasião a Organização Mundial de Saúde (OMS) considerou o trabalho da Rede Brasileira de Bancos de Leite Humano como o que mais contribuiu para e redução da mortalidade infantil e para a promoção do aleitamento materno dentre todos os que foram desenvolvidos na década de 90, e a ele foi entregue o Prêmio SASAKAWA de Saúde 2001. Eu já tinha a experiência de ter sido dadora de Leite Materno em Vinnitsa, quando nasceu o meu primogênito. Convidei outras profissionais para trabalharem comigo no projeto em Angola e hoje já temos cinco anos de Banco de Leite Humano. Na pandemia de Covid-19, com as restrições e todo cumprimento rigoroso de normas, as doadoras habituais não podiam sair de casa para doar seu leite; ficamos com baixa do estoque e tivemos que nos reinventar. Pedimos apoio ao comandante dos Bombeiros que prontamente fez uma parada com o efetivo feminino do Quartel General principal, então setecentas mulheres que estavam na fase de amamentação se organizaram e, com uma escala, foram doando leite materno para os bebês necessitados internados na UCI. O grande trabalho do Banco de Leite teve muita visibilidade para a população angolana, que ficou sensibilizada e entendeu qual a importância do Banco de Leite. De tanto falar nas rádios, nas cadeias televisivas, na imprensa escrita, sobre os benefícios do leite materno, e da função do Banco de Leite, ganhei o apelido carinhoso de "Mãe do Leite Materno". Por outro lado, é gratificante saber que estes programas foram ferramentas poderosas de comunicação e de maneira eficaz com o público para transformar a mentalidade de pessoas, levando ao sucesso e à felicidade de muitas famílias e, principalmente, as que tinham preconceito (tradições) de que não se podia doar leite humano.

Com o apoio de várias mulheres e homens, fui a vencedora do prêmio Divas de Angola, em 2017, na categoria *Diva da Saúde*, título que ostento até hoje, porque a faixa ainda não passou para outra mulher.

Prêmio no Brasil

Mulheres que Mudaram a História de Pernambuco é um prêmio instituído para homenagear mulheres que nas diferentes atividades lutam para tornar nossa sociedade mais justa e ética, contribuindo assim para um mundo melhor. Este é um prêmio que recebi dez anos depois de ter saído do Recife, PE, no Brasil, onde fiz um mestrado em Saúde Materno Infantil, no Instituto Materno Infantil de Pernambuco–IMIP. recebi o prêmio como reconhecimento pelo meu trabalho de dissertação com o título de *Malária Congênita numa Maternidade Pública em Angola*, e pelos trabalhos voluntários que fui fazendo enquanto estudante do mestrado, como costurar roupinhas para as crianças do Hospital do Câncer do Recife. Para mim foi muita satisfação ao saber que tive o reconhecimento e a indicação de outras mulheres, até hoje sinto-me valorizada e muito agradeço às mulheres pernambucanas.

Graças a uma amiga Brasileira que me passou o *link* de inscrição, em 2012 em Madrid, na Espanha, terminei e recebi o Diploma Superior de Saúde Pública Internacional da Escola de Saúde Pública Carlos III. Experiência e vivência sem igual, foi um dar e receber aprendizado com os colegas dos diferentes países.

Ajudar à comunidade é uma forma de fazer filantropia, é um valor da responsabilidade pessoal que causa impacto positivo no mundo, foi assim que com um grupo de mulheres criamos outro projeto, a "Sopa do Amor", uma sopa distribuída a mulheres internadas em uma maternidade pública e a outras pessoas mais necessitadas da comunidade.

Agradeço a Deus todos os dias pelo meu crescimento pessoal, por me capacitar e dar habilidades para liderar com sucesso as equipes que eu dirijo.

Dirijo equipes multifuncionais, e aqui falo-vos como a primeira mulher bastonária da Ordem dos Médicos de Angola, uma das maiores associações de profissionais médicos em Angola.

Tem sido um gerenciamento de projetos complexos da classe médica angolana, um trabalho produzido de forma consistente, revisando meticulosamente os documentos, resolução de problemas, colaborando de forma eficaz com os colegas para atingir objetivos compartilhados e criar um ambiente de trabalho positivo. Para tudo isso foi necessário adaptação, flexibilidade e resiliência para as rápidas mudanças. A capacidade de comunicar com eficácia com os funcionários da Ordem dos Médicos foi importante para avaliar seus pontos fortes e fracos, para poder diferenciar o potencial uns dos outros e alcançar os objetivos para o qual fui eleita pela comunidade médica de Angola.

Foi seguindo práticas, recomendações dos estatutos e fornecendo orientações claras e convincentes de conquistas que pude efetivamente mostrar meu valor e em maio de 2022 fui eleita vice-presidente da Comunidade Médica de Língua Portuguesa (CMLP), numa direção composta por homens dos diferentes países da CPLP, foi mais um desafio e experiência de eu poder explorar meus pontos fortes e pontos fracos. Foram várias as propostas feitas, formação continuada dos profissionais médicos dos países africanos da CPLP, abertura das fronteiras para uma melhor mobilidade migratória entre os membros dos países da comunidade, revisão dos estatutos da Comunidade Medica da CMLP, contribuição dos países para que a associação possa financeiramente ter uma base sólida para sustentar a execução das suas atividades.

A jornada pela vida é marcada por desafios, superação de adversidades, lições e rotinas diárias envolvidas na construção de um futuro próspero. Compartilhar a minha história individual com várias parceiras é compreender o propósito de superar obstáculos, compartilhar experiências, ganhar lições de vida valiosas, inspirar e motivar outras mulheres e homens a contarem suas histórias de vida.

Dentro desse propósito de inspiração está minha família. Sou mãe do Yoroslav de Jesus, formado em Gestão; mãe da Irina de Nazaré, formada em Medicina, e avó babada de seis, três meninas e três rapazes. Sempre estamos todos juntos, e não tem preço a alegria e a felicidade que sinto no meu coração.

Termino com esta frase, popularizada por Mahatma Gandhi,

"Seja a mudança que você deseja ver no mundo."

ELIZANA BALDISSERA PARANHOS

linkedin.com/in/elizana-baldissera-paranhos-83314111b
@hospitaldeamor
@agrogija
@mulheresdoagrosemeandoavida

A vida é uma lavoura, escolha as sementes com sabedoria

Conto aqui a história de uma menina que cresceu no campo, apaixonada pela natureza, por plantios e colheitas, por seus ciclos e ritmos.

Cantora, viajante, falante, curiosa, otimista; tornou-se agrônoma e agricultora. Sempre quis ter uma grande família, casou-se com Fernando, seu melhor amigo da faculdade e com ele realizou o sonho da maternidade com a vinda dos gêmeos João Pedro e Maria Fernanda (2012), Maria Tereza (2018) e Maria Alice (2021).

Uma menina sonhadora, intensa, inquieta, cheia de ideias e rodeada de amigos. Tornou-se uma mulher de fé, resiliente, sempre em busca do SIM.

Essa sou eu, Elizana de nascimento e carinhosamente chamada de Gija por todos. Mãe, esposa, filha, semeadora, inconformada com as assimetrias do mundo.

Cresci em um lar onde o amor era vivido de forma simples e verdadeira. Meus pais, sempre presentes, me ensinaram desde cedo o valor de ajudar, dividir e celebrar as pequenas conquistas da vida.

Minha mãe Sumie, filha de um imigrante japonês e de uma brasileira, era professora, de uma humildade sem igual, caridosa e acolhedora. Sempre envolvida em causas sociais, durante anos, alimentou e abrigou um homem que morava na rua, cuidou de cães abandonados, ajudou famílias, crianças, hospital, asilo. Com ela, aprendi a ver o mundo com outros olhos, sem egoísmo, aprendi que o papel da mulher é gerar: filhos, valores, união e esperança.

Minha avó Tereza era o retrato da força e da determinação. Empreendedora nata, administrava uma hospedaria enquanto criava seus seis filhos, acumulando o papel de RH, financeiro e colaboradora ao mesmo tempo. Foi com ela que entendi a força que trazemos dentro de nós, aprendi que uma mulher pode estar à frente de um negócio e a enfrentar desafios com coragem e não desanimar jamais.

Meu pai Leomir, descendente de imigrantes italianos, um homem íntegro e visionário, trabalhou duro desde cedo para alcançar seus objetivos. Ele me empoderou muito cedo quando me ensinou a fazer coisas incomuns para mulheres, como dirigir trator e caminhão. Com ele aprendi a sempre raciocinar antes de tomar qualquer decisão, aprendi que é preciso se arriscar para evoluir e seguir confiante mesmo frente às decepções. O gosto pelas coisas simples do campo, o amor ao trabalho com a terra e os frutos que dela colhemos veio da convivência com ele, minha fonte de inspiração.

Com meu marido Fernando, aprendi o verdadeiro significado do Amor. Juntos construímos uma linda família, com uma base sólida e é no dia a dia, nos desafios e conquistas que fortalecemos nossa união.

A minha trajetória de vida é como uma árvore, cujas raízes profundas foram firmemente moldadas pelos ensinamentos, princípios, valores e convivência com eles formando o meu caráter e quem hoje sou.

Tenho muito orgulho de ser mulher e estar inserida num segmento majoritariamente masculino, de produzir alimentos de forma sustentável, de investir em tecnologias, em construção de solos, num país assimétrico, continental, com 81% de matriz energética limpa e 66% de território preservado (fonte IEA e EMBRAPA). Sou extremamente realizada e feliz por saber que o amor que tenho à minha profissão nutre e alimenta outras vidas. E diariamente busco educar os meus quatro filhos da forma como fui criada, próxima da natureza, entendendo seus ciclos e ritmos, pois quem tem pertencimento aprende a cuidar e é um jeito de criar cidadãos mais conscientes sobre preservar para outras gerações. Pessoas próximas da natureza estão mais próximas de si.

Sempre tive o desejo pelo conhecimento e fui uma menina dedicada aos estudos, a maior parte realizado em escola pública. Com uma vontade imensa de conhecer o mundo, aos 15 anos fui para Cambridge estudar inglês (1996), no estágio obrigatório da faculdade fui para Universidade da Califórnia, em Davis / EUA (2001) e após a formatura em Agronomia ganhei uma bolsa de estudo para o mestrado em Tóquio, no Japão. Lá, além da parte acadêmica, aprendi sobre *excelência* e uma palavra que trago comigo e ensino aos meus filhos todos os dias, *Gambatte*, que significa "Dê o melhor de si". Também aprendi sobre *resiliência* e *inteligência emocional*, num país que está localizado sobre a junção de placas tectônicas e com terremotos frequentes a palavra "shouganai" (não tem o que fazer) me ensinou a manter a calma e a dominar os meus sentimentos mesmo sob condições extremas de estresse.

Durante dois anos tive a oportunidade de conviver com pessoas de diversas culturas, estava num país xintoísta e budista, eu era católica e tinha amigos hindus e muçulmanos e com esta riqueza espiritual aprendi que *gratidão* é algo universal. Essas vivências com pessoas, lugares e culturas distintas me fizeram ver a vida de uma forma diferente.

Mas, o sentimento de solidariedade só aflorou em mim com a partida da minha mãe, em 2018, vítima de um AVC. Ela sempre teve uma conexão profunda com os mais necessitados, reconhecia a humanidade no outro e tinha uma forma de amar genuína e humilde. Logo após a sua partida, numa mescla de sentimentos, refleti o quanto havia sido abençoada por ter nascido de uma mãe tão especial que sempre buscou minimizar a dor e levar esperança a quem precisava e senti que a única forma de retribuir essa gratidão seria continuar fazendo o que ela fazia, dar continuidade ao seu *legado*.

Não sabemos o que vamos enfrentar na vida, mas podemos escolher como vamos enfrentar as mais difíceis situações. E eu, que na época estava grávida de seis meses da minha terceira filha, decidi transformar a *dor* em *gratidão*. E foi preciso que ela partisse para nascer em mim esse olhar mais atento ao próximo, para eu perceber o quanto poderia ser usada para tornar a vida de outras pessoas melhor e que eu poderia levar alegria, dignidade e *Amor*.

Assim nasceu o Projeto Ninho, e a escolha por esse nome foi pelo fato de que é no ninho que se tem o amor de uma família, é no ninho que são transmitidos os princípios e valores de uma família e é do ninho que a águia empurra seus filhotes quando estão prontos para voar. O Projeto Ninho não tem um estatuto, burocraticamente nunca saiu do papel, ele é a união de pessoas que se juntaram para fazer o bem. E, desde então, muitas coisas aconteceram. Hortas nas escolas, palestras motivacionais, distribuição de cestas básicas e cobertores durante a pandemia, apoio a projeto esportivo e a curso profissionalizante, capacitação de jovens e mulheres.

Em meio ao meu sofrimento, experimentei a generosidade que surgia da partilha e minha dor ficou pequena frente a tantos desafios que encontrei. Vivendo o amor sincero, tenho ajudado outras pessoas e continuo sendo curada a cada dia.

Inteligência emocional é conseguir transformar nossos gatilhos em bons sentimentos. Eu não me revoltei contra o mundo, contra Deus por ter levado a minha mãe de uma forma tão brusca, tão repentina, eu fui capaz de transformar a minha dor, a minha saudade vivenciando o *amor ao próximo*. A cada nova ação, mais meu coração se acalmava e mais motivada eu ficava.

Ao longo desses anos uma corrente do bem se formou, com pessoas que realmente se importavam com a dor alheia, que estavam dispostos a oferecer aquilo que podiam. Seguem alguns exemplos desta nossa união:

Pequenos gestos, grandes conquistas

Capacitação — Em um treinamento que fizemos para professores, o *coach* doou sua palestra, a padaria doou o lanche, o supermercado as bebidas, uma amiga levou uma toalha de mesa e lindas louças, a outra trouxe vasinhos de flores, a outra fez a arte e as plaquinhas com frases motivacionais, outras três pessoas ensaiaram e receberam os professores cantando, uma outra fez as lembrancinhas, enfim cada um doou um pouquinho do que podia, doou seu tempo, seus dons e pequenos gestos fizeram aquelas pessoas se sentirem muito especiais naquele momento.

Horta nas escolas — O Projeto Ninho chegou a ter hortas em 10 escolas através de uma parceria entre um produtor rural e um agrônomo de uma empresa que apadrinhava a escola. Em umas das colheitas realizadas com as crianças, uma menininha de 6 anos olhou para mim e disse: — Tia, eu nunca comi alface, mas essa que eu plantei, eu adorei! Além de ensiná-los sobre os ciclos da natureza, de mostrar que entre plantios e colheitas existe o cuidar, também despertou nas crianças um interesse por uma alimentação mais saudável na medida que estavam tendo a oportunidade de produzir e consumir seu próprio alimento.

Serenata no asilo — Durante a pandemia, recebi a notícia de que os idosos do asilo estavam muito tristes por presenciarem amigos partindo a toda hora. Visitas não eram permitidas devido ao risco de contaminação. Decidi então fazer uma serenata. Fui até o supermercado, comprei pasta, escova de dente, sabonete e fio dental e montei uns kits de higiene para presenteá-los. Chamei alguns amigos, mas como era feriado somente uma prima pode vir. Separamos em sacolinhas, meus filhos fizeram desenhos e bilhetinhos com mensagens e fomos até lá. Um violão, bexigas, umas lembrancinhas e muito amor no coração. Eles colocaram os idosos para fora, numa sacada e nós ficamos longe, na parte de baixo cantando para eles numa tarde ensolarada. No dia seguinte recebi um *feedback* de como uma pequena ação pudera mudar o clima e dar ânimo às pessoas daquele lugar.

Apoio ao Hospital de Amor — Com meu irmão Leandro e nosso amigo Sidney, sonhamos e criamos o Farm&Beer, um evento especial e cheio de propósito, voltado para os profissionais do agronegócio. Mais do que um encontro técnico, é uma celebração da solidariedade, com o objetivo maior de apoiar o Hospital de Amor de Barretos, referência em tratamento oncológico na América Latina, devido à sua qualidade e nível de humanização, mantido prioritariamente por doações da comunidade e artistas.

Em 2023, tivemos a alegria de arrecadar quase um milhão de reais, um valor que significa vidas salvas e tirar pessoas da fila de espera.

O Farm&Beer é a prova de que a união transforma sonhos em realidade. Cada pessoa que participou desse projeto doou algo único e valioso: o palestrante compartilhou seu conhecimento, a decoradora emprestou seu talento, o churrasqueiro trouxe sua arte de assar carnes, o cantor encantou o público com sua música e os produtores compraram o ingresso. Todos, juntos, formaram uma corrente de generosidade que não tem fim. Cada elo representa alguém que escolheu fazer o bem, e o resultado é grandioso: vidas impactadas, laços fortalecidos e uma certeza renovada de que, quando nos unimos, somos capazes de realizar o extraordinário.

Apoio às carretas de prevenção ao câncer de mama e colo de útero — Visa fomentar o apoio das mulheres do agronegócio às carretas de prevenção de câncer de mama e colo de útero do Hospital de Amor de Barretos. Esta doença, muitas vezes agressiva e de tratamento difícil, atinge famílias e amigos, como se fosse algo contagioso. E a distância de centros de tratamento é como uma sentença de morte para quem está numa corrida contra o tempo, pela vida.

São 57 carretas equipadas com mamógrafos que rodam o Brasil com profissionais capacitados, chegando até a Amazônia e lugares onde o acesso a exames é distante e precário. Em 2023, foram realizadas 292.335 mamografias, com média de 1.005 exames/dia e 130.880 exames de papanicolau em 2.380 municípios brasileiros. O déficit mensal dessas carretas chega a 7 milhões de reais e por isso esse trabalho é necessário, para sensibilizar a sociedade civil a apoiar esta causa tão nobre. Não importa onde estejam, elas não estarão sozinhas e o diagnóstico precoce levará uma sobrevida a milhares de mulheres que vivem na marginalidade. Para saber sobre até onde essas carretas chegam procure por Expedição HA Amazônia ou acesse o link pelo QR Code:

Hoje, ao olhar para tudo o que tem acontecido, vejo como minha dor se transformou em FORÇA e como o amor ao próximo foi capaz de me curar. Cada ação me faz sentir mais conectada à essência da vida, me faz sentir a presença da minha mãe, a presença de Deus mostrando que, mesmo nos momentos mais difíceis, podemos encontrar propósito e gerar mudanças.

Servir é como plantar em solo fértil. Cada gesto de bondade, cada palavra de conforto, cada nova ação é como uma semente depositada na terra. Ao plantar amor no coração de alguém, cultivamos o mesmo amor em nós, e esse ciclo nos conecta e nos fortalece. Ao nos dedicarmos a essa "lavoura" de amor ao próximo, inevitavelmente colhemos frutos de esperança, dignidade e gratidão.

Por mais plantios e colheitas e um mundo mais humano... Eu seguirei semeando...

"Como um farol que brilha à noite, como ponte sobre as águas, como abrigo no deserto, como flecha que acerta o alvo. Quero ser usada, da maneira que te agrade, em qualquer hora e em qualquer lugar, eis aqui a minha vida, usa-me Senhor". (Trecho da música Sonda-me, usa-me, de Aline Barros).

ELŻBIETA LENDO

linkedin.com/in/ela-lendo-6445492a5

Dançando na chuva: coragem e paixão na hospitalidade

"A vida não é sobre esperar a tempestade passar, mas sobre aprender a dançar na chuva."

No início, eu não tinha ideia de que a indústria da hospitalidade se tornaria minha paixão e minha vocação. Meu mundo começou longe do turismo — sou filha de uma família que trabalhava arduamente na fazenda. Lá, entre o aroma da grama recém-cortada e o nascer do sol, aprendi uma lição crucial: o trabalho com responsabilidade exige colocar o coração naquilo que se faz. Quando iniciei meus estudos em Economia, eu não sabia que a vida estava prestes a me levar para um mundo totalmente novo.

O começo foi como mergulhar de cabeça em águas profundas — recebi a oportunidade de liderar a reestruturação financeira de uma empresa hoteleira. Era uma decisão arriscada, e eu precisava decidir rapidamente. Embora não tivesse experiência na área, algo despertou dentro de mim. Meu coração sussurrou: "É isso!" A hospitalidade é um universo repleto de desafios e fenômenos que precisam ser transformados em oportunidades. E comecei a enxergar essas oportunidades em todo lugar.

Anos se passaram, e eu não apenas assumi a gestão, mas também redefini como as pessoas viam a indústria da hospitalidade. Eu tive que dançar na chuva para sobreviver. Crises, problemas, decisões de última hora e desafios diários se tornaram minha nova normalidade. Em vez de sucumbir à pressão, tirei força dela. Sempre que a chuva caía, eu me levantava, sacudia a poeira e seguia em frente com um sorriso, confiante de que era capaz de lidar com tudo.

Embora estivesse cercada majoritariamente por homens que ditavam os padrões da indústria, recusei-me a deixar que sua predominância me desanimasse. Pelo contrário — tornei-me rival deles, não no espírito de competição, mas de inspiração. Uma mulher na hospitalidade não é apenas uma figura sorridente atrás da recepção. Ela é uma líder, alguém capaz de tomar decisões difíceis que nem sempre são populares, mas que levam ao sucesso. Eu não tenho medo de mudar o *status quo*. Quando os outros recuam, eu avanço e mudo as regras do jogo. Provei que uma mulher na hospitalidade pode ser não apenas uma líder, mas também uma força motriz para a inovação.

Passei a enxergar cada falha como uma lição e cada desafio como uma oportunidade. Trabalhar na hospitalidade é uma batalha constante — não sobre quem gerencia melhor, mas sobre quem sai mais forte da tempestade. E é isso que importa. A mudança tornou-se minha rotina diária, e cada uma trouxe resultados novos e melhores. Eu sabia que precisava liderar pelo exemplo, tomando cada decisão com total responsabilidade.

O que construí vai além do sucesso profissional. É uma equipe de pessoas que compreendem o valor do trabalho em equipe e do apoio mútuo. Hoje, sei que um líder não é apenas alguém que toma decisões difíceis, mas também quem entende as necessidades dos outros e os ajuda a realizar seu potencial. Nos meus hotéis, todos têm a chance de alcançar seus sonhos pessoais.

Minha família é meu alicerce — meu marido, que esteve ao meu lado todos esses anos, me proporcionando segurança, e meus dois filhos, que estão começando a se aventurar no mundo que faz parte da minha vida cotidiana. Meu filho mais velho trabalha em meus empreendimentos, aprendendo na prática porque acredito em oferecer a eles a mesma oportunidade de crescimento que um dia eu tive.

Minha vida é uma história de coragem e paixão, sem espaço para monotonia. Ser líder não é apenas controlar situações; é criar condições para que todos que trabalham comigo se sintam realizados. Este trabalho me traz alegria. Observo as pessoas crescerem e desenvolverem seus talentos, e sei que o que comecei há mais de 30 anos tem significado.

Às vezes, precisei dançar na chuva, mas agora sei que a chuva foi meu combustível. Minha maior satisfação é ver aqueles com quem trabalho prosperarem, desenvolverem seus talentos e alcançarem o sucesso. Juntos, mostramos que o sucesso não é apenas o resultado do trabalho árduo — é o produto da paixão e da crença naquilo que fazemos. E, enquanto a vida profissional é uma grande dança, agora eu sei uma coisa — não tenho medo da chuva.

Ela apenas me faz dançar melhor.

ERIKA PRIETO

linkedin.com/in/erika-prieto-92162326
@rk_prieto
Rk_prieto@icloud.com

Da distração para a ação

Quero contar aqui a história de uma mulher que um dia foi distraída e como ela transformou essa distração em ação. Essa história começa assim...

Nasci numa manhã de março em Araçatuba, SP, minha mãe conta que foi tudo muito rápido, que quase não deu tempo de chegar ao hospital, pois eu já estava nascendo. Acredito que já nascemos com algumas características bem marcantes e, com certeza, essa ligeirice e não gostar de ficar presa em nenhum lugar iriam me acompanhar por toda vida.

Nascida em uma família espanhola de mulheres fortes e à frente de seu tempo! A maioria delas professoras, profissão muito valorizada na época e majoritariamente feminina. Educadoras, que souberam tão somente educar seus alunos, mas educaram também as mulheres e homens de nossa família, com amor, coragem e generosidade.

Sou a filha mais velha de três irmãs, minha mãe era professora e meu pai militar. Tivemos uma infância/adolescência sem muito luxo, pois, a inflação na época não nos permitia, mas com muita liberdade (como a maioria das crianças nos meados dos anos 70-80), o que nos trouxe a possibilidade de passar por diferentes experiências e aprender com elas.

No início dos anos 90, terminei o ensino médio e optei por fazer Zootecnia, na época uma profissão nova e bastante masculina, e, sendo bem sincera, não sei dizer se essa opção foi por vocação ou para agradar meu pai, que como *hobby* tinha umas vaquinhas de leite, ou se foi porque queria ter uma experiência fora de casa, mas a razão dessa decisão já ficou para trás, e o que importa é que ela influenciou muito o que sou hoje.

Terminei minha graduação e tive minha primeira experiência profissional no Chile. Cheguei ao Chile em pleno inverno de 1997, levando na bagagem sonhos, medos e todas as minhas roupas de inverno, usadas nos invernos de Araçatuba (para quem não conhece, umas das regiões mais quentes do estado de São Paulo).

Os medos foram se dissipando, os sonhos mudaram ao longo do caminho e minhas roupas de "inverno" foram usadas somente no final da primavera chilena, para não dizer já no verão.

Passei três anos incríveis nesse país, cheguei sem falar uma palavra em espanhol e voltei lembrando pouco do nosso português.

Trabalhei em uma empresa na área de Operações, eu era a única mulher na fábrica e uma das poucas mulheres em toda a empresa. Passados os meses de adaptação com idioma, comida, amigos etc., posso dizer que minha alma deve ter andado pelo Chile em outras vidas, pois, sempre me senti em casa nos anos que lá vivi.

Voltei ao Brasil no início do ano 2000, pois fui diagnosticada com leucemia mieloide crônica, e a cura seria um transplante de medula óssea, e naquela época o Brasil já era uma referência neste tipo de tratamento.

Deixei tudo para trás no Chile e, como dizem aqui, voltei "sem eira nem beira", mas com uma família maravilhosa me esperando e me apoiando.

Entrei na fila de transplante do SUS e, seis meses depois, realizei um bem-sucedido transplante de medula óssea, com uma de minhas irmãs como minha doadora.

Após este incidente, a indicação médica era que não voltasse a trabalhar na indústria, pois seria um ambiente não apropriado para um transplantado.

Essa indicação médica para mim foi absurda, mas como ainda estava me recuperando, deixei de lado, pois ainda não tinha energia suficiente para brigar, mas com certeza esse dia chegaria.

No início de 2002, exatamente 1 ano e 3 meses após meu transplante, voltei ao mercado de trabalho! Lógico que não dentro da *operação*, como eu gostaria, mas em uma posição mais administrativa, que foi perfeita para meu recomeço.

Trabalhei nessa empresa por oito anos e percebi que era hora de um novo desafio, queria ter a experiência como gestora de pessoas, pois até então tinha atuado como contribuidora individual.

Como acredito na força e na energia do pensamento, comecei a focar no trabalho, muito mais do que planejar essa mudança, e em pouco tempo as coisas se encaminharam e consegui uma oportunidade em uma nova empresa.

Mesmo com medo da mudança, não me sentindo preparada e principalmente com dor no coração de deixar as pessoas que me deram a oportunidade de recomeçar, optei por mudar, pois, além da posição de gestora de pessoas, voltaria para dentro da operação.

Passei três anos nessa empresa e foi um experiência incrível, no começo bastante estressante, pois obviamente dei um passo maior que minha perna, definitivamente liderar processos não tem nada a ver com liderar pessoas e não há melhor maneira de aprender do que a prática.

Como ganhei confiança com essas experiências, decidi que era hora de mudar de novo e aceitei um novo desafio, nova empresa, nova posição e novas experiências. Viajei o Brasil de Norte a Sul, conhecendo diferentes maneiras de operar, a cultura da empresa, aprendendo e treinando pessoas, vivendo novas culturas, experimentando novos sabores, uma escola que me ensinou muito.

Após um ano e meio trabalhando em algum rincão deste Brasil, recebi um telefonema do meu antigo gestor me convidando a assumir um novo cargo e voltar para a empresa anterior.

Pedi para pensar um pouco, pois ainda tinha muitos desafios onde estava, refleti e decidi voltar, pois fazia mais sentido no momento da minha vida.

Recomecei, mas desta vez foi um recomeço mais simples, pois, já conhecia a maioria das pessoas, a cultura da empresa e fui muito bem recebida.

Em todos esses momentos que descrevi até agora, desde lá no princípio, sempre tive muito apoio, pessoas que me deram oportunidades, ensinaram, orientaram, desafiaram, tenho certeza de que este caminho não seria possível sem todas essas pessoas.

Elas me ensinaram que o erro faz parte do processo, que não preciso saber tudo e nem ter as respostas na ponta da língua, me tornei mais generosa comigo mesma e consequentemente com os demais.

Mas, eu ainda estava bem distraída...

Um certo dia, a líder de RH e meu gestor na época, me chamaram para uma reunião para me comunicar que a empresa estava formando um grupo de mulheres em operações no Brasil e eu tinha sido indicada como representante da nossa operação.

Minha reação inicial não foi nada boa, disse que não tinha tempo para um projeto como esse, que estávamos com muitos projetos em andamento e não conseguiria me dedicar, indiquei nome de várias outras pessoas, que entendia que poderiam nos representar muito bem, enfim, gastei todo meu bom português, sem nenhum sucesso, pois, no final eles me disseram que eu era a pessoa certa para este grupo.

Aceitei, muito a contragosto! E me perguntava: para que?! E por que deveríamos criar um grupo de mulheres em operações?

Naquele momento, estava tão distraída, que isso não fazia nenhum sentido para mim. Eu pensava: sempre estive em operações e nunca tive nenhum problema por ser mulher, nunca senti discriminação, nunca tive barreiras, sempre alcancei meus objetivos etc., etc. e tinha todos os argumentos muito bem estruturados em minha cabeça e acreditava em todos eles.

Bom, mas como tinha aceitado e como uma perfeccionista nata, me comprometi a fazer a coisa bem-feita, mesmo sem saber o que teria que fazer. E, nesse momento, eu continuava acreditando que não era necessário ter um grupo específico para mulheres em operações.

No início de 2015 nasceu o MOB – Mulheres em Operações no Brasil, e com ele nasceu um nova Erika!

Naquela época formamos um grupo de nove mulheres, sendo uma delas a líder do grupo e as demais chamadas de coordenadoras, que representavam cada um dos negócios da empresa, todas mulheres em operações.

Nossa primeira reunião foi apoiada por uma consultora externa, ela nos trouxe dados estatísticos globais sobre mulheres no mundo, no mercado de trabalho, na liderança etc.; nos mostrou o que outros grupos de mulheres estavam fazendo ao redor do mundo e também dentro da nossa empresa em outros países, o porquê da importância das "Redes de Apoio" e nos deu algumas dicas de como nos organizar como: "Rede de Apoio".

Eu jamais vou esquecer essa primeira reunião, pois, saí de lá devastada! Onde eu estava que não vi, não dei importância, não ouvi todo esse ruído que estava ao meu redor? Que mundo eu estava vivendo? Eu me considerava uma pessoa e profissional, super atenta às necessidades das pessoas, com um alto senso de justiça, uma líder experiente... Meu mundo caiu!

Reconhecer-me como uma mulher distraída me doeu e me feriu profundamente, me lembro de que demorei alguns dias para entender tudo isso, revisitei toda minha vida, parei e reconheci todos os momentos em que tive que superar barreiras, preconceitos, limitações e desrespeitos, por ser mulher.

Naquele momento, tinha duas opções: desistir de participar do grupo por não me sentir capaz de contribuir, já que era uma mulher distraída, ou transformar minha distração em ação. E, lógico, fui pela segunda opção.

Decidi não colocar energia em entender os porquês de ter sido uma mulher tão distraída até aquele momento e sim focar em quais ações estavam nas minhas mãos, pois para mim estava muito clara minha responsabilidade, ou melhor, minha missão como parte dessa Rede de Apoio.

O MOB me ajudou em meu processo de educação, logo no início recebemos de presente o livro: *Faça Acontecer*, de Sheryl Sandberg. No livro ela descreve por que a equidade de gêneros é importante e que ainda há muito que fazer, mostra também o que precisamos fazer e quais as vantagens dessa equidade. No livro tem uma frase que me marcou muito e levo para a vida, ela diz: "Feito é melhor que perfeito. (...) mirar a perfeição causa frustração".

E, a partir desse momento, com toda nossa imperfeição o MOB definiu seu perfeito plano de ação, onde incluía trabalharmos com Barreiras Físicas, Barreiras Culturais e Educar.

Nas barreiras físicas, trabalhamos na quantidade e qualidade dos banheiros femininos nas fábricas, salas de amamentação, vagas para gestantes no estacionamento; etc. Discutimos também como melhorar ergonomicamente alguns postos de trabalhos, para que as mulheres pudessem operar as máquinas, exclusivamente operadas por homens naquele momento.

Os uniformes foram outro projeto importante, pois os modelos eram masculinos e, além da questão estética, também não eram confortáveis para os corpos femininos. Incluímos também os uniformes para gestantes nos contratos com as empresas parceiras, pois as gestantes não tinham uniformes adequados para as alterações do corpo durante a gestação.

Sobre as barreiras culturais, trabalhamos em colocar em discussão o tema das mulheres em operações, através de mesas redondas com os líderes, trouxemos depoimentos das mulheres e nosso papel como líderes em escutá-las a apoiá-las.

Definimos ações para aumentar o número de mulheres em nossas operações, como: alterar a descrição de posições abertas, para que pudessem ser atrativas para mulheres; desafiar gestores em quebrar seus próprios preconceitos sobre mulheres na operação etc.

E, não por mágica, mas sim por muito trabalho e esforço conseguimos que muitas dessas ações se concretizassem, vimos aumentar o número de mulheres na operação em diversas posições desde operadoras até líderes.

Nem todas as ações foram bem-sucedidas, algumas delas entendemos que não faziam sentido e, como em todo processo, ainda estamos em evolução.

Em 2017 tive o privilégio de liderar o MOB, demos continuidade às ações já em andamento e criamos o Momento MOB, que eram reuniões para os integrantes da rede onde falávamos de diversos temas como: Síndrome da Impostora, Assédio Moral e Sexual; Inteligência Emocional; Maternidade; *Mindfulness* etc.; também convidávamos mulheres em posições de liderança para contarem suas histórias de carreira e líderes homens que eram referência no desenvolvimento de mulheres em suas equipes.

O MOB com suas ações fez muito barulho, ganhou visibilidade, e seu som foi ouvido além das paredes de operações e se tornou Mulheres Operando no Brasil, trocamos a palavra Operações por Operando, pois agora essa potente Rede de Apoio estendia seus braços para todas as mulheres da empresa.

Planejamos também um plano de sucessão para o MOB, pois não poderíamos deixar essa corrente com elos fracos, criamos as Representantes MOB, cada fábrica e cada área administrativa definiu uma ou mais mulheres que seriam a voz do MOB dentro do setor, desta maneira garantimos que houvesse candidatas fortes para a substituição das coordenadoras e da liderança do MOB, uma ação muito bem-sucedida!

Como mensagem final, quero dizer que nós não temos ideia do impacto que podemos causar na vida das pessoas, até o momento que entendemos nossa responsabilidade em fazer a diferença.

Não se limite pelo tamanho do seu círculo de influência ou pelo seu conhecimento atual, você pode impactar seu círculo familiar, sua comunidade, sua empresa, sua cidade etc. Como estamos falando de vidas, mudar a vida de uma única pessoa já é incrível, pois com certeza ela vai mudar a vida de outra e assim por diante. Dessa maneira se cria uma rede contínua e perene de agentes de mudança.

Com essa fantástica experiência que tive, me atrevo a deixar aqui algumas recomendações para o início dessa jornada:

- Eduque-se, conheça seus preconceitos inconscientes, seus sabotadores, se conheça, só podemos ensinar o que sabemos!
- Encontre um mentor (a) que você admire e que possa guiá-la nesse caminho.
- Aumente sua rede de contatos, não se limite pela educação, posição das pessoas, não crie barreiras onde elas não existem, tente!
- Conecte-se com pessoas novas ou explore mais as que você já conhece, não precisa ter um assunto específico — tenha na manga algumas perguntas-chave — o ser humano adora falar de si mesmo, seja um bom ouvinte e com certeza irá aprender muito e abrir oportunidades.
- Você não precisa ter todos os elementos para dizer sim a uma oportunidade, é tomando riscos que aprendemos. E dizer não também faz parte do processo.

Faça seu próprio movimento de sair da distração para a *ação*, seja a mão levantada para outras mulheres!

FABIANA FREUA ANTACLI

fabiantacli@gmail.com
linkedin.com/in/fabianaantacli

Mãe que puxa a filha. Filha que puxa a mãe. E assim a roda gira

Sou apaixonada pela minha profissão. Só não mais que por minha família e especialmente por minha filha, minha mãe e por meu pai, que continua torcendo e vibrando por mim e minhas conquistas, mesmo que agora de um lugar especial. Sempre trabalhei muito e viajei muito a trabalho e, por isso, achava que minha filha poderia ter algum tipo de "trauma" desta área que escolhi, à qual dedico a maior parte dos meus dias — e muitas noites. Nunca imaginei que ela decidiria trilhar esse caminho, mas isso acalentou meu coração e me trouxe um orgulho enorme. E hoje é ela que também me inspira. Com sua energia, coragem e determinação, me incentiva a abraçar mudanças e buscar sempre a evolução.

Comecei a estudar Publicidade quase por acaso, sem saber exatamente o que queria, somente que gostava de me comunicar. No terceiro ano decidi também fazer Letras, pois achava que não conseguiria emprego em uma agência e poderia ser professora de inglês. Tive aulas até de latim, cheguei a fazer teste em uma escolinha de inglês, mas não passei. Porém, foi através de uma amiga que conheci nesta faculdade que soube de um anúncio, que saiu nos classificados de um jornal, de vagas de estágio em uma das mais cobiçadas agências do país e minha vida começou a mudar. Cheguei a ser dispensada desta seleção porque não tinha um portfólio em mãos para ser avaliada, mas naquele dia conheci uma anja que, após cinco meses, alguns encontros em eventos e um pouco de sorte, me chamou para trabalhar. Por dois anos, ganhei uma ajuda de custo e nada mais. As pessoas diziam que eu deveria sair de lá, que estava sendo explorada, porque não me contratavam e trabalhava dias e noites como louca (aliás, muitas noites). Mas nada foi em vão e não me arrependo de ter insistido e permanecido ali.

Estágio, perrengues, puxadas de tapete, mas muita dedicação, generosidade, vestindo realmente a camisa da empresa e com muita, muita garra e resiliência, cheguei à posição de diretora e até trabalhei para um dos maiores grupos de comunicação na América Latina.

Não foi fácil, mas cheguei lá. Por mérito e esforço próprios, porque desistir é uma palavra que não consta no meu dicionário. "O não você já tem" foi uma frase dita por uma CFO que admiro demais. Devo muito a poucas, mas marcantes, mulheres que me inspiraram, me fizeram acreditar em meu potencial e me deram força sempre que precisei. A elas serei eternamente grata.

Sempre quis ser mãe, e principalmente mãe de menina. Giovanna veio ao mundo quando bem quis, quando eu ia completar 41 semanas de gravidez. Por pouco não nasce na agência, já que trabalhei até o último dia possível, para aproveitar cada segundo da minha licença. Infelizmente não podia "me dar o luxo" nem tinha condições de tirar um ano sabático, como muitas faziam, para me dedicar à maternidade, mas sempre prezei pela qualidade do tempo que tínhamos juntas.

Quando ela ainda mamava, tive que fazer uma viagem internacional. Não esqueço das muitas mamadeiras congeladas que deixei e, também, o quanto sofri no quarto do hotel para tirar o leite que queria empedrar. Mas deu tudo certo, voltei e ela continuou mamando mais algum tempo, para o meu alívio.

Desde pequena ela teve que se acostumar com minhas viagens, mas sempre deixei claro que eu era muito feliz no que fazia e que era extremamente realizada profissionalmente, que fazia o que realmente gostava. Diferentemente de algumas pessoas que conheço, que não são felizes nem realizadas profissionalmente até hoje. E, como sempre digo, passamos a maior parte do nosso tempo trabalhando; então, tem que ser algo que nos faça felizes e nos dê muito prazer. Senão, esse esforço e as privações que acarreta não valem a pena.

Eu imaginava que ela nunca ia querer chegar nem perto deste meu mundo, por eu trabalhar tanto e talvez não ter dado tanta atenção para ela — aquele sentimento de remorso que nos acompanha mesmo quando sabemos que fizemos o melhor trabalho possível com nossos filhos —, mas não. Para minha surpresa e orgulho ela decidiu seguir o mesmo caminho.

Giovanna sempre se interessou pelas minhas histórias e aventuras pelo mundo. E eu sempre a ensinei a apreciar as diferentes culturas e tradições e a incentivei a explorar novos lugares e experiências, para descobrir suas paixões e talentos.

Curiosa e destemida, aos 18 anos foi para a Costa Rica fazer trabalho voluntário, limpando praias e cuidando de animais. No mesmo ano, após passar por vários testes, conseguiu o trabalho dos sonhos, ser *cast member* em um parque da Disney em Orlando, vendendo pretzel e pipoca. Ainda na faculdade, conseguiu seu primeiro emprego, um estágio em uma multinacional, em meio à pandemia de coronavírus.

Hoje, trabalha em uma grande agência de publicidade, concorrente da que estou, vem conquistando reconhecimento e admiração de seus colegas e superiores e, assim como eu, está sempre disposta a ajudar os outros e a fazer a diferença na vida das pessoas ao seu redor.

Sempre gostei de desenvolver talentos. Contratava e ensinava, treinava, mas, principalmente, as deixava voar. Sempre busquei ser para elas, antes de mais nada, amiga. Uma amiga fiel, que segura a mão e não solta por nada. Mas que dá toda a força para voar e voar cada vez mais alto. Como sempre fiz com minha filha. E é sendo amiga que faço com que meninas-mulheres se sintam fortes, seguras e confiantes para tratar com quem quer que seja, confortáveis para se abrir comigo diante de qualquer questão, tendo a certeza de que podem contar para tudo e a qualquer hora, para aconselhar, dar um empurrãozinho para tomar alguma decisão, sabendo que estarei sempre perto.

Como uma delas tão bem descreveu uma vez, eu jogava na piscina, mas estava sempre ali pela borda para jogar a boia e puxar a cordinha, se necessário. É tão gratificante quando encontro em eventos do mercado ou pelas redes sociais essas agora mulheres, que gritam "cheeefe" com o maior carinho do mundo (elas sabem que não gostava de ser chamada assim, por isso o fazem). Muitas agora são diretoras em empresas, e isso deixa o coração quentinho, porque sei que de uma forma ou de outra ajudei no seu crescimento e desenvolvimento profissional. Sinto um orgulho danado de todas elas.

E faço o mesmo com minha filha. Acredito nela e em seu potencial e a motivo a tomar decisões e a fazer coisas sem medo de errar. Claro, respeitando hierarquias, sendo gentil e generosa com todos, mas confiante de seu valor e seus conhecimentos. Sair da zona de conforto e estar sempre aberta ao novo e aos desafios que virão, com garra e coragem. Como um antigo chefe costumava dizer "erre, mas erre rápido". Assim, podemos mudar a rota e seguir em frente, porque que é errando que se aprende. E ela sabe que estou e estarei sempre aqui, para ela e por ela. Ensinei valores e sempre a incentivei a não ter medo do mundo, obstante os obstáculos e desafios. Ser forte e acreditar em si mesma para tornar seus sonhos realidade. Respeitando a si mesma e ao próximo, como meus pais me ensinaram. A frase que mais falo para ela desde pequena é "não faça com os outros o que não gostaria que fizessem com você" e me dá uma alegria imensa ver o quão sensível e humana ela é, o quanto ela se preocupa com todos à sua volta.

Emociona-me ver a Giovanna ter se tornado uma mulher tão incrível, forte e determinada e seguindo a mesma jornada da mãe. Dedicada e perfeccionista, com uma carreira de sucesso pela frente e um coração cheio de empatia.

Dividimos histórias, erros, aprendizados, planos e sonhos — dentro e fora do trabalho. Sempre a deixei caminhar com as próprias pernas, fazer suas próprias escolhas e, ainda mais importante, se responsabilizar por elas. Mas ela sabe que estou e sempre estarei ao seu lado para aconselhá-la, orientá-la e apoiá-la.

Confesso que quando ambas estão em *home office* e, inevitavelmente, às vezes escuto ela participando de algum *call*, algum perrengue, me seguro para não me meter na conversa e palpitar no que deve ser feito, já que já passei pelas mesmas coisas. Às vezes é mais forte que eu haha, mas sei que ela tem que aprender por si só. Vira e mexe conto histórias de situações que passei e o que fiz para superar as adversidades. Mas não posso e não fico me metendo em assuntos de trabalho, porque acho importante ela tomar seus tombos, passar por situações desafiadoras, para aprender e crescer com seus erros e sair ainda mais forte.

É curioso e divertido que de uns tempos para cá sinto que os papéis se inverteram um pouco. Eu brinco que ela se autointitulou minha cuidadora. Se saio à noite e demoro para voltar recebo uma mensagem: "Meniiina onde você tá? Você me mata de preocupação". Se chego em casa e ela acha que bebi, me joga debaixo do chuveiro e me põe na cama. Eu me divirto quando essas coisas acontecem. E por dentro é uma sensação incrível, a confirmação de que fiz direito.

Quanto ao meu trabalho, ela também cuida de mim, ficando no meu pé para não ficar até muito tarde, parar para comer, cuidar da minha saúde, delegar mais e, claro, para que possamos ter um tempinho juntas no dia.

Há dois anos saí de um grupo onde trabalhei três décadas, fui muito feliz, tenho muito orgulho do trabalho que fiz, dos resultados que ajudei a conquistar e pelo qual tenho eterna gratidão. Mas senti que era mais do que hora de começar uma nova aventura, assim que completei meio século de vida. Acredito que nunca é tarde para recomeçar e ressignificar seus sonhos, assumir novos desafios e começar a escrever uma linda nova história. E não preciso dizer quem foi minha maior incentivadora e me deu força para essa mudança importante, né?

No final de 2024 ganhei um prêmio, de Melhor Profissional de PR do Ano, pelo Propmark. Fui uma das indicadas pela publicação e eleita através de voto popular pelo mercado. Fiquei extremamente honrada e feliz com este reconhecimento que coroa uma carreira dedicada à área de PR, contribuindo para a construção da imagem de algumas das maiores agências do país.

Mas quem me conhece sabe que não gosto de holofotes, muito pelo contrário. Estou sempre mais no *backstage*, promovendo a empresa e seus executivos, são eles que têm que aparecer. É a primeira vez que esta categoria é inserida na premiação e este fato por si só me deixou muito feliz, porque finalmente uma área tão importante e relevante, em qualquer empresa, estava recebendo o reconhecimento que merece.

Recebi inúmeras mensagens de colegas, ex-colegas, amigas e amigos, família, tanto na indicação quanto no período da votação. Mas, sem dúvida nenhuma, meu cabo eleitoral e minha maior incentivadora durante todo o processo foi minha filha, que chegou a brigar comigo porque eu não estava postando, porque não estava pedindo votos, insistia dizendo que eu deveria aproveitar este momento e me promover e por aí vai. Se não fosse por ela, provavelmente meu Instagram e meu LinkedIn não teriam nenhum post sobre o assunto.

Filha, você não apenas constrói sua própria história, você também enriquece a minha. Cada conversa que temos, cada conselho que você me dá me faz enxergar o mundo sob novas perspectivas. Você enfrenta tudo com uma força admirável e a forma como lida com seus desafios me inspira: confiante, gentil e cheia de propósito. Adulta e independente, mas para sempre a minha menina. Obrigada por me mostrar, com seu exemplo, que nunca é tarde para crescer, aprender e sonhar.

Sinto-me realizada em ver que estou deixando um legado de amor e inspiração, de trabalho com dedicação, comprometimento e paixão não só para você, como para muitas outras "filhas" que tive e tenho profissionalmente espalhadas por aí.

Que você seja sempre muito feliz em todas as áreas de sua vida. Que eu possa continuar servindo de exemplo e inspiração, que você tenha sucesso e se sinta realizada e feliz no trabalho, como eu me sinto.

E seguimos juntas. Minha colega de alma e de profissão, buscando fazer a diferença na vida das pessoas e do país, através de nossas atitudes e de nosso trabalho. E ajudando outras mulheres nesse caminho. Eu te amo, meu amor.

FABIANE M. BORGES

@psique.space
@antenna_rush
@s.a.c.i_e
@laco_iousp

Amazônia ancestral e uma morada nas estrelas

Verenilde Santos Pereira, portas da Amazônia profunda

Em 2006 eu fui morar em Brasília, consegui um emprego como professora de comunicação em uma universidade privada, mas não tinha onde morar. Verenilde Santos Pereira, minha chefe de departamento, abriu a porta da sua casa para mim. Ela disse: "Fique à vontade, você pode usar tudo como se fosse sua casa, mas não pode abrir a porta desse armário em hipótese alguma". E apontou para a porta de um armário. Por dois meses, fiquei olhando para aquela porta com muita curiosidade, mas totalmente respeitosa. No entanto, um dia não consegui driblar minha inquietude, procurei a chave no quarto dela e abri a porta do armário. Lá tinha uma outra Verenilde. Eu me confrontei com papéis amarelados, com cheiro de guardados, centenas de exemplares do jornal Porantim, um jornal indigenista produzido pelo CIMI (Conselho Indigenista Missionário), impressos durante a ditadura militar em plena Floresta Amazônica. Verenilde escrevia acerca da situação dos povos amazônicos nos anos 1970. Falava da invasão de suas terras através da indústria da mineração, acerca da abertura de estradas que interferiam diretamente nas suas reservas, como a BR-174, que trouxe a morte para milhares de indígenas, fatos chocantes que revelavam uma Amazônia desconhecida para mim, mas também para a maioria do Brasil e do mundo. Também tinha textos onde ela descrevia os abusos infligidos à população indígena durante a construção da estrada Transamazônica, que atravessa a Amazônia em mais de cinco mil quilômetros, devastando terras, cortando aldeias ao meio. Ela denunciava crimes, assassinatos e outras atrocidades relacionadas às pressões econômicas impostas pela ditadura, sem participação efetiva dos povos da floresta na marcação dessas áreas. Por um lado, o garimpo atrás do ouro ilegal nas terras indígenas; por outro, a perda constante de territórios tradicionais para os novos projetos do governo, em nome da industrialização, mas que alardeavam os povos indígenas já tão perturbados desde as primeiras invasões coloniais.

A Verenilde tinha um papel crucial neste jornal: defender a Amazônia e seus povos como jornalista. Além disso, ela era uma militante afroindígena, nascida em Barcelos, no Rio Negro, a partir da combinação de pais afrodescendente e Sataré Mawé (indígena). Através das leituras do jornal, e de outros cadernos, pedaços de papel, enormes cartas de amor, começo a compreender que Verenilde foi uma super heroína da Selva, perseguida e presa pela ditadura militar, ameaçada de morte, tendo inclusive escapado de uma tentativa de assassinato, quando o barco com cinco pessoas em que ela iria embarcar, mas não entrou, explodiu com uma bomba, matando todos os tripulantes. Essas histórias podem ser lidas em seus dois romances: *Um rio sem fim*, de 1998, e *Não da maneira como aconteceu*, de 2002, ambos pela Editora Thesaurus.

Quando ela chegou em casa e me viu sentada no chão da sala com tudo aquilo espalhado, ficou furiosa. Em minha defesa, eu falei que ela não tinha o direito de esconder aquela história do Brasil! Depois que ela se acalmou, começou uma nova fase na nossa amizade, que engrossava como um rio caudaloso enchendo-se de histórias da Amazônia profunda, que incluía os perigos que ela tinha passado, suas memórias, amores, dores, histórias engraçadas e desgraçadas. Nesse rio estavam as lutas contra a ditadura, a perseguição dos militares a ela e seus companheiros, sua prisão, sua fuga. Depois de tanta sabedoria silenciada por trauma e medo, ela abriu a boca e não parou mais. Juntas, enchemos a faculdade de Comunicação com indígenas, de diferentes etnias, começamos a trazer para os alunos estas histórias da Amazônia durante a ditadura militar. Isso não agradou em nada a reitoria, que demitiu nós duas no final daquele semestre.

— O que vamos fazer agora? —, nos perguntamos.

— Vamos para a Amazônia!

Quase 20 anos depois, ela abriu as portas da Amazônia para mim. Passamos sete meses viajando pelo estado do Amazonas, por Roraima, Mato Grosso, Mato Grosso do Sul, Pantanal e pelas fronteiras da Bolívia e Venezuela. Fomos em lugares recônditos que eu nunca teria acesso sem ela, cidades distantes, vilarejos em volta dos rios, reservas indígenas, visitamos seus grandes companheiros daquela época, indígenas e não indígenas. ONGs e sítios de permacultura, aldeias, vilas e hoteizinhos na beira da estrada. Verenilde foi entrevistando suas antigas parcerias do jornal Porantim, revendo amigos antigos, abrindo as portas do passado, escancarando-as. Essa viagem mudou minha vida, e também a encorajou a fazer um doutorado, onde ela utilizou todo o material antigo e as novas entrevistas para falar acerca do "massacre da Expedição Calleri", que é uma das histórias emblemáticas da relação conflituosa entre os projetos militares de desenvolvimento da Amazônia e a resistência indígena, por conta da construção da BR-174 que passava parcialmente na terra dos Waimiri-Atroari, demonstrando a construção abusiva e totalmente injusta da mídia no tocante à resistência indígena contra a construção da estrada (Tese Doutorado Verenilde Santos Pereira. UNB/DF – Brasília, 2013).

O incidente do armário realmente foi uma grande abertura de porta para nós duas, nós entramos para dentro do armário, e lá dentro tinha a Floresta Amazônica. Viagem no tempo e no espaço. Com estes conhecimentos na cabeça, fui abrir outras portas juntando tecnologia e xamanismo, criando os festivais de Tecnoxamanismo, mas esta é outra história (ver site: http://tecnoxamanismo.wordpress.com).

Cristiane Godoy Targon, portas do INPE

Cristiane Godoy Targon, a astrofísica. Por ela ser uma pessoa muito tranquila e sem muito senso de hierarquia, ela abriu várias portas para mim dentro do Instituto Nacional de Pesquisas Espaciais, o INPE. Ela é serena, educada e inteligentíssima. Pele alva, cabelos escuros (agora ficando grisalhos), técnica do departamento de análise da ionosfera, naquela época.

Eu trabalho com psicologia clínica e com arte-ciência-tecnologia, uma espécie de categoria, cada vez mais em evidência, dentro do grande escopo da arte contemporânea. Porém resolvi, durante o doutorado-sanduíche, na Goldshmiths University of London, começar uma pesquisa mais específica acerca da arte e cultura espacial (Tese Doutorado Fabiane Morais Borges – PUC/SP 2013). Foi assim que cheguei na portaria do prédio do INPE, com uma tese na mão, um pós-doc na UFRJ em curso, e um sonho: criar um projeto de arte e residências artísticas no Instituto Nacional de Pesquisas Espaciais (2017).

Conheci Cristiane já nos primeiros dias, contei do meu projeto para ela, ela adorou e foi literalmente abrindo as portas para a recém-chegada. No instituto, cada pessoa fica numa salinha, mergulhada em sua própria pesquisa. Às vezes uma pessoa não faz ideia do que a outra está fazendo na sala do lado. Não é todo mundo que se autoriza a invadir o espaço sagrado da pesquisa para chegar com uma amiga nova a tiracolo apresentando-a como a grande revolução das ciências espaciais do Brasil. Assim, através da minha maravilhosa guia, eu fui conhecendo dezenas de pesquisadores da Astronomia, da Física, da Matemática avançada, do setor de sensoriamento remoto, fabricação de satélites, dos sistemas terrestres, dos estudos da ionosfera, Antártica, enfim, muitos projetos incríveis, até topar com o supervisor Walter Abrahão dos Santos, que literalmente adotou meu projeto dentro do Departamento de Engenharia e Tecnologia Espacial.

Eu, uma subjetivista crônica do mundo Psi, organizando programas de desenvolvimento de satélites com missão artística. Sonho em processo de realização. A partir daí criei o SACi-E (Subjetividade, Arte e Ciências Espaciais) e com ele abri muitas novas portas (http://sacieartscience.wordpress.com).

A primeira residente artística que levei para o INPE foi a Karina Karim, engenheira mecânica ligada ao campo da arte, cultura e educação, que durante sua residência desenvolveu um nanosatélite chamado "OriSat" (Ori: cabeça em Yorubá; Sat: abreviação de satélite), o primeiro satélite afrofuturista do Brasil. O ArtSat (Satélite Artístico) não foi ainda para espaço (órbitas baixas), por conta das limitações institucionais e financeiras que sofre este tipo de projeto no Brasil. Mas o OriSat ficou muito conhecido e trouxe à Karina e seu grupo bastante visibilidade, através de convites para podcasts, palestras, entrevistas e documentários. Ela implementou o satélite em uma escola, e aos poucos foi focando na ideia de um satélite-espantalho, voltado para comunidades quilombolas.

Além das residências artísticas, criei com o SACi-E *workshops* de ArtSats, álbum sonoro espacial latino americano, curso de verão sobre astropolítica, construí a categoria ArtSat na competição Sul-Americana de Satélites do INPE chamado

CubeDesign, e também da categoria "Arte Espacial" na OBSAT (Olimpíadas Brasileiras de Satélites), do MCTI (Ministério da Ciência, Tecnologia e Inovação, 2022), que foi um grande passo para esta discussão transdisciplinar e transcultural em torno das ocupações orbitais. Se não fosse pela Cristiane, talvez esse projeto nunca tivesse acontecido com a facilidade com que aconteceu. Eu considero de alta relevância os projetos que realizamos no INPE, construímos um processo totalmente multidisciplinar, estético e político, alavancando discussões espaciais no Brasil que só agora começam a aparecer com mais força, devido aos novos rumos da Corrida Espacial (New Space), que se qualifica como uma nova indústria planetária. A questão é: se não trouxermos a arte, a cultura, o pensamento, a crítica, os designs e estéticas do futuro, quem então determinará esse futuro?

Este texto apresenta uma das chaves para as portas do tecnoxamanismo: disputamos ao mesmo tempo uma Amazônia ancestral e uma residência nas estrelas.

FERNANDA CAMARGO

linkedin.com/in/fernanda-camargo-b29bb69

Uma jornada de impacto e propósito

Hoje acordei com o barulho dos pássaros, a música do vento, a dança das árvores. Acordei cedo com a maturidade dos 50 anos. Abri os olhos com sentimento de gratidão. Acordei no abraço do meu marido e no olhar carinhoso do meu filho.

Chegar aqui exigiu resiliência, força, flexibilidade e amor. Durante parte da minha vida, tomei decisões guiadas pelo medo, medo de não ter, medo de voltar para casa, medo de não conseguir, medo de não ser amada. O medo é importante, ele também nos move. Mas conseguir tomar decisões guiadas pelo desejo é libertador.

Fui nadadora durante a maior parte da minha juventude. Comecei por causa da asma e acabei me tornando campeã de natação. Confesso que, durante anos, ficava na piscina até tarde só para não voltar para casa. Na natação, encontrei disciplina, atenção, limites e respeito. Aprendi que somos todos iguais — o bairro onde você mora não determina se você será ou não um bom nadador. Fiz amigos por todo o país. A natação me humanizou.

Comecei a trabalhar no mercado financeiro muito cedo, aos 17 anos — estava terminando o ensino médio, em 1991. Precisava ganhar dinheiro; meu pai havia falido. Como cresci ouvindo conversas sobre os mercados financeiros, era um ambiente familiar. Fui trabalhar em uma corretora, a Intra. Naquela época, havia cerca de 50 homens na empresa e apenas eu e mais uma mulher. Tempos difíceis.

Dois anos depois, em 1993, tranquei a faculdade, me mudei para a Califórnia e consegui um estágio na Merrill Lynch. Consegui o estágio depois de enviar 40 fax e ligar quase todos os dias, por meses. Comecei em San Diego e depois me mudei para São Francisco. Durante esse período, além do estágio pela manhã, também trabalhava como babá à tarde para ganhar dinheiro extra e pagar o aluguel. À noite, estudava na Berkeley. Foi puxado, mas me tornou mais forte.

Quando voltei ao Brasil, em 1995, fui trabalhar para o Morgan, Grenfell & Co, um banco de investimento com sede em Londres que acabara de ser adquirido pelo Deutsche Bank. Fui para a mesa de tesouraria do Deutsche Bank. Foi intenso. Trabalhava na mesa de Mercados Emergentes — e durante aqueles anos muitos países tiveram que reestruturar suas dívidas. Em 2000, fui para o Standard Bank, um banco sul-africano. Os tempos eram diferentes, poucas mulheres no escritório e um ambiente insalubre. Mas, me saí bem, fiz grandes amigos e aprendi muito.

Durante todos esses anos, continuei me perguntando se aquele era o caminho que eu queria seguir. Estudei budismo, fui para a Índia e Vietnã durante várias férias, em 2002 fiz o Caminho de Santiago na Espanha e o Processo Hoffmann —

sempre em busca de respostas e conexão espiritual.

Finalmente, em 2002, conheci Roger Wright e fui trabalhar na BPW, que se tornaria Arsenal Investimentos — uma gestora de patrimônio independente. Roger tinha a capacidade de tirar o melhor de cada um, de transformar tudo em uma missão de vida. Ao mesmo tempo em que passava todas as noites estudando, eu estava feliz, aprendendo. Poder ajudar famílias empresárias a navegar nos mercados, sem conflitos, com transparência e excelência, era um sonho. Além disso, ele era um grande filantropo. Ajudou inúmeros projetos, sempre em silêncio, pois acreditava que os verdadeiros super-heróis deveriam ser invisíveis.

Em 2009, Roger morreu em um acidente aéreo com toda a sua família. Foi um dos momentos mais desafiadores da minha vida. Eu havia perdido um mestre, um líder que me inspirava todos os dias. As lições que ele deixou ficaram gravadas na minha alma.

Acabamos fundindo a Arsenal com a Gávea Investimentos, fundada por Armínio Fraga, ex-presidente do Banco Central do Brasil. Mas, no final de 2010, a Gávea foi vendida para o JP Morgan. E foi aí que tomei uma decisão que mudaria o curso da minha carreira. Recusei uma importante proposta financeira, em nome do propósito, e então começou a surgir o embrião do que se tornaria a Wright Capital, uma empresa de gestão de patrimônio, que eu fundaria quatro anos depois em sociedade com meu marido.

Naquela época eu estava estudando Cabala. Conversando com minha professora, expliquei que a proposta financeira do JP Morgan era incrível, mas não estava alinhada com meus valores e propósitos. Nunca esquecerei o que ela disse: "Quando você tem um grande problema, ajude os outros e a solução virá". E segui esse conselho pelo resto da minha vida.

Juntamente com amigos e empresários, fundamos o Instituto LiveWright — em homenagem a Roger Wright — uma organização social para transformar o esporte no Brasil. O LiveWright durou anos. Investimos em inúmeras confederações esportivas no Brasil. Nos envolvemos com *advocacy* e, em 2013, juntamente com o Atletas pelo Brasil, conseguimos mudar uma lei — o artigo 18-A da Lei Pelé — limitando o mandato dos presidentes das confederações a 4 anos (era eterno) e exigindo transparência na prestação de contas. Essa foi a semente do Pacto pelo Esporte que agora foi exportado para o mundo.

No LiveWright conheci Gilberto Sayão, que havia vendido sua participação no Banco Pactual e estava fundando a Vinci Partners. Pouco tempo depois, fui trabalhar com ele. A professora de Cabala estava certa, ajudando os outros a solução veio.

Também no LiveWright conheci um grande empresário que se tornou meu cliente e que, em 2011, nos pediu para criar um Fundo de Impacto Social para sua família — ele queria alocar parte de seus ativos em empresas que gerassem lucros e, ao mesmo tempo, transformassem a vida das pessoas. Foi quando ouvi falar de Impacto Social pela primeira vez na minha vida.

Durante os anos no mercado, sempre me perguntei como incluir as pessoas e o planeta na conta. Quando entendi que era possível fazer isso através de negócios de impacto socioambiental, entendi que esse seria o caminho.

Na Vinci conheci o Xan (Alexandre), meu marido, trabalhando juntos. Trabalhamos juntos por alguns anos, nos tornamos amigos, nos apaixonamos e nosso alinhamento de valores foi tal que decidimos nos casar.

Em 2014, quando estava trabalhando no plano de negócios da Wright Capital, perguntei ao Xan se ele seria meu sócio e ele disse: "Você quer começar uma empresa, casar, ter um filho, um cachorro... O que mais?". Respondi: "Exato!! *All in*!". Ambos tínhamos o desejo de combinar negócios e transformação social. A Wright Capital é uma história de amor e nasceu do desejo de transformar uma geração.

Após muita reflexão, decidimos que só atenderíamos famílias ou instituições que se preocupassem com a transformação social ou ambiental. No início, fiquei um pouco assustada e perguntei ao meu marido: Você não tem medo de passar fome? Há poucas famílias ou instituições com essa mentalidade. Ele respondeu: Tenho certeza de que um dia os clientes virão devido ao alinhamento de valores. Dedicamos nossas vidas a cuidar desses clientes; então, vamos cuidar daqueles que se importam.

Quinze minutos depois dessa conversa, fui a um evento e conheci nosso primeiro cliente. Desde que tomamos essa decisão, paramos de atender clientes cuja trajetória não estava alinhada com nossos valores e, a cada "não" que dissemos, tantas outras portas se abriram de forma síncrona e surpreendente.

Desde o início, todos os nossos clientes concordaram em alocar 1% de seus ativos em investimento de impacto. Essa alocação tornou-se uma semente de aprendizado tanto para nossa equipe quanto para os clientes. Alguns clientes hoje gostariam de ter todos os seus investimentos em impacto ou investimentos sustentáveis, infelizmente isso ainda não é possível. Alocamos com responsabilidade e dever fiduciário. Aumentamos a exposição de 2% a 4% das carteiras e começamos a atuar com critérios ESG no restante das carteiras.

Entendemos, desde o início, que riqueza não é apenas o recurso financeiro. Riqueza é poder andar na rua com segurança, respirar ar puro, nadar nos rios ou no mar, gerar oportunidades para jovens, ver vidas sendo transformadas. Por todas essas razões, levamos em conta o impacto que nossos investimentos estão causando e buscamos, sempre que possível, alocações que estejam alinhadas com nossos valores.

Desde que fundamos a Wright, são infinitas histórias, conexões e ações de *advocacy*. Não acredito em fazer nada sozinha. Acredito na cooperação, em conectar pessoas incríveis, em ser um canal para que coisas boas aconteçam. Mas, nunca estivemos sozinhos nisso. Quando emergidos no ecossistema de impacto, Artemísia, Vox Capital, Mov Investimentos, Sitawi e Din4mo já existiam. E todos sempre colaboraram muito. Apenas viemos somar.

Em 2016, meu filho Benjamin nasceu trazendo mais incentivos para trabalhar por um mundo melhor. Desde muito pequeno, ele sempre me fazia perguntas difíceis, como: "Mãe, quem foi o maluco que jogou lixo no rio?", ou quando pegou suas pequenas economias e disse: "Você não percebeu que existem pessoas passando fome nas ruas?", ele sempre traz à tona questões que somente as crianças veem... Quando crescemos, nos acostumamos e não as vemos mais.

Em geral, quando pensamos em fazer mudanças, sempre queremos que a outra pessoa mude. Queremos que o governo mude, as empresas mudem, as pessoas mudem. Quando você é a mudança, você influenciará outras pessoas. Mas para fazer mudanças, você precisa comunicar. Você precisa aprender a comunicar e dar exemplos. Se criticarmos os outros, eles não nos ouvirão. E ninguém muda o mundo sozinho, temos que trabalhar juntos. E sabendo que isso pode levar uma vida inteira.

Durante anos, organizamos jantares em nossa casa para discutir e compartilhar, sempre reunindo pessoas do setor privado e heróis do setor público. Aprendemos sobre o uso de critérios ESG, portfólios restritos, investimentos de impacto nas mais diversas classes de ativos, a abordagem inovadora da Venture Philanthropy, Blended Finance e a importância dos capitais personalizados, catalíticos e intermediários. Aprendemos sobre green bonds, impact bonds, social bonds, Soluções Baseadas na Natureza, Investimentos Climáticos, descarbonização de carteiras ou sua compensação, Identidade Digital, Amazônia 4.0, inteligência artificial para o bem (IA for Good), entre outros tópicos.

Conhecemos soldados anônimos dentro do governo e nos mais diversos cantos, desprovidos de ideologia e cheios de sonhos e desejo de trabalhar por uma sociedade mais justa e próspera. Conhecemos pessoas com histórias de vida incríveis em todo o mundo.

Desde 2016, participo do Laboratório de Inovação Financeira da CVM (órgão regulatório do mercado de capitais), que resultou em inúmeras regulamentações e novos produtos financeiros para o mercado de capitais.

Em 2018, junto com Paulo Werneck e outros diretores de fundos de pensão, ajudamos a alterar uma resolução do Conselho Monetário Nacional para incluir critérios ESG como conceito de risco na política de investimento dos Fundos de Pensão no Brasil, através da Resolução CMN n.4661, atualmente Res CMN n.4994. Ainda pretendemos retirar o "sempre que possível" do texto.

A partir de 2020, passei a integrar diversos grupos de trabalho na Anbima (Associação Brasileira das Entidades dos Mercados Financeiro e de Capitais) para definir regras para investimentos sustentáveis e, em 2022, fui convidada para integrar a Diretoria, sendo na época a única mulher. Na Anbima, no grupo de Sustentabilidade, criamos regulamentações para Fundos Sustentáveis, Guias para ESG, incluímos ESG na maioria das certificações do mercado, criamos a Rede de Sustentabilidade, trazendo especialistas de fora da instituição para contribuir.

Desde 2017, Xan e eu nos envolvemos na criação da Latimpacto, a rede de Venture Philanthropy da América Latina. Durante todos esses anos, fizemos inúmeras conexões com as redes na Europa, África e Ásia. Xan foi membro do conselho pelos primeiros anos e desde 2023 eu sou. Com isso, acabei sendo convidada pela Rockefeller Foundation para fazer parte do Global South Impact Community, representando o Brasil.

Conhecemos pessoas incríveis no Banco Nacional de Desenvolvimento Econômico e Social (BNDES). Em 2018, começamos a realizar reuniões para conversar sobre Financiamento Misto e Filantropia de Investimento. Durante a pandemia, ajudamos o BNDES a fazer infinitas conexões com o setor privado. Em 2022, com a ajuda da Din4mo de Marco Gorini, o BNDES foi um dos primeiros bancos de desenvolvimento do mundo a lançar um fundo Blended.

Em 2019, Carolina Cavenaghi me "convocou" para ajudá-la com Mulheres nas Finanças com o CFA. Lembro-me de dizer que achava um exagero fazer o evento no auditório do Masp — um teatro enorme em São Paulo... Mas no dia do evento, mais de 400 mulheres lotaram a plateia e outras 400 online. Hoje, Fin4she tornou-se um movimento para preparar mulheres para o mercado financeiro, com mais de 17 mil currículos no banco de dados. Ela também fundou o Young Women Summit, um programa focado na inclusão de jovens mulheres com ênfase na diversidade racial no mercado financeiro. Conectei o movimento com a Anbima, que agora é um dos patrocinadores.

Recentemente, Vanessa Adachi, jornalista fundadora do jornal Capital Reset — um jornal focado em sustentabilidade — disse que se inspirou e teve coragem de empreender após participar de um de nossos eventos em 2018. Entre 2019 e 2020, tomamos vários cafés enquanto ela tomava a decisão de deixar seu emprego estável em um grande jornal para arriscar nessa transformação do mundo.

Pedro Villela, fundador da Rise Ventures, também se lembra das reuniões em casa enquanto pensava em criar a Rise. Quando começou, colaboramos o máximo que pudemos.

A JGP é um dos principais gestores do Brasil. Um dos primeiros fundos ESG da JGP nasceu de conversas que tive com André Jakurski, sócio-fundador do JGP, e depois com Alexandre Muller, gestor de renda fixa do JGP. "Eu até já tinha ouvido falar de ESG, mas não estava na nossa agenda. Nosso *framework* era o da finança clássica: maximizar retorno e reduzir risco. Foi nesse momento que a chave virou para mim", lembra Muller. O JGP investiu muito na tese ESG. Na Wright, fornecemos o capital semente para seu primeiro fundo de crédito ESG.

Muitos outros fundos começaram a levar o ESG em conta após nossas provocações. Nosso ativismo sempre foi muito amoroso, foram anos de conversa, sem expor ninguém, mas mostrando, aos poucos, o que estávamos vendo, exemplos de outros cantos do mundo que ainda não haviam chegado ao Brasil.

Um dos exemplos de Blended Finance que se tornou um estudo de caso na Universidade de Harvard foi o Fundo Estímulo. Esse fundo nasceu com doações para ajudar pequenos empreendedores a superar a pandemia. Eles forneceram crédito mais barato e assistência técnica. Surpreendentemente, todos os empréstimos foram pagos e, algum tempo depois, o fundo tinha R$ 40 milhões em doações para começar. Sugerimos transformar esse recurso em uma cota subordinada de um fundo blended. Colaboramos com a estruturação e investimos no fundo desde o início. Até agora, o fundo já desembolsou um total de 4.400 empréstimos no valor aproximado de R$ 273 milhões desde 2020.

Outra história transformadora foi a conexão com a Índia. Em 2017, almocei com um fundo de impacto da Índia chamado Aspada. Foi a primeira vez que ouvi falar do Aadhaar, a identidade digital da Índia, que transformou uma nação inteira. Eles me apresentaram a Sahil Kini, um dos primeiros funcionários do Aadhaar, e nos tornamos amigos. Sahil também me apresentou à equipe Id4d do Banco Mundial e, após muitos e-mails e ligações, o Brasil foi incluído na lista de países onde o Id4d começaria a trabalhar. Conheci Vyjayanti Desai e Julián Najles, que ajudaram a trazer o Id4d para o Brasil. Depois de todo esse tempo, devido à Identidade Digital e ao G20, Julián mudou-se para o Brasil e trabalha com infraestrutura digital no Brasil desde então.

Em 2018, apresentei Nandan Nilekani, a mente por trás desse movimento na Índia, ao governo brasileiro. Nandan é o fundador da Infosys e o presidente da Unique Identification Authority of India (UIDAI). Após uma carreira bem-sucedida na Infosys, ele chefiou o comitê de tecnologia do governo indiano.

A Índia criou a DPI, uma Infraestrutura Pública Digital (DPI) que inclui uma camada de identificação digital chamada Aadhaar; um sistema de pagamento funcionando como uma Interface de Pagamentos Unificados; e uma camada de troca de dados no seu agregador de dados, entre outros serviços. A DPI da Índia foi aprovada por vários países, incluindo o Brasil, e organizações internacionais, como o Fundo Monetário Internacional e, mais recentemente, o G20.

Nandan e Rohini Nilekani e outros filantropos também criaram o Societal Thinking, organização para empoderar e, através da tecnologia, escalar negócios sociais no Sul Global. Em março de 2024, estive na Índia para a reunião anual do Societal Thinking e, em novembro, organizamos um jantar em São Paulo para Sanjay Purohit, curador-chefe da organização. Sanjay também falou sobre o DPI. Convidei Ciro Avelino, conselheiro da Gov.br, que em 2018 trabalhava no SETIC (Secretaria de Tecnologia da Informação do Governo Brasileiro) para falar sobre como as conexões feitas em 2017 estão dando frutos até hoje. Muitos atores do nosso Governo Digital estão na Índia desde então. E agora, com a DPI, nossa relação com a Índia cresceu muito.

Desde dezembro de 2021, faço parte da "The Brazil NbS Investment Collaborative" na Capital for Climate, uma aceleradora de investimentos em soluções climáticas, patrocinada pela Moore Foundation. O objetivo principal é escalar Soluções Baseadas na Natureza no Brasil.

Em dezembro de 2024, tive o prazer de contribuir para o Nature Investment Lab, que liderou uma discussão estratégica sobre como integrar Soluções Baseadas na Natureza nas linhas de financiamento do Programa Eco Invest Brasil. No mesmo mês, junto com a Aliança pelo Impacto, representando o EnImpacto, participei do lançamento de um relatório sobre investimento de Impacto no Brasil.

Além do trabalho na Wright Capital, faço parte do Conselho da Fundação Grupo Boticário — que investe em preservação da biodiversidade e reservas florestais há mais de 30 anos. Sou diretora da Anbima — Associação Brasileira das Entidades dos Mercados Financeiro e de Capitais, sou membro do Conselho do Instituto Cactus de Saúde Mental, do Instituto Iguá de Saneamento, membro do comitê de advocacy das BCorp no Brasil, membro do EnImpacto (Ministério do Desenvolvimento, Indústria e Comércio) e também sou membro fundador do Pacto Contra a Fome e Pacto pela Equidade Racial.

Olhando para trás, sou muito grata por tudo. A Wright cresceu 10 vezes em 10 anos e temos orgulho de todos os nossos clientes. Somos uma equipe diversa com maioria de mulheres na sociedade e na equipe. Permanecemos o único multifamily office onde todos os clientes alocam um percentual em Negócios de Impacto. Encerramos um ano muito desafiador no Brasil e recebemos inúmeras mensagens carinhosas de nossos clientes — acho que eles sabem que dedicamos nossas vidas a cuidar daqueles que se importam.

Aprendemos a trabalhar juntos, uns com os outros, com o setor público e o setor privado, com pessoas de diferentes origens, com fundos de diferentes classes de ativos, investidores, filantropos, consultores — afinal, todos somos humanos e todos estamos conectados.

"Que aqui nos lembremos de nossas mais elevadas aspirações e sejamos inspirados a levar nossos dons de amor e serviço ao altar da humanidade. Que possamos saber, mais uma vez, que não somos seres isolados, mas conectados, em mistério e milagre, ao universo, a esta comunidade e uns aos outros." — anônimo.

FERNANDA MONTENEGRO

@fernandamontenegrooficial

Liberdade atrás da porta do convento

Certa vez, um jornalista visitou um convento carmelita para entrevistar uma freira que permanecia oculta atrás de uma porta fechada. Eles não podiam se ver, mas o diálogo girou em torno do conceito de liberdade.

Intrigado com o aparente paradoxo, o jornalista perguntou: "Irmã, parece paradoxal falar de liberdade atrás de uma porta fechada, onde a senhora nem sequer tem permissão para me ver. Poderia explicar isso?"

Em resposta, a freira disse: "Para mim, liberdade é quando uma pessoa pode estar onde seu coração verdadeiramente deseja estar".

FERNANDA RIBEIRO

linkedin.com/in/fernanda-ribeiro-68a573110
@leoafe
contablack.com.br
fernanda.ribeiro@contablack.com.br

Hackeando os sistemas para subverter o improvável

O que pensar de uma mulher que já nasce de uma situação improvável? Essa é Fernanda Ribeiro, a quinta filha nascida em uma casa de sete mulheres. Até aqui tudo parece comum, mas para entender a vida da nossa "hacker de sistemas nata" é preciso entender o contexto do seu nascimento. Sua mãe engravida aos 47 anos utilizando um dispositivo de contracepção que prometia eficácia de 99,3%, eis que ela já nasce dizendo ao mundo que não podemos ignorar os 0,7% possíveis. E assim foi o restante da sua vida, de alguma forma ela sempre foi a precursora, a exceção de uma regra já existente. Ser uma mulher e precursora são adjetivos que infelizmente pouco associados a mulheres com as características de fenótipo e genótipos da nossa personagem, principalmente nas nascidas no Brasil. Um país onde um jovem negro morre a cada 23 minutos, quando fazemos o recorte de gênero, somos líderes em feminicídio, as mulheres negras são as que têm menores salários apesar de mais escolaridade e muitos dados que nos provam que subverter o improvável, muitas vezes é uma questão de sobrevivência. Apesar dessa palavra nortear sua existência, ao longo de sua trajetória de vida, Fernanda dedica o seu tempo e força de trabalho para ajudar no processo de criação de pontes entre as pessoas, sobretudo para que, um dia, elas tenham uma vida onde viver será parte do seu cotidiano.

O fato de ter nascido "mais tarde" fez com que ela não tivesse um cenário infantil dentro de casa, o que lhe aguçou a criatividade. O trabalho de seus pais acabava por ser um espaço lúdico para nossa menina, o pai era serralheiro em um dos maiores aeroportos de São Paulo e sua mãe trabalhava na área de assistência social e de saúde, na periferia desse mesmo estado. O que não a afastou de uma infância que lhe forjou o olhar para o todo, que utiliza até hoje. Seus pais puderam lhe presentear com o mais legítimo presente: o investimento em educação. O que permitiu o acesso às pessoas de diferentes contextos sociais. Aos finais de semana, os seus passeios comuns se dividiam entre: assistir aos pousos e decolagens de aviões com o seu pai e irmãs ou ajudar a sua mãe em ações sociais em alguma comunidade da periferia. Dois cenários dentro de universos extremamente distintos. Estamos falando diretamente do início dos anos 90, onde acesso a viagem e lazer, em especial a aviação, ficava restrito às pessoas inseridas dentro das classes sociais mais altas. Ao mesmo tempo, com o trabalho da sua mãe, ela tinha acesso à extrema pobreza, o Brasil permanecia no Mapa da Fome estabelecido pela ONU e ações humanitárias, como as lideradas pela sua mãe, eram extremamente necessárias. A consequência mais positiva dessas vivências foi que Fernanda era uma criança que sempre pensava no coletivo ou em como ser ponte para aproximar pessoas de realidades diferentes, apesar de estar em um "não-lugar", mesmo sendo negra, tinha acessos, não tantos como as suas amigas da escola particular, nem tão pouco quanto as amigas que fazia nas ações sociais em que acompanhava a sua mãe. Em um dos seus aniversários, ela fez os seus pais reunirem em um único espaço essas crianças que tinham contextos de vida tão diferentes e distantes, mas que no fundo eram apenas crianças. Foi uma das festas mais marcantes, pois ela já sabia, desde muito nova, que o cenário não era o melhor, mas com criatividade e resiliência, haveria possibilidade de mudanças. E que a mudança só acontece quando, de maneira intencional, trabalhamos para que ela aconteça.

Sua personalidade reflete muito a sua visão de mundo; como uma boa geminiana, sempre foi muito curiosa e apaixonada por boas conversas, dialogando principalmente com o diferente. Na fase de escolha profissional, sua primeira opção de faculdade era Turismo, seguida por Psicologia e por último Comunicação Social. Acabou optando pela primeira, pois remetia aos passeios da sua infância, mas com o olhar de trazer acessibilidade daquela mesma experiência para outras pessoas. Os seus primeiros empregos foram na área da aviação, um universo pelo qual sempre foi apaixonada. Mas sempre quis trabalhar "em terra", por ser uma mulher bonita, por diversas vezes lhe foi ofertada a possibilidade de ser uma comissária de bordo, carreira que nunca lhe encheu os olhos. Seu primeiro emprego na área foi em uma das maiores companhias aéreas do Brasil à época, o que lhe rendeu bons aprendizados sobre experiência do cliente.

Lá foi muito feliz, até a falência da companhia, o que lhe motivou a migração para uma outra companhia. Nessa segunda, passou boa parte da sua carreira, fez os primeiros amigos de trabalho, recebeu a sua primeira promoção, primeiro reconhecimento, possibilitou a sua primeira viagem internacional, teve sua primeira equipe, fez a sua primeira palestra — atuou na área de treinamento e muitas outras primeiras vezes ao longo de alguns anos. E foi lá que conheceu o chamado "teto de vidro", uma metáfora usada para representar uma barreira invisível que impede que um determinado grupo demográfico (geralmente aplicado a mulheres) ultrapasse um certo nível na hierarquia de instituições, sejam elas do setor privado, público ou mesmo movimentos sociais e políticos. Exatamente por isso existir, ela tinha uma jornada de trabalho desumana e exaustiva — estamos falando de mais de 12 horas por dia, para se provar capaz, o que, tempos depois, lhe levou ao encontro com a síndrome de burnout, um distúrbio psíquico de caráter depressivo, precedido de esgotamento físico e mental intenso, definido por Herbert J. Freudenberger como "um estado de esgotamento físico e mental cuja causa está intimamente ligada à vida profissional".

Ironicamente, o seu encontro com o burnout aconteceu em um domingo, dia em que não estava trabalhando, teve uma crise com dores fortes no peito e ficou internada para investigações minuciosas do seu estado de saúde. Foi no hospital que ela toma a decisão mais importante da sua vida: pedir demissão e buscar um trabalho que se conectasse ao seu propósito de vida. Embora essa decisão tenha partido do lugar do que ela não queria mais para a sua vida: trabalhar para o enriquecimento de um grupo, sem ver o acesso das pessoas às boas experiências, que uma viagem tem a capacidade de fazer, ela desenhou minuciosamente o plano de transição. O programa começava com o planejamento financeiro para um ano sabático, preparação do seu sucessor, cuidados com a saúde (física, mental, espiritual e ocupacional) e a busca por uma alimentação mais adequada. Entre a decisão, em cima da cama, sob a luz branca do hospital, e a execução completa do plano, que se findava com o pedido de demissão, passaram aproximadamente treze meses. Fernanda gosta de descrever o "grand finale", dia em que fez o pedido de desligamento, como quando Beyoncé protagoniza o clipe de *Hold up*, onde sai caminhando pelas ruas com um semblante de paz e um taco de beisebol na mão. Um movimento cheio de simbolismos, para além da finalização de um ciclo, significava o rompimento com valores que já não faziam parte do que ela é e o que projetava para o seu futuro.

O novo período de fato se iniciou com um ano sabático, onde ela pôde viajar, descansar, conhecer novas culturas, novas pessoas e perspectivas, indo ao encontro de novos aprendizados, explorou ferramentas de autoconhecimento e pôde se reconectar com a pequena Fernanda da festa do seu aniversário de nove anos. Seu sabático teve a duração exata de uma gestação, mais um simbolismo, que trazia ao mundo uma Fernanda renascida. Infelizmente (ou felizmente) não concluiu o tempo que estava previsto, porque antes dele recebeu um chamado importante para liderar juntamente com dois parceiros a criação da Afrobusiness. Uma rede de empreendedores, intraempreendedores e profissionais liberais negros, cujo principal objetivo era gerar conexões com intuito final para geração de trabalho e renda para pessoas pretas e periféricas. O que até então seria uma organização social, foi lapidada por Fernanda para que mesmo assim sendo, fosse estratégica e autossustentável. Trazendo a máxima do avião, que diz que "é importante que você coloque primeiro a máscara de oxigênio em si antes de ajudar aos outros".

Meses depois a instituição nasceu no seu currículo, gerou impacto para mais de dezenove mil empreendedores negros, que receberam qualificação para conectar os seus negócios entre outros empreendedores negros, gerando o que chamamos de "blackmoney", mas também os possibilitou a conexão na cadeia de fornecimento de grandes empresas de varejo, tecnologia e bens de consumo, proporcionando para alguns deles o crescimento de seus negócios em até cinco vezes. Mesmo com esse crescimento exponencial, os empreendedores tinham dificuldades para acessar o sistema financeiro formal, bem como opções de crédito para capital de giro e investimento estrutural dos seus negócios. Corroborando com um dado, que fala que o empreendedor negro brasileiro tem o crédito negado quatro vezes mais, comparado ao não negro, exatamente nas mesmas condições. Mais uma vez, Fernanda, encontra uma estrutura que não funciona a favor de todas as pessoas.

Anos depois, ela e seu sócio fundam a Conta Black, a primeira instituição financeira liderada por pessoas negras, cujo objetivo, para além da bancarização, está em conceder cidadania financeira para pessoas pretas e periféricas, dando-lhes a possibilidade de sonhar com negócios mais saudáveis.

Atualmente, eles têm clientes espalhados por todo o Brasil e conseguem enxergar o impacto do seu negócio no mundo, para além do dinheiro. Recebem relatos diários de pessoas que através da autonomia financeira puderam se distanciar da pobreza, das situações de violência doméstica, pessoas que agora têm possibilidade de realizar sonhos dos mais simples aos mais sofisticados e que puderam investir na educação dos seus filhos — tal qual os pais de Fernanda fizeram lá atrás.

Ler a história de Fernanda talvez o leve a acreditar que subverter o cenário improvável parte apenas de uma questão de perspectiva. Em um olhar meritocrático, que faz associação direta do mérito com o poder, um sistema social que prega que se deve conseguir algo baseado no esforço pessoal; o famoso "se ela consegue, todos conseguem". E, infelizmente, muitas vezes "querer "em uma estrutura que o coloca na mira da morte, diariamente, muitas vezes é violento e adoecido. Basta observar as "mesas" em que estamos sentados diariamente, que pouco refletem a configuração da sociedade. Cabe a nós fazermos o exercício de pensar em como incluir o diferente, sobretudo mantendo-o vivo e saudável, para que ele possa viver e não se manter no "modo de sobrevivência" constante, precisando sempre hackear o sistema que lhe é tão hostil.

GABRIELA COMAZZETTO

gabriela_schwery@hotmail.com
@gabicomazzetto

Caminhos de empoderamento: da maternidade à liderança e além

Sou Gabriela, filha de Nane e Rick, e irmã da Tita. Nasci em São Paulo e tenho 45 anos. Cresci em uma família grande e sempre sonhei em ter minha própria família numerosa. Meus pais me incentivaram a acreditar que eu poderia ser o que quisesse e que os limites estavam dentro de mim. Sempre fui cheia de energia e apaixonada por esportes. Jogava de tudo, inclusive futebol. Sim, futebol, numa época em que não era considerado um esporte para meninas. Mas isso nunca foi uma barreira em minha casa, e meus pais sempre me apoiaram, fazendo-me entender que eu não precisava me limitar.

Comecei a trabalhar assim que entrei na faculdade (estudei Administração de Empresas na FAAP). Meu primeiro emprego foi no Itaú Seguros, no atendimento ao cliente. Foi um período muito importante na minha vida, quando comecei a entender o que era empatia. Ainda na faculdade, vi um cartaz anunciando um programa de estágio em um site de entretenimento chamado "Fulano.com.br". Isso foi em 1999, quando a internet ainda dava seus primeiros passos, e me tornei estagiária lá, vendendo banners quando ninguém sabia o que eram. Passei dois anos e meio incríveis no Fulano, aprendendo tudo sobre o mundo digital e vendas. Foi lá que realmente descobri o que queria para minha vida e carreira.

Quando estava quase me formando, fui contratada como supervisora de vendas na Ambev, uma empresa maravilhosa que me ensinou muito sobre foco, disciplina e gestão. Depois de quase cinco anos, entrei na Microsoft, retornando ao mundo digital. Passei nove anos no Facebook como diretora comercial responsável pelo varejo. Foram quatro anos em que tive a oportunidade de construir uma equipe incrível e criar muitos projetos fantásticos. Contudo, no início da pandemia, em abril de 2020, recebi um telefonema que mudou minha vida e carreira. Fui convidada a lançar a operação comercial do TikTok no Brasil. Era um convite cheio de medos e inseguranças, pois vivíamos uma pandemia, mas acabou sendo o maior presente da minha carreira em termos de aprendizado e crescimento. Em dezembro daquele ano, entrei na empresa para lançar a plataforma no mercado brasileiro e, desde junho de 2021, venho construindo e solidificando essa operação por toda a América Latina.

O que me trouxe até aqui? Uma mistura de curiosidade e disposição para me desafiar, além da coragem de correr riscos e uma energia muito positiva. Minha maior característica é sempre acreditar que as coisas vão dar certo e focar nas oportunidades, e não nos problemas.

Ao longo dessa jornada, conheci meu marido, Luiz. Depois, minhas filhas começaram a chegar. A primeira, Rafa, veio com o Luiz. Quando nos casamos, Rafa tinha um ano. Então, a cada três anos, vieram Luana, Gigi e Duda. Como mencionei no início deste texto, sempre soube que meu papel mais especial seria como mãe.

Embora o trabalho seja um pilar fundamental na minha vida, nunca pensei que ter filhos seria uma barreira, nem que precisaria desistir desse sonho. Em cada etapa, planejei para que acontecesse e, claro, tive a sorte de contar com uma rede de apoio maravilhosa, que foi e ainda é crucial para mim. Minha mãe, a incrível Nane. A Zeze, que trabalha comigo há 15 anos. E meu marido, Luiz, que sempre compartilhou tudo comigo sem distinção e é tanto pai quanto mãe para nossas meninas, além de ser uma grande fonte de incentivo. E mentores — indivíduos incríveis que me apoiaram, desenvolveram e inspiraram.

Para mim, ter filhos é uma motivação. Isso me dá ainda mais energia, vontade de realizar, inspirar e construir. Por meio das minhas filhas, quero fazer ainda mais, pavimentar um caminho ainda mais bonito para elas. Quero mostrar a elas e a todas as meninas que podemos ser e ter o que quisermos, e que nossa felicidade e escolhas estão em nossas mãos.

A pergunta que mais ouço é: como consigo dar conta de tudo? E minha resposta é: sempre simplificar e, claro, organizar. Sou muito organizada e tenho um mantra de vida que diz: "Sempre encontraremos tempo para tudo o que é importante em nossas vidas". E acredito que isso se aplica a mim. Eu me exercito todos os dias, estudo espanhol, trabalho muito, viajo, cuido das meninas, da família e ainda encontro tempo para aproveitar a vida e os amigos. E, claro, para dar atenção aos meus bebês, nossos cachorros Tapioca e Sushi.

E, se senti medo ao longo dessa jornada? Claro, muito. Mas nunca deixei esse medo me paralisar. Foquei em construir alianças e trazer pessoas de confiança para me acompanhar e aprender comigo sempre que vacilei. Minha jornada tem sido fortalecida pelas pessoas incríveis que conheci, que me impulsionam em cada etapa. Afinal, o que ainda quero fazer? Muita coisa. Espero ver minhas filhas crescerem bem ajustadas e felizes, continuar impactando positivamente pessoas e negócios, e seguir como uma agente de mudança em nossa sociedade.

Tenho a oportunidade de ser uma mulher liderando um negócio e quero ajudar mais mulheres a terem as mesmas oportunidades. Ainda há muito por fazer. Esta comunidade "Sobe e Puxa" é sobre isso, sobre mulheres inspirando mulheres, elevando-se positivamente umas às outras, abrindo espaços e fomentando caminhos.

Este livro é um capítulo crucial nessa jornada. Reunimos uma quantidade enorme de mulheres incríveis compartilhando suas histórias e inspirando tantas outras. São histórias emocionantes que todos reviveram ao escrever este livro. Agora, convido todos vocês que chegaram até aqui a contar suas próprias histórias nas páginas da próxima edição. Só depende de você, de sua força, coragem e paixão.

Vamos juntas?

GIOVANA PACINI

gipacini@gmail.com
@giovanapacini

Colcha de retalhos

Somos a soma do que fazemos com as inspirações que temos a oportunidade de encontrar ao longo da nossa jornada.

Se hoje sou forte, confiante e resiliente, foi porque, depois de cair muitas vezes, obriguei-me tantas outras a levantar e seguir adiante. Mas não posso dizer que cheguei até aqui sozinha. Mãos suaves e delicadas, mas nem por isso menos firmes, apoiaram o meu reerguer.

Mãos de mulheres que me ensinaram, pelo exemplo, a construir meu espaço e perseguir meus objetivos e sonhos, aos poucos, com paciência e determinação: minha mãe e minha filha, minhas mentoras, e as irmãs que não têm meu sangue, mas com quem compartilho minha alma e chamo de amigas.

Às vezes derrubamos alguns dos pratos que temos que equilibrar como protagonistas de tantos papéis ao mesmo tempo. Hoje tenho a convicção de que tudo bem. Aprendi que sou capaz e que recolherei cada caco do chão, sem hesitar, seguindo em frente, sempre. Em um moto-contínuo, as conquistas do trabalho fortalecem a mulher e me ensinam a ser uma mãe e uma referência melhores para meus filhos, e vice-versa.

Apoiando e sendo apoiada, dando e recebendo, construí e ajudei a construir pilares que sustentam a minha trajetória e a de outras e outros, cujas histórias estão costuradas à minha, em uma colcha de retalhos de vidas que provavelmente nunca será terminada, pelo menos não por mim, mas de que, desde já, tenho muito orgulho.

Este texto é um exercício de gratidão a todas as mulheres e homens que me ajudaram a chegar até aqui. É também uma forma de passar adiante os privilégios que tive, partilhando experiências que espero possam servir de alguma forma como inspiração para outros.

É possível ser mãe e uma profissional de sucesso? Essa pergunta, moldada pelo viés inconsciente, surge inevitavelmente na trajetória de muitas mulheres. No meu caso, ela ecoou na casa dos 40 anos. Com uma carreira estabilizada em uma multinacional, 20 anos de experiência, casada e mãe de gêmeos recém-nascidos, voltei ao trabalho após a licença-maternidade e me deparei com um questionamento inevitável: de que teria que abrir mão?

Antes de chegar aqui, minha trajetória já era marcada por desafios e inspirações. Vim de uma família onde era a filha caçula, com quatro irmãos mais velhos, crescendo em meio a valores sólidos que exaltavam o trabalho e a determinação.

Meu pai, com sua dedicação ao mercado farmacêutico, sempre foi uma inspiração para mim. Através dele, aprendi que o trabalho duro, aliado à paixão e ao propósito, pode nos levar a lugares incríveis.

Foi esse exemplo que me abriu os olhos para o mercado farmacêutico e me motivou a construir uma carreira em que eu pudesse crescer e contribuir. Tive o privilégio de ser incentivada a ser uma profissional de sucesso e sempre contei com o apoio necessário para perseguir meus sonhos. Por isso, ao questionar se deveria abrir mão da minha carreira, estava, de certa forma, questionando minhas raízes e a maneira como fui criada.

No início, parecia uma luta perdida. Eu acreditava que teria que escolher entre a maternidade e o trabalho. Mas, com o tempo, percebi que o verdadeiro desafio era conquistar o protagonismo em minha vida. Afinal, se não lutarmos por ele, o mercado escolhe por nós. Foi quando descobri um fenômeno que muitas mulheres enfrentam: a penalidade da maternidade.

Essa realidade se manifestou para mim quando, ao retornar da licença, fui realocada para outra área dentro da minha empresa. Naquele momento, muitos poderiam enxergar essa mudança como um "escanteio". Mas decidi encará-la de forma diferente: como uma oportunidade de reinventar minha trajetória e restabelecer meu protagonismo.

Não apenas porque eu não podia desistir da minha carreira de maneira tão fácil, mas também porque durante a minha trajetória tive mulheres que me inspiraram a navegar nas águas calmas e também nas turbulentas. Maria del Pilar e Mikiko Soji tornaram-se verdadeiros faróis na minha jornada.

Pilar me mostrou que era possível ter uma carreira em longo prazo, alcançando cadeiras de liderança sem deixar de lado uma gestão humanizada e a vida pessoal: família, amigos, *hobbies*. Já Mikiko trouxe à tona uma nova perspectiva, onde vi que, quando acreditamos em algo, devemos perseguir essa realidade, atravessando todas as dificuldades e desafios na certeza de que alcançaremos nosso objetivo. Desistir não é uma opção. Inspirada por elas, entendi que era possível trilhar um caminho que unisse minhas paixões e responsabilidades de forma plena, sendo mãe ou não, na empresa em que eu estava ou em outra.

No meio da minha jornada de descobertas — aprendendo a ser mãe, a ser profissional e, acima de tudo, a continuar sendo eu mesma — surgiu um convite desafiador: construir, do zero, o *branding* de um produto em um mercado competitivo e contribuir para a transformação de uma empresa em expansão no Brasil. Essa proposta significava trocar minha estabilidade por uma aposta cheia de incertezas, com gêmeos recém-nascidos em casa. Embora assustador, eu sabia que não poderia deixar minha carreira morrer. Então, aceitei.

Não sozinha. Na prática, isso significou colocar minha rede de apoio no centro dessa mudança e decisão. Foi nesse momento que entendi que o papel do meu marido, Ricardo, não era apenas dizer: "Eu te apoio". Era dividir responsabilidades, entender minhas ausências quando o trabalho demandava mais e, acima de tudo, ser um parceiro presente e atento no dia a dia da nossa família. Ele nunca deixou que eu me sentisse sozinha nos desafios da maternidade ou na busca pelas conquistas profissionais.

O apoio da minha mãe foi igualmente essencial. Apesar de ter parado de trabalhar quando meu primeiro irmão nasceu, ela nunca me disse que eu deveria escolher entre minha carreira e minha família. Muito pelo contrário: ela acreditava em mim e nunca me deixava desanimar, mesmo diante de desafios ao longo da minha trajetória profissional.

Minha mãe foi a primeira a responder à pergunta se eu teria que abrir mão. E como uma boa mãe, sem citar nenhuma palavra. Bastava o silêncio dela sobre as minhas escolhas para falar alto. Nunca questionou se eu estava deixando minha casa ou os meus filhos em segundo plano. Pelo contrário, ela sempre me instigou a ser uma profissional cada vez melhor e a buscar novos desafios.

Privilégios que eu não podia deixar passar. Nem toda mulher tem uma rede de apoio com a qual realmente pode contar, e eu sabia que isso era essencial para seguir. Ao mesmo tempo, essa troca de cultura empresarial — da gigante para uma empresa em expansão — trouxe um olhar mais humanizado para minha própria jornada como mãe. De um lado, eu tinha um grande desafio profissional nas mãos: liderar o marketing e ocupar pela primeira vez um cargo de diretoria. De outro, vivia momentos únicos e emocionantes como mãe, enquanto meus gêmeos balbuciavam suas primeiras palavras e aprendiam a me descobrir nesse novo papel.

Também entendi que, para que minha pergunta sobre ser mãe ou profissional não se tornasse uma escolha limitante entre uma coisa ou outra, era essencial corresponder às mudanças diárias com paciência. Era uma jornada de equilíbrio, resiliência e aprendizado constante. E quando entrei neste novo papel, me desafiei a embarcar nessa jornada de equilíbrio.

Aquela escolha desafiadora de mudar de empresa, embora cheia de incertezas, acabou sendo o ponto de virada na minha carreira. Foi essa decisão que, anos depois, me levou a me tornar CEO de uma multinacional. Olhando para trás, percebo que foi um passo crucial, não só para minha trajetória profissional, mas também para minha realização pessoal. Eu cresci como mãe e profissional.

A experiência também abriu um campo na minha mente sobre a importância de mulheres na minha equipe e empresa. Percebi que meu propósito ia muito além de conquistar posições de destaque ou superar desafios profissionais. A cada passo dado, entendi que minha jornada só faria sentido se eu pudesse abrir portas para outras mulheres, mostrando que é possível conciliar sonhos, ambições e os papéis que escolhemos exercer.

Inspirada pelas líderes que cruzaram meu caminho, senti a responsabilidade de me tornar um exemplo e de ajudar a transformar o ambiente corporativo em um espaço mais inclusivo e acessível para mulheres de diferentes histórias, perspectivas e talentos. Não se tratava apenas de ocupar um lugar à mesa, mas de garantir que outras mulheres tivessem a oportunidade de fazer o mesmo.

O primeiro passo foi buscar outras mulheres

Grupos de mulheres foram a base da minha resiliência em cada etapa da minha jornada, especialmente após a maternidade e ao alcançar o posto de CEO. Esse cargo, apesar de almejado, é muitas vezes solitário, e ninguém chega a ele com segurança plena, especialmente quando assumi no início de 2020, em plena pandemia.

Conhecer outras mulheres líderes que abriram portas e construíram redes de suporte foi transformador. O mercado farmacêutico tem se destacado como um ambiente onde as mulheres ocupam posições de liderança de forma significativa, especialmente em áreas estratégicas e de gestão médica. Esse cenário é inspirador. No entanto, ainda há um longo caminho a percorrer para que essas lideranças se traduzam, de forma mais expressiva, em mulheres nas cadeiras de alta gestão. E essa é uma bandeira inegociável para mim.

Heloísa Simão, uma executiva do setor farmacêutico e idealizadora do LeaderShe, é uma dessas figuras inspiradoras, que tira uma parte do seu tempo para construir conexões genuínas e trazer essa pauta à tona. Em reuniões, apoiamos umas às outras nesse ambiente de liderança, mas também questionamos uma agenda pautada na prática para levar um ambiente equalitário para as próximas gerações.

Mas não é possível ficar apenas na nossa bolha. Busco sempre ampliar esse horizonte. Marienne Coutinho, com sua experiência na gestão de grupos e *networking* saudável, também desempenhou um papel essencial, mostrando como essas conexões podem ser um verdadeiro sistema de apoio mútuo, além de Geovana Quadros, da plataforma Mulheres Inspiradoras, que busca conectar mulheres e negócios de maneira única e intencional.

Minhas amigas-irmãs também sempre estiveram por perto, me aconselharam, escutaram e tudo sem julgamento. As risadas e abraços sinceros sempre funcionaram muito bem para mim. Sou exemplo prático do estudo Harvard que mostra que conexões fortes e verdadeiras se refletem em qualidade de vida física e mental. Agradeço imensamente a Adriane Pacheco,Tatiana Dalben, Jerusa Teixeira, Daniela Rodrigues, Simone de Carvalho, Karina Martinho, Silvana Abramovay entre outras.

Além disso, encontrei inspiração em jornalistas que têm trazido relevância às histórias de mulheres em posições de liderança e que contaram a minha trajetória, mostrando a tantas outras que temos muito mais em comum do que diferenças e que, sim, devemos seguir com nossas vontades e desejos, sem precisar escolher entre carreira ou família.

Fabiana Corrêa e Lia Rizzo, por exemplo, constroem um espaço poderoso de empoderamento feminino para CEOs e outras mulheres empreendedoras, enquanto Stella Fontes contribui para aumentar a presença feminina em um veículo que, por décadas, foi dominado por vozes masculinas. Assim como Maria Fernanda Delmas, que é uma entusiasta da equidade e promove encontros entre líderes femininas para fortalecer esse movimento. Esses exemplos mostram que a união e o apoio mútuo entre mulheres não apenas nos ajudam a superar desafios, mas também pavimentam o caminho para as próximas gerações.

Vendo estes exemplos, tento buscar o protagonismo e puxar outras mulheres comigo, e ser uma liderança genuína para elas. Ao longo dos anos, trouxe comigo mulheres talentosas, como uma analista de produto da minha antiga empresa, Marcela Bhering, para assumir o cargo de gerente de produto na empresa e hoje ela é uma diretora Latam.

Além disso, passei a fazer mentorias internas, impulsionando o empoderamento feminino e trabalhando para criar uma liderança cada vez mais diversa. Hoje, entendo que, ao abrir portas para outras mulheres, contribuo para um ciclo transformador que ultrapassa minha própria trajetória e diminui o impacto social de mulheres se questionarem sobre o caminho profissional ao se depararem com a maternidade.

Quero que elas descubram, assim como eu descobri, que não precisam escolher entre ser mãe ou profissional. As duas identidades coexistem, se complementam e me tornam completa. Foram as duas que me tornaram uma CEO.

Descobri que ser uma profissional realizada e feliz comigo mesma não só me transforma, mas também inspira meus filhos. O Edu se enche de orgulho sempre que me vê em uma entrevista, e a Carol, com seu olhar atento, me lembra muito de mim mesma, quando eu, ainda jovem, era movida pela inspiração do meu pai.

O mais profundo dessa jornada é que, muitas vezes, precisei aprender a acreditar em mim, especialmente como mulher pós-maternidade, equilibrando as identidades da Giovana mãe, mulher e profissional. Esse é um exercício constante e, por isso, busco grupos de mulheres, livros, *workshops*, tudo que possa contribuir de forma constante para que eu não deixe de acreditar em mim. Porque, ainda que seja uma agenda que estamos batalhando para mudar, todo dia uma de nós encontra alguém para nos desacreditar, infelizmente.

Sempre nos disseram que precisamos escolher entre essas facetas, mas, na verdade, elas coexistem e se enriquecem mutuamente. E essa, talvez, seja a maior lição que carrego: nós, mulheres, não precisamos dividir nossas vidas em pedaços ou deixar o mundo nos arrancar pedaços. Devemos, sim, abraçar nossa totalidade, porque o que nos pertence é o direito de sermos quem somos, inteiras e plenas.

Assim, aprendi que o equilíbrio não é sobre perfeição, mas sobre autenticidade. E, com isso, a maternidade e a minha carreira se tornaram duas partes de um todo que continuo construindo, com resiliência, coragem e, principalmente, com paixão.

HELEN JACINTHO

helenjacintho@gmail.com
linkedin.com/in/helen-jacintho/
@helinhajacintho

Mulheres no agro

Construir a mais influente rede de relacionamentos feminina no agronegócio — um universo supostamente masculino — foi um dos maiores desafios da minha trajetória. Quando recebi o convite para fundar o Forbes Mulher Agro, a missão não era apenas criar uma rede, mas um *think tank* que pudesse abrir portas para mulheres em posições de liderança no setor. Como disse Steve Jobs, "só é possível ligar os pontos olhando para trás". Hoje percebo que esta jornada foi possível graças às mulheres que atuaram como tratores, desbravando caminhos, e às que foram pontes, conectando e unindo histórias. É essa união e generosidade que quero compartilhar, pois juntas estamos ajudando a construir o futuro do agro, uma conexão de cada vez.

Minha jornada no agronegócio não começou com raízes na terra. Pelo contrário, foi costurada com vivências, desafios, vontade de aprender, influência e ajuda de mulheres fortes que me inspiraram. Cresci em um matriarcado, cercada por avós, mãe, tias, primas e irmãs que, sem perceber, me ensinaram que as mulheres podem ocupar qualquer espaço, se assim desejarem.

Uma infância de conexões

Cresci em Presidente Prudente, em uma família grande, de quatro filhos, feliz e barulhenta, típica do interior paulista. A vida ali era alegre, cheia de convivência e marcada por momentos que guardo no coração, como os dias no colégio que amava e as amizades inseparáveis. As férias eram divididas entre a praia e o sítio da minha avó, onde os dias eram repletos de brincadeiras e aventuras. Nunca passei por grandes dificuldades, além daquelas de uma família de classe média, cresci em um ambiente acolhedor. Com meus pais e irmãos, adquiri valores sólidos e uma visão otimista do futuro.

O esporte desempenhou um papel fundamental na formação da minha personalidade. A natação competitiva, esporte que pratico até hoje, me ensinou sobre disciplina, resiliência e determinação. Porém, aos 17 anos, um grave acidente de carro mudou meus planos. Em um momento de perda e reconstrução, após uma cirurgia e semanas de recuperação, consegui realizar o último vestibular do ano. Mesmo chegando de muletas, passei no curso de Engenharia de Alimentos em uma das melhores faculdades do país.

A decisão pela Engenharia

Optar pela Engenharia em uma cidade longe de casa foi o primeiro passo em busca da independência que almejava. Na faculdade, tive professoras e amigas inspiradoras, mulheres que eram exemplo de liderança, que provavam que não havia limites para o que uma mulher poderia almejar. Com um grupo de amigos, fundei a primeira Empresa Júnior da faculdade, uma experiência que me ensinou sobre empreendedorismo e trabalho em equipe. Aos 22 anos, me formei engenheira, e mal sabia eu que minha trajetória tomaria um rumo inesperado.

O encontro com o agro

Hoje que trabalho no agronegócio, frequentemente me perguntam se cresci em uma família com origens no campo. Eu não cresci no agro, eu me apaixonei, entrei no agro literalmente pela força do amor. Ainda na faculdade, conheci o Bruno, hoje meu marido, um produtor rural visionário e juntos construímos uma família. No início, nos mudamos para a fazenda, onde a vida era simples, mas repleta de propósito. Foi ali, entre as atividades do dia a dia, que me encantei pelo setor. Enxerguei no agro a possibilidade de crescimento que buscava e meu marido foi meu maior incentivador.

De mãe a líder no agro

Criar meus dois filhos, Benjamin e Vicente, na fazenda foi uma experiência enriquecedora. Os meninos cresceram conectados à terra, às pessoas, aprendendo a respeitar os ciclos da natureza e valorizando a nobreza de se trabalhar produzindo alimentos de forma sustentável para o mundo. Nunca fiz nada sozinha, com a convivência com meus enteados, Sebastião e Zeca, que se mudaram para a fazenda e a Ana Júlia, presença constante, meu marido e eu criamos nossos dois filhos no campo, onde moramos por mais de 15 anos.

Vivendo na fazenda, a casa torna-se uma extensão de tudo o que acontece na propriedade, nossa mesa estava sempre cheia de técnicos, agrônomos, veterinários. Nossa vida girava em torno do agro. Aos poucos encontrei meu espaço dentro da nossa operação trabalhando conjuntamente com meu marido e enteados. Comecei trabalhando com gado Brahman, focando em seleção genética. Organizava nossos leilões, fotografava animais, criava catálogos e cheguei a ter fotos publicadas em capas de revistas internacionais. Fiz o curso de Juíz e Morfologia da ABCZ e me lembro com emoção de ser convidada para julgar a matriz padrão da raça Brahman em plena Expozebu.

Cresci em uma família de pessoas muito trabalhadoras, para mim era normal me dividir entre várias tarefas porque sempre foi assim na minha casa. Durante os 15 anos que morei na fazenda acompanhei a parte pecuária e agrícola, seringueira, teca, seleção genética, gado a pasto, confinamento, lavoura com plantio direto, irrigação com pivô central, controle integrado de pragas, agricultura de precisão. Adquiri muita vivência e experiência, pois um dia se está apartando gado, no outro aprendendo a regular uma colhedeira, não existe um dia igual ao outro no campo.

Mesmo não morando mais na fazenda, vivo o agro nos últimos 25 anos. Felizmente isso fez parte da minha rotina nas últimas décadas, adquiri um rico repertório.

Com o tempo, fui criando conexões com mulheres que compartilhavam experiências e desafios semelhantes. Foi natural construir uma rede de amizades no agronegócio, um setor onde as mulheres ainda eram minoria. No início dos anos 2000, fomos pioneiras no recente movimento feminino no agro, criamos o grupo G7, composto por sete mulheres e, juntamente com outras criadoras, realizamos uma série de leilões de sucesso durante algumas edições da Expozebu.

Novos horizontes

Tínhamos o sonho de levar nossos filhos para uma experiência fora do país e nos mudamos para o Colorado, nos EUA, onde moramos por 2 anos. Neste período aprimorei meu Inglês e estudei *Business for Entrepreneurs* na Universidade do Colorado. Esta empreitada só foi possível graças ao apoio e estímulo dos meus enteados Ana Julia, Sebastião e Zeca, que haviam assumido com sucesso a operação da nossa empresa. Voltamos para o Brasil com uma visão mais ampla e a vontade de contribuir de forma ainda mais significativa para o setor.

Chegamos cheios de planos e novos projetos, tornamos nossa área de atuação mais enxuta e sustentável, com aproveitamento dos resíduos, além da implementação de um novo sistema de gestão Lean (sistema Toyota de Produção). A metodologia é conhecida por sua eficiência e redução de desperdícios. Com ferramentas como o 5S e o A3, conseguimos transformar a operação, otimizando processos e engajando a equipe em um novo modelo de gestão. Essa mudança trouxe ganhos significativos em produtividade e um ambiente de trabalho mais organizado e motivador para os colaboradores. Esta se tornou a minha área de atuação.

Paralelamente às minhas atividades na nossa empresa, minha trajetória inclui a participação no Núcleo Feminino do Agronegócio (NFA), como associada e diretora de comunicação, onde adquiri uma nova perspectiva sobre liderança feminina no setor, convivendo com mulheres inspiradoras que se tornaram grandes amigas. Posteriormente participei da cofundação da De Olho no Material Escolar, associação voltada à educação e atualização do material didático, na qual atuei como diretora de comunicação. Integro também o GPB-Rosa, associação cuja importância é conectar e engajar mulheres na pecuária, formando não só amizades, mas reafirmando o protagonismo feminino no setor.

Colunista da Forbes e COSAG

Vivendo no campo, aprendi que o agronegócio não é apenas uma atividade econômica; seu impacto vai além, tem efeito social, ambiental e econômico. O agro me envolveu com sua complexidade e positiva importância global. O agro é feito de pessoas e histórias que não estavam sendo contadas e esta se tornou a minha missão, comunicar o agronegócio que eu vivia, o agronegócio de pessoas que geram emprego, renda e trazem dignidade, melhorando seu entorno. De pessoas que respeitam a terra, preservam o meio ambiente e seguem a lei, enquanto produzem alimentos, fibras e energia de maneira sustentável. Era preciso comunicar o agro de verdade.

Fui convidada para ser colunista da Revista Forbes Brasil. Aceitei o desafio, enxergando nele a oportunidade única de levar o ponto de vista de quem vive o agronegócio para um público mais amplo. Minhas colunas abordam não apenas os desafios do setor, mas ampliam a voz do agronegócio, atualizando a visão da sociedade sobre a nova maneira de produzir realizada pelos produtores rurais brasileiros.

Tive a honra de ser convidada a integrar o COSAG — Conselho Superior do Agronegócio da FIESP, um espaço exclusivo e estratégico, onde discutimos os rumos do setor e as soluções para os desafios do agronegócio brasileiro. Estar nesse conselho me permite levar o ponto de vista das mulheres do agro para um espaço de tomada de decisões de grande relevância.

Forbes Mulher Agro: construindo pontes

O mais recente desafio veio quando fui convidada para formar e presidir o mais influente grupo de *networking* feminino do agronegócio brasileiro, o Forbes Mulher Agro — FMA. Quando falo de gratidão e de mulheres que foram tratores abrindo caminho, é porque nunca fiz nada sozinha, tive a colaboração generosa de mulheres extraordinárias que revelaram detalhes sobre seus grupos, dividiram experiências, indicaram líderes notáveis, colaborando para a formação desta rede única.

Desenhado para reunir mulheres líderes de diversos setores do agronegócio, de todas as regiões do Brasil, o FMA foi criado com um propósito de fomentar o movimento feminino no setor, estabelecer representatividade, inspirar jovens lideranças e ser um fórum de discussões. Cada uma das 50 mulheres que convidei aceitou o desafio com entusiasmo e, juntas, construímos essa rede que, hoje, é uma referência.

Mais do que um espaço de *networking*, o FMA tornou-se uma plataforma onde cada evento, artigo e conversa é como um retalho cuidadosamente costurado, nessa colcha que estamos construindo. Embora permaneça como fundadora do grupo, recentemente escolhi a minha sucessora, pois nada melhor do que ver mulheres preparadas se destacando.

Eu acredito que nunca foi tão oportuno ser mulher no agro como agora. Estamos vivendo uma transformação, onde mais mulheres estão ocupando espaços de liderança. Cada passo que damos hoje, foi possível graças àquelas que abriram caminhos. Sempre me lembro das mulheres que me inspiraram e me apoiaram — minha mãe, irmãs, professoras e amigas — e a cada mensagem que recebo de dúvida, consulta, apoio ou elogio, sinto a responsabilidade de ser também um trator, como outras foram para mim. Minha missão é continuar comunicando o agronegócio sustentável — o agro de verdade — e tecendo essa colcha, conectando histórias e criando um movimento que inspire gerações futuras.

HELENA GALANTE

@helenagalante
hgalante@abril.com.br

Errar juntos

"A Vejinha não erra." Foi assim que me explicaram, aos 19 anos, como deveria ser o meu compromisso com a verdade no trabalho. A mensagem era inequívoca e inspiradora — afinal, como é bom poder confiar numa fonte de informação! —, mas também aterrorizante para quem estava começando na profissão e tinha mais dúvidas e inseguranças do que certezas.

Cheguei até aquela posição por uma série de eventualidades analógicas que talvez pareçam muito antigas para os estagiários de hoje em dia. No corredor da faculdade havia um painel que divulgava a cada semana novas oportunidades de estágio. Ele era feito de cortiça, se minha memória não me engana, e as folhas impressas ficavam fixadas com tachinhas. Tinham papéis que empoeiravam por lá diversas semanas. Outros, duravam pouquíssimo tempo. Nessa segunda categoria estava o tal que anunciava vagas em três marcas da Editora Abril. Anotei no meu caderno o contato para o qual deveria enviar meu *Curriculum Vitae* (não, não era pelo LinkedIn) e comecei a dosar minhas expectativas: "Calma, Helena, não é de primeira que você vai conseguir, não se empolgue demais".

Durante os dois primeiros anos do ensino superior, havia passado batido por tal seção — estava estudando Teatro, juntamente com Jornalismo, e não havia nenhum tempo hábil para mergulhar num terceiro afazer. Mas, minha formatura nas artes cênicas estava chegando e finalmente poderia começar a procurar um estágio. Numa quarta-feira de cinzas, fui para a minha primeira entrevista de emprego na vida. As vagas eram para uma revista de negócios, uma revista de política ou para a revista mais querida da cidade de São Paulo, a Vejinha, que abordava assuntos tão vibrantes quanto teatro, cinema, exposições e gastronomia. Não foi difícil dizer para a recrutadora qual delas eu preferia e a empolgação com a possibilidade de aprender algo novo certamente me ajudou a passar para a próxima fase.

A etapa da entrevista com os editores era presencial (o conceito de videochamada como ferramenta para otimizar processos de seleção ainda demoraria umas duas décadas para se firmar), e lembro de entrar no prédio e pensar: "É aqui que eu vou trabalhar". Não era uma estratégia de mentalização para conseguir um objetivo, parecia apenas uma constatação. Na conversa, pude falar das peças de teatro amadoras e profissionais que tinha assistido, dos museus que mais gostava, dos restaurantes que frequentava com a minha família... Eles me perguntaram da experiência profissional que tinha — ela era nula — e terminaram me desejando: "Merda". Parece estranho, mas para quem era do teatro, fazia sentido. Era só um jeito de dizer boa sorte na estreia da minha peça de formatura que aconteceria dali uma semana.

Foi na coxia, durante um dos ensaios do espetáculo, que recebi a ligação do RH informando que eu havia sido selecionada, a vaga era minha. Com pouca ou quase nenhuma compostura, disse: "Siiim" e comecei a gritar e pular e sorrir. Do outro lado do telefone, a funcionária só riu e me deu as coordenadas para o processo de contratação.

Quase dezoito anos depois, relembrar a intensidade emocional com que reagi a todo esse processo tem gosto de um resgate da minha própria autenticidade, justamente ela que tomaria um baque nos primeiros meses de redação. Minhas funções começaram com coisas básicas, mas importantes. Dentro do roteiro que seria publicado com tudo de melhor daquela semana, havia uma coluna com programas de rádio. Escrevia no papel o que tocaria na rádio para a pessoa sintonizar na hora certa e não perder uma entrevista especial ou um show temático. Uma proposta quase *vintage* para a mentalidade *streaming on demand* atual, mas um tanto à prova de erros.

Depois comecei a fazer a grade de cinema. Recebia a programação de todas as salas de exibição da cidade com o nome do filme, o horário, a distinção se o filme seria dublado ou legendado e uma longa lista de exceções para os fins de semana e feriados, quando o número de sessões aumentava. Aqui a responsabilidade já batia de um jeito diferente. Não havia a informação do cinema na primeira página do Google, como hoje: as pessoas checavam no papel e programavam seus passeios. Se a gente errasse, recebia uma carta (ok, era um e-mail, também não faz tanto tempo assim) com uma reclamação justificadamente inconformada.

Foi no primeiro texto que escrevi para a parte da revista que se chamava *Mistérios da Cidade* que errei com gosto. Era uma notinha sobre uma competição esportiva de uma modalidade diferentona (tão diferentona que não lembro nem o nome, talvez seja trauma). Confiei nas informações que estavam no cartaz do ônibus anunciando a prova, mas não confirmei nada com a prefeitura. Resultado? Errei a data, o local, a forma de inscrição para participar, tudo.

Descobri quando o estrago já estava impresso. Cheguei em casa e comecei a chorar sem parar. "A Vejinha não erra, mas eu errei", soluçava para minha mãe. Ela me acolheu durante a crise, depois falou o óbvio: todos nós, humanos, estamos sujeitos ao erro. Agora era hora de repará-lo. Comuniquei ao meu editor o que tinha acontecido e ganhei uma grande aula de apuração, quem eram nossas fontes primárias e como deveríamos confirmar e reconfirmar cada linha.

Ao contrário do que meus pensamentos trágicos previam, eu não fui demitida porque errei. E, para ser bem honesta, segui errando feio por mais algum tempo. Tinha dificuldade de entender o que eram temas pertinentes ou não à revista. Lembro de um e-mail que mandei com uma sugestão de pauta. Era ruim, mas tão ruim, que com certeza tirei do sério a chefia. Como eu sei disso? Ela apareceu na minha mesa, cinco minutos depois, e falou: "Eu preciso entrar na sua máquina e deletar uma mensagem".

Levantei, ela pediu que eu não olhasse para o computador, eu obedeci. Então ela deletou a mensagem tanto da minha caixa de entrada quanto da lixeira. Meu palpite? Devia ter esculhambado minha sugestão pensando que estava encaminhando o e-mail para o editor-assistente, mas por ato falho colocou o meu destinatário. Ela também cometeu um erro e fez o que pôde para corrigi-lo.

O episódio foi um divisor de águas. O editor-assistente me chamou, sentei ao seu lado e por muito tempo conversamos sobre as características da marca, sobre como cada pessoa na liderança tinha um jeito diferente de pensar, quanto havia de subjetividade também na definição do que valia ou não uma matéria. Ele teve a paciência de me ensinar o que até então não tinha aprendido, e daquele dia em diante comecei a emplacar minhas sugestões. Prestava atenção às correções que eram feitas no meu texto e me esforçava para não repetir os mesmos equívocos. Peguei o jeito da coisa e tive meu contrato de estágio renovado por mais um ano, depois fui efetivada como repórter, depois editora.

Se fui longe ali é porque, de verdade, tive tanto espaço para errar quanto a sorte de encontrar pessoas que confiaram numa habilidade que, em mim, era apenas potencial, mas poderia desabrochar. Hoje entendo o tal mantra anti-erros como uma síntese de um objetivo de excelência e impecabilidade, mas, se a Vejinha foi uma escola, foi porque não desistiu dos seus talentos na primeira (ou segunda) tropeçada.

Houve espaço ali para experimentar muito: fazer uma coluna de rádio ao vivo, todos os dias, recomendando os melhores programas da cidade (tente fazer algo ao vivo sem errar e depois me conte como falhou), lançar grandes eventos gastronômicos, desbravar fronteiras digitais em novos formatos até lançar o meu projeto que mais une a esfera pessoal e a profissional da vida: o podcast Jornada da Calma.

Com mais de cinco anos de existência e quase 300 semanas ininterruptas de novos episódios no ar, o Jornada da Calma se consolidou como uma das referências de saúde e bem-estar no Brasil. São mais de 1,2 milhão de *streams* só no Spotify, cada um representando a escolha de um ouvinte por viver a vida com menos correria e mais serenidade. Hoje, tenho orgulho de dizer que é um sucesso, mas nasceu como uma tentativa, repleta de erros e de vontade de acertar — minha combinação preferida.

Levei esses aprendizados para meus próximos empregos: a liderança da revista digital Boa Forma, na qual fui convidada para concretizar o reposicionamento da marca no segmento de *wellness*, e finalmente a direção da revista CLAUDIA, que hoje aborda o sentido feminino. A pergunta é real, ainda que não tenha resposta definida: o que mobiliza os nossos sentidos, faz a pele arrepiar ou os ouvidos ficarem mais abertos? Há também uma outra forma de pensar nessa proposta: qual o sentido, ou a direção, que queremos tomar? Para onde apontam os nossos desejos e as nossas necessidades enquanto mulheres numa sociedade que ainda enfrenta tantas barreiras de gênero? Como podemos dar luz a temas essenciais como economia do cuidado, equidade salarial, representatividade, acesso à saúde e independência financeira, sem perder as nuances complexas do enfrentamento do etarismo e dos padrões de beleza, por exemplo?

Entre erros e acertos, cheguei apenas numa única certeza: o que tiver que ser feito, terá que ser feito junto. Surgiu dessa convicção a Casa Clã, um evento que reúne e honra as grandes vozes femininas do Brasil para celebrar as nossas conquistas, mas também olhar de frente para o que ainda dói. Desde 2023, o sentido feminino que está em todos nós é despertado através de uma série de experiências inspiradoras e debates de temas relevantes para a igualdade de gênero na sociedade.

Quando subo no palco para dar as boas-vindas para todos os presentes, respiro fundo e retomo a autenticidade daquela garota que vibrou e gritou pela conquista do primeiro emprego, que chorou quando errou e achou que tudo estava perdido, mas que encontrou nas relações com tantas pessoas ao longo da jornada a segurança de poder abrir espaço para o novo. É dessa forma, em clã, com vínculos seguros e afetuosos que acredito que podemos alcançar nossa verdadeira identidade e sonhar aspirações cada vez mais altas.

Eu erro, e você também, mas assim, buscando acertar o que faz sentido para os nossos corações, talvez possamos, juntas e calmamente, ir mais longe.

HELENA ROSÉN

@calaedivino
@embaixada.dapaz
@casatrancosoimoveis

Apaixonando-me

"Mengoo, mengooo", essa foi a primeira palavra que aprendi em português quando cheguei ao aeroporto Galeão, no Rio de Janeiro. Uma chegada memorável, com a coincidência de ser recebida pelos fãs do famoso time de futebol brasileiro Flamengo e presenteada com a camisa preta e vermelha.

Eu diria que foi assim que minha história de amor com a *Terra Brasilis* começou.

Suécia

Nasci no norte da Suécia, na cidade de Sundsvall, e cresci em uma pequena ilha vulcânica chamada Alnö. Acho que é de lá que vem minha energia para mover as coisas. Cresci em uma cultura muito diferente da brasileira, mas diria que é muito complementar. Costumo pensar que uma mistura dos dois países seria uma combinação extraordinária!

Nasci em terras frias, perto do Polo Norte, onde as temperaturas podem cair para -25°C ou -30°C no inverno. Temos a Aurora Boreal, alces, esquis e, claro, a neve branca cintilante. Invernos longos e escuros...

No verão, as temperaturas são mais amenas, atingindo 30°C, com o sol da meia-noite que culmina na celebração do Midsummer.

Esse foi o cenário da minha infância e adolescência. Mais tarde, mudei-me para a capital, Estocolmo, onde entrei para a universidade. Estudei principalmente arte — minha paixão na época.

Sul da Bahia

Meu pai, John Rosén, já separado de minha mãe, mudou-se para o Brasil no final dos anos 1970. Como muitos suecos, ele se apaixonou pelo Brasil e pelas possibilidades deste gigante país tropical, e logo comecei a atravessar o Atlântico para visitá-lo.

A viagem mais memorável ao Brasil foi quando eu tinha 17 anos. Meu pai havia acabado de comprar um belo pedaço de terra em Caraíva, no extremo sul da Bahia.

Era uma vila congelada no tempo, sem eletricidade e com uma estrada quase intransitável. A melhor maneira de chegar lá era de barco, entrando no Rio Caraíva. Foi assim também que ele construiu sua casa, trazendo materiais de barco, e mais tarde até trouxe um gerador, que se tornou a grande novidade da vila.

Sua casa logo se tornou um ponto de encontro para os moradores locais e a tribo indígena Pataxó, que eram seus vizinhos.

Meu pai também comprou a primeira televisão para reunir os vizinhos e assistir aos jogos de futebol aos domingos. Ele também começou a organizar torneios com equipes locais; na verdade, era o único lugar onde se podia encontrar cerveja gelada e gelo.

Meus primeiros anos no Brasil

Durante minha visita em 1983, passei por Trancoso, outra pequena vila com as mesmas características jesuíticas da região. A pequena igreja de paredes brancas, empoleirada em um penhasco, com uma vista esplêndida do mar. Foi amor à primeira vista. Minha vida mudou para sempre.

Durante minhas férias, fugindo do rigoroso inverno sueco, embarquei na minha primeira aventura empreendedora. Abri um bar no lugar. Minha ideia era aprender a falar português e assim tentar entender a cultura local. Naquela época, eu tinha 19 anos. Claro que também conheci um encantador homem brasileiro e foi assim que comecei a fincar raízes no Brasil.

A sueca virou uma Baieca (uma mistura de Baiana + sueca).

Mudei-me para viver com ele num seringal no Rio da Barra, a alguns quilômetros de Trancoso. Era uma realidade muito diferente da minha antiga vida em Estocolmo. Foi um período de muitas adaptações, já que também me tornei mãe de meu primeiro filho, Christian, aos 22 anos.

Durante este período conheci Maria Paula Fidalgo, "nossa eterna humorista do famoso programa de TV, Casseta e Planeta." Nos conhecemos na casa de Roberto Pinho, um antropólogo brasileiro que também se apaixonou pelo Trancoso. Ele era um visionário que através dos seus ideais e histórias me ensinou muito sobre a cultura brasileira. Juntos, nós e várias pessoas de Trancoso criamos a Fundação Quadrilátero do Descobrimento.

Roberto era um mestre de grande inteligência, me ensinou muito sobre a história controversa do Brasil e a história de Porto Seguro — Nossa *Terra Mater.*

Entendi a beleza do povo brasileiro — a miscigenação única.

Muitas vezes, neste período, me peguei na praia, imaginando o encontro dos indígenas locais, nus, com os portugueses excessivamente vestidos, que vinham de uma terra medieval, durante uma das eras mais sombrias da Europa: a Idade Média. Li a carta de Pero Vaz de Caminha, imaginando aquela chegada.

Liderança feminina

Foi durante esse período que Maria Paula e eu começamos a sonhar com mudanças no mundo. Conversávamos sobre liderança feminina, maternidade, o lugar da mulher brasileira na política e em outras posições de destaque.

A Suécia estava muito à frente do Brasil em questões humanitárias e com um Estado que realmente cuidava de seus cidadãos.

Nessas conversas profundas, nasceu uma irmandade e a conexão foi se tornando mais forte a cada dia. Falávamos sobre a importância da cultura de paz, um guarda-chuva que englobava saúde, educação e todos os aspectos dos direitos humanos.

Com o passar dos anos, nossas vidas se entrelaçaram.

Fui mãe pela segunda vez com o nascimento do meu filho mais novo, Theo.

Maria Paula teve Maria Luiza e Felipe. Com a chegada de nossos filhos, ficou mais claro que precisávamos lutar pelo futuro deles. Maria Paula realizou diversas ações humanitárias, o que levou à sua nomeação como Embaixadora da Paz em 2013.

Empreendedorismo

Sempre fui empreendedora e ativista dos direitos humanos. Vi que nessas áreas turísticas havia a necessidade de trazer recursos para empreendimentos de baixo impacto, com boa visibilidade, promovendo o turismo sustentável.

Um dia, a Câmara de Comércio Sueco-Brasileira me pediu para ajudar um grupo de empresários suecos a investir na Bahia. A terra que eles haviam visto ficava em Itacaré, na praia do Resende. Fui lá para entender as possibilidades. Em seguida eles me convidaram para ser a diretora-executiva do projeto e representar a empresa na vila.

Foi uma verdadeira aventura. A legislação brasileira é complexa, e vi muitos empreendimentos falharem ao longo do caminho. Entendi que a chave era incluir a comunidade e investir em retornos reais e tangíveis. Convenci o grupo sueco a construir um centro cultural e doá-lo para a comunidade. A maioria das empresas pulverizava ações que não promovem mudanças duradouras. Eu queria que nós fôssemos um exemplo. Um centro cultural realmente se torna algo real e tangível para a população.

Fiquei realmente feliz quando construímos o Centro Cultural Porto de Trás (450 m^2 de área construída), um lugar para aulas de capoeira, informática e inglês. Hoje, é também a base para as aulas que o Instituto Capim Santo oferece para formar novos *chefs*. Aulas lideradas pela minha amiga e *chef* Morena Leite, uma brilhante mulher brasileira, que, através de sua capacidade de ação, transformou a vida de muitos brasileiros. Em Itacaré, a maioria de seus alunos eram capoeiristas. Hoje, eles também trabalham ao redor do mundo, cozinhando e levando a bandeira do Brasil, mostrando nossa cultura e nossa rica culinária.

Durante esse período, entendi como é possível mudar a vida das pessoas através das minhas ações. Isso me deu uma enorme satisfação. A partir daí, outros projetos e oportunidades surgiram. O mesmo grupo sueco me pediu para encontrar terras em Trancoso. Encontrei uma área linda na praia de Itapororoca, compramos a terra e desenvolvemos um projeto, escolhendo o grupo hoteleiro Fasano como parceiro. Queríamos promover uma marca de hotel brasileiro. O arquiteto escolhido foi Isay Weinfeld. O projeto foi inaugurado em dezembro de 2021.

Ao longo desses anos, me aventurei em diversas áreas: entretenimento, hospitalidade e artes. Durante um período de cinco anos, tive um clube de praia chamado Café de La Musique Trancoso, onde realizei projetos como o Elba Convida, e recebi vários DJs. Minha recente aventura é um hotel chamado Calá & Divino, na praia do Espelho.

Tenho um parceiro incrível de Londres, Mark Cutler, que também nos apoia sempre que a Embaixada da Paz precisa de ajuda no exterior.

Também atuamos no Clube do Outeiro das Brisas, e nos últimos cinco anos fiz parte do Jazz Trancoso, um projeto de jazz que é gratuito para a comunidade local, liderada também por uma mulher corajosa chamada Maria Clara Amorim.

Nações Unidas

Junto com esses projetos, senti a necessidade de fazer mais pela humanidade.

A grande oportunidade surgiu através de minha amiga Maria Paula, que agora desenvolvia cada vez mais a Embaixada da Paz. Ela também havia se mudado de volta para Brasília, sua cidade natal.

Em agosto de 2019, ela me perguntou se eu gostaria de assumir a parte internacional da Embaixada da Paz. Fiquei muito honrada e disse: "Conte comigo. Estarei ao seu lado!" Em setembro de 2019, fomos convidadas a participar de reuniões na Organização das Nações Unidas, em Nova York.

Não acreditávamos quando entramos no enorme prédio das Nações Unidas. Foi uma experiência única e transformadora. Participamos de reuniões entre países, líderes mundiais e não conseguíamos acreditar que estávamos representando o Brasil com a Embaixada da Paz. Por coincidência, também era meu aniversário, 25 de setembro.

Nesse dia, participamos de uma reunião sobre um tema muito importante: *O Mandato Global para Acabar com a Violência*. Senti que era simbólico. A partir daquele momento, portas começaram a se abrir, muitas conexões aconteceram. Nossa viagem a Nova York foi mágica.

Levantar e levantar os outros

Ficamos impressionadas com a maneira como mulheres de todo o mundo se reuniram para se fortalecer. Naquele momento, entendemos o quão importante era continuar esse projeto juntas. Tínhamos grandes planos para a Embaixada da Paz; 2020 seria o ano da transformação. Mal sabíamos que um vírus mudaria radicalmente o cenário mundial.

Pandemia

A pandemia de Covid-19 mudou o mundo para sempre. Foi um período devastador e complexo de todas as maneiras. Um ponto de virada na vida de todos, não só a nossa, mas o planeta inteiro estava, como todos sabemos, em pausa. Eu estava no meu hotel no sul da Bahia, a indústria do turismo estava paralisada. Fiquei com meus filhos e meu parceiro de negócios no nosso hotel, mas continuei pagando minha equipe para oferecer a eles uma existência digna. Foi assustador, tínhamos cinquenta funcionários na época, e a pandemia se prolongou por um longo período.

Plano B

Durante esse isolamento, pensei: "Eu preciso enviar uma mensagem através da Embaixada da Paz. Mas como farei isso estando fisicamente distante de todos? A tecnologia terá que me ajudar. Vou pedir aos meus amigos, espalhados pelo mundo, para filmarem um depoimento nos seus celulares e me enviarem." Isso se tornou um documentário.

Liguei para Maria Paula e disse: "Vou fazer um documentário!" A partir daí, desenvolvi um roteiro onde perguntei às pessoas onde estavam naquele momento, quais eram seus planos para 2020 e qual seria o seu Plano B. O resultado foi surpreendente. Recebi respostas de todo o mundo. Percebi que havia uma palavra-chave em todos os depoimentos: *Reflexão*.

Editei todos os depoimentos e o documentário "Plano B" nasceu. Maria Paula criou a narrativa, onde imaginamos que, após a pandemia, o mundo entraria em uma Era de Paz. Estávamos certas de que esse vírus e esse momento, que separou todos, de alguma forma mudariam a humanidade.

Brasília

Logo após a pandemia, tive a honra de conhecer o ministro Humberto Martins, que havia acabado de assumir a presidência do Superior Tribunal de Justiça (STJ) do Brasil. Nesse encontro inesperado, conversamos sobre a importância de trabalharmos juntos pela paz. Ele nos convidou para Brasília e, durante essa bela reunião, foi feito um acordo entre a Embaixada da Paz e o Superior Tribunal de Justiça do Brasil para sempre trabalharmos lado a lado pela paz, ajudando uns aos outros para o bem da humanidade.

Também, em 2021, fomos agraciadas pelo ministro Humberto Martins e pelo prefeito de Porto Seguro, Jânio Natal, com a Medalha 22 de Abril. No mesmo dia, também fomos homenageadas como Cidadãs Honorárias de Porto Seguro. Isso aconteceu no STJ, em Brasília. Foi uma grande honra para nós, demonstrando a força da liderança feminina, nos inspirando a continuar nossa jornada pela paz. Estávamos otimistas.

Uma noite, em fevereiro de 2022, Maria Paula me ligou, preocupada. "Helena, Putin está se aproximando da fronteira ucraniana com suas tropas e ameaçando invadir o país vizinho". Eu não acreditava. Mas sabia, sendo sueca, que nosso vizinho russo sempre teve uma postura militarista. Mas as ameaças eram normalmente ameaças vazias, mas não dessa vez. Até o último minuto, pensei que as tropas recuariam. Acreditei que Putin não teria coragem de invadir um país soberano em 2022.

Como eu estava errada! A partir desse momento, nossa necessidade de lutar pela paz se tornou cada vez mais evidente. Maria Paula repetiu: "Helena, o crime é organizado, a paz não é; precisamos começar a agir".

Fizemos um *brainstorm* no meu quarto de hotel, rodeados pela linda praia do Espelho. Nesse cenário paradisíaco, começamos a pensar em planos de ação para promover a paz. Uma iniciativa para chamar a atenção e iniciar um movimento contra a guerra. "Vamos organizar um evento: 72 horas pela Paz".

Decidimos fazer isso na Bahia — seria simbólico.

48 Horas pela Paz

Lembro claramente daquela noite em que assistimos a um filme sobre Woodstock. Depois de ver o filme, entendemos que três dias seria uma loucura; vamos fazer apenas 48 horas, acho que 48 horas é o suficiente.

Nasceu o evento *48 Horas pela Paz*. Naquele ano, era a celebração do 200º aniversário da independência do Brasil e as eleições presidenciais. O *timing* foi perfeito!

Missão

Senti que tinha uma missão, me tranquei no meu quarto do hotel na Bahia e comecei a escrever. Sempre acompanhando com grande tristeza o fato de que, em 2022, estávamos novamente em guerra na Europa.

O local escolhido para o evento foi o grandioso Teatro L'Occitane, em Trancoso. Realizamos o evento com a ajuda da prefeitura, mas também com nossos próprios recursos. Por sorte, muitos voluntários apareceram e nos salvaram, fazendo o evento acontecer. Minha eterna gratidão.

Erguemos a bandeira branca no meio das eleições, nos dias 15 e 16 de outubro de 2022 — um evento de grande magnitude e impacto. Foi emocionante.

Durante o processo de criação desse projeto, sentimos que as pessoas se aproximaram de nós para se juntar a esse movimento. Uma mulher que gostaria de destacar é Rosane Rosilene. Ela nunca saiu do nosso lado. Ofereceu todo o seu conhecimento, sua energia e generosidade. "Estou com vocês, acredito nessa missão". Ela e o Dr. Miguel Pereira Neto — um renomado advogado — foram essenciais para tirar a Embaixada da Paz do papel e possibilitar a realização de nossas primeiras *48 Horas pela Paz*.

Apoio importante

Tivemos apoio para a divulgação do evento nas redes sociais, com várias personalidades, como Eliana, Sabrina Sato, Pedro Bial, Eduardo Suplicy, Malu Mader, Morena Leite, Claude Troisgros, entre outros. Em três meses, conseguimos reunir 52 pessoas de diferentes religiões, artistas renomados como Sandra de Sá, Luiz Caldas, Jaques e Paula Morelenbaum, Diego Figueredo, Stanley Jordan, Açucena, Ao Coral, Mariana Aydar e vários outros artistas de lugares e origens diversas.

Palestrantes de todo o Brasil deram palestras sobre Paz.

Após o evento, estava exausta, mas muito feliz, missão cumprida. Agora, nosso sonho é que esse evento se espalhe por todo o Brasil e pelo mundo. Em 2024, percebemos o quão necessário esse movimento é. O mundo nunca esteve tão perto de uma Terceira Guerra Mundial. Para 2025, planejamos realizar outro evento *48 horas pela Paz*. Desta vez, a ideia é fazê-lo em São Paulo, para alcançar um público maior e espalhar a cultura de paz. Temos muitos desafios pela frente, como usar a tecnologia para a paz e não para a guerra.

A inteligência artificial é algo que nos preocupa, assim como a falta de regulamentações. Muitos cientistas da área estão nos alertando sobre os perigos dessa nova ferramenta criada por nós. Devemos estar vigilantes.

Gratidão

Gostaria de agradecer ao Brasil por sempre me acolher. Quero sempre retribuir e também acredito que o Brasil, com sua miscigenação, realmente tem uma missão global pela paz. Quero que esse movimento vá do Brasil para o mundo.

Mulheres!

Uma sobe e puxa a outra, em nome do futuro de nossos filhos.

IRENE VIDA GALA

@IVG2909
ivg299@yahoo.com

Minha voz é potente: preciso falar

Mulher por nascimento e feminista por escolha. Opção pela sobrevivência. Mais recentemente, muito farta do poder masculino.

63 anos, cabelos grisalhos e um espírito que envelhece no compasso do corpo, com o equilíbrio possível entre ser e continuar sendo, entre aceitar e reagir, entre sentir e falar. Não me queiram dócil, não me enxerguem suave. Sou potência. Consistentemente potente. Nasci assim e já me assumi. Faz tempo.

Fico à vontade ao revelar esse traço que me é tão caro e, ao mesmo tempo, tão doloroso. Doloroso? Sim, muito, porque mulheres não são trazidas ao mundo para serem fortes e decididas, para pensar e liderar. Mas comigo foi desse jeito. Garota, indo para o colégio, por volta de 10 anos, levava um pedaço de pau dentro da mochila para que nenhum menino viesse se meter comigo. *Bullying*, que naquela época não se chamava assim, tinha resposta na hora.

E tenho a sensação de que foi sendo sempre esse o padrão, ainda que melhorado no estilo. Em vez de um pedaço de pau, um bom argumento e uma fala corajosa. Aliás, sobre a coragem, sou frequentemente reconhecida por isso. Louvado seja! Mas admito haver uma boa dose de adrenalina em assumir e enfrentar o risco. "Navegar é preciso, viver não é preciso".

Logo no início da minha carreira, de saída para minha primeira missão no exterior, a Embaixada em Lisboa, o meu então chefe discursou perante colegas por ocasião da minha despedida e disse: "Que haja sempre alguém para cortar as asinhas da Irene". Acho que não houve. E já se passaram mais de três décadas. Ou talvez eu venha conseguindo escapar à mutilação.

Segui depois para Angola, vivendo em Luanda, nos idos da década de 1990, em plena guerra civil. Uma mulher? Indo para um país em guerra? Claro. Por que não? Fui e adorei, por tudo o que aprendi e vivi, ao longo de três anos, naquela que terá sido a minha mais rica experiência profissional e pessoal. Mas também amei trabalhar na Itália, no Consulado Brasileiro em Roma. Roma e Luanda, duas cidades que marcaram minha vida, e onde presenciei, como costumo dizer, a potência humana em sua essência... Ao produzir o que há de mais belo, como as obras do Renascimento Italiano, ou o mais terrível, como a morte e a destruição em uma terra de mutilados. Cheguei a Angola católica praticante e saí agnóstica, como sigo sendo até hoje. Não há Deus possível em meio à guerra.

Em Luanda, nessa saga de desafios que estavam começando a fazer minha fama, um outro Embaixador me convidou para ir, logo na sequência, para um novo posto

— um consulado na fronteira do Brasil com a Colômbia. Área quente. Eu, singela, perguntei por que *eu* para aquele posto, e ele respondeu: "Porque você leva faca na bota". Vamos combinar que não é o comentário mais simpático que se possa ouvir. Pode até pretender-se elogioso, mas, certamente, muito feminino não é! Não fui.

Luanda e Roma, separadas por mais de uma década, deram-me o mote sobre o silenciamento de mulheres. Na guerra angolana, como em tantas outras, mulheres não podiam participar das negociações de paz, em um espaço obviamente reservado aos homens. Estávamos ainda na última década do século passado, alguns anos antes de o Conselho de Segurança das Nações Unidas aprovar, em 2000, a Resolução 1325, que determinou a inclusão de mulheres nos processos de negociação de paz e a incorporação da perspectiva de gênero em todos os esforços da ONU pela paz e segurança internacionais. Precursoras nessa luta por uma voz feminina nos diálogos pela paz, as angolanas diziam "uma mulher não manda o seu marido e seu filho para a guerra".

Leymah Gbowee, liberiana e vencedora do Prêmio Nobel da Paz em 2011, havia seguido o mesmo caminho e ganhou notoriedade ao promover movimentos não-violentos pelo fim da guerra na Libéria, também no final dos anos 1990, início deste século. Entre outras de suas famosas iniciativas pela participação das mulheres na construção da paz, conduziu e liderou suas compatriotas liberianas para o local onde aconteciam as negociações. Vestidas de branco, mas impedidas de ingressar no recinto, cercaram o prédio e proibiram totalmente a entrada e saída de pessoas, bem como de água e mantimentos, enquanto não estivesse concluído o acordo de paz.

Em outra iniciativa, em 2003, Gbowee capitaneou as mulheres liberianas em uma greve de sexo, com o intuito de pressionar o mundo masculino pelo fim dos conflitos. Saída das páginas de uma comédia grega de Aristófanes, eis uma Lisístrata africana e contemporânea. Final feliz. Acordo assinado e reconhecidas as habilidades daquelas mulheres para, cada uma a seu modo, contribuir para um mundo de paz.

Já em Roma, o silêncio, como vi, impunha-se a mulheres brasileiras, esposas de italianos, que viviam uma realidade de abuso e violência, sem familiares próximos para servir de apoio. A violência contra a mulher brasileira é hoje tema central na agenda consular de apoio à comunidade brasileira no exterior. Mas, em 2007, quando cheguei a Roma, uma inédita atenção minha a essa pauta justificou o lançamento, na abertura da página oficial do Consulado do Brasil, da Carta à Mulher Brasileira, onde oferecíamos assessoria legal e psicológica, além de um ombro e um ouvido amigos.

O silenciamento maior das mulheres é, contudo, a morte, o assassinato vil. No nosso país, tudo está por fazer para colocarmos um fim aos números dramáticos, crescentes e doídos de feminicídios. Tarefa para todas as mulheres, de todas as classes, profissões, origens, crenças e vocações. Um esforço coletivo suprapartidário, que vejo necessariamente assente sobre a ação política. Mas a esse silêncio, contrapõe-se outro, indecente, vergonhoso, irresponsável, por parte de todos os homens no poder. Seguros em seu universo da política no masculino, a pauta de gênero é um acessório às vezes oportuno, mas mais frequentemente ignorado, ridicularizado, abandonado. Irrelevante. São uns brutos! Quantos têm essa pauta como prioridade? Quantos e, mais, quais estão mesmo empenhados, sem hesitação, na defesa e promoção da participação de mulheres no espaço da política? Não os conheço ou reconheço. Não os vejo comprometidos sempre, a todo o momento, em qualquer discurso, como faço eu aqui, insistindo na luta, que é a minha luta, contra os silêncios. Minha fala, uso-a contra o silenciamento, o apagamento e o esquecimento. Mas mais, muito mais. Faço dela o desconforto absoluto para ouvidos moucos. Onde não há diálogo, não se cala a denúncia. Não posso calar.

Na ação política, tenho encontrado o poder da resistência... Da sobrevivência. Como tudo mais em uma vida de potência e coragem, eis aí uma imposição da natureza sobre meu corpo já sexagenário.

Faço parte de uma família de guerreiras. E não falo de uma família de sangue, mas de espírito. Mulheres diplomatas, como eu, que, destemidas, se lançam para uma das carreiras não só mais concorridas e desafiadoras do serviço público brasileiro, mas, sobretudo, aquela que é mesmo a cara de um homem. O Barão do Rio Branco. Ele e todos os outros. Homens, embaixadores, referências da diplomacia brasileira. Quantas mulheres diplomatas são conhecidas? Quantas embaixadoras brasileiras podem ser nominalmente citadas? Mas nós existimos, e eu, como sempre digo, adoro meu título e peço que seja sempre usado, afinal, somos tão poucas, melhor é fazer propaganda. Sim, sou eu. Embaixadora brasileira. Quarenta anos de carreira.

Somos 23% de mulheres entre integrantes da carreira diplomática brasileira. Éramos 23% quando eu ingressei, em 1985, e seguimos sendo 23%. Avanços? Aqueles sempre presentes nos discursos masculinos ao falar da pauta de gênero... Avanços. E é preciso perguntar, avanços onde? Hoje, ao escrever este texto, final de 2024, das 20 principais missões diplomáticas brasileiras pelo mundo, apenas uma é chefiada por uma mulher. A Embaixada em Washington. Bela demagogia. Ou, na linguagem da militância, aquele *token* para limpar a barra dos senhores engravatados, os felizes detentores do poder.

Essa minha família, de mulheres irmãs e parceiras, colegas de trabalho e destino, há mais de uma década clama pela valorização do papel da mulher na diplomacia brasileira. Além das que já estão, queremos muito mais mulheres na carreira diplomática porque acreditamos na qualidade de nossa contribuição para a defesa dos interesses do Brasil no cenário internacional. Sabemos hoje e soubemos sempre: competência temos, faltam-nos as oportunidades. Defendemos ações afirmativas efetivas no Itamaraty e paridade de gênero no ingresso à carreira diplomática. Honramos, orgulhosas, Maria José de Castro Rebello Mendes — a primeira mulher a ser aprovada no concurso para a carreira diplomática, em 1918. Aprovada em primeiro lugar, essa jovem baiana de 27 anos terá sido também a primeira mulher a ser aprovada em um concurso para cargo destacado na administração pública brasileira. Brava!

Em janeiro de 2023, amadurecida a ideia da criação da Associação das Mulheres Diplomatas Brasileiras (AMDB), minhas colegas me entregaram a missão de ser a sua primeira presidenta. Uma associação que nasceu singular, ao ser reconhecida como a primeira associação exclusivamente de mulheres em uma das carreiras da burocracia brasileira. Fizemos história e, em novembro daquele ano, em parceria com outras mulheres em carreiras do Executivo brasileiro, realizamos o 1º Encontro Nacional de Mulheres em Carreiras de Estado, nas instalações da ENAP, Escola Nacional de Administração Pública, em Brasília. Um detalhe, a presidência da ENAP era exercida por quem? Claro, uma mulher. Uma puxa a outra! Juntas, vamos mais longe, mas o bom mesmo é ter uma mulher à frente. Faz toda a diferença.

Não completei meu mandato. Renunciei ao final de um ano e meio, mas nesse tempo as mulheres diplomatas brasileiras já haviam ganhado o mundo. Nossa experiência foi estimulando outras colegas e, no Brasil, avançamos muito na divulgação de uma importante campanha *#MulherChanceler*. O Brasil, junto com o Uruguai, é o único país das Américas a nunca ter tido uma mulher na chefia do Ministério das Relações Exteriores. Algo mais machista do que isso? Sim... muitos outros exemplos, mas estamos confiantes na mudança. Junte-se a nós, por uma *#MulherChanceler*. E adote também o lema *Paridade na Diplomacia*.

A renúncia, contudo, impôs-se, estrategicamente. Mulheres não foram feitas para pensar, falar, liderar e, claro, para presidir. Já disse isso. Então um rearranjo de rota pôs-me agora em novo caminho. Passei a fazer parte da diretoria do Sindicato de Diplomatas Brasileiros, onde mantenho o compromisso pela inclusão das mulheres, mulheres negras, indígenas, PCDs. Inclusão e diversidade em prol do fazer diplomático.

O espaço de luta é mesmo o da política. No setor privado nunca estive, mas, sem pudor, as mulheres que buscam assegurar seus espaços no âmbito privado, conclamo-as a adentrarem também o espaço público. A arena da política. Nada nos separa. Vamos juntas. Nossa pauta é só uma. A construção, enfim, de um mundo no feminino.

E concluo lembrando uma genial imagem, proposta por Gerda Lerner, em seu histórico estudo *A Criação do Patriarcado*:

"Homens e mulheres vivem em um palco no qual desempenham seus papéis designados, ambos de igual importância. (...) Homens escreveram a peça, dirigiram o espetáculo. (...) Se autoescalaram para os papéis mais interessantes e heroicos, deixando para as mulheres os papéis de coadjuvante. Conforme as mulheres tomam consciência da diferença na forma como se encaixam na peça, pedem mais igualdade na distribuição dos papéis, (...) ofuscam a atuação dos homens, (...) com muito esforço ganham o acesso à distribuição igual de papéis. (...) Homens (que seguem distribuindo os papéis) dão preferência às mulheres submissas e àquelas que se encaixam com perfeição na descrição da vaga. Homens punem, por meio da ridicularização e exclusão, qualquer mulher que se ache no direito de interpretar o próprio papel ou — o pior dos pecados — reescrever o roteiro."

Velha pecadora que sou, despeço-me, deixando o convite para coautorias.

ISABELLA MACIEL DE SÁ

@isamacieldesa
linkedin.com/in/isabellamacieldesa
+55 11 98383-4923

Uma tenista canhota

Nunca me vi como uma profissional mulher, mas sim como uma profissional. Esse ponto de vista é muito influenciado pelo meu pai, que teve um papel fundamental na minha vida como advogada.

"Filha, você não vai ganhar ou perder emprego só por ser mulher", ele sempre repetia para mim e para minha irmã. Eu sei o quanto ele ficou frustrado ao ver as mudanças na legislação da licença-maternidade, que diminuíram as oportunidades para muitas mulheres lutarem por igualdade no mercado de trabalho no final dos anos 80 e início dos anos 90. Também foi difícil lidar com uma situação delicada que vivi ao final do meu primeiro estágio. Hoje, sem dúvida, seria considerado assédio moral. Em 1988, ele foi um dos poucos a acreditar em mim.

Mas, mesmo com essas experiências no início da carreira, nunca pensei que minha luta seria uma luta feminista. Talvez eu fosse jovem e arrogante demais para atribuir as dificuldades de uma advogada que apenas começava a sua trajetória ao meu gênero.

Foi só muitos anos depois, já morando em São Paulo, que percebi que o gênero de um profissional poderia ser, sim, um obstáculo na hora da contratação.

Era 2004 e eu participava de um processo seletivo para diretora jurídica de uma multinacional francesa. Fui contatada por uma renomada empresa de *head hunters*, que identificou em mim o perfil ideal para a vaga.

Além da posição de diretora para o Jurídico, a *head hunter* já havia selecionado os diretores de Marketing, Tecnologia da Informação e Recursos Humanos. Todos esses cargos foram ocupados apenas por homens.

Meu processo era o último a ser finalizado. Éramos cinco candidatos: uma mulher e quatro homens. Após entrevistas com o diretor regional de Recursos Humanos e o diretor jurídico regional, restamos eu e mais um candidato, e deveríamos passar por uma entrevista com o diretor financeiro, a quem o diretor jurídico se reportaria.

Primeira surpresa: o presidente pediu para entrevistar a mim e ao outro candidato. Quando questionei o sócio da *head hunter* sobre a mudança no processo, ele, sem jeito, sem saber o que dizer, comentou que talvez isso tivesse ocorrido porque, de todos os processos, o meu era o único em que uma mulher era finalista. Achei esse comentário engraçado, além de totalmente improvável. Melhor atribuir a mudança à crescente importância estratégica que o Departamento Jurídico estava ganhando nas empresas.

Tolinha, tolinha, tolinha...

Passei pela entrevista com o diretor financeiro. Gostei dele e tive a impressão de que ele também gostou de mim. Segui para a entrevista com o presidente confiante, pois estar acompanhada pelo diretor financeiro me dava uma "cara amiga" em um ambiente desconhecido.

O presidente não era brasileiro, assim como o diretor financeiro. Entramos e nos sentamos em lados opostos de uma mesa enorme. O presidente chegou com 15 minutos de atraso e sentou-se ao lado do diretor financeiro, de frente para mim.

Ele começou a falar em um inglês carregado de sotaque.

— Olha, não vou perder meu tempo tentando entender se você tem ou não competência técnica para estar aqui. Se você está entre os dois finalistas para a posição, imagino que sim. Minha preocupação é com a sua capacidade de trabalhar apenas entre homens. Você sabe, não? Se você for escolhida e decidir se juntar a nós, será a primeira diretora mulher desta companhia no Brasil.

O tom da última declaração era quase ameaçador. Estranho.

Eu apenas respondi: "Sim, eu sei".

Ele me olhava incrédulo, esperando que eu dissesse mais. Esperava que eu agradecesse a oportunidade de estar ali.

— Só isso? ele perguntou.

Então, eu completei: "Não, claro que estou empolgada com a possibilidade, mas isso não é novidade para mim."

— Como assim não é novidade para você?

Expliquei ao presidente, que parecia pasmo: "Ser a única mulher em um ambiente de trabalho só com homens é a história da minha vida. Perdi as contas de quantas vezes fui a única mulher em uma reunião."

— Mas você percebe que, além de salas de reuniões, terá que frequentar nossas lojas e lidar com homens de baixo nível cultural e, às vezes, mal-educados. Você acredita que consegue lidar com uma situação assim? Está realmente preparada para um ambiente predominantemente masculino?

Olhei para o diretor financeiro, que sorria para mim, como quem diz: "Claro que sim! Mostre para ele!"

Foi então que tomei a iniciativa e perguntei: — Você joga tênis?

— Como?!? — respondeu ele, ainda mais surpreso.

— Você joga tênis? Já jogou alguma vez na vida?

— Não entendo o que isso tem a ver com a nossa entrevista.

— Eu sei — retruquei —, mas prometo que serei rápida e logo você entenderá onde quero chegar. Você joga tênis?

— Sim, jogo! — disse ele, visivelmente irritado por não entender onde eu queria chegar.

— E você é destro ou canhoto?

— Desculpe, mas onde você quer chegar com isso? — questionou o irritadíssimo presidente.

— Estou quase terminando, senhor. Só preciso que me responda mais duas perguntas.

— Sou destro, disse ele — claramente contrariado.

— Só preciso que você me responda mais uma pergunta. Você, como destro, já jogou contra um canhoto?

— Não, não me lembro de ter jogado contra um canhoto. Pronto! Agora você pode, por favor, me explicar do que se trata para que possamos continuar nossa entrevista? — esbravejou o presidente.

— Pois bem, pense em mim como uma tenista canhota. Passei a vida jogando contra destros. Eu sei fazer isso muito bem. Já você nunca jogou contra um canhoto. Tenho vivido a vida inteira sendo a única mulher na sala, em meio a homens que nunca trabalharam com uma mulher antes. Então, na minha opinião, a pergunta não é se eu tenho condições de trabalhar em um ambiente exclusivamente masculino. A pergunta é: você e seus diretores conseguem trabalhar com uma mulher? Vão conseguir lidar com um ambiente que deixa de ser exclusivamente masculino?

O silêncio era pesado! O diretor financeiro olhava para mim, sorrindo de orelha a orelha, enquanto o presidente parecia não ter gostado nadinha daquilo.

— Entendo — disse o presidente, de forma protocolar. — Bem, acho que encerramos aqui.

E assim terminou a entrevista e o processo seletivo.

É claro que não fui escolhida pela empresa, mesmo sendo a candidata recomendada pelos *head hunters*.

Essa experiência me fez perceber, de forma definitiva, que o preconceito contra a mulher no trabalho existe e pode impedir que os melhores candidatos ocupem as melhores vagas.

Hoje, mais de vinte anos depois, vejo o quanto já evoluímos, e o quanto os homens têm se rendido, com naturalidade, ao talento feminino.

É claro que entendemos o quanto já caminhamos quando olhamos para trás e vemos de onde viemos, mas ainda há muito a ser feito.

São grupos de mulheres, como o nosso *Ensemble*, que nos colocam em contato para que possamos abrir mais caminhos e inspirar generosidade e gratidão.

Porque, se não for agora, quando?

Se não formos nós, quem?

JENNIFER WADDELL

+1 707 804-8492
jwjeneducation@gmail.com

Da sala de aula à comunidade: reimaginando a educação por meio do ensino domiciliar e mentoria

Da sala de aula à comunidade

Eu nunca imaginei que ensinaria meu filho em casa. Como professora da rede pública com mestrado, acreditava no poder transformador da educação — não apenas como um caminho para o conhecimento, mas como um meio de fomentar independência, curiosidade e resiliência. No entanto, minha própria experiência como aluna foi pouco inspiradora. Eu não me sentia capaz ou animada para aprender até o final do ensino médio, e só na universidade comecei a enxergar a educação como uma porta para possibilidades, e não uma rotina repleta de ansiedade.

Tornando-me professora

Tornei-me professora para oferecer aos alunos uma experiência diferente. Queria que minha sala de aula fosse um espaço onde os estudantes se sentissem apoiados e desafiados — um lugar onde aprender não fosse apenas memorizar fatos, mas explorar perspectivas e fazer perguntas. História, por exemplo, não era apenas uma lista de eventos; tratava-se de pessoas e das forças que moldam suas vidas — movimentos sociais em busca de justiça ou sofrimento, o impacto acumulativo de pequenas, mas significativas mudanças, e as formas como as narrativas evoluem dependendo de quem as conta e do que é deixado de fora.

Minha carreira como professora começou no Distrito Escolar Unificado de Santa Ana, onde trabalhei principalmente com estudantes de primeira geração, filhos de famílias trabalhadoras que valorizavam profundamente a educação. Esses alunos brilhantes e curiosos prosperavam quando apoiados, mas as restrições sistêmicas — como o foco excessivo em notas de provas — sufocavam um engajamento mais profundo. Fora da sala de aula, quase não existiam redes de apoio para estudantes enfrentando desafios como dificuldades de aprendizagem ou *bullying*.

Uma mudança para o cuidado

Quando deixei de lecionar para cuidar da minha avó, pensei que seria uma pausa temporária. Em vez disso, tornaram-se anos de dedicação integral, durante os quais aprendi o quão exigente e desvalorizado pode ser esse trabalho não remunerado. Muitas mulheres carregam esse peso — equilibrando cuidados, lares, filhos e carreiras. Embora exaustivo, isso também me ensinou sobre amor, resiliência e o peso da preocupação constante.

Quando decidi voltar a ensinar, meu filho tinha três anos, e havíamos nos mudado para uma cidade nas montanhas em busca de uma vida mais tranquila em meio à natureza. Essa transição plantou as sementes para o ensino domiciliar — não como uma rejeição à educação pública, mas como uma reimaginação do que o aprendizado poderia ser para minha família.

A influência de mentores

Ninguém trilha o caminho da educação sozinho. Minha decisão de educar em casa foi profundamente moldada por duas mulheres, amigas queridas e mentoras, que me guiaram em momentos cruciais da minha vida. Educadoras veteranas com décadas de experiência no ensino fundamental, elas trouxeram uma compreensão profunda e sofisticada das forças e limitações da educação.

Conectando educação tradicional e alternativa

Uma de minhas mentoras escolheu educar os próprios filhos em casa, eventualmente fundando uma escola comunitária que oferecia aulas especializadas para outros estudantes que também recebiam ensino domiciliar. Seu trabalho demonstrou que o ensino domiciliar poderia ser colaborativo, adaptável e profundamente enraizado em atender às necessidades únicas de cada criança. Observá-la conectando de forma tão fluida a educação tradicional e alternativa foi inspirador e instrutivo, mostrando-me o potencial de abordagens inovadoras para o aprendizado.

Ligando o aprendizado ao mundo

A outra mentora permaneceu na escola pública, criando experiências transformadoras não apenas para seus alunos, mas também para seu filho, por meio de viagens. Cada viagem se transformava em uma oportunidade de aprendizado, seja explorando marcos históricos ou participando de projetos filantrópicos no exterior. Sua abordagem enfatizava a importância de conectar o aprendizado em sala de aula a experiências do mundo real, promovendo pensamento crítico e cultivando um senso de cidadania global.

E se? Reimaginando a educação além do sistema

Quando me tornei mãe, minhas experiências como professora ganharam uma nova urgência. Continuei questionando se as escolas tradicionais poderiam atender às diversas necessidades de todas ou mesmo da maioria das crianças, dado o foco em resultados mensuráveis em detrimento do desenvolvimento integral. Meu filho aprenderia resiliência ou simplesmente se resignaria diante de políticas e currículos enviesados?

Liberdade para explorar perspectivas diversas

O ensino domiciliar ofereceu a liberdade de explorar a história sob perspectivas marginalizadas, abordar a literatura como uma janela para experiências diversas e usar matemática e ciência como ferramentas para compreender o mundo. Ele enfatizava experiências práticas — viagens, projetos de serviço comunitário e conversas significativas — tornando o aprendizado tangível e relevante.

O surgimento do ensino domiciliar

O ensino domiciliar trouxe perguntas familiares: "E os amigos? Como ele aprenderá a lidar com *bullies* ou empregadores difíceis se não enfrentar isso agora?" Essas eram perguntas que eu mesma já havia feito. Muitas vezes, elas se concentram em preocupações superficiais, ignorando o propósito mais profundo da educação: fomentar a curiosidade, o pensamento crítico e a capacidade de navegar pelo mundo com confiança e compaixão.

Reenquadrando o ensino domiciliar

Para muitos, o termo "ensino domiciliar" evoca uma imagem limitada — seja um pai recriando uma sala de aula tradicional em casa, muitas vezes com influências religiosas, ou uma configuração elitista com tutores particulares. Na realidade, o ensino domiciliar é muito mais diverso e dinâmico. Ele combina abordagens como tutoria, mentoria e experiências práticas, com o aprendizado acontecendo em todos os lugares: bibliotecas, parques, museus, viagens de carro e até projetos de serviço comunitário.

Respondendo a perguntas comuns sobre ensino domiciliar

Socialização: a verdade real

Vamos abordar o elefante na sala — a socialização. As amizades do meu filho não sofreram; elas se diversificaram. O ensino domiciliar deu a ele acesso a conversas intergeracionais, experiências de voluntariado e projetos colaborativos com colegas. Ele aprendeu não apenas a conviver com crianças da sua idade, mas a se comunicar de forma eficaz com adultos, crianças mais novas e líderes comunitários. A verdadeira socialização é sobre aprender a navegar relacionamentos, não apenas sentar em fileiras com 25 colegas da mesma idade sob luzes fluorescentes (Embora, para ser justa, ele perdeu as guerras de comida na cantina — toda vantagem tem seu lado negativo).

Desenhando um currículo: como saber o que ensinar?

Comecei pesquisando currículos das melhores escolas públicas e privadas, comparando conteúdos de cada série para identificar conceitos principais e alinhá-los às habilidades e interesses do meu filho. Isso me ajudou a criar um currículo flexível que equilibrava padrões acadêmicos com aprendizado experiencial, incorporando viagens, eventos comunitários, passeios na natureza e oportunidades artísticas.

Nossa casa se tornou um laboratório de aprendizado: cozinhar virou uma aula de química; planejar o orçamento de uma viagem de família era uma lição de economia. Com o tempo, aulas online, tutores comunitários e projetos em grupo enriqueceram a experiência dele, criando uma abordagem equilibrada que atendia aos marcos acadêmicos tradicionais enquanto promovia adaptabilidade.

Acompanhando o progresso sem provas

Sem testes padronizados, avaliar o progresso exigia criatividade. Nós acompanhávamos a compreensão fazendo perguntas reflexivas: "Como isso se relaciona com o mundo real?" ou "Você consegue aplicar o que aprendeu?" Conexões com o mundo real foram fundamentais. Após ler sobre a Grande Depressão, ele comparou suas lições aos desafios econômicos modernos. O ensino domiciliar nos ensinou o valor da adaptabilidade. Se ele tinha dificuldades com um conceito, desacelerávamos e abordávamos de outra forma. Essa flexibilidade é o superpoder oculto do ensino domiciliar. Ao permanecer responsiva e focada no pensamento crítico, eu acompanhava com confiança seu progresso sem depender de testes externos.

Do ensino domiciliar à consultoria e mentoria

Transição para facilitadora e contratante

Conforme meu filho cresceu e passou a precisar de menos instrução direta, meu papel naturalmente mudou. Tornei-me uma facilitadora e coordenadora, identificando e contratando tutores especializados, mentores e outros recursos para apoiar sua educação. Essa transição ampliou minha perspectiva sobre como criar ambientes de aprendizado colaborativos e adaptáveis, voltados para as necessidades únicas de um estudante. Também me deu experiência prática em equilibrar supervisão com incentivo à independência — uma habilidade que agora aplico ao trabalhar com outras famílias.

Reingressando no campo educacional

Agora, estou retornando ao campo educacional com foco em apoiar famílias e estudantes de forma mais personalizada. Com base na minha experiência como professora da rede pública e nos anos de ensino domiciliar, trabalho com famílias para desenvolver planos educacionais individualizados, navegar pelas complexidades do sistema escolar e identificar soluções criativas que promovam crescimento e resiliência.

Empoderando famílias

Meu objetivo com o projeto JenEducation é empoderar famílias oferecendo expertise e suporte, seja desenhando currículos, lidando com desafios de funções executivas ou defendendo crianças com habilidades diversas. Embora este seja um novo capítulo para mim, está profundamente enraizado na minha paixão de toda a vida pela educação e na crença de que toda criança merece um ambiente de aprendizado que fomente curiosidade, confiança e sucesso. Este próximo passo é uma evolução emocionante do meu trabalho, permitindo-me combinar minhas habilidades e experiências para ajudar famílias a explorar o que é possível na educação de seus filhos.

Educação em tempos de incerteza

Globalmente, a educação está em uma encruzilhada, com mudanças nas políticas e prioridades desafiando os sistemas tradicionais. O ensino domiciliar, antes visto como algo separado das instituições, emergiu como uma alternativa dinâmica. Ele permite que as famílias enfrentem lacunas e nutram a curiosidade, mas também destaca questões de acesso e privilégio.

Um caminho a seguir

O futuro do aprendizado está na colaboração. Ensino domiciliar, modelos híbridos e reformas na educação pública podem coexistir e se complementar para proporcionar oportunidades inovadoras e adaptáveis. O progresso começa com pequenos passos práticos: mentorias dentro das comunidades, compartilhamento de recursos curriculares ou defesa de políticas que apoiem caminhos de aprendizado diversificados.

JEONG CHOE

linkedin.com/in/jeong-choe-ph-d-3668b385

Do silêncio à sinfonia

Coreia

Eu sei guardar um segredo. Essa habilidade tornou-se essencial em 1991, quando minha família deixou a Coreia sob o manto do sigilo. Eu tinha doze anos, e permanecer em silêncio era uma questão de sobrevivência.

Por gerações, minha família esteve profundamente enraizada no empreendedorismo e no comércio. Esse legado frequentemente priorizava empreendimentos ousados em detrimento da estabilidade. Apesar do relacionamento tenso e muitas vezes hostil entre Coreia e Japão, meu avô assumiu um risco significativo: tornou-se o primeiro na Coreia a importar *mochi* (bolos de arroz japoneses) do Japão. Ao mesmo tempo, minha avó exportava *kimchi* para o Japão, estabelecendo uma troca comercial recíproca.

Esses negócios prosperaram, crescendo de uma operação modesta para um grande fornecedor de sobremesas para redes de supermercados, além de expandir para um modelo de franquia bem-sucedido de cafés e padarias. No entanto, esse crescimento rápido teve um custo. Os investimentos frequentemente superavam as receitas, forçando a empresa a buscar empréstimos em fontes não convencionais e ilegais, com juros exorbitantes. A dívida acumulada crescia mais rápido que o negócio, ameaçando a empresa e a segurança da nossa família.

Um dia, com pouca explicação, disseram a mim e aos meus irmãos que precisaríamos deixar a Coreia imediatamente. Fomos advertidos a nunca contar a ninguém, nem a familiares nem a amigos, sobre nossa partida. Só descobrimos que nosso destino era a Austrália quando chegamos ao aeroporto. Deixamos tudo para trás — dívidas, bens, aqueles que nos perseguiam e até nossas identidades — mergulhando no desconhecido, movidos pelo medo e pela urgência. Desaparecemos da noite para o dia, sem deixar rastros, e essa experiência me ensinou o peso do segredo e a responsabilidade que ele carrega. É uma lição que ainda informa minhas decisões hoje. Enquanto exerço meu papel atual como assistente de superintendente de inovação, as lições daquele período tumultuado ainda me guiam. Elas me lembram da importância de ter uma base sólida, de ser estratégica e de me adaptar. Aprendi a nunca expandir sem uma fundação forte. Ao elaborar uma iniciativa, parto do princípio de que ela pode falhar e a submeto a testes rigorosos para identificar possíveis desafios — sejam eles materiais, relacionados à dinâmica da equipe ou à logística operacional.

Acredito em manter as coisas enxutas. Projetos chamativos e grandiosos muitas vezes são insustentáveis. Em vez disso, concentro-me em construir sistemas pequenos e eficientes que podem crescer organicamente e gerar lucros de longo prazo.

Essa abordagem tem sido fundamental para o sucesso de várias iniciativas que lancei no que é reconhecido como o principal distrito escolar da Califórnia.

Austrália

Quando minha família chegou à Austrália, éramos estranhos em uma terra estrangeira, e nenhum de nós falava inglês. Meus pais não podiam trabalhar, e meus irmãos e eu não podíamos frequentar a escola porque havíamos fugido da Coreia com um visto de turista. Estávamos sozinhos, enfrentando um futuro cheio de incertezas. Aqueles foram tempos incrivelmente estressantes para meus pais.

Tentamos nos matricular em várias escolas locais, mas fomos rejeitados em todas devido ao nosso status de visto. Sem status permanente, fomos excluídos de oportunidades que os outros consideravam garantidas. Finalmente, após vários meses, encontramos uma escola católica disposta a nos aceitar sem investigar nossos documentos. Aqueles meses de espera pareciam um limbo para nossa família. Cada dia se arrastava para o próximo, e nossas vidas ficaram suspensas na incerteza.

Embora eu saiba que meus pais estavam profundamente preocupados com o fato de seus filhos estarem fora da escola, não me lembro de me sentir tão estressada. Até sirenes de polícia ou ambulância os assustavam, pensando que alguém da Coreia estava atrás de nós. Talvez a incerteza tenha me afetado um pouco, mas, como criança, fiquei protegida da gravidade completa da situação.

Essa experiência me ensinou como é viver de forma não convencional. Embora viesse com muita incerteza, também me proporcionou a liberdade de explorar e buscar minhas paixões. Aos doze anos, essa paixão era tocar piano. A música tornou-se minha linguagem universal, permitindo que eu me expressasse sem falar inglês. Passei muitas horas tocando porque não podia frequentar a escola. Não era algo estruturado, e eu não considerava que estivesse praticando. Também não tinha metas de performance ou competição. Eram muitas horas tocando piano simplesmente porque eu gostava e tinha tempo. Foi uma liberdade que se tornou um dom, uma experiência de aprendizado não estruturada que moldou meu senso de identidade. Eu sabia que era boa, mas não sabia quão boa ou em que nível, porque não interagia com o mundo exterior para calibrar meu talento. Eu apenas tocava por diversão.

Morei na Austrália por quatro anos, até os dezesseis. Com o tempo, aprendi inglês e pude frequentar a escola. No entanto, a experiência inicial de ser excluída da escola, do dever de casa e da vida estruturada por causa do status de nosso visto me ensinou a não temer as incertezas do futuro e a abraçá-las como parte da jornada. Aprendi a não temer o desconhecido, mas a me adaptar e encontrar oportunidades nele.

Durante os fechamentos escolares causados pela Covid-19, fui lembrada daquele período na Austrália, quando a vida parecia em pausa e não podíamos fazer muita coisa. Essas experiências me ensinaram que está tudo bem não se conformar às estruturas tradicionais, mas seguir paixões e encontrar alegria no processo. Tudo acaba se resolvendo.

Essa base, construída na resiliência diante da incerteza, influenciou profundamente minha abordagem à liderança e à inovação. Deu-me a confiança para assumir riscos, liderar com empatia, manter a calma em situações incertas e apoiar aprendizes diversos, especialmente aqueles que prosperam em ambientes não tradicionais.

No meu cargo atual no Distrito Escolar Unificado de Palo Alto, lancei diversos programas que valorizam as paixões dos estudantes e a aprendizagem experiencial. Recentemente, liderei a inauguração de uma nova escola, a Palo Alto Middle College High School, projetada especificamente para apoiar alunos não tradicionais, oferecendo experiências de aprendizagem únicas. À medida que lidero a integração da Inteligência Artificial (IA) em nosso distrito e sistemas escolares, essa mentalidade continua a guiar meu trabalho. Da mesma forma que naveguei por incertezas e caminhos não convencionais na minha própria vida, agora abordo a integração da IA com disposição para experimentar, adaptar e garantir que ela atenda às diversas necessidades de todos os funcionários e alunos. Ao refletir sobre minha trajetória, lembro-me de que a vida muitas vezes se desenrola de maneiras inesperadas. As lições aprendidas nesse período de incerteza continuam a moldar minha liderança, lembrando-me de que o crescimento frequentemente surge dos lugares mais improváveis.

Estados Unidos

Em 1995, viemos para os Estados Unidos, a terra das oportunidades, cheios de esperança pelo futuro. Meu pai decidiu retornar às suas origens, abrindo uma padaria-café e uma fábrica em Chicago. Quando tudo falha, às vezes voltamos às nossas raízes e origens. Esse novo capítulo marcou mais uma mudança para nossa família, mas, dessa vez, senti orgulho de não viver mais em segredo. Matriculei-me no ensino médio e logo conheci um professor de piano cuja generosidade e mentoria impactaram profundamente minha vida. Ele era conhecido como Sr. D., mas seu verdadeiro nome era Emilo Del Rosario. Seu preço era alto, mas ele escolheu não me cobrar. Ele nutriu meu talento e me ajudou a perceber que eu tocava em um nível excepcionalmente alto.

Encorajada por sua orientação, comecei a competir em concursos de piano, obtendo sucesso em níveis local, estadual e nacional. Dessa vez, eu não estava apenas tocando sozinha. Estava calibrando meu talento e interagindo com o mundo enquanto tocava. O jogo estava em andamento.

Quando chegou a hora de escolher uma faculdade, meu professor de piano recomendou que eu fizesse uma audição para Menahem Pressler, um pianista de renome mundial e membro fundador do Beaux Arts Trio. Conhecido por suas interpretações magistrais e dedicação em orientar jovens músicos, Pressler tinha uma reputação notável por moldar talentos extraordinários.

Na época, com a internet apenas começando a se tornar amplamente acessível, eu não tinha plena noção da magnitude da honra que era estudar com ele. Para minha surpresa e gratidão, fui a única caloura selecionada para estudar com ele naquele ano, quando seu estúdio era composto principalmente por alunos de pós-graduação. Ele me concedeu uma bolsa de estudos, consolidando meu caminho na música.

Pressler teve uma vida extraordinária, apresentando-se internacionalmente até os 98 anos e falecendo aos 99, no ano passado. Apesar de ser cortejado por universidades prestigiadas que lhe ofereciam oportunidades para ensinar menos, se apresentar mais e ganhar pacotes financeiros significativamente maiores, ele escolheu permanecer na Universidade de Indiana, em Bloomington, por 67 anos!

Ele exemplificava o que significa levar uma vida plena permanecendo fiel à própria paixão. Por meio de sua arte e mentoria, ele me ensinou o que significa ser uma artista de coração e como ter um impacto além das realizações individuais.

Penso nele com frequência, especialmente vivendo no Vale do Silício, onde a vida pode ser intensamente competitiva e, por vezes, implacável. A perspectiva mais ampla que ele compartilhou comigo — priorizando a paixão em vez da pressão — foi inestimável para o meu crescimento pessoal e profissional. Guiou-me a enfrentar desafios com resiliência e propósito, moldando, em última análise, como abordo minha carreira e contribuo de forma significativa para o meu trabalho.

Minha jornada para me tornar uma artista sob a orientação de Pressler foi breve. Após apresentar o Concerto Nº 3 de Rachmaninoff como meu recital solo final com orquestra — um momento em que experimentei verdadeira paixão no lugar da pressão de tocar ao vivo diante de milhares de pessoas —, tomei a difícil decisão de deixar a música e a universidade para ajudar no negócio em dificuldades dos meus pais. Foi um sacrifício que redefiniu minha vida.

Embora a operação de meus pais baseada em Chicago tivesse se concentrado com sucesso em vendas entre empresas, a expansão para o mercado de varejo trouxe desafios significativos. Eles estavam lutando para gerenciar as demandas desse novo empreendimento, e eu entrei para ajudar a navegar essa transição crítica.

Assumir a responsabilidade de um negócio em dificuldades em tempo integral foi uma das experiências mais desafiadoras da minha vida, mas também uma das mais valiosas. Essa vivência me forneceu lições e habilidades que moldariam profundamente minha vida e carreira nos anos seguintes. Olhando para trás, não consigo me lembrar de todos os detalhes do que fiz naquela época — foi um período agitado e estressante. No entanto, adquiri lições inestimáveis sobre como gerenciar orçamentos, transformar um negócio em dificuldades em algo lucrativo e liderar pessoas de forma eficaz. Aprendi a lidar com clientes, tanto os graciosos quanto os exigentes, adquirindo habilidades práticas que raramente são ensinadas na educação tradicional. Lembro-me até de ir ao tribunal para ajudar meu pai quando o negócio foi autuado, o que me ensinou a importância da responsabilidade e do cumprimento de regulamentações. Foi uma experiência desafiadora, mas transformadora — o trabalho no mundo real em sua forma mais pura.

Depois que o negócio voltou à estabilidade, não retomei os estudos com o professor Pressler. Em vez disso, decidi frequentar a Universidade de Illinois em Chicago (UIC), mais próxima dos negócios dos meus pais. Dessa forma, pude concluir meu bacharelado enquanto continuava a ajudá-los.

No entanto, dessa vez, escolhi seguir um curso na área de ciências. Não pensei muito além de querer uma carreira que oferecesse estabilidade. Naturalmente, deixei minha carreira musical de lado, pois já havia passado da idade ideal para competir e me destacar enquanto gerenciava o negócio. Também descartei o caminho dos negócios depois de experimentar em primeira mão como ele pode ser desafiador. Humanidades não era uma opção, já que o inglês era meu segundo idioma. Por exclusão, escolhi a ciência como meu caminho a seguir. Fiz essa escolha não por ter uma paixão profunda por ela, mas porque buscava estabilidade após anos de instabilidade. Durante meus estudos na UIC, percebi que estabilidade não era apenas sobre carreira — era sobre encontrar propósito na jornada.

Mencionei que estava em busca de estabilidade? Depois de tantas mudanças e de frequentar tantas escolas, eu estava pronta para me estabelecer. Fiquei na UIC por 10 anos, obtendo meu bacharelado, mestrado e doutorado no mesmo Departamento de Química. Apesar de uma década na UIC, há um dia que lembro com detalhes cristalinos. Em 6 de junho de 2006, acordei de um pesadelo vívido com milhares de abelhas me perseguindo. Momentos depois, recebi uma ligação que abalou meu mundo — meu pai havia falecido inesperadamente enquanto dormia. Ele tinha apenas 55 anos. Minha família tentou racionalizar sua morte, criando inúmeros cenários para explicar por que isso aconteceu. Acredito que sua vida de constantes altos e baixos em dois países estrangeiros simplesmente cobrou um preço alto demais. Gostaria profundamente que ele tivesse vivido mais tempo — para ver seus netos e testemunhar a próxima geração crescendo com a estabilidade pela qual ele trabalhou tão arduamente. Não importa o quão desafiadora a vida se torne, acredito que é essencial encontrar alegria e reservar tempo para celebrar até mesmo pequenas vitórias.

Durante meu tempo na UIC, conheci o professor Donald Wink, cuja mentoria e amizade continuam até hoje. Ele é a pessoa mais inteligente que já conheci, com um coração tão vasto quanto um oceano. Um gigante intelectual em Química, com inúmeras publicações de pesquisa em química organometálica e cristalografia de moléculas pequenas de cristal único, o professor Wink também tinha uma paixão pela educação. Compartilhávamos algo em comum: ambos formados como químicos, mas impulsionados pelo desejo de causar impacto na educação. Por causa dessa paixão compartilhada, ele me acolheu sob sua orientação.

Nunca entendi completamente o que isso significava até ele demonstrar: sua mentoria e apoio inabalável. A orientação do professor Wink foi crucial para moldar meu futuro. Ele não apenas acreditava no meu potencial, mas também me oferecia oportunidades que desafiavam as limitações do meu status de visto internacional. Seu apoio me guiou por águas desconhecidas e me mostrou o poder da mentoria.

Sou eternamente grata pelas inúmeras oportunidades que ele me deu, muitas das quais eu tecnicamente não era elegível devido ao meu status de visto internacional. Só me tornei cidadã dos Estados Unidos muito mais tarde, quando me casei com meu marido, uma realidade moldada pela minha criação não convencional.

O professor Wink foi além do esperado, oferecendo-me bolsas que eu não teria qualificação para receber e envolvendo-me em projetos financiados por estados e pelo governo federal, geralmente reservados a cidadãos americanos ou residentes permanentes. Anos depois, descobri que ele criou uma "regra" inclusiva para permitir minha participação. Sua generosidade e crença em mim deixaram uma marca profunda na minha jornada.

No ano passado, quase 20 anos depois, agora Professor Distinto da Universidade, ele me disse o quanto ficou feliz por ter quebrado as regras para me dar aquelas oportunidades. Pensando bem, isso parecia algo que só uma família faria. Não é de se admirar que, quando minhas filhas gêmeas nasceram, o Dr. Wink e sua esposa, Mary — ambos também gêmeos —, tenham dito que nos consideravam família. Sinto o mesmo, e o vínculo que compartilhamos só cresceu mais forte com o tempo.

Sem o professor Wink, talvez eu não tivesse chegado onde estou hoje, com uma carreira gratificante e a capacidade de causar um impacto significativo nos estudantes. Seu apoio inabalável e recomendação forte levaram o Departamento de Química da universidade a me homenagear como ex-aluna distinta no ano passado. Essa experiência me ensinou que há um momento certo para tudo. Mesmo que você se sinta pronto agora, às vezes as oportunidades surgem mais tarde.

Houve oportunidades para eu continuar meus estudos de pós-graduação em outras universidades, talvez mais prestigiadas, mas o professor Pressler já havia moldado minha perspectiva naquela época. A vida não é sobre perseguir incessantemente prestígio, riqueza ou avanço — é sobre descobrir propósito, encontrar alegria e viver com o coração cheio.

Além da minha formação em Química, adquiri experiências diversas em Educação, incluindo a participação em um projeto de transformação em larga escala no ensino médio em Chicago, treinando professores em formação para o ensino fundamental e muito mais. Uma oportunidade levou a outra, eventualmente me trazendo para a Illinois Math and Science Academy (IMSA) — uma escola residencial financiada pelo estado, criada para capacitar estudantes com potencial excepcional, especialmente aqueles de sistemas escolares com poucos recursos.

A escola foi fundada por um laureado com o Nobel, e meu tempo lá me conectou a uma incrível rede de mentores — pessoas de intelecto notável e generosidade sem limites. Não era mais apenas um indivíduo cuidando de mim; fui abraçada por uma comunidade inteira movida por curiosidade intelectual e apoio inabalável. Estar na presença deles era, por si só, uma educação, absorvendo lições inestimáveis apenas por compartilhar o mesmo espaço.

Os estudantes da IMSA eram selecionados por seu potencial excepcional e paixão, compartilhando o mesmo desejo e curiosidade da equipe. Isso espelhava minha experiência com o professor Wink. A escola era altamente visível, atraindo visitantes de todo o mundo, criando uma atmosfera de inovação e inspiração que moldou profundamente minha perspectiva sobre educação e mentoria. Essa visibilidade global reforçou uma poderosa lição: a educação não deve ser confinada, como um peixe em um aquário, mas deve ser uma prática expansiva e dinâmica, moldada por perspectivas diversas e oportunidades ilimitadas.

Essa experiência também me ensinou que o ambiente importa. Mesmo quando alguém está lutando, acredito firmemente que uma mudança de ambiente pode permitir que essa pessoa prospere. Carrego essa lição comigo sempre que planejo novos programas para estudantes. Meu objetivo é criar ambientes diversos e inclusivos onde os alunos possam descobrir seu potencial e ter sucesso à sua maneira. Cada aluno é único, e sempre deve haver um espaço acolhedor onde ele possa crescer, florescer e se destacar.

Na IMSA, cercada por curiosidade intelectual e inovação, tive o privilégio de trabalhar de perto com o presidente, Dr. Max McGee. Liderar iniciativas estratégicas sob sua direção aprofundou meu compromisso com a educação e me incentivou a dar um salto de fé e me mudar para a Califórnia, onde ele se tornou superintendente do Distrito Escolar Unificado de Palo Alto. Desde o primeiro dia, ele confiou em minha capacidade de fazer meu trabalho bem, dando-me autonomia para projetar, desenvolver e implementar programas.

Sob sua liderança, compreendi verdadeiramente o valor da criatividade em um ambiente profissional. Seu encorajamento me permitiu cultivar a criatividade, equilibrar estrutura com inovação e focar no aprendizado centrado no aluno. Essa percepção também me inspirou a preservar e nutrir a criatividade em crianças pequenas, naturalmente imaginativas e inovadoras. Em Palo Alto, fundei um premiado programa de criatividade para estudantes do ensino fundamental, que agora distribui mais de 15.000 kits de atividades práticas anualmente. Esse programa tornou-se um marco do meu trabalho, enfatizando a importância de fomentar a criatividade como uma habilidade vital para o aprendizado ao longo da vida e para o sucesso.

Houve várias mudanças de liderança. O Dr. Don Austin tornou-se superintendente alguns anos após minha chegada a Palo Alto e me encorajou a continuar abraçando uma mentalidade de estudante, mas a me aventurar em áreas fora da minha zona de conforto. Como mãe de gêmeas e alguém com anos de experiência profissional — especialmente após obter meu doutorado —, achei que havia terminado com o aprendizado formal. O Dr. Austin provou que eu estava errada. Quando me promoveu a diretora, ele me incentivou a buscar treinamento e certificação em gestão ágil e execução estratégica, o que aprofundou minha compreensão dos aspectos técnicos de negócios e gestão.

Esse treinamento, junto com minha formação científica, permitiu que eu aplicasse meu conhecimento ao planejamento estratégico organizacional, desenvolvimento de metas e relatórios para o distrito escolar.

Tenho servido ao distrito por 10 anos e, sob a mentoria do Dr. Austin, avancei de uma posição de coordenadora para diretora e, por fim, para meu cargo atual como assistente de superintendente de inovação. Ele constantemente me desafiou de maneiras inesperadas e transformadoras. O Dr. Austin se importava profundamente com meu futuro e foi o primeiro chefe e mentor a me perguntar: "O que você quer ser?"

A pergunta me pegou de surpresa. Eu não pensava nisso desde a adolescência, tendo passado a maior parte da vida deixando que as circunstâncias ditassem meu caminho, em vez de escolher ativamente o que queria seguir.

Comecei a refletir mais sobre isso. Depois que me tornei diretora, o Dr. Austin me treinou para ser uma generalista, capacitando-me com habilidades para navegar por uma ampla gama de responsabilidades. Essa abordagem abrangente garantiu que eu me tornasse bem versada em diferentes áreas e habilidosa na transferência e aplicação de conhecimento de forma interdisciplinar. Mais tarde, ele me encorajou a ingressar no Programa de Aspirantes a Superintendente, onde adquiri percepções valiosas e desenvolvi uma compreensão multifacetada das operações a partir da perspectiva de um superintendente, ampliando ainda mais minha capacidade de liderança.

Enquanto participava do programa, fui promovida a assistente de superintendente. Sou profundamente grata por todas as experiências e oportunidades que ele me proporcionou. Ainda não respondi completamente à sua pergunta sobre o que quero ser, mas uma coisa está clara: inspirada pelo legado de mentores incríveis que moldaram minha jornada e por minha participação em projetos impactantes em níveis estadual e internacional, aspiro a usar minha formação e experiência para criar um impacto amplo e significativo na educação.

Minha jornada me ensinou que a educação vai além da conformidade com estruturas tradicionais — trata-se de encontrar alegria no aprendizado, fomentar a criatividade e criar ambientes onde todos os alunos possam prosperar. À medida que continuo meu trabalho, busco construir espaços onde cada aluno, independentemente de sua origem, possa evoluir em seu próprio ritmo ideal, porque a educação é sobre a vida.

Reflexões sobre minha jornada

Ao refletir sobre minha trajetória da Coreia para a Austrália e, finalmente, para os Estados Unidos, vejo como a resiliência, a adaptabilidade e a paixão pelo aprendizado moldaram meu caminho. Cada desafio se tornou uma oportunidade de crescimento, ensinando-me o valor da perseverança e o poder transformador da mentoria.

Essas experiências inspiram meu compromisso em fomentar a criatividade, capacitar alunos diversos e abraçar a inovação. Seja liderando iniciativas educacionais ou integrando inteligência artificial ao nosso distrito, meu foco permanece em cultivar ambientes inclusivos onde todos os alunos possam prosperar. Inspirada pela generosidade dos meus mentores, sou movida pelo desejo de retribuir e criar um impacto duradouro e significativo.

O apoio inabalável da minha família e amigos tem sido a base da minha jornada. Meu marido, Rich, com seu humor contagiante e coração imenso; minhas filhas gêmeas — Kira, cuja mente científica e alma antiga inspiram uma sabedoria além de sua idade, e Kora, cuja curiosidade insaciável e espírito generoso iluminam qualquer ambiente; e minha mãe, Kee, nossa eterna rainha da dança e da alegria. O amor, a resiliência e a crença inabalável deles em mim têm sido minha luz guia em cada etapa do caminho.

JOHANNA FISCHER

linkedin.com/in/johannafischer1
j.fischer@tmf-dialogue.com

Crescer sempre e ajudar outras mulheres a crescer

Para mim, isso significa, antes de mais nada, ser um exemplo no dia a dia e apoiar outras mulheres (dar suporte) onde for possível. Como empresária, estou novamente começando do zero. Aos 69 anos. O que mais se pode fazer quando modelos de negócios antigos já não funcionam ou não trazem mais alegria? Quando o marido amado fica gravemente doente e precisa de cuidados? Quando todas as economias usadas para sobreviver à pandemia foram investidas no negócio e agora cada centavo disponível é destinado aos cuidados do marido?

Resumindo: quando a vida chega a uma situação extremamente desfavorável e absolutamente nada faz sentido. Você chora, se desespera. E não apenas uma vez. É necessário, para sobreviver emocionalmente. Mas, depois — você se levanta, ergue a cabeça, ajusta a coroa e segue em frente.

Neste momento, estou sentada em um trem, voltando de um *Bootcamp* para *startups*, que nos preparou para um programa de aceleração cuja ajuda financeira eu preciso urgentemente para desenvolver meus novos projetos. Tirei algumas lições muito importantes deste evento:

Primeiro, estou orgulhosa de mim mesma por ter tido a coragem de apresentar um projeto ainda muito confuso e indefinido, e por ter enfrentado tudo com bravura — mesmo sabendo que seria difícil e eu provavelmente "bateria na parede". Segundo: não se iluda com sua experiência diversificada e com seus sucessos passados. Nada do que conquistei me ajudou no que era exigido neste *Bootcamp*.

O que quero dizer com isso: claro, precisamos aprender a vida toda — está em qualquer manual de autoajuda. Mas se abrir para abordagens e orientações empresariais completamente novas é algo diferente. Dói. Faz você se sentir completamente exposta. Um formulário preenchido errado, formas de pensar que já não se aplicam.

Eu sou apaixonada por novas tecnologias, inovações e pelas pessoas que as aplicam. Sou curiosa e converso com muitos jovens empreendedores e cientistas. Escrevo muitos artigos sobre isso e, graças à minha experiência, consigo perceber rapidamente e de forma intuitiva grandes conexões. Mas ainda não consigo reproduzi-las nos moldes necessários agora — ou seja, transformá-las em modelos de negócios que funcionem. Mesmo assim, estou mais motivada do que nunca e vou aprender o necessário para trazer a inovação à vida. E vou tentar até conseguir.

Por que estou contando isso? Porque nós, mulheres, precisamos mostrar — e querer mostrar — que somos capazes de participar, mesmo que não sejamos mais jovens, sensuais e superdinâmicas. Não precisamos fingir que somos. Só precisamos ter a coragem de experimentar coisas novas e nos expor. Sair, compartilhar as ideias que temos e não nos envergonhar se elas não funcionarem imediatamente.

Temos muito conhecimento e entendimento sobre conexões. E, para mim, está surgindo algo que eu chamaria de "amor geral" — um sentimento de acolhimento e compreensão pelas dificuldades dos outros. Generosidade e uma maior leveza diante do que é imperfeito.

De onde eu venho, não se costumava pedir empréstimos. Por isso, nunca houve recursos disponíveis para "escalar", como se diz hoje em dia. Ou para ganhar realmente muito dinheiro. Bem estúpido. Sempre humilde, cumprindo deveres e se colocando em segundo plano. Mas isso acabou.

Muitas vezes me senti invisível, apesar de ter boas ideias e alguns sucessos. Agora estou trabalhando na minha coragem. Com rugas, com tombos, com déficits ridículos em habilidades tecnológicas que os jovens absorvem naturalmente.

Vamos nos unir. Participem. Apoiem umas às outras, inclusive mulheres mais velhas. O dia de vocês também chegará, podem acreditar. Não é só a geração Z que quer mudar positivamente o planeta e a sociedade — não se esqueçam disso.

Por outro lado, estou sempre disposta a cuidar de outras mulheres, a enxergá-las e, quando necessário, a dar suporte. E me orgulho de cada jovem mulher que escolhe confiar em outras coisas na vida além de beleza e Instagram e que contribui para que as mulheres finalmente sejam vistas como pessoas completamente iguais em todos os sentidos. Porque isso ainda está longe de ser uma realidade.

Fiquem atentas umas às outras — juntas somos imbatíveis! Não é à toa que a Terra é chamada de *Mãe* Terra. Temos uma missão: enfrentar juntas a crise climática e a desigualdade. Viva a revolução feminina!

JULIANA ROSA

julianarosamonteiro@gmail.com
linkedin.com/in/juliana-rosa-0b919024
@julianarosaoficial

O valor da educação

Suely Rosa, presente! Esse foi o grito coletivo de alunos, ex-alunos, pais e colegas professores no enterro da minha mãe. Aquilo bateu fundo na minha alma. Até hoje me emociono ao lembrar da potência daquele grito. Foi uma homenagem merecida à sua trajetória de vida dedicada à educação pública de qualidade, fundamental para reduzir o fosso da desigualdade no Brasil. Naquele dia, um filme passou na minha cabeça. Lembrei-me das tantas vezes em que vi minha mãe discursando com sua oratória nata sobre as injustiças sociais em encontros com professores e autoridades, inclusive fora do país; nas noites viradas corrigindo e confeccionando provas com seu mimeógrafo, que eu adorava ajudar; e nas subidas incansáveis às favelas para unir as comunidades em torno da escola e alfabetizar adultos.

O amor pela educação e a indignação com as injustiças sociais no Brasil foram heranças valiosas que recebi da minha mãe. E do meu pai também. Aluízio Pimentel era jornalista e pernambucano. As injustiças sociais também eram foco de seu trabalho. Por ser nordestino, era vítima de chacotas e preconceitos, que ele enfrentava com coragem e orgulho de sua origem.

O orgulho das minhas origens moldou minhas escolhas. Escolhi ser jornalista aos 17 anos, sabendo da responsabilidade que seria continuar esse legado e da importância que a imprensa livre tem em qualquer sociedade no fortalecimento da cidadania e da democracia. Esses assuntos estavam presentes dentro da minha casa.

Comecei a carreira numa rádio popular, a Rádio Tupi, onde meu pai trabalhou durante muitos anos. Aquele ambiente e aquele cheiro de estúdio eram muito familiares. Entre os ouvintes da rádio, havia muita gente simples, que vivia em condições difíceis, com baixo rendimento, muitas na informalidade ou desempregadas. E o veículo os tirava da invisibilidade, denunciando e cobrando a solução de problemas recorrentes, como falta de água, luz, saneamento básico, segurança, escola e saúde.

Muitos ouvintes ficavam na porta da rádio, na esperança de terem seus problemas atendidos. Lembro-me de que meu pai sempre parava para ouvir, recolhia cartas e, não raro, comprava um remédio ou um prato de comida. A porta sempre foi parada obrigatória para mim. Aquelas pessoas me lembravam todos os dias o papel do meu ofício: prestar serviço, informação, cobrar das autoridades melhores condições de vida e ter humanidade, se importar com o outro, ter empatia.

Mas como mudar aquela realidade de forma definitiva? Por que, em um país com tantas oportunidades e tantas riquezas, crescemos pouco e perpetuamos desigualdades? Foi atrás dessas respostas que me tornei cedo, aos 22 anos, jornalista de economia, uma ciência que é social, embora tenha um pé na canoa das ciências exatas ao quantificar os movimentos humanos.

Comecei como repórter no Jornal do Commércio, especializado em economia e negócios, e lembro do tema da primeira matéria que meu chefe me pediu para fazer: financiamento imobiliário. Ele falou: olha, é uma matéria simples mostrando as opções de financiamento, explicando as tabelas SAC e Price, o que é Selic, TR... Eu pensei: meu Deus! Serei demitida no primeiro dia! Saí dali, fui ao banheiro jogar água fria no rosto quente de nervoso e falei para mim mesma: você é jornalista, não economista! Você tem que saber quais são as perguntas, não as respostas! Está aí a primeira lição para quem quer ser jornalista! Saí dali, liguei para a Caixa Econômica Federal e agendei uma conversa presencial com um especialista do banco. Passei horas na Caixa e entreguei a matéria.

No dia seguinte de manhã, assim que coloquei os pés na redação do jornal, o chefe me chamou: "Juliana Rosa, vem aqui na minha sala". Pensei: pronto, vou ser demitida. Mas, para a minha supresa, ele disse: "Olha, a sua matéria sobre financiamento imobiliário ficou muito boa, completa, com muitas comparações práticas. Parabéns". Agradeci e comemorei demais por ter me saído bem no primeiro dia como repórter de economia!

Confesso que não foi fácil. Mas senti uma grande satisfação em perceber que poderia compartilhar com pessoas comuns temas complexos que ficam restritos a um pequeno grupo de iniciados. O que é inflação? Por que os juros são tão altos no Brasil? Por que somos um país tão desigual? Tornar o conhecimento econômico acessível sempre foi meu propósito.

O que eu digo sempre: o simples é difícil. Dá trabalho entender tão bem algum tema a ponto de explicar e parecer fácil. Para isso, valorizo as boas "fontes", que me acompanham há muito tempo: empresários, economistas, professores e autoridades, que são referências em suas áreas. Valorizo o conhecimento, a educação, a fonte segura. Essa é a base de todo o conteúdo que compartilho com meu público.

Depois do Jornal do Commércio, trabalhei também na Gazeta Mercantil, tradicional jornal da área econômica, e no site de investimentos Investshop. Cheguei na Globonews, TV a cabo da Globo, em 2001, com pouco mais de 2 anos de formada e já tendo feito muita coisa. Na entrevista de emprego estavam as diretoras do canal, entre elas, o mito Alice-Maria, poderosa do jornalismo global. Ela me perguntou: "Mas você já fez isso tudo com 24 anos de idade?" E emendou: "Essa é das nossas!"

Na Globonews, passei a maior parte da minha carreira. Foram 20 anos como editora de economia, repórter, editora-chefe, apresentadora e comentarista. Ganhei dois prêmios do Jornalistas & Cia como apresentadora do programa de economia mais admirado: o Conta Corrente.

Na TV, desenvolvi uma linguagem com foco em educação, que aproxima as notícias das pessoas, me conectando com elas através de uma conversa informal. Na construção dessa linguagem, contei com a inestimável ajuda do grande incentivador do meu trabalho, meu companheiro de vida Nando Monteiro, historiador e músico, com experiência em sala de aula e nos palcos, e interesse pelo outro.

Lembro-me da alegria de começar a ter retorno desse trabalho quando ia no supermercado. Tanto consumidores quanto funcionários vinham me falar que "finalmente" estavam entendendo as notícias de economia! Que parecia fácil do jeito que eu falava! Eu me lembro de uma mulher, no caixa do supermercado, que me falou que pegou a conta de luz para conferir se realmente apareciam, como eu dizia, tantos impostos e encargos! Eu me emociono ao ver as pessoas se apropriando desse conhecimento!

Desde 2021, tenho a alegria de ser comentarista de economia do Grupo Bandeirantes de TV e rádio, alcançando um público muito maior com entradas na TV aberta (Jornal da Band e Jornal da Noite), as rádios Bandnews e Bandeirantes e a TV a cabo Bandnews, onde apresento um programa de economia chamado "Economia pra Você", entrevistando empresários, executivos, economistas e autoridades.

Depois de 25 anos de carreira, decidi que era hora de escrever um livro compilando esse conhecimento. O ponto de partida do livro foi a seguinte pergunta: por que o Brasil cresce pouco e como virar esse jogo? O desafio é enorme, como você pode imaginar. Vou compartilhar com você algumas questões importantes.

Estamos presos na chamada "armadilha da renda média", que tem nos privado de uma qualidade de vida melhor. Até o final da década de 1970, todo o mundo crescia com os ganhos de produtividade proporcionados pelo processo de urbanização e industrialização. Era um momento onde havia forte acumulação de infraestrutura e de máquinas. O mundo todo estava ficando mais rico. Depois, a continuidade do crescimento passou a depender de novos investimentos, novas tecnologias e maior qualificação da mão de obra através da educação.

O investimento tardio e insuficiente na educação de massas está na raiz da fragilidade da economia brasileira. O racismo reforçou a falta de interesse na educação de massas. Em 1980, apenas metade da população negra com mais de 5 anos estava alfabetizada, enquanto 80% dos brancos eram alfabetizados.

O Brasil alcançou uma quase universalização do acesso ao ensino fundamental e o ensino médio vem se tornando cada vez mais acessível à população. No entanto, dados mostram a precariedade do ensino. Segundo o Ministério da Educação, em 2023, quase metade das crianças (44%) que estudavam em escola pública chegavam aos 7 anos de idade sem saber ler e escrever.

Estamos entre os países mais desiguais do mundo. Entre os 15 mais desiguais, 10 são africanos e estamos em 14º, ao lado do Congo, de acordo com o Relatório de Desenvolvimento Humano 2021/2022, publicado pelo Programa das Nações Unidas para o Desenvolvimento (PNUD). A grande maioria da população, 70%, recebe até dois salários mínimos, segundo dados de 2022 da Pnad (IBGE).

Deu para sentir o tamanho do desafio, né? Precisamos de lideranças que pensem nas próximas gerações, não nas próximas eleições. Será possível? Sim! Para isso, precisamos trabalhar e acreditar! Esperança é a matéria-prima de quem trabalha com educação! E educação não se faz sozinho. Transformação não se faz sozinho. Aliás, nada na vida se faz sozinho. Já diz a música "Prelúdio", de Raul Seixas: "Sonho que se sonha só é só um sonho que se sonha só. Mas sonho que se sonha junto é realidade".

Não à toa, tive a alegria de ser convidada para fazer parte deste grupo feminino potente! A gente não se encontra, a gente se reconhece! Tem muita gente bacana trabalhando para fazer a diferença. Sabemos que não é nada fácil. Mas lembre-se sempre: quem é você? De onde você vem? Quais são seus valores? Pelo que você acorda todos os dias? Assim é mais fácil encontrar outros parecidos!

Eu, definitivamente, não ando só. Caminho de mãos dadas com o Nando, meu companheiro da vida, e com o nosso filho Gabriel, sensível e justo, criado com os valores que recebemos de família. Temos também o Batman, um buldogue francês com alma de vira-lata que trouxe muita alegria para a nossa família! Além de filha da Suely e do Aluízio, sou neta da dona Helena, irmã da Ana Carolina e da Tatiana e filha "postiça" dos meus sogros Zilda e Fernando. E temos muitos amigos especiais, que vêm nos ajudando nessa caminhada.

O caminho nunca é uma linha reta e muito menos só feito de flores. Naquele dia em que enterrei minha mãe, uma nova Suely nasceu. Lembrei dos altos e baixos e das tempestades que tivemos que enfrentar. E que ainda enfrentamos e enfrentaremos. Mas, como diz a canção de Nelson Cavaquinho: "O sol há de brilhar mais uma vez". Mas para que sua luz chegue aos nossos corações é preciso estar presente. Eu estou.

Juliana Rosa, presente!

KAREN SINNEMA

linkedin.com/in/karen-sinnema-599ab499
@karen_sinnema

Gratidão puxa. Fé puxa. Empatia puxa. Coragem puxa. Alegria puxa. Curiosidade puxa. Dedicação puxa. Sabedoria puxa.

Eu vou te provar que não é tão difícil "subir e puxar" e vou fazer isso contando algumas histórias e apresentando para você, leitora, pessoas que talvez você já conheça bem de perto, que fizeram e fazem parte do seu dia-a-dia. Então, *vamos combinar*, fique à vontade para ser a protagonista dessas histórias e mudar os nomes das pessoas para que soem mais próximos ao seu coração.

Não é sobre a minha história, é sobre a nossa!

A propósito, meu nome é Karen Christine Nalin Sinnema — observe que com mais alguns sobrenomes eu seria praticamente uma princesa — quem me puxou para essa existência foi a dona Maria, minha mãe, de quem eu aprendo que "é preciso ter força, é preciso ter raça, é preciso ter gana sempre" (trecho da música "Maria! Maria!", de Milton Nascimento). Essa Maria que ficou viúva nova, com uma bebê em seus braços, tendo que seguir adiante sem saber bem para que lado ir. Mas ela foi mesmo assim e deu certo: encontrou seu caminho e irrigou o meu.

Impressionante como tantas mulheres brilhantes podem se concentrar em uma mesma família:

Leonor, minha avó materna, boa como abraço aconchegado, cheiro de café com bolo, mesa cheia, jabuticaba no pé, andar descalço; candura em forma humana, costureira detalhista e caprichosa, de um talento tal que era reconhecida para além da cidadezinha onde ela morava. Ela costurou tantas histórias em minha vida! Certamente Maria e eu fomos abençoadas com a humildade, fé, delicadeza e amor da dona Leonor e também de suas amadas irmãs: tia Rosa e tia Amélia, mulheres que o mundo teve a honra de contar entre os seres mais dignos que viveram neste planeta.

Ernestine, uma jovem austríaca, segue seu destino em um vagão de trem através do inverno rígido da Europa durante a segunda guerra mundial. Em seu colo, um bebê cuidadosamente enfiado em uma meia-fina para suportar o frio. Nada estava certo, muitos eram os perigos e tudo poderia dar muito errado, mas não deu: um navio os esperava, um país em outro continente os esperava, um futuro os esperava e eu estava nele. Ernestine, minha avó paterna, mulher de beleza, elegância e cultura admiráveis, sempre à frente do seu tempo, cujo gosto pela leitura sempre me puxou para os livros e a didática de ensinar sobre a vida, também me puxou para ela.

A história da gente segue o fluxo e vai acontecendo. Digo "vai acontecendo" porque nem sempre seguimos por caminhos que nós mesmos escolhemos. Isso até um determinado momento em que as rédeas da nossa história inevitavelmente passam para as nossas mãos, de um jeito ou de outro, estejamos preparadas ou não. E é aí que a "coisa pega", porque, então, o resultado das nossas escolhas e decisões, sejam elas boas ou ruins, certas ou erradas, são responsabilidades exclusivamente nossas, apesar de afetarem muito mais gente. Eu sei disso, e minhas duas filhas, Jéssica e Laís, sabem disso também, afinal elas sentiram a falta do pai delas depois do divórcio e tiveram que lidar com a insatisfação e emoções negativas que um novo casamento (e um novo divórcio) lhes causou.

Aprendizados nem sempre são indolores! Concordo que tempos difíceis fazem "sobreviventes" fortes... E posso afirmar que há muita força em minha história! Aliás, intensidade é uma palavra que me descreve bem.

O emocionante é que nessa jornada de aprendizado da vida, entre altos e baixos, novas histórias se entrelaçam com as nossas, criando uma rede maravilhosa de amizades, apoio, memórias preciosas e cocriando novas histórias. Eu conto com as melhores coautoras de vida: minhas filhas Jéssica e Laís; tia Dione, tia Maninha, tia Nai, tia Dilce, Edmea... A Fran, a Estela, a Andréa, a Cláudia, a Keli, a Ângela, a Hélvia, a Elessandra, a Paula, a Vera, a Cíntia, a Ariana, a Cássi, a Vânia, a Lucila, a Sílvia, a Anésia (essa lista não tem como ser exaustiva)...

Aqui é que a gente chega num ponto interessante: o que esses nomes significam para você, leitora? Provavelmente, nada! Mas lembre-se do "combinado" que fizemos na primeira frase do texto e sinta a liberdade de colocar aqui os nomes das pessoas que cocriam histórias com você, aí sim, tudo fará sentido. Quais você destacaria? Valem as pessoas com quem tem histórias felizes, tristes, malucas e até macabras... Você escolhe. Ah, uma dica, permita-se relembrar e sentir o que cada nome traz. Agora é com você!

____

____

____

Toda história merece ser contada!

Fato é que *a minha história não é mais interessante ou importante ou relevante que as histórias das outras pessoas*, ainda assim *vale ser contada* pois ela faz parte desse emaranhado e sem ela tudo seria diferente, em algum grau, e geraria uma reação em cadeia, impactando o mundo inteiro! Então, não é mais importante, mas é muito importante, é relevante e posso garantir que é bem interessante.

A gente tem a mania de achar que se não é espetacular, grandioso, fenomenal, mundial, não é nada demais, quando, na verdade, coisas simples, mas cheias de sentido, são as que tocam o coração das pessoas, são as que constroem as memórias mais aconchegantes e geram a verdadeira riqueza.

Cada um "é para o que veio" e são inúmeras as formas de fazer a diferença.

Cada um tem um dom, o meu é *falar* e *sorrir*, acho que é isso! (Risos) É assim que eu me conecto às pessoas.

Apoiar, *incentivar* e *conectar* são verbos que tenho facilidade em conjugar. É assim que eu ajudo pessoas e negócios a crescerem e sonhos a se tornarem realidade.

Eu penso que se a alegria das demais pessoas alegra você e se o sucesso das outras pessoas é comemorado como parte do seu próprio sucesso, então, quão alegre e bem-sucedido você é!

Ainda assim, vez ou outra, a síndrome do impostor bate na porta do pensamento querendo fazer sentir que a gente é pequena, que nada tem a acrescentar ou pouco tem a contribuir. Nesses momentos aparecem aquelas pessoas que, como sementes lançadas pelo caminho, florescem para relembrar o quanto você foi e é importante na vida delas, e como o que você fez ou falou as influenciou, inspirou, incentivou, encorajou e ajudou a superar, a suportar, a seguir, a recomeçar.

Coisas acontecem o tempo todo, parte delas são boas e parte delas são bem ruins, e é difícil alcançar todas essas ocorrências, mas algumas delas chegam às nossas mãos como oportunidades, daí, basta a empatia, a disposição, basta o movimento e, quando a gente vê, já está inserido em algo maior.

Parágrafo adicionado

Lembra-se no começo do meu texto, quando eu disse que essa história não era minha, que ela era nossa? É assim que eu me sinto escrevendo essas palavras, não acho que escrevi elas apenas para você, mas também não acho que escrevo elas só para mim.

Ora veja bem, acho que a escrita é uma das coisas menos egoístas e ao mesmo tempo mais pessoais que podemos deixar para o mundo. A escrita é um legado. Quando escrevemos contamos a história que desejamos, para quem deseja ler, então se hoje você desejou me ler, eu espero lhe mostrar um pouco de mim.

Mostro a você, logo no começo da minha história, a importância da presença feminina em minha vida, minha mãe, minha avó, também sou uma mulher mãe de duas filhas, a quem interessa saber. Mas não se deixe enganar, sou muito mais do que isso. O emaranhado de pessoas em minha vida é tão grande que as presenças femininas e masculinas se convergem de maneira que eu, protagonista da minha história, muitas vezes não consigo entender.

Muitas coisas me puxam até aqui. Gratidão, fé, empatia, coragem, alegria, curiosidade, sim todas essas coisas puxam. Mas sabe o que nos leva, nos puxa, nos carrega? Pessoas! Em pouco tempo, enquanto eu lhe contava pedaços da minha história você foi conhecendo pessoas, e enquanto você lia minhas palavras, nós também fomos nos conhecendo.

Nada conecta mais, nada nos faz aprender mais, do que a presença de outra pessoa em nossa vida. Foi por isso que eu aceitei o convite para deixar minhas palavras aqui, porque se um pedaço da minha história tocar você, da maneira que você precisar, então isso quer dizer que crescemos juntos.

Se você começou esse texto você também pode notar que eu carrego vários cargos ao lado do meu nome. Engraçado como ao longo da vida a gente carrega nomes que são diferentes de nossos sobrenomes, e ouso dizer que eles são até mais importantes.

Sou uma conectadora de pessoas e negócios, estou aqui, me conectando com você e com todas as mãos que passaram por este livro. Sou mãe, vi minha vida mudar ao colocar duas lindas filhas no mundo. Sou advogada, dediquei anos da minha vida a estudar e entender um mercado até chegar naquele que me representava. E ao lado dessa profissão também carrego o nome de empresária, algo que acredito tocar no âmago desse leitor que me lê agora.

Para mim, nada grita mais ser protagonista da sua própria história do que o fato de ser empresária, é com esse cargo, dados a nós, por nós mesmos, que conseguimos construir tantas novidades, que conseguimos deixar nossa marca no mundo.

Se você olhasse para a Karen de 18 anos e perguntasse o que ela queria ser, ela lhe diria muitas coisas, coisas com as quais agora eu não me identifico tanto. Mas, sabe de uma coisa, que a Karen de 18 anos já dizia, que eu até hoje compartilho e concordo: queria, e ainda quero, ser alguém de quem me orgulhe. O meu convite hoje é para que você se veja na posição de orgulho, quais são seus feitos, quais são seus passos, que você consegue olhar e se orgulhar.

Não falo de prêmios ou de reconhecimento público, falo sobre gestos simples no seu dia que a tornaram alguém orgulhosa de quem você é. Lembra lá em cima, quando eu lhe falei que não era tão difícil seguir e puxar? Pois não é mesmo. Com o incentivo certo, rodeada das pessoas que lhe puxam, você vai alcançar lugares que o seu *eu* de anos atrás não alcançava, mas ao mesmo tempo já almejava por isso.

Minha jornada é escrita a muitas mãos como você pode ver, e que tal você me deixar, nos deixar, fazer parte da sua também? Se tem uma coisa que aprendi na minha caminhada é que não fazemos nada sozinho. Sabe o filme Forrest Gump? Um clássico, acredito que ele já deve ter passado pela sua vida de alguma maneira, esse filme conta histórias incríveis e até fantasiosas, mas sabe o que não vemos na história de Forrest Gump? A solidão! Todos os passos deles são acompanhados, seus momentos são protagonizados por ele, sim, mas também por outros que o apoiam.

Então vamos, "corra Forrest, corra!", se deixe ser puxado e levado por essa experiência. Tenho certeza de que ela vai recompensá-lo e fazer com que sua mente conquiste lugares que ela ainda não sabia que precisava conquistar.

Existe um termo usado nos e-mails em inglês que diz assim: *"I hope this e-mail finds you well"* (espero que este email o encontre bem). Sempre achei essa sentença engraçada, até um pouco cômica, a ideia de esperar que nossas palavras encontrem alguém em seu melhor humor. Então hoje faço diferente, espero que estas palavras a encontrem da maneira que você precisa ser encontrada, seja ela bem, cansada, querendo ser puxada, precisando ser levada, ou também em um lugar de paz. Hoje nossas palavras encontram você da maneira que você precisa, e eu mal posso esperar pra viver essa experiência ao seu lado.

KARIN DAUCH

@karindauch
linkedin.com/in/karin-dauch-614337

Não há coincidências

"Você nasceu com a bunda virada pra lua" é uma frase que meu pai, de origem alemã, frequentemente repetia quando, perplexo, admirava as notáveis oportunidades que continuamente "caíam no meu colo". Por alguma razão, eu nunca concordei e muito menos achava graça nessa expressão encorajadora. Desde cedo, sentia um desconforto com a ideia de que esses "golpes de sorte" fossem puramente acidentais. Intuía que a sorte não é algo que simplesmente acontece, mas algo que exige meu papel como protagonista para que momentos extraordinários fossem criados. A vida sempre parecia fluir suavemente, ajudando-me a alcançar meus objetivos e, com o tempo, passei a entender que esses eventos que pareciam do acaso eram sincronicidades — não eram coincidências.

Ainda assim, sabia que poderia contar com a minha "sorte" — que sabia estar sempre ao meu lado. Construí uma vida repleta de aventuras, amor e viagens, pontuada por momentos ocasionais de dor, mas nunca nada que eu não pudesse superar. Meu otimismo inato sempre me levou adiante. Por quase meio século, segui meus instintos e confiei que as coisas dariam certo. E sempre deram.

Até que um dia, não mais.

Poucos meses antes de completar 50 anos, minha aparentemente interminável sequência de sincronicidades, pé-quente e felizarda, derraparam feio na curva. Pela primeira vez, minha "estrela da sorte" apagou, e me vi à beira de um precipício íngreme e assustador. Vou chegar a essa parte da história em breve, mas primeiro compartilharei como cheguei aqui — como a sincronicidade, intuição, ação e resiliência moldaram minha jornada.

No lugar certo, na hora certa

Quando eu tinha 20 anos, fui estagiária no jornal O Estado de S. Paulo, um dos maiores do Brasil. Era 1994, o início da internet, e havia exatamente um computador na redação conectado a essa misteriosa nova "world wide web". Meu papel como repórter no caderno de Arte & Entretenimento não me dava nenhum motivo oficial para explorar a internet, mas, como curiosa incansável, inventei uma desculpa — disse ao meu editor que eu tinha uma pauta inédita: entrevistar artistas americanos que usavam a internet em seu trabalho como inspiração. Ele deu aquela risada, e acabou topando, mesmo sabendo que era um pretexto para eu fuçar a novidade. Precisávamos de uma autorização especial para usar aquele inusitado computador, e agora eu a tinha.

Um dia, ao me conectar à internet, com aqueles sons estridentes do modem ecoando pela redação, um editor sênior com o qual nunca havia conversado olhou por cima do meu ombro e perguntou o que eu estava fazendo. Certamente achando que eu seria repreendida, respondi ousadamente: "O que você acha? Estou trabalhando". Estava no lugar certo, na hora certa: em vez de me dar uma bronca, o editor me ofereceu um emprego fixo na equipe encarregada de publicar a primeira edição online do jornal — algo pioneiro naqueles primeiros dias do jornalismo digital. Meus colegas pensaram que eu estava jogando fora uma carreira promissora na imprensa escrita para "escrever códigos de html para adolescentes nerds". Apesar da chacota da maioria, mais uma vez sabia que deveria seguir meu instinto. Claro que o fato de que eu passaria de estagiária não remunerada a funcionária bem paga ajudou. Eu aceitei o desafio apesar dos aparentes riscos — uma decisão crucial que abriu caminho para minha próxima oportunidade, daquelas que parecem que "caíram do céu", apenas três anos depois.

Carpe diem

Ser contratada pelo jornal foi apenas uma das inúmeras vezes na qual eu estava no lugar certo, na hora certa. Minha educação alemã-brasileira de família imigrante incutiu em mim um senso de independência e a noção de que o mundo todo estava ao meu alcance. Essa sede de aventura me levou a deixar São Paulo para passar um ano como estudante de intercâmbio aos 17 anos em Bellingham, Washington, uma pequena cidade perto de Seattle. Anos depois, visitei um amigo de Bellingham que estava estudando na Columbia University, em Nova York. Como eu já era repórter, ele achou que eu gostaria de conhecer a prestigiosa Graduate School of Journalism da Columbia University. Entramos no prédio apenas por curiosidade, e... "por acaso", a escola de pós-graduação estava organizando um evento de *open house* para candidatos de mestrado no dia seguinte. Na recepção me perguntaram se eu estava lá para me inscrever no evento. Olhei para o meu amigo, olhei para o céu e, sem intenção prévia, mas agora entendo que era o momento de aproveitar a oportunidade, disse que claro, estava.

Eu tinha poucas semanas para agir. Candidatar-se ao competitivo programa da Columbia exigia fazer provas, escrever redações e obter cartas de recomendação. Jovem, aos 24 anos, eu já entendia que, se eu estabelecesse um objetivo claro, as possibilidades surgiriam para que ele se realizasse. Assim, quando não encontrei uma vaga para as provas em São Paulo, voei para Buenos Aires. E quando chegou a hora de escrever minha redação, um dos componentes que mais pesam para ser aceito nesse curso de competição acirrada, por acaso (ou "sorte" ou não?), eu tinha uma história extraordinária para contar. Poucas semanas antes, após dez dias de uma reportagem que estava fazendo pelo Rio Amazonas, meu barco pegou fogo. Três horas de altas chamas transformaram nossa embarcação numa casquinha de carvão. Junto com outros 16 passageiros, fui obrigada a pular nas mesmas águas onde, apenas um dia antes, havíamos pescado piranhas. Todos agiram rapidamente e ficaram ilesos de queimaduras ou ferimentos graves (ou mordidas!).

Em pé no meio da floresta tropical, molhada e tremendo de medo, tendo perdido todos os meus pertences, incluindo 30 rolos de filme e meu computador com toda a minha apuração jornalística, jamais imaginei que essa situação assustadora seria meu ingresso para um mestrado na Universidade de Columbia e uma porta de entrada para o lugar onde eu eventualmente criaria três filhas e construiria uma vida plena. O que deveria ter sido um breve capítulo — conquistar o diploma e retornar ao Brasil — se transformou numa aventura de 27 anos (e contando) em Nova York. Talvez eu não soubesse disso naquela época, mas acredito plenamente agora que situações adversas muitas vezes geram resultados positivos.

Ao longo dos anos, uma série de oportunidades se desdobraram, e sou grata por ter tido o discernimento de seguir minha intuição e colher os benefícios disponíveis que se revelavam para mim na hora certa. Nessas quase três décadas, criei jovens maravilhosas, passei por um doloroso divórcio, e encontrei o amor novamente num parceiro incrível com o qual me casei há dois anos. Trabalhei em várias *startups* de internet no início dos anos 2000, fui correspondente estrangeira para a mídia brasileira e, na última década, descobri, como corretora de imóveis, minha vocação e habilidade em guiar clientes durante uma das decisões mais importantes de suas vidas: vender ou comprar um imóvel em Nova York.

Encontrando propósito

Mark Twain certa vez disse que: "Os dois dias mais importantes da sua vida são o dia em que você nasce e o dia em que descobre o porquê". Ele estava certo. Descobrir seu propósito pode ser a faísca que ilumina sua própria existência, mesmo quando todas as circunstâncias ao redor são completamente adversas. Pode levar algumas tentativas e erros, mas o esforço vale a pena.

Quando passei pelo meu divórcio, aos 39 anos, me vi buscando mais sentido na vida... A meditação foi meu primeiro bote salva-vidas. Também comecei a prestar atenção ao que pensadores metafísicos e de desenvolvimento pessoal tinham a dizer. Embora minha mente analítica, influenciada pela herança alemã, questione o invisível, minha alma brasileira permanece aberta à magia e até mesmo aos milagres. Também nasci com a crença indelével de que todas as coisas estão conectadas e, neste próximo parágrafo, relato um momento decisivo da minha vida, um exemplo do que estou me referindo.

Há 23 anos, uma amiga de infância do Brasil — fomos colegas de escola em São Paulo — veio me visitar em Nova York. Ela insistiu que eu conhecesse Leona Forman, fundadora da BrazilFoundation, uma organização que promove a equidade social e oportunidades para todos os brasileiros. Elas haviam se conhecido brevemente nessa viagem durante uma palestra. "Ela também estudou Jornalismo na Columbia", disse minha amiga. "Tudo bem que foi três décadas antes de você, mas ainda assim. É um sinal". Brinco que minha amiga também é bruxinha. Ela tinha razão: Leona foi a pessoa que abriu o mundo da filantropia para mim. Assim que comecei a me voluntariar e apoiar a BrazilFoundation, entendi que havia encontrado meu propósito. Fiquei tão inspirada que decidi embarcar em um segundo mestrado anos depois, desta vez na NYU, Universidade de Nova York, em Captação de Recursos para Organizações Sem Fins Lucrativos.

Leona, filha de família judaico-russa exilada, viveu seus primeiros anos na costa nordeste da China continental. Quando tinha 13 anos, estrangeiros foram expulsos da China, mas o Brasil acolheu calorosamente sua família refugiada. Por essa razão, Leona sempre sentiu uma profunda gratidão pelo país e, depois de criar uma família e se aposentar de uma carreira como oficial de informação pública nas Nações Unidas (ONU), decidiu retribuir. Para testar se a organização com a qual ela tanto sonhava seria viável, ela perguntou informalmente a cerca de 40 jovens profissionais brasileiros expatriados em Nova York se eles investiriam em projetos sociais no Brasil se fosse de uma forma que garantisse transparência e credibilidade. Ela recebeu um sonoro "sim", e a BrazilFoundation nasceu.

O trabalho voluntário com a BrazilFoundation abriu meu coração para o poder da ação coletiva. Ao longo dos anos, testemunhei a fundação apoiar mais de 900 organizações sem fins lucrativos em todo o Brasil, e tem sido uma honra servir em seu Conselho de Administração pelos últimos 11 anos. O que Leona iniciou era um conceito inovador na época, e mesmo enfrentando resistência ela seguiu em frente. Felizmente, ela foi fiel à sua voz interior e, desde então, 24 anos depois, a BrazilFoundation arrecadou mais de 40 milhões de dólares e se tornou um modelo de distribuição eficaz de doações em todo o país.

Meu envolvimento no mundo do Terceiro Setor também trouxe mais conexões, incluindo uma linda amizade com duas mulheres "*powerhouse*". Uma delas é a super estrela brasileira Maria Paula, fundadora da Embaixada da Paz e coordenadora do movimento #riseandraiseothers. A outra é uma das amigas mais próximas de Maria Paula e parceira na busca pela paz, Helena Rosén. Conheci as duas quando estavam visitando a ONU em Nova York. Dois anos depois, Helena me ajudou a realizar um sonho de toda a vida, facilitando a compra de uma casa em Trancoso, Bahia, Brasil. É o lugar que chamo de meu pedaço do paraíso na Terra.

A queda e a ascensão

Se existiu alguém que viveu na pele extremos altos e baixos na vida, essa pessoa foi Nelson Mandela, que sabiamente disse: "A maior glória em viver não está em nunca cair, mas em se levantar toda vez que caímos". Essas palavras nunca foram tão importantes para mim como há um ano, quando descobri que meu sócio de negócios, alguém em quem eu tinha plena confiança, roubou todas as minhas economias. De repente, a segurança financeira que eu havia trabalhado tanto para construir para mim e minhas filhas desapareceu. Cometi um erro de julgamento e ainda estou lidando com as duras consequências dessa falha até hoje. A perda me deixou sem fôlego e paralisada pela ansiedade e pelo medo. Pela primeira vez, questionei a caracterização do meu pai sobre minha boa sorte. Será que eu realmente nasci "com a bunda virada pra lua"?

E, no entanto, estou reconhecendo que, como Mandela sugeriu, cada queda é uma oportunidade de se levantar mais forte. Lembro-me de como o incêndio no barco na Amazônia se transformou num momento positivo e decisivo na minha vida. Preciso confiar que essa circunstância de desfalque, ainda longe de ser resolvida e muito dolorosa, também mostrará seu lado positivo eventualmente. Enquanto isso, não estou esperando passivamente pelo lado bom. Com um renovado senso de propósito, estou me concentrando novamente em quem eu sou destinada a ser — e essa é uma pessoa que quer fazer o bem no mundo.

Inspirada pelas incríveis histórias em *Rise and Raise Others*, lancei o BananaStrudel Fund com a BrazilFoundation, investindo 10% das minhas economias restantes. Esse fundo — seu nome é uma homenagem carinhosa às minhas raízes brasileiras e alemãs — vai apoiar líderes femininas no Brasil que trabalham por um país mais justo e igualitário. Senti muito medo de fazer isso, o lado racional diz não, mas minha alma expansiva diz que sim, esse ato é um mega salto de fé. Talvez eu ainda não veja o quadro completo, mas confio que, ao dar o primeiro passo, o universo se alinhará para fazer dele um sucesso.

Algo que aprendi nessa andança sinuosa, cheia de sincronicidades, encontros fortuitos e algumas quedas íngremes, é que parar e esperar o futuro chegar é autossabotagem. A sorte, como diz o ditado, é o que fazemos dela. Com ou sem estabilidade financeira, continuarei a aproveitar as oportunidades que surgirem no meu caminho — e também a criar minhas próprias oportunidades. É assim que estou me levantando para voltar a subir novamente! E você? O que você precisa fazer para encontrar seu propósito, para aproveitar o dia, para criar sua própria sorte? O que você pode fazer para subir, continuar a jornada e puxar a outra? Adoraria ouvir sua história.

KARINA SATO RAHAL DE ABREU

@karinasatorahal

Entre sonhos e propósitos: minha jornada

Nasci em Penápolis, uma cidade muito acolhedora no interior de São Paulo, onde a vida cercada pela família e amigos me ensinou grandes lições.

Cresci em uma família que sempre valorizou muito a união, o apoio mútuo, as pessoas, uma família de trabalhadores, empreendedores e com mulheres fortes.

Lembro-me de observar meus avós imigrantes que com muito esforço, dedicação, propósito e amor nos ensinaram que o trabalho honesto e a empatia pelas pessoas eram as bases para construir uma vida significativa.

Morávamos em uma casa grande no centro da cidade. A casa era dos nossos avós maternos. Um sobrado no centro comercial de Penápolis com a loja na frente. Meus pais se casaram após a faculdade de Psicologia (estudaram e se formaram juntos), foram morar um tempo lá e depois a vida foi fluindo para que ficássemos todos juntos nos apoiando, somando e crescendo.

Nasci em 1978, um ano após a formatura dos meus pais. O casamento deles foi muito festejado na cidade com mais de mil convidados. Minha avó materna, Luiza Sato, e meu avô paterno, Kemil Rahal, eram e são até hoje muito populares na cidade. Pessoas muito boas e de coração nobre. Que tiravam da própria boca para dar aos que menos tinham.

Vó Luiza era piadista, comediante de primeira, não existia a palavra preconceito no vocabulário dela. Era muito generosa, comerciante, trabalhadora, filha de imigrantes japoneses e se casou com o Vô Sato, que chegou ao Brasil aos 3 anos de idade no navio Kasato Maru, do Japão. Vó Luiza era costureira e Vô Sato era alfaiate, ambos autodidatas. Juntos, trabalhavam de segunda a segunda, fazendo vestidos de noiva e ternos na cidade. E, quando fizeram um caixa, abriram a loja Luiza Sato que existe até hoje e é muito conceituada e respeitada na cidade de Penápolis.

Meus irmãos e eu crescemos praticamente na loja dos meus avós, que era em frente de casa. Cercados de tanto amor, de uma convivência muito forte com nossos avós, literalmente no meio do comércio, tínhamos acesso livre na loja para atender clientes, fazer embrulhos, dar troco no caixa, receber os representantes. Vendo minha mãe e minha avó negociar as mercadorias e acompanhando as viagens a São Paulo para fazer as coleções, fomos crescendo numa loja, desenvolvendo nossas habilidades no comércio, empreendendo com eles.

Meu avô paterno, Kemil Rahal, de família libanesa, foi vereador de Penápolis por 28 anos. Na época em que era vereador, não tinha salário. Fazia por amor ao povo. Se casou com a Vó Rosa, suíça, linda, trabalhadora, forte! Vó Rosa cuidava da chácara, dos filhos, da economia da casa. Vô Kemil, de uma família tradicional da cidade, tirava de casa para dar aos outros. Já saiu de carro e voltou a pé, deu seu próprio carro a uma família que, segundo disse, precisava mais que ele.

Relembrando um pouco de onde viemos, visitando nosso passado, podemos entender quem somos e ajudar a traçar o caminho de onde queremos chegar. Os métodos que deram certo, o que continuaremos replicando com as futuras gerações, o que vamos ressignificar e o que fica como recordação nostálgica de um passado. Mas a sua historia sempre será sua e faz parte de quem você se tornou.

Meus pais, como psicólogos, sempre nos educaram à base de muita conversa, as decisões eram sempre compartilhadas, mas o ônus e o bônus eram sempre explícitos nas nossas escolhas.

Tivemos uma infância e juventude muito boa no interior. Apesar da situação financeira confortável que hora oscilava para o bom... E hora para o não tao bom assim... Meus pais sempre foram muito transparentes conosco e nunca escondiam nada em casa. Mas sempre, desde criança, nos envolveram no trabalho. Depois de estudar, estávamos sempre prontos para ajudar na loja, ir com minha mãe para a clínica psicológica ou a loja e construtora do nosso pai. Eram muito legais como pais, mas exigentes em não termos tempo ocioso. Se não estávamos estudando, praticando algum esporte, podíamos contribuir com os negócios deles. Isso nos dava, alem de muito aprendizado, responsabilidade e autoestima. Nos sentíamos capazes e incluídos na dinâmica familiar. Estávamos sendo preparados para a vida.

Nós cinco sempre fomos muito unidos, e somos ate hoje! Somos em 3 filhos: Karina (eu), Sabrina e Karin. Meus irmãos e eu somos sócios e trabalhamos juntos. Hoje, nossos pais também trabalham em alguns negócios conosco. São nossa base em tudo que fazemos. Nossos conselheiros e muito ativos nos negócios.

Nossa educação e criação sempre foi para que algum dia, seja no colegial ou na faculdade, fôssemos embora do interior para a capital para estudar, buscar maiores oportunidades, ampliar os horizontes...

A mudança para São Paulo e os primeiros passos

Aos 17 anos, dei um dos passos mais significativos da minha vida: mudei-me para São Paulo para cursar Direito. Deixar Penápolis foi um misto de medo e entusiasmo. Eu estava deixando para trás minha zona de conforto para mergulhar no desconhecido. São Paulo me recebeu com sua intensidade, sua diversidade e suas infinitas possibilidades.

A faculdade de Direito foi um período de aprendizado técnico e pessoal. Não apenas pelos estudos, mas pelas pessoas que conheci, pelos desafios que enfrentei e pela independência que precisei construir. Foi nessa época que entendi a importância de ter clareza de propósito e foco, habilidades que moldariam minha trajetória profissional.

Desde o inicio, comecei a estagiar em grandes empresas. Entre estágio e formada, fiquei mais de quinze anos no Grupo Votorantim.

As primeiras experiências no mundo corporativo

Meu ingresso no mundo profissional começou na Votorantim, uma das maiores empresas do Brasil. Ali, aprendi o valor da estrutura, do planejamento e da responsabilidade com o que nos comprometemos. Cada projeto em que estive envolvida me mostrou que o sucesso depende não apenas de competência, mas também da dedicação e da paixão pelo que se faz.

Quando eu tinha 24 anos, minha irmã tinha 22 e meu irmão 20. Eu já era advogada da Votorantim, minha irmã fazia faculdade de Jornalismo e meu irmão fazia Administração de Empresas e trabalhava em um banco. Eis que minha irmã se inscreveu no *reality show* Big Brother Brasil e fez um grande sucesso, pois foi muito recebida e querida pelos brasileiros.

Nossas vidas deram uma virada de 180 graus. Soubemos aproveitar as oportunidades e nossa irmã Sabrina foi muito generosa em confiar a carreira dela a nós que, até então, não tínhamos experiência no mercado artístico.

Sob orientação do nosso pai, fundamos a Sato Rahal Empreendimentos Artísticos para gerir a carreira da minha irmã Sabrina Sato, quando saiu do Big Brother Brasil, há 22 anos. Ele enfatizou que a família faria o melhor pelos sonhos da Sabrina e acreditou que poderíamos nos capacitar durante o processo.

Apesar de amar os desafios do ambiente corporativo, o espírito empreendedor em que fomos treinados na infância começou a se manifestar em nós três. Algo dinâmico, que nos permitisse criar, inovar e impactar pessoas diretamente. Foi quando surgiu a oportunidade de, junto com meus irmãos, fundar a Sato Rahal.

Sato Rahal e o poder do relacionamento

A Sato Rahal nasceu como um sonho compartilhado. Eu, meus irmãos e nossa visão de unir marcas, artistas e criadores de conteúdo de forma estratégica e humana. Desde o início, entendemos que nosso diferencial seria a força dos relacionamentos que construiríamos ao longo do tempo.

Empreender nunca é fácil, e conosco não foi diferente. Enfrentamos desafios, noites sem dormir e dúvidas constantes. Mas o que sempre nos guiou foi a certeza de que estávamos construindo algo maior do que nós mesmos. Cada parceria fechada, cada case de sucesso e cada história impactada nos mostrou que estávamos no caminho certo.

Minha dedicação ao negócio sempre foi acompanhada de um profundo respeito pelas pessoas. Empatia, para mim, não é apenas um conceito, mas uma prática diária. Entender o outro, suas necessidades e expectativas, é o que torna qualquer relacionamento — seja pessoal ou profissional — realmente significativo.

Sabrina logo se tornou apresentadora do Programa Pânico na rádio, que no mesmo ano estreou na televisão com grande audiência e sucesso.

E, a partir daí, na Sato Rahal, começamos a agenciar os apresentadores do Pânico. Fazíamos eventos, publicidades, shows... Buscávamos oportunidades de negócios, comerciais, contratos para eles.

Depois de dez anos no Pânico, entendemos que era o momento da Sa seguir carreira solo, pois há alguns anos ela recebia convites das emissoras. Seu carisma, dedicação, talento, paixão, profissionalismo, respeito... Estava pronta!

Neste período, eu ainda continuava em paralelo como advogada da Votorantim e como sócia e agente dos artistas na Sato Rahal.

O amor e o legado familiar

No meio dessa jornada, reencontrei o amor da minha vida, Felipe Abreu. Nosso casamento não é apenas uma união de vidas, mas também de propósitos. Felipe sempre me apoiou em cada decisão e desafio, mostrando que o verdadeiro amor é aquele que nos impulsiona a sermos melhores.

Juntos, construímos uma família e nossos filhos são nosso bem maior, Felipe e Manu. São o lembrete diário do porquê de tudo isso. Quero que cresçam sabendo que é possível conquistar seus sonhos, desde que façam isso com dedicação, paixão e integridade.

Na Sato Rahal, logo fomos procurados por talentos de outras emissoras e hoje agenciamos mais de 30 artistas. Sempre com suporte comercial, jurídico, com planejamento, transparência e trabalho árduo. Conforme fomos crescendo o *casting*, crescemos nosso time fiel, comprometido, capaz, apaixonado pelo que faz.

Em 2020, abrimos a SR Digital, nosso braço de influenciadores.

Com o mercado de influência crescendo, oportunidades de negócios foram surgindo para a Sato Rahal como Grupo. A carreira da Sabrina consolidada, com liberdade financeira, realizada, fazendo o que mais ama, produzindo muitos projetos no audiovisual como apresentadora de TV e produtora de conteúdo.

Fomos estudando as oportunidades e ampliando nossos segmentos com negócios diversos que faziam sentido dentro de nossos sonhos e propósitos.

Hoje, atuamos como sócios de franqueadoras de segmentos diversos, além de atuarmos no mercado imobiliário, edutech, startups, agro... Sempre juntos!

Empreendedorismo e parcerias de sucesso

Além da Sato Rahal, tivemos a oportunidade de nos tornar sócios em outras empresas, ampliando nosso impacto e visão empreendedora. Cada nova parceria foi construída com base em confiança, responsabilidade e comprometimento. Aprendemos que o verdadeiro sucesso é coletivo — ninguém cresce sozinho.

Minha paixão pelo que faço nunca diminuiu. Pelo contrário, ela cresce a cada novo desafio. Acredito que, quando você trabalha com propósito, cada conquista é ainda mais significativa.

O Legado de propósitos

Se há algo que sempre carreguei comigo é o legado de valores que minha família me transmitiu: integridade, empatia e o desejo de tornar o mundo um lugar melhor. Esses princípios são a base de tudo o que construí e continuo construindo.

Mais do que resultados financeiros ou reconhecimento profissional, quero que minha história seja um exemplo de como é possível crescer respeitando as pessoas e deixando um impacto positivo por onde passar.

Um olhar para o futuro

Hoje, ao olhar para trás, vejo que minha trajetória foi construída com muito amor, esforço e coragem. Mas sei que ainda há muito por fazer. Quero continuar inovando, empreendendo e inspirando outras mulheres a acreditarem em seus sonhos.

Com dedicação e paixão, é possível transformar desafios em oportunidades e deixar um legado que inspire gerações.

KATHY ROTH-DOUQUET

kathy@bluestarfam.org
linkedin.com/in/kathy-roth-douquet

De manifestante a defensora: construindo uma voz para as famílias militares

Minha primeira vez em uma base militar foi pulando a cerca de um depósito do Exército dos EUA no interior do estado de Nova York para protestar contra armas nucleares. Eu tinha 19 anos e fui prontamente e educadamente presa. Mal sabia eu que décadas depois uma base militar seria meu lar, e minha missão seria apoiar e criar uma voz para pessoas como aqueles jovens soldados que me prenderam e suas famílias.

Deixe-me voltar um pouco. Quem sou eu e por que estou contando minha história? Sou como Rute na Bíblia — o amor me trouxe para um povo, e eles se tornaram meus. Hoje, lidero a maior organização sem fins lucrativos dos Estados Unidos que apoia famílias de militares e veteranos. Faço isso porque, através de circunstâncias improváveis, tornei-me parte de uma família militar, e percebi que as pessoas que desempenham o trabalho militar, e suas famílias, fazem algo muito importante para a segurança de todos e para a estabilidade do país. No entanto, enquanto fazem isso, enfrentam desafios extraordinários em suas vidas como resultado de seu serviço. Elas vivem entre outros americanos que não sabem que elas estão lá ou quais são suas necessidades. Vi isso e senti que precisava fazer algo a respeito. Isso foi há quinze anos.

Trinta anos atrás, alguns anos depois da minha prisão na época da faculdade, eu trabalhava na Casa Branca para o presidente Bill Clinton. Era um trabalho maravilhoso e glamoroso, que me levava a todos os cantos do mundo, organizando eventos como reuniões públicas e comícios, além de encontros bilaterais ou multilaterais com líderes mundiais. Naquela época, eu tinha um mestrado em Princeton (alguns anos depois, obtive um diploma em Direito), havia trabalhado em política e no setor de fundações e agora tinha o melhor emprego do mundo. O presidente tem um helicóptero, chamado Marine One, assim chamado porque os Fuzileiros Navais dos EUA pilotam e fazem sua manutenção. O piloto do helicóptero do presidente era um oficial fuzileiro naval muito charmoso. Tão charmoso que me casei com ele.

E isso levou minha vida em uma direção diferente. Dos palácios presidenciais ao redor do mundo e coberturas de bilionários, mudei para onde as ordens do governo nos levavam; isso significava que eu perdia meus empregos e precisava me reinventar. Tive que lidar com a maternidade muitas vezes sozinha, porque meu marido era chamado para missões distantes, e nos mudamos para longe da família e dos amigos. Meses após o casamento, descobri que estava grávida e recebemos ordens militares para Okinawa. Minha filha nasceu com um buraco no coração, e eu gerenciava as idas aos consultórios médicos e aprendia que ela precisaria de uma cirurgia cardíaca aberta enquanto empacotava e vendia nossa casa. Eu estava "sem-teto militar" (é assim que chamamos o período entre residências que ocorre frequentemente nas mudanças militares, que acontecem a cada um, dois ou três anos) quando minha filha saiu da cirurgia, e estava sozinha enquanto meu marido seguia à frente para se apresentar para o serviço. E então me mudei também, sem nenhum emprego de prestígio ou qualquer emprego, com um bebê e a milhares de quilômetros da família e dos amigos. Foi um choque. Depois, nos mudamos novamente, e novamente — 9 vezes nos 16 anos seguintes. E nessa jornada aprendi muito.

Aprendi, após o 11 de setembro, que ocorreu quando eu tinha uma filha de três anos e estava grávida, que você não abandona o militar quando seu país é atacado. Aprendi que podia ser forte e perseverar diante de desafios que nunca imaginei enfrentar — alguns anos depois, quando meu marido comandou um esquadrão de ataque no Iraque e eu sabia que pessoas tentavam matá-lo todos os dias, enquanto eu tentava manter uma vida para meus filhos pequenos em uma cidade remota no sul dos Estados Unidos. Aprendi que pode haver um orgulho feroz em fazer algo difícil por uma causa maior do que nós mesmos, e que ver seu ente querido fazer coisas inimaginavelmente difíceis pode criar um vínculo que fortalece o amor. Aprendi que havia jovens homens e mulheres com muito menos vantagens do que eu, fazendo coisas muito mais difíceis, e era minha oportunidade e privilégio ver se eu poderia ajudá-los.

Então, quando me casei com meu marido, sabia muito pouco sobre a comunidade militar ou sua cultura. Eu era uma garota judia de Shaker Heights, Ohio, estudei em uma faculdade feminina, Bryn Mawr College, depois na Universidade de Princeton, e estava envolvida com a política democrata e o setor de fundações. Quando meu marido e eu ficamos noivos, eu trabalhava para um bilionário e presumi que ele deixaria as Forças Armadas. Quando eu estava crescendo, nos anos 1980, no final da Guerra Fria, para pessoas como eu, o mundo militar era algo muito distante.

Por muitos anos, não quis me identificar como esposa de militar, porque eu era uma mulher de carreira com grande visibilidade e via as esposas de militares como pessoas que dependiam de seus maridos, o que parecia algo ultrapassado. Eu não gostava da presunção, na cultura militar, de que as esposas fariam trabalhos não remunerados, como voluntariado, para manter o sistema funcionando. Como feminista, eu me opunha à forma como as mulheres eram relegadas a posições não remuneradas que limitavam sua autonomia e progresso. Isso mudou para mim quando nos mudamos de San Diego, onde obtive meu diploma em Direito, para a Carolina do Norte, onde meu marido comandaria um esquadrão. Como parte de sua nova posição, fui enviada para a "escola de esposas de oficiais comandantes". Não era o que eu esperava. Lá, aprendemos sobre os desafios que as jovens famílias militares frequentemente enfrentavam, a solidão e a inexperiência que podiam causar problemas durante as missões para mulheres jovens, na casa dos vinte anos, que poderiam ter filhos pequenos e estar longe da família e dos amigos. Aprendemos sobre assistência em caso de baixas, e como, se houvesse mortes em combate, poderíamos desempenhar um papel ao informar e confortar as famílias. E então percebi que essas famílias militares, especialmente as esposas e os filhos, eram pessoas reais. Elas eram vulneráveis, tinham necessidades genuínas e não havia realmente um sistema para apoiá-las. Não era um sinal de força me separar delas. Ao refletir sobre isso, percebi que essa era uma comunidade muito desassistida. Não era responsabilidade de ninguém entender seus problemas e tentar melhorar suas vidas. Diferentemente de outras comunidades, elas eram muito móveis, o que dificultava a organização. A maioria das comunidades se organiza por localização, afinal. E também refleti que eu tinha, na verdade, as habilidades e o treinamento necessários para ajudar minha comunidade. Eu havia trabalhado em política e no governo, no setor de fundações e no setor privado. Percebi que muitas pessoas com meu perfil poderiam se candidatar a cargos públicos, tornar-se congressistas. Bem, a maior parte do trabalho que os congressistas fazem é o serviço às suas comunidades. E aqui eu tinha uma comunidade sem um representante público. Talvez eu pudesse, ou devesse, ser essa representante.

Comecei uma jornada que começou com a escrita de dois livros, nos quais aprendi muito sobre a estrutura subjacente do problema. Vi que a estrutura da nossa sociedade havia mudado. As Forças Armadas dos EUA desempenham um papel muito importante, criando segurança e estabilidade para possibilitar prosperidade e liberdade. Essas coisas existem como um alicerce, e você não pode avançar sem a base fornecida pelas Forças Armadas. Mas a maneira como fornecemos essa segurança e estabilidade mudou do século 20 para o século 21, assim como quem faz esse trabalho, e a natureza geral da nossa sociedade mudou de uma forma que deixa as famílias militares em uma posição desfavorável. No século 20, eram principalmente jovens homens solteiros que serviam nas Forças Armadas, geralmente por 2 a 4 anos, antes de saírem para continuar suas vidas. Eles estavam, na maioria das vezes, em guarnições, sem serem destacados. A minoria que era casada — entre 10% e 25% — geralmente vivia em instalações militares, e suas esposas não precisavam trabalhar, porque essa era a natureza da nossa sociedade. Hoje, temos uma força militar altamente profissionalizada que exige que as pessoas sirvam por muito tempo, em média 9 a 12 anos, então a maioria é casada e/ou tem filhos. Vinte por cento são mulheres. Com o fechamento de bases no final da Guerra Fria e a privatização da moradia militar, de 70% a 85% das famílias vivem em comunidades e não em bases, sem recursos ou pessoas que sequer saibam que elas estão lá. Trata-se de um serviço militar expedicionário, o que significa que quase todos os membros estão em pré-deslocamento, deslocamento ou pós-deslocamento, criando muita pressão sobre as famílias. Por fim, no século 21, famílias das classes trabalhadora e média precisam de duas rendas, e, devido às mudanças frequentes, missões e outros desafios do estilo de vida militar, é muito difícil para os cônjuges trabalharem ou atuarem no nível para o qual foram treinados, o que gera muito estresse financeiro.

Em 2009, com um pequeno grupo de outras esposas de militares, criei uma organização chamada *Blue Star Families*. Meu objetivo era dar às famílias militares um lugar à mesa junto aos formuladores de políticas e outros tomadores de decisão, para expressar os desafios desse estilo de vida e ajudar a construir soluções que garantissem as mudanças necessárias. Não é como se as pessoas não tentassem ajudar, mas muitas vezes a ajuda não atendia às necessidades — recebíamos pacotes com itens inúteis, que apenas mostravam que uma organização havia arrecadado e gasto dinheiro, mas que não ajudavam de verdade. Ou participávamos de apresentações em salas frias com luz fluorescente, cadeiras dobráveis de metal e sem creche, para ouvir palestras sobre como sobreviver a um deslocamento.

O que fizemos foi perguntar às famílias, aos cônjuges e aos próprios militares quais eram seus desafios. Lançamos uma pesquisa anual em 2009 que, pela primeira vez, forneceu uma visão completa e detalhada das vidas das famílias militares. E buscamos parcerias. Nos primeiros meses, encontramos editoras dispostas a doar livros infantis para bases militares e criamos parcerias com museus em todo o país para oferecer entrada gratuita às famílias militares durante o verão. Descobrimos uma necessidade enorme e, nos primeiros anos, quase um milhão de pessoas usavam nossos programas e recursos a cada ano.

Inicialmente, começamos como um grupo totalmente voluntário. Minha visão era ser presidente do conselho, pagar um diretor executivo e que todos os demais fossem voluntários. No final do primeiro ano, arrecadei US$ 340.000, o que parecia suficiente. Naquela época, vivíamos em Parris Island, Carolina do Sul. Mas rapidamente percebi que nossa comunidade precisava de muito mais. Eu trabalhava como advogada, ajudando a administrar um fundo de US$ 35 milhões que investia em projetos educacionais em bairros de baixa renda. Meu marido foi transferido para a Alemanha, e eu viajava de volta aos EUA uma semana a cada mês e meio, mais ou menos. Ingressei na organização em meio período, e depois em tempo integral quando nos mudamos de volta para os Estados Unidos.

Hoje, a *Blue Star Families* é a maior organização nos EUA que apoia famílias de militares e veteranos. Temos mais de 350.000 membros, uma receita anual superior a US$ 30 milhões e 13 capítulos locais, com financiamento e planos para crescer para 24 capítulos e 46 postos avançados nos próximos anos. Nossos membros são capacitados e mobilizados por nossa organização. Temos mais de 100 funcionários, mais de 80 dos quais são cônjuges de militares.

Aqui está um exemplo das cartas que recebemos atualmente:

Miss M,

Queremos agradecer do fundo de nossos corações por esta oportunidade! Neste fim de semana, criamos tantas memórias incríveis para nossa família!

Meu marido saiu para uma missão curta no ano passado, em agosto, e retornou em meados de novembro. Essa separação foi muito difícil para nossa filha de três anos e para mim, já que tivemos nosso segundo filho em maio, e entrei em trabalho de parto enquanto ele estava em uma missão fora do estado, durante a primeira vez que nosso filho experimentou estar sem ambos os pais ao mesmo tempo.

Esta foi nossa primeira viagem como uma família de quatro pessoas. Benji ficou absolutamente encantado. Ele fez amizade com uma criança de alguém da sua equipe, e passou o dia todo procurando por ela — foi adorável (se possível, por favor, informe a pessoa que mora em McDill, que tem um filho, e uma filha que se chama Amelia, nosso contato, pois ele realmente queria encontrá-la no parque novamente). Ela foi tão gentil e doce ao se tornar amiga dele. Ele não tem amigos que tenham passado pela experiência da vida militar, e isso realmente iluminou o dia dele ao se conectar e se divertir!

Ficamos até a iluminação da árvore, que foi uma experiência maravilhosa! O Papai Noel de Lego dançou com Benji, e foi tão emocionante ver uma criança que teve o ano mais difícil de sua vida, e que já passou por tantas coisas em seus curtos três anos — coisas que muitos adultos nunca experimentaram — se sentir como se tudo aquilo tivesse sido feito para ele.

Este evento tocou nossos corações para sempre, e não podemos agradecê-los o suficiente! Desde a oportunidade, os lanches, as experiências... Vocês são absolutamente incríveis por trabalharem tão duro para planejar e organizar isso e muitos outros eventos, criando essas oportunidades, memórias e experiências únicas na vida!

P. S. Voltamos para a Costa Leste em segurança!

Eternamente gratos,

RVA e família!

LEENA YADAV

@leenaclicks
linkedin.com/in/leena-yadav-98469313a
leenayadav@gmail.com

A história que me tornei

O que significa observar a si mesma como um personagem? Sair da confusão do viver e enxergar sua vida como uma história — estratificada, contraditória, inesperadamente reveladora? Para mim, isso não é sobre fechamento, mas sobre clareza. Virar a lente afiada e questionadora de uma contadora de histórias para si mesma parece ousado, até absurdo — mas talvez necessário.

Por anos, criei arcos narrativos para os outros, encontrando significado em seu caos e propósito em suas imperfeições. Mas quando a contadora de histórias se torna o tema, o que emerge? Escrever na terceira pessoa parece surreal, mas libertador. Ao sair dos fios emaranhados da memória, consigo ver o tecido com mais clareza. É um truque, sim, mas útil — uma forma de dissecar, descobrir e, por fim, entender.

E assim, Leena Yadav, a personagem, se desenrola. Escrever sobre ela como se fosse outra pessoa me permite rir de seus erros sem me encolher, celebrar sua resiliência sem falsa modéstia e questionar suas escolhas sem o peso do arrependimento. Ela se torna um estudo na imperfeição — uma tapeçaria de tropeços, rebeliões silenciosas e pequenas conquistas costuradas com partes iguais de coragem e caos.

Leena começou como uma criança em movimento, uma pequena figura capturada no ritmo de chegadas e partidas. O lar não era um lugar único, mas muitos, ligados pelo clique metálico de baús sendo fechados. Os cantões militares, esses mundos ordenados e autossuficientes, tornaram-se seus universos temporários. Seu pai, Vijai Pal Yadav, movia-se por esses espaços com uma precisão que era mais que hábito — era filosofia. Sapatos brilhavam, camisas tinham vincos perfeitos, e cada detalhe importava. Ainda assim, por trás dessa simetria havia um artista — um homem cuja voz grave preenchia os cômodos com canções e cujas piadas permaneciam muito depois que as risadas terminavam. Ele era uma contradição que Leena achava fascinante: meticuloso, mas brincalhão; estruturado, mas criativo.

Sua mãe, Vimla, era igualmente notável — uma revolucionária silenciosa que desmontava o patriarcado com uma calma desafiadora que parecia quase sem esforço. Quando Leena, uma de três filhas, perguntou uma vez se eles já haviam desejado um filho, Vimla descartou a ideia com uma risada. "Que absurdo! Por que eu precisaria de um menino quando tenho filhas que podem fazer qualquer coisa?" Em uma sociedade que muitas vezes via meninas como fardos, suas palavras não eram apenas um consolo materno — eram uma declaração de rebelião. Leena as absorveu inconscientemente, como a luz do sol na pele, sem saber o quanto moldariam sua própria resiliência e espírito desafiador.

A transitoriedade da vida deles foi tanto um presente quanto um desafio para Leena. Montanhas cobertas de neve em um ano, planícies escaldantes no outro. Cada mudança desmontava o pequeno mundo que haviam construído, forçando Leena a se adaptar, observar e começar de novo. Rostos tornaram-se seus marcos; conexões passageiras, suas âncoras. Ela notava os resmungos do comerciante, a gagueira do professor quando nervoso, a gravata eternamente torta do vizinho. Esses detalhes se tornaram fragmentos de histórias que ela ainda não sabia estar colecionando.

Essa constante instabilidade criou um paradoxo. Por um lado, ela ansiava por estrutura, o conforto de algo sólido. Por outro, questionava sua necessidade. A disciplina de seu pai e a rebeldia silenciosa de sua mãe tornaram-se forças gêmeas que a moldaram — uma tensão que ela carregaria até a idade adulta e despejaria em suas narrativas.

Mesmo como criança, histórias eram sua moeda. Em uma nova escola, ela tecia contos com a convicção casual de alguém que conhecia o poder da imaginação. "Meu pai é decifrador de códigos", ela confidenciava a colegas de classe de olhos arregalados. "Ele quebra mensagens secretas dos inimigos e as envia de volta disfarçadas como palavras cruzadas." Sua voz caía para um sussurro, rica em intriga. "É por isso que nos mudamos tanto — ninguém pode saber onde ele está." Não importava que ela mal entendesse como palavras cruzadas funcionavam ou que os únicos códigos que seu pai quebrava fossem os do cadeado teimoso de sua bicicleta. A história funcionava. Por um momento, ela não era a nova garota desajeitada, mas alguém extraordinário — guardadora de mistérios, maior que a vida.

Seu caminho, como a maioria, se desenrolou em espirais, não em uma linha reta. Engenharia foi uma escolha pragmática, não uma apaixonada. Ela memorizava fórmulas diligentemente, até que um dia, em um exame de química estéril, rebelou-se. Colocando a caneta de lado, abandonou as equações e escreveu um poema. Não era tanto desafio quanto admissão: *Este não é o meu caminho*.

Arquitetura veio em seguida, prometendo o equilíbrio perfeito entre criatividade e estrutura. Ela desenhou espaços cheios de possibilidades, mas foi impedida por um certificado faltante — uma barreira burocrática que fechou aquele capítulo. Curiosamente, sentiu-se aliviada. A decisão havia sido tomada por ela antes que pudesse se perguntar se era a certa.

Quando a Economia apareceu, não foi ambição, mas resignação que a levou até lá — um desvio prático no mapa dos sonhos não realizados. Delhi tornou-se seu palco, uma cidade de grandeza envolta em decadência, murmurando segredos através de suas paredes em ruínas. Caminhar por suas ruas era um exercício de ironia, uma performance diária, onde mulheres eram estrelas de um teatro não solicitado — assobios, comentários e olhares serviam de trilha sonora indesejada. Cada passo tornou-se uma rebelião silenciosa, uma recusa em deixar que a chamada "atenção" curvasse seu ritmo. Atuar ofereceu uma fuga breve dessa realidade absurda, mas não foi suficiente. Ela não foi feita para emprestar outras vidas; foi feita para moldá-las.

Então veio o curso de Mídia de Comunicações Sociais (SCM) no Sophia College em Mumbai — um salto guiado não pela lógica, mas pelo instinto. SCM não era apenas um programa; era um desfazer. Professores entregaram-lhe uma câmera como um desafio não dito, dizendo: "Encontre sua história."

Entre os filmes que abalaram sua compreensão de narrativa, *Un Chien Andalou* e *Hiroshima Mon Amour* se destacaram como revoluções silenciosas. O corte de navalha de Buñuel em *Un Chien Andalou* não era apenas grotesco — era estimulante, uma declaração visceral de que a arte poderia perturbar, provocar e desafiar a lógica. O poema fragmentado de Resnais em *Hiroshima Mon Amour*, com sua recusa à linearidade, teceu amor, perda e memória em uma tapeçaria de contradições.

Esses filmes não foram apenas lições de técnica, mas de coragem. Ensinaram a ela que histórias não precisam se conformar ou se resolver; podem prosperar na ambiguidade, iluminando rachaduras *em vez* de preenchê-las. Juntos, tornaram-se marcos, revelando que contar histórias, como a vida, é mais vibrante em suas fraturas mais ousadas.

Mumbai tinha uma energia implacável, desafiando-a a acompanhar. A televisão tornou-se seu ponto de entrada — não glamouroso, nem fácil, mas rico em lições. Em meio ao caos, ela aprendeu que histórias não precisam ser perfeitas para se conectarem. Elas podiam tropeçar, improvisar, enganar — e ainda assim ressoar.

No meio da agitação de Mumbai, Leena encontrou Aseem Bajaj — um cinegrafista cuja genialidade crua desestabilizou seu mundo ordenado. A princípio, ela resistiu a ele. Audacioso, imprevisível, prosperando no caos, ele desafiava tudo em que ela confiava para ter controle. No entanto, sua genialidade instintiva, a maneira como absorvia e refratava o mundo através de sua lente, era inegável.

Com o tempo, ela viu seus pais nele. Na precisão com que ele manejava a câmera, reconheceu a disciplina de seu pai; em sua irreverência e rebeldia, viu a serenidade desafiadora de sua mãe. Aseem personificava a dualidade que moldava suas histórias — um equilíbrio entre ordem e liberdade, precisão e espontaneidade.

Sua parceria tornou-se uma dança de opostos, alimentada por fricção e confiança. Ele a desafiou a abraçar o imprevisível, a ver rachaduras como espaços para a luz. Ela ancorou sua criatividade, oferecendo estrutura para que ela prosperasse. Juntos, criaram histórias cheias de coração e verdade — obras que nenhum dos dois poderia ter criado sozinho.

A lente de Aseem revelava emoções profundas demais para palavras. Ele tornou-se indispensável — não apenas para seu trabalho, mas para sua vida. Colaborador, espelho e energia indomada por trás de suas narrativas, Aseem era mais que um parceiro; ele foi a força que lhe ensinou a abraçar o caos e a beleza da contradição.

Mas o caminho não foi sem fraturas. *Shabd*, seu primeiro filme, foi uma experiência ousada — psicológico, intricado, ambiciosamente desinibido. Ambicioso demais, talvez. Críticos empunharam suas canetas como bisturis, descartando-o como "pretensioso". O público, atraído pelo marketing que prometia uma história de amor, saiu confuso com sua complexidade. *Teen Patti*, seu segundo filme, tentou casar intelecto e emoção, entrelaçando probabilidade e moralidade em uma narrativa com lendas do cinema como Amitabh Bachchan e Ben Kingsley. No entanto, sua ambição provou ser pesada demais, e sob o peso de expectativas excessivas, cedeu. Críticas severas seguiram, cada uma mais incisiva que a anterior, deixando -a lutar contra o impacto da rejeição.

Esses fracassos não foram meros contratempos profissionais — eles eram profundamente pessoais. Machucaram sua confiança, atingindo o cerne de sua identidade como contadora de histórias. Pela primeira vez, Leena questionou se sua voz importava, se os riscos que assumiu valiam o peso que agora carregava.

E então, *Parched* aconteceu.

Começou de forma discreta, durante um jantar com a atriz-diretora Tannishtha Chatterjee, em uma conversa casual sobre mulheres rurais que falavam de sexo e desejo com uma franqueza surpreendente. Suas palavras carregavam a leveza de discutir o clima, mas sob essa simplicidade havia uma resistência silenciosa. Para Leena, não era apenas curiosidade — era uma fagulha, puxando um fio que ela nem percebia estar solto. O que começou como uma troca casual tornou-se um chamado e, antes que percebesse, ela estava no deserto salgado de Kutch, uma paisagem tão rachada e resistente quanto as vidas que abrigava.

O deserto não era apenas um cenário — era vivo, respirando, implacável. Seu vasto silêncio espelhava as vidas das mulheres que conheceu ali — mulheres cuja força não era alta, mas delicadamente entrelaçada em sua existência. Rani, viúva aos 15 anos, falava com uma firmeza de partir o coração: "Não fui tocada em 17 anos". Sua dignidade silenciosa mascarava uma solidão tão expansiva quanto o próprio deserto. Depois veio a jovem que inspirou Lajjo, cujo riso ressoava com desafio, suas marcas de agressão desconsideradas com humor mordaz: "Se ele não descontar em mim, vai descontar onde?" Suas palavras escondiam a sobrevivência em resiliência, seu riso protegendo feridas invisíveis.

E então havia Bijli, uma chama em forma humana — desinibida, sensual, ferozmente independente. Sua sagacidade cortava as restrições sociais, ousando iluminar caminhos que outros temiam trilhar. Bijli não apenas possuía sua voz — ela a manejava, cada palavra uma fagulha desafiando o mundo a responder. Através dela, as perguntas que Leena reprimia por tanto tempo explodiram, sem filtro, cruas. Na recusa de Bijli em se encolher, Leena viu refletida sua própria determinação — não apenas para desafiar regras, mas para desmontá-las e reescrevê-las.

Essas não eram histórias de vitimização, mas de sobrevivência. O toque — sua ausência, sua brutalidade, seu poder redentor — emergiu como o tema central do filme. Para Rani, o toque era a ternura que a ela há muito tempo havia sido negada; para Lajjo, era a marca da sobrevivência transformada no bálsamo do autoconhecimento. Bijli manejava o toque como poder e escolha, reivindicando sua agência em um mundo determinado a negá-la. Suas vidas, gravadas nas pedras desgastadas de Kutch, carregavam um ritmo de resiliência. A terra rachada espera pela chuva, assim como vozes fraturadas encontram força na recuperação. E então havia o vento — varrendo o deserto como uma força invisível, implacável e persistente, movendo areias que pareciam imutáveis, um lembrete constante e silencioso de mudança.

O deserto moldou mais do que o filme; moldou sua alma. Seu silêncio carregava um peso sagrado, amplificando cada olhar, cada gesto. Russell Carpenter, o premiado diretor de fotografia de *Titanic*, entendeu isso imediatamente. "Respeite-o," ele disse, "e ele mostrará onde apontar a câmera". E mostrou. Luz e sombra tornaram-se sua linguagem, ecoando o terreno emocional do filme, dando grandiosidade às histórias das mulheres sem perder sua intimidade.

A essência do toque culminou nas cavernas de Naida, em Diu. Ali, entre paredes antigas esculpidas pelo tempo e pela erosão, a jornada de Lajjo atingiu seu momento mais cru e desafiador. Em uma cena que misturava vulnerabilidade e força, ela levantou sua saia — não em submissão, mas em ação. A resposta de seu parceiro — ajoelhando-se para tocar seus pés em reverência — transformou o momento em algo sagrado. Não era apenas sobre intimidade; era sobre recuperação. Naquele ato, o toque tornou-se uma linguagem de dignidade, de conexão, de autodescoberta.

Essa cena, carregada de peso emocional, não era apenas um ponto de virada narrativo — era o coração de *Parched*. Capturou a essência da jornada do filme: que reivindicar sua narrativa é reivindicar seu corpo, seu agir, sua voz.

Mas, assim como o deserto moldou a história, começou a moldar Leena também. Ela sentiu isso gradualmente — uma vibração crescente sob a quietude. Os silêncios das mulheres quebraram os dela, suas perguntas reverberaram através das suas, e suas reivindicações refletiram de volta nela. A lente através da qual ela vinha observando começou a tremer, sua clareza suavizando-se em algo mais frágil, mais imediato. O vento que carregava as vozes delas parecia carregar a dela também, empurrando-a para uma verdade que ela vinha rodeando sem nomear.

E, ainda assim, mesmo com a dúvida persistente de seus fracassos anteriores, sussurros de validação começaram a surgir — cineastas que chamaram *Shabd* de "à frente de seu tempo", audiências internacionais que encontraram ressonância em *Teen Patti*. Esses ecos permaneceram, frágeis, mas persistentes, como brasas esperando para incendiar. E agora, em meio à intensidade crua do deserto, essas brasas pegaram fogo.

E, então, a lente colapsou.

Eu estava contando minha história o tempo todo, sem perceber. As lutas de Rani, Lajjo e Bijli não eram apenas delas — eram minhas. Os silêncios que elas romperam, as perguntas que ousaram fazer, as reivindicações que realizaram — refletiam as minhas próprias. Não eram apenas as personagens que encontraram suas vozes. Era eu.

De pé em Kutch, encarando sua terra rachada e sentindo o vento implacável na minha pele, finalmente vi o paralelo. O deserto não era apenas um cenário — era eu. Sua resiliência, seu silêncio, sua vitalidade — todas as qualidades que eu vinha cultivando através de cada fracasso, cada dúvida, cada tropeço. O deserto havia me mostrado o caminho.

Virginia Woolf escreveu: "A vida não é uma série de lâmpadas dispostas simetricamente, mas um halo luminoso". Para mim, contar histórias é esse halo — desordenado, radiante, iluminando tanto as rachaduras quanto a luz que se infiltra através delas. *Parched* não era apenas o fio que ligava meu passado ao meu futuro; era a fagulha que iluminava o próprio tecido.

Ao reivindicar suas histórias, encontrei a minha. E talvez, apenas talvez, sejam nas rachaduras de nossas vozes que a luz começa a se entrelaçar.

E, agora, eu entro totalmente na história — não como sua observadora distante, mas como sua narradora. E, assim, eu teço.

LETÍCIA DE ARAUJO FUNARI FERRI

leferri@gmail.com
linkedin.com/in/leticiaferri

Talvez o lugar aonde você precise chegar ainda não exista; você precisa criá-lo!

Status quo? Não me interessa. Preciso abrir novos caminhos, causar impacto e crescer trazendo outros comigo.

Meu nome é Letícia. Sou médica, cientista, executiva da indústria farmacêutica, mãe e esposa... Múltiplos papéis. Atualmente, trabalho como diretora médica executiva para Amiloidose no mercado americano. Sou muito honrada por ter tanta responsabilidade nesse cargo. É uma posição de liderança de alta visibilidade na empresa. Sinto-me honrada por ser imigrante nos EUA liderando essa equipe. Além do meu papel na indústria farmacêutica, tenho o privilégio de colaborar com organizações locais sem fins lucrativos, trazendo mentores para conversar com estudantes, orientando diversos estudantes de pós-graduação, participando de discussões de políticas públicas estaduais e nacionais, e participando de um conselho de uma organização sem fins lucrativos em Nova Jersey voltada ao desenvolvimento econômico. Também fui convidada a integrar conselhos nas universidades americanas: Rutgers, Monmouth e Cornell.

Sou profundamente grata por tudo o que conquistei e por todas as pessoas que pude apoiar ao longo do caminho.

Cresci em uma pequena cidade no Sul do Brasil. Meus pais se casaram logo após a formatura do meu pai na faculdade de Medicina, em 1969, e decidiram se mudar de São Paulo para Marialva, no Paraná. Foi uma grande mudança para eles, mas estavam determinados a iniciar esse novo capítulo.

Meu pai foi um dos primeiros médicos a se estabelecer na cidade, e minha mãe rapidamente se envolveu em atividades na escola e comunitárias. Eles chegaram em Marialva com um propósito: conectar-se com a comunidade, fazer novos amigos e ajudar a desenvolver a cidade. Ambos eram a primeira geração de suas famílias a concluir a faculdade, então a educação era um caminho que sempre buscaram abrir para outros.

"Educação é um bilhete que leva você a novos lugares e cria lugares novos... Talvez o lugar aonde você precise chegar ainda não exista."

Durante a infância, lembro-me de acompanhar meu pai ao hospital nos fins de semana para as visitas médicas e, às vezes, na clínica da cooperativa local. Fiquei tão inspirada pelo impacto profundo que um médico pode ter na vida das pessoas e na comunidade que decidi seguir o mesmo caminho.

Enquanto isso, minha mãe era uma incrível empreendedora e ativista local. Naquela época, eu não conhecia esses conceitos ou palavras, nem percebia plenamente como meus pais já estavam mudando paradigmas e servindo como modelos extraordinários. Minha mãe era uma das poucas mães, entre as mães dos meus amigos, que trabalhava, fazia viagens de negócios para sua empresa e dirigia longas distâncias.

Naquele tempo, eu não entendia a importância de tê-los como exemplos, mostrando-me o valor da curiosidade, do empreendedorismo e da coragem para correr riscos e fazer a diferença. Só agora percebo que meu pai já era feminista!

Minha família me ensinou um forte compromisso e responsabilidade com a comunidade, que levo comigo ao longo da minha carreira.

Após concluir a faculdade de Medicina e a residência em Clínica Médica em São Paulo, voltei ao Paraná para iniciar a residência em Endocrinologia e cursar um mestrado em Farmacologia. Durante o mestrado, percebi o quanto eu gostava de ser desafiada e de aprender coisas novas. Meu orientador de tese e meus supervisores de residência tiveram uma influência significativa nos meus primeiros passos acadêmicos. Eles sempre torceram por mim e estavam prontos para oferecer conselhos sempre que eu precisava.

Adotar a mentalidade de aprendizado contínuo foi essencial para mim. Isso significa buscar ativamente por oportunidades para desenvolver e expandir conhecimentos e habilidades.

Quando eu estava terminando essa etapa — finalizando a residência clínica em Endocrinologia e o mestrado na Universidade de Maringá, Paraná — recebi um convite inesperado: ir a São Paulo para iniciar uma especialização clínica em Diabetes no InCor – Instituto do Coração da Universidade de São Paulo. Sem hesitar, aceitei!

Na época, meu marido, Maurício, e eu não fazíamos ideia de como faríamos tudo funcionar em São Paulo. Ele estava aguardando os resultados de sua residência em Medicina Intensiva. No final, ambos conseguimos posições em São Paulo.

Esteja preparado para as oportunidades quando elas surgirem. Elas sempre envolvem risco. Apenas esteja pronta! Pronta para o sucesso!

Quando comecei a trabalhar em São Paulo, mal podia acreditar que estava no InCor, na USP, sendo orientada e trabalhando ao lado dos nomes mais renomados no cuidado ao diabetes no Brasil. Trabalhei inúmeras horas, incluindo fins de semana, mas minha dedicação foi reconhecida, e muitas oportunidades surgiram.

Na convivência com os melhores acadêmicos de uma das principais universidades do Brasil, iniciar o doutorado parecia o próximo passo natural. Então, embarquei nessa nova jornada: noites intermináveis, redação de tese, codificação estatística e tarefas acadêmicas. Houve momentos de choro e questionamento — será que eu consigo? Por que estou fazendo isso? Mas, no final, valeu a pena, e eu consegui!

Preciso mencionar o apoio incrível e a orientação que recebi de uma brilhante cardiologista, minha supervisora: Dra. Neuza Lopes. Ela foi fundamental para o meu sucesso, uma gigante que elevava outros enquanto brilhava por conta própria.

Quando eu estava terminando meu doutorado na USP, meu marido recebeu um convite para um *fellowship* clínico no Canadá. Lembro-me vividamente da noite em que ele me ligou de uma conferência na Argentina: "Vamos nos mudar para o Canadá? Fui convidado para um *fellowship* clínico em Toronto."

Sem hesitar, minha resposta foi sim!

Mais uma vez, uma oportunidade inesperada apareceu, e estávamos prontos para agarrá-la. Foi o início de nossa jornada internacional.

Meu plano inicial ao me mudar para o Canadá era tirar um tempo para descansar. Esse plano durou apenas algumas semanas. Logo percebi que precisava de mais do que apenas caminhar pelo bairro e assistir TV. Então, fui a um dos hospitais da Universidade de Toronto e me ofereci para trabalhar como pesquisadora voluntária. Em poucas semanas, comecei como assistente de pesquisa. A partir daí, decidi me inscrever em um segundo mestrado na Universidade de Toronto.

Na época, pensei que seria quase impossível ser aceita. Era um dos programas mais renomados em Epidemiologia Clínica, e eu me perguntava como uma garota de uma pequena cidade no Brasil poderia se encaixar ali. A síndrome de impostora estava ali comigo.

Mas fui aceita — e com bolsa integral!

Mais uma vez, fiquei surpresa e mal podia acreditar que havia conseguido.

Na Universidade de Toronto, durante um curso de orientação para estudantes internacionais, um dos professores disse algo que ficou marcado:

"Poucas pessoas conseguem frequentar a pós-graduação ou trabalhar em uma segunda língua. Orgulhe-se do seu sotaque. Ele é o seu superpoder."

Durante esse período no Canadá, nasceu minha filha, Valentina. Decidimos voltar para São Paulo para ficar mais perto da família. Contudo, após um ano no Brasil, percebemos o quanto havíamos mudado e aprendido. Foi então que entendemos que nos tornamos "cidadãos internacionais". Poderíamos viver em qualquer lugar.

Com uma criança pequena, meu marido e eu decidimos que nosso próximo capítulo seria voltar para o Canadá, desta vez para Calgary. Na época, eu havia acabado de começar a trabalhar em uma empresa farmacêutica no Brasil. Ainda assim, decidi arriscar e perguntar se havia a possibilidade de trabalhar na mesma empresa no Canadá. Não tinha nada a perder ao perguntar. Mais uma vez, tive a sorte de encontrar pessoas dispostas a apoiar. Eles prontamente entraram em contato com a equipe canadense e me recomendaram com entusiasmo.

Esse foi um momento crucial na minha carreira — um exemplo claro da importância de elevar os outros. Eu estava sendo apoiada por líderes atenciosos e visionários.

Calgary trouxe um novo desafio — ou melhor, uma oportunidade de recomeçar e me provar. Era uma rede de contatos completamente nova. Em Calgary, fizemos amigos no metrô, no supermercado e por meio de apresentações por e-mail. Literalmente, foi *networking* em tempo integral. Uma das minhas amigas mais próximas surgiu de uma troca de e-mails para marcar uma reunião. Nunca subestime o poder do *networking*. Faz parte da natureza humana: fazer amigos e ajudar uns aos outros.

Como resultado do *networking*, surgiu uma nova oportunidade — um estágio de trabalho em Nova Jersey, onde ficava a sede da empresa. Essa rotação foi o primeiro passo para nossa mudança para os EUA. Na época, uma líder incrível da empresa (uma verdadeira titã brasileira) apoiou minha rotação e me apresentou à sua rede em Nova Jersey. Alguns anos depois dessa experiência, consegui minha próxima posição na sede dos EUA.

Ao sair do Canadá, fiz questão de recomendar e apoiar um colega brasileiro para minha posição. Era a minha vez de trazer outros comigo.

Nossa mudança para Nova Jersey aconteceu em 2013 e trouxe novos aprendizados e desafios. Em todas as nossas mudanças, meu marido e eu planejamos cuidadosamente quem daria o próximo passo e como poderíamos nos apoiar mutuamente. Desta vez, eu estava liderando o caminho. Nos EUA, chamavam meu marido de "*trailing husband*" (marido acompanhante). Esse termo era desconhecido para mim, e percebi que, vindo da América Latina, onde disparidades são mais comuns, essa dinâmica não era algo que eu havia visto frequentemente.

Quando chegamos a NJ, conhecemos muitas outras famílias com maridos " *trailing husbands*". Adaptar-se a essa situação não foi fácil — envolvia se estabelecer em um novo papel, adaptar-se a uma nova cultura e garantir que meu marido e minha filha também estivessem confortáveis. A disparidade no trabalho do casal naquele momento foi desafiadora, mas abraçamos isso como parte da nossa parceria. Enquanto nossas famílias e amigos no Brasil se surpreendiam com o fato de meu marido ter escolhido seguir uma oportunidade de trabalho minha, sempre nos apoiamos e complementamos nossos caminhos.

Sempre digo às pessoas que mudar de país exige vulnerabilidade e abertura para entender novas culturas e aprender novas formas de fazer tudo.

Enquanto ocupava várias posições de liderança em varias áreas terapêuticas — Metabolismo, Diabetes, Cardiovascular e Imunologia — e gerenciava responsabilidades regionais, também busquei atividades de engajamento comunitário e grupos de Diversidade e Inclusão na empresa.

À medida que minha carreira avançava na indústria farmacêutica, percebi rapidamente que minhas funções exigiam uma liderança mais robusta e uma maior acuidade nos negócios. Motivada pelo meu amor ao aprendizado, decidi me inscrever em um programa de MBA Executivo. Durante o processo de seleção a síndrome do impostor estava novamente presente, mas eu segui em frente e dei o meu melhor. Em 2017, comecei meu MBA Executivo na Johnson School of Management da Cornell University.

De repente, precisei encontrar 20 horas adicionais por semana em minha agenda já cheia para fazer os trabalhos, reuniões de grupo, leituras e participar das aulas presenciais nos finais de semana. Conciliar trabalho, família (Valentina tinha nove anos) e os estudos foi uma tarefa quase impossível.

Quando as pessoas me perguntam como consigo encontrar equilíbrio *(work/life balance)*, sempre respondo:

"O equilíbrio entre vida profissional e pessoal é uma ilusão. O termo equilibrio dá às pessoas a falsa ideia de que você pode lidar com tudo perfeitamente. Isso não existe. Trata-se de priorizar e aceitar que muitas coisas não serão perfeitas, mas você está fazendo o seu melhor naquele momento."

Em 2019, me formei na Johnson School da Cornell University. Minha família e meus amigos estavam tão orgulhosos que viajaram para a minha formatura. Até o reitor sabia que eu era a que tinha a maior torcida! Fiquei emocionada em compartilhar essa conquista com minha família, especialmente com minha filha. Ela viu de perto o esforço que coloquei para concluir esse curso. Muitas noites, ela ficava no meu colo enquanto eu fazia tarefas e estudava para exames. Na manhã da cerimônia de formatura da Cornell, meu pai já estava com dificuldades de mobilidade, então resolvi sugerir que ele poderia pular as formalidades no estádio. Mas ele rapidamente respondeu: "Eu vim lá do Brasil para a sua formatura; não vou perder nada". Mais uma vez, o apoio incondicional da minha família me impulsionou.

Logo após a conclusão do MBA, surgiu uma oportunidade de me candidatar a um cargo recém-criado para liderar os esforços de Diversidade e Inclusão, com foco nos Latinos em todas as atividades da empresa. Era uma posição totalmente nova, e muitas pessoas questionaram o motivo de eu estar seguindo por esse caminho. Mas eu não tinha dúvida — era uma oportunidade incrível. A maioria das pessoas não reconhecia o potencial dessa trajetória, pois ela ainda não havia sido trilhada. Liderar esse grupo foi muito como ser uma empreendedora, todos os planos e estratégias estavam por ser criados.

Como estava vivendo fora do Brasil, percebi cada vez mais a importância da diversidade e inclusão. Esses conceitos sempre fizeram parte da minha vida, por meio do engajamento comunitário da minha família, mas ser uma estrangeira e imigrante me tornou mais atenta ao significado e impacto dessas ideias. Essa conscientização aprofundou meu compromisso em aplicar esses princípios no mundo corporativo. Ao longo da minha carreira, mantive firme meus valores e minha identidade. Recebi feedbacks sobre o que poderia fazer de forma diferente, mas sempre escutei com atenção, refleti e decidi o que deveria incorporar e o que deveria recusar respeitosamente.

"Obrigado, mas não. Não vou mudar quem eu sou."

Sempre seja fiel a si mesma. Identifique os seus valores mais importantes, determine o que é fundamental para você e nunca permita que isso seja comprometido. É essencial saber o que é não-negociável.

Todos nós podemos alcançar coisas extraordinárias enquanto permanecemos fiéis a quem somos. Isso é essencial porque outras pessoas estão observando. Precisamos abrir novos caminhos, estabelecer novos exemplos de modelos a serem seguidos e redefinir como a presença executiva deve ser. Em duas ocasiões, colegas se aproximaram para agradecer, pois uso meu cabelo cacheado e natural no ambiente de trabalho. Inicialmente, fiquei muito surpresa com o comentário, mas depois percebi que estava abrindo caminhos e dando permissão para que outros me acompanhassem.

Meu sonho é que discussões sobre liderança executiva incluam exemplos de mulheres diversas, para que a próxima geração possa olhar e aspirar a liderar, individualmente ou coletivamente.

Minha paixão por educação, diversidade e inclusão está no cerne de quem sou.

LIDI BARBOSA

@lidi_barbosa
lidiane@gmail.com.br

Transformação com propósito: entre panelas, pessoas e possibilidades

Meu nome é Lidiane, tenho 45 anos.

Sou neta da Alice, filha da Mariangela, irmã da Ana e mãe da Laura e da Maria Clara. Com essas mulheres fortes, eu me reconheci neste mundo. Com essas mulheres incríveis, eu aprendi e aprendo todos os dias.

Nasci em Santos, SP, em uma família onde todos moravam juntos e misturados: vó e vô maternos, bisa materna, mãe, pai, irmãos. Sempre rodeados de nossas famílias.

Ali nesse lar eu aprendi muito também sobre religiosidade.

Somos uma família católica e neste ambiente eu entendi sempre a importância de colocar Deus acima de todas as coisas e entregar a nossa vida e nosso caminho a Ele. E assim aprendi a importância de se construir uma família (mesmo que esse aprendizado tenha vindo anos depois pelo amor, disfarçado de dor — hoje meus pais vivem um relacionamento de companheirismo. Se separaram por alguns anos, meu pai construiu uma outra família, mas minha mãe o recebeu de volta quando ele estava doente, com Alzheimer. Hoje, ela cuida dele, conosco: filhos do primeiro casamento e o filho do segundo relacionamento).

E, por falar em casamento e relacionamentos, eu me lembro que sonhava em casar, encontrar meu grande amor estava como meta nos meus planos; minha vida profissional, era o meu plano B.

Fiz faculdade de Direito, seguida por Gastronomia e aí acho que realmente a minha jornada profissional, após meu segundo curso, começa a fazer sentido, talvez por isso, minha vida profissional nunca foi meu plano A, demorei para me encontrar.

Conheci meu marido, Marcos, há 20 anos, em um salto de paraquedas (ele na época tinha um time de paraquedismo, e estava lá no dia do meu salto — meu marido veio do céu!!) e com ele construí minha família. Logo estávamos rodeados por nossas filhas em nosso lar (e com nossos cachorros).

Meu marido sempre me possibilitou que eu me encontrasse profissionalmente, estudasse, me preparasse para então, mais segura, ingressar na minha jornada profissional.

Sempre tive afeto pelas panelas, pois, através delas me conectei muito com minha avó. Ela me ensinou e incentivou a construir minha jornada através do amor diário que um prato de comida pode levar às pessoas.

Minha paixão e teimosia em fazer Gastronomia vem de um episódio de anorexia na adolescência, seguido de uma volta por cima em transformar um limão azedo em uma deliciosa torta de limão.

Foi através da Gastronomia, da comida e da socialização através desta tal "comida de verdade" que eu finquei minha bandeira nesse mundo e descobri que posso deixar um grande legado, além de fazer a diferença na vida daqueles que eu conseguir alcançar. Após cursar Gastronomia, queria explorar todas as suas possibilidades.

Para mim, comida de verdade era aquela que trazia junto um tempero especial de solidariedade, de união, de olhar pelo outro e de transformação social.

Comecei a minha carreira transformando os pratos comuns de família em pratos que contribuíssem para a nossa saúde.

Há mais de 20 anos, a alimentação com saúde ainda era pouco difundida e mais complicada de disseminar porque ainda as pessoas nos olhavam com um certo pré- conceito. Não havia tanta informação, estudos e ingredientes como hoje existem. Mas deu certo.

Estudei muito. Trabalhei muito para que então começasse a dar aulas de Gastronomia Saudável pelo país.

Eu equilibrava minha vida entre criar duas filhas ainda pequenas, viajar pelo Brasil a trabalho, me dedicar à minha família e não carregar uma culpa de mãe ausente fisicamente porque hoje, com uma filha na faculdade a outra se formando na escola e prestando vestibular, quando olho para trás eu sei que entreguei a qualidade do meu tempo a elas. Como através do meu trabalho (que, lembrem-se, era meu plano B de vida) eu e meu marido conseguimos entregar a elas caminhos para que elas percorram em busca de seus sonhos.

Pois bem, vamos voltar à Gastronomia.

Fiz carreira dando aulas, fazendo consultorias de cardápios de restaurantes e hotéis. Trabalho com a Gastronomia há mais de 15 anos, sempre trazendo saudabilidade para todos os projetos que eu abracei.

Trabalho também com a indústria alimentícia.

Mas, no meio desse caminho, apesar de saber que eu estava transformando vidas através da alimentação com qualidade, me pegava a pensar que havia um público que não tinha acesso à informação que eu passava em minhas aulas, à comida que eu criava nos cardápios dos restaurantes. Um público que não conseguia pagar por isso. E, por mais que eu estivesse feliz, construindo esse caminho, eu olhava para minha história e pensava: "Tá, mas e a tal da socialização através da comida?"

Minha mãe trabalhava em uma escola pública e um dia eu pedi espaço para fazer uma oficina de culinária com as crianças da escola.

Neste dia, ao entrar na cozinha vi uma cena que mudou muita coisa para mim: a cozinheira da escola jogou um panelão de arroz no lixo.

Eu fui, então, questioná-la e entender o motivo. Ela tinha por obrigação "gastar" aquela matéria-prima todos os dias, e sempre sobrava e ela jogava comida no lixo.

Então, depois desse dia eu fui entender melhor como acontecia a alimentação das escolas públicas do país, como funcionava, de onde vinham recursos, quem comprava esse alimento, porque até então eu não entendia absolutamente nada sobre o sistema da alimentação das escolas públicas.

E isso mudou o meu olhar sobre tudo e eu fui estudar, fui aprender e fui entender como eu poderia fazer para auxiliar.

E, só para contextualizar um pouquinho o sistema de alimentação escolar do Brasil, pode acontecer de forma direta ou terceirizada. Direta quando o Estado ou Município contrata os próprios funcionários, as cozinheiras da alimentação escolar, carinhosamente chamadas de merendeiras, ou contrata uma empresa para fornecer essa mão de obra. O Estado ou Municipio faz a licitação das matérias-primas determinadas através de cardápios pelas nutricionistas, licita, compra e faz acontecer. Ou de forma terceirizada, quando uma empresa vai executar 100% o serviço da alimentação das escolas, ou seja, desde o cardápio, as compras, até o alimento ser servido para os escolares.

Só que são muitos os buracos que existem na estrada do caminho da alimentação escolar das escolas públicas do nosso país.

São em média R$ 0,64 vindo do Governo Federal para fazer a alimentação de cada aluno acontecer como forma de complemento, mas, municípios muito pobres têm apenas esse complemento.

Então, para participar desta história e tentar auxiliar de alguma forma, em 2015 fundamos o Instituto Alice Henrique de Campos Gonçalves, que leva o nome da minha avó, que faz acontecer nas escolas públicas do país o Projeto Crescer e Semear, que tem como intuito levar educação nutricional e alimentar para escolas públicas do pais, bem como contribuir com o poder público para a melhora da qualidade da alimentação das escolas.

Fazemos formação com as cozinheiras da alimentação escolar, com os alunos, pais e responsáveis, e auxiliamos as nutricionistas onde seus braços não conseguem alcançar.

O Crescer nasceu para que, através de um prato de comida, com qualidade, servido nas escolas públicas do nosso pais, a gente consiga contribuir para ter um país com menos desigualdade social.

Ninguém consegue raciocinar quando está com fome. E 80% dos alunos das escolas públicas de nosso país fazem no ambiente escolar a única ou a principal refeição do dia e, claro, essa alimentação precisa ter qualidade.

Infelizmente, há muito ainda para se fazer e esse tema não é uma prioridade para os nossos líderes, mas o meu papel é mudar os mundos que eu conseguir alcançar, seja através do meu trabalho e seja através do Crescer e, assim, acredito que esses mundos mudarão outros mundos.

Hoje o Crescer já acontece com pessoas que formamos para serem multiplicadores da socialização através da comida. Conseguimos despertar nosso propósito em muitas mãos e corações que batem como o nosso.

Em 2019, em uma das minhas andanças pelo mundo, a trabalho, fui estudar gelatos na Itália. Queria entender melhor sobre a estrutura e fórmula química para ver se conseguia transformar o simples em algo extraordinário.

Voltei, estudei mais um pouco sobre matéria-prima e depois da pandemia coloquei mais um sonho em prática. Em 2022 lançamos os Roomys Sorvetes, costumamos dizer que são sorvetes feitos de um jeito que você jamais imaginou. *Clean Label*, *Plant based*, sem glúten, sem leite, veganos, sem aromatizantes, sem conservantes, são saudáveis *de verdade* e gostosos *de verdade*.

Hoje eu me dedico quase que 100% à empresa. Crescemos bastante nos últimos 2 anos e queremos mostrar uma nova forma de se produzir e de se consumir gelatos.

Nossa fórmula é tão limpa que além de estarmos em supermercados, lojas de produtos naturais, restaurantes, hotéis... Estamos também em escolas e hospitais. Eu amo inovar, estar sempre à frente, pensando que podemos fazer diferente.

Quando eu estava saindo da escola, fiz um teste vocacional para entender melhor qual caminho trilhar. Lembro-me perfeitamente que o psicólogo disse: "Lidi, você veio ao mundo para transformar a vida das pessoas". Na época, pensei: "Mas, tem alguma faculdade pra isso?"

Fiz Direito, bem frustrada, e depois fui me dedicar a transformar os mundos através de uma alimentação de qualidade.

Mas, na verdade, eu acredito que todos nós somos dotados de uma *expertise* que pode mudar, transformar o dia, a semana ou a vida de alguém. Só esquecemos bastante de usar esse nosso superpoder.

A Lidi aqui, como sou conhecida, não sabe muito bem o que Deus tem reservado para meu futuro, mas sigo colocando a minha paixão, propósito e meus valores em tudo o que eu for construir e, quem sabe assim, se eu puder mudar um pouco a vida de quem quer que precise, eu já fico muito feliz.

LILIAN CRUZ

linkedin.com/in/lilianmattoscruz

Fios de conexão: histórias de resiliência, generosidade e transformação

A vida se desenrola como uma linda tapeçaria de intermináveis gestos de bondade. Quando a gente se abre para isso e deixa a generosidade guiar nossas ações, tudo flui de um jeito incrível e cada dia se transforma em um novo motivo para celebrar.

Fios de resiliência: lições do passado

Para mim, é impossível refletir sobre bondade sem honrar as mulheres fortes da minha família. Minhas avós, filhas de imigrantes italianos que buscavam uma vida melhor no Brasil, são minhas referências de resiliência e altruísmo. Enquanto Ercília teve que trabalhar na roça com sua família em vez de frequentar a escola, Nair, aos 11 anos, assumiu o cuidado dos irmãos após perder a mãe para o câncer precocemente. Mulheres que não viveram para si mesmas, mas para elevar os outros. Estas mulheres, assim como meus pais, moldaram quem eu sou, e seu legado é como uma bússola moral para as futuras gerações da nossa família.

Minha vida foi enriquecida por pessoas movidas por este mesmo espírito de elevar os outros. Essa rede se tornou meu alicerce, uma fonte de inspiração e força, que se fortaleceu e tornou-se mais significativa ao longo dos anos.

Escrever este capítulo foi uma oportunidade de lembrar, com um profundo senso de gratidão, sobre como não há absolutamente nenhuma coincidência nas conexões que fazemos ao longo de nossas vidas. Ao permanecer genuinamente aberta, humilde e totalmente presente, descobri novas portas se abrindo consistentemente.

E aprendi que essas portas podem ser como portas de vidro: claras e transparentes, permitindo que você veja o que está além, mesmo antes de passar por elas. Mas, às vezes, elas são mais como portas sólidas, de madeira ou de ferro — opacas e misteriosas, ocultando o que se pode encontrar do outro lado. Cada vez que decidi entrar por essas portas foi um salto para o desconhecido. No entanto, pude escolher abordá-las com "pronoia" — a crença de que Deus e aqueles ao nosso redor podem estar silenciosamente trabalhando em nosso favor, e me abrir para uma realidade mais brilhante — em vez de "paranoia", que nos enche de medo e dúvida. É a "pronoia" que nos convida a ver oportunidades, gentileza e apoio nos lugares mais inesperados.

Empoderada por elas: crescendo juntas

Ao longo da minha jornada profissional, tive a bênção de crescer em ambientes liderados por mulheres incríveis. Tudo começou com Lara Stojanoff, na Reckitt Benckiser, cuja mentoria nos meus primeiros dias no Marketing já me inspirou a adotar um estilo de liderança baseado em um suporte genuíno. Foi com sua orientação que conquistei um *assignment* internacional na sede da empresa — uma experiência que abriu meu mundo. Quando voltei ao Brasil, fui presenteada com a gestão da Patricia Macedo, uma fonte duradoura de inspiração. Nosso vínculo, baseado em respeito e confiança, foi o alicerce para muito aprendizado e crescimento. A generosidade da Pati levou sua carreira a novas alturas, mas o impacto positivo dela ficou marcado em todos que tiveram o privilégio de conviver com ela.

Durante meus nove anos na Beiersdorf, encontrei meu ritmo como executiva de Marketing. Mas nem tudo foi fácil. Depois de enfrentar uma profunda depressão pós-parto e um divórcio quando meu filho tinha apenas 16 meses, precisei de um tipo diferente de liderança: aquela que acolhe, que é incrivelmente humana e solidária. Nesse momento, mulheres generosas e empáticas cruzaram meu caminho, me ajudando a reencontrar força e seguir em frente com mais coragem e leveza. Tatiana Ponce era a minha gestora na época e, com muita sabedoria, apoiou minha transição no retorno da licença maternidade. Como líder, a Tati alia assertividade e intuição, conduzindo sua equipe em direção a uma visão compartilhada e, ao mesmo tempo, mantendo-se profundamente conectada às necessidades de todos. Sua busca incansável pela excelência me ensinou o significado verdadeiro do "*grit*": o poder da perseverança para superar qualquer desafio. Minha colega de trabalho e amiga Ligia Annunziato dedicou tempo consistente para me ouvir genuinamente, oferecendo também intermináveis incentivos fortalecedores, que me inspiraram a manter a autoconfiança e a resiliência. Tive uma equipe incrível e solidária (evitarei citar todos os nomes para não ser injusta com ninguém!) e passei pelo período mais vulnerável da minha carreira sabendo que poderia confiar neles e que continuaríamos a crescer juntos.

Também me senti incrivelmente realizada ao ver as mulheres que liderei crescendo continuamente, desenvolvendo seu potencial e alcançando o sucesso, sabendo que participei de suas jornadas. Tornou-se cada vez mais evidente que, enquanto escolhi ajudar os outros, isso também contribuiu para o meu próprio crescimento e bem-estar.

Sopros de serendipidade: conexões que inspiram

Ao entrar no universo do empreendedorismo, abracei totalmente a serendipidade. Reconectar-me com ex-colegas e descobrir novas colaborações reafirmou que cada conexão tem um potencial único. Ao abraçar as oportunidades com coragem, minha rede se transformou em uma força motriz para inovação e mudança. Foi então que percebi o poder inegável de doar de forma autêntica e como isso pode transformar vidas — incluindo as nossas — de formas inesperadas, mas profundamente significativas.

Em 2019, reencontrei Nathalie Trutmann durante um evento em um *hub* de *startups* e inovação. Ela me incentivou a experimentar "o outro lado da mesa". Já havia sido cliente da Hyper Island em diversas ocasiões, mas agora tive a oportunidade de aprender e aplicar muitos de seus *frameworks* como facilitadora.

Nesse mesmo período, Mayra Dietzold, uma profissional de Marketing brilhante que fez parte da minha equipe na Beiersdorf, estava na Reckitt Benckiser trabalhando com a esposa de Gustavo Mesquita. Mayra recomendou meu trabalho a ela quando foi solicitada uma indicação, e o Gustavo então me apresentou para colaborar com o Distrito. Assim, reconectei-me com outro Gustavo, o Araújo, cofundador do Distrito e ex-colega dos meus tempos como estagiária na Microsoft, iniciando diversos projetos de transformação de negócios.

Araújo também me indicou para sua esposa, Gisselle Ruiz Lanza, que na época era gerente geral da Intel Brasil e se tornou uma cliente inestimável por quase dois anos. Com profunda humanidade e genuína paixão por impulsionar mudanças transformadoras, a Gi promove a inovação consistentemente e impulsiona o progresso significativo nos negócios por meio da confiança, colaboração e mentalidade de crescimento, o que inspira seus liderados e a mim também de forma profunda.

O ano de 2020 trouxe instabilidade durante os longos meses da pandemia, mas também proporcionou várias experiências definidas por "serendipidades". Reencontrei Andrea Dietrich, com quem havia viajado para Seattle para uma imersão na Microsoft (na época em que compartilhamos a mesma agência digital em 2014, quando ambas ainda éramos executivas). Imediatamente depois desta reconexão, começamos a trabalhar em diversos projetos juntas, fundamos um podcast e, posteriormente, nos tornamos sócias na Ambidestra. Didi, como a chamamos carinhosamente, combina criatividade e estrutura: focada em realizar, também é extremamente engenhosa ao propor ideias inovadoras para impulsionar o negócio, resolver problemas complexos e oferecer perspectivas frescas para os nossos clientes.

Logo no início da nossa parceria, apoiamos uma plataforma de *lifestyle* e eventos em um *workshop*. Uma das participantes era presidente do conselho de uma empresa que se tornou cliente quatro anos depois, motivada por recomendações de um antigo gestor e meu grande mentor Marcelo Franco, e também do marido de uma ex-cliente da Didi.Aquele *workshop* resultou de uma recente reconexão que havia estabelecido com Andrea Bisker, fundadora da Spark:off e uma antiga fornecedora do meu tempo na Beiersdorf. A nossa parceria, ainda em andamento, gerou uma série de projetos colaborativos.

Entrei para a Tribo de Marketing, uma comunidade fundada pela Fernanda Belfort, uma ex-colega da Reckitt Benckiser, que continua me inspirando com sua mente curiosa e intensamente apaixonada por aprender e crescer. Essa rede me ajudou a me reconectar com outros ex-colegas e a conhecer inúmeros profissionais talentosos, incluindo Raquel Albernaz, que generosamente compartilhou sua experiência em uma das minhas mesas redondas com um cliente. Posteriormente, ela também se tornou cliente em duas empresas diferentes. Raq combina empatia, justiça, colaboração e pensamento estratégico, características que a tornam uma líder admirável, além de uma pessoa marcante.

Conforme expandimos os negócios na Ambidestra, junto com Charles Varani e Danielle Lima, contamos com a parceria de Fabíola Artoni e Danúbia Teixeira (antigas colegas da Beiersdorf) para expandir nossa missão, bem como de muitos outros profissionais de nossas redes que compartilham da mesma visão e objetivos.

Renata Lamarco também se tornou uma amiga e cliente, e minha conexão com ela teve origem nos meus dias como executiva, quando ambas fomos convidadas para participar de um encontro de CMOs. Ofereci ao grupo de convidados uma carona e, durante a viagem de duas horas, eu e a Rê tivemos conversas profundas e significativas sobre trabalho, família e sobre a vida.

Obtive *insights* valiosos e me conectei com um grupo de CMOs por meio da comunidade Makers, fundada por Thiego Goularte. Em 2017, ainda como executiva, Thiego entrou em contato comigo pelo LinkedIn para pedir conselhos de carreira e *feedback* sobre um conteúdo que estava desenvolvendo. Nosso café gerou uma excelente conversa, após a qual ele me convidou para ser a primeira integrante dessa comunidade de CMOs. Naturalmente, aceitei! Anos depois, indiquei Renata para a comunidade, e ela não apenas se tornou membra, mas também sócia de Thiego nesse empreendimento.

Acho que você entendeu, não é? O número de pessoas com quem compartilhei conversas aparentemente casuais ou troquei conselhos, assim como aquelas que fizeram o mesmo por mim, é vasto demais para detalhar aqui neste limite de caracteres. Porém, as histórias que mencionei ilustram os resultados tão lindos e positivos dessas conexões inesperadas. Essas experiências me ensinaram lições inestimáveis e moldaram profundamente minha jornada. Espero sinceramente que elas também gerem valor à sua!

Construindo pontes: redes que nutrem

O verdadeiro crescimento pessoal e profissional nasce da construção de confiança, autenticidade e generosidade. Mas o que realmente faz a diferença são as conexões humanas reais — momentos onde nos conectamos genuinamente uns aos outros, criando relacionamentos significativos, que vão além da superfície. É através desses laços que podemos apoiar, elevar e inspirar uns aos outros, criando um impacto positivo que ajuda todos a seguirem em frente e prosperarem.

Quando nos apresentamos como somos de verdade e nos esforçamos para ser consistentes e confiáveis, as pessoas começam a nos enxergar como alguém com quem podem contar. Isso vai muito além de simplesmente "fazer conexões" — é sobre construir relacionamentos em que cada pessoa se sente valorizada. Concentrar-se em ouvir, ser empático e generoso requer disposição para compartilhar conhecimentos, oferecer suporte e celebrar o sucesso dos outros — sem esperar nada em troca.

A sua reputação é um reflexo do seu caráter, moldada por ações consistentes que demonstram integridade, cuidado e confiança. Trate-a com cuidado! Seja autêntica, genuína e cumpra suas promessas (mesmo quando for inconveniente). Aprendi que as pessoas respeitam minha consistência, não necessariamente minha perfeição.

Por fim, quando abordamos o networking com o foco em como podemos ajudar os outros, em vez de apenas no que podemos ganhar, tudo muda. Essa energia genuína é perceptível e deixa uma impressão duradoura. A verdadeira generosidade é contagiante: podemos criar um mundo onde elevarmos umas às outras se torne o nosso maior legado.

LORIAN VON FÜRSTENBERG

@credipaz

Oportunidade

Tudo começou quando, ao levar meu marido Franz ao aeroporto para uma viagem de trabalho, entrei numa livraria e me deparei com o livro *O Banqueiro dos Pobres*, do professor Muhammad Yunus, prêmio Nobel da Paz. Uma vez em casa, comecei a ler e logo lá estava eu, rodeada pelos meus quatro filhos pequenos, sentindo que possivelmente tínhamos encontrado uma missão nova. Terminada a leitura, pensei: "É isto que devemos fazer!" Era uma ideia extraordinária.

O professor Yunus tinha de fato achado um caminho real para ajudar milhões de pessoas. Com a gigantesca iniciativa e coragem, combinadas à extraordinária capacidade de união e liderança, o professor de Economia havia criado um método para dar acesso ao crédito a pessoas em situação de extrema vulnerabilidade, que não tinham garantia alguma para dar. Com um modelo brilhante de banco sustentável, o professor alcançou a "bancarização" de mais de 8 milhões de pessoas, o que lhe rendeu o Prêmio Nobel da Paz. A partir disso, vários outros bancos usando a mesma metodologia solidária foram nascendo em diversas partes do mundo e dessa mesma inspiração nasce, em São Paulo, a CrediPaz.

Depois de ver meu entusiasmo com o livro sobre o microcrédito, Franz sugeriu que eu ligasse para o professor, que na época ainda não era tão famoso, e marcasse um encontro. Como num passe de mágica, a ideia deu certo e lá fomos nós, com os quatro filhos pequenos conhecer o Prêmio Nobel da Paz. Eram as férias de Gustav, Fiona, Philippe e Fiamma e estávamos na Alemanha. Saímos de carro da casa de minha sogra, no norte da Alemanha, rumo a Copenhagen, para uma reunião com o professor Yunus no local onde ele daria uma conferência.

Fomos recebidos de forma muito atenciosa. Tinha imaginado que nos diriam para irmos fazer um curso demorado e caríssimo em Bangladesh onde havia sido criado o famoso banco do professor, o Grameen Bank. Ao invés disto, o professor pessoalmente e de forma muito simples apenas tentou nos convencer — "Voltem para o Brasil e façam o banco de microcrédito vocês mesmos". Disse ainda — "Funciona em qualquer lugar do mundo."

Achei aquele encontro maravilhoso, mas a dica singela e generosa parecia fácil demais para ser verdade... O que ficou claro em minha mente foi que as pessoas precisam de oportunidade e merecem uma chance de se sentirem fortes.

Como o Céu conspira a favor daqueles que buscam no amor ao próximo o sentido para a vida, ao voltar ao Brasil começamos a ser abençoados com respostas rápidas às pesquisas de como montar um banco solidário. Além disso, vários amigos fora da curva se uniram para permitir a realização desta missão. Hoje, eles formam o nosso conselho. Foi criado um modelo que se adaptasse à nossa realidade e cultura. Podemos carinhosamente dizer que temos hoje um modelo bem brasileiro de microcrédito solidário.

A fundação da CrediPaz aconteceu um ano após o encontro com o professor Yunus. Foi impressionante ver, no dia a dia, mais e mais pessoas se unindo para ajudar. Sabemos hoje que a partilha, feita de forma a dar a vara e não o peixe, fortalece e liberta as pessoas. Talvez seja a forma de caridade mais elevada.

Nossa instituição começou atendendo empreendedores na comunidade do Sapé, no Bairro do Rio Pequeno. Nosso primeiro grande parceiro de trocas e diálogos constantes foi o querido professor Lázaro de Mello Brandão, presidente do conselho do Bradesco, que imediatamente nos acolheu e foi nos conduzindo com sabedoria, paciência e conselhos preciosos que nos conduzem até hoje. Tivemos em seguida o privilégio de levar o estudo a Dom Odilo, que também nos acolheu com comovente atenção para impulsionar este serviço solidário em união através de paróquias e salas, próximas das comunidades para as quais queríamos levar este apoio aos empreendedores.

Com o fundamental apoio do arcebispo e cardeal Dom Odilo Pedro Scherer, muitas portas se abriram e assim começava de fato o trabalho da CrediPaz nas comunidades carentes de São Paulo através de cinco paróquias iniciais. A primeira região da CrediPaz foi mérito de minha mãe, Graziella Matarazzo Leonetti, que havia trabalhado pelas famílias e pelos jovens em situação de vulnerabilidade, o que criou uma ponte para o trabalho da CrediPaz naquele local.

Meu maior desejo desde a idealização do projeto era evitar custos com estruturas e locais próprios ou alugados. Nossa intenção era, e continua sendo, multiplicar a generosidade de todos que se colocassem à disposição da partilha com os que mais precisassem desta oportunidade. Assim tínhamos a certeza de que muitos mais poderiam ser atingidos e o crédito poderia ir para o maior número de empreendedores possível, que por sua vez ao se tornarem prósperos, ajudariam outros a participar dessa corrente. Sabíamos que alguns poderiam ter dificuldades no meio do percurso, mas com essa visão multiplicadora de iniciativa e protagonismo de cada um, pensamos que um dia poderíamos até mesmo criar um fundo emergencial. Na verdade, este fundo solidário já existe há vários anos na CrediPaz pois com tanto apoio e sobretudo a Grande Graça de Deus, conseguimos ajudas extraordinárias em casos especiais que vão além do crédito.

Minha prima Esmeralda me apresentou algo muito interessante para ler certo dia. Ela me deu um artigo do jornal The Economist. O artigo apresentava uma solução para o problema da pobreza no mundo, sugerindo que jamais seríamos capazes de criar suficientes empregos formais. E dado a entender que o real combate à pobreza deveria ser feito através do incentivo ao empreendedorismo. De fato, o professor Yunus já dizia isso. Dizia além disso, que as pessoas pobres já estão empreendendo, pois isso é necessário para sua sobrevivência. O crédito lhes oferece o oxigênio necessário para prosperarem em seus empreendimentos.

O impacto do primeiro empréstimo na vida de um empreendedor da CrediPaz é comovente. Com pouco dinheiro, faz-se uma grande diferença. Com um empréstimo, o valor que a pessoa passa a ter para comprar a sua mercadoria, passa a ser três ou quatro vezes maior do que antes. Isso muda absolutamente tudo.

Muitos ajustes foram feitos ao longo do tempo na nossa CrediPaz para atender melhor as pessoas. Tivemos a sorte de poder perseverar e nosso projeto se tornou uma grande aventura de amor que está completando 15 anos de solidariedade sob a forma de empréstimos e acompanhamento solidário. Vemos todos os dias resultados do amadurecimento e crescimento pessoal que vêm através destas oportunidades novas e, de fato, as pessoas se tornam capazes de combater os males terríveis que podem estar, e geralmente estão, relacionados à pobreza.

Nenhuma família deveria caminhar sozinha e este é o milagre que buscamos alcançar com todos os amigos da CrediPaz. Nosso sonho se resume em ver a liberdade e a autonomia de nossos irmãos cada dia um pouco mais reais.

O que aprendi na CrediPaz é que todos somos capazes e que embora às vezes pareça impossível fazer algo que mude a realidade, se todos dermos nosso melhor, as coisas podem ser transformadas de forma inimaginável e as pessoas se superam. Quando damos o exemplo com as nossas vidas de que desistir não é uma opção, as pessoas passam a ter esperança e a acreditar em si mesmas e no futuro.

O mundo cria algumas formas de pensar e depois cria regras em cima destas. Se as primeiras, as premissas, estiverem erradas, tudo que deriva das regras será muito ruim ou, no mínimo, contraproducente. Digo isto porque o crédito em nosso mundo hoje é algo absolutamente necessário, mas as pessoas ou não têm acesso a este (de forma razoável) ou têm a armadilha do agiota. Se fôssemos todas pessoas idôneas, as coisas funcionariam bem. Pensando nisso, o professor Yunus desenvolveu um sistema em que indivíduos tomem empréstimos em grupos. Dessa forma, se ajudam e se policiam mutuamente, evitando riscos e abusos. Na metodologia do professor, cada grupo é formado por quatro pessoas e são todos coletivamente responsáveis uns pelos outros.

É crucial que as pessoas possam se ajudar umas às outras e isso inclui se interessar uns pelos outros e saber se cada um está caminhando bem no dia a dia. As parcelas dos empréstimos são devolvidas semanalmente o que por si também é uma forma didática de ensinar as pessoas a terem a parcela semanalmente e não apenas no final do mês ou do contrato. Na CrediPaz os boletos são semanais. Ou seja, a parcela escolhida deve caber no bolso. Como com as Casas Bahia, mas no nosso caso não é para consumo, mas sim para economia e renda.

Algo que aprendi com o Sr. Lázaro Brandão — e que contesta as frases românticas do tipo "o pobre paga" ou "as mulheres pagam" — é que o ser humano correto e trabalhador vai pagar suas dívidas e honrar seus compromissos, independentemente de ser pobre ou rico, homem ou mulher. As pessoas querem viver com dignidade em sociedade e para isso vão honrar seus pagamentos. Por isso a importância das reuniões da CrediPaz onde as pessoas se conhecem e criam vínculos, além de darem exemplos de sucesso que vão aprimorando uns aos outros, diante dos olhos dessa sociedade que vai se fortalecendo dia a dia.

Das coisas que mais comovem na CrediPaz são as histórias de sucesso de gente que, às vezes, não sabia ler ou escrever e se torna grande empreendedora mas, acima de tudo, é comovente ver a gratidão. Todos na CrediPaz falam com infinita gratidão e entendem que suas histórias de sucesso se devem à união dos que podem e doam. Saber que de todos os atendidos, apenas três ou quarto porcento não conseguem levar adiante o combinado compromisso com a CrediPaz, é a confirmação da importância desta missão. Se o mundo entendesse isso poderíamos realmente ajudar mais através desta metodologia.

Hoje a CrediPaz está em mais de 69 comunidades e já atendeu mais de 6 mil famílias. Tomara que possamos ter mais pessoas que se animem a fazer parte desta missão. Tudo que foi feito até aqui só foi possível por causa da participação e generosidade de pessoas únicas e extraordinárias como Franz Fürstenberg, Buby e Graziella Leonetti, Maria Zilda Oliveira, Esmeralda de Feraudy, Ana Lucia Comolatti, Rosa Foz, Ivani Yunes, Silvio de Araujo, Olavo e Nadia Setubal, Paulo e Ruthinha Malzoni, Alayde Quercia, Suzanna Medeiros, Glorinha Baumgart, Lelli Orleans e Bragança e tantos outros amigos que abraçaram a causa com coragem exemplar. Somos hoje realmente uma família, ainda com alguns parceiros sensacionais que nos ajudaram a levar a CrediPaz para fora de São Paulo, como Aref Farkouh que levou a CrediPaz para Campos de Jordão.

Agradecemos, em nome da CrediPaz, pela extraordinária oportunidade de contar a nossa história. Tudo vale a pena se for por Amor!

LUCIANA BRAFMAN

lubrafman@gmail.com
@timetoactentertainment
linkedin.com/in/luciana-brafman
+1 917 856-4718

E lá fui eu! Liberdade, movimento e propósito

Em 1998, quando eu tinha recém feitos 31 anos, deparei-me com uma placa, numa porta, onde se lia o meu nome e, abaixo dele, "Film Producer" (produtora de cinema). Então, era isso que eu era? Produtora de cinema? Aquela ideia me provocou um riso. Um riso meio excitado, meio nervoso — eu não fazia ideia de como tinha chegado até ali. Tomei fôlego, abri a porta. Diante de mim, uma sala enorme e vazia com uma infinidade de mesas e cadeiras que aguardavam para ser ocupadas. Um *talkshow host* hiperpopular da televisão americana, havia me confiado três milhões de dólares para montar e liderar o time que gravaria o seu primeiro longa-metragem. Tenho plena consciência de que descrevendo dessa forma, a imagem soa glamurosa. A realidade, no entanto, era outra: eu contava com pouquíssima experiência com entretenimento e apenas uma semana para montar uma equipe, um telefone e um guia de produção executiva (uma espécie de "páginas amarelas" da indústria do cinema independente de NYC) para dar conta do recado. A confiança que ele havia depositado em mim era, no mínimo, curiosa, para não dizer insana. Ainda assim, eu não ousei negar essa oportunidade, tampouco senti medo dela. Ao revisitar a minha trajetória profissional, a impressão que tenho é a de que disse sim para quase tudo o que surgiu em meu caminho – concluo que o meu trunfo foi me manter curiosa e em constante movimento, e esse movimento veio (e continua a vir) do propósito que sinto ao realizar.

Nasci no Rio de Janeiro, em 1967, primogênita de pais que se conheceram na UNE (união dos estudantes) durante a faculdade de direito, intelectuais que compartilhavam a preocupação com questões socio ambientais e eram ativistas. Minha infância foi embalada pelos discos de MPB e discussões sobre política, arte e meio-ambiente – pautas que se mantiveram uma constante por toda a minha vida. Apesar de ter tido uma criação maravilhosa, não recebi orientação quanto à vida profissional. Com receio de não conseguir ter liberdade financeira, resignei-me a uma profissão mais tradicional. Prestei vestibular para o curso de Direito e decidi relegar minha paixão pelas artes à posição de hobby.

No meu primeiro período de faculdade, fui contratada como estagiária de um renomado escritório de direito contencioso. Dediquei-me muito durante a minha graduação para absorver todo o conhecimento e técnica possíveis e assim que me formei, foi-me ofertada uma vaga no escritório como advogada júnior. Fiquei feliz, aquele tipo de oferta só era estendida aos melhores estagiários, mas alguma coisa em mim me impediu de aceitar.

Na época, eu tinha vinte e quatro anos e já começava a sentir as pressões da sociedade para continuar o "*script* da vida de uma mulher": a graduação sólida e o escritório respeitável estavam resolvidos, agora faltava o noivado, para então, dentro de um ano ou menos rumar ao casamento e, depois, à maternidade...e depois o que? Mais maternidade? Um divórcio, se as coisas não saíssem com planejado? Clube e praia aos finais de semana? E se essa receita não me preenchesse? E se eu não quisesse nada disso?

No final da década de oitenta, a vida provinciana carioca me sufocava. Tracei uma rota de escape e por meio dos contatos que fiz enquanto estagiária, consegui um trabalho como advogada em Nova York. Estava decidida a descobrir sobre a vida e sobre quem eu era. Lá fui eu!

Nos primeiros anos em Nova York, experimentei uma liberdade inebriante. Gostava de sentir de que todas as possibilidades estavam em aberto, que podia me reinventar a cada esquina. Apesar disso, esses dias também foram os mais solitários da minha vida. Nos primeiros meses, vagava pelas ruas frias sem saber para onde ir ou com quem falar. Nos finais de semana, passava os dias no parque sozinha e à noite ia ao cinema e assistia a todos os filmes da programação. Se acometida por saudades de casa ou da minha família, consolava-me pensando que também me sentiria sozinha no Brasil, porque nunca havia sentido que pertencera inteiramente a um lugar. Hoje percebo que esse sentimento de "não pertencimento" me acompanhou por toda a vida e foi o que me levou a estar sempre em busca de algo maior e o que me permitiu viver uma vida tão dinâmica e cheia.

Nesses primeiros meses em Nova York, trabalhei no escritório de advocacia internacional. Minha sala ficava ao lado da sala do popular ex-prefeito de Nova York, Ed Koch, com quem saía para longos almoços. Apesar disso, o trabalho logo se revelou mecânico — minha função consistia em, basicamente, abrir e fechar *off-shores* para clientes brasileiros — senti tédio, o que jamais suportei, e decidi pedir demissão. Como queria muito continuar vivendo em Nova York, consegui um emprego em uma boutique de investimentos para a qual pesquisava oportunidades de negócios em países em desenvolvimento. De noite, me matriculei na *New York Film Academy*, uma escola de cinema que emergia, e lá estudei, ainda sob a qualidade de "*hobby*", por dois anos. Não sei bem o que pretendia com aquilo, na época, eu ainda não entendia (e sequer cogitava) como transformar a paixão pela arte em carreira — precisava pagar minhas contas para me manter livre. Ainda assim, nesse período descobri que meu interesse maior era vídeo arte.

Algum tempo depois, já mais acomodada à vida nos Estados Unidos, decidi que chegara a hora de outro desafio: voltar ao Direito. Fui admitida em um mestrado (LLM) na Universidade de Boston, na linha de estudo de Direito e Regulamentações de Segurança Bancária Internacional. Na sequência, fui contratada para trabalhar como assistente de um professor de Harvard especializado em Direito Internacional e escrever o capítulo do livro dele sobre *Project Financing*. Na época, atuava como advogada na mesma área em um escritório renomado em Wall Street. A minha função consistia em estruturar e negociar contratos para projetos de infraestrutura em países em desenvolvimento como, por exemplo, o projeto da Via Dutra, no Brasil. Apesar de ser um emprego intelectualmente estimulante e bastante complexo, o passar dos anos me revelou que não havia verdadeiro propósito naquilo e impacto por mim causado não era necessariamente positivo. As chamadas "populações de terceiro mundo" que eu pensava estar ajudando, em realidade, não queriam aquele tipo de ajuda. Na verdade, quem se beneficiava eram as grandes empresas e as instituições em Washington como IFC, EXIM, JEXIM e World Bank, assim como os bancos de investimento. Senti que não cabia a mim, na qualidade representante de uma grande corporação americana, desapropriar comunidades inteiras em nome de um "progresso" que lhes seria totalmente imposto.

Esvaziada de propósito, resolvi, do dia para noite, abandonar aquele emprego. E, do dia para a noite também, fui acometida pela vontade de fazer teatro. Nos seis meses seguintes, idealizei e produzi a peça "*She Unpublished*" que retratava a história de um grupo de jovens amigos na Nova York dos anos 90 (a história era, claro, bastante inspirada em minha vida pessoal). "*She Unpublished*" teve a sorte de estrear no *La Mamma*, um dos teatros mais prestigiosos da cena Novaiorquina e foi muito bem recebida pela crítica e pelo público. Por causa da peça, conheci uma renomada produtora e diretora de Hollywood que me convidou para produzir, na qualidade de "*executive in charge*" seu próximo filme "*The Simian Line*", um ensamble que contou com atuações William Hurt, Lynn Redgrave e Harry Connick Jr. Na época, ela passava por uma transição de carreira: de produtora para diretora e queria alguém que entendesse intimamente seu processo de produção para que ela pudesse focar estritamente na parte criativa. Ela me treinou como sua pupila e me ensinou muito do que sei sobre cinema e produção.

Assim que finalizei o filme, um de seus investidores, o *Talk Show host*, me contratou para produzir – dessa vez, na como produtora executiva — o seu primeiro filme, "*Little Pieces*". Esse foi o momento da placa "produtora de cinema" que referenciei no início desse relato. Naquela semana, fiz mais de cem entrevistas com os candidatos do guia de produção e assim, montei a equipe. A produção correu bem e *Talk Show host* me ofereceu uma posição como produtora permanente, mas declinei a oferta, porque desejava ter liberdade na escolha dos meus futuros projetos.

Na sequência, voltei ao Brasil, determinada a criar a minha produtora que produziria filmes de impacto — Posto 9 Produções, nomeada em homenagem ao ponto da praia que frequentava na infância e adolescência com minha mãe. Eu sentia que precisava fazer a minha parte. Foi então que fui surpreendida por uma ligação do produtor executivo que eu contratei para produzir comigo o filme do *Talk Show host*, e que agora trabalhava para a CBS. Ele me relatou os planos de gravar a sexta temporada do reality show "Survivor" na Amazônia e queria que a Posto 9 o produzisse. Eu expliquei a ele que tinha deixado os Estados Unidos porque queria produzir conteúdos de impacto socioambiental e que o Survivor não se alinhava a esse propósito, mas ele foi insistente. Argumentou que se eu conseguisse produzir um show daquela magnitude eu consagraria meu nome e então a Posto 9 poderia produzir o que quisesse. Mas o que de fato me seduziu foi a possibilidade de morar na Amazônia por um ano entre a pré-produção, as filmagens e a pós-produção. Senti que era uma chance única de me conectar com a floresta amazônica e com as comunidades da região.

Em 2002, gravamos a sexta temporada de Survivor na Amazônia e eu tive trabalho para não acabar mais. Produzir um set de mais de seiscentas pessoas na Amazônia não é brincadeira. A Posto 9 ficara responsável por montar e gerenciar escritórios de produção satélites, supervisionar todos os serviços de consultoria de pré-produção, negociar com empresas e fornecedores, contratar a equipe local, assegurar vistos para todos os funcionários internacionais e obter permissões e licenças de filmagem junto ao governo brasileiro. Também supervisionamos o orçamento e todos os aspectos da pré-produção, filmagem e pós-produção. Ao final de tudo isso, recebi uma indicação ao EMMY. Além disso, o resultado do trabalho foi tão positivo que, quando eu estava em Los Angeles finalizando a produção daquela temporada do Survivor, fui convidada a trabalhar nas outras temporadas do reality. Aceitei. A verdade é que não havia me adaptado à vida no Rio de Janeiro.

Algum tempo depois, o produtor executivo do Survivor vendeu o show "*The Apprentice*" (reality que rapidamente se tornou uma das séries com maior audiência) à emissora NBC e me chamou para trabalhar no desenvolvimento do show. Era uma oportunidade irrecusável. Trabalhei no "The Apprentice" por seis anos, primeiro, como supervisora de produção na primeira temporada e, depois, a meu pedido, como *Story Producer* (produtora criativa), cargo que me remunerava financeiramente com menos, mas que me trazia grande satisfação — sempre me realizei ao criar. Nessa fase, fui indicada ao meu segundo EMMY, mas então fui interrompida por um projeto ainda maior: estava grávida.

Engravidei aos 38 anos. Teoricamente "uma mãe velha". A maternidade me pareceu incompatível com a minha carreira. Eu viajava muito, me dividia entre Los Angeles e Nova York e passava meus dias em sets cujas horas de trabalho eram insanamente longas. Não havia tempo ou espaço na minha agenda para criar um bebê. Meu então marido, que também trabalhava como produtor executivo e entendia das dificuldades da profissão, sugeriu que eu tirasse um tempo do trabalho, para focar na maternidade. Tínhamos condições financeiras e eu já trabalhara muito, por isso, concordei. Já que tinha esperado tanto para engravidar, queria me dedicar inteiramente ao meu filho.

Essa decisão, contudo, se revelou o meu maior equívoco. Embora, por um lado, eu tenha meu tenha me sentido muito privilegiada por poder me dedicar inteiramente à criação do Max, houve um pedaço meu que murchou ao parar de trabalhar. Não me senti eu mesma por muito tempo, estava esvaziada de planos e de movimento.

Em 2020, aos 53 anos, comecei uma nova empreitada profissional. Observar meu filho adolescente e seus amigos, me fez vislumbrar a oportunidade de criar conteúdo jovem e acessível que gerasse conscientização a respeito de problemas sociais e ambientais urgentes. Assim nasceu a Time To Act.

Em 2022, a Time to Act fez a sua primeira instalação, chamada criamos *"Climate Dreams Box"*, cujo intento foi chamar a atenção da sociedade para os refugiados climáticos. Acontece que o referido termo, na época, sequer era reconhecido pela ONU, razão pela qual estruturei o pré-lançamento da *Climate Dreams Box* na COP 27 que ocorreu no Egito. Depois disso, expusemos em diversas outras cidades como no no espaço de arte Pivô em São Paulo, no Museu da Imagem e do Som em São Paulo, seguido por Miami e Los Angeles.

Hoje, como ativista ambiental e produtora, minha pauta maior é educar e conscientizar as próximas gerações quanto à necessidade de cuidarmos do nosso planeta. Para tanto, elegi a arte e o cinema como veículos de conscientização, pois são ferramentas que têm o poder de tocar pela emoção e de provocar reflexão e mudança de comportamento, contribuindo para a criação de uma sociedade ética e justa.

Não sei o que o futuro nos reserva, assim como não sei onde estarei profissionalmente dentro de dez ou quinze anos, o que sei é apenas que quero estar em movimento, atuando com propósito e colaborando com pessoas que me entendem e me apoiam – eu realmente acredito que podemos mudar o mundo para melhor.

Conselhos profissionais que eu gostaria que alguém tivesse me dado:

- Para descobrir seu propósito, descubra seus dons e para descobrir seus dons descubra o que lhe faz feliz — o sucesso e o dinheiro acompanharão.
- Lembre-se que você não precisa provar nada a ninguém.
- O governo, as empresas e as instituições são feitos por pessoas exatamente como você e eu. Você tem capacidade de mudar o mundo, se quiser.
- Você cria sua realidade, sua vida e suas oportunidades. Não espere acontecer. Faça acontecer!
- Dê liberdade criativa ao time que trabalha com você e tente aprender com ele, as pessoas que te rodeiam têm muito a te ensinar.
- Esteja aberta para errar, porque errando é que se evolui.
- Valorize o "processo", que é a melhor parte e costuma ser mais importante do que os resultados.
- Cultive interesses em áreas diversas. Isso será um diferencial, porque as áreas podem se conectar e tornarão o seu trabalho muito mais rico.
- Não se limite pela sua idade. Você pode fazer o que quiser, quando quiser. Nunca é tarde para começar ou recomeçar.
- Também não sinta culpa por trabalhar quando tiver filhos. Seus filhos preferirão uma mãe feliz a uma mãe "100% disponível" para eles.

LUCIANA GAIA

lucianadgaia@gmail.com
linkedin.com/in/luciana-gaia-56247b12

Como a vida moldou minha forma de liderar

Crescer como mulher em um mundo que nem sempre nos acolhe é, muitas vezes, um ato de resistência. A minha trajetória, recheada de desafios e lições, ensinou-me que paixão e empatia não são apenas características pessoais, mas ferramentas poderosas para transformar vidas e organizações. Desejo que cada mulher que leia este capítulo se sinta fortalecida a abraçar suas vulnerabilidades como parte da sua força e a reconhecer que, quando nos unimos, não há limite para onde podemos chegar. Unidas, somos imparáveis.

Sobre mim

Escrever sobre mim sempre foi um desafio. Refletir sobre aquilo que faço e acredito torna-se ainda mais complicado, especialmente por causa da síndrome de impostora que me acompanha. Essa sensação de não ser suficiente aumentava o meu medo de me expor, ao ponto de me levar a recusar, por duas vezes, o convite para participar como coautora das edições anteriores deste projeto. Eu me perguntava: como poderia contribuir, diante de tantas mulheres incríveis, com histórias tão impactantes? Mas foi justamente uma dessas mulheres, com sua força e generosidade, que me ajudou a superar esse bloqueio. Ela me empoderou e, graças a isso, aqui estou! Que a minha experiência inspire outras mulheres a também acreditarem no seu potencial.

Vou começar me apresentando — sou a Luciana Gaia, que sem crachá é somente a Luciana, filha da Dona Nilza e do Sr. Gaia, irmã da Gisele e da Renata, tia do Heitor e do Victor. Sou a mais velha de três irmãs, primeira neta por parte de mãe e pai, romântica, intensa, apaixonada, determinada — aprendi a ler com 4 anos em casa, num gibi do Cebolinha, incentivada pelo irmão da minha avó materna. Fiz meu tio-avô ler a história tantas vezes que decorei e, a partir daí, decifrei as letras e comecei a ler outras histórias sozinha. Foi uma surpresa geral para a família. De lá para cá, nunca mais parei de ler e de aprender.

Fui uma criança e adolescente atípica: durante as décadas de 80 e 90, quase não assistia televisão nem jogava videogame. Aliás, videogame eu não sei jogar até hoje!

Acordava cedo para ler e, durante as primeiras semanas das férias de janeiro, já tinha lido e resumido todos os livros da lista de leitura anual da escola, para compartilhar com meus colegas de classe. Sempre fui muito bem relacionada, conhecia todos da escola, de todas as idades, colecionava amigos e me orgulhava disso. Muito estudiosa e focada, excelente aluna, já tinha o "ano letivo ganho" no terceiro bimestre, o que me permitia cometer alguns "deslizes disciplinares" por ser "conversadeira, pavio curto e bocuda", características herdadas com louvor do sangue calabrês da minha bisavó materna, mas que me renderam algumas expulsões da classe durante meu período escolar, além de muitas idas da minha mãe à escola a pedido da diretora. Hoje o "bocuda" pode ser traduzido como "assertiva", o que ainda sou, mas que aprendi a dosar com a maturidade, assim como o "pavio curto". Continuo romântica, intensa e apaixonada. Tenho amigos que costumam dizer que sou uma mulher moderna com uma mente fora de moda. A intensidade das paixões ainda tenho dificuldade em dosar. Também não doso muito bem a confiança que deposito nas pessoas. Eu confio e pronto! Mas não podemos esquecer que paixão e confiança são vias de mão dupla!

Fui uma adolescente atípica não somente pela falta de interesse em TV e *games*, nem tampouco pelo amor pelos livros. No final da década de 80, em toda a minha plenitude juvenil, eu queria namorar "para casar". Tive meu primeiro namorado aos 15 anos (ele, com 13) e hoje vejo o quanto assustei o menino ao "desfiar" todas as minhas intenções antes mesmo do primeiro beijo. Afinal, beijar era, para mim, uma condição pré-casamento. Eu vivia na década errada. E, graças a esse meu jeitinho peculiar, tive a minha primeira decepção com um grupo de mulheres, aquelas que deveriam se apoiar mutuamente, pois estudavam juntas desde o jardim da infância. Mas não...

No alto dos meus 15 anos, em um belo dia de sol de novembro, que me lembro como se fosse hoje, soube por uma outra amiga que o grupo daquelas quatro meninas que eu considerava minhas melhores amigas tinha gravado uma fita cassete *inteirinha*, falando sobre mim. Foram 60 longos minutos de pura crueldade, julgando (e condenando) alguém por pensar diferente. As novas gerações não vão saber do que eu estou falando, mas o que elas gravaram na fita cassete seria o equivalente a um podcast de 60 minutos repleto de pura maldade adolescente. Ainda bem que não existiam redes sociais naquela época!!!

Para resumir a história — eu ouvi a gravação. As "podcasters" nem souberam. Engoli o choro e gravei músicas alegres por cima das crueldades que disseram. Fingi por anos que nada havia acontecido e continuamos amigas até hoje. Fui madrinha de casamento de uma delas e ela foi madrinha do meu. Uma outra, a que mais me ajuda com conselhos profissionais, diz não lembrar do ocorrido. Pois é, quem faz geralmente não lembra, mas quem recebe, dificilmente esquece. Não esqueci, mas também não deixei "o acontecimento" pautar a minha vida e minar a confiança que deposito nas pessoas. Só procuro não ser tão ingênua, afinal, não tenho mais 15 anos. Hoje, com a minha idade, consigo avaliar o ocorrido dentro do contexto e entender algumas coisas. A maturidade é uma bênção e essa história me vale boas risadas!

Como eu lidei com a situação

Sou empática por natureza, cresci ouvindo meu pai falando que é necessário colocar-se no lugar do outro. Não sabemos o que as pessoas estão passando, qual o momento de vida de cada uma, o que faz com que elas tomem determinadas atitudes. Adolescentes são cruéis. A adolescência é uma fase de muitas descobertas, frustrações, de hormônios borbulhantes, de perda da autoestima. Sem contar o fato de que nasci em uma geração de mulheres muito competitivas, que queriam se sobressair perante os olhares masculinos. O tal namoradinho de 13 anos era o carinha mais cobiçado da turma, mas namorava comigo, aquela que queria casar e todo mundo sabia, inclusive ele! Eu era um perigo! Poderia tirar o rapaz do combate antes mesmo da maioridade! Se o motivo da gravação foi esse? Não faço ideia, nunca perguntei e para mim não faz a menor diferença. Doeu na época, mas eu quis ser durona, empoderada e varri a vulnerabilidade para debaixo do tapete.

Mas por que estou contando isso? Para mostrar que as paixões somadas à confiança são vias de mão dupla — ao mesmo tempo que empoderam, deixam vulnerável. E achar o ponto de equilíbrio nem sempre é uma tarefa fácil, mas é fundamental.

A maior vulnerabilidade do meu caráter apaixonado é a dificuldade de me policiar para não confiar plenamente — algo que sempre foi um desafio para mim. Cresci em meio a um grupo de mulheres que nem sempre se apoiavam, muitas vezes competindo entre si de forma desleal. Ainda assim, continuo apostando na roleta da confiança, porque acredito que vale a pena. Esforço-me para entender o contexto, ouvir atentamente todos os lados e não levar as coisas para o lado pessoal. Nem sempre é fácil, mas tenho certeza de que este é o caminho certo. E, quando consigo encontrar esse equilíbrio, os resultados são incríveis!

Como essa história impactou minha forma de liderar

Empatia é minha palavra de ordem. Liderar não é apenas gerir equipes para atingir metas. É cuidar. É ouvir. É inspirar. Uma liderança humanizada entende que as pessoas não são "recursos", mas seres humanos que precisam ter um propósito, estar engajados, sentirem-se parte de algo. Por isso é importante a criação de culturas organizacionais mais empáticas onde as pessoas possam ser ouvidas, compreendidas e, como consequência, possam desenvolver um senso de pertencimento.

Ouvir ativamente, sem julgamento, é dar voz ao colaborador. Quando líderes investem tempo para entender as perspectivas de suas equipes, surgem ideias inovadoras e conexões profundas. *A diversidade de opiniões* fortalece a cultura organizacional e enriquece o processo decisório.

Permitir que as pessoas participem ativamente da vida da empresa vai muito além de delegar tarefas. É sobre abrir espaço para que todos se sintam donos dos desafios e dos resultados. A participação engaja, empodera e, acima de tudo, demonstra confiança. Quando um colaborador percebe que sua contribuição importa, ele desenvolve um senso de propósito que o conecta à organização de maneira genuína e duradoura.

A minha paixão por pessoas me levou a entender que liderar é um ato de coragem e vulnerabilidade. Apaixonar-se pelas pessoas e pelas suas histórias é o que torna uma liderança verdadeiramente transformadora. A vulnerabilidade, longe de ser uma fraqueza, é o que nos humaniza. É ela que nos conecta com as dores e as alegrias das pessoas que convivem conosco. É a paixão que nos faz lutar por elas, mas também nos deixa expostos às frustrações, aos erros e aos desafios que fazem parte do processo.

Ao longo da minha jornada, aprendi que a chave está no equilíbrio: é preciso ter o coração aberto, mas também os pés no chão.

Cultivando uma cultura organizacional centrada em pessoas

É importante ter em mente que a criação de uma cultura organizacional que valorize as pessoas não é um objetivo passageiro — é um compromisso contínuo. Requer esforço e dedicação para construir um ambiente onde todos se sintam valorizados, respeitados e motivados a crescer. E, repito: empatia deve ser a base de todas as interações. Os líderes precisam ser exemplos de humanidade e autenticidade, mostrando que errar é humano e que aprender com os erros é uma virtude. Quando as pessoas percebem que têm espaço para serem quem são, elas florescem — e, com elas, a organização também.

Acreditar na força das pessoas e na empatia como pilar fundamental guia o legado que desejo construir — a crença de que pessoas são, e sempre serão, o ativo mais importante de qualquer organização.

Quero que as próximas gerações entendam que o sucesso não é apenas uma questão de lucros, o que é, sem dúvida alguma, muito importante, mas de impacto — impacto na vida daqueles que constroem e se dedicam à empresa dia após dia. Quero que acreditem no poder transformador da empatia e na importância de liderar com paixão e humanidade. Quero que saibam que vulnerabilidade não é fraqueza, mas um ato de coragem.

Alguns passos para inspirar a nova geração

1. *Promova a escuta ativa*: Ouvir com atenção e empatia é tão importante quanto falar. Grandes ideias surgem quando as vozes são ouvidas.
2. *Construa confiança*: Crie um ambiente onde as pessoas se sintam seguras para errar, aprender e crescer.
3. *Valorize a diversidade*: Reconheça que perspectivas diferentes enriquecem as soluções e fortalecem a inovação.
4. *Seja exemplo de humanidade*: Não tenha medo de mostrar vulnerabilidade. Ser humano inspira outros a serem igualmente autênticos.
5. *Reforce o propósito*: Ajude as pessoas a enxergarem como o trabalho delas contribui para algo maior. Propósito gera conexão e engajamento.

No texto eu deixei em itálico algumas palavras que julgo importantes e que o desconhecimento da profundidade delas por parte das minhas amigas, lá nos idos dos anos 80, fez com que gravassem o tal "podcast". As palavras são — *empatia*, *ouvir ativamente sem julgamentos* e *diversidade de opiniões.* Éramos todas muito jovens, mas para mim valeu a lição. Sou uma líder melhor por conta das experiências que vivi e essa é só uma das muitas histórias que impactaram a minha vida.

Por fim, gostaria de dizer que, se este texto nasceu, foi porque alguém me fez acreditar que minha voz importava. Sou muito grata pelas pessoas que, ao longo da minha jornada me puxaram e que acreditaram no meu potencial. Sou grata também aos que duvidaram da minha capacidade e que, exatamente por isso, fizeram com que eu me esforçasse ainda mais para chegar até aqui. Minhas amigas "podcasters", inclusive!

Que este relato seja uma semente para novas lideranças, mais empáticas, humanas e conscientes do poder transformador das pessoas. E um recado para as mulheres — Unam-se cada vez mais, porque unidas somos mais fortes e chegamos mais longe!

LUCIANA PACHECO & MILENA HERDEIRO

linkedin.com/in/lucianapachecos
luciana@mirasustentabilidade.com.br
linkedin.com/in/milena-herdeiro
milena@mirasustentabilidade.com.br

A sorte de multiplicar as razões de um encontro

Ninguém entra em nossa vida por acaso, e nunca sabemos qual espaço cada pessoa ocupará. Essa crença nos guia e, ao longo dos anos, temos vivido na prática os muitos desdobramentos que uma amizade pode tomar. O que começou como um encontro no ambiente de trabalho se transformou em uma relação que perdura há mais de quinze anos. Hoje, essa conexão deu origem a uma sociedade baseada em valores como transparência, companheirismo e o propósito compartilhado de criar um legado por meio de negócios e iniciativas sustentáveis. É essa trajetória que nos trouxe até aqui.

Entre 2007 e 2010, o dia a dia em uma das maiores agências de comunicação do país nos aproximou. Era um ambiente intenso, com metas desafiadoras e muitas trocas de experiências. Luciana foi a primeira a sair, seguindo para o mundo corporativo, onde começou a trabalhar diretamente com a Amazônia, desenvolvendo uma relação profunda com sua riqueza e desafios. Milena, pouco depois, mergulhou no setor elétrico, onde os relatórios de sustentabilidade trouxeram uma compreensão clara dos impactos negativos da atividade econômica e das oportunidades de transformação. Essas vivências distintas nos aproximaram de um tema em comum: a sustentabilidade. Cada uma chegou a ele por caminhos diferentes, mas sempre com a inquietação de fazer algo significativo nessa área.

Durante os anos que se seguiram, mantivemos contato constante. Entre encontros e conversas, uma pergunta nos acompanhava: *e se fizéssemos algo maior juntas?* Foi em 2023 que o desejo se transformou em possibilidade concreta. Em meio a mudanças significativas em nossa vida pessoal e profissional, tivemos uma conversa decisiva em um café com o sugestivo nome de Futuro Refeitório. Pela primeira vez, verbalizamos a ideia que até então habitava o campo dos sonhos: *e se criássemos uma consultoria em sustentabilidade?*

O primeiro ano da Mirá, em 2024, foi um período de muito aprendizado. A cada proposta enviada, enxergávamos um ponto que poderia ser refinado, uma oportunidade de aprimorar. Ao mesmo tempo, percebemos como o mercado ainda precisa aprender — tanto sobre os riscos relacionados às mudanças globais quanto sobre as oportunidades que podem surgir ao enfrentá-los. Mais do que isso, entendemos que a mudança não é opcional. Nossa missão se ampliou: apoiar executivos, agentes públicos e líderes do terceiro setor a compreenderem o que está acontecendo e, sobretudo, a agirem. O ritmo das transformações é acelerado, e ajudar nossos parceiros a navegar por essas mudanças passou a ser um pilar essencial do nosso trabalho.

Conquistar clientes é, sem dúvidas, nosso foco, e ganhar um cliente é uma delícia. Mas, como consultoria em sustentabilidade, tomamos muito cuidado com o perfil de projetos e clientes que buscamos — e, às vezes, que chegam até nós. Sustentabilidade é, antes de tudo, inovar e mudar. Isso significa que o que parece apenas um lugar de altas emissões de gases de efeito estufa ou com pouco fôlego para diversidade pode ser justamente o que mais precisa de nós. No entanto, decidir se o resultado final será possível é um processo que exige muitas reflexões e conversas. Como empreendedoras em um setor em constante transformação, também enfrentamos o desafio da precificação. Já aprendemos muito, mas sabemos que ainda temos um longo caminho pela frente. Cada nova experiência nos ensina algo que levamos para o próximo projeto, e assim seguimos aprimorando nossas práticas.

Rede de apoio: nosso ponto de equilíbrio

Como amigas há tempos, nos conhecemos profundamente, sabemos quais são nossos pontos fortes e onde estão nossos limites. Isso é um problema ou uma solução? Para nós é solução. A amizade não só facilita a divisão dos papéis no dia a dia do trabalho como permite também uma convivência mais equilibrada. Em momentos difíceis, priorizamos ser a rede de apoio uma da outra em vez de apontar erros e críticas. Em situações em que uma de nós não está em sua melhor performance, a outra compensa, ajusta, e seguimos adiante. Quando uma passa por um problema pessoal, a outra assume integralmente a empresa e diz: "Vai cuidar da sua família, que aqui eu cuido". Sabemos que poder sair, em momentos turbulentos, para se cuidar ou cuidar do que realmente importa, com a tranquilidade de que alguém está olhando todos os detalhes é um privilégio que traz um conforto enorme, mas é também um olhar feminino sobre os negócios.

Por mais recompensador que seja, empreender é cheio de altos e baixos. E por isso nossa rede de apoio inclui amigos, familiares e velhos colegas de trabalho que nos aconselham nos momentos em que nos frustramos com propostas que não avançam ou não são aprovadas. São essas conversas que nos ajudam a reavaliar nossas estratégias, aprender com os erros e seguir em frente com ainda mais determinação.

Isso também reflete o que acreditamos: que cocriação acontece o tempo todo, desde que exista troca genuína. Fazemos isso entre nós duas e também com quem está ao nosso redor. Amigos nos ajudam a pensar diferente. Familiares oferecem uma perspectiva nova. Colegas de trabalho antigos trazem *insights* valiosos de suas áreas de atuação. E, claro, todos estão presentes para comemorar conosco quando conquistamos novos projetos ou fechamos contratos. São esses momentos que nos lembram por que decidimos empreender e nos dão energia para continuar.

Parcerias que transformam

Outro ponto fundamental para nós é a construção de parcerias. Acreditamos que formar alianças agrega não só valor aos projetos, mas também profundidade às nossas ações. Trabalhar em conjunto com outras empresas, organizações e indivíduos nos permite ampliar nosso impacto, combinar *expertises* e explorar novos horizontes. Essas colaborações são, para nós, uma forma de multiplicar forças e transformar ideias em resultados concretos.

A Mirá nasceu para ser mais do que uma consultoria. Atuamos ao lado de empresas para aprimorar sua visão estratégica de sustentabilidade e oferecer caminhos concretos para criar iniciativas de longo prazo. Trabalhamos também com os povos originários da Amazônia, contribuindo para o desenvolvimento de políticas públicas que respeitam e valorizam suas tradições. Esses projetos não são apenas objetivos da Mirá, representam a nossa ambição. Queremos que eles sejam motores para uma nova forma de viver, produzir e consumir, alinhada a um futuro mais sustentável e justo.

Milena e Luciana: histórias que sustentam a Mirá

Milena é paulistana de nascimento, mas sua alma pertence ao Rio de Janeiro, onde viveu desde a infância. Formada em Comunicação Social pela PUC-Rio, sempre teve uma veia empreendedora pulsante. Em 2000, aceitou o desafio de iniciar uma agência de comunicação em Brasília, focada em economia. Anos intensos e desafiadores a levaram, em 2005, a uma nova transição de carreira, ingressando na comunicação corporativa, onde sua visão estratégica ganhou asas em projetos de grande impacto. Hoje, além de se dedicar à Mirá, Milena é encantada pelo papel de mãe e vive o privilégio de acompanhar o desenvolvimento de Marina, sua filha de 11 anos, que é sua maior fonte de inspiração.

Luciana é carioca, passou a infância na cidade serrana de Petrópolis, também é jornalista. Desde cedo, gostava de *fazer acontecer* e, ao longo da sua carreira, foi produtora artística, executiva e profissional de comunicação, até encontrar na sustentabilidade um espaço onde fazer acontecer ganhou muitos significados. Trabalhar com sustentabilidade transformou a sua vida e a levou a lugares como a Amazônia, onde encontrou não só desafios, mas também a oportunidade de participar de projetos que ressoam com suas convicções mais profundas sobre como construir um futuro melhor. Com a vida dividida entre São Paulo e Rio de Janeiro, encontra tempo para a família, que inclui quatro sobrinhos, e para fazer uma das coisas que mais gosta: viajar e conhecer pessoas.

Durante o período de criação da Mirá, nossos caminhos pessoais também coincidiam e passavam por mudanças significativas: ambas nos separamos de longos casamentos. Foi um momento delicado, que exigiu não apenas força, mas também apoio mútuo. Nossa capacidade de equilibrar as demandas pessoais e profissionais foi colocada à prova de maneira intensa. Mas, ao invés de nos afastar, essas experiências nos aproximaram ainda mais, reforçando a importância de estarmos alinhadas, e nos mostraram que quando não sabemos ou não conseguimos algo, seja o que for, falamos a verdade e pedimos ajuda.

E, para isso, a dinâmica da nossa relação também precisou ser ajustada à medida que a empresa crescia. Havia dias em que o trabalho absorvia quase toda nossa energia, mas não perdemos de vista a importância de nos reconectarmos fora desse contexto. Esses momentos, muitas vezes acompanhados de uma taça de vinho, são fundamentais para lembrar que, antes de sócias, somos amigas. Nesses encontros, fora do ambiente de trabalho, não falamos de prazos ou projetos. Apenas conversamos, falamos de nossas vidas, compartilhamos as inseguranças e damos muitas risadas. Descobrimos que esse é um alimento para o dia a dia do trabalho porque fortalece nossa relação.

Empreender nesse cenário é um desafio constante, mas também uma potência. Reunimos nossas experiências diferentes e aplicamos a visão feminina — cuidadosa, estratégica e colaborativa —, que faz toda a diferença. A sustentabilidade, por essência, é feminina. Ela exige resiliência, visão de longo prazo e a capacidade de cuidar do coletivo. Por isso, acreditamos que nosso modelo de negócios reflete não apenas o que queremos construir, mas também como queremos construir: com cuidado, propósito e impacto.

Histórias para contar e celebrar

Ao longo de nossas vidas, aprendemos que um grande sucesso vem de pequenas vitórias. Por isso, entendemos a importância de comemorar as conquistas que, independentemente do tamanho, nos movem na direção certa. Então, comemoramos não só os bons resultados, que são fruto de muita batalha, mas também aqueles que simplesmente acreditamos que nos impulsionam e nos dão orgulho.

Celebramos o primeiro ano da Mirá em um jantar, com muitas gargalhadas, uma comida deliciosa e um brinde, olhando para o que conquistamos com sentimentos de gratidão e ambição. Gratidão por termos nos encontrado como amigas e parceiras de negócios, e ambição por tudo o que ainda queremos construir. A Mirá é uma extensão dos nossos valores e da forma como enxergamos o mundo. E, acima de tudo, é um exemplo de como generosidade, respeito e colaboração podem criar algo maior do que imaginávamos.

Nosso trabalho está só começando, mas sabemos que a base que construímos — com cuidado, lealdade e um profundo respeito mútuo — será suficiente para nos sustentar nos anos que virão. Porque não estamos apenas construindo uma empresa. Estamos construindo uma maneira de existir no mundo que valoriza tanto os resultados quanto o caminho que percorremos para alcançá-los. E a forma como esse caminho está sendo desenhado depende essencialmente de nós duas.

LUCIANE ANGELO

@lucianeangelo
lucianeangelo.com.br

O feminismo como essência das mulheres livres

Nasci no dia 8 de março, Dia Internacional das Mulheres. Carregar essa data comigo desde o meu nascimento sempre foi especial. Como disse meu pai, Antonio, e meu irmão, Toni, uma vez em uma conversa despretensiosa na sala de casa, sempre fui feminista, mesmo quando esta palavra ainda não era tão compreendida ou divulgada. Desde menina coloquei minha opinião nos mais diversos assuntos. A minha família, principalmente meu pai, observava isso e até incentivava essa certa independência, me tratando de igual para igual. Um exemplo clássico, que percorre minha vida toda, é quando discuto futebol. Sim, amo futebol! E fui estimulada desde cedo a gostar de esportes. Após cada rodada de jogos, sempre conversava com meu pai sobre o nosso time, o Corinthians, e também com os garotos da escola. Isso lá nos anos 1980/90. Com o tempo, essa mesma conversa passou para os meus colegas de trabalho. Nunca tive medo de não ser levada a sério por discutir futebol e ser mulher. Ao contrário, fui aceita nos ambientes nomeados como masculinos, mesmo com um pouco de receio por parte deles no início. Sem perceber, minha mãe, Adélia, também uma amante do futebol, foi uma das minhas inspirações neste tipo de comportamento, diria, corajoso.

Quando eu tinha por volta dos meus seis anos, ela presenciou a professora de balé maltratando uma das alunas. Incrédula com aquele comportamento tóxico da tutora com uma colega minha de dança, imediatamente me retirou da aula e na saída da escola ajoelhou-se na minha frente, enquanto segurava firmemente meus braços. Mirando meus olhos, disse num misto de bronca/incentivo: "Filha minha não nasceu para ser maltratada. Está entendendo? Quero que você leve isso para a sua vida". E não nasci mesmo. Essa minha força feminina vem muito do apoio que tive de todos à minha volta desde cedo. Até hoje lembro daquela emoção que ela me passou em frente à escola, uma cumplicidade de mãe para filha. E a união da minha data de nascimento com a forma como a minha família me educou, só poderia me levar para o caminho de ajudar as mulheres, desde elevar a autoestima até auxiliá-las em questões sexuais. Esse é o meu trabalho: trazer bem-estar às mulheres.

E como cheguei até aqui? Levei alguns bons anos para entender o real caminho profissional e missão de vida. Sou jornalista formada desde 2001 e trabalhei diariamente em redações até 2018. Eu era aquela jornalista tradicional, estressada, de plantões, sempre com uma caneta e um bloquinho à mão. Eu, Luciane Angelo, tinha uma vida de quase 20 anos como jornalista, sempre trabalhando em lugares conhecidos. Mas, durante minha última experiência como editora da revista Marie Claire, entre 2016 e 2018, conheci um outro talento: o de ouvir os desejos e anseios das mulheres. Eu era, à época, editora de comportamento da revista e, de tanto entrevistar especialistas no ramo de relacionamentos e mulheres em busca de uma vida sexual mais saudável, comecei minha formação em Sexologia enquanto o meu cotidiano ainda era na apuração de matérias. Até que em determinado momento me dei conta de que era mais feliz na sala de aula aprendendo sobre clitóris, orgasmo e outros termos conhecidos para quem trabalha no universo da sexualidade do que dentro da redação. Ali foi um momento decisivo na minha vida. Fui feliz durante a maior parte do tempo nas redações, sim, mas nesse finzinho, não mais. Eu estava infeliz no meu trabalho oficial, numa carreira à qual havia me dedicado por quase duas décadas.

Ao longo destes últimos anos, sempre ouvi dos meus ex-colegas de profissão e também de amigos sobre a coragem que tive de me despedir de uma carreira estabelecida para algo novo, do zero, e fazer inúmeras formações para eu estar preparada para este novo universo profissional. Mas aquelas rodas de conversas lá na infância, enquanto eu discutia futebol com os meninos, me serviram para me sentir mais corajosa diante dos desafios e até dos olhares desconfiados. Lá no futebol e aqui na minha nova carreira sinto leveza e confiança porque nestes dois assuntos eu sempre tive muito conhecimento e paixão. Quando se tem amor pelo que faz, uma hora dá certo. Confia. E muitos desses jornalistas que se impressionam com a minha "coragem" emendam com o comentário "uma coragem que eu não tive". Tive no momento certo e sou muito feliz com a minha escolha. E, se você ainda está em dúvida de ir para o caminho onde seu coração está, não tenha. Fácil não é, mas é muito gratificante fazer o que lhe faz feliz.

Então, desde 2018, oficialmente eu trabalho ajudando mulheres a terem um bem-estar maior na vida, seja em palestras ou em tratamentos. Ao longo desses últimos anos, depois que embarquei de vez nessa nova missão, fiz diversas formações. Porque, se você deseja trabalhar com os conhecimentos do corpo e da sexualidade, você precisa estudar. Estará lidando com as mulheres e suas dores. Então, quanto mais estiver preparada, melhor será seu atendimento e a satisfação daquela mulher. Formei-me em Sexologia, Psicanálise, Pompoarismo, Terapia Tântrica e, no paralelo, toda uma formação em terapias energéticas como Radiestesia, Reiki, Thetahealing, Barras de Access, Numerologia, entre outras. E, claro, seguirei estudando. Conhecimento nunca é demais, certo? E, além de ter um leque maior de serviços à disposição das minhas clientes, consigo também ter um orçamento mais diversificado. Ser empreendedora, pelo menos no Brasil, é uma vida cheia de desafios. Então, quando planejei essa transição de carreira pensei em ter algumas opções, assim os ganhos se intercalam. Quando você mira em um único serviço, talvez, durante alguns meses, possa não ter tanta procura sobre o que você oferece e isso reflete no seu faturamento. O importante é entender o calendário anual do seu trabalho e explorá-lo o máximo possível.

Mesmo com todas essas atividades, o jornalismo continua presente diariamente na minha vida. Mas agora de outra maneira. Desde 2019 tenho uma coluna semanal na Vogue Brasil sobre sexualidade e relacionamentos, me especializando totalmente neste tema. Além disso, a forma como conduzo minhas palestras, a linguagem e comunicação que uso vêm muito do Jornalismo. Escutar minhas clientes com atenção para entender o momento de cada uma e como eu posso ajudá-las é outro ponto que trouxe das minhas entrevistas, da rotina na redação. Ou seja, eu não me despedi totalmente da minha antiga profissão, apenas adicionei novos elementos e outras formas de viver o que escolhi lá atrás como uma opção de vida profissional. É isso, nossas experiências pessoais ou profissionais, nós não apagamos. Podemos colocá-las em uma nova oportunidade tudo aquilo que aprendemos.

E não é que a vida é cheia de significados? Em 2023, enfrentei um câncer de mama e passei por uma mastectomia bilateral (a retirada das duas mamas). Foi um grande desafio porque, além de lidar com a doença tive também que enfrentar o trauma da perda da minha mãe, vítima fatal da mesma doença em 1991. Foi um período muito difícil, mas não deixei de cuidar de outras mulheres e segui minha vida entre os exames marcados, um choro aqui e outro ali, mas sempre em frente. Essa força feminina que ofereço diariamente às minhas clientes, recebi do meu núcleo mais íntimo de convívio que acompanhou meus meses de angústia, cirurgia e recuperação.

Trabalhei arduamente meu trauma de infância (eu tinha 11 anos quando perdi minha mãe) e ressignifiquei toda a situação levando informação sobre o câncer de mama e sua prevenção. Os meus conteúdos nas redes sociais hoje em dia tratam sobre este tema também, além de oferecer palestras de conscientização. Que ironia do destino uma mulher que trabalha com sexualidade e autoestima ter um câncer de mama, justo uma doença que mexe tanto com a nossa imagem e feminilidade. Mas sentir na pele todas as inseguranças dessa fase me deu força para incentivar outras mulheres a atravessarem por esta dor e saberem que podem ser felizes com a nova silhueta, com os efeitos do tratamento e transformar toda essa insegurança em gratidão à vida. Não vou dizer que é leve e resolvi todos os problemas relacionados a este assunto. Ainda há dias não tão bons, cada *check-up* de saúde traz uma tensão. Mas até este tipo de experiência eu levo para as mulheres que enfrentam essa situação porque é um medo que todas nós, que tivemos algum tipo de câncer, sempre teremos. O que importa é ter essa consciência e trabalharmos, além do físico, a nossa saúde emocional.

Por isso, sou tão feliz na minha escolha profissional e, em parte, de vida. Quer algo melhor do que trabalhar ajudando alguém a ser mais feliz e segura? O que você faz lhe preenche e beneficia outra pessoa? Pense nisso! Claro que como jornalista eu trago o serviço da informação e indiretamente esclareço muitas dúvidas. Mas agora, com este trabalho tão mais perto das mulheres, consigo ver a evolução de cada uma em suas mensagens felizes com os retornos dos tratamentos. A alegria delas se torna um pouquinho minha alegria também. Acompanhar a evolução de outras mulheres e suas conquistas é extremamente prazeroso. Ainda mais quando se refere à autoestima e desejo sexual. E me deixa muito satisfeita observar este despertar nas mulheres, principalmente, desde a pandemia.

Por trabalhar com sexualidade, estou sempre em contato com empresas de vibradores, lubrificantes, preservativos, cosméticos sensuais, lingeries e toda a gama de produtos que o setor oferece. E me deixa muito feliz ver que a maioria destas marcas do mercado de *sexual wellness* é liderada por mulheres competentes que entendem nossas necessidades e querem fazer um produto eficaz para nós mulheres. Esse é um cenário relativamente recente. Cada vez mais empresárias de outros ramos estão olhando para esse setor próspero e entrando no novo mercado. Os números mostram, ao longo dos últimos anos, uma crescente na procura de produtos e informações sobre o próprio orgasmo feminino. Alguns especialistas acreditam ser até uma nova onda do feminismo, agora conectada ao prazer da mulher. E que esta onda se torne um tsunami, destruindo os limites do patriarcado impostos ao nosso corpo. Viva as mulheres e a luta pela expressão da liberdade sexual!

LULY VIANNA

@lulyvianna
luly@saissu.com

Confia, faça o bem, porque, de verdade, o resto vem

Minha trajetória profissional começou de forma simples, quase despretensiosa. Eu estava insatisfeita no trabalho, sentindo que faltava propósito. Então resolvi mudar, sem uma grande crise ou um plano detalhado: pedi demissão, arrumei a mala e segui para Nova York, apenas com a certeza de que não podia continuar igual. Fui para ficar apenas dois meses, mas acabei ficando três anos, atravessando continentes e tornando-me quem sou hoje.

Em Nova York, me expus a uma mistura de atividades: estudava história da arte, fazia aula de pintura, de barro durante o dia e, à noite, trabalhava como garçonete. Não era habilidosa no serviço, errava pedidos, derrubava copos. Ainda assim, não fui demitida. Havia empatia dos dois lados e a compreensão de que o envolvimento sincero e o cuidado com o outro podiam pesar mais do que a técnica perfeita.

Essa experiência, embora modesta, marcou meu entendimento sobre o valor das relações humanas no trabalho: não somos apenas executores de tarefas, mas parte de um tecido social. Mas, mesmo em meio a novas experiências, ainda me faltava um sentido maior. Tendo estudado Relações Internacionais, onde conheci antropologia e direitos humanos, sabia que o mundo era amplo, complexo, e que existiam inúmeras formas de contribuição positiva. Queria estar onde pudesse ver a transformação real. Buscava oportunidades em campo, contextos onde as necessidades fossem palpáveis e as soluções surgissem do diálogo atento com as comunidades.

Esse impulso me levou a trabalhar em uma organização na Índia, onde ensinei inglês, yoga e artes a crianças e idosos em vilas remotas sem eletricidade, tomando banho de canequinha. Ajustei-me aos costumes locais, experimentei e me encantei com as refeições, vestia roupas indianas. Independentemente das diferenças culturais, notei que todos buscavam certa qualidade de vida, autonomia e bem-estar. Com o tempo, entendi que a empatia era uma linguagem universal, capaz de criar conexões além das palavras. Percebi também que eu não apenas contribuía com aquelas pessoas; eu mesma crescia, aprimorava minha sensibilidade e meu olhar para o outro.

Depois dessa vivência trabalhei em ONGs internacionais, mas a arte e a moda sempre me acompanharam. Ampliar meu repertório fora do Brasil foi fundamental, mas, aos poucos, senti que meu campo de atuação estava aqui, perto das minhas origens. Meu país abriga uma imensidão de saberes: povos tradicionais, comunidades ribeirinhas, quilombolas, caiçaras, sertanejas, indígenas. Gente que domina técnicas artesanais transmitidas de geração em geração, mas que enfrenta dificuldades para valorizar e comercializar seu trabalho de forma justa. Era aí que eu queria intervir: facilitar a interação entre essas comunidades e o mercado global, conectando o artesanato ancestral a um público mais amplo e exigente, sem perder a autenticidade. Comecei pelo Piauí, mesmo tendo planejado começar pelo Pará. O destino me levou a conhecer técnicas que queria aprender: a renda renascença de Mariana, o trançado em carnaúba de Parnaíba, a tecelagem tapuerana de Pedro II. Cada lugar, um tesouro. Conheci pessoas certas, mulheres artesãs que me acolheram e tornaram-se parceiras verdadeiras.

O artesanato, na minha perspectiva, não é apenas objeto decorativo. É um canal de expressão, um meio de sustento, uma forma de preservar memórias e identidades culturais. Cada peça carrega em si as mãos que a criaram, a história da comunidade, as peculiaridades do seu entorno natural. Não se trata de romantizar a vida simples, mas de entender o imenso valor social, simbólico e econômico que essas tradições possuem. Ao promover formação profissional, melhorar processos, ajustar preços e design, e ao inserir essas peças em novos mercados, ajudamos artesãs e artesãos a conquistarem renda sustentável, fortalecendo sua voz e preservando saberes ameaçados pelo esquecimento.

Hoje sou designer, artista, artesã, curadora e pesquisadora de artesanato, dedicando-me há mais de dez anos a trabalhar com povos tradicionais em todo meu país. Meu compromisso é empoderar comunidades para gerar renda sustentável, preservar e atualizar saberes ancestrais. Descobri que o artesanato cura: traz autoestima, independência financeira, voz para quem o produz. O artesanato não tem bandeira política, não é de direita, esquerda ou centro; ele é. As pessoas compram peças artesanais pela beleza, pela história que carregam, pela memória afetiva que despertam.

Trabalho muito com povos que habitam a Floresta Amazônica, lembro-me de um projeto em especial, em que a criação de uma bolsa inspirada em um cesto tradicional financiou alfabetização para mulheres que antes dependiam do trabalho pesado na roça. Não só ganharam acesso a novas oportunidades econômicas, como também conquistaram ferramentas intelectuais para negociar em seus próprios termos. Isso foi proporcionado porque, como eu poderia trabalhar a independência financeira, se elas não tinham a independência intelectual? Uma bolsa mudou a realidade delas!

Em outro trabalho, no sul da Bahia, pela OIT (Organização Internacional do Trabalho) orientei dois grupos indígenas a aprimora a apresentação de suas peças já deslumbrantes, mas subvalorizadas. Ao organizar a produção, alinhar custos e comunicar o valor cultural do artesanato, abrimos portas a feiras nacionais e consolidamos lideranças femininas.

Aquelas mulheres, antes invisíveis ao grande mercado, agora enxergam melhor seu papel e sua força. Em outro projeto que coordenei, as mulheres faziam somente um trançado e um formato de cesto, porque nunca tiveram uma oportunidade de ir além. Uma marca grande brasileira de varejo me contratou para fazer uma coleção de mesa posta, mas fizemos quatro, primeiro porque eu queria garantir que essa marca desse continuidade à parceria (não queria que fosse pontual), e segundo porque as artesãs começaram a deixar a timidez para trás e a criarmos juntas. O resultado desses e de outros trabalhos você pode ver em minhas mídias sociais.

Eu realmente acho que poderia escrever um livro contando todas as historias que vivi em campo e fora com todas as artesãs, criamos um vínculo muito forte, de confiança, de respeito, de amizade e de união. Sabe por quê? Porque existe a transparência nas relações entre nós e isso faz o sucesso prevalecer.

Estudo artesanato não só brasileiro, mas de todos os países que tenho acesso de conhecer, e vejo que o olhar dos artesãos é o mesmo, as vontades são as mesmas. Meu foco de transformação é criar pontes e dar voz entre universos que antes não se falavam, com beleza, historia e união. Frequento os dois mundos sem deixar de ser eu, converso com o artesão ou com o presidente, com a mesma alegria e simplicidade.

Trabalhar dentro do conceito do comércio justo é uma tendência que vejo acontecendo dentro do mercado da moda e de design com marcas buscando o valor real do produto, sem ter atravessador, viabilizando colaborações que contribuem na profissionalização desses grupos. Minhas experiências e filosofia de trabalho vêm me posicionar como um elo natural e pertinente para as grandes marcas estabelecerem as conexões, montar as primeiras parcerias e executar projetos de desenvolvimento, da aldeia até as prateleiras, das histórias de artesãos até histórias para marcas se (re)conectarem.

Todo o projeto que desenvolvo e trabalho precisa ser completo, ter um início, meio e fim. E o fim é um novo começo para as artesãs caminharem sozinhas inseridas no mercado, ou seja, são quatro etapas e não três. Inicio, meio, fim e recomeço.

Vejo consumidores comprando não apenas uma peça, mas uma história, um símbolo de resiliência e criatividade humana. Precisamos criar redes de apoio que alcancem não apenas uma ou duas comunidades, mas diversas regiões e países, fortalecendo a economia local, a preservação cultural e a igualdade de gênero em larga escala. Escalar a formação de artesãs, fomentar sua inserção em mercados, incentivar o uso responsável de matérias-primas, criar coleções exclusivas, reverberando o valor desses saberes a um público mundial exigente e sensível a questões de sustentabilidade e impacto social.

Não existe um manual pronto. Esse caminho é feito de tentativas, aprimoramentos, escuta e respeito aos ritmos locais. Minha trajetória — iniciada em um emprego insatisfatório e expandida por experiências internacionais — mostra que, com persistência, empatia e criatividade, é possível criar valor econômico, social e cultural em um mesmo movimento.

Acredito e trabalho para potencializar tudo isso, transformando pequenas iniciativas em um ecossistema global de valorização do artesanato, gerando um ciclo virtuoso de preservação, renda, autoestima e paz social.

A sustentabilidade dos projetos está nas alianças duradouras. Amo o que faço; meu trabalho me dá prazer, me desafia e me fortalece.

Para quem lê este capítulo, fica a mensagem: ao confiar, agir com empatia e fazer o bem de forma consistente, resultados significativos aparecem. O artesanato é um exemplo claro de como a economia criativa pode ser vetor de mudança.

Hoje sei que, depois de tanta busca, encontrei meu sentido. E você, já encontrou o seu? Se não, meu conselho é: "Confia, faça o bem, porque de verdade o resto vem".

MABEL, MAGDA & MANZAR FERES

@manzarferes
@magdaferes
@mabelferes.yoga

Onde o amor sustenta a vida

Magda e nossa mãe conversavam, animadas, enquanto aguardavam na recepção do Memorial Sloan-Kettering Hospital, em Nova York. O ar estava cheio de alegria pela visita à cidade e pela chegada de mais um neto, nascido três dias antes. Nossa mãe havia viajado para estar ao lado de Mabel no nascimento de seu primeiro filho. Estávamos confiantes de que aquela consulta seria apenas uma formalidade. Mas tudo mudou quando o médico abriu a porta da sala, com o olhar de quem se preparava para comunicar algo muito maior do que qualquer uma de nós poderia imaginar.

Rosa, nossa mãe, a mais nova de doze irmãos, cresceu enfrentando desafios. Ainda adolescente, perdeu sua própria mãe e foi enviada a um colégio interno, onde teve que aprender cedo a se adaptar. Casou-se com Antônio, nosso pai, aos 17 anos, mesmo antes de concluir o ensino médio. O casamento foi uma forma prática de escapar da vida sofrida do internato. Décadas depois, aos 40 anos, decidiu que era hora de retomar seu próprio caminho. Terminou a escola e, alguns anos depois, formou-se em Economia, tornando-se um exemplo de coragem que inspiraria muitas pessoas à sua volta.

Papai, Antonio, filho de imigrantes libaneses — nossos avós Manzar e Salim —, teve poucas chances de fazer as próprias escolhas, tendo sido direcionado desde cedo aos negócios da família. Salim, como muitos imigrantes que chegaram ao Brasil no início do século 20, foi movido pelo trabalho árduo, estabelecendo raízes e criando os nove filhos com um código moral que refletia tanto a tradição familiar quanto os desafios do novo país. O casamento com Rosa foi, também para Antonio, uma oportunidade de escapar da rigidez da família e de uma potencial união arranjada no Líbano, que ele não desejava. Desse casamento, que juntou dois jovens emocionalmente fragilizados, mas que decidiram tomar as rédeas de suas próprias vidas, optando por uma união tanto conveniente quanto improvável, nasceram as três filhas: Manzar, Magda e Mabel.

Manzar, a primeira filha, assumiu cedo a responsabilidade e a liderança que, em uma família de raízes patriarcais, tradicionalmente caberiam a um filho homem. É como se, em seus ombros, estivesse a expectativa de levar adiante a força e a solidez que nossos pais tanto desejavam para a família. Muito determinada e, na mesma medida, sensível, Manzar começou sua trajetória pela Engenharia, mas é na carreira executiva que desde muito cedo vem deixando sua marca. Ela construiu seu caminho com firmeza, na maior parte das vezes em espaços tradicionalmente ocupados por homens, abrindo oportunidades e inspirando outras mulheres a ocuparem esses lugares. Sua trajetória como liderança, hoje amplamente reconhecida, foi marcada pela visão estratégica e pelo olhar sensível, desafiando padrões ao integrar resultados e empatia e demonstrando que o sucesso profissional pode ser construído com base em valores profundamente humanos.

Magda, a filha do meio, parecia ser a realização de um sonho familiar, um elo com as raízes maternas. Escolheu a Odontologia inicialmente para atender ao desejo de nossa mãe, que enxergava na profissão de seu pai dentista uma tradição digna de ser perpetuada. Mas, foi na ciência que encontrou sua verdadeira vocação, transformando curiosidade em inovação e pesquisa em impacto concreto na qualidade de vida das pessoas. Cada estudo conduzido, aula ministrada e artigo publicado reflete sua incansável dedicação à ciência. Como uma líder internacionalmente reconhecida em seu campo e mentora de dezenas de jovens pesquisadores, sua trajetória une tradição e modernidade, mantendo viva a essência da nossa história enquanto projeta novos horizontes, inspirando novas gerações a acreditarem no poder transformador do conhecimento.

Mabel, a terceira filha, abraçou a liberdade de trilhar seu próprio caminho e, movida pela fascinação em contar histórias, construiu uma carreira como fotógrafa ao longo de 20 anos, 15 deles nos Estados Unidos. Sua busca era capturar o brilho único de cada pessoa que fotografava — um reflexo da humanidade ao mesmo tempo singular e universal. Com o tempo, percebeu que essa busca era também um reflexo de sua própria jornada de autoconhecimento. Essa inquietação a levou ao estudo do yoga na California, no Brasil e na Índia, descobrindo uma paixão pelas práticas contemplativas e meditativas e encontrando, através delas, uma nova forma de se conectar consigo mesma e com o mundo. Inspirada por essas vivências, criou uma abordagem original que integra práticas tradicionais com a ciência da medicina integrativa, em experiências que impactam diretamente a qualidade de vida e a saúde física, mental e emocional de quem as vivencia.

Apesar de termos crescido em uma família de raízes profundamente patriarcais, nos sentimos motivadas a buscar autonomia e independência, estudando, trabalhando e, principalmente, encontrando propósito no que fazíamos. Esses valores moldaram a forma como vivemos e nos relacionamos, cada uma de nós trilhando caminhos únicos. Mesmo atuando em áreas distintas, isso nunca foi uma barreira para a construção de um vínculo profundo, sustentado pelo acolhimento mútuo e pela vontade de estarmos unidas.

E foi ali, na recepção do hospital de Manhattan, no final de 2003, que nossa união enfrentou seu maior desafio. Nossa mãe recebeu o diagnóstico de leucemia aos 60 anos de idade, uma notícia devastadora que trouxe uma reviravolta inesperada. O impacto foi ainda maior porque fazia apenas dois anos que havíamos perdido nosso pai. Era o início de um capítulo que não apenas marcaria, mas transformaria nossas vidas de forma irreversível.

Magda estava grávida de seis meses quando recebeu a notícia. Naquela mesma noite, embarcaria de volta para São Paulo, onde vivia com o marido e o filho. Foi o voo mais longo e doloroso de sua vida: dez horas inteiras refletindo sobre a devastadora notícia. Apesar do apoio da família e da cumplicidade entre nós, a distância foi o peso mais difícil de carregar. Não poder estar presente durante o tratamento — primeiro devido à gravidez e, depois, ao bebê pequeno — tornou tudo ainda mais desafiador.

Manzar morava no Rio de Janeiro, cidade onde nós três crescemos. Ela equilibrava uma vida profissional intensa com as demandas de ser mãe de duas meninas sem o pai por perto, já que enfrentou um divórcio quando sua caçula tinha apenas alguns meses de vida. Sua rotina de trabalho era cheia de compromissos e responsabilidades, mas, ainda assim, a cada quinze dias reorganizava sua agenda e viajava para Nova York, dividindo-se entre os cuidados com nossa mãe e o apoio que todas nós precisávamos. Ainda hoje, mesmo diante dos desafios no trabalho, onde lidera projetos de enorme impacto, Manzar continua sendo o elo que nos une, em quem sempre encontramos força, cuidado e a presença que nos fortalece.

Mabel vivia em Nova York com o marido e o filho recém-nascido. Com o diagnóstico da nossa mãe, sua vida mudou completamente. Durante seis meses de altos e baixos, Mabel, Rosa e o bebê formaram um trio inseparável, enfrentando uma rotina de hospitais e sessões de quimioterapia. A experiência de cuidar não era estranha a ela. Nosso pai adoeceu pela primeira vez com câncer quando Mabel ainda estava na escola. Desenvolver uma cultura do cuidado foi para ela e para toda nossa família uma condição vital. Apesar de ter sido um período bastante desafiador, os meses ao lado de nossa mãe se tornaram uma oportunidade de conexão profunda entre mãe e filha, algo que, mais tarde, ajudaria Mabel a encontrar força no luto que viria.

A sensação comum a nós três foi de que, mais uma vez, precisaríamos nos unir como nunca, enfrentando um desafio que já conhecíamos bem: o tratamento do câncer. Foi necessária uma logística impressionante e uma dose extraordinária de resiliência para conciliar o tratamento da nossa mãe — que incluiu um transplante de medula óssea — com as nossas realidades. Cada uma de nós assumiu uma parte dessa jornada com determinação, refletindo o cuidado que sempre nos uniu como irmãs e como filhas. Nossa mãe morreu menos de um ano após o diagnóstico. Naquele momento, estarmos próximas se tornou uma necessidade vital.

Nossa família sempre teve algo em abundância: alegria e uma vontade irresistível de reunir pessoas. Amigos, amigos de amigos e até conhecidos de amigos de amigos eram sempre bem-vindos, especialmente quando havia um bom prato de quibe na mesa — uma especialidade que Rosa preparava como ninguém. Os almoços de domingo eram momentos especiais, recheados de conversas animadas e comida farta — verdadeiros banquetes de sabores e afetos compartilhados. Nossa casa sempre foi onde os amigos se reuniam, onde todos se sentiam "em casa".

Quando nossos pais nos deixaram, entendemos de forma profunda a importância de preservar tradições que mantêm nossa conexão viva e forte. Os almoços de domingo são um exemplo disso. São uma celebração alegre, onde a comida se entrelaça com as histórias, as risadas e o calor das conversas que parecem não ter fim. Mesmo com a distância que às vezes nos separa — como no caso de Magda, que hoje vive em Boston —, sempre encontramos uma maneira de estarmos presentes. Seja por uma chamada coletiva ou uma mensagem carinhosa, procuramos manter essa ligação viva, mostrando que a presença vai além do espaço físico.

Junto com os hábitos herdados, fomos criando nossas próprias tradições, que não só nos mantêm unidas, mas também deixam um legado para nossos filhos. Durante vários anos, as viagens em família se tornaram um desses rituais de presença e cuidado que moldaram nossa história. Com a família crescendo, somando nós três, nossos maridos e os oito filhos, filhas e enteados, éramos 14 pessoas viajando juntas — um grupo diverso, com diferenças de gostos, preferências e formas de pensar. Entre nós, alguns adoram praia, enquanto outros preferem montanha; há veganos e amantes de churrasco; uns gostam de planejamento detalhado, enquanto outros preferem a espontaneidade. Apesar das diferenças, ou talvez por causa delas, procuramos transformar essa diversidade na força que nos une, aprendendo a valorizar o que nos complementa, em vez de nos dividir.

Nossos encontros são regados a música, conversas longas, jogos entusiasmados e muitas gargalhadas. As diferenças entre nós são o que tornam essas reuniões tão especiais. Cada uma traz algo singular para a roda, complementando o grupo e criando momentos de profunda conexão. Manzar, com sua escuta atenta e generosa, é aquela a quem recorremos em busca dos melhores conselhos e orientações. Mabel nos inspira com o exemplo de que o cuidado pelo outro começa com o cuidado por nós mesmas. Ela transforma as manhãs em sessões de yoga e meditação e, volta e meia, nos reúne para cantar mantras ou dançar em círculo. Magda, por sua vez, é pura alegria. Sempre cheia de histórias, arranca as maiores risadas. Juntas, nossas diferenças nos fortalecem e nos complementam de uma forma que só nós conseguimos entender.

O cuidado e o incentivo mútuo são nosso elo profundo. Celebramos cada conquista, grande ou pequena, e nos apoiamos em todos os momentos, sejam eles felizes ou desafiadores. Essa dinâmica se estende para nossas famílias, amizades e para as nossas carreiras. Somos movidas pela vontade de criar impacto positivo, seja nos negócios, na ciência ou nas pessoas. Inspirar e nos deixar ser inspiradas, colaborar e promover a colaboração, aplaudir e valorizar as diferenças. Como feministas que aprendemos a ser, apoiar outras mulheres faz parte da nossa forma de agir no mundo. Inspirar nossas filhas e ensinar nossos filhos a serem tolerantes, empáticos e compassivos, a viverem com um olhar cuidadoso para o coletivo, é nossa grande motivação e a herança que queremos deixar.

Não somos uma família perfeita. Somos reais, com nossas particularidades e desafios, mas encontramos no cuidado uma forma de viver melhor no mundo. As tradições que criamos — os encontros, as risadas e até os ajustes necessários — são como fios que tecem uma rede de apoio. Uma rede que nos sustenta, nos fortalece e nos lembra de que, mesmo quando a vida nos desafia ou nos separa, sempre podemos encontrar o caminho de volta umas para as outras.

MAIRA PINTO CAUCHIOLI RODRIGUES

linkedin.com/in/mairarodrigues
camatabr@gmail.com
+55 61 98131-8398

Sempre tentar

Aos 55 anos, ao olhar para trás na linha do tempo da minha vida, vejo uma tapeçaria vibrante de escolhas, desafios e a perpétua capacidade de recomeçar. Sou casada, mãe de uma mulher maravilhosa de 35 anos e avó de uma pequena e grande inspiração de cinco anos. Cada etapa da minha existência reflete uma verdade que carrego comigo: sempre tentar.

Minha primeira inspiração veio da minha tia, que teve paralisia infantil. Cresci vendo-a transformar limitações em possibilidades. Nunca a percebi como uma pessoa com deficiência; para mim, era uma força da natureza — determinada e criativa. Ela vivia com intensidade, nunca permitindo que sua condição restringisse seus sonhos. Esse exemplo se tornou um alicerce invisível, moldando minha percepção sobre o que significa superar desafios. Além disso, encontrei inspiração nas mulheres da minha família. Minhas avós, incansávelmente dedicadas à família, e minha mãe e tias, cada uma à sua maneira, pavimentaram o caminho para que eu pudesse trilhar minha jornada com segurança e confiança.

Trabalhando como psicóloga, essas lições adquiriram uma nova dimensão. Sempre me fascinei pelo comportamento humano: o que nos impulsiona? O que nos paralisa? Essas perguntas me levaram a estudar não apenas a mente, mas também o impacto das limitações que o mundo nos impõe. Quando iniciei minha atuação com reabilitação, entendi que muitas das "deficiências" que enxergamos são, na verdade, reflexos do olhar alheio — rótulos que nos aprisionam mais do que nossas próprias condições.

Ao longo da vida, fui muitas vezes chamada de "louca" por insistir em tentar o improvável. Talvez por isso a música *Triste, Louca ou Má*, do Los Hermanos, ressoe tanto em mim. Ela traduz o paradoxo que sempre senti: tentar, para muitos, parece irracional. Fui levada a mudar de carreira aos 40 anos — algo que muitos consideraram insano. Hoje, trabalho com empresárias e mulheres empreendedoras que, como eu, acreditam na força do recomeçar. Cada uma carrega sua própria história de superação, e frequentemente vejo reflexos da minha tia e de mim mesma nelas.

É como se estivéssemos todas conectadas por um fio invisível de coragem, reescrevendo narrativas e desafiando convenções. Nessa trajetória, não posso deixar de reconhecer as mulheres inspiradoras que me mentorearam, me deram oportunidades e muitas vezes me impediram de errar ou, pelo menos, de errar tanto. Anas, Adrianas, Carlas e muitas outras foram faróis em minha caminhada. Elas me reabilitaram com sua sabedoria, generosidade e exemplo de resistência.

A herança mais preciosa que espero deixar para minha filha e neta é essa capacidade de tentar, de não se render ao primeiro "não" ou ao peso das expectativas alheias. Minha filha, com sua determinação, já trilha um caminho inspirador. Minha neta, com seus olhos curiosos e perguntas infinitas, me lembra que o mundo é um campo aberto para quem quer explorá-lo.

Reabilitar-se é mais do que superar algo que foi perdido; é um processo de reinvenção. Assim como minha tia transformou a paralisia em força, cada mulher que encontrei na minha jornada profissional transformou suas adversidades em potência. Quando olho para tudo que vivi, sinto uma profunda gratidão por cada desafio que me moldou e por cada pessoa que cruzou meu caminho.

Se algum dia me perguntarem qual é o segredo para viver uma vida plena, minha resposta será simples: "Tente. Mesmo quando disserem que você é louca, tente. Porque o que realmente importa não é a perfeição, mas o seguir em frente, com generosidade e gratidão". Dentro do caos, encontrei beleza e dentro das dificuldades, descobri humor. Rir de si mesma é um dos remédios mais poderosos que conheço.

A vida é uma constante dança entre o esperado e o possível, uma metáfora contínua de renascimento e resiliência. Minha história é uma entre muitas que ainda estão por ser escritas. E, ao olhar para o futuro, vejo não apenas desafios, mas infinitas possibilidades de deixar um legado de coragem e inspiração.

MARCELA CAIADO

@marcelaacaiado
linkedin.com/in/marcela-g-caiado-castro-0317b867
mcaiadocastroagro@gmail.com

Deixe a doutora falar

Eu já estava exausta. O termômetro marcava mais de 30ºC, e eu havia percorrido cerca de 54 quilômetros por uma estrada de terra em péssimas condições. Aquele seria o oitavo atendimento itinerante da semana e a sexta cidade visitada no mês. Enquanto seguia pela estrada empoeirada, refletia sobre aqueles que estavam sendo os primeiros passos da minha trajetória. Decidi advogar no agronegócio sabendo dos desafios, mas sempre com a certeza de estar onde deveria estar.

Minha ligação com a agropecuária não começou ali. Desde criança, grudada à barra da calça do meu pai, fui marcada pela dualidade de viver entre a cidade e a zona rural. Inspirada por ele, que dividia a vida entre o consultório e a fazenda, aprendi cedo, sobre o lombo de um cavalo, o trabalho duro do campo e suas particularidades. Essa convivência e meu desejo de ser ponte entre o rural e o jurídico me levaram ali: jovem advogada desafiando um campo quase inexplorado por mulheres, rodando milhares de quilômetros em busca de meus primeiros contratos de trabalho.

Quando enfim cheguei à fazenda do Sr. Antônio, percebi que, embora eu já tivesse alguns clientes na bagagem, ainda era recebida com desconfiança, e conseguir ser ouvida era uma proeza. Mas, naquele dia, tudo estava prestes a mudar — e eu sequer imaginava como. Fui recebida com a hospitalidade — disfarçada — tão característica do interior: uma mesa farta, café fresco e uma mulher. Sim, uma mulher! A presença do Sr. Antônio era esperada, mas o que me surpreendia nessas visitas era a constante presença feminina. Essa cena começava a se tornar familiar. Uma filha, a esposa ou mesmo as matriarcas da família; com frequência, elas estavam lá, silenciosas, mas atentas. Naquela casa, era Dona Marta, a esposa, que se movimentava pela cozinha com uma firmeza serena, enquanto eu era conduzida à mesa da varanda para iniciar a conversa.

Aos poucos, aquela dinâmica revelava algo além das aparências, uma camada oculta que eu logo compreenderia por completo. Mas a conversa não fluía. O Sr. Antônio me bombardeava com perguntas, mas me interrompia incessantemente, sem esperar que eu concluísse uma única resposta. Muitas das perguntas pareciam feitas mais para exibir seu próprio conhecimento do que para ouvir o que eu tinha a dizer. Até que, daquele silêncio atento no canto da mesa, veio um corte firme:
— Antônio, fica quieto. Deixa a Dra. falar!

Sua voz soou como um comando definitivo, firme e sem margem para réplica. Naquele instante, percebi que a verdadeira força na fazenda vinha de Dona Marta. Veio-me um *flashback* das várias outras fazendas que visitara. Resumindo a história, ao final fui contratada, e embora as assinaturas no contrato e na procuração fossem do Sr. Antônio, quem leu, discutiu cláusulas, honorários e tomou a decisão foi a D. Marta. Eram elas que pegavam meu contato, trocavam informações e me lançaram no mercado.

Essa história, com suas nuances, se repetiu centenas de vezes. Foi uma verdadeira virada de chave na minha vida, como se a engrenagem do sistema rural tivesse se revelado por completo diante de mim. Percebi rapidamente que, em muitas propriedades e empresas rurais, eram elas que lideravam — administrando finanças, lidando com a burocracia e tomando decisões estratégicas fundamentais. Muito além de coadjuvantes, elas eram o coração pulsante da engrenagem rural, invisíveis para quem não sabia enxergar, mas indispensáveis ao funcionamento do sistema. Não "cuidavam apenas da papelada" (um grande equívoco).

Aquele "deixa a Dra. falar" foi um ponto de virada que eu nunca esquecerei.

Da coadjuvância ao protagonismo

Os tempos eram outros, e a participação da mulher no agronegócio brasileiro era discreta, silenciosa, mas, ainda assim, vital. Durante muito tempo, elas ficaram à margem, muitas vezes invisíveis, desempenhando papéis supostamente secundários, mas sempre presentes, sustentando as engrenagens do setor com trabalho árduo e dedicação. Sem essas mulheres, o agro brasileiro jamais teria alcançado seu patamar atual.

Elas foram as pioneiras de uma revolução discreta, estabelecendo bases sólidas que permitiram ao agronegócio brasileiro se expandir e alcançar um protagonismo mundial. O seu impacto é e sempre foi indiscutível. Se a produção rural brasileira chegou onde chegou, é porque essas mulheres, com sua dedicação incansável, foram pilares que sustentaram, ergueram e moldaram o setor, a ponto de, cada vez mais, sua contribuição estar sendo reconhecida e celebrada.

Hoje, nomes como Adriana Gonçalves Moreira, da FAO, que lidera normas internacionais para proteger recursos vegetais, Ana Claudia de Brito Fruci, conectando o agro brasileiro a mercados globais ou o da pesquisadora Barbara Rodrigues e vários outros, ilustram esse protagonismo[1].

As mulheres deixaram a coadjuvância e assumiram o protagonismo. O cenário mudou drasticamente nas últimas décadas e, embora o caminho tenha sido árduo, a presença feminina no setor nunca foi tão visível e impactante. O papel da mulher no agronegócio deixou de ser restrito à gestão interna das propriedades ou à execução de tarefas operacionais, para se expandir a posições de liderança, inovação e transformação. Nós ocupamos cargos de direção, somos responsáveis por grandes empresas, lideramos cooperativas e desempenhamos papéis-chave na formulação de políticas agrícolas, na pesquisa, no desenvolvimento de novas tecnologias e na implementação de melhores práticas sustentáveis.

Passamos a ter voz ativa, sendo reconhecidas pela nossa capacidade de inovar e pela visão estratégica, especialmente em um setor que, por muito tempo, foi dominado por uma cultura machista e conservadora. Trouxemos não apenas a

1 https://forbes.com.br/escolhas-do-editor/2024/10/lista-forbes-50-mulheres-que-levam-o-agro-do-brasil-para-mundo/

competência técnica, mas também uma visão de longo prazo, que alia tradição e modernidade na atividade rural.

A força que brota da terra

Constantemente, minha mente me leva de volta ao lombo do cavalo, percorrendo as cercas com meu pai, observando o gado, negociando lotes e brincando no curral (sempre!). Mas estar conectada ao campo vai além de sentir o cheiro da terra ou contemplar o horizonte infinito da paisagem. Trata-se de compreender que o agronegócio é a espinha dorsal da economia brasileira e um pilar essencial para a segurança alimentar global. No Brasil, o setor responde por mais de 26% do PIB, emprega milhões de pessoas e coloca o país no topo da lista dos maiores exportadores de grãos e proteínas do mundo.

Eu não poderia vir até vocês, falar sobre o meu universo e a minha história, sem dar o devido palco ao extraordinário agronegócio brasileiro. Essa grandiosidade não é um acaso; é resultado da integração de ciência, tecnologia e gestão eficiente, que fizeram do agronegócio brasileiro uma referência global. De acordo com a Organização das Nações Unidas para a Alimentação e Agricultura (FAO), cada pessoa precisa de 250 kg de grãos por ano para viver. Isso significa que uma tonelada alimenta quatro pessoas em um ano. Enquanto países que produzem menos enfrentam insegurança alimentar, o Brasil abastece mercados internos e externos, suprindo déficits de nações industrializadas e em desenvolvimento, consolidando sua posição como protagonista no cenário global[2].

Por trás dessa força produtiva, estão histórias e pessoas — cada vez mais mulheres — que desafiam barreiras e lideram transformações. Minha trajetória é parte desse movimento. Sou fruto de mulheres que abriram portas antes de mim e carrego o compromisso de pavimentar o caminho para outras que virão. Esse avanço reflete como o agronegócio brasileiro, com tecnologia, inovação e gestão eficiente, continua a prosperar sem expandir áreas cultivadas, integrando ciência e boas práticas para alcançar resultados sustentáveis e competitivos.

Homens e mulheres impulsionaram o agronegócio brasileviro a uma posição de potência global, com resultados impressionantes. Entre 1990 e 2023, a produção agrícola cresceu 417%, quatro vezes mais do que a área plantada. Esse contraste reflete o impacto transformador da tecnologia, inovação e gestão eficiente, que aumentaram a produtividade sem expandir as áreas cultivadas. Esse avanço mostra como o agro brasileiro integra ciência e boas práticas para alcançar resultados sustentáveis e competitivos. O setor também vivencia uma crescente aproximação com o mercado de capitais, destacada pela inovação dos FIAGROs (Fundos de Investimento nas Cadeias Produtivas do Agronegócio), que se tornou minha bandeira favorita. Esse movimento exige que o agronegócio se profissionalize ainda mais, atendendo a rigorosos critérios de *compliance*, governança, gestão estrutural e práticas de sustentabilidade, incluindo métricas ESG. Esses desafios reforçam a necessidade de uma transição que modernize o setor e o fortaleça

2 https://openknowledge.fao.org/server/api/core/bitstreams/39dbc6d1-58eb-4aac-bd8a-47a8a2c07c67/content/cd1254en.html#gsc.tab=0

para atender às expectativas de investidores e mercados globais.

E já que começamos a história com a dinâmica da fazenda do Sr. Antônio, ela serve como exemplo vivo desses dados. A propriedade alcançou um avanço produtivo notável, impulsionado por tecnologia e gestão eficiente. Hoje, a fazenda não só é independente de subsídios e créditos controlados, mas também destina grande parte de sua produção ao mercado externo, confirmando sua competitividade no cenário global. Hoje, décadas após aqueles primeiros passos advogo para um universo enorme de produtores, implementando governança, *compliance*, focando minha atuação justamente em capacitar produtores a se adequarem a esses padrões de alta eficiência e melhores práticas, assegurando que prosperem nesse ambiente em constante transformação.

Hoje, tenho o privilégio de atuar junto a um amplo universo de produtores rurais, distribuídos por todos os estados da federação, promovendo a modernização de suas propriedades por meio da implementação de governança, *compliance* e padrões de alta eficiência. Minha missão vai além da capacitação: trabalho para construir alicerces sólidos que permitam a esses produtores não apenas se adequarem aos rigorosos critérios do mercado, mas também alcançarem independência de linhas de crédito controlado, ampliando seu acesso a novas formas de financiamento. Mais do que isso, busco impulsioná-los a se destacarem como líderes em inovação, gestão e competitividade. Em um setor em constante evolução, asseguro que estejam preparados para prosperar, enfrentando desafios e conquistando novos espaços no cenário nacional e global.

A nossa voz

Nós, mulheres, agora temos voz. Temos conquistado, dia após dia, um espaço cada vez mais respeitado no setor, especialmente quando se trata de produzir mais com menos impacto ambiental. Estamos à frente de melhores práticas agrícolas, investindo em tecnologia para otimizar processos e estabelecendo uma relação equilibrada com o meio ambiente. Muitas de nós são pioneiras na criação de novos modelos de negócios, produção e governança, liderando iniciativas de sustentabilidade e impulsionando inovações que defendem uma gestão mais ética e transparente.

Mas, se alguém pensa que foi fácil, está enganado. De nós, exige-se mais técnica, mais estudo e mais firmeza de posicionamento. O campo não foi aberto para nós; ele é conquistado dia a dia com muito esforço, dedicação e coragem. Cada avanço foi resultado de luta constante, de um compromisso inabalável para sermos ouvidas e respeitadas em um setor que, por muito tempo, subestimou nossa capacidade. O respeito não nos foi dado por políticas inclusivas. Mas seguimos derrubando barreiras, consolidando nosso terreno e provando que, quando se trata de competência, não há mais espaço para dúvida.

A história que compartilhei é apenas uma entre tantas que ilustram o impacto de ser puxada e puxar outras. De coadjuvantes, passamos a protagonistas. Da invisibilidade, conquistamos espaço e voz ativa. O caminho não foi fácil, mas, agora, conhecemos a estrada e sabemos que nosso lugar é irrevogável. Encerramos um capítulo e estamos prontas para escrever o próximo.

MARCELA MIRANDA

marcela.miranda@seastorm.ventures
linkedin.com/in/marcelacmiranda
@marcelamiranda

Transformação em espiral: o legado, o presente e os futuros possíveis

Este texto começa com um nódulo na tireoide. Eu, que me alimentava super bem, fazia atividades físicas regularmente, dormia oito horas por noite, bebia água, comia alimentos saudáveis e meditava, recebi um diagnóstico inconclusivo de um possível tumor. A recomendação era clara: uma tireoidectomia — retirada total da tireoide. Senti uma raiva gigante de mim. Ter criado algo que pudesse me prejudicar tanto, era inadmissível. Doeu demais. A cirurgia foi um sucesso e não precisei de nenhum tratamento extra. Mas algo maior havia sido desencadeado: eu tinha entrado num buraco negro de questionamentos e dúvidas.

Eu que sempre acreditei que doenças vão além do corpo físico, percebi que a questão não era mais o nódulo. Ele não estava mais lá. O susto tinha passado, mas a vulnerabilidade que a experiência me trouxe abriu um espaço de desconforto profundo, um vazio que não poderia ser preenchido apenas com explicações médicas. Foi então que decidi que precisava olhar para além do físico e mental. Cresci em uma família católica, conheci diversas religiões e adotei práticas que iam desde orações, meditação e rituais. Meu altar é uma mistura deliciosa de energias: Espírito Santo, velas, Budas, cristais, flores, imagens de Nossa Senhora, cartas de meditação e até bonequinhos para cocriação. Apesar dessas conexões, nada parecia trazer respostas que me completassem. Talvez elas não existissem. Mas havia uma inquietação, um chamado para ir mais fundo, para encontrar algo que realmente fizesse sentido.

Na área profissional, estava tudo indo super bem! Sou sócia de uma *Venture Builder* com foco em tecnologia, tinha acabado de fazer um EXIT, os outros negócios estavam crescendo, e eu estava escalando uma empresa no segmento de games. Tinha me mudado para uma cidade pequena e estava vivendo uma vida bem mais tranquila no meio da natureza, com a minha família. Tudo fluía. Ao menos parecia que fluía. A vida acontecia da forma mais natural e normal.

Mas como a única certeza que temos é que tudo vai mudar, comecei a estudar sobre processos sistêmicos e a visão integral da vida: como sistemas e indivíduos evoluem integrando passado, presente e futuro. Comecei a me aprofundar, a passar por vivências e experiências que me fizeram acessar o que por tantos anos eu coloquei "debaixo do tapete". E aí, a poeira subiu e tudo em mim e em volta de mim virou um caos! Comecei a (re)conhecer uma outra Marcela.

Descobri em mim uma criança que criou muitas imagens e frases limitantes, que por muitos anos foram traduzidas como uma pessoa de muita força e obstinada! Uma das minhas principais características era que eu poderia fazer tudo, em qualquer situação e condição — "Eu dou conta. Eu me basto." — usei muito essa frase, muito mesmo. E eu realmente dava conta, mas, quando comecei a me observar, percebi o peso que era tudo isso. Não posso dizer que isso era só mal, porque me trouxe para lugares e conquistas incríveis: familiar, financeiro, profissional, lazer, saúde. Eu tinha conquistado muitos privilégios. Mas a forma como isso acontecia dentro de mim era maligna! E não estamos mais falando de tireoide!

Ao longo de muita terapia, estudos, meditação e consciência, comecei a perceber padrões repetitivos com gerações passadas. Comecei a perceber que tinha muito mais deles em mim do que sangue e sobrenome: histórias, padrões, comportamentos, coisas que influenciavam minha saúde, minhas escolhas e até minhas crises. Quando falo sobre isso, não falo somente de coisas ruins, traumas ou fraquezas. Falo também de força, habilidades e transformações.

Quer um exemplo? Meus dois avôs, materno e paterno, foram dois homens incríveis. Um é filho do cangaço, o outro nasceu em uma família simples no interior do estado de SP, viajavam sempre fazendo obras. Com histórias e origens totalmente diferentes, fazendo parte de círculos opostos, foram trabalhar na construção de uma fábrica, que culminou na construção de um bairro, que depois virou cidade. Eles, uns dos primeiros moradores. Trouxeram suas famílias, entre eles meu pai e minha mãe. Eu nasci nessa pequena cidade, tive uma vida um pouco mais fácil, estudei e comecei a trabalhar cedo. Neta mais velha do lado paterno, meu avô foi um dos meus maiores apoiadores. Acreditava que eu tinha que entrar numa empresa grande e lá ficar para sempre. Começar pequeno e crescer. Estabilidade. Segurança. Coisas que ele conseguiu dar com muito esforço para meu pai e tios. Mas ele não tinha ideia do tanto de resiliência, força, comprometimento, disciplina, capacidade de gestão e de organização que transbordava dele. E eu, aberta às possibilidades da alma, sem ter a mínima ideia do que poderia fazer, fui construir empresas.

Fui ser mestre de obras de empresas. Peguei as habilidades deles, de levantar fábricas, casas e cidades, juntei com todas as oportunidades e facilidades que recebi dos meus pais e evoluí. Construí, uma *Venture Builder*, que já lançou mais de 20 empresas. Juntos, eu, meus pais e meus avós demos um passo além. Tem uma frase que gosto muito que diz: "Nós somos os sonhos dos nossos antepassados!"

Comecei a perceber que não se tratava de rejeitar ou esconder o que veio antes, mas de honrar todas essas histórias, todas essas dificuldades que eles passaram, para que eu pudesse receber essa força toda e que era genuinamente minha. Essa jornada me levou a olhar para dentro com mais coragem. Entendi que muito da raiva, vergonha e desconforto que eu sentia eram portas de entrada para uma transformação mais profunda. Foi um processo doloroso, chato, angustiante, porque exigiu encarar medos e contradições que preferia ignorar. E tudo isso acontecia com a vida acontecendo, nada parou para que eu me reestruturasse. Wallach, autor de *Longpath*, fala que *somos o ponto de encontro entre nossos antepassados e nossos descendentes. Cada escolha que fazemos hoje carrega ecos do passado e molda o mundo de amanhã.*

Uma coisa curiosa é que enquanto estava no processo de escrever este capítulo, aconteceu pela primeira vez um encontro da minha família materna, desde que meus avós faleceram ou desde que eu entrei na adolescência, não sei ao certo. Meus avós tiveram 10 filhos, 8 vivos, que se casaram e, somados, tiveram 27 filhos. Meus Natais eram caoticamente divertidos! Amigo secreto durava 4 horas, caça ao tesouro com dezenas de pistas para todos conseguirem participar, comidas eram em panelões e dormir era em colchões espalhados por toda a casa. Não me lembro de nenhum presente que ganhei, mas quase posso tocar as sensações, ouço risadas, tenho fotografias de rostos, sorrisos e momentos incríveis na minha memória — tudo isso direciona, muito, os encontros que construo na minha casa hoje. A vida seguiu.

Os natais passaram a ser distribuídos pelas casas e cidades, as famílias já se multiplicavam para outros lados. Ao longo dos anos formamos pequenos grupos, entendemos mais algumas dores, relações e nosso lugar de filho e de pais dos nossos filhos. Já somos os adultos — tios e tias — que organizam as brincadeiras, preparam as comidas ou providenciam os colchões. Esse ano, depois de algumas décadas, juntamos todos de novo. Na verdade, não eram todos, alguns tiveram imprevistos e muitos já tinham partido dessa vida terrena: avós, tios, tias, meu pai! Mas, de alguma forma, estavam todos ali: numa foto, numa música, numa risada ou numa história! Todos... como há 40 anos! Nós já não éramos mais as crianças correndo pela casa, mas estávamos replicando a nossa história com nossos filhos e sobrinhos. Estava ali a continuação dessa família que começou lá atrás com um filho do cangaço e uma filha de indígenas. Antes deles, um português que se casou com uma escrava. Quanta herança tinha no sangue e na alma daquelas crianças sorrindo, roubando brigadeiro e pulando na piscina? Comemoramos ali a vida de muitas vidas que vieram antes, comemoramos muitas histórias. As nossas histórias!

É curioso observar a possibilidade de tantos futuros possíveis para mim, para meus filhos, meus sobrinhos e todos os que virão deles. Imagina se essa consciência continua se expandindo, onde as próximas gerações chegarão? Ouvi num podcast — Novos Humanos — uma frase que diz: *They are coming, we are becoming*. E é isso!

Quando comecei a integrar todas essas habilidades e forças, muitas coisas começaram a se movimentar: trabalho, família, amigos, relacionamentos. Esses movimentos nem sempre eram confortáveis, mas eram movimentos. E eu fui me entregando para eles. Eles envolviam tudo ao redor: meus filhos, minhas conexões espirituais, meu casamento, amizades e família, meus interesses, meu trabalho, minha forma de ver as pessoas, de entender que tudo era muito maior do que só uma fala agressiva, um comportamento ou uma reação não esperada. Sempre tem muito mais coisas por trás, ou melhor, para trás.

Mas o que essa expansão mudou, mesmo, foi minha forma de trabalhar. Comecei a ver as empresas como organismos vivos, que precisam de integração, de habilidades, precisam servir, se conectar com os colaboradores, com o público, os fundadores. Tudo isso aconteceu num momento em que as empresas do grupo também estavam se reinventando, fazendo grandes mudanças. Muitas conversas, discussões, análises, conexões com o campo, e decidimos reestruturar as empresas: (re)adaptações, mudamos de escritórios, realinhamos culturas, reestruturamos times, fechamos algumas empresas. Decidimos parar a operação da empresa de games, e esse processo me fez questionar muitas coisas, muitas pessoas e o porquê faço o que faço. Foi uma fase muito ruim para mim, não só pelo fechamento, mas por todo movimento que isso acarretou dentro e fora do profissional. Senti que era hora de sair de algumas operações e viver um período sabático. Sabático? Não era isso, foi (ainda é!) um período de (re)descobertas, de (re)conhecimento, de entender o que, quem e como esse novo momento faria sentido para mim.

Assumi algumas atividades maiores em casa, ressignifiquei o ser mãe, esposa, dona de casa. Continuei acompanhando e investindo em novos negócios, mas num ritmo bem desacelerado. Parei. Estranhei o não fazer nada, o se sentir improdutiva, a pressão de criar e produzir incansavelmente, de ser vista. Senti-me desconfortável em falar não para algumas coisas que não queria mais fazer. Qual é a dor e a delícia disso, para mim? Voltei a estudar, ler mais, mudei a terapia, comecei a pintar, montar lego, me conectei com pessoas e assuntos que nunca tinha imaginado fazer sentido para mim, revisitei alguns projetos antigos, reescrevi outros.

A tecnologia continua fazendo parte da minha vida, foi com ela que cheguei aqui e cada vez mais acredito que ela será responsável por uma nova forma de futuro, não só o meu. A tecnologia moldará o novo mundo, as novas pessoas, novas consciências, novas formas de relações e conexões. Nesse momento, quero conectar o sutil da Astrologia com o concreto da Tecnologia. Um novo projeto. Fazer essa dança entre o que eu fui até agora e me trouxe até aqui com o que é novo, e vai me levar para o próximo arco da espiral. Se vai dar certo? Vou confiar na parte bruxa das minhas avós indígenas.

Comecei a incluir, na minha vida, práticas que integram o emocional, o espiritual e o racional, reconhecendo que é na soma desses aspectos que nascem as grandes inovações. Ainda é uma verdadeira montanha russa. Dias de luta, dias de glória, como diria Chorão. Provável que seja assim para sempre. Um passo de cada vez, subindo e descendo, entre o caos e a ordem, entre o que fui e o que posso ser.

A minha tireoide passou a ser minha transformação. Numa meditação, ela se transformou numa borboleta e acabou virando a minha tatuagem preferida. E agora, enquanto escrevo este capítulo, me vem uma pergunta: quantas versões de mim ainda estão por vir? Acho que a resposta está justamente nessa jornada de continuar descobrindo. Afinal, como Wilber sugere em *A Visão Integral*, *"o todo nunca está completo; ele está sempre se desdobrando"*.

MARIA BRASIL

maribrasil.com.br
linkedin.com/in/maria-brasil
@maribrasil_
maria@essencebranding.com.br

Uma jornada de Amor & Alma

Nasci e fui criada em Salvador, a cidade que pulsa com cores, sons e ritmos — cenário perfeito para uma alma inquieta e apaixonada pela comunicação. Desde cedo, sempre amei desenhar, pintar e fazer quaisquer tipos de artes visuais que me permitissem soltar a imaginação. Já na adolescência, adorava assistir tutoriais na internet e me arriscar a fazer montagens e ilustrações no Photoshop. Foi essa fascinação que guiou minha trajetória, e me trouxe o privilégio de nunca ter dúvidas sobre a escolha da minha carreira.

Durante a faculdade de Comunicação e Marketing, participei de um desafio universitário realizado por uma agência chamada Invent Live Marketing. Terminei em segundo lugar na competição, mas tive a honra de ser convidada por eles para me juntar ao time. Iniciei na área de Atendimento e posteriormente migrei para o Planejamento. Ali, aprendi a traduzir ideias em projetos memoráveis para gigantes como Coca-Cola, Heineken, McDonald's e Itaú. A legitimação a toda aquela dedicação veio rápido, na forma de prêmios como Colunistas e Ampro Globes Awards, mas, apesar de tudo, havia algo faltando. Eu sentia que meu trabalho precisava ir além da lógica mecânica do mercado, que visa a mera geração de lucro; eu queria que ele fizesse sentido e deixasse um legado. Aos 23 anos, me questionava muito se toda a minha existência deveria ser mesmo destinada a ajudar grandes companhias a terem grandes resultados. "Será que é só isso?" — eu pensava.

Foi então que decidi seguir meu coração. Após quase um ano de reflexão e planejamento (especialmente financeiro), tomei coragem, pedi demissão e fundei uma empresa chamada Cazulo Educação Corporativa. Junto a três sócios, levamos as ideias sobre propósito nos negócios para empresas que nutriam o nível de consciência suficiente para abraçá-las. Nossos primeiros clientes foram a Natura e a Kordsa, uma empresa turca que tinha sede em Salvador. A Cazulo me abriu muitos horizontes e me aproximou de pessoas brilhantes, mas não demorou muito para que meu coração me apontasse mais um chamado: já não bastava a convivência num mundo corporativo bastante masculino, dividir meu sonho com três homens me fazia sentir falta de nutrir o meu lado feminino. Neste momento, decidi voltar algumas casas, sair da empresa que cofundei com tanto carinho e me permiti iniciar um novo ciclo, mais uma vez.

Neste momento nasce a Essence Branding, uma consultoria em *branding* e estratégia de marca focada em revelar a singularidade de cada negócio. Desde o início, a Essence nasceu com a missão de ser mais do que uma empresa. Queríamos construir pontes entre os valores internos das marcas e suas manifestações externas, gerando algum impacto positivo no mundo. A certificação como Empresa B veio como uma chancela dessa proposta, mas, para mim, era apenas o começo.

Essence branding: o poder do invisível

Na Essence, cada detalhe conta. Somos uma empresa 100% feminina, guiada por uma cultura de cuidado que valoriza o que muitas vezes passa despercebido: o invisível e o subjetivo. Esses são os elementos que realmente dão vida às marcas, e é exatamente aí que reside a nossa fascinação.

Nosso olhar vai além do óbvio. Mergulhamos nas entrelinhas das histórias, naquilo que não é dito, mas está presente, nos valores que permeiam as ações, mesmo que de forma sutil. É essa sensibilidade que nos permite capturar a essência única de cada negócio, transformando-a em estratégias de *branding* autênticas e impactantes.

Somos guardiãs de histórias, curadoras de valores e construtoras de legados. Nossa missão é clara: continuar revelando o melhor das marcas e, ao fazê-lo, deixar um impacto positivo no mundo. Afinal, é no cuidado e no detalhe que reside a verdadeira transformação.

Nos orgulhamos de nossas raízes baianas, um território rico em cultura, diversidade e história. A Bahia é mais do que um cenário para nós; ela é uma fonte inesgotável de inspiração. Nosso amor por este lugar se reflete em nossa abordagem, que valoriza as narrativas locais, a conexão com a comunidade e a preservação da identidade cultural. No entanto, nossa visão vai além das fronteiras. Acreditamos que as histórias e valores que cultivamos aqui têm relevância global. Essa perspectiva nos permitiu levar nossa metodologia para diferentes cantos do mundo. Já desenvolvemos mais de 250 projetos em 9 países, sempre mantendo nosso compromisso de revelar o que há de mais genuíno nas marcas, independentemente de onde estejam.

A Essence é mais do que uma empresa de consultoria. Ela me permite transformar uma paixão em uma missão de vida: dar alma às marcas e trazer mais humanidade para os negócios.

Horizontes sem fim: aprendizados pelo mundo

Minha paixão por viajar, somada a toda essa jornada de aprendizado, me levou a vários cantos do mundo. Tive a oportunidade de morar em Londres, Madrid e Budapeste, e cada lugar deixou marcas profundas na minha visão de mundo. Na University of London, fiz meu mestrado em *Brands, Communication and Culture*, o que refinou minha abordagem acadêmica e prática sobre *branding*. A Universidad Europea de Madrid e o Instituto Europeu de Design ampliaram meu repertório criativo, enquanto experiências em escolas como a Miami Ad School e a New York University fortaleceram minha base estratégica.

Essas vivências internacionais não foram apenas sobre adquirir conhecimento técnico; elas me permitiram mergulhar em culturas diversas, compreender diferentes perspectivas e valorizar a singularidade de cada indivíduo e negócio. Esse aprendizado global é um dos pilares do que chamo de "Marcas com Alma": uma filosofia que deu base a algumas das metodologias que desenvolvi, e que combina estratégia e empatia para criar marcas que ressoam profundamente com seu público.

Liderança, representatividade e propósito: abrindo caminhos

Minha jornada na liderança começou cedo, guiada por um propósito claro: abrir caminhos para outras mulheres e construir espaços mais inclusivos no mundo dos negócios. Antes de me tornar a primeira mulher a presidir a Confederação Nacional de Jovens Empresários (CONAJE), assumi o desafio de liderar a Associação dos Jovens Empreendedores da Bahia (AJE-BA). Fui, mais uma vez, a primeira mulher a ocupar essa posição.

Naquele momento, compreendi o peso da responsabilidade que carregava. Ser pioneira significava não apenas representar, mas também inspirar outras mulheres a acreditarem em seu potencial e conquistarem seu espaço. Minha atuação na AJE-BA foi marcada pela busca constante de inovação e inclusão, criando iniciativas que fortalecessem o empreendedorismo jovem e feminino no estado. Esse trabalho foi um trampolim para desafios maiores, levando a uma trajetória de impacto em âmbito nacional.

Quando assumi a presidência da CONAJE, sabia que estava entrando em um território historicamente masculino. No entanto, também sabia que essa era uma oportunidade única de trazer novas perspectivas e impulsionar um movimento de transformação. Minha gestão foi pautada pelo fortalecimento do empreendedorismo como ferramenta de desenvolvimento econômico e social. Busquei não apenas representar os jovens empresários, mas também criar pontes entre diferentes setores e fomentar um ecossistema mais colaborativo.

As tradicionais assembleias, de tom formal e pauta estruturada, abriram espaço para palestras sobre propósito, equidade de gênero e racismo. Pautas nunca antes discutidas por aquele conselho começaram a ter voz e vez. Além disso, é claro, a emoção, o cuidado e a sutileza também fizeram parte dessa jornada, a partir de uma cultura mais acolhedora e resiliente.

A liderança, para mim, nunca foi apenas sobre ocupar um cargo. Foi sobre construir legados e impactar vidas. Cada conquista, cada projeto e cada decisão tiveram como base um propósito maior: abrir portas para que outras mulheres pudessem entrar e transformar. Ser a primeira muitas vezes significa ser a única, mas sempre trabalhei para garantir que isso mudasse.

Ao longo dos anos, lancei projetos nacionais voltados para o empreendedorismo feminino, a exemplo do CONAJE para Elas, ajudando mulheres a conquistarem independência financeira e espaço no mercado. Uma das minhas maiores alegrias é saber que essas iniciativas impactaram diretamente a vida de tantas pessoas, criando uma rede de apoio e inspiração.

Minha atuação em comitês estratégicos, como o do Instituto Capitalismo Consciente Brasil, reforça meu compromisso com um modelo de negócios mais ético e sustentável. Cada projeto e cada cargo que ocupei e ocupo tem como base o mesmo propósito: construir um mundo onde negócios e humanidade caminham juntos.

Hoje, como presidente do Conselho Consultivo da CONAJE e integrante de outros conselhos, continuo minha missão de impulsionar o empreendedorismo consciente, sempre guiada pelo cuidado e pelo desejo de servir. Liderar, para mim, é uma forma de contribuir para um mundo mais equitativo, onde todas as vozes possam ser ouvidas e valorizadas.

Escrevendo e compartilhando

Escrever sempre foi uma forma de organizar meus pensamentos e compartilhar minhas ideias. Aos 25 anos, publiquei meu primeiro livro, *O Discurso do Réu*, onde discuto temas como propósito e capitalismo consciente. Foi uma experiência transformadora que me levou a palcos como o TEDx, onde pude compartilhar minha visão com o mundo. As palestras se tornaram uma extensão natural do meu trabalho, permitindo que eu conectasse com públicos diversos e inspirasse outras pessoas a encontrarem sua essência e propósito.

Hoje, sou professora, palestrante e consultora, e continuo aprendendo a cada passo. Os *workshops* e cursos que conduzo em áreas como liderança feminina e *branding* são espaços de troca, onde ensino e aprendo com as experiências dos outros.

Por um futuro com mais alma

Minha história é uma soma de experiências, aprendizados e desafios que me moldaram e me trouxeram até aqui. De Salvador ao mundo, sempre acreditei no poder transformador da comunicação e na importância de um olhar humano nos negócios. Hoje, com a Essence e com o meu novo livro *Marcas com Alma*, continuo minha jornada de dar voz e alma às marcas, enquanto celebro as conexões e os impactos que podemos criar juntos.

Compreender um mundo em constante evolução é se manter sempre atenta às mudanças, mas, acima de tudo, conectada com sua essência. Eu acredito que as marcas são organismos vivos, que respiram, sentem e se transformam. O meu trabalho é ser o espelho que reflete essa alma, ajudando cada negócio a comunicar seu valor de forma verdadeira e impactante. Em um mercado frequentemente dominado pelo pragmatismo, eu escolho o caminho da sensibilidade.

Este é apenas o começo. A jornada continua, com novas histórias para contar, novas marcas para transformar e novas vidas para impactar. Afinal, como sempre digo: o que realmente importa é a intenção por trás de cada ação e o cuidado que colocamos em cada detalhe.

MARIA GAL

@mariagalreal
movemaria.black
contato@movemaria.black
linkedin.com/in/mariagal

Gratidão e generosidade – uma história de caminhos abertos

Minha história é tecida com os fios da resistência, do amor e da generosidade. Eu me chamo Maria das Graças Quaresma dos Santos, nome artístico Maria Gal. Filha única de Clarice Quaresma dos Santos e Lourival dos Santos.

Sou uma mulher preta, nordestina, atriz, apresentadora, criadora de conteúdo e empresária. Minha caminhada tem sido marcada pela coragem das que vieram antes de mim e pela missão de abrir portas para quem ainda está por vir. Minha vida é um tributo às mãos que me ergueram e à força que encontrei para estender as minhas a outras mulheres.

Quero compartilhar com você uma jornada repleta de desafios, sonhos e superações. Um caminho construído pela fé no impossível e pela crença de que, juntas, podemos transformar o mundo.

O início: minhas raízes no nordeste

Nasci em Salvador, Bahia, um solo fértil de cultura e ancestralidade. Cresci entre histórias, canções e danças que celebravam nossas raízes negras. Minha mãe, uma mulher de força inabalável, foi a primeira a me ensinar sobre coragem e resiliência. Mesmo sem muitas oportunidades, ela me deu o que tinha de mais precioso: sua fé em um futuro melhor e na importância da educação.

Quando criança, descobri o amor pelo palco. Decorava falas de novelas, improvisava cenas e dançava balé com a intensidade de quem já sabia que seu lugar era no mundo da arte. As aulas de improvisação foram minha primeira escola de sonhos. O teatro me chamou e eu não hesitei.

Após me formar em educação artística com computação gráfica, fui estudar artes cênicas no Teatro Vila Velha, e passei pelo Bando de Teatro Olodum.

Mesmo ouvindo tantas vezes que ser atriz era um sonho distante para uma menina preta e nordestina, minha ambição em me jogar no mundo foi mais forte: algo em mim dizia: "Vá!"

A travessia: São Paulo e o encontro com a realidade

Em 2001, com apenas mil reais no bolso e uma mala cheia de esperanças, migrei para São Paulo, sozinha e sem conhecer ninguém. Lógico que àquela altura eu não tinha noção do que estava fazendo (rsrs).

Minha desculpa era que eu ia passar uns 3 meses para estudar teatro, o que acabou virando 10 anos!

A cidade era imensa, assustadora, mas também cheia de possibilidades. Meu coração estava dividido entre o medo do desconhecido e a excitação de começar.

No começo, a realidade foi dura. Aluguei um quarto minúsculo, onde até cozinhar era proibido. Trabalhei como garçonete, mesmo sem saber segurar uma bandeja, e depois como professora de teatro em ONGs e CEUs. Cada trabalho era uma batalha, para pagar as contas, mas também um passo em direção ao meu objetivo.

No teatro, encontrei meu espaço e percebi a falta de representatividade negra. Naquela época era raro ver rostos como o meu nos palcos paulistas. Isso me levou a fundar, com colegas, um coletivo de atores negros, dentro da maior universidade do país, a USP. Universidade onde eu era aluna dentro da Escola de Arte Dramática (EAD). Foi um ato de resistência e um aprendizado sobre a importância de criar nossos próprios caminhos. Até que...

Rio de Janeiro: uma nova cena, novos desafios

Depois de São Paulo, minha próxima parada foi o Rio de Janeiro.

Após 10 anos, meu coração não estava mais em Sampa. Sou da natureza, amo a conexão com o mar, e foi daí que resolvi migrar para o Rio de Janeiro.

Mais uma vez, comecei do zero. Sem contatos, sem emprego, apenas com minha intuição e uma ideia para um espetáculo infantil baseado em um texto de Lázaro Ramos.

Pouco a pouco, aprendi sobre leis de incentivo, captação de recursos e produção cultural. No Rio me coloquei um grande desafio, também. Trabalhar com TV e cinema. Audiovisual.

Aí foram anos de lapidação e superação de obstáculos na nova jornada. Morei na Cidade de Deus, estudei prosódia (para neutralizar meu sotaque) para não ser chamada só para personagens nordestinos. Fiz inúmeros cursos de interpretação, roteiro, produção para também entender como produzir. Isso porque percebi que era pouco chamada para os testes, ou quando era em sua grande maioria eram personagens estereotipados. Até que...

Fui fazer um teste para um filme, fizemos várias fases de teste, até que no final ficou entre eu e uma atriz branca e o diretor optou pela atriz branca porque, segundo o diretor, a cor da pele dela era mais "comercial" do que o meu sendo uma mulher preta.

Depois de um fim de semana com isso entalado na minha garganta e muita raiva, decidi que ia mudar esse paradigma no audiovisual nacional. Essa ferida foi transformada em força. Decidi que nunca mais dependeria da validação alheia. Eu criaria minhas próprias oportunidades.

O sonho do audiovisual me chamou, e eu decidi atendê-lo.

Meu primeiro papel significativo veio em *"Joia Rara"*, uma novela da Rede Globo. Depois disso, participei de outras produções, como *"As Aventuras de Poliana, Poliana Moça"*, que marcaram minha trajetória na TV. Um contrato de sete meses no SBT durou cinco anos! E na sequência a novela *Amor Perfeito* na Rede Globo. Passagens pela Netflix, Grupo Band, TV Cultura, Paramount, Canal Futura, Globoplay e filmes independentes também fazem parte da minha jornada.

Move Maria: uma plataforma de transformação

Assim nasceu a *Move Maria*, minha produtora audiovisual. A ideia era simples, mas poderosa: criar histórias que refletem nossa realidade e potencial. Fazer entretenimento de impacto, termo muito usado hoje nos Estados Unidos e no mundo.

Hoje, a Move Maria é uma plataforma de inovação e impacto social. Produzimos filmes, séries e conteúdos digitais que celebram a representatividade negra.

Em 2022, lançamos o talk show *"Preto no Branco"*, liderado por mulheres pretas. Foi um marco na televisão brasileira, com mais de 10 milhões de impactos. Mas este é apenas o começo. Nossa missão é construir um legado de histórias que inspirem e transformem.

Carolina Maria de Jesus: uma luz na minha jornada

Se há uma mulher que mudou minha trajetória, essa mulher foi *Carolina Maria de Jesus*. Quando li *Quarto de Despejo*, senti como se ela estivesse me falando diretamente. Carolina era mais do que uma escritora; era uma voz de resistência em um mundo que insistia em apagá-la. Mulher preta, favelada, mãe solo e artista genial, ela ousou narrar a realidade com a força de quem transforma a dor em poesia.

Carolina foi minha inspiração para sonhar grande. Sua história me levou a conceber um projeto audacioso: um filme que celebrasse sua vida e legado. Não se trata apenas de um filme; é um ato de justiça histórica, uma forma de devolver ao mundo a potência da sua voz.

O projeto, atualmente em fase de captação de recursos, tem previsão para começar as filmagens em 2025/2026. Já avançamos em parcerias importantes no Brasil. Atualmente buscamos parcerias comerciais no Brasil e exterior para distribuição e produção do filme, para garantir que essa obra tenha o alcance e a grandiosidade que Carolina merece.

No roteiro, queremos explorar não apenas a Carolina escritora, mas também a mulher por trás das palavras. Mostrar suas lutas, seus amores, seus sonhos. Vamos retratar a dureza da vida na favela, mas também a beleza de sua força criativa. Este será um filme que dialoga com o presente, trazendo reflexões sobre racismo, desigualdade e a importância da representatividade.

Gratidão e generosidade: um ciclo que se renova

Minha mãe foi minha primeira inspiração. Sua força e resiliência me ensinaram que é possível vencer, mesmo nas condições mais adversas. Sou grata também às mulheres como Carolina, que abriram caminhos e me mostraram que a arte pode ser um ato político.

Mas gratidão não é passiva; é ativa. Hoje, sinto que minha missão é devolver ao mundo tudo o que recebi. Quero ser uma ponte para outras mulheres pretas, uma incentivadora de sonhos e uma construtora de redes de apoio.

O Brasil que consome, mas não representa

O Brasil é uma potência no consumo de audiovisual. Somos o quinto maior mercado do mundo nessa indústria, consumindo com voracidade filmes, séries e documentários. Em cada canto do país, há olhos atentos às telas, buscando histórias que emocionem, divirtam e reflitam quem somos. Mas, ao mesmo tempo, vivemos uma dolorosa contradição: essa indústria que nos entretém pouco nos representa.

Enquanto 56% da população brasileira se declara preta ou parda, essa maioria é invisibilizada nas telas. Nos filmes nacionais, por exemplo, apenas 13,3% dos personagens são negros. E quando falamos de negros retintos, a presença se torna quase inexistente, salvo ainda algumas exceções. O apagamento não se limita ao que é visto nas câmeras; nos bastidores, a desigualdade é ainda mais acentuada. Cerca de 75,4% dos diretores e 59,9% dos roteiristas são homens brancos. Mulheres negras, como eu, raramente ocupam os cargos de decisão que moldam as narrativas exibidas.

Essa lacuna não é apenas uma questão estatística; é uma ferida social. A falta de representatividade no audiovisual brasileiro reflete um sistema estruturado para manter o poder em mãos específicas, apagando vozes e rostos que não se encaixam em um padrão eurocêntrico de beleza e protagonismo. Cada ausência na tela é um grito silenciado, uma história que não foi contada, uma cultura que não foi celebrada.

Pequena África: um olhar para nossas raízes

Produzir e liderar projetos que tragam essas narrativas à tona é um ato de resistência. É por isso que o documentário *Pequena África*, disponível no Globoplay, é tão importante para mim. Ele mergulha na história de uma região do Rio de Janeiro que foi e ainda é o coração da cultura afro-brasileira. Ali, entre a Gamboa e a Saúde, nasceu um território que abrigou libertos, escravizados e suas famílias, moldando o que hoje entendemos como samba, resistência e memória negra.

Pequena África não é apenas um documentário; é um testemunho vivo da força e da resiliência do nosso povo. A produção destacou histórias esquecidas, personagens invisibilizados, mas que são fundamentais para entender quem somos enquanto nação. Como produtora desse projeto, senti a responsabilidade e a honra de levar essa história ao público. Porque enquanto houver apagamento, precisamos de obras que iluminem.

Uma indústria que precisa mudar

A indústria audiovisual no Brasil é poderosa. É um mercado bilionário, com impacto cultural e econômico gigantesco. No entanto, o que vemos nas telas ainda não reflete a riqueza de nossa diversidade. Para um país majoritariamente negro, a falta de representatividade é uma contradição que precisamos resolver.

Não se trata apenas de justiça social, mas de ampliar as possibilidades artísticas e culturais do país. Quando mulheres negras, como eu, têm a chance de criar, dirigir e produzir, não apenas rompemos barreiras pessoais, mas também abrimos portas para que novas histórias sejam contadas. Histórias que dialogam com nossa ancestralidade, que celebram nossa cultura, que desafiam os estereótipos.

Estar no audiovisual, para mim, é mais do que uma profissão; é um ato político. É usar a arte para reivindicar espaço, para construir pontes e para contar as histórias que o Brasil precisa ouvir. Mulheres negras têm um papel fundamental nessa transformação. Quando dirigimos, roteirizamos ou produzimos, trazemos para as telas um olhar que foi sistematicamente apagado.

Por isso, criar a Move Maria foi uma resposta à exclusão. Minha produtora é um espaço para amplificar vozes e fomentar narrativas que celebram a diversidade. Em cada projeto, carrego o compromisso de não apenas representar, mas também de inspirar.

Construindo o futuro

O audiovisual tem o poder de transformar mentes e corações. Cada filme, cada série, cada documentário é uma chance de mudar perspectivas, de educar, de sensibilizar. Por isso, precisamos de mais histórias como *Pequena África*. Precisamos de mais mulheres negras liderando projetos, criando narrativas e ocupando os espaços que nos foram negados por tanto tempo.

O futuro do audiovisual brasileiro precisa ser mais justo, mais diverso e mais verdadeiro. Ele precisa refletir o Brasil em sua totalidade, com sua riqueza cultural, sua multiplicidade de rostos e vozes. E nós, mulheres pretas, somos essenciais nessa construção. Não apenas como protagonistas das histórias, mas como criadoras delas.

Porque, no final das contas, o que buscamos não é apenas um lugar na tela. É um lugar na história.

A minha jornada é feita de passos firmes que só foram possíveis graças às mulheres que vieram antes de mim, abrindo caminhos com coragem e determinação. Sou profundamente grata às mulheres negras que, enfrentando injustiças e invisibilidades, transformaram dor em resistência e silêncio em voz. Elas são minhas ancestrais de luta, inspiração e força. Cada conquista minha é também delas, pois carregaram o peso da história para que eu pudesse caminhar mais livremente. Obrigada a todas que me ensinaram, direta ou indiretamente, que sonhar e realizar é um ato de coragem e que, juntas, somos uma ponte para um futuro mais justo.

"Suba o primeiro degrau com fé, mesmo que você não veja toda a escada" (Martin Luther King).

MARIA HELENA VÁLIO

mhelena.valio@womeninvest.com.br
+55 11 98808-3327
@canalwomeninvest
linkedin.com/in/maria-helena-valio-5433508

Conexões de Valor

Meu querido diário...

Eu nunca escrevi um livro, nunca sequer escrevi uma matéria sobre algo que não fosse técnico ou ligado ao meu trabalho. Na verdade, no século passado, as pessoas escreviam cartas (e recebiam também — era uma delícia!) e este era um ótimo exercício de capacidade de expressão escrita, mas isto já faz tanto tempo... Acho que pelo menos uns 25 anos.

Mas, se vou aqui contar uma história real e sobre mim, acho que eu tenho que também contar um pouquinho sobre quem eu sou e como cheguei no comecinho desta etapa da minha vida: exatamente 10 anos atrás!

Naquela época (segundo semestre de 2014) eu já estava totalmente infeliz; eu ia dormir todos os dias achando que talvez não acordasse no dia seguinte. Eu me sentia presa a uma vida e um cotidiano que não me satisfaziam, que apresentavam muitos desafios, mas nenhuma recompensa. Eu, aquela jovem batalhadora, valente, cheia de energia, que todo mundo falava que iria brilhar sempre, estava sem forças ou disposição para tentar me reencontrar e encarar o que estava errado.

Acontece, que na vida, se você não toma uma decisão você mesma, ela perde a paciência e faz isto por você.

Eis que num exame de rotina descubro que estava com um câncer, um simples exame de sangue me contou que eu tinha esta terrível doença, mas eu não sabia nem onde. Foram quatro semanas de intensa busca. Primeiramente, descobri que a origem estava no intestino, mas meu gastro, com sua cruel canetinha, fazia bolinhas em cima das partes onde eu também poderia encontrar algo e avisou: "Só depois de um pet scan poderei dizer que caminho seguiremos!" (mas o que é um pet scan mesmo?). E lá fui eu fazer meu exame rezando para ter apenas intestino, fígado e pulmão...

Eu não posso morrer!

No dia 17 de dezembro de 2014, recebi o diagnóstico: adenocarcinoma de cólon com metástases pulmonares e hepáticas. Protocolo: 12 ciclos de quimioterapia peri-operatória, cirurgia de ressecção do tumor primário e hepatectomia e ressecção dos nódulos pulmonares. E, claro, a pergunta que alguém que não conhece nada de Medicina, mas bastante de Matemática, inevitavelmente faz: "Dra, quais são as minhas chances?"

"Você quer um número, Maria Helena? Como você ainda é jovem (eu estava com 49 anos), 40% de chance de sucesso."

Martelo batido: decidi que fazia parte dos 40% que se curavam!

Eu não tinha medo de morrer, mas tinha um filho de 13 anos que precisava de mim. Ficava fazendo as contas: se eu viver mais cinco anos ele já será maior de idade, se eu viver mais 10 vou poder ajudá-lo na faculdade... "Deus, me deixa por aqui mais um pouquinho, vai...". Mas só rezar pode não ser o suficiente, Deus faz a parte dele e nós fazemos a nossa. Estabeleci regras em casa: ninguém podia chorar, se lamentar, fazer drama. Afinal, a gente chora quando acha que o final será triste, mas eu já tinha decidido, meu final seria feliz!

Comecei meu tratamento dia 26/12/14, fiz a primeira cirurgia dia 14/02/15, em seis de março fiz 50 anos, minha segunda cirurgia foi dia 17/03/15 e em 21/7/15 o tratamento acabou. Eu estava pronta para reiniciar minha jornada, já pensando nas devidas correções de rota e ajustes necessários. Isto envolveu desde uma super faxina na minha casa para jogar tudo velho e que não tinha utilidade no lixo (feito isto, em menos de um mês, casa vendida!) até a difícil e dolorosa decisão de pedir a separação.

Foi nesta fase da minha vida que comecei a aprender o poder das redes de apoio: se não fosse todo o carinho, orientação, companhia, alegria e ombro para chorar que recebi de muitos amigos, incluo aqui uma super festa de comemoração dos meus 50 anos para 70 pessoas, oferecida por uma querida amiga e colocada em pé em quatro dias, eu não sei se teria conseguido. Neste exército de anjos cada um tem um papel, não há planejamento, mas cada um vai descobrindo seu espaço e fazendo sua parte.

Uma nova vida

Desde que comecei a me envolver mais com mulheres 50+, escuto a palavra "reinvenção". "Ah, eu me reinventei e agora sou outra mulher!". Mas será que é isso mesmo? Será que deixamos de ser quem já fomos e nasce uma nova pessoa? Será que simplesmente jogamos fora toda nossa vida passada para conseguir construir algo melhor e diferente?

Eu acho que não, penso que como os juros compostos, que vão se acumulando pedaço a pedaço, um em cima do outro, nossa experiência de vida também nos faz crescer e aprender mais rápido e melhor.

A corrida em busca de alguma reconexão é uma jornada longa que requer paciência. As coisas não acontecem do dia para a noite, disciplina e fé são fatores fundamentais para o sucesso desse trabalho. Acho que a palavra que melhor expressa isso é resiliência. Muita gente faz menção a ela, e acho isto super merecido!

Além de retomar contato com amigas e amigos que eu tinha largado ao longo da minha estrada, resolvi entrar em grupos, ver o que as pessoas estavam fazendo e me reinserir de forma estruturada no mercado financeiro. Não era possível que depois de uma carreira que envolveu trabalhos em Nova Iorque, Londres e Pittsburgh (sim, não posso deixar de mencionar minha primeira morada nos Estados

Unidos) eu estivesse desconectada desse mundo. Eu tinha que me atualizar e me atualizar, o mercado financeiro estava se desenvolvendo, minhas convicções se fortalecendo e, claro, eu tinha contas para pagar.

Como disse há pouco, toda jornada é longa e requer paciência. Pedras e sentimentos negativos podem tentar tirá-la da sua estrada, foram quase quatro anos entre o fim do meu tratamento e o início oficial da Women Invest, que tanto me alegra e completa. Muitas vezes a mensagem que vinha para mim era "volte 4 casas" e eu voltava. Porque resiliência é isso. Mas eu segui me fortalecendo e criando mais e mais convicção de que estava no caminho certo.

Aprender ensinando é a melhor troca que pode existir

Em março de 2019, fui mencionada num grupo onde mulheres demonstravam interesse em aprender a investir. Mulheres de outras áreas, que não estavam buscando entrar para o mercado financeiro, mas que queriam aprender sobre as diversas áreas, expressões e modalidades de investimentos no mundo financeiro. Afinal, já são algumas décadas de conquistas de mulheres em termos de diferença salarial, respeito no ambiente de trabalho e, junto com isso, vem o dinheiro também. Estamos ganhando mais (ainda precisa melhorar), vivemos mais do que os homens, temos mais coragem para encarar as separações... A palavra de ordem dos últimos dez anos foi o "empoderamento". Mas como podemos ter poder se o que manda mesmo é o dinheiro? Como podemos ter autonomia para tomar pequenas ou grandes decisões se não temos o controle do nosso patrimônio?

E então resolvi criar a Women Invest. Resolvi construir uma ponte entre essas mulheres que não têm coragem ou conhecimento para tomar as rédeas das suas vidas e o mercado financeiro.

Comecei pelo meu lado do mundo, as instituições financeiras. Escrevi para amigos, conhecidos, profissionais de respeito e fui contando que eu tinha um pequeno grupo de mulheres, não mais do que 30, que queriam aprender sobre investimentos para cuidar do seu dinheiro. Será que eles topariam falar com elas?

Acho que os primeiros 12 meses do Women Invest, que coincidem com o período exato até o início da pandemia, foram uns dos meses quando mais aprendi e fiz "conexões". De um lado a lista de empresas querendo falar com essas mulheres só crescia, do outro eu pensava: quando este grupo bater 500 mulheres fecho para novas adesões, não dou conta. Fui fazendo amigas e aprendendo, fotógrafas, aposentadas, empresárias, médicas, dentistas, economistas, todas queriam aprender com as palestras da Women Invest. Encerramos 2019 com 2.000 mulheres e quase 50 palestras presenciais realizadas. Acho que naquele tempo, não muito distante de hoje, fazer palestra "online" ainda era um bicho de sete cabeças.

E eu fui aprendendo, meu contato com essas mulheres sempre foi muito direto, nunca deixei de passar meu WhatsApp para ninguém. E elas me escreviam (na verdade, escrevem até hoje) para falar sobre inúmeras coisas, não apenas sobre investimento. E fui conhecendo estas mulheres, suas preocupações, desejos, inseguranças. Virei uma tradutora nas palestras, quando eu via que elas não estavam mais prestando atenção no que o palestrante tinha para falar, eu tomava a palavra e dava alguns passos para trás. Elas gostavam tanto que até avisavam os palestrantes: "A Lena vai interromper você!".

Na pandemia, resolvemos criar um grupo que apelidamos de "We are WIs". Ele existe até hoje e a principal regra é: podemos falar de tudo menos de investimentos e política. Que laboratório e que troca de experiências e ajudas. "Uma amiga veio para SP e está procurando um apartamento para morar por uns meses", bingo, lá vem alguém para ajudar. "Estou na dúvida se mando minha filha para um acampamento nas férias, alguém já fez isso?"; "Deixei um remédio em Miami, e preciso dele urgentemente, alguém está vindo para o Brasil?".

E foi assim que crescemos e nos tornamos "Conexões de Valor". Somos mais de cinco mil mulheres e dezenas de instituições já falaram conosco. Quem criou o novo lema da Women Invest, "somos conexões de valor", foi uma grande profissional do mundo de *branding* no Brasil, como a conheci? Via Women Invest.

Dois meses atrás tivemos a terceira edição do nosso congresso, o Women Invest Summit, por onde passaram quase 1.500 mulheres. Como ele é montado? Por profissionais que apareceram no WI. Desde a pessoa responsável pela organização do congresso até as arquitetas e os fornecedores de móveis. Existimos graças a essas conexões. Uma ajudando a outra, novos grupos e amizades são criados. Todos os dias aprendemos mais sobre quem são as mulheres investidoras, como podemos ajudar o mercado financeiro a falar e atender todas elas de maneira correta e respeitosa.

E este acabou sendo meu legado, se 10 anos atrás eu estava infeliz e sem perspectivas de futuro, hoje mal consigo dar conta de tudo que tenho que fazer e minha cabeça continua a mil. Quanto mais aprendo, mais quero fazer. Quanto mais me conecto, mais aprendo. Quanto mais vivo, mais amigas tenho. Tenho certeza de que quando eu não estiver mais aqui, as conexões ainda estarão se multiplicando e ajudando muita gente, elas têm valor.

Muitas vezes eu esqueço dos desafios lá de trás. Desafios sempre existirão, mas às vezes eles parecem gigantes e intransponíveis. A visita de uma tia querida ao hospital, que tinha tido o mesmo diagnóstico que eu, 15 anos antes, e estava curada, fez uma diferença gigante para mim. Foi meio que como nos joguinhos eletrônicos, quando a gente compra vida e a pilha recarrega.

Mesmo em tempos sombrios, é possível encontrar luz — e até se tornar essa luz para os outros. "Conexões de Valor" não é apenas um lema, mas uma filosofia de vida, um lembrete de que juntas somos mais fortes e que compartilhar experiências nos torna mais humanas.

Então jamais esqueça:

- Redes de apoio movem montanhas.
- Conexões abrem mentes.
- Autonomia e independência nos permitem caminhar lado a lado.
- Histórias de sucesso devem ser compartilhadas sempre.

MARISA ROWINSKI

contato@marisarowinski.com
@marisarowinski
linkedin.com/in/marisarowinski

Vida, modo de usar: uma jornada de aprendizado, celebração e contribuição

Receber o convite para participar desta obra é como quem recebe um presente inesperado: embalado com carinho, carregado de significado. Escrever este capítulo é oferecer ao mundo um presente cuidadosamente escolhido, destinado a quem já enfrentou grandes desafios e aos que buscam significado, propósito e renovação. Minha história é pessoal, mas também universal. É um chamado para recomeçar, não importa quantas vezes a vida nos tenha desafiado.

Desfrute destas palavras como quem desembrulha um presente de valor imensurável: com curiosidade e o coração aberto para ser tocado. Coração? A ciência nos ensina que é uma bomba que impulsiona sangue. Mas, e se a ciência ainda estiver olhando pela lente da razão, focada apenas no mensurável e comprovado, ignorando o que nos torna humanos de verdade? Talvez haja uma bússola guiando o que pulsa em nossa humanidade.

A primeira sentença: incompatível com a vida

Ser mãe foi um desejo desde cedo, um anseio profundo. Lembro-me de acompanhar meu pai, médico, nas visitas ao hospital, fascinada com os bebês no berçário. Eu ficava ali, observando aqueles pequenos milagres recém-chegados ao mundo, verdadeiras sementes de esperança que simbolizavam o futuro cheio de possibilidades. Eu não imaginava que, anos mais tarde, esse mesmo espaço me traria uma dor profunda, mas que também daria origem a um novo propósito em minha vida.

Em 2010, engravidei do meu primeiro filho, Gael. Planejamos um parto domiciliar, cercado por amor e profissionais cuidadosos. Mas na 24ª semana de gestação, ao realizar um exame de rotina, algo dentro de mim se agitou. Minha intuição, uma voz interna que conversa comigo desde muito cedo e que sempre foi uma bússola silenciosa em quem aprendi a confiar, me avisava: *a partir de hoje, a sua vida irá mudar.*

A notícia veio como um golpe brutal. Gael foi diagnosticado com TGA (Transposição das Grandes Artérias), uma cardiopatia rara e severa.

— *Seu bebê tem uma condição incompatível com a vida* — disse o médico, sem coragem de sustentar o olhar. Foi como se o chão tivesse desaparecido.

Isolmar, meu parceiro, e eu trabalhávamos no Instituto do Coração — InCor, em São Paulo. Minha pesquisa também envolvia o Instituto de Psiquiatria do Hospital das Clínicas e a Organização Mundial da Saúde — OMS e parecia natural escolhermos profissionais desses ambientes para tentar salvar nosso bebê. Porém, embora tecnicamente competentes, faltava-lhes o olhar humano.

O medo chegou avassalador, mergulhando tudo em escuridão. Nem a luz no fim do túnel parecia visível.

Nos momentos de dor e confusão, nossa mente se torna um campo de batalha entre ceder ao medo ou escolher pela transformação. Investigar o medo é essencial para entender suas raízes: dor, perda de controle ou histórias que contamos a nós mesmos. Sempre há uma saída, um novo caminho a seguir, uma nova escolha a fazer, um novo pensamento a cultivar. Levantar-se diante da adversidade é, acima de tudo, uma escolha. Transformar o medo em ação é fundamental para sair da estagnação.

Gael, com um coração tão pequeno e desafiado por algo tão grande, já me ensinava que o impossível era uma questão de opinião.

A segunda sentença: o prognóstico é a morte

Em 2016, quatro anos após o nascimento de Gael, minha intuição voltou a soar o alarme, agora pela minha vida. Tom, meu segundo filho, já havia nascido, trazendo consigo a personificação da alegria. Tudo parecia bem. Porém, sem sinais claros, sentia algo me roubando a vitalidade. Bailarina, triatleta e vegetariana desde os 16 anos, sempre tratei meu corpo como um templo, e sentia que ele estava prestes a ruir. Cinco médicos, uma busca incessante, exames impecáveis, tudo o que eu ouvia dos profissionais era:

— *Está tudo perfeito, viva sua vida!*

Insisti até ser ouvida. Um exame revelou uma leve alteração, atribuída às mastites pós-amamentação. Solicitei uma biópsia.

O resultado veio: angiossarcoma, um tumor maligno.

— *Quais são minhas chances?* — perguntei. O silêncio respondeu. Um médico chorou, outro disse: "É grave, muito grave."

Um câncer agressivo, raro, sem margem para esperança. Era isso o que a ciência afirmava. Mas, novamente, algo dentro de mim se recusou a aceitar aquele destino.

Diagnóstico não é sentença: uma jornada de superação e milagres

Gael nasceu desafiando as probabilidades: 1 em 5.000 nascidos vivos, sendo parte dos 7% das cardiopatias congênitas causadas pela Transposição das Grandes Artérias. Eu, sua mãe, venci uma batalha ainda mais rara: o angiossarcoma, que representa apenas 0,01% dos casos de câncer diagnosticados no mundo. Estatísticas poderiam ter determinado nossa ausência, mas a vida é, essencialmente, um milagre. Cientificamente, a chance de existirmos é de 1 em 400 trilhões. Cada ser humano é único, improvável e irrepetível. Gael e eu somos provas vivas de que a vida prevalece. Contra todas as previsões, estamos aqui — mãe e filho — desafiando diagnósticos, ressignificando histórias e inspirando transformações.

Desde que nascemos, começamos a morrer. O tempo finito é um convite à ressignificação. Você não é o que lhe aconteceu, mas o que faz com isso. Nenhuma adversidade é sentença definitiva para uma vida que ainda pulsa com propósito.

Nem sempre o apoio esperado surge, mas o poder de escolha permanece nosso. Podemos sempre escolher como pensar, sentir e agir. Nosso valor está nas escolhas diante das circunstâncias, não nas circunstâncias em si. Somos milagres em movimento, transformando dor em força e medo em coragem. Como Gael, contrariando estatísticas, a favor de toda vida.

Aceitação: o verbo que transforma

Ao receber o diagnóstico do Gael, acolhi a dor e decidi agir. Decidimos pelo parto natural, apesar da pressão do sistema de saúde, confiando em sua recuperação, amparada pela ciência e o cirurgião. Gael veio forte, pronto para a cirurgia e para a vida.

Quando fui diagnosticada com angiossarcoma, um tumor raro sem tratamento definido, encarei o desconhecido. Sem protocolos e respostas claras, tive que confiar na minha intuição e sabedoria interna. Onde a ciência falhava, minha voz interior me guiava. Não se trata de uma escolha entre ciência e autoconsciência, mas de integrá-las em uma parceria que potencializa a cura e o crescimento.

Segurei Gael pela primeira vez aos 8 dias, preso a aparelhos, e celebrei. Anos depois, após a mastectomia, ouvi sua voz: *"Acorda, mamãe. Agora está tudo bem."* Soube que já estava curada. Decidi viver com presença, desfrutando cada momento. Mesmo sem uma mama, nadava 2000 m por dia. Não é sobre o que perdemos, mas o que fazemos com o que temos. Aceitar não é desistir, é agir com consciência, assumindo a responsabilidade pelas nossas escolhas.

Acredito que toda doença traz uma mensagem, um chamado à transformação. Ignorar a mensagem da doença perpetua o desequilíbrio; compreendê-la é abrir caminho para uma vida mais alinhada.

A espiritualidade, antes marginalizada pela ciência, agora é reconhecida como essencial no cuidado da saúde. Pesquisas comprovam que práticas como meditação e oração fortalecem o sistema imunológico. O médico Sir William Osler já defendia que, para curar, é preciso conhecer não só a doença, mas a pessoa que a carrega. O maior equívoco no tratamento das doenças é separar o corpo da alma.

Cicatrizes: símbolos de força e superação

Gael carrega uma cicatriz profunda no peito, resultado da cirurgia aos dois dias de vida, e a marca de uma queimadura do eletrochoque que o trouxe de volta após uma parada cardíaca. Desde cedo, ensinei-o a se orgulhar dessas marcas da vida.

Cada cicatriz no meu corpo, fruto de diversas cirurgias, é uma memória viva da minha jornada. Se viver é desenhar sem borracha, por que esconder nossas marcas? Exibir cicatrizes é um ato de coragem, que inspira outros a superar as próprias feridas. Nossas marcas contam histórias e celebram vitórias. Como canta Milton Nascimento: "Quem traz na pele essa marca, possui a estranha mania de ter fé na vida".

Cada marca prova que a vida nos molda, mas não nos define. Assim como a mente, que é plástica e moldável. Eis a grande dádiva de ser humano: nada é permanente. Nem mesmo a vida.

Transformando dor em propósito

Ser mãe de UTI é carregar um vazio que parece impossível de preencher: não há filho no ventre, nem nos braços. É viver entre a esperança e o medo, onde cada melhoria é celebrada, mas o temor da mudança sempre persiste. Ser mãe de UTI é sentir o peso do silêncio dos profissionais de saúde, quando tudo o que precisamos é de uma palavra de alento. Não há manual para enfrentar essa jornada. Cada mãe de UTI carrega sua própria história, mas compartilhar experiências fortalece, alinha e cura. Quando começamos a trocar nossas dores no lactário, percebi que aquele espaço poderia ser mais que um lugar para extrair leite — poderia ser um refúgio de acolhimento e transformação. Surgiu então a ideia de criar um grupo de apoio, que cresceu em significado, ajudando-nos a transformar dor em força. Também escrevi uma carta sugerindo a mudança de local do lactário, pois o caminho até lá passava pelo berçário, o que gerava sentimentos conflitantes para mães com filhos na UTI.

Quando recebi o diagnóstico de câncer, não apenas enfrentei a ameaça à minha saúde, mas também a desconexão emocional que a doença traz. Em vez de me perder na dor, optei por focar no propósito e, assim, nasceu uma nova frente de contribuição: criei um grupo terapêutico para mulheres que, como eu, enfrentavam o câncer. Criamos um espaço seguro, sem julgamentos, para as mulheres se expressarem. Além disso, implementei ferramentas terapêuticas que ajudaram a fortalecer cada uma delas. A força gerada ali se expandiu para dentro da instituição de saúde que nos acolheu. As histórias de superação e o ambiente de acolhimento criaram uma onda positiva, influenciando diretamente a cultura hospitalar. A instituição, inspirada pela iniciativa, passou a integrar práticas mais humanizadas em sua abordagem ao cuidado oncológico. O impacto foi tão significativo que o hospital alcançou um aumento na pontuação de sua acreditação internacional. Isso não foi apenas um marco institucional, mas uma prova de que escolher transformar dor em propósito pode mudar vidas, ambientes e, no final, o próprio sistema de saúde.

As experiências evidenciam que em meio a qualquer desafio, podemos encontrar força ao nos conectar com outras pessoas. Ao invés de nos isolarmos, podemos nos unir e criar redes de apoio que nos sustentam. Uma mão que puxa outra é leve, não impõe, não pesa. É um apoio que respeita o ritmo de quem precisa se erguer. O propósito deve transbordar, espalhando esperança e inspiração, não como fardo, mas como luz que toca todos ao redor. A luz não está no fim do túnel, mas em nós.

Como mentora, escuto frequentemente: *"Por que eu?"* E respondo: *"Por que não você? O que podemos aprender e ensinar diante dos desafios?"* A dor não é punição, mas convite à evolução. Viver é um ato de resistência e propósito, uma escolha consciente de aproveitar a vida, mesmo nas adversidades. Além das mentorias individuais e em grupo, estou comprometida com a construção de comunidades de apoio que promovam saúde emocional, espiritual e física, integrando essas abordagens aos centros de saúde. É uma jornada coletiva, onde ciência e conexão humana se unem para criar espaços de saúde, cura e bem-estar.

Em um momento com meu marido, sorrindo, disse: *"Quando eu partir, escreva na minha lápide: essa mulher soube viver."*

E você, o que faz com o presente da vida? Sugiro desembrulhá-lo com coragem e aceitação, saboreando cada instante com a curiosidade dos bebês. A vida é uma grande professora; adotar a postura de aprendiz torna o caminho mais leve. Cada mão que puxamos, cada passo, pode inspirar e fortalecer. Ao compartilharmos nossa luz, iluminamos o caminho e ajudamos outros seres a encontrarem os seus. Caminhamos de mãos dadas, movidos pela força de viver e pela generosidade de contribuir. E, celebrando. Celebrar é uma bela forma de agradecer a esse milagre chamado "vida."

MARY ANNE COOK

linkedin.com/in/mary-anne-cook-a04a9966

Encontrando significado no luto

Por muitos anos, trabalhei como conselheira de luto, ajudando as pessoas a aprender e crescer com as perdas em suas vidas, como morte, divórcio, doença e outras transições de vida. Comecei como voluntária na equipe de apoio espiritual em um hospice local, sentada ao lado da cama daqueles em seus últimos meses, semanas e dias de suas vidas. Foi uma experiência profundamente marcante. No modelo de hospice, as famílias dos moribundos geralmente fazem parte da experiência. Eu me vi cada vez mais atraída pelo que aconteceria com eles depois que seu ente querido morresse. Quem estaria lá para eles? Pela minha própria experiência, eu sabia que eles precisariam de apoio para processar completamente seu luto, e eu queria ser capaz de fornecer isso a eles.

Ao longo dos anos, desde então, aprendi muito sobre o luto com meus clientes e o quão essencial é para os humanos lamentar as coisas que perdemos. Muitas vezes me perguntam por que faço o trabalho que faço e como posso manter um senso de esperança e alegria em minha vida quando enfrento tanta tristeza. Embora eu passe muito do meu tempo segurando a dor dos outros, o trabalho é profundamente satisfatório e um lembrete constante de quão preciosas são nossas vidas, o que é um presente. Ver minha vida por essa perspectiva mudou a maneira como vivo; nunca tomo como garantido o tempo que passo com amigos e familiares, meu trabalho ou as muitas outras coisas que me trazem alegria; meu trabalho me mantém em um estado de gratidão.

Antes de começar a fazer aconselhamento sobre luto, trabalhei no teatro, brevemente como atriz e depois como produtora e empresária. Aos 20 anos, eu morava em Nova York, produzindo shows. Isso foi durante os anos 80, quando a crise da AIDS estava apenas começando a ser notada. Naquela época, nenhum de nós sabia realmente o que era ou como se espalhava — sabíamos apenas que muitos amigos estavam ficando doentes e morrendo. E uma das partes mais difíceis era que, como ninguém sabia o que causava a AIDS, parecia muito arriscado passar um tempo ao lado da cama das pessoas que você amava, mesmo que você desejasse fazer isso.

Meus 20 anos foram difíceis. Quando eu tinha 24, meu pai, que eu adorava e que era minha rocha, morreu de câncer; alguns meses depois, minha avó morreu. E então, nos próximos 5 anos, três dos meus amigos mais próximos morreram — todos da minha idade — incluindo minha melhor amiga Susie, que morreu de um aneurisma cerebral na noite anterior à minha festa surpresa para seu aniversário de 30 anos. Na época, eu também estava no meio de um divórcio, e ela foi quem me ajudou a passar por isso. Morte e perdas de todos os tipos estavam ao meu redor, e eu não tinha ideia de como lidar com o peso de tudo isso se acumulando. Aquele período, tão escuro e confuso, me atrasou uns bons dez anos. Na superfície, eu estava bem — tinha um emprego, usava roupas limpas e me mantinha firme na superfície, mas estava completamente perdida e isolada. Eventualmente, consegui a ajuda e o apoio de que precisava para me curar de toda aquela dor e consegui me apaixonar novamente, me reengajar no meu trabalho e criar uma família maravilhosa. Mas eu sabia que por trás dos rostos corajosos que vemos ao nosso redor, há muitos que podem muito bem estar no tipo de dor que eu estava sentindo. Quando eu era jovem e precisava tanto, não tinha apoio, nenhuma comunidade ao meu redor, ninguém me guiando em minha dor. Eu queria ajudar outras pessoas que estavam se debatendo como resultado das suas perdas, então, depois que meu filho ficou velho o suficiente, voltei para a escola e recebi o treinamento para fazer esse trabalho, e eu absolutamente amo cada aspecto dele.

"Você não sabe que guerras estão acontecendo lá embaixo, onde o espírito encontra o osso" (Miller Williams).

Uma cultura avessa ao luto

"Nos Estados Unidos, o luto, que é natural e normal, é frequentemente visto como uma espécie de inimigo. É como se fosse quase antiamericano lamentar" (Lissa Rankin).

O luto é a mais humana de todas as experiências, e algo pelo qual todos passam, mas não é algo sobre o qual falamos muito em nossa cultura ocidental moderna. Como resultado, não temos o tipo de histórias e rituais compartilhados que nos ajudariam a navegar no processo — muitas vezes, nenhum modelo real. Nem sempre foi esse o caso. Cada civilização ao longo do tempo desenvolveu maneiras de processar a perda. Mesmo antes da história registrada, os seres humanos usavam rituais para lamentar a perda de seus entes queridos; temos evidências desses rituais que remontam a mais de 100.000 anos. Mas no início dos anos 1900, em parte em resposta às perdas avassaladoras que ocorreram na Primeira Guerra Mundial e na Gripe Espanhola, práticas como usar braçadeiras pretas e outros sinais externos de luto caíram em desuso. Sem esses sinais externos de sua perda, as pessoas que estão de luto não são mais tratadas com o mesmo cuidado e respeito que no passado. Além disso, os rituais religiosos tradicionais projetados para apoiar os enlutados — muitas vezes fornecendo maneiras estruturadas de trazê-los para a comunidade onde podem expressar sua dor e ser confortados — são menos comuns em nossa sociedade cada vez mais secular. Ainda temos que encontrar um substituto para essas formas tradicionais de apoiar o luto. E, em muitos casos, amigos e familiares não sabem realmente como responder. Com medo de dizer algo errado, eles podem evitar mencionar a perda ou evitar a pessoa enlutada completamente. Como resultado, os enlutados geralmente ficam isolados enquanto tentam navegar pelos sentimentos novos e muitas vezes avassaladores que precisam enfrentar para se curar.

É importante lembrar que o luto não é algo que acontece somente quando alguém morre. Existem muitos outros tipos de perdas! Divórcio, um amigo próximo se mudando, um ninho vazio ou uma mudança significativa podem ser fontes de tristeza real. Perda de emprego, de identidade e comunidade que pode vir com a perda de emprego, às vezes desencadeiam uma sensação de luto, mesmo quando é uma mudança bem-vinda como uma aposentadoria. Além disso, as perdas frequentemente associadas ao envelhecimento ou doença, como a perda de mobilidade ou mudanças na sua autoimagem, podem afetá-lo profundamente. E, embora algumas pessoas descartem a morte de um animal de estimação como menos significativa do que a de um membro da família, nem sempre é esse o caso. Quando as pessoas estão tentando processar essas fontes menos óbvias de luto, elas podem sentir que estão exagerando ou até mesmo não estar cientes de que os sentimentos desconfortáveis que estão tendo são luto. E, como nossa cultura não entende realmente o impacto que esses outros tipos de perdas podem ter, seus sentimentos são frequentemente descartados, e elas podem sentir que não têm o direito de se sentir do jeito que se sentem.

Há também formas menos pessoais, mas às vezes igualmente significativas de luto, decorrentes de questões mais globais, como mudanças no clima, a devastação que vem com guerras e fome, ou injustiça social sistêmica. Em essência, sempre que algo que é verdadeiramente significativo para nós não está mais presente em nossa vida da maneira que costumava ser — da maneira que gostaríamos que ainda estivesse — isso desencadeará sentimentos de luto, mesmo que não estejamos cientes de que é isso que estamos sentindo. Infelizmente, esses sentimentos às vezes são diagnosticados como depressão, e os sintomas são semelhantes, por isso é importante tentar refletir sobre as causas subjacentes de nossos sentimentos antes de mascarar a resposta saudável e necessária do luto com antidepressivos.

Então aqui estamos, em uma cultura que não apoia as respostas naturais e a variedade de causas para o luto. Normalmente, espera-se que continuemos como de costume, com apenas um aceno para a mudança profunda que ocorreu em nossas vidas. Apenas recentemente algumas empresas começaram a dar aos funcionários alguns dias de folga para luto, mas apenas quando é a morte de um membro próximo da família, não um amigo ou um animal de estimação ou uma situação diferente de uma morte. E muitas vezes nossos amigos estão mal preparados para nos apoiar efetivamente e não temos o apoio de uma comunidade religiosa para oferecer os rituais que, por gerações, sustentaram nossa dor. Como resultado, as pessoas que vivenciam grandes perdas geralmente as suprimem e seguem em frente. Mas a dor permanece sob a superfície, afetando-as de maneiras que não estão obviamente conectadas às perdas, como problemas crônicos de saúde ou uma incapacidade de entregar totalmente seu coração aos outros. No meu trabalho, lido com as questões que surgem do luto não resolvido o tempo todo. É muito fácil ignorar nossos sentimentos, particularmente em nossa cultura, onde todos nós supostamente somos felizes, fortes e produtivos o tempo todo. É importante reconhecer que, mesmo que nossa perda possa não parecer um grande problema para os outros, se ela está afetando *nossa* vida pode de fato ser um grande negócio.

O que é luto?

"*A tristeza... é um sinal saudável da própria saúde, um gesto completo e natural de amor*" (Gerald May).

O luto é uma resposta totalmente natural e saudável a qualquer perda significativa. É a maneira como nós, humanos, nos recuperamos da dor de perder alguém ou algo com que nos importamos. E não é apenas sentir tristeza. O luto é um processo extremamente complexo que afeta tudo sobre nós — nossos corpos, nossas emoções, nossa capacidade de pensar, nosso relacionamento com os outros, em suma, toda a nossa identidade. Todas essas respostas são perfeitamente normais, mas podem ser imprevisíveis, profundamente perturbadoras e confusas.

Quando passamos por uma perda, sabemos que só porque o luto é saudável não significa que não seja doloroso. Ele realmente pode doer — muito. Mas a dor tem um propósito valioso. Da mesma forma que a dor física é a maneira do nosso corpo nos dizer que fomos feridos e precisamos parar e cuidar disso, a dor que vem com o luto está nos dizendo que precisamos lidar com o impacto da nossa perda. Ela nos força a fazer as coisas que precisamos fazer para curar as partes de nós mesmos que foram feridas. A dor quase certamente diminuirá com o tempo, à medida que você aprende a incorporar a perda em sua vida, mas ignorá-la só prolongará o processo. Na verdade, a única maneira de sair do luto é passar por ele, de preferência com o apoio de outras pessoas.

Seu cérebro em luto

"Devemos atualizar nossos mapas virtuais, criando uma cartografia revisada de nossas novas vidas. É de se espantar que leve muitas semanas e meses de sofrimento e novas experiências para aprendermos a nos virar novamente?" (Mary-Frances O'Connor)

O que acontece no cérebro quando sofremos? Ao analisar exames cerebrais, neurocientistas descobriram a incrível capacidade do cérebro de se adaptar — um processo chamado "neuroplasticidade". Neuroplasticidade é a capacidade do cérebro de mudar formando novas conexões entre neurônios em resposta ao aprendizado, experiências ou ferimentos. Quando sofremos, estamos literalmente redirecionando as conexões em nosso cérebro entre os neurônios relacionados à perda. Todas as conexões associadas ao que perdemos precisam ser reconectadas porque a maneira como nos relacionamos com o que perdemos mudou radicalmente. Gosto de comparar isso a mudar para um novo bairro e nos encontrarmos pegando a saída que costumávamos pegar na rodovia para ir para casa. Leva um tempo para nosso cérebro se ajustar a uma nova rota para casa, assim como leva tempo para nosso cérebro se ajustar à nossa nova realidade, após uma perda significativa.

Este processo de religação é difícil e pode durar mais do que esperamos — e quanto mais maneiras em que estivemos envolvidos com o que perdemos, mais complexo é o processo. Quando nos aposentamos de um emprego após décadas em uma profissão ou perdemos um cônjuge de 40 anos, as inúmeras maneiras em que interagimos com eles formaram inúmeras neurovias que todas precisam ser ajustadas. Pode ser exaustivo. O cérebro é um órgão que consome muita energia e processos como formar novas conexões neurais e eliminar antigas vias exigem energia substancial. Quando estamos ativamente sofrendo, nosso cérebro está trabalhando horas extras, e nosso corpo reflete isso — tendemos a ficar cansados e frequentemente nos sentimos distraídos, esquecendo compromissos e perdendo coisas. Isso não é um sinal de demência precoce — nosso cérebro está simplesmente ocupado fazendo outras coisas mais profundas.

O processo do luto

"Dê palavras à tristeza; a dor que não fala; Sussurra o coração tenso e ordena que ele se quebre" (William Shakespeare).

Nossas reações à perda são parte de um processo que é mais complexo do que apenas sentir tristeza. É importante reconhecer completamente, intelectualmente *e emocionalmente*, a grande mudança que ocorreu. Não é algo que podemos fazer apenas na sua cabeça. Nosso mundo mudou de maneiras profundas, e precisamos realmente deixar isso penetrar, o que pode levar algum tempo.

Alguns anos atrás, eu estava em uma loja no caixa comprando um presente de Dia das Mães para minha mãe, explicando animadamente para a vendedora que presente ideal era para ela. Então, de repente, lembrei que ela tinha morrido no ano anterior. E comecei a chorar. A pobre balconista ficou tão confusa! Esse tipo de comportamento é esperado conforme você avança no processo, mas pode ser bem perturbador se não entendermos o que está acontecendo.

Embora as pessoas ao nosso redor frequentemente tentem nos dar conselhos bem -intencionados quando estamos de luto, é importante lembrar que não existe uma maneira "certa" de sofrer. Não há duas pessoas que sofram da mesma forma, e elas também não sofrem cada perda separada que vivenciam da mesma maneira. Cada pessoa é única, e o relacionamento que tinham com a pessoa ou coisa que perderam é único. Minha reação à morte do meu pai aos 24 anos foi muito diferente da minha reação à morte da minha mãe décadas depois. Apesar disso, há alguns pontos em comum, e pode ajudar a se familiarizar com algumas das reações típicas pelas quais as pessoas passam. Aqui estão três coisas básicas para saber sobre o processo de luto:

1. O luto afeta todos os aspectos de nós — mental, físico, emocional, social e psicológico

- Mentalmente – Como qualquer grande mudança de vida, a perda é estressante. E como o luto demora um pouco, o estresse pode se tornar crônico conforme você passa pelo processo. Um sintoma é não pensar claramente. Podemos ter dificuldade para lembrar das coisas, tomar boas decisões, planejar e assim por diante, e nossa capacidade de ser criativo pode ser diminuída por um tempo. Isso é "névoa do luto". Não estamos ficando loucos, não estamos deprimidos, e tudo isso é esperado. Para passar por esse período, tente não assumir muita coisa e use listas e outras ferramentas para ajudá-lo a lembrar das coisas.
- Fisicamente – O estresse do luto pode causar todos os tipos de mudanças em nosso corpo. Pode aumentar nossa pressão arterial, interromper nosso sono, causar problemas de digestão e assim por diante. As pessoas podem sentir dores musculares ou nas articulações, erupções cutâneas, perda de cabelo, ganho ou perda de peso e outras reações físicas aparentemente não relacionadas. Uma maneira sim-

ples, mas eficaz, de ajudar a neutralizar o estresse do luto é a respiração profunda — como na ioga ou na meditação. O simples ato de respirar longa e profundamente envia um sinal ao nosso sistema nervoso de que ele pode relaxar. Isso pode ajudar a nos restaurar fisicamente e acelerar o processo de cura.

- Emocionalmente – O luto não é apenas sentir-se triste, embora não seja incomum cair em lágrimas inesperadamente. Depois que meu filho foi para a faculdade, coloquei uma grande caixa de leite no meu carrinho de compras como fiz por muitos anos, então percebi que nunca mais precisaria fazer isso. Eu me senti devastada pela tristeza, embora ao mesmo tempo estivesse muito orgulhosa dele e de tudo o que ele havia conquistado. Como neste caso, uma das principais características do luto é que *somos mais voláteis emocionalmente em geral*. Nossos sentimentos são tipicamente mais intensos, por todo o mapa e complicados — podemos sentir tristeza, alívio, raiva e ressentimento, tudo no mesmo dia ou às vezes até mesmo todos misturados ao mesmo tempo. Algumas pessoas resistem a se sentir tão fora de controle, mas se reprimirmos demais nossos sentimentos, isso prolongará a cura, geralmente por décadas. Reprimir sentimentos dolorosos quase sempre desliga os positivos também, resultando em uma vida menos rica emocionalmente.
- Socialmente – Nossa vida social provavelmente será diferente por um tempo. A maneira como nos relacionamos com as outras pessoas, nossas prioridades e as coisas que sentimos vontade de fazer podem mudar. Podemos sentir vontade de nos esconder debaixo de um cobertor alguns dias e em outros momentos precisamos nos distrair com atividades. Amigos com quem contávamos podem não ser capazes de fornecer o apoio de que precisamos, o que pode ser doloroso, mas outros com quem não somos tão próximos podem nos surpreender com o quão bem eles entendem o que estamos passando e o quão úteis eles são durante esse tempo. Embora seja importante não ficar muito isolado, o luto é um trabalho interno profundo e muitas vezes exaustivo, então podemos não sentir vontade de ser muito sociáveis e isso é OK. Mas precisamos ter certeza de entrar em contato com alguém em quem possamos confiar para realmente estar lá quando sentirmos a necessidade de compartilhar o que está acontecendo. Os seres humanos são animais sociais e nenhum de nós deve tentar fazer isso sozinho!
- Psicologicamente – Provavelmente a parte mais difícil do luto é a mudança que ocorre na imagem que as pessoas têm de si mesmas. Como grande parte da nossa identidade vem dos nossos relacionamentos — nossos empregos, nossas famílias, nossos grupos sociais e assim por diante — quando perdemos um deles, basicamente também perdemos uma parte de nós mesmos. Temos que descobrir novamente quem somos e como nos reengajaremos com o mundo agora que nossa vida mudou profundamente. Isso pode ser extremamente desorientador e desconfortável! Estamos em um espaço liminar onde não somos quem costumávamos ser e nunca mais seremos, e leva tempo para descobrir quem somos nesta nova versão da nossa vida.

"Uma mudança está acontecendo, um crescimento doloroso, como uma cobra trocando de pele. É difícil se ajustar porque não sei quem está se ajustando; não sou mais a pessoa velha e ainda não sou a nova" (Peter Matthiessen).

2. Não há um cronograma previsível para o luto

Algumas pessoas podem dizer que é hora de "seguir em frente" depois de um ano, ou seis meses, ou mesmo algumas semanas. Tive clientes que, quando vieram até mim pela primeira vez, queriam saber quando terminariam para poderem incluir o luto em sua agenda. Mas infelizmente não há como saber o cronograma. O luto leva o tempo que for preciso. Normalmente, ele vai desaparecer depois de um tempo, talvez até um ano ou mais, mas pode voltar com tudo quando algo o desencadeia, como um aniversário. Contanto que não reprimamos nosso luto, sempre chegará um momento em que os sentimentos fortes não estarão mais na frente e no centro e as memórias calorosas substituirão a dor da perda, pelo menos até certo ponto. Nunca realmente esqueceremos o que significou tanto para nós, e provavelmente não gostaríamos, mas seu lugar em nossa vida mudará e desenvolveremos um novo relacionamento com ele.

3. O luto não tem estágios previsíveis

O conceito dos cinco estágios do luto é mal compreendido. Embora sim, muitas pessoas experimentem negação, raiva, barganha e assim por diante, essas reações certamente não seguem nenhuma ordem linear específica — não terminamos com uma e passamos para a próxima. Podemos ir e voltar entre essas reações muitas vezes e, muitas vezes, experimentar várias simultaneamente. No chamado "estágio final" de aceitação, não estamos necessariamente bem com o que aconteceu. E, na minha experiência, meus clientes muitas vezes acabam revisitando essas emoções ao longo do tempo, à medida que se envolvem novamente com a vida. Às vezes, no segundo ou terceiro ano após uma perda, a realidade de que eles nunca retornarão ao "modo como as coisas eram" antes de sua perda afunda em um nível mais profundo, o que requer outra rodada mais profunda de processamento.

O poder transformador da perda

"A dor da tristeza não é a única professora nesta vida, mas, se observada de perto, com consciência e um coração aberto, é uma das maiores professoras de todas. As sementes da sabedoria são plantadas dentro das feridas da tristeza" (Lynn V. Andrews).

Na recuperação de uma perda significativa, há algumas coisas que podemos fazer para tornar isso mais fácil. Pesquisas recentes identificaram várias delas, incluindo:

- Promova uma forte rede de apoio social.
- Participe de atividades que lhe tragam alegria ou conforto.
- Observe as maneiras pelas quais você está aprendendo lições sobre quem você é e todas as maneiras pelas quais você teve que crescer para lidar com sua perda.
- Aprecie o quão preciosa a vida é e a importância de aproveitar o que ela tem a oferecer.

Tudo isso pode fazer uma grande diferença na nossa qualidade de vida, especialmente quando exploramos maneiras de retomar a vida após a perda.

Somos inevitavelmente mudados por nossas perdas, assim como somos mudados por qualquer coisa importante e significativa que aconteça em nossas vidas, como se apaixonar ou ter um filho. Da mesma forma, o impacto de perdas significativas é frequentemente de transformação. Um dos meus objetivos como conselheira de luto é ajudar aqueles que estão sofrendo com uma perda a ver como isso pode abri-los para novas maneiras de viver que não eram possíveis antes.

A perda é frequentemente um catalisador que muda nossa perspectiva, e pode nos dar um senso mais sólido de nosso eu autêntico, desenvolvendo uma abordagem mais positiva à vida. As mudanças em nossas vidas que ocorrem como resultado de uma perda significativa podem fornecer uma oportunidade para examinar nossas prioridades — como gastamos nosso tempo, quais relacionamentos são mais significativos e que tipo de legado queremos deixar para trás. Não costumamos examinar essas questões existenciais, mas refletir sobre o que importa e as coisas que trazem um senso de significado e propósito para nossas vidas pode resultar em uma vida mais rica e satisfatória e nos ajudar a usar nossos dons para tornar o mundo melhor porque estamos nele.

O famoso poeta e compositor Leonard Cohen escreveu: "...uma rachadura é como a luz entra". Após uma perda significativa, podemos sentir que estamos no escuro, desorientados e inseguros sobre nosso futuro, mas se nos permitirmos vivenciar completamente toda a complexidade e sentimentos profundos que a dor traz à tona, a luz pode entrar. E essa luz, somente possível pelo coração partido que a perda deixa para trás, ilumina quem podemos ser — nosso melhor eu. Podemos então ver esse eu mais claramente e entrar nele completamente com mais confiança e autenticidade. Testemunhei esse tipo de transformação acontecer em inúmeras pessoas com quem trabalhei ao longo dos anos. Elas se tornaram mais sábias e mais compassivas, mais livres em sua capacidade de se expressar e se abrir para os outros, mais autênticas em seu trabalho, capazes de lidar com o estresse da vida com mais equanimidade, menos medo da morte e mais vivas para a alegria e a beleza que a vida oferece.

Nenhum de nós escolheria sofrer a perda de algo precioso para nós, mas pode ser uma porta de entrada para uma vida mais rica e significativa. No entanto, não é fácil fazê-lo sem o apoio de companheiros confiáveis, sábios e compassivos que não têm medo de caminhar ao nosso lado enquanto encontramos nosso caminho para nossa nova vida após a perda. Sinto-me honrada por poder ser essa pessoa para os outros.

MAURE PESSANHA

linkedin.com/in/maure-pessanha-5979585
maure.pessanha@gmail.com

Entre ganhar dinheiro e mudar o mundo, fique com os dois

Eu sempre fui motivada pela ideia de que os negócios podem ser uma força para mudar o mundo. Minha trajetória no empreendedorismo social não foi algo planejado; foi algo que foi se construindo aos poucos, através de acertos, erros e muitas reflexões ao longo do caminho. Quero compartilhar um pouco dessa jornada, os desafios que enfrentei, as lições que aprendi e como vejo o impacto social no Brasil hoje.

Primeiros anos e formação

Cresci em São Paulo em uma família que sempre valorizou o conhecimento e o olhar para o outro. Lembro-me de conversas durante os almoços de domingo, onde meus pais sempre ressaltavam a importância de contribuir para a sociedade de alguma forma. Durante a escola, participei de alguns projetos sociais, mas confesso que na época não entendia muito bem o que aquilo significava. Eram pequenas iniciativas, mas acho que plantaram em mim a semente de querer fazer algo mais.

Quando fui para a Universidade de São Paulo estudar Administração, estava em busca de ferramentas para entender o mundo. A ideia de juntar impacto social com negócios ainda não estava clara para mim, mas, me juntei a um grupo de alunos e fundamos um cursinho pré-vestibular com o objetivo de dar acesso à universidade pública a estudantes de escolas públicas do entorno da USP. Ao longo do desenvolvimento do projeto do Cursinho FEA-USP, comecei a perceber que existia uma forma de usar as habilidades que estava aprendendo na sala de aula para algo maior. Foi como conectar dois mundos que pareciam distantes.

Início da carreira

No início da minha jornada profissional, ao contrário de muitos amigos que buscavam estágio em bancos ou multinacionais, eu me sentia deslocada. Lembro que muito cedo, comecei a questionar as discussões em sala de aula, depois de horas discutindo resultados financeiros, me perguntei: "É só isso? Onde está o impacto de verdade?" Foi um momento de crise, mas também de virada. Decidi sair e buscar algo que estivesse mais alinhado aos meus valores.

Aí surge uma mulher, uma professora maravilhosa e muito exigente chamada Rosa Maria Fisher que ensinava Sociologia e foi a pessoa que me apresentou o conceito de Terceiro Setor. O ano era 2000, e pude aprender com a professora

Rosa que existia um setor profissional que eu poderia me dedicar e aprender e ter impacto. Minha primeira experiência no setor social foi em projetos junto ao Instituto Sou da Paz e depois junto a uma organização internacional chamada Ashoka. Foi ali que entendi, de forma muito prática, as desigualdades estruturais do Brasil. Mas também vi a potência de soluções vindas da própria comunidade. Em 2004, ganhei uma bolsa de estudos e fui para a Universidade de Harvard, foi durante o período que estive por lá que ouvi pela primeira vez os termos *social venture* ou *social entreprise*. A ideia me encantou: unir soluções criativas, modelo de negócio e impacto social.

Empreendendo na Artemisia

Quando mergulhei na Artemisia em 2007, o desafio era gigante. O empreendedorismo social ainda era algo muito novo no Brasil, e havia muita resistência à ideia de que um negócio poderia, ao mesmo tempo, gerar lucro e resolver problemas sociais. Olhando para trás, vejo que esse foi um dos momentos mais transformadores da minha vida.

Não foi fácil. Houve dias em que questionei se conseguiríamos engajar investidores, empreendedores e parceiros. Mas, aos poucos, junto com duas mulheres admiráveis — Kelly Michel e Vivianne Naigeborin — e uma equipe incrível fomos mostrando que era possível. Um dos momentos mais marcantes foi o lançamento do Programa de Aceleração de Negócios de Impacto Social no ano de 2009. Trabalhamos com empreendedores que estavam realmente comprometidos com a causa. Muitos deles enfrentavam dificuldades enormes, mas o brilho nos olhos deles era contagiante.

Algo que sempre me marcou foi a troca. Eu aprendia tanto com esses empreendedores quanto eles comigo. Cada história, cada solução criativa para um problema social, reforçava minha crença de que o Brasil tem um potencial gigantesco.

Falar sobre empreendedorismo social no Brasil é também falar sobre desigualdade. O país é extremamente complexo, com desafios estruturais que muitas vezes parecem impossíveis de resolver. Mas algo que aprendi é que pequenas soluções, quando bem implementadas, podem causar um impacto enorme.

No início, havia muito ceticismo. Lembro-me de uma reunião com um investidor em que ele disse: "Isso nunca vai dar certo. As pessoas não vão pagar por algo que tem um viés social". Esse tipo de comentário me desafiava a continuar, a provar que ele estava errado. Hoje, vendo a quantidade de *startups* de impacto social no Brasil, sinto que demos um grande passo, mas ainda há muito a fazer.

Receber prêmios e reconhecimento sempre foi algo que me deixava desconfortável. Para mim, o mais importante era ver o impacto no dia a dia. Mas percebi que esses momentos também ajudavam a dar visibilidade para o empreendedorismo social. Uma das experiências mais emocionantes foi participar de um painel internacional e ouvir empreendedores de outros países compartilhando desafios tão similares aos nossos.

Ser conselheira em diferentes organizações também foi uma forma de aprender e contribuir. Cada espaço me trouxe novas perspectivas e reforçou a ideia de que ninguém faz nada sozinho. Não existem heróis ou heroínas solitárias. Existe uma equipe unida por um sonho comum.

Nem tudo foi fácil, e acho importante falar sobre isso. Houve momentos em que achei que ia desistir. A dificuldade de captar recursos, a resistência de alguns setores e até mesmo as cobranças internas muitas vezes pesavam. Mas aprendi que resiliência é uma das maiores ferramentas que podemos ter.

Outro aprendizado foi a importância da escuta. Quantas vezes achamos que temos a solução, mas esquecemos de ouvir quem está na linha de frente? Esse é um dos maiores ensinamentos que levo comigo.

Olhando para o futuro, vejo o empreendedorismo social como uma grande oportunidade para o Brasil. Temos um mercado enorme, cheio de desafios, mas também de oportunidades. Minha esperança está nas novas gerações. Elas estão mais conectadas, mais conscientes e dispostas a fazer a diferença.

Na Artemisia, meu desejo é continuar fortalecendo o ecossistema, ajudando a criar pontes e promovendo soluções que realmente transformem vidas.

Se eu pudesse resumir minha trajetória, diria que foi uma mistura de coragem, aprendizado e muitas pessoas incríveis que cruzaram meu caminho. Ainda temos muito a construir, mas acredito que cada pequeno passo faz a diferença. Espero que minha história inspire outras pessoas a acreditarem que, sim, é possível unir negócios e impacto social para transformar o mundo.

MICHELLE HOFFMANN

theartofrelationshipping.com
mishhoffmann@gmail.com

Conecte-se para o sucesso: construindo seu Conselho Consultivo Inspirador

No dia em que você morrer, saberá que realmente viveu... e amou?

Construir relacionamentos significativos ajuda a fomentar a confiança, melhora o crescimento pessoal e profissional e cria um sistema de apoio que inspira e capacita você a alcançar seus objetivos. A vida é melhor quando amamos e somos amados, nos incentivando a alcançar nosso pleno potencial.

Frequentemente, em vez de buscar conexão e propósito, as pessoas recorrem ao escape, medicação e anestesia. O resultado? 30% de nós se sentem não amados; 33% experimentam solidão, o que leva a problemas de saúde e colapsos emocionais[1]. É ainda pior para os mais jovens: 43% dos millennials (pessoas de 18 a 25 anos) se sentem não amados. Como você pode viver sua vida ao máximo quando o cirurgião-geral dos Estados Unidos, porta-voz do governo norte-americano em questões de saúde pública, classifica a solidão e o isolamento como uma epidemia, deixando as pessoas se sentindo isoladas, indignas e insatisfeitas?

Percebi que uma pessoa não pode ser tudo para você quando a pessoa de quem eu mais dependia morreu. Para superar minha solidão, convidei minha dor, como se fosse uma "xícara de chá na mesa", para identificar o que minha dor continha que eu prezava. Em vez de ter controle sobre mim, honrei o que eu prezava em minha parceria perdida. Ao fazer isso, descobri que minha dor me inspirou a perceber o valor em todos os relacionamentos da minha vida e desenvolver as conexões certas para cumprir o propósito do resto da minha vida. Cerquei-me do sistema de apoio certo para superar a sensação de estar presa no desespero e criar um legado de amor para minha família e amigos.

Assim como uma empresa tem um conselho de diretores, eu tenho meu Conselho Consultivo Inspirador. Estou compartilhando com você como construir um Conselho Consultivo Inspirador para superar a sensação de solidão ou isolamento enquanto desbloqueia seu potencial para estar conectada ao sucesso.

Seu relacionamento consigo mesma é fundamental, mas o sucesso não é uma jornada solitária. Somos interdependentes uns dos outros para apoio mútuo. É por isso que ficamos menos preocupadas ou ansiosas quando interagimos com pessoas com as quais compartilhamos valores e criamos um impacto positivo. A confiança nos outros é desenvolvida a partir do respeito construído por meio da

1 (Fonte: https://www.statista.com/statistics/1222815/loneliness-among-adults-by-country/)

comunicação e experiências compartilhadas. Relacionamentos saudáveis fornecem uma base estável para nos tornarmos uma versão mais autoconfiante e resiliente de nós mesmas, enquanto fazemos parte de algo maior. Quando você se apresenta genuinamente, atrai magneticamente as pessoas certas para sua vida, deixa ir aquelas que não mais se alinham com você e navega facilmente por relacionamentos profissionais, pessoais e íntimos para se tornar quem você deve ser naturalmente.

É importante saber que, embora as conexões certas possam criar mágica, os relacionamentos certos nem sempre acontecem magicamente!

Descobrir parcerias alinhadas é mais fácil quando você sabe o que está procurando. Encontrar uma agulha no palheiro é mais fácil quando você sabe como é uma agulha. Em outras palavras, quando você sabe o que está procurando, será mais fácil encontrar.

Seu Conselho Consultivo é a rede de relacionamentos fortes que você instala ao seu redor para ajudar a garantir seu crescimento e sucesso. Seus mentores de confiança podem estar em mais de uma das seguintes categorias: Campeões Emocionais, Especialistas em Assuntos, Parceiros de Responsabilidade e Parceiros de Alavancagem. A quem você recorre atualmente para apoio nessas categorias? Que tipo de conexões valiosas você gostaria de encontrar para adicionar à sua equipe?

Construindo seu Conselho Consultivo de Campeões Emocionais

Existem dois tipos de Campeões Emocionais: aqueles que escutam e estão sempre ao seu lado, e aqueles que o incentivam a crescer e ser o seu melhor.

Um Campeão Emocional que é um excelente ouvinte é um amigo importante quando você precisa de um aliado. Esse amor incondicional é um ombro no qual você pode liberar qualquer coisa, e você sempre será respeitado.

Procure o segundo tipo de Campeão Emocional para guiá-lo de maneira apoiadora quando você precisar de alguém para ser uma "caixa de ressonância" ou iluminar outros pontos de vista. Peça-lhes para conversar sobre uma ideia ou projeto. Embora possa ser difícil ser corrigido ou ter sua perspectiva ajustada, esse tipo de reflexão aprimora suas habilidades, expande seus limites e garante melhores resultados.

Você pode ser habilidoso em certas áreas, mas ninguém pode ser um especialista em tudo. Certifique-se de ir à fonte certa para o que você precisa.

Especialistas em Assuntos

Especialistas em Assuntos possuem conhecimentos e habilidades avançadas em suas respectivas áreas. Seja acadêmica, econômica, médica, técnica ou outra expertise, recorra a eles quando se deparar com obstáculos fora da sua área de competência. Isso permite que eles o orientem enquanto você foca em seus pontos fortes. Aprenda como seus Especialistas em Assuntos se destacam em sua indústria e transfira essas habilidades para estabelecer um plano para o seu sucesso.

Comprometa-se com o seu futuro valioso, avançando suas habilidades. Pessoas que se destacam em seu ofício contratam consultores, coaches e professores para aprender e avançar. Por que não você? À medida que aprimora seus talentos, pratique, treine e ensaie com seus Especialistas em Assuntos como seu público amigo. Quando você precisar de um parceiro experiente para colaborar, terá um em sua equipe.

Amplie seus pontos fortes e trabalhe suas fraquezas para um equilíbrio adequado. Isso é verdadeiro em todos os aspectos de sua vida, incluindo seus relacionamentos. Preencha as lacunas em suas habilidades com Especialistas em Assuntos e fortaleça suas fraquezas aprendendo com eles.

Parceiros de Responsabilidade

Os Parceiros de Responsabilidade ajudam você a definir e atingir seus objetivos. Por exemplo, você e seu parceiro dedicado de estudos garantirão que ambos alcancem a meta. Seu gerente pode estabelecer prazos para atingir seus objetivos profissionais. Seu amigo pode apresentá-lo ao parceiro dos seus sonhos. Os Parceiros de Responsabilidade garantem que você cumpra suas obrigações e se mantenha no caminho do crescimento.

Parceiros de Alavancagem

Os Parceiros de Alavancagem são conselheiros de confiança com influência em suas redes. Como mentores, eles defendem o seu sucesso e podem usar sua reputação para conectá-lo com recursos valiosos em sua esfera de influência. Esses parceiros possuem a expertise necessária para impulsioná-lo em direção aos seus objetivos, e usarão sua posição, tempo e recursos para ajudá-lo em sua jornada.

Seus Campeões do Conselho Consultivo estarão ao seu lado, incentivando você a aprender e se reerguer após falhas, e celebrarão suas vitórias com você. Quais outras categorias você incluiria em seu Conselho Consultivo Inspirador? Construir seu próprio Conselho Consultivo com pessoas que genuinamente desejam seu sucesso não torna o trabalho menos desafiador, mas é empoderador saber que há um grupo de apoio contribuindo para suas conquistas.

Estar presente para as pessoas no seu Conselho Consultivo dá a você significado, propósito e um senso de pertencimento valioso. Em quais categorias você está agregando valor aos Conselhos Consultivos de outras pessoas?

Montando o seu Conselho Consultivo

Como você seleciona os parceiros certos para convidar para o seu Conselho Consultivo que irão apoiar o seu sucesso?

As suas qualidades pessoais, valores centrais e prioridades diárias moldam a forma como você aborda a vida e os relacionamentos. Compreender essas características ajuda você a se alinhar com os parceiros certos e evitar descobrir diferenças problemáticas mais tarde. Foque no que realmente importa desde o início.

As qualidades descrevem a sua personalidade inata. Ao considerar o tipo de pessoa que você está buscando para convidar ao seu Conselho Consultivo, avalie se você se alinha melhor com as qualidades de um líder natural, um extrovertido compassivo, um solucionador de problemas filosófico ou algum outro talento específico. Reflita sobre as características que alguém representa naturalmente para identificar as qualidades que eles incorporam de forma inata.

Valores emulam o que é importante, funcionando como uma bússola moral ou diretriz. As escolhas que você faz refletem seus valores centrais, como integridade, desejo de ajudar os outros, amor pela aventura, sabedoria, confiança e curiosidade. Embora seus valores possam não se alinhar perfeitamente com os de outras pessoas em sua vida, ter sistemas de valores complementares pode tornar os relacionamentos mais significativos.

As prioridades são evidentes no comportamento e nas escolhas das pessoas. As prioridades refletem como os indivíduos alocam seu tempo e energia. As prioridades podem incluir rotinas diárias centradas em aspectos como fé, finanças, saúde, carreira, intelecto ou atividades culturais. Para alguém focado na carreira e motivado financeiramente, seus valores podem se inclinar para o avanço da carreira e a segurança econômica. Esse indivíduo pode priorizar trabalhar longas horas, o que pode levar a sacrificar o tempo com a família enquanto busca o reconhecimento profissional.

Ao construir o meu Conselho Consultivo, percebi que amigos emocionalmente apoiadores aumentaram minha confiança com sua compaixão de qualidade e habilidade excepcional de escuta. Também tenho pessoas com a qualidade de solucionadores de problemas que, com sua perspectiva ampla e valor de integridade, me desafiam a explorar novas oportunidades. Compartilhamos valores de priorizar a família, o equilíbrio e a segurança econômica, enquanto nos inspiramos mutuamente com conselhos ponderados e equilibrados.

Eu tive uma lacuna no meu Conselho Consultivo quando decidi escrever meu primeiro livro. Sou grata por ter encontrado um Especialista em Assuntos que me guiou ao longo do processo. Minhas histórias são amplificadas pelo talento de qualidade do meu editor, dedicado a fazer a diferença ao priorizar a capacidade dos outros de compartilhar suas mensagens por meio da publicação.

Uma Parceira de Responsabilidade mudou minha vida ao convidar-me para treinar para uma meia maratona. O primeiro quilômetro foi difícil. Depois, o terceiro quilômetro foi difícil. E ainda assim, continuamos correndo. Brinquei que ela corria tão rápido que faíscas voavam atrás dela. A dedicação dela, seu valor central de perseverança e a prioridade de alcançar essa conquista ajudaram ambas a cruzarmos a linha de chegada.

Os Parceiros de Alavancagem que impactam significativamente minha vida são aqueles que me incentivam a perceber meu potencial e resiliência, me empurrando além da minha zona de conforto. Minha forte reputação e integridade confirmam a confiança nas minhas habilidades, levando outros a me referirem para pessoas de quem cuidam. Esse apoio me permite ajudar os outros a melhorar todos os seus relacionamentos através da Arte de Relacionamento, um presente pelo qual sou grata por compartilhar pelo resto da minha vida como parte do meu legado de amor.

Ao longo dos anos, os valiosos membros do meu Conselho Consultivo e eu formamos um sistema de apoio confiável e consistente. Sabemos que não estamos sozinhos. É importante considerar as qualidades, valores e prioridades das pessoas certas que você quer convidar para o seu Conselho Consultivo. Claro, as circunstâncias e o momento desempenham um papel significativo no fomento de relacionamentos bem-sucedidos.

Desafio de saber que você ama e é amado

Relacionamentos são a moeda mais valiosa que você conhecerá. Os relacionamentos que você cultiva no seu Conselho Consultivo podem ser fundamentais para determinar a pessoa que você se tornará. Mesmo que você não tenha sua equipe formada neste momento, pode usar essas ferramentas para desenvolver seu Conselho Consultivo Inspirador e transformar a incerteza e a solidão em um sucesso significativo.

Quando é o dia certo para se envolver nos relacionamentos certos e viver seu potencial máximo? A verdade é que nenhum de nós sabe quanto tempo temos nesta vida preciosa. Mas temos este momento — agora — para escolher como nos apresentamos. Eu desafio você a aproveitar este momento, se apresentar na sua vida com intenção, viver plenamente e amar bem.

Porque a vida é melhor com um bom amor nela.

Abrace hoje como o dia em que você se compromete a estar presente, a perseguir seus sonhos e a nutrir os relacionamentos que preenchem seu coração. Construa seu Conselho Consultivo Inspirador. O melhor momento para começar a viver a vida que você sempre sonhou não é amanhã — é hoje.

No dia em que você morrer, saberá que realmente viveu... e amou.

MÔNICA SAMPAIO

linkedin.com/in/mônica-sampaio-8aa12513b
@monica-sampaiosr
monicabsm@yahoo.com

Que toda ancestralidade seja Santa. Que toda Resistência seja viva

Das lembranças mais antigas de uma infância simples, minha paixão pela leitura é a mais recorrente. Sou filha de professor e físico e de uma dona de casa com grande sensibilidade artística. Lembro da minha mãe sempre envolvida em manualidades como pinturas e crochê. Em uma época em que o homem era o principal provedor, minha mãe exercia a função de esposa e mãe. Ele um homem extremamente inteligente, autoritário e ríspido, e ela submissa, insegura e forte. Em minha casa, demonstrações de carinho eram escassas, mas o senso de educação e conhecimento como libertadores era ordem do dia. Para uma família negra, em uma época em que qualquer traço de negritude era negado, o estudo era a única opção.

Lembro-me de que eu vivia em uma casa de vila, pequena, mas que se destacava das outras por ter as paredes da sala e do corredor cobertas de livro até o teto. A biblioteca do meu pai era mais do que uma simples coleção de livros; era um portal para outros mundos. E, mergulhada nas páginas, letras e parágrafos, perdiame em aventuras épicas, romances apaixonantes e reflexões filosóficas. A leitura não apenas alimentava minha imaginação, ela era minha amiga em uma época de poucos amigos e também moldava minha personalidade.

Com o tempo, percebi que a literatura era mais do que um simples passatempo; era uma ferramenta poderosa para entender o mundo e a mim mesmo. Sentada no chão da sala da minha casa de infância, olhando aqueles livros eu tinha certeza absoluta de que seria jornalista. A semente do meu interesse pelo jornalismo foi plantada nas estantes da biblioteca do meu pai. Imersa em narrativas que me transportavam para outros mundos, desenvolvi uma fascinação pela palavra escrita e pela capacidade de contar histórias. Eu também queria contar histórias, a minha própria história.

A literatura me ensinou a observar o mundo com olhos atentos, a questionar tudo e a buscar a verdade por trás das aparências. Sonhava em usar essa mesma habilidade para informar e inspirar outras pessoas, levando suas vozes para o mundo. Foi assim? Não. De jeito nenhum.

A paixão pelo Jornalismo, que me acompanhou desde a infância, parecia um sonho distante quando ingressei na faculdade de Engenharia. Pelo fato do meu pai ser físico e professor de Matemática, fui influenciada pelas ciências exatas. Ser engenheira era algo desafiador e o Jornalismo se perdeu na falta de referências. Eu não conhecia ninguém na área e, quando a gente não vê, não interessa. Torna-se algo intangível, longe da realidade.

O Jornalismo foi deixado de lado, mas a paixão pelas palavras, não. Mergulhei nos números. A rigorosa linguagem matemática e os cálculos complexos exigiam um novo tipo de raciocínio, bem diferente da fluidez das palavras. No entanto, a disciplina e a capacidade de análise cultivadas através da leitura me auxiliaram a superar os desafios.

A Engenharia, com sua busca por soluções precisas e eficientes, exigia uma mente lógica, algo que a literatura havia me ajudado a desenvolver. Mesmo imersa em circuitos e equações, a literatura continuou sendo meu refúgio, um lugar onde a imaginação podia voar livre. Eu sempre tinha a biblioteca para mergulhar. Com a ascensão profissional do meu pai, mudamos para uma casa infinitamente maior e a biblioteca expandiu-se de forma exponencial.

Das paredes da sala e do corredor na casa da vila, ela agora ocupava três salas com direito a seções separadas. Se eu queria algo para estudar na minha área, tinha lá. Queria ler sobre história e civilizações, tínhamos. Enciclopédia Barsa, Coleção de Monteiro Lobato, Machado de Assis, livros de suspense e terror, tudo o que se podia imaginar. As manhãs e tardes de sábado do meu pai eram dedicadas a visitar sebos de livros à procura de novas aquisições. As primeiras edições eram as verdadeiras caça ao tesouro.

Como sempre gostei de desafios, ingressei na Varig, Viação aérea Rio Grandense, para trabalhar no setor de instrumentos, uma área muito específica da manutenção aérea, na área industrial. Eram 1.600 homens e aproximadamente 20 mulheres, dentre secretárias, técnicas e engenheiras.

Posso afirmar que foi uma das experiências mais incríveis da minha vida, onde aprendi a trabalhar em equipe, a ter soluções imediatas para problemas específicos e, principalmente, a lidar com misoginia e machismo. Minha segunda grande experiência profissional foi no Exército Brasileiro, como oficial após a falência da Varig, onde fui chefe do setor de Engenharia do Hospital Central do Exército, no Rio de Janeiro.

Uma das mais antigas organizações militares de saúde. Grande, complexo e muito mais desafiador. Se a Varig foi uma grande escola e o meu amor, o Exército foi um programa acelerado de como me tornar uma grande profissional.

A Engenharia está em constante evolução e tínhamos que nos manter sempre atualizados. Formei-me como engenheira eletricista e no Exército tive que entender de Engenharia Biomédica e Civil, pois tudo passava pelo meu setor. Por mais que fosse um ambiente predominantemente masculino, ser oriunda da área industrial me deu estofo para ter um excelente convívio e ser respeitada. Como engenheira, recebi menção honrosa, prêmios, viajei o mundo, fui amada pela equipe.

A Engenharia massageou o meu ego. Ela sempre foi mais do que uma profissão para mim. Foi uma paixão que me permitiu dar vida a ideias e criar soluções que impactaram a vida das pessoas. A sensação de ver um projeto sair do papel e funcionar como planejado é indescritível.

A Engenharia me proporcionou a oportunidade de desenvolver habilidades como a resolução de problemas, o trabalho em equipe e a liderança, que me acompanham até os dias de hoje. Se eu tinha alguma dúvida sobre determinada área, retornava à biblioteca e encontrava a resposta.

Neste meio tempo a biblioteca ficou famosa entre amigos da faculdade, colegas de trabalho, tendo até visitas a ela, driblando o ciúmes do meu pai. Ele tinha uma máxima: livro não se empresta. Nunca. Se lhe pedirem um livro emprestado, é melhor dar.

Ele sempre soube quando eu tirava algum escondido. Como, eu não sei. A Engenharia, com sua precisão e lógica, pode parecer distante do mundo da escrita e da imaginação. No entanto, a paixão pelos livros me proporcionou uma ferramenta essencial para navegar nesse universo técnico. A habilidade de analisar textos complexos, de construir argumentos sólidos e de comunicar ideias de forma clara foram fundamentais para minha carreira. A escrita me permitiu não apenas resolver problemas complexos, mas também encontrar beleza e poesia em um mundo dominado por números e equações. Ser uma das primeiras mulheres na área industrial da Varig, trabalhando na manutenção de aviões, foi uma experiência única que me permitiu aplicar meus conhecimentos técnicos e, ao mesmo tempo, me conectar com a minha paixão pela escrita, registrando as minhas aventuras e descobertas. E isso se refletiu em minha carreira militar.

Pulo para minha outra vida. Aos 45 anos, decidi dar um salto de fé e embarcar em uma nova jornada como designer de moda. A troca da Engenharia pela moda foi uma decisão ousada, pensada, refletida e certeira. Como já deixei bem claro, a Engenharia me realizou como profissional, me deu oportunidades de crescimento, me proporcionou acessos, só que tirava qualidade de vida. Eu me sentia falha como mãe. Tinha uma jornada exaustiva, chegando impreterivelmente no hospital às 5:40 da manhã, sem ter hora certa para sair. Como mãe de uma única filha com TDAH e divorciada na época, estava totalmente sobrecarregada. Foi um período que inclusive me vi afastada da leitura como lazer. Decidi que era hora de parar. Como boa aquariana, decisão tomada, parto para a ação. Desliguei-me do Exército, me sentindo plena e segura, e abri uma sociedade em uma empresa de Engenharia com um colega militar. Minha primeira experiência como empreendedora e deu muito certo. Ganhei muito dinheiro e acreditei que a vida sorria para mim e nada poderia dar errado. Ledo engano. O Brasil passava por uma grande turbulência política onde a Engenharia praticamente parou. Grandes empresas de construção civil faliram ou estavam envolvidas em escândalos e a minha empresa fazia reparos e reformas através de licitação. Levamos um calote, falimos, fechamos a empresa e me vi desempregada pela primeira vez depois de um longo tempo. Desempregada, endividada, mulher com mais de 40 anos, me vi em grande encruzilhada.

Não posso dizer que a moda surgiu em minha vida de repente ou como transição de carreira em uma idade madura. Ela sempre esteve lá. Na prateleira ao lado do jornalismo e da literatura. A minha primeira e principal referência estética sempre foi minha mãe. Uma mulher pequena com um senso estético profundamente apurado. Mesmo com a vida não lhe permitindo grandes voos, ela sempre estava bem arrumada. Cabelos bem escovados e modelados no bobs e unhas feitas. Até hoje, aos 80 anos, minha mãe é estilosa. Eu sempre chamava atenção com minhas roupas e recebia olhares e elogios. Mas não existia referência. Não era uma profissão que almejava. Uma mulher, designer de moda negra no Brasil, não existia. O meu primeiro grande ícone foi Luiz de Freitas, o Mr. Wonderful, que assim como eu era autodidata e abriu sua primeira loja no coração de Ipanema, algo impensável para a época. E assim surgiu meu terceiro ato. Meu maior salto. Iniciei na moda sem nenhum tipo de conhecimento, mas a carreira como engenheira me proporcionou a disciplina e a base para buscar o conhecimento na área. Criei a marca Santa Resistência, de moda autoral e *slow fashion*. Ingressei no Sebrae, um serviço voltado a empreendedores, onde já me destaquei passando no edital Sebrae Moda Afro, que selecionou 20 designers racializados de moda de todo Brasil para mentorias na área de empreendimento; abri uma loja colaborativa em Ipanema (Viva Luiz de Freitas) e como foguete desembarquei na maior semana de moda da América Latina, o São Paulo Fashion Week.

Hoje eu sou a jornalista que faz pesquisas profundas para coleção baseada na vida e na obra de Catulo da Paixão Cearense, na biblioteca que possui 20 obras do autor, dentre elas primeiras edições; escrevo sobre as figuras femininas apagadas da história de luta do Brasil, como Catarina Paraguaçu, Maria Quitéria e Maria Felipa para desenvolvimento de estampas; mergulho nas enciclopédias e exemplares de National Geographic, devidamente encadernados para entender mais da cultura da tribo Massai, oriundos do Quênia e Tanzânia, tema da última coleção e desfile. Tenho alma de jornalista.

Hoje eu sou a engenheira que planeja cada detalhe do desfile, administra toda logística para que ocorra tudo certo, criou planilhas de custos com cálculos equilibrando o orçamento para que a designer de moda possa fazer o trabalho perfeito e brilhe com a Santa Resistência.

"Que toda ancestralidade seja Santa. Que toda Resistência seja viva".

NADEJDA MARQUES

@nadejdamarques

Caso aconteça qualquer coisa

Muitas vezes me apresentei em público ressaltando a minha filiação paterna. Sou filha de Jarbas Pereira Marques, sequestrado, torturado e morto pela ditadura brasileira em 1973. Sempre foi muito importante para mim falar sobre o meu pai para preservar sua memória e para que as pessoas soubessem o que se passou no Brasil quando governado por militares.

Desde muito jovem, eu me via em uma grande missão de lembrar aos outros que os direitos que temos hoje foram conquistados a duras penas e que somos fruto e dependemos daqueles que vieram antes de nós e, em alguns casos, que deram suas vidas por nós. Talvez por estar tão envolvida com a ideia do resgate da história e da memória, negligenciei, no início, o devido reconhecimento daquelas que estão e estiveram comigo nessa caminhada. Aquelas que me instruíram, me apoiaram, me seguraram nos momentos difíceis. Enxugaram minhas lágrimas, choraram comigo, mas também, juntas, comemoramos as grandes e pequenas conquistas. Para falar das mulheres que estão à nossa volta, no nosso dia a dia, testemunhas e cúmplices da nossa breve existência, palavras, textos e livros não seriam suficientes. Mas, temos que tentar. É preciso contar e registrar as suas importantes contribuições. Por isso, peço licença para contar um pouco, mas muito pouco mesmo, sobre uma delas e algumas das lições que ela me deixou.

Seu nome, Tércia, significa terceira. Em sua família, foi a quarta criança a nascer com vida e, por coincidência, a terceira filha. Nasceu muito pequena, frágil e logo adoeceu. Acharam que ia morrer. Um padre amigo da família, preocupado com que a bebê não morresse antes do batismo, convenceu a mãe a batizá-la o mais rápido possível sem se demorar com a escolha do nome. Minha avó se chamava Tércia e minha mãe, então, recebeu o nome de Tércia Maria Rodrigues do Amaral.

Minha avó, prematuramente viúva, criou cinco filhos enfrentando enormes dificuldades financeiras e culturais no Recife. Na sua casinha humilde, todas as filhas, ainda adolescentes, começaram a trabalhar para ajudar com as despesas da família. Por necessidade, cresceram e passaram à fase adulta muito rapidamente. Aos 17 anos minha mãe já trabalhava em uma fábrica de lâmpadas japonesa chamada Sadokin. Era muito dedicada e logo ganhou o respeito da administração da fábrica. Em mais de uma ocasião posicionou-se em defesa das companheiras de trabalho numa clara expressão de liderança. Graças a isso, foi promovida e transferida para outra filial da mesma fábrica em São Paulo. Meus pais, como muitos nordestinos à época, partiram para São Paulo com muitos sonhos mas, em relação a muitos, tinham uma grande vantagem: minha mãe já tinha um trabalho fixo que esperava por ela. O ano era 1970 e minha mãe recém-casada tinha completado seus 19 anos.

Enxergar-se como líder em um ambiente profissional não é coisa comum entre as mulheres. Alguns estudiosos chamam esse fenômeno de Paradoxo da Competência. Seja por modéstia ou devido à famosa síndrome de impostora, as mulheres apesar de terem todos os atributos de líderes, têm muita dificuldade de se identificar como tal. Minha mãe me ensinou que ser líder não é nenhum bicho de sete cabeças. Ser líder significa tomar iniciativa, estabelecer objetivos, construir e trabalhar em equipe, demonstrar integridade e honestidade inspirando e motivando os outros. O mundo precisa de líderes. O mundo precisa de mulheres líderes. E, as mulheres precisam se enxergar e atuar como líderes.

Em São Paulo, meus pais dividiam um pequeno apartamento com um outro casal. Aos poucos iam conhecendo pessoas e participavam da vida cultural e social da cidade. Começaram a frequentar encontros para debater a situação político-econômica no Brasil. Falar de política naquela época era correr risco. Eles sabiam disso, mas acreditavam que era necessário. Não era possível não fazer nada. Hoje em dia as pessoas têm medo de conversar sobre política nas ruas, nas escolas, no trabalho, ou em qualquer outro lugar. Esse medo é, em parte, sequela do terror e censura impostos durante a ditadura brasileira, mas "a política está em tudo", minha mãe dizia, "não há como ou porque evitar". Oficialmente, ela não era militante de nenhum grupo ou partido político, mas sempre se posicionava. Informalmente, ajudava na logística de reuniões estudantis, reuniões do sindicato e reuniões políticas participando e apoiando meu pai. Foi companheira fiel e estava sempre ao seu lado. Era ao mesmo tempo sua musa inspiradora, a doce Dulcineia de Dom Quixote, e seu fiel escudeiro, Sancho Pança, que acredita tanto nos sonhos dos outros como se fossem seus próprios.

Foi nesse ambiente que meus pais entraram em contato com membros da Vanguarda Popular Revolucionária (VPR). Em um desses encontros, meu pai conheceu o cabo Anselmo (José Anselmo dos Santos) que usava o nome de Daniel. Naquela época, o cabo animava um projeto de mobilizar grupos contra a ditadura no Nordeste brasileiro. Mais tarde soube-se que isso fazia parte de um projeto orquestrado com o delegado Sérgio Paranhos Fleury para identificar e eliminar a oposição ao regime ditatorial. O cabo trabalhava como um agente da ditadura infiltrado. Embora já despertasse alguma suspeita, o cabo se valia da associação a pessoas cuja credibilidade fosse inquestionável para poder agir. Meu pai, por ser uma pessoa conhecida, com um histórico junto ao movimento estudantil no Recife, foi uma das pessoas usadas e traídas pelo cabo. Minha mãe também.

Quando minha mãe ficou grávida, o casal decidiu que seria melhor voltar ao Recife onde ela teria o apoio das famílias e amigos que lá ficaram. Além disso, minha mãe sempre teve saudades do mar. Não sabia nadar, mas falava do mar como se fosse um parente querido. Voltaram para o Recife para uma vida que conheciam bem e lá nasci em março de 1972. O meu nome foi escolha do meu pai. Nadejda significa esperança. Esperança de dias melhores. Esperança de um mundo melhor.

Esperança era necessária pois a repressão estava no auge naquela época que passou a ser conhecida como "os anos de chumbo". Meus pais temiam por suas vidas. Tinham companheiros presos. Pessoas desaparecidas. Eles não podiam fugir.

Não tinham recursos para viver escondidos ou no exílio, então o casal fez um acordo entre si. Se acaso meu pai, por qualquer razão, sem aviso prévio, não voltasse para casa após o trabalho, minha mãe estava incumbida de se esconder comigo. Não tinham um plano bem elaborado. Eram medidas de desespero. Nas minhas roupas, minha mãe escondia bilhetes com instruções claras caso algo acontecesse a ela:

"Exmo Juiz de Menor, Eu, Tércia Maria Rodrigues Marques, mãe de Nadejda Rodrigues Marques, [solicito que] caso aconteça qualquer coisa à minha pessoa, morte ou desaparecimento, minha filha deverá ser entregue aos cuidados de minha mãe."

Em janeiro de 1973, meu pai foi sequestrado do seu trabalho na Livraria Moderna, no Recife. Foi torturado e morto na Granja São Bento juntamente com cinco outras pessoas: Eudaldo Gomes, Soledad Barrett Viedma, Evaldo Luiz, Pauline Reichstul e José Manoel.

Na noite do dia 8 de janeiro, meu pai não voltou para casa. Minha mãe se escondeu em um apartamento abandonado por alguns dias, mas como não tinha sequer alimentos nesse lugar, saiu do esconderijo e passou pela casa de sua mãe. Minha avó contou a ela que a versão oficial publicada nos noticiários de que meu pai e as outras vítimas do massacre da Granja São Bento teriam morrido em um tiroteio tinha sido desmentida rapidamente. O aparato da ditadura se encarregava de uma grande farsa. Não contavam em terem a brutalidade das torturas e dos assassinatos exposta em parte graças ao trabalho da advogada Mércia de Albuquerque e da minha avó paterna, Rosália Pereira Marques. As duas mulheres lutaram para ver os corpos, para corrigir as autópsias e incluir os sinais da tortura que todas as seis vítimas sofreram e, inclusive, serviram como testemunhas de que Soledad Barrett, que era companheira do cabo, estava grávida quando foi torturada e assassinada.

Depois do massacre, o cabo ainda circulava pelo Recife procurando por minha mãe e fazendo ameaças veladas. Separada da filha com apenas 9 meses de idade, minha mãe buscou ajuda com Dom Helder Câmara. Porém, Dom Helder estava sendo vigiado pelo governo e sua situação também era precária. Dom Helder explicou que abrigar a minha mãe na igreja poderia colocar os dois em grande risco. Ao invés disso, ele conseguiu uma quantia em dinheiro suficiente para que ela fugisse para o Rio de Janeiro.

No Rio, minha mãe encontrou uma prima distante, Iramaya Benjamin. Uma mulher de coragem que a abrigou temporariamente e possibilitou que ela fosse exilada no Chile. As duas mulheres fizeram um Pacto de Mães. Minha mãe iria ajudar um dos filhos da Iramaya que estava no Chile enquanto Iramaya se encarregaria de me levar ao Chile para o nosso reencontro.

O Pacto de Mães foi cumprido e no final de agosto minha mãe e eu estávamos juntas novamente. Apesar disso, o nosso reencontro não foi seguido de paz. Pouco tempo depois da minha chegada em Santiago, Pinochet dá o golpe no Chile. Minha mãe e eu morávamos em um acampamento muito humilde chamado *Lo Hermida*. Nesse acampamento viviam vários refugiados políticos de vários países da América Latina e pessoas que haviam sido expulsas de suas terras nas zonas rurais do Chile. Poucos dias depois do golpe, os militares chilenos passaram revistas e, inclusive, canhões de guerra, pela cidade, destruindo as casas dos acampamentos com todos os pertences das pessoas, expulsando famílias, prendendo e assassinando tantas pessoas. Sem ter lugar para onde ir, minha mãe vagava pelas ruas de Santiago procurando abrigo. Por um tempo, estivemos com muitos brasileiros e outros latinoamericanos no abrigo Padre Hurtado. Graças à intervenção do embaixador da Suécia, Harald Edelstam, fomos reconhecidas como refugiadas políticas e assim conseguimos deixar o Chile rumo à Suécia.

Os traumas do assassinato do meu pai, da separação da filha bebê, do golpe no Chile deixaram marcas profundas tanto na saúde física como psicológica da minha mãe. Além disso, enquanto minha mãe vivia como refugiada política, a minha avó materna faleceu. Inconformada e profundamente triste por não poder ver a mãe, sequer poder despedir-se dela, minha mãe sofreu muito.

Na Suécia, minha mãe e eu fomos assentadas em uma cidade chamada Mora, ao Norte da Suécia. Era inverno. Com dificuldades de comunicação, problemas de saúde (pneumonia) e depressão, minha mãe escreveu para o Comitê da Cruz Vermelha, solicitando que fosse assentada em outro país com maior proximidade cultural e climática ao Brasil. O pedido foi aceito e fomos realocadas em Cuba.

Em Havana, ela encontrou um novo amor e casou-se com Sebastião Mendes Filho, brasileiro também refugiado político. Os dois, apesar de terem uma vida estável em Cuba, sempre falavam em voltar ao Brasil, de voltar a estar com a família em seu país. Após cinco anos em Cuba, meus pais conseguiram realizar o sonho de voltar ao Brasil graças ao apoio do Comitê de Anistia, da Iramaya e dos familiares brasileiros. Retornamos ao Brasil em abril de 1979.

No Brasil, nossa família viveu sob vigilância até 1988. Isso porque meu segundo pai, além do histórico de militância contra a ditadura, tornou-se um líder sindical ajudando a criar o primeiro Sindicato dos Profissionais de Processamento de Dados de Minas Gerais. Por suas atividades sindicais, ele foi preso mais de uma vez, o que significou para minha mãe reviver todos os traumas passados. Noites de sono tranquilas eram raridade para minha mãe e os pesadelos eram frequentes.

Sua vida profissional também foi afetada pela violência sofrida. Em Cuba trabalhou como professora, mas ao retornar ao Brasil não conseguiu oportunidades, em parte devido ao seu histórico de vida que ainda gerava desconfiança e preconceito. Retraída, dedicou-se aos trabalhos como artesã e, depois, ao trabalho rural. O trabalho no campo é um trabalho bastante duro para quem não tem experiência na área, mas ela se dedicou a essa tarefa como a tudo que fazia, plenamente com amor e dedicação.

Nunca mediu esforços para ajudar a realizar os sonhos e vontades dos filhos, mesmo em tempos incertos, sob pressão e com poucos recursos. Não tinha nenhum vestido com o qual eu sonhasse que ela não fizesse na máquina de costura ou em crochê. Nenhuma comida que os filhos quisessem provar que ela não fizesse, às vezes inventando da cabeça dela as mais diversas receitas. Em todas as coisas que fazia demonstrava seu imenso amor. Amor por todo ser vivo. Amor pelas pessoas, animais e as plantas. Amor pela vida, pela verdade e pela justiça.

NATHALIE CARTOLANO

linkedin.com/in/nathacartolano

Um conjunto de mulheres que se conectam através de histórias incríveis, de superação, de sororidade, de evolução. Traduzir essa pluralidade de personalidades, comportamentos e vozes em uma representação gráfica foi um desafio intenso.

O resultado traz diferentes formas e cores que se fundem em um movimento harmônico. O nome do livro, que traz muito significado para a obra, tem sutilezas no design que potencializam sua expressividade. A tipologia é *bold*, aumentando o volume e o impacto das falas. As letras que representam a conexão entre essas mulheres são levemente deslocadas para cima, mostrando a direção ascendente desse movimento.

Nathalie Cartolano fez o design da capa de Ensemble.

NEIVIA JUSTA

linkedin.com/in/neiviajusta/
@neivia
@lidercomneivia2160
linkedin.com/newsletters/diversity-inclusion-6532001192615178240

#AquiEstouEu em prol da igualdade de gênero

Vivi inconsciente e alheia à desigualdade de gênero até meus 45 anos. No início da vida adulta, eu queria ser dona de mim, ter uma carreira bem-sucedida e conquistar o mundo. Isso me manteve bastante ocupada e autocentrada, absolutamente convicta de que era impossível conciliar os papéis de executiva, esposa e mãe, eliminando qualquer possibilidade de relacionamento amoroso que colocasse meu plano em risco.

Ao completar 30 anos, já com uma carreira estável, comecei a sentir um vazio que eu desconhecia. Não sei se foi o "tic-tac" do relógio biológico ou um chamado para equalizar a dimensão do trabalho na minha existência, uma vez que, até aquele momento, eu havia sido feliz com uma vida 100% executiva. Exatamente nessa época, depois de seis anos morando sozinha em São Paulo, comecei a namorar o Eduardo, um carioca que eu conhecia há uma década. "Devagar e urgentemente", como diria Chico Buarque, ele entrou na minha vida e ocupou os espaços vazios. Nos casamos em menos de dois anos.

Sempre ouvi que eu era independente demais, bem resolvida demais e que isso assustava os homens. Talvez por ser quase 14 anos mais velho que eu e vir de um primeiro casamento, sem filhos, que durou 20 anos, Eduardo não teve "medo" de mim. Minha coragem, autonomia e jeito de ver o mundo, ao invés de intimidá-lo, o instigaram a querer construir uma história comigo, que já dura 25 anos. Além disso, ele era louco para ser pai e isso me fez considerar a possibilidade da maternidade.

Embora eu tivesse prometido a ele que me permitiria engravidar quando completássemos um ano de casados, entrei em pânico achando que não estava preparada para ser mãe. Muito rapidamente entendi que ninguém está pronta para o desconhecido. Filhos não vêm com manual. A maternidade, assim como a paternidade, é uma experiência única, pessoal e intransferível. Só entende e aprende quem vive, como tudo na vida.

Fato é que, no intervalo de sete anos, dos 32 aos 39, eu casei, tive duas filhas e empreendi minha carreira de mãe, em São Paulo, com o marido trabalhando no Rio; saí da Natura, me tornei sócia e gestora de uma marca de varejo de luxo, fiz um MBA e retomei minha vida de executiva.

Em 2008, com 39 anos, depois de quatro anos fora do mercado formal de trabalho e com duas filhas pequenas de quatro e dois anos, voltei ao mundo corporativo. De maneira absolutamente improvável: uma recrutadora encontrou meu currículo no *vagas.com*, fiz duas entrevistas e, no intervalo de um mês, fui contratada para uma vaga que estava aberta há 11 meses.

Hoje sei que tive a sorte de encontrar um líder que enxergou em mim o talento que ele buscava, independentemente de qualquer viés inconsciente que eu representasse.

Nos seis anos seguintes, assumi a Gerência de Comunicação Corporativa da Schincariol (2008), passei por um processo de recolocação (2010), assumi a Gerência de Comunicação da GE do Brasil (2011) e a Diretoria de Comunicação e Relações Públicas da Goodyear na América Latina (2014). Todavia, continuei inconsciente da falta de diversidade e representatividade nas posições de alta liderança das empresas.

Quando cheguei à GE, fui convidada a participar da Rede Global de Mulheres (GE Women's Network). As temáticas debatidas nas reuniões não me sensibilizavam. Mas eu sabia que, como líder local, tinha que dar o exemplo. E assim o fiz, apesar de não estar convencida da relevância da pauta da igualdade de gênero. Eu era fruto de uma sociedade machista e pensava como tal. Não tinha consciência dos meus privilégios e chegava a dizer frases do tipo "se eu, que sou nordestina e vim para São Paulo sem conhecer ninguém, consegui, qualquer mulher consegue". Levei ainda um par de anos para aprender que isso está, infelizmente, a anos-luz de se tornar uma verdade.

Na GE, também tive a oportunidade de cofundar, como aliada, o grupo LGBT+ da empresa no Brasil. E comecei a entender como o machismo estrutural e o preconceito em relação às mulheres se faz presente dentro da própria comunidade. Algo que muito me surpreendeu.

Em 2014, quando assumi a Diretoria de Comunicação e Relações Públicas da Goodyear na América Latina, descobri que eu era a primeira mulher naquele lugar, em 99 anos da empresa na região. Levei quase um ano para ter a real dimensão do que isso significava. Eu vivia sentimentos contraditórios: orgulho, por ser a primeira e absoluta solidão, por ser a única.

Em maio de 2015, ao terminar uma palestra na Amcham em Goiânia sobre a evolução da Comunicação e do Marketing em 20 anos, citei a Inclusão das Diversidades Humanas no mundo corporativo como uma tendência em curso. Ilustrei essa fala com uma foto que trazia o CEO da Goodyear, eu e o nosso diretor de RH, um homem negro. E afirmei: "vocês não encontrarão hoje uma diretoria mais diversa que essa!"

Quando saí do palco, o time da Amcham me pediu para voltar lá na semana seguinte e contar essa história no Fórum de Liderança Feminina. Fiquei atônita com o convite, especialmente por dois motivos: eu não achava que tinha uma história para contar e eu nunca tinha ouvido o termo "liderança feminina", que me soou muito estranho, afinal de contas, liderança não tem gênero.

Passei o fim de semana pesquisando sobre o tema. Fiquei em choque ao descobrir o cenário desolador da desigualdade de gênero no Brasil e no mundo, assim como ao me dar conta da minha total inconsciência dessa realidade. Senti uma culpa enorme. Mas, rapidamente, entendi que a culpa não nos leva a lugar nenhum. Ao contrário, ela nos paralisa, nos serve de desculpa para não agir.

O que eu fiz? Olhei para minhas filhas e, naquele momento, entendi o que seria meu propósito, a partir de então: trabalhar para transformar o mundo num lugar melhor mais justo e inclusivo para elas e, consequentemente, para todas as mulheres e meninas à minha volta.

Voltei a Goiânia e fiz a palestra! Dividi o palco com Janete Vaz, fundadora do Grupo Sabin e Helena Ribeiro, fundadora da EmpreZa, duas mulheres admiráveis. Pouco antes de falar, fui invadida pela famosa síndrome da impostora. O que eu estava fazendo ali? Que relevância tinha a minha história depois de ouvir aquelas líderes tão inspiradoras e empreendedoras?

Para minha surpresa, meu relato causou um grande impacto na plateia. E minhas colegas foram absolutamente inclusivas e generosas comigo. Terminamos a noite jantando juntas e compartilhando detalhes das nossas vidas, como só as mulheres sabem fazer! Vivi ali um momento ímpar de sororidade.

Continuei estudando e me aprofundando nos temas relacionados à promoção da igualdade de gênero, e comecei a aceitar todo convite que eu recebia para escrever, debater ou palestrar sobre o tema, assim como investi na construção de relações e parcerias com mulheres líderes que eu admirava.

E assim segui a vida, levando minha mensagem aos quatro cantos do Brasil, até que fui convidada para trabalhar na matriz da Goodyear nos Estados Unidos. Embora nada empolgada, me comprometi a estudar com carinho essa oportunidade. Nos meses que antecederam minha decisão final, fui impactada por facetas cruéis do machismo corporativo.

Entendi que, quando um executivo muda de país, ele só muda de endereço. Ao passo que uma executiva muda de vida. Por que isso acontece? Porque o homem costuma ter uma esposa que abre mão da sua carreira para acompanhá-lo e garantir que ele continue sem ter que se preocupar com a gestão da casa e da família. A recíproca raramente é verdadeira. A mulher, que tinha no Brasil uma rede de apoio e uma infraestrutura doméstica para conseguir gerenciar sua carreira, precisará reconstruir isso do zero, numa cultura muito distinta da sua. No meu caso, eu era a primeira executiva brasileira, com marido e filhas, que a Goodyear transferiria para Akron, Ohio. E, infelizmente, ninguém tinha resposta para minhas perguntas "inéditas".

Quando eu decidi não aceitar o convite, senti na pele o julgamento e a reprovação dos homens. Todos eles me criticavam e me diziam frases do tipo "Deus não dá asa a cobras, tanta gente querendo ir morar nos EUA e você recusa". Eu estava convicta de que a mudança não fazia sentido para minha vida, muito menos para o futuro das minhas filhas, e sustentei minha decisão. Consequentemente, tive que procurar outro emprego, uma vez que não havia uma posição equivalente no time do Brasil.

Nove meses depois, recebi duas propostas de trabalho: uma da CTG, empresa chinesa de energia, e outra da J&J. Escolhi a diretoria de Comunicação e Relações Públicas da J&J Consumo na América Latina, por conhecer a cultura americana e entender que a empresa estava mais evoluída na representatividade de mulheres em posição de alta liderança, uma vez que as CEOs do Brasil e da região eram mulheres.

Nessa época, a total falta de representatividade de mulheres, em todos os lugares, estava me deixando indignada. Para onde eu me virasse, só enxergava homens brancos: eventos, programas de TV, presidências, diretorias, conselhos, governos, associações. Um belo dia, fui instigada por meu marido a fazer algo além de falar a respeito. Como sou uma mulher de ação, fiz o que eu podia, com o que eu tinha, onde eu estava: comecei a tirar fotos de ambientes e eventos onde só havia homens e a postar essas fotos no LinkedIn, com a "hashtag" #ondeestãoasmulheres. Uma foto por dia. Algo bastante simples, mas que fez as pessoas enxergarem que aquelas imagens não eram "normais".

Enquanto os homens me agrediam pessoalmente, comentando sem nenhum pudor nos meus posts, as mulheres passaram a me enviar fotos em mensagens privadas, pedindo que eu postasse. Quando eu perguntava porque elas mesmas não faziam isso, a resposta era uníssona: não tenho coragem, tenho medo de ser retaliada ou demitida.

Foi assim, em 2016, de maneira intuitiva e despretensiosa, que comecei esse movimento de evidenciar o que ninguém parecia (ou queria) enxergar. Todavia, o nível de violência que sofri foi tão grande, que quase desisti. Mas eu não podia me dar a esse luxo. Respirei fundo, suspendi as postagens e fui estudar Comunicação Não Violenta. Entendi que aquela truculência não me pertencia e aprendi a neutralizar o impacto que ela exercia em mim.

Também entendi que eu precisava criar um contraponto: eu estava evidenciando a escassez e era importante evidenciar a abundância. Se nós, mulheres, somos as mães da humanidade, mais da metade da população brasileira, maioria nas universidades e estamos em todos os lugares, por que não estamos visíveis? E assim eu criei o movimento #aquiestãoasmulheres: comecei a postar fotos de mulheres protagonizando histórias de sucesso, com a "hashtag" e a frase "fulana nos representa".

E passei a gerenciar dois tipos de reação: as mulheres que me conheciam, ficavam eufóricas com o reconhecimento e a visibilidade. As que não me conheciam, desconfiavam de mim, me escreviam perguntando por que eu as estava promovendo e o que eu queria em troca. Demorei para entender o que isso significava: nossa tão sonhada sororidade ainda era uma utopia! Eu acredito que a vitória de uma mulher é a vitória de todas nós. Quando uma mulher assume uma posição de liderança, ela abre espaço para que outras aspirem e acreditem que também podem chegar lá. E essa era a resposta que eu dava a cada uma que me escrevia.

Felizmente, passados oito anos, o #aquiestãoasmulheres se tornou um movimento de sororidade e celebração das nossas conquistas que dispensa explicações. Por outro lado, embora tenhamos ganhado consciência, ainda há muito o que avançar para termos a justa representatividade nas posições de liderança e poder. Quase todos os dias ainda faço publicações #ondeestãoasmulheres.

A diferença é que temos cada vez mais homens comprometidos com a transformação da realidade, usando o lugar de poder que ocupam, com intencionalidade e responsabilidade, para promover a igualdade de gênero. Como eu sempre digo, os homens são nossos maiores aliados.

Por isso, desde junho de 2020, converso, no #LíderComNeivia, com homens e mulheres líderes que estão impactando positivamente o mundo. E aqui estou eu, #justacausando há uma década.

NELINHA DO BABAÇU

@nelinhadobabacu
nelinhadobabacu@gmail.com

A busca e as oportunidades

Meu nome é Cornélia Rodrigues, mais conhecida como Nelinha do Babaçu, sou a filha (a mais nova entre 4 irmãos) de João Damasceno Rodrigues e Rosa Rodrigues, um lavrador e uma quebradeira de coco. Aos onze anos deixei minha cidade natal, Palmeirândia (que não tinha escola pública), para morar em São Luís, onde fui contratada como acompanhante de uma senhora em troca de estudos. Ao longo dos anos, trabalhei como cozinheira e governanta na casa de artistas, empresários de renome, e em cada ambiente novo era uma chance de aprender sobre aqueles mundos.

Em cada experiência, eu absorvia os conhecimentos enquanto alimentava um sonho maior: transformar a realidade da minha família e do Maranhão.

Quando a família Baldez me deu a oportunidade de trabalhar com eles e estudar, eu a aproveitei.

Anos mais tarde, na casa de uma família judaica no Pacaembu, em São Paulo, descobri a cozinha kosher, onde o leite animal não pode ser misturado a certos alimentos. Foi aí que encontrei a saída que tanto buscava.

Lembrei-me do babaçu, a palmeira que conheci minha vida toda, e tive a ideia de fazer creme de leite de babaçu. Eu sabia que poderia vender esse creme para a colônia judaica, que segue uma tradição: se a mãe compra, a filha compra, e a neta também compra. Sempre acreditei em oportunidades e sabia que essa era a chance de negócio que eu procurava.

Em Palmeirândia, minha cidade natal, poderíamos produzir o creme de leite de babaçu e vender para a colônia judaica, criando uma rede de consumo e uma oportunidade para minha família. No entanto, descobri que para produzir um alimento *kosher* era necessário obter a certificação *kosher* pela comunidade judaica. Percebi que não seria simples, mas não desisti de buscar uma oportunidade para minha terra.

De 2000 a 2010, aprendi muito. Aproveitei cada chance: entendi o mercado, aprendi sobre crédito de carbono e novas possibilidades. Até que, em 2010, já sabia o que a minha terra tinha a oferecer ao mundo. O que eu precisava fazer era mostrar o poder do babaçu. Minha terra tem as palmeiras mais generosas do planeta, e delas tudo se aproveita. O que eu precisava era apresentar ao mundo um projeto sustentável que evidenciasse o que o babaçu poderia oferecer.

Após construir uma rede de contatos sólidos e com a minha determinação, resolvi dar um passo para criar meu próprio negócio, com a ajuda do meu grande amigo Jayme Monjardim, que embarcou no meu sonho e passou a realizá-lo comigo e posteriormente do meu outro amigo e sócio, Rodrigo Fleury. Quis criar um negócio que beneficiasse a comunidade do Maranhão e preservasse o meio ambiente. Assim nasceu a Reflyta, uma empresa focada em produtos sustentáveis derivados do coco do babaçu, que tem como foco o desenvolvimento do Maranhão e da comunidade das quebradeiras de coco. Temos como objetivo comercializar produtos inovadores do babaçu, além de revolucionar o mercado global com soluções sustentáveis, além de ajudar no combate à fome.

Em 2023, compartilhei com o mundo o que havia feito. O creme de leite de babaçu já estava sendo reconhecido, mas o mais importante era mostrar o que a palmeira de babaçu poderia oferecer além disso: além do leite, ela combate a fome, gera carvão ativado para purificar água, e oferece soluções sustentáveis, sem precisar derrubar uma árvore ou gerar lixo.

Pode-se fazer canudos e madeira para construção civil, tudo sem agredir o meio ambiente.

A palmeira de babaçu é a árvore da oportunidade. Ela segue a mesma lógica do ser humano: "Do pó vieste, ao pó retornará", sem deixar vestígios. Ela nos dá tudo, e, quando morre, não deixa nada, exceto a nossa descendência. É isso que o mundo precisa para combater a desigualdade: não mais caridade, mas oportunidades.

Acho que, na vida, devemos estar sempre atentos quando uma oportunidade aparece. Às vezes, ela pode surgir em um comercial, ou até mesmo quando uma folha cai à nossa frente. Todas as coisas que eu criei até hoje sempre ocorreram de uma forma que me fez refletir sobre isso.

Uma das coisas que mais tenho orgulho de ter feito foi criar um alimento que pode ajudar no combate à desnutrição infantil. Isso aconteceu de forma surpreendente: um dia, estava em casa assistindo a um filme, quando, de repente, apareceu uma propaganda dos Médicos Sem Fronteiras. Nela, mostravam uma criança sendo tratada com um sachê para combater a desnutrição. Na mesma hora, pensei: "É possível fazer um sachê de babaçu!"

Fui pesquisar, queria entender melhor como isso funcionava. Quando descobri tudo sobre o assunto, tomei uma decisão: não faria isso, pois já existia aquele produto, e o trabalho dessas pessoas era maravilhoso. Seria até vergonhoso tentar criar algo semelhante. Foi aí que entendi o real problema da nutrição mundial e pensei: "Para que eu iria criar algo assim? Seria como competir com o que já estava sendo feito", e isso, para mim, seria desonesto.

Porém, como costumo dizer, o que Deus determina ninguém impede de acontecer. Então, um dia, estava no Instagram e vi um vídeo sem explicação. Era de Madre Teresa de Calcutá, e ela contava a história de uma menina. O mais surpreendente é que o vídeo era de 2021, mas o depoimento de Madre Teresa havia sido dado há muito tempo, e ela já falava da importância de combater a fome. Ela relatou a história dessa menina da Índia, a qual ela levou para um de seus abrigos e deu a ela um pão. Depois, observou que a menina esfarelava o pão e pegava as migalhas para comer. Madre Teresa perguntou por que ela fazia isso, e a menina respondeu: "Tenho medo". "Medo de quê?" "Medo do pão acabar."

Quando vi aquela cena, fui tocada profundamente. Em menos de cinco minutos, já tinha pensado em tudo. E uma coisa era certa: eu queria fazer um sachê.

Se eu conseguisse fazer um sachê de babaçu, poderíamos combater a fome de uma forma nunca antes realizada. Pensei o seguinte: quando formos distribuir os sachês, vamos levar também 100 mudas de babaçu e dizer às pessoas: "Se vocês preservarem 30% dessas árvores, quando elas tiverem um ano e meio, suas folhas poderão alimentar cabras e vacas, e elas darão leite. Quando essas árvores tiverem três anos, suas folhas poderão ser usadas para cobrir as casas, protegendo as paredes. Quando atingirem sete anos, elas começarão a dar frutos, e com esses frutos, vocês poderão fazer várias coisas."

Primeiro, a casca do fruto pode ser usada para fazer fumaça e espantar insetos. A segunda casca é rica em nutrientes e pode ser transformada em farinha, que pode ser usada para alimentar homens, mulheres e crianças, mesmo de forma rústica. Já o endocarpo (parte interna do fruto) pode ser queimado para fazer carvão. E, com as folhas da palmeira, vocês podem fazer uma espécie de sacola de palha, um "coffee".

Agora, com a terra, vocês vão fazer um filtro de água. Coloque uma camada de terra, depois uma camada de carvão, e assim por diante. Deve haver três camadas de carvão e três camadas de terra. Quando encontrarem água, mesmo que pareça imprópria para o consumo, podem jogar essa água na parte superior do filtro. Quando a água sair pela parte inferior, ela estará mais limpa e transparente. Embora não esteja 100% purificada, ainda será possível ferver essa água com o carvão que sobrar, tornando-a potável.

Além disso, as cabras e vacas alimentadas com as folhas da palmeira produzirão leite, que poderá ser transformado em alimentos para idosos, crianças, e para todos que precisarem. O que me motivou a querer criar um sachê de babaçu foi a possibilidade de combater a fome de forma sustentável. Quando os aviões da ONU ou as canoas dos Médicos Sem Fronteiras chegarem a qualquer lugar, distribuindo os sachês para combater a desnutrição imediata, as mães poderão ter menos medo de ver seus filhos com fome, como aconteceu com aquela menina. Haverá uma esperança de que, com o tempo, elas não precisarão mais passar pela mesma situação.

Essa é uma forma de combater a fome, mas também de sonhar com um futuro onde as gerações seguintes não terão que enfrentar os mesmos problemas. E foi isso que me fez sonhar com a criação do sachê. Com a ajuda de Deus, da minha família, de pessoas como Jayme Monjardin Matarazzo e Rodrigo Fleury (meus sócios) e muitos outros, inclusive pesquisadores, estamos dando passos importantes nessa direção.

Em 12 de setembro de 2024, finalmente estava pronto o ATP brasileiro — um alimento terapêutico para combater a desnutrição de crianças de seis meses a cinco anos.

Ao contar um pouco da minha história, aproveito para deixar uma mensagem que considero importante: todos nós, seres humanos, estamos sempre em busca — em busca de conhecimento, em busca de nossas próprias conquistas. Quando olho para trás e me vejo criança, percebo que sempre tive essa busca dentro de mim. Esse é um ensinamento que meus pais me passaram, e tenho muito orgulho de quem somos e do valor que damos às nossas raízes.

Eu acredito que a única forma de alcançar um futuro seguro é, muitas vezes, voltando ao passado. Quando faço isso, vejo que fui, e continuo sendo, uma eterna buscadora. Lembro de uma casa em que trabalhei, onde contei essa história para a criança que eu cuidava — a minha própria história, uma história que, para muitos, pode parecer uma aventura de faz de conta, mas que eu vivi e que sinto muito orgulho de compartilhar. Essa busca constante por oportunidades foi o que me trouxe até onde estou hoje.

Na minha infância, a fase que vivi com meus pais, até os meus 11 anos, me marcou profundamente. Lembro-me de quando tinha por volta de oito ou nove anos. Nossa família era pobre, e era comum não termos coisas que muitas outras pessoas consideravam básicas. Um exemplo disso: não tínhamos fósforos, e sem fósforos não tínhamos como acender o fogão para cozinhar a nossa comida. Minha mãe, então, pedia para eu ir até a casa da minha tia buscar fogo. Hoje, falar que eu ia buscar fogo pode parecer uma história de faz de conta, mas para nós era uma realidade. Eu pegava um tição, um pedaço lenha ainda aceso, e vinha de volta para casa, sacudindo a lenha no caminho para clarear o trajeto, até chegar em casa e minha mãe poder acender o fogo.

Essa experiência me ensinou a sempre sair em busca de oportunidades, e essa busca me levou até onde estou hoje. Aos 55 anos, percebo como o tempo passou rápido, mas também vejo como, durante toda a minha vida, sempre estive em busca de oportunidades. Muitas vezes, abdiquei da presença da minha família para conquistar meus objetivos e chegar onde estou e isso só percebi de fato quando uma amiga, que estava vendo um álbum de fotografias da minha família, me perguntou: "Cadê você nas fotos?"

E é por isso que eu digo: aquela menina de 11 anos, que buscava fogo para sua mãe poder fazer a comida e acender a lamparina, virou uma mulher hoje, com 55 anos, e continua acreditando que a única forma de acabar com a desigualdade é dando oportunidades. Seja buscando fogo para que a mãe faça a comida, criando um sachê para ajudar a combater a desnutrição infantil, ou simplesmente buscando oportunidades para combater a desigualdade.

Quando era criança, eu buscava fogo para fazer comida; aos 11 anos, fui em busca de estudo e trabalho. Hoje, continuo buscando oportunidades para gerar milhares de oportunidades para outras tantas "Nelinhas" ao redor do mundo, porque sei que existem muitas mulheres que, assim como eu, buscam uma vida melhor. Como sempre digo, "Dê-me a oportunidade, e eu mostrarei como podemos combater a desigualdade de forma sustentável e transformadora".

PALOMA GASTAL

@palomagastal

Mulheres que levam outras com elas: o poder da sororidade em ação

A importância do apoio feminino genuíno sempre foi muito clara para mim, especialmente durante momentos em que me senti insatisfeita ou estagnada na minha trajetória. Foi por meio da sororidade que consegui fazer uma mudança significativa na minha vida. O apoio de outras mulheres e a criação de uma rede forte de amizade e confiança foram essenciais para que eu pudesse me redescobrir e reinventar meu caminho. A amizade feminina tem um poder transformador incrível, e foi exatamente isso que aconteceu quando me tornei amiga da Vitória Bettiol, uma mulher que desempenhou um papel crucial na minha reinvenção pessoal e profissional.

Quando conheci Vitória, ambas estávamos em uma pausa em nossas carreiras devido à maternidade. Ela, com suas três filhas, e eu, com meus quatro filhos, cruzamos nossos caminhos na porta da escola. Foi ali que nasceu uma verdadeira amizade. Conversávamos sobre muitas coisas e, durante essas conversas, compartilhei o vazio existencial que estava sentindo. Percebi que, apesar de ter o que parecia ser uma trajetória plena, havia um desconforto latente: a necessidade de continuar investindo no meu crescimento pessoal e de fazer uma contribuição mais significativa para a sociedade.

O papel da maternidade nas pausas de carreira

O desafio de equilibrar a maternidade com as aspirações profissionais é algo que muitas mulheres enfrentam, e é frequentemente difícil encontrar um caminho claro para voltar ao mercado de trabalho depois de um tempo afastada. A decisão de pausar minha carreira para me dedicar ao cuidado dos meus filhos foi uma escolha consciente, mas que teve suas consequências. Como muitas mulheres, muitas vezes me perguntava se havia tomado a decisão certa, especialmente ao ver amigas e colegas continuarem a subir na carreira enquanto eu estava em casa.

Nesses momentos, ficou claro para mim que o valor de ser mãe é muitas vezes minimizado pela sociedade, e que havia poucos exemplos de mulheres que haviam conseguido retornar ao mercado de trabalho depois de uma longa pausa. Apesar de amar ser mãe, senti uma profunda vontade de voltar ao mundo profissional e redescobrir meu propósito. É um sentimento que muitas mulheres experienciam — o desejo de fazer mais, de ser mais e de contribuir além da esfera doméstica.

A pressão para “fazer tudo” — ser uma mãe exemplar, uma esposa dedicada e uma profissional bem-sucedida — é um fardo pesado para muitas mulheres. A sociedade muitas vezes espera que a mulher seja tudo ao mesmo tempo: mãe zelosa, esposa perfeita e profissional de sucesso. Essa expectativa pode fazer com que as mulheres sintam que estão sempre falhando em algum aspecto, e a ideia de começar de novo depois de uma pausa na carreira pode parecer assustadora. No entanto, há um movimento crescente que reconhece e celebra o fato de que as mulheres podem, e muitas vezes conseguem, prosperar após essas pausas.

Na verdade, há um reconhecimento crescente de que as mães devem ser apoiadas a encontrar formas de voltar ao mercado de trabalho sem se sentirem culpadas ou envergonhadas pelo tempo dedicado ao cuidado da família. Governos, empresas e organizações ao redor do mundo estão começando a entender a importância de fornecer recursos e oportunidades para que as mães possam retomar suas carreiras. Essas iniciativas variam desde opções de trabalho flexível até programas de mentoria especificamente criados para ajudar mulheres a se reintegrarem ao mercado de trabalho.

Reinvenção e o poder da sororidade

Minha trajetória profissional começou aos 16 anos, quando trabalhei como modelo na Europa. Após a aposentadoria de meu pai da Organização das Nações Unidas, retornei ao Brasil, onde me formei em Jornalismo e, posteriormente, fiz um MBA em Marketing pela Fundação Getúlio Vargas (FGV). Quando me casei, escolhi fazer uma pausa de dez anos nos meus estudos e na minha carreira para me dedicar à criação dos meus quatro filhos. Essa pausa, embora tenha sido por minha própria escolha, acabou gerando uma sensação crescente de estagnação.

Por um longo tempo, nutri o desejo de voltar ao mercado de trabalho e retomar meus projetos pessoais, mas não conseguia sair daquele marasmo. Sentia-me perdida na rotina da maternidade e, ao mesmo tempo, percebia que algo estava faltando. Foi então que Vitória entrou na minha vida e me "puxou" para fora dessa zona de conforto, ou melhor, dessa zona de estagnação. Quando falo sobre ela, não estou apenas descrevendo uma amiga, mas uma força transformadora. Com sua visão aguçada, grande perspicácia e empatia, ela foi capaz de perceber algo em mim que eu mesma não conseguia enxergar naquele momento: um potencial inexplorado. Ela reconheceu que, apesar da pausa que eu estava vivendo, eu ainda tinha muito a oferecer ao mundo, e foi essencial para que eu colocasse em prática o desejo de voltar ao mercado de trabalho.

Conhecendo meu histórico profissional e meus interesses pessoais, Vitória me incentivou a fazer um mestrado em Arquitetura. Na época, meus filhos já estavam maiores e não precisavam mais da minha atenção integral. O momento de retomar os estudos havia chegado, e foi ela quem percebeu isso antes de mim. Um dia, ela me enviou um *link* via WhatsApp para que eu me inscrevesse no mestrado em Arquitetura no CEUB (Centro Universitário de Brasília), com a simples e direta mensagem: "Faça agora." Eu, que estava resistindo à ideia de voltar a estudar, segui seu conselho e preenchi a ficha de inscrição. Fui chamada para fazer a prova, na qual fui entrevistada por quatro professores com PhD e fui aprovada! Esse foi o início de um novo capítulo na minha vida.

O poder da educação e do crescimento pessoal

Voltar a estudar algo que eu amava, como a Arquitetura, trouxe de volta um propósito que estava adormecido. O valor da educação na reinvenção pessoal não pode ser subestimado. Não se trata apenas de adquirir novas habilidades, mas de se reconectar com o próprio eu, redescobrir paixões e sentir-se empoderada novamente. Para mim, retornar à escola foi um ato de reconquistar minha identidade além da maternidade. Isso me mostrou que nunca é tarde para seguir um novo caminho ou para reimaginar o futuro, independentemente da fase da vida.

As ideias começaram a borbulhar novamente, e logo me vi envolvida em vários outros projetos. O primeiro deles foi a construção de pequenas casas ecológicas de 300 m^2, com preços acessíveis e selo ECO. Ver o meu projeto sair do papel foi incrivelmente gratificante e me fez perceber que eu tinha muito mais a oferecer do que imaginava. Esse retorno ao trabalho me mostrou que, mesmo depois de um longo período afastada, era possível retomar minha carreira e me reinventar. Mais importante ainda, me fez entender a importância de acreditar em mim mesma e de agir, independentemente da idade ou das circunstâncias.

Enquanto continuava meu empenho na construção dessas casas, surgiu uma ideia ainda mais ousada: escrever um livro. Como sempre adotei um estilo de vida saudável, com prática regular de exercícios e uma dieta equilibrada, decidi criar meus filhos da mesma forma. Muitas amigas me perguntavam como eu conseguia equilibrar tudo, e isso me inspirou a compartilhar minha experiência com outras pessoas. Assim nasceu meu livro *Saber Comer Para Poder Vencer*, uma obra infantil que incentiva as crianças a fazerem escolhas mais saudáveis e equilibradas. A personagem Valentina, inspirada em minha filha, tornou-se o centro da narrativa, e por meio dela ensinei hábitos saudáveis de forma lúdica e acessível. O livro fez tanto sucesso que me inspirei a escrever um segundo volume, que será lançado em breve.

O papel das amizades femininas no empoderamento

Esse processo de reinvenção não teria sido possível sem o apoio de outras mulheres. A ideia de "uma mulher puxar a outra" é algo em que eu acredito profundamente. Está enraizada na capacidade feminina de cuidar, nutrir e apoiar, e funciona porque as mulheres naturalmente formam redes de amizade que se tornam espaços seguros, onde podemos nos abrir e nos fortalecer. Essas amizades são muitas vezes a base da transformação pessoal e do sucesso profissional, pois oferecem não apenas apoio emocional, mas também orientação prática e oportunidades.

Em um mundo que, por tanto tempo, acreditou que as mulheres não podiam se unir, está mais claro do que nunca que nossa força reside na união e na colaboração. Quando uma mulher vê a outra em dúvida ou angústia, ela tem o poder não apenas de oferecer apoio, mas também a visão que a outra talvez não tenha naquele momento. Esses momentos de encorajamento mútuo são inestimáveis, pois ajudam as mulheres a enxergarem possibilidades que talvez não tivessem considerado sozinhas.

Maya Angelou disse: "Eu sou porque nós somos". Esta frase captura perfeitamente o poder da sororidade: a ideia de que somos mais fortes quando nos unimos, quando nos apoiamos nas nossas jornadas. Mesmo já tendo trilhado um bom caminho profissional, só fui capaz de perceber meu potencial adormecido quando conheci minha amiga Vitória. O ato dela de me elevar foi o que fez a diferença para que eu saísse da minha zona de conforto e começasse de novo de uma maneira mais plena e realizada.

Criando espaço para outras mulheres

Maria Paula Fidalgo é outra amiga que já me "puxou" várias vezes. Além de sempre me incentivar a buscar minhas próprias conquistas, ela me apoiou dando aulas de oratória, me convidando para participar de um filme e me entrevistando no lançamento do meu livro, criando espaço para um projeto do qual eu me orgulhava muito. O convite mais recente de Maria Paula foi para fazer parte deste livro, o que me enalteceu profundamente. Não só me identifiquei com o tema, e acredito na sua mensagem, mas a oportunidade de compartilhar minha experiência pessoal aqui, com a intenção de inspirar outras mulheres, tem sido transformadora para mim. Quero que todas as mulheres que lerem estas palavras se sintam empoderadas e motivadas a entrar nesse círculo virtuoso de apoio e sororidade.

Minha mãe, Marlene Gastal, e minhas irmãs, Giovanna e Gabriela, também desempenharam papéis essenciais nesse processo. Elas foram fontes de apoio em momentos decisivos, sempre me incentivando a seguir em frente e não me deixar desanimar pelas dificuldades. O apoio delas foi um pilar para minha confiança e me ajudou a entender que, de fato, é possível voltar ao mercado de trabalho após a maternidade e se reinventar em qualquer fase da vida.

Sororidade como um movimento

O ato de "puxar" outra mulher para cima, mais do que um gesto de apoio emocional, começa a se delinear como um movimento de empoderamento feminino. O apoio entre mulheres, não se trata de alcançar o sucesso individualmente, mas de criar um espaço onde todas possam prosperar, colaborar e empoderar umas às outras. À medida que mais mulheres se unem, elas criam oportunidades de crescimento, inovação e mudança social que beneficiam a todas.

O aumento da liderança feminina, da mentoria e do *networking* não é apenas uma mudança cultural, mas um movimento revolucionário em direção à igualdade de gênero. A mensagem é clara: o apoio entre mulheres é uma força poderosa que tem o potencial de mudar o mundo.

PATRÍCIA PERES

+55 61 98437-6578
patriciabernardiperes@gmail.com
@Finanças com Patrícia

O seu passado não define o seu futuro

A chegada de um filho transforma a vida de qualquer pessoa. Um filho é benção, vida, alegria. Mas agora imagine: você, uma adolescente nos anos 80, estudando em uma das escolas mais tradicionais da cidade, filha de pais respeitados na igreja e na alta sociedade, de repente descobre que está grávida.

Dezesseis anos.

Um namorado tão jovem quanto eu, também estudante, imaturo, sem emprego. E a sociedade ao nosso redor, com suas regras cruéis, onde um único deslize poderia definir todo o futuro de uma menina. Onde o aborto era considerado a "solução" para que tudo permanecesse como antes, para que o mundo seguisse sem enxergar "o erro", sem questionar a "boa família".

Foi em 1987 que meu mundo desabou.

O choque da descoberta foi devastador. O medo tomou conta de mim.

Como contar para os meus pais?

Como enfrentar os olhares dos professores?

Dos colegas de classe?

Dos amigos?

Como seguir com meus planos, minha faculdade?

Eu me perguntava, com o coração acelerado, agoniado e a mente em estado de pânico. "Será que ainda tenho um futuro ?

Foi no meio de tanta dor e incertezas, muitas ainda infantis, eu ainda era uma menina, uma única certeza brilhou dentro de mim: eu jamais tiraria essa vida!!

Foi quando tomei coragem.

Decidi contar.

Como se fosse algo errado que fiz sozinha.

No mesmo instante em que o fiz, vivi meu primeiro abandono.

Meu namorado virou as costas e me deixou sozinha.

Senti meu peito se partir em mil pedaços.

A dor da rejeição foi sufocante, mas não foi a única que eu enfrentaria.

Então, em busca de colo, contei aos meus pais.

A tristeza nos olhos deles me perfurou a alma.

Decepcionados, assustados, disseram palavras duras que, hoje, eu sei que não diriam, mas naquela época foram pesadas demais para os meus ombros de menina.

Frases que ecoaram na minha alma por muito tempo, tornando as emoções mais intensas e meus dias ainda mais escuros.

E, então, veio a escola.

Minhas amigas foram afastadas de mim.

Algumas, com os olhos cheios de culpa, contavam que seus pais não queriam mais que tivessem contato comigo.

O aniversário mais esperado do ano, o convite que eu tanto aguardava, foi cancelado para mim.

A vergonha dos meus pais foi potencializada em cada olhar de pena que recebiam dos amigos deles. Eles também foram julgados e, como eu, considerados culpados pela sociedade.

Eu estava sozinha. Todos viraram as costas para mim.

E eu só estava grávida.

Só, no meu quarto, chorei tantas vezes

Sentindo meu mundo, tudo que eu acreditava, ruir.

Enquanto isso, minha barriga crescia. Mas, junto com ela, crescia também algo maior: um amor único e avassalador.

A cada vez que minha da minha filha mexia dentro de mim, aumentava o sentimento de que minha missão era de protegê-la.

O mundo me abandonava, mas eu jamais a abandonaria.

E, então, no meio daquele vazio, uma pessoa fez toda a diferença.

Uma menina da minha idade.

Minha vizinha.

Ela nunca tinha sido minha melhor amiga.

Por algum motivo ela bateu à minha porta, assim, do nada.

Ela veio dar um macacãozinho branco com fitas azul-marinho.

Foi tão importante que lembro de cada detalhe.

Naquele gesto tão simples, senti algo que não sentia há muito tempo: estava sendo acolhida.

Por outra menina. Que passou por cima de preconceitos, enxergou meu isolamento e veio.

Ela me disse que organizaria um chá de bebê para mim.

Um chá de bebê.

Para alguém que estava abandonada, com todos os medos que a gravidez na adolescência traz!

Ela não teve medo de ser vista ao meu lado, como todos tiveram.

Não teve "vergonha" da minha história, como todos me mostravam.

Ela me ajudou a sorrir quando eu achava que não havia mais espaço para alegrias.

Ali tudo mudou.

Naquele momento, eu entendi o que me marcou para o resto da vida: a dor, por pior que seja, passa.

O amor, o carinho, a empatia que recebemos nos momentos mais difíceis são justamente o que nos forjam no que nos tornamos.

Minha filha nasceu.

Linda.

Saudável

E muito amada.

Foram tempos duros.

Mas consegui terminar os estudos.

Amamentava na sala dos professores.

Eram noites sem dormir e escola de manhã. Muitas lágrimas de exaustão. Estudar, cuidar de um bebê e tentar projetar um futuro, retomar a vida que tinha sonhado — tudo parecia impossível.

Foi neste momento que eu fiz uma promessa para minha filha: ela ainda teria muito orgulho de mim!

A jornada até aqui foi muito árdua. Passei por dificuldades financeiras, vendi doces nas ruas, aprendi a fazer roupa de lã na máquina da minha avó.

Ouvi tantos "nãos".

Senti o peso do preconceito velado por ser uma jovem mãe solteira. Mas tinha em mim que meu passado não definiria meu futuro.

Quando minha filha já estava maior, algo mudou dentro de mim.

Eu, já havia aceitado a solidão como uma opção, algo inevitável, mas comecei a sonhar com uma família só minha.

Comecei a acreditar que poderia ser amada novamente.

E Deus me deu este presente.

Conheci o homem que não apenas me aceitou. Ele me amou e ama profundamente.

Ele é o melhor pai que minha filha poderia ter tido e, ao longo dos anos, juntos tivemos mais dois lindos filhos.

Construímos um lar de verdade, onde o amor, o respeito e a parceria sempre estiveram acima de tudo.

Esquecemos e perdoamos os julgamentos e pessoas que julgaram.

Cada uma das minhas conquistas pessoais e profissionais funcionaram como lembretes de que meu passado não era meu destino.

Hoje, aos 53 anos, com 32 anos de um casamento incrivelmente feliz, três filhos adultos, bem-sucedidos e, acima de tudo, irmãos unidos, posso olhar para trás com bastante gratidão.

Aquela adolescente, que um dia foi abandonada, se sentiu sozinha, rejeitada, se tornou uma mulher que tem na vida a missão de conduzir outras pelo caminho da superação.

Hoje, quando encontro alguém desesperado por dívidas, fracassos ou decisões erradas, eu estendo a mão.

Aprendi que é o certo a fazer.

Eu sei o que é sentir que o mundo inteiro acabou.

Eu sei o que é ter todo o medo do futuro.

Mas também sei que o futuro não está escrito. Nós que o escrevemos.

Acompanho casais de quem ajudei a salvar o casamento, pessoas que recuperaram a autoestima e a liberdade financeira, famílias que reencontraram a união.

Cada uma dessas histórias me lembra que a dor, por mais devastadora que pareça, é apenas uma das fases do aprendizado.

O passado nos ensina, nos molda, mas não nos aprisiona.

Hoje, sou estrategista financeira e previdenciária há mais de 15 anos.

Sou palestrante motivacional sobre planejamento financeiro e previdenciário.

Levo qualidade de vida a servidores públicos, empresários, funcionários e profissionais liberais.

Há pouco tempo tive a chance de contar para aquela menininha, vizinha do passado, a diferença que ela causou com a pureza de seu gesto. Sem saber, nem se importar com o que aconteceria com ela, me ofereceu mais do que carinho e empatia. Ela restaurou minha esperança. Deu esperança a outra menininha. E, sem imaginar, mudou o meu destino e o das gerações que sucederam na minha família.

Sabe o "efeito borboleta"? Então... ele!

Nos abraçamos e choramos juntas e ela me convidou para vir contar esta parte da minha história aqui no livro. Mostrando na prática o impacto de puxar outras.

Se eu passaria por tudo novamente, se tivesse a opção?

Sim!!

Porque foi justamente essa trajetória que me ensinou a maior verdade da minha vida: O passado não define quem somos. O que fazemos com ele, sim.

PATTY ANN O'BRIEN WHITE

linkedin.com/in/pattyannobrienwhite
paobw1@gmail.com

Empoderando mulheres: a inspiradora jornada do ReBoot Accel

No coração do Vale do Silício, onde inovação e tecnologia reinam supremas, um grupo de mulheres visionárias identificou uma lacuna crítica no cenário da força de trabalho. Elas observaram inúmeras mulheres talentosas lutando para voltar ao mercado de trabalho após pausas na carreira, sentindo-se desconectadas e inseguras sobre suas habilidades. Essa percepção motivou a criação do ReBoot Accel, um programa transformador que inspiraria e empoderaria milhares de mulheres a retomarem suas carreiras e reconfigurarem seus futuros.

A história do ReBoot Accel começa com as experiências pessoais de suas fundadoras. Diane Flynn e Patty White, junto com as cofundadoras Chrissie Kremer, Kristin Vais e Beth Kawasaki, compartilhavam um entendimento comum dos desafios enfrentados por mulheres que tentavam retornar ao mercado de trabalho após pausas prolongadas em suas trajetórias profissionais.

A jornada de Diane Flynn foi particularmente reveladora. Com experiência em Marketing, ela fez uma pausa significativa na carreira, de mais de uma década, para criar seus três filhos. Quando retornou ao mercado como diretora de Marketing (CMO), experimentou em primeira mão as mudanças tecnológicas drásticas que haviam ocorrido durante sua ausência. Essa transição destacou os desafios enfrentados por muitas mulheres ao reingressarem no mundo profissional após longos períodos fora.

A história de Patty White ressoou profundamente com a de Diane. Com cargos anteriores em finanças e marketing, Patty também havia se afastado do mercado de trabalho remunerado por uma década. Quando começou sua própria jornada de retorno ao mercado, sentiu-se energizada pelas novas aprendizagens e oportunidades que se apresentavam. Tanto Diane quanto Patty reconheceram o potencial de crescimento e a importância de se adaptar ao cenário profissional em constante evolução.

A conexão entre as fundadoras era profunda. Diane e Patty conheciam as outras três mulheres que se tornariam cofundadoras — Chrissie Kremer, Kristin Vais e Beth Kawasaki — através de experiências compartilhadas como ex-alunas da mesma universidade e como mães de filhos que frequentavam a mesma escola. À medida que seus filhos se aproximavam da formatura, essas cinco mulheres se encontravam em um ponto de inflexão semelhante, contemplando seus próximos passos profissionais.

Juntas, essas profissionais experientes testemunharam de perto os obstáculos que podiam descarrilar a trajetória de carreira de uma mulher — desde o avanço rápido da tecnologia até a perda de redes profissionais e autoconfiança. Suas experiências e percepções coletivas seriam inestimáveis na formação da missão e abordagem do ReBoot Accel.

Quando essas mulheres se reuniram, perceberam que a necessidade de um programa como o ReBoot Accel ia muito além de seus círculos pessoais. Elas começaram a ouvir histórias de mulheres de diversas indústrias e origens, todas ecoando sentimentos semelhantes: um senso de irrelevância diante das mudanças tecnológicas rápidas, uma falta de confiança em suas habilidades e um sentimento de isolamento em sua jornada de retorno ao mercado de trabalho.

O que impressionou as fundadoras não foi apenas a prevalência desses sentimentos, mas o impacto profundo que eles tinham nas decisões de carreira de mulheres talentosas. Muitas profissionais altamente qualificadas hesitavam em reingressar no mercado, não porque lhes faltasse capacidade, mas porque se sentiam desconectadas da tecnologia de escritório e das dinâmicas do local de trabalho contemporâneo. As fundadoras reconheceram que essa hesitação não era apenas uma perda pessoal para essas mulheres, mas também uma perda significativa para as empresas que poderiam se beneficiar de sua experiência e perspectiva.

Essa percepção moldou a filosofia central do ReBoot Accel. O programa não seria apenas sobre ensinar habilidades; seria sobre reconstruir a confiança, fomentar conexões e reacender a paixão pelo crescimento profissional. As fundadoras entenderam que, ao reunir mulheres em um ambiente de aprendizado colaborativo, poderiam criar uma sinergia poderosa. As participantes não apenas adquiririam proficiência técnica, mas também perceberiam que não estavam sozinhas em sua jornada — uma realização que se mostrou transformadora para muitas.

Com uma visão clara em mente, as fundadoras se empenharam em construir um programa que atendesse às necessidades únicas das mulheres que retornavam ao mercado de trabalho. Sabiam que, para ser verdadeiramente eficaz, o ReBoot Accel precisava oferecer mais do que um currículo padrão. Era necessário proporcionar uma experiência holística que combinasse desenvolvimento de habilidades, oportunidades de *networking* e exercícios para fortalecer a confiança.

Uma das maiores forças do ReBoot Accel residia na capacidade de suas fundadoras de aproveitar os ricos recursos do Vale do Silício. Utilizando suas redes profissionais e o espírito inovador da região, elas formaram parcerias com alguns dos maiores nomes da indústria tecnológica. Empresas como Google, Apple, LinkedIn e Facebook não apenas apoiaram o programa, mas também contribuíram ativamente, oferecendo seus funcionários como instrutores e proporcionando visitas guiadas aos ambientes de trabalho.

Essas parcerias provaram ser inestimáveis de várias maneiras. Em primeiro lugar, garantiram que as habilidades técnicas ensinadas no programa fossem diretamente aplicáveis ao mercado de trabalho atual. As participantes aprenderam não apenas a usar as ferramentas digitais mais recentes, mas também como essas ferramentas eram aplicadas em cenários empresariais reais. Em segundo lugar, a exposição a esses ambientes de trabalho inovadores ajudou as participantes a se imaginarem em cenários semelhantes, aumentando sua confiança e aspirações.

Uma parceria particularmente impactante foi com a Carbon 3D, uma empresa pioneira em impressão 3D. A Carbon 3D ofereceu às participantes do ReBoot a oportunidade de se encontrarem com recrutadores do departamento de RH para sessões de prática de entrevistas. Essa experiência prática proporcionou *insights* valiosos sobre as práticas de contratação atuais e permitiu que as mulheres refinassem suas habilidades de entrevista em um ambiente de apoio, mas realista.

À medida que o programa tomava forma, as fundadoras tomaram cuidado para equilibrar habilidades técnicas e comportamentais. Enquanto a proficiência em ferramentas digitais era crucial, elas reconheceram que confiança, habilidades de *networking* e entendimento das tendências atuais dos negócios eram igualmente importantes para o sucesso. O currículo foi projetado para intercalar esses elementos, criando uma experiência de aprendizado abrangente.

Um aspecto-chave da experiência no ReBoot Accel era o poder do aprendizado coletivo. À medida que as mulheres trabalhavam juntas para dominar novas habilidades, elas formavam laços e redes de apoio que se estendiam além da sala de aula. Muitas participantes relataram que um dos aspectos mais valiosos do programa era perceber que não estavam sozinhas em seus desafios. Essa experiência compartilhada tornou-se uma fonte de força, motivação e responsabilidade, impulsionando-as em sua jornada de retorno ao mercado de trabalho.

O impacto do ReBoot Accel tornou-se rapidamente evidente através das histórias de sucesso de suas participantes. Mulheres como Natasha exemplificam o poder transformador do programa.

A jornada de Natasha com o ReBoot Accel é um testemunho da capacidade do programa de reacender carreiras, abrir novas possibilidades e até transcender fronteiras nacionais. Como empreendedora brasileira que havia se mudado recentemente para a Bay Area vinda da França, Natasha encontrava-se em um momento de transição. Estava incerta se deveria continuar com sua empresa de eventos ou buscar algo novo nesse ambiente de negócios desconhecido.

O ReBoot Accel ofereceu a Natasha mais do que habilidades digitais; proporcionou-lhe uma compreensão abrangente de como os negócios funcionam nos EUA, especialmente no ambiente orientado pela tecnologia do Vale do Silício. O foco do programa em ferramentas digitais modernas e novos formatos de negócios transformou a trajetória empreendedora de Natasha.

Armada com seu novo conhecimento e conexões, Natasha tomou a ousada decisão de transformar sua empresa para a era digital. Ela abriu um escritório no Vale do Silício, conectando efetivamente sua experiência internacional ao espírito inovador de sua nova casa. Mas o impacto não parou por aí. As lições aprendidas no ReBoot Accel reverberaram por toda a organização de Natasha, influenciando operações em seus escritórios no Brasil, na França e em Miami.

Um dos maiores aprendizados de Natasha foi o poder do *networking*, uma habilidade enfatizada ao longo do programa. As conexões que fez com outras mulheres ambiciosas e interessantes não apenas expandiram seu círculo profissional, mas também forneceram apoio contínuo e inspiração.

A história de Natasha destaca o impacto de longo alcance do ReBoot Accel. O programa não apenas ajuda mulheres a retornarem ao trabalho; ele as capacita a reimaginar suas carreiras, assumir novos desafios e inspirar outras pessoas. Ele cria uma comunidade de mulheres apoiando mulheres, onde cada história de sucesso se torna motivação para a próxima participante. O que começou como uma resposta a uma lacuna percebida no mercado floresceu em um movimento, empoderando mulheres a retomarem suas carreiras e redefinirem suas identidades profissionais.

O sucesso do ReBoot Accel reside não apenas nas habilidades que ele transmite ou nas redes que constrói, mas na confiança que instila. Ao criar um ambiente de apoio onde as mulheres podem aprender, crescer e se conectar, o programa explorou uma poderosa fonte de potencial inexplorado. Ele mostrou que, com o suporte e os recursos certos, as mulheres que retornam ao mercado de trabalho não apenas alcançam o nível esperado, mas muitas vezes ultrapassam as expectativas, trazendo perspectivas valiosas e um entusiasmo renovado para seus papéis.

O efeito cascata do ReBoot Accel vai muito além das histórias de sucesso individuais. Cada mulher que recupera sua posição profissional torna-se uma inspiração para outras — sejam colegas, amigas ou membros da família. Isso cria um ciclo virtuoso de empoderamento, onde cada história de sucesso abre caminho para que mais mulheres se arrisquem e retornem ao mercado profissional.

Além disso, o impacto do programa alcança muito mais do que as próprias participantes. Reconhecendo o cenário em constante mudança do mercado de trabalho, o ReBoot Accel, ao ajudar mulheres talentosas a retornarem à força de trabalho, oferece às empresas o benefício de perspectivas e experiências únicas, enriquecendo suas organizações e impulsionando a inovação.

As fundadoras do ReBoot Accel tinham uma visão — um mundo onde qualquer pessoa que tenha feito uma pausa na carreira tenha a oportunidade de alcançar seu pleno potencial profissional. Essa visão continua a inspirar e a promover mudanças, tornando o ReBoot Accel mais do que um programa de retorno ao mercado de trabalho. Ele é um testemunho do poder das mulheres apoiando mulheres, da importância do aprendizado contínuo e das coisas incríveis que podem acontecer quando alguém acredita em você — mesmo que esse alguém seja você mesma.

Através do ReBoot Accel, inúmeras mulheres não apenas reiniciaram suas carreiras, mas também redescobriram sua paixão, propósito e poder de fazer a diferença no mundo profissional.

PHOEBE MCKINNEY

linkedin.com/in/phoebe-mckinney-cptm-5bb50148
@phoebe.g.mckinney
phoebe.g.mckinney@gmail.com

O silencioso poder da simplicidade

"No caráter, nos modos, no estilo, em todas as coisas, a suprema excelência é a simplicidade" (Henry Wadsworth Longfellow).

Quando penso em simplicidade, lembro-me da tigela de cerâmica vermelha da minha avó — aquela que ela nunca lavava porque ia do armário para o balcão da cozinha pelo menos duas vezes por dia, sem exceção. Minha *Mamaw McKinney* fez milhares de biscoitos ao longo da vida, cada um preparado com amor, paciência e um domínio absoluto da arte do simples. A receita era direta — farinha com fermento, gordura vegetal, uma pitada de sal e apenas o suficiente de leitelho para unir tudo. Sem truques, sem complicação. E, ainda assim, o resultado era nada menos que perfeito — biscoitos dourados, crocantes por fora e macios por dentro, carregando em cada mordida a essência de lar.

Mas não eram apenas os biscoitos que me marcaram, e sim como *Mamaw* me fazia sentir enquanto os preparava. Quando ficava na casa dos meus avós, acordava especialmente cedo só para estar com ela na cozinha enquanto fazia a massa. Havia algo sagrado naquele momento, apenas nós duas. Ela fazia perguntas genuínas e ouvia com atenção, como se cada palavra minha importasse. Naqueles momentos, eu me sentia vista, ouvida e compreendida. A atenção e o foco que ela me dedicava criavam um espaço de clareza, ajudando-me a me conectar mais profundamente com ela e comigo mesma.

Assim como sua mãe, minha mãe também dominava o poder da simplicidade. Nossa casa de infância, embora modesta, estava sempre impecável. Minha mãe reaproveitava, reorganizava e fazia o melhor com o que tínhamos. Cresci com a forte sensação de que lar não era apenas sobre paredes e móveis — era sobre o espírito que habitava dentro deles. Ela sempre esteve atenta às necessidades da nossa família e dos outros, ouvindo não apenas nossas palavras, mas percebendo os sentimentos mais profundos por trás delas. Ela transmitia calma e equilíbrio, mesmo quando eu me sentia sobrecarregada ou incerta. Criava um senso de estabilidade e acolhimento que me permitia navegar pela infância com curiosidade e confiança.

Dessas duas matriarcas, aprendi que *ouvir de verdade* pode trazer a clareza e o foco necessários para resolver até os problemas mais complexos. Tanto *Mamaw* quanto minha mãe me mostraram que, ao sintonizar no que realmente importa, podemos eliminar o ruído e encontrar soluções simples e elegantes para a maioria dos desafios. Foi uma lição que levei comigo por toda a vida e carreira.

Enquanto estudava Biologia na universidade, passei vários meses morando na Costa Rica para um curso de espanhol e um estágio em uma clínica de saúde rural. Fiquei hospedada com uma mãe solteira e seu filho de 12 anos na pequena cidade de Bagaces, Guanacaste. Foi um período de emoções conflitantes — eu adorava a aventura e o aprendizado, mas lutava contra a saudade de casa e a ansiedade sobre os próximos passos após a formatura. Meu espanhol básico tornava difícil uma comunicação mais profunda com minha mãe anfitriã, mas ela ouvia e, instintivamente, entendia minhas dificuldades. Sua resposta foi me oferecer uma rotina simples e previsível para me apoiar.

Pela manhã, caminhávamos juntas pelas estradas empoeiradas até a clínica, sob o sol quente, ouvindo os macacos bugios e rindo da enorme iguana que gostava de nos acompanhar todos os dias. Passávamos o dia ajudando pacientes a lidar com filas lotadas e corredores movimentados, além de ensinar crianças e mães sobre os princípios básicos de higiene. Todas as tardes, durante o café, nos entregávamos à nossa telenovela favorita e, em seguida, ela limpava a mesa para que eu pudesse estudar. Nosso ritual noturno incluía uma parada na *"soda"* local para comprar ingredientes para o jantar — e muitas vezes ela me pedia para escolher, para que pudéssemos preparar uma refeição com meus sabores favoritos. Antes de dormir, revezávamos na tarefa de passar nossos jalecos e, no dia seguinte, repetíamos tudo outra vez.

Meu tempo na Costa Rica — e a capacidade da minha mãe anfitriã de me entender e simplificar meu mundo — foi fundamental na definição do meu caminho profissional.

Em 1998, consegui meu primeiro emprego como gerente de subsídios na Lions Clubs International Foundation. Meu trabalho era auxiliar os membros do clube e seus parceiros de saúde pública a alinhar seus projetos humanitários aos critérios da fundação para obtenção de financiamento. O processo de candidatura era complexo e podia levar meses ou até anos para ser concluído.

Eu sabia que a melhor forma de avançar era simplificar. Mantinha contato com os candidatos, fazendo perguntas específicas para entender os desafios e restrições do ambiente em que trabalhavam. À medida que suas circunstâncias e objetivos se tornavam mais claros, conseguia traduzir os critérios da fundação em etapas concretas e sugerir maneiras de otimizar seus esforços, aumentando as chances de impacto real.

Graças a essa abordagem, consegui financiamento para mais de 50 projetos em toda a América Latina e no Pacífico Sul. A simplicidade proporcionava clareza tanto para os candidatos quanto para o conselho da fundação, permitindo que tomassem decisões com confiança.

Um dos aspectos mais gratificantes do meu trabalho com a Lions foi a colaboração com consultores técnicos da Organização Mundial da Saúde e dos principais hospitais oftalmológicos do mundo. Eles nos ajudavam a avaliar a viabilidade dos projetos e a definir os próximos passos para os candidatos.

Entre esses consultores, havia uma experiente epidemiologista australiana.

Viajamos juntas inúmeras vezes para nos encontrarmos com a liderança dos Lions e visitar potenciais locais de projetos. Como jovem profissional, eu naturalmente me sentia intimidada por sua vasta experiência clínica. Mas sua disposição para me ouvir e valorizar minha perspectiva mudou a forma como eu me via e como percebia minha própria capacidade de contribuir.

Ela não apenas modelou essa abordagem, mas também reconheceu em mim um talento especial para simplificar informações complexas. Foi minha mentora por muitos anos e me inspirou a continuar aprimorando minhas habilidades de escuta e resolução simples de problemas.

Quando fiz a transição para a Ronald McDonald House Charities (RMHC) em 2002, assumi o cargo de executiva de relações institucionais, ajudando a expandir a presença da instituição fora da América do Norte e fornecendo suporte para novos conselhos, diretores executivos e equipes de programas.

Nosso maior desafio era alinhar vários *stakeholders*, incluindo a McDonald's Corporation e grandes sistemas hospitalares — cada um com suas próprias agendas, contextos culturais e métodos operacionais. Para gerenciar essa complexidade, percebi que precisava criar clareza e simplificar expectativas, garantindo que todas as partes envolvidas saíssem ganhando.

Minha abordagem consultiva envolvia fazer as perguntas certas, ouvir atentamente para identificar padrões comuns de desafios e oportunidades e, então, desenvolver ou adaptar recursos e iniciativas que ajudassem as afiliadas a adotarem boas práticas comprovadas, evitando a duplicação de esforços.

Um dos meus maiores feitos nessa função foi a criação do primeiro programa de liderança executiva da RMHC, em parceria com a Kellogg School of Management da Northwestern University. O programa era fundamentado na simplicidade: alinhar princípios atemporais às necessidades práticas dos líderes locais.

Ele combinava autoaprendizagem, aulas presenciais e momentos de socialização com professores e colegas de curso. Focando nos elementos essenciais da gestão do terceiro setor, liderança e bem-estar pessoal, o conhecimento adquirido era prático e sustentável.

O programa não apenas fortaleceu a capacidade de liderança dos participantes, mas também os impulsionou como agentes de transformação, garantindo sua permanência na organização e maximizando seu impacto. O desenvolvimento e retenção de talentos nesse nível aceleraram a entrega da missão da RMHC — um impacto profundo que começou com o simples ato de criar um espaço para escuta e aprendizado.

Passei quase dez anos viajando pelo mundo a serviço de duas incríveis organizações sem fins lucrativos, até que minha vida mudou drasticamente com a chegada do meu lindo filho e a mudança da nossa família de Chicago para Dallas, em 2006.

O pai do meu filho era um executivo bem-sucedido na área de operações e foi convidado a se transferir para fortalecer o mercado do norte do Texas. Durante minha licença-maternidade, empacotamos nossa casa e nossa nova vida, e, como naquela época o trabalho remoto ainda não era uma opção, fui forçada a pedir demissão do meu cargo na RMHC.

Nos meses seguintes, lutei para lidar com minha nova identidade como mãe e como alguém sem trabalho. Sem minha carreira, sentia-me perdida e sobrecarregada, especialmente em um ambiente novo e desconhecido.

Havia, no entanto, um lado positivo: meus pais e minha irmã, junto com sua família, decidiram se mudar para Dallas também, para que pudéssemos estar próximos enquanto criávamos nossos filhos. Eles foram fundamentais para me ajudar a recuperar o equilíbrio, estabelecendo uma rotina simples, que me ajudou a ganhar confiança como mãe e me trouxe um senso de realização que eu tanto precisava.

Nossas manhãs eram preenchidas com passeios de carrinho, idas a parques e piscinas, enquanto as tardes eram dedicadas às tarefas domésticas e ao preparo das refeições, enquanto as crianças dormiam.

E, em menos de seis meses, minhas tardes também começaram a ser preenchidas com trabalho de escritório.

Uma ex-colega e amiga próxima da Lions havia sido promovida a diretora-executiva da fundação. Ao saber da minha mudança para Dallas e da minha saída da RMHC, ela entrou em contato para saber se eu teria interesse em trabalhos por contrato.

Não só fiquei entusiasmada com a oportunidade de voltar a trabalhar com a Lions, como também me senti imensamente grata por ser lembrada e valorizada por ela.

A organização havia acabado de concluir uma iniciativa de arrecadação de US$ 200 milhões, e minha amiga precisava de alguém para facilitar o planejamento estratégico com assessores técnicos e equipe.

Passei vários anos traduzindo objetivos técnicos para uma linguagem acessível, ajudando a definir diretrizes para a aplicação dos fundos e garantindo investimentos impactantes em infraestrutura de saúde ao redor do mundo em desenvolvimento.

Esse projeto me proporcionou o equilíbrio entre criar meu filho e manter minhas ambições profissionais até que eu estivesse pronta para voltar ao mercado de trabalho em tempo integral.

Em 2010, fui contratada novamente pela RMHC, desta vez para liderar sua área de aprendizado e desenvolvimento, por meio da minha consultoria Made Simple Consulting. Nos nove anos seguintes, desenvolvi estratégias de aprendizado híbrido para a integração de novos funcionários e treinamentos de conformidade, lancei vários programas de desenvolvimento para membros do conselho e líderes em diferentes níveis e facilitei conferências globais que conectaram centenas de afiliadas e suas equipes.

O segredo do nosso sucesso foi uma compreensão profunda dos desafios e oportunidades enfrentados por cada afiliada e a simplicidade na execução.

Aproveitei recursos já existentes e otimizei o planejamento logístico, garantindo que os treinamentos fossem entregues dentro do prazo e abaixo do orçamento. Ao eliminar o excesso e focar no essencial, consegui provar que simplicidade não só melhora a eficiência, mas também aumenta o engajamento e o retorno sobre o investimento.

Esse cargo me deu a oportunidade de trabalhar com colegas altamente talentosos em escritórios ao redor do mundo, alguns dos quais estão neste livro. Criamos laços enquanto viajávamos, trabalhávamos longas horas e testemunhávamos o impacto real do nosso trabalho à medida que as afiliadas atingiam novos patamares.

Aprendi muito com líderes femininas de vários países, que eram amplamente admiradas e extremamente bem-sucedidas em expandir suas bases de doadores, a presença de seus programas e o impacto nas comunidades.

Elas conseguiam mobilizar suas equipes, ganhar consenso entre os conselhos administrativos e coordenadores locais porque eram eficazes em compreender seus objetivos e comunicar-se de forma clara e direta.

À medida que os contratos com a RMHC se tornaram mais imprevisíveis, comecei a explorar oportunidades para retornar ao trabalho em tempo integral.

Na época, eu havia feito uma parceria com a FranklinCovey para fornecer conteúdo a um novo programa da RMHC, e minha consultora de implementação se destacou por seu profundo conhecimento e orientação estratégica. Trabalhamos muito bem juntas, e fiquei fascinada pelo seu papel. Perguntei sobre oportunidades na equipe dela, e ela gentilmente me ajudou a me preparar para as entrevistas com executivos da empresa e defendeu minha contratação.

Quando me juntei à FranklinCovey em 2019, a simplicidade já havia se tornado minha marca registrada.

Como estrategista de aprendizado, colaborei com associados de vendas para entender as necessidades dos clientes e recomendar soluções eficazes de desenvolvimento de liderança.

Logo percebi que nossos clientes, como a maioria das organizações, estavam sobrecarregados pelo volume de recursos e opções disponíveis.

Meu papel era cortar o excesso e focar no que geraria o maior impacto.

Uma das minhas maiores contribuições foi a criação de um processo de integração mais simplificado para novos clientes. Essa mudança melhorou a implementação dos programas, aumentou o engajamento dos participantes e fortaleceu os relacionamentos com nossos clientes.

Ao tornar os recursos mais intuitivos, ajudamos os clientes a atingirem seus objetivos com menos fricção e confusão.

Menos de dois anos depois, assumi minha primeira função de liderança na empresa, gerenciando uma pequena equipe de estrategistas de aprendizado, além de manter uma carteira substancial de clientes.

Meu foco foi ajudar a equipe a traduzir estratégias de aprendizado complexas em planos claros e acionáveis, garantindo a retenção e o crescimento dos clientes.

Trabalhei com minha equipe para modernizar materiais desatualizados e criar um novo sistema simplificado, utilizando ícones e modelos de comunicação mais intuitivos.

Ao priorizar clareza sobre complexidade, colhemos ótimos resultados tanto em desempenho quanto em moral da equipe.

Ao incorporar a simplicidade na cultura organizacional, conseguimos superar expectativas e manter altos níveis de satisfação dos clientes.

A mesma amiga que havia me ajudado a entrar na FranklinCovey foi generosa mais uma vez ao se aposentar e me indicar para assumir sua posição de diretora em 2022.

Passei dois anos trabalhando ao lado de três líderes femininas dinâmicas, que me ajudaram a expandir a equipe e fortalecer nossa influência na empresa.

Juntas, conseguimos rapidamente estabelecer credibilidade entre os líderes de vendas ao implementarmos uma estratégia operacional baseada em três pilares:

- Clareza
- Capacidade
- Cultura

Hoje, como diretora sênior de Sucesso do Cliente, lidero uma equipe de sete talentosos líderes, que gerenciam mais de 40 gerentes de sucesso do cliente e gerentes de implementação. Meu papel é garantir que nossos clientes aproveitem ao máximo o conteúdo de classe mundial da empresa, enquanto minha equipe os ajuda a alcançar resultados transformadores.

Para otimizar a experiência do cliente, criei um modelo simples para guiar nosso trabalho:

- Definir valor
- Impulsionar valor
- Demonstrar valor

Com esses três itens como guia, garantimos que cada interação com o cliente seja intencional e eficaz, equilibrando perguntas estratégicas, recomendações oportunas e histórias envolventes sobre o impacto da nossa parceria.

Os valores que me foram transmitidos na infância e ao longo da minha trajetória profissional são exatamente os que me ajudaram a me destacar como líder. Nunca fui a voz mais alta na sala, nem a pessoa com as ideias mais chamativas. Em vez disso, sempre me concentrei em tornar as coisas mais fáceis, mais claras e mais eficazes para todos ao meu redor.

Simplicidade não é falta de sofisticação, mas sim a capacidade de focar no que realmente importa.

Minha avó me ensinou isso ao fazer biscoitos. Minha mãe me ensinou isso ao criar um lar acolhedor. E os mentores e colegas com quem trabalhei ao longo dos anos demonstraram que simplicidade não é apenas uma estratégia — é um superpoder.

Um superpoder que nos permite liderar, conectar, crescer e alcançar o sucesso.

PRISCILA BELLUSCI PEREIRA TICIANELLI

priticianelli@gmail.com
@priscila.bellusci.ticianelli

Um caminho de coragem e redescoberta

A vida, por sua própria natureza, é feita de altos e baixos. Sempre me lembro de um eletrocardiograma, "se tá contínuo... ihh, não é um bom sinal". Cada um de nós vive jornadas marcadas por conquistas e desafios, momentos que nos moldam e nos transformam. E, como qualquer pessoa, experimentei vitórias que me encheram de orgulho e também tropeços que me ensinaram sobre resiliência. Mas, acima de tudo, sempre busquei viver com profundidade. Sinto intensamente o que a vida traz, seja na alegria de um dia comum, a risada com meu marido, as conquistas de meus filhos, no trabalho que me realiza, ou na dor que às vezes nos desafia a continuar. Foi assim que enfrentei um dos momentos mais marcantes da minha história: a perda do meu pai, que era meu norte, meu exemplo de sabedoria, acolhimento e elegância. Sua ausência foi um chamado para algo maior dentro de mim.

Em meio ao luto e à necessidade de reorientar meu caminho, decidi fazer o Caminho de Santiago de Compostela. Compartilhar essa decisão com as pessoas à minha volta trouxe uma pergunta que ressoou de diversas formas: *"Você não tem medo?"*

O medo ao qual se referiam não era apenas o medo de me perder ou de enfrentar quilômetros de caminhada, afinal, já era uma maratonista. Era algo mais sutil e, para muitas mulheres, profundamente real: o medo de fazer algo sozinha. Vivemos em um mundo, em especial em um país, carregado de preconceito e violência, e que muitas vezes julga a autonomia feminina como ousadia, então viajar sozinha para enfrentar uma jornada espiritual parecia um desafio maior do que a maioria podia compreender.

Mas, para mim, o *Caminho* não era sobre solidão; era sobre coragem. Não a coragem que grita ou desafia o mundo, mas a coragem tranquila, que nasce da aceitação de que estar só pode ser um ato de generosidade consigo mesma. O silêncio, que antes parecia assustador, tornou-se um convite. Um convite para ouvir meu coração, para acolher minhas fraquezas e reconectar a força que havia em mim. Cada quilômetro percorrido era uma reafirmação de que a força feminina é muito mais do que aparenta. É uma força que se manifesta na resiliência, na intuição e na capacidade de encontrar beleza, mesmo nos desafios.

Ao longo do *Caminho*, não pude deixar de pensar nos peregrinos que trilharam essa rota séculos atrás. Naquela época, a jornada era muito mais perigosa, com riscos reais de ataques e roubos. Os templários eram os guardiões daqueles que seguiam em busca de Santiago, protegendo-os e garantindo que pudessem alcançar seu destino. Hoje, não há cavaleiros de armadura montados em cavalos. Mas, de certa forma, a sensação de proteção permanece viva. Cada castelo, cada ponte antiga, cada construção que sobreviveu ao tempo, lutas e guerras parece contar uma história de cuidado e coragem. E os moradores dos pequenos *pueblos*[1], com seus sorrisos calorosos e saudações acolhedoras, dão continuidade a esse legado. Há algo profundamente reconfortante em ser recebida por estranhos que, com gestos simples, fazem você sentir que pertence àquele lugar, mesmo que temporariamente.

Essa conexão entre o passado e o presente me fez refletir sobre o que realmente significa proteção. Às vezes, ela não vem de algo tangível, mas de uma sensação: o sorriso de um desconhecido, uma conversa ao longo do caminho, o desejo de um *Buen Camino*[2] ou a força do *Ultreia*[3] ou até mesmo a própria força que descobrimos em nós para responder *Et Susseia*[4]. Sentir-me parte de algo tão antigo, e maior do que eu, foi como um abraço invisível, lembrando-me de que, mesmo nos momentos mais solitários, nunca estamos realmente sozinhos.

Caminhar por horas a fio, com apenas o som dos próprios passos, foi uma experiência que transformou completamente a minha percepção de tempo e espaço. No começo, era desconfortável. Minha mente, tão acostumada a estímulos constantes, não gostava do vazio. Mas, aos poucos, percebi que o silêncio era como uma lente: ele tornava mais nítidas as coisas que estavam dentro de mim. Pensamentos antigos, lembranças esquecidas, até mesmo sonhos deixados para trás — tudo parecia vir à tona.

Foi nesse silêncio que eu relembrei o quanto o medo não está fora de nós, mas dentro. Não era a estrada deserta que me assustava, mas os lugares aonde meu coração ainda não havia visitado. Não era o desconhecido que me fazia hesitar, mas a falta de familiaridade com a mulher que eu estava me tornando.

Sim, houve momentos no *Caminho* em que o medo me desafiou de forma inesperada. Um deles aconteceu em uma trilha isolada, onde a memória de um assalto que sofri anos atrás veio à tona. Por alguns instantes, fui consumida pela ansiedade. Meus passos ficaram mais rápidos, meus olhos percorriam a paisagem em busca de sinais de perigo, e meu coração parecia querer sair do peito. Mas, então, algo mudou. Olhei ao meu redor e percebi que as condições não eram exatamente as mesmas, parecida em algumas coisas como a escuridão do momento, ainda estava amanhecendo, o som que escutava era apenas de corujas, dos meus passos e de algumas lebres que cruzavam meu caminho. Naquele momento, compreendi que o medo muitas vezes é uma sombra do passado, tentando nos proteger de algo que

1 Termo em espanhol: refere-se a pequenas localidades ou vilarejos na Espanha, geralmente caracterizados por sua simplicidade, proximidade com a natureza e forte senso de comunidade. Durante o Caminho de Santiago, os "pueblos" desempenham um papel importante como pontos de descanso e interação cultural para os peregrinos.

2 Expressão dada a um peregrino refletindo o espirito de acolhimento, solidariedade e apoio.

3 Palavra latina que significa Avante, mais além ou Continue, como forma de motivação durante a jornada da peregrinação, dimboliza o esforço e perseverança.

4 É a expressão complementar de Ultreia que significa e para cima, elevando-se. Reforçando que o objetivo é além do físico, como se dissesse "Deus nos ajude".

já não existe mais. Respirei fundo e retomei o ritmo, sentindo uma paz que só veio quando aceitei que estava segura... Tá, teve muita oração também.

Outro desafio foi a solidão nos albergues. Viajar no início de novembro significava encontrar albergues quase vazios. Em várias noites, fui a única hóspede, dormindo sozinha em quartos que ecoavam o som da chuva lá fora. No começo, essa solidão parecia um peso. Mas, aos poucos, transformei-a em uma aliada. Foi no silêncio dessas noites que descobri o quanto a solitude pode ser enriquecedora. Ela fez valorizar a minha companhia e a confiar na força que há em estar sozinha e aproveitar o albergue vazio para um banho mais confortável e relaxante, tirando proveito do que poderia se tornar algo ruim.

No decorrer dos dias, as bolhas nos pés se tornaram um símbolo da jornada. Elas eram pequenas feridas que me lembravam, a cada passo, de que o desconforto faz parte do processo de crescimento. Cuidar delas exigia paciência, atenção e uma dose de humildade — características também essenciais para cuidar das nossas relações humanas. Assim como nas conexões com outras pessoas, é preciso parar, observar, tratar o que dói e seguir adiante, mais leve.

O peso da mochila foi outro aprendizado. Nos primeiros dias, parecia suportável, mas, conforme os quilômetros passavam, tornou-se um lembrete constante de que carregamos mais do que precisamos. Cada item na mochila foi repensado, questionado e, em alguns casos, deixado para trás. Foi uma lição valiosa sobre a necessidade de priorizar o essencial, tanto no *Caminho* quanto na vida. O mesmo se aplica às relações humanas: às vezes, é preciso deixar de lado o que pesa — ressentimentos, expectativas irreais, a necessidade de controle, e até pessoas, para seguir mais livres e conectados com o que realmente importa.

O *Caminho* nos coloca em situação de seguir em frente, e para isso é preciso coragem. Não a coragem que nega o medo, mas aquela que o reconhece e o enfrenta. Aprendi que é possível caminhar mesmo quando não temos todas as respostas, porque muitas vezes elas só aparecem no meio da jornada.

Essa experiência também me ensinou sobre generosidade e agradecimento. Agradecer pelos pequenos gestos, pelas paisagens que renovam nossa fé na beleza do mundo e, principalmente, pelas pessoas. Cada sorriso, cada conversa, cada ato de generosidade que recebi ao longo do *Caminho* me mostrou que não importa onde estamos — sempre há algo ou alguém disposto a nos acolher.

O *Caminho* é feito tanto de trilhas quanto de encontros. Em muitos momentos, cruzei com peregrinos que transformaram minha jornada com palavras simples ou gestos de generosidade. Houve o senhor italiano que me ajudou a encontrar meu albergue debaixo de uma chuva torrencial ou as horas de conversa com a sul-coreana, ambas maravilhadas com tantas coincidências em nossas vidas, foi empatia instantânea.

E você, não tem medo? Essa era a pergunta que mais me faziam antes de eu partir. Medo de assalto, de estupro, de ficar sozinha, de ter que resolver algo sozinha. A verdade é que o medo é um companheiro inevitável em qualquer jornada

— e esteve comigo o tempo todo. Mas aprendi que ele não precisa ser o guia; ele pode estar presente, mas sempre um pouco atrás, enquanto seguimos em frente.

Se me permite, cara leitora, peço licença para lhe instigar a fazer uma experiência assim, onde a força, na grande maioria das vezes, está dentro da gente. E essa força se manifesta quando escolhemos continuar, mesmo quando o caminho parece impossível. Ela aparece quando somos gentis conosco, aceitamos nossas imperfeições e nos permitimos recomeçar, seja numa jornada como o Caminho de Santiago ou numa pausa em meio à rotina. Não importa onde ou como — o que importa é o movimento, a vontade de seguir em frente. Porque, no final, o medo não desaparece, mas a coragem de continuar é sempre maior.

Como mulheres, além de executar nosso trabalho, muitas vezes enfrentamos pressões para provarmos nosso valor, para equilibrarmos diferentes papéis e para lidarmos com as expectativas — nossas e dos outros. Mas é importante lembrar que a força que nos impulsiona não precisa ser visível ou estrondosa. Ela está na resiliência silenciosa, na capacidade de pausar, respirar e decidir seguir em frente, mesmo que com passos hesitantes. É nessa coragem tranquila que reside o verdadeiro poder de transformar desafios em aprendizados, erros em evolução e sonhos em realidade.

Que você, leitora, encontre na sua própria jornada a inspiração para ousar, criar, liderar e transformar. Seja na carreira, na arte ou na vida pessoal, lembre-se de que o caminho é construído um passo de cada vez. E que, como no Caminho de Santiago, os encontros — com outras pessoas e com você mesma — são tão importantes quanto o destino final. Que cada "quilômetro" da sua jornada seja marcado por coragem, descobertas e a certeza de que, mesmo diante das adversidades, o próximo passo está sempre ao seu alcance.

RAQUEL TEIXEIRA

linkedin.com/in/raquel-teixeira-
@raqueltsantos

O começo de quem eu sou e o que ainda vou ser. A vida é um caminho e não uma pausa

Sempre fui uma apaixonada por conectar pessoas, construir pontes e transformar vidas, a começar pela minha opção de fazer Pedagogia, mesmo trabalhando em administração. Já à época, era meu chamado para ajudar pessoas a crescer, a evoluir.

Minha carreira foi uma trajetória não linear, cheia de mudanças ousadas que foram acontecendo, me desafiando ao novo e me redefinindo como profissional e como pessoa. Mudar não é fácil. Enfrentei o medo do desconhecido e a incerteza sobre o próximo passo. Tomei decisões em meio a muita dúvida e o medo de abandonar o conforto do conhecido. Ao longo dos anos, descobri que a coragem de mudar o conforto do conhecido e a vontade de fazer a diferença são os motores que impulsionam não só uma carreira, mas uma vida com propósito.

E foi assim que a vida me trouxe para onde estou hoje. Trabalhando muito, sendo mãe e esposa e realizada. Com muita força e fé, características que sei que tenho e muito zelo por elas.

Desde muito cedo, aprendi que determinação e resiliência são as chaves para superar obstáculos e conquistar novos espaços. Venho de uma família simples, mas com valores muito fortes de caráter, trabalho duro e educação. Fui ensinada assim, mas confesso que nunca imaginei que minha jornada me levaria a tantos lugares e tão longe de onde eu vim.

Nosso lar era cheio de amor e de Deus. Sempre estudei em colégio público, sem muitas condições financeiras e ter este carinho e afeto da minha família moldaram quem sou e fizeram toda a diferença.

Meu pai, embora muitas vezes ausente, sempre nos deu muito amor quando estava em casa. Ele tinha uma maneira única de cuidar, de abraçar e de mostrar que nos amava. Essa era a essência dele. Um pai amoroso.

Minha mãe sempre foi o exemplo de força, de decisão e de coragem. Ela enfrentava os desafios com uma determinação que parecia inabalável para mim, mesmo nas circunstâncias mais difíceis. Com ela, aprendi que ser forte não significa não sentir medo, mas sim seguir em frente apesar dele! Foi dela que herdei a luta pelos meus sonhos, de não desistir diante das adversidades e de acreditar que sempre há uma solução, por mais difícil que seja o caminho.

Destaco aqui o grande valor de minha irmã, minha grande parceira nesta vida. Ela foi a mulher que me ensinou a amar a Deus acima de tudo. Acho que ela é a pessoa que mais me ama e me conhece como ninguém. Minha melhor amiga, minha pessoa predileta.

Sempre admirei sua sabedoria, sua fé inabalável e a maneira como ela encontra força até nas situações mais complicadas. Quando eu precisei de apoio, foi nela que encontrei um porto seguro, alguém para me ouvir sem julgamentos e me lembrar de onde eu vim, de quem eu sou, quando eu mesma duvidava. Sim, temos momentos de hesitação. E voltar ao centro de quem somos nos faz fortes.

Nossa relação é uma das maiores bênçãos da minha vida. Não importa o que aconteça, sei que ela estará lá, torcendo por mim, vibrando com cada conquista e me apoiando em cada desafio. Mais do que minha irmã, ela é meu exemplo, meu alicerce e minha eterna cúmplice.

Essa era minha família. No entanto, quando eu tinha seis anos, meus pais se separaram, e esse foi um momento muito difícil para mim. Naquela época a separação não era um processo normal. Trazia mais complexidades para uma criança, dentro de casa e fora dela. Minha infância, a partir daí, foi um longo aprendizado da perda daquele lar que significava meu mundo. Precisei amadurecer cedo e me fortalecer. Aprendi a ser independente, a lidar com meus sentimentos e a entender que as dores, por mais intensas que sejam, passam. Essas experiências me moldaram, me fortaleceram e despertaram em mim um propósito: o valor das pessoas.

Meu primeiro emprego foi no Banco do Brasil, como atendente do cartão de crédito Ourocard. Nunca me esquecerei do meu salário de R$ 231,00, enquanto minha faculdade de Pedagogia custava R$ 216,00. O que sobrava era muito pouco, mas foi ali que entendi o verdadeiro valor do dinheiro. Cada passo, mesmo pequeno, era um tijolo na construção de algo maior. Todos os dias eu dava o melhor de mim. Resiliência e fé.

Depois do Banco do Brasil, fui trabalhar em uma empresa de importação e exportação e, logo em seguida, entrei na área que marcaria grande parte da minha carreira: imigração e transferências internacionais. Esse foi um divisor de águas na minha vida.

Comecei em um escritório de advocacia que cuidava de processos imigratórios, fazia toda a parte de visto e documentação para estrangeiros trabalharem no Brasil e brasileiros no exterior. O que era para ser uma burocracia padrão transformou-se em projetos desafiadores, como a chegada de mais de 100 estrangeiros para uma grande companhia de telecomunicações após sua privatização. Foi uma experiência enriquecedora que me deu uma base sólida na área, fui me tornando referência. Depois de cinco anos nesse escritório, recebi o convite para ser sócia em uma empresa chamada VP Relocation.

Durante dez anos, toquei meu próprio negócio. No início, tinha três sócios investidores, mas, com o tempo, eles saíram, e eu fiquei sozinha. Realizei o sonho de empreender! Vivi intensamente as dores e os amores de empreender no Brasil. Sempre digo que empreender é "vender o almoço para pagar o jantar". Era uma enorme responsabilidade: gerenciar clientes, pagar funcionários e manter a empresa funcionando.

Até que mais uma mudança de rota veio. Recebi um convite que mudaria minha trajetória: levar minha empresa para dentro da EY (antiga Ernst & Young). Essa transição marcou o início da executiva com alma de empreendedora. Mesmo com medo, eu fui com fé na minha força e que cada passo da minha jornada estava me preparando para algo maior.

Confesso que, quando recebi essa ligação com o convite, fui tomada por um misto de sentimentos. Por um lado, havia alegria e entusiasmo, mas, por outro, pânico e dúvidas. Recomeçar significava deixar para trás o papel de empreendedora, abrir mão do meu próprio negócio, ter um chefe, metas impostas e, sobretudo, perder a flexibilidade que a vida de empreendedora permite.

Enquanto refletia sobre o telefonema, pensava na grande oportunidade que estava diante de mim: seria a primeira vez que uma multinacional atuaria como prestadora de serviços na área de imigração, e eu teria a chance de liderar essa transformação. Além disso, enxerguei uma oportunidade de crescimento pessoal e profissional. Até então, minha trajetória havia sido dividida entre trabalhar para empresas locais e empreender. Nunca tinha passado por uma experiência executiva em uma grande organização, muito menos me sentado "do outro lado da mesa", mesmo tendo trabalhado tanto com multinacionais.

Também vi ali a chance de aprender e buscar novos conhecimentos. Quando você é empreendedora, é comum que o dia a dia absorva todo o seu tempo, e a busca por aprendizado acaba ficando de lado. O tempo nos engole, e, muitas vezes, acabamos nos acomodando. Essa nova etapa seria uma forma de me desafiar novamente.

Aceitar o convite não era apenas uma decisão estratégica para mim, mas também uma oportunidade de estar em um lugar que me proporcionasse perenidade e crescimento. E, enfim, aceitei o desafio!

Hoje, olhando para trás, percebo que foi uma das melhores decisões da minha vida! Confiei na minha capacidade e juntei forças para o que era incerto.

Durante 12 anos, liderei a prática de migração, construindo uma área extremamente robusta e chegando a liderar mais de 40 pessoas. Com o tempo, expandi minha atuação para a área de mobilidade, que incluía não apenas migração, mas também questões relacionadas ao Imposto de Renda, me tornando ainda mais especialista no tema. Foi um período de muito aprendizado e realização.

Foi na área de imigração que tive a oportunidade de cuidar de um grande projeto para os Jogos Olímpicos Rio 2016, liderando a complexa missão de trazer expatriados para a organização dos Jogos e os atletas de diversos países. Um marco nesse trabalho foi minha participação na criação de uma lei específica para facilitar a transferência de atletas junto ao Ministério do Trabalho, já que o Brasil nunca havia sediado uma Olimpíada até então. Foi um projeto que exigiu organização e dedicação em um nível extraordinário. Sem contar o aprendizado de fazer parte da história do país.

E a pedagoga que mora em mim estava feliz da vida. Cuidava de pessoas de uma outra forma, e tinha ido muito longe. E sempre tem mais por vir. A maternidade, por exemplo!

A dor do luto e a alegria do nascimento

Aos 40 anos, me casei com meu marido, meu grande amigo e parceiro. Meu sonho sempre foi ser mãe, e ele era tão intenso que eu tinha a certeza de que seria mãe. Nos casamos em fevereiro de 2015 e, logo em março, decidimos tentar engravidar. Como eu já tinha 40 anos, iniciamos o processo de fertilização, e assim começou uma nova e emocionante jornada em minha vida.

Na primeira tentativa, engravidei de gêmeos. Quando peguei o resultado do exame, foi como se algo extraordinário acontecesse dentro de mim. Sempre digo que uma mãe nasce quando vê o resultado positivo do exame. Para mim, foi o momento mais mágico da minha vida. Ouvir o coração de duas crianças batendo intensamente dentro de mim foi uma emoção única. Vivi os melhores dias da minha vida, a transformação daquelas vidas dentro de mim. Porém, um dia triste chegou para mudar tudo.

Descobri uma perfuração em uma das bolsas e comecei a perder o líquido amniótico. Tive que ser internada, e minha gravidez, que já era de alto risco, tornou-se ainda mais delicada. Infelizmente, o que eu mais temia aconteceu: os bebês nasceram prematuros, com quase sete meses, e não sobreviveram.

Essa foi a maior dor da minha vida, um vazio inexplicável, uma dor que ninguém consegue compreender. Era tão forte que eu desejava arrancar o coração do peito para ver se a dor parava.

Nada me confortava. O vazio deixado pela ausência dos meus filhos e o sonho de ser mãe, que parecia ter sido roubado, me consumiam. Não pude me despedir deles ou dizer o quanto os amei enquanto estiveram comigo. Estava internada com uma infecção hospitalar grave, que ninguém descobria a bactéria e não tinha sequer forças para viver o luto plenamente. Não fui ao enterro, uma dor que vou carregar comigo para sempre, sinto como seu eu tivesse os abandonado. Foi um momento de muita revolta.

Eu poderia perdoar as pessoas ao meu redor, mas não conseguia perdoar Deus. Aquele Deus em quem eu depositava toda a minha fé havia tirado meu sonho. Foram três anos de luta, enfrentando problemas de saúde decorrentes daquela gravidez. Passei por inúmeras cirurgias e internações, tentando reconstruir minha vida e minha saúde física e emocional.

No entanto, não desisti do meu sonho de ser mãe. Em agosto de 2017, fizemos a nossa última fertilização.

Estávamos exaustos, física e emocionalmente, mas depositei toda a minha fé e esperança naquela fertilização. Apoiei-me no versículo de Salmos 37:4: *"Deleita-te também no Senhor, e Ele concederá os desejos do teu coração."* Eu acreditava que, se o desejo de ser mãe ainda estava tão vivo em meu coração, era porque Deus o colocara ali por um propósito. Recebi o tão esperado resultado positivo. Meu filho estava na minha barriga, e eu me sentia a mulher mais feliz do mundo!

Após três meses de gestação, tive um sangramento muito forte. O diagnóstico foi placenta prévia, uma condição em que a placenta está mal posicionada. Mais uma vez, meu mundo desmoronou. A recomendação médica foi que eu ficasse internada até o nascimento do meu filho. Foram quatro meses de espera no hospital, um período marcado por incertezas, mas também por uma conexão profunda com Deus e com o meu filho, era somente o que eu tinha.

Nesses quatro meses, minha única companhia constante era a Bíblia, com mais de quatro mil promessas, que se tornou meu refúgio e fonte de força. Foi um tempo de provação, mas também de experiências sobrenaturais.

A verdade é que Deus envia anjos quando a gente menos espera, e eu tive três anjos na minha vida que marcaram para sempre esse momento que eu vivi: minha irmã, minha médica e meu marido. Eles foram meu alicerce, trazendo conforto, esperança e a certeza de que, acontecesse o que acontecesse, estaríamos juntos.

Também tive um chefe que se tornou um grande amigo. Ele me visitava religiosamente todas as sextas-feiras durante aqueles meses. Sua presença era um lembrete de que eu não estava sozinha. Sou eternamente grata a ele e a todos que estiveram comigo nesse período tão difícil.

Lembro o quanto Deus falava comigo, o quanto eu me aproximei da presença dEle e que tempo incrível que eu experimentei naquele lugar, onde eu pude me conectar de uma forma inexplicável com meu filho e com Deus. Passava horas conversando com meu filho, dizendo o quanto ele era amado, o quanto eu precisava dele e o quanto ele era importante para nossa família. Aqueles dias se tornaram um tempo sagrado, lembrando-me, todos os dias, de que ele era um milagre.

E a certeza de que esse milagre chegaria veio com a palavra de Deus que está na bíblia em Lucas 1:13, que diz que a esposa de Zacarias daria à luz um filho e que se chamaria João e traria muita alegria e prazer a ele e à sua esposa, que muitos se alegrariam no seu nascimento. A oração de Zacarias tinha sido ouvida, pois para Deus não há nada impossível.

No dia 1º de maio de 2018 nasce João, e a promessa de Deus se cumpre.

Depois do nascimento do João, minha vida mudou completamente. Eu mudei como pessoa. Passei a buscar propósito, a viver valores diferentes e a ressignificar minha história e minha trajetória. A maternidade me mostrou que a vida é muito mais rica quando temos um motivo maior para agir, e foi nesse processo que percebi que precisava fazer mais.

A tomada de consciência e o poder de buscar a mudança

Não queria apenas voltar ao trabalho com imigração; eu precisava ir além, transformar e impactar pessoas de forma significativa. Diferente das outras etapas da minha vida, desta vez eu assumi o controle e busquei o próximo passo.

Tomei a decisão de conversar com o CEO da empresa, propondo uma mudança de posição. Senti medo dessa conversa. No entanto, lembrei-me do meu lema: é o medo que traz a coragem e é essa coragem que nos faz seguir adiante, lutar pelos nossos sonhos e conquistar o que desejamos. Afinal, como diz a canção: *viver é melhor que sonhar*. E eu queria viver minha vida profissional com a mesma intensidade com que vivia a maternidade.

Foi ali que minha transformação profissional começou. Nunca imaginei o que estava por vir. Para minha surpresa, recebi uma proposta extraordinária: liderar os programas de relacionamento da empresa, incluindo um programa de aceleração para mulheres empreendedoras e um programa de reconhecimento para empreendedores com trajetórias de sucesso! A minha alma de empreendedora se animou! Sou imensamente grata ao meu CEO, que acreditou em mim desde o início e, até hoje, segue sendo uma inspiração e um exemplo de liderança. Lembro-me da emoção e do ceticismo inicial — seria mesmo capaz de assumir algo tão grandioso? Mas, me apeguei à minha fé e ao Deus que já havia operado tantos milagres na minha vida. Sabia que Ele me capacitaria para qualquer desafio.

Em 2019, mudei mais uma vez. Um novo espaço que desenharia uma melhor versão de mim mesma. Esse novo papel me colocou em contato com pessoas e histórias que eu jamais imaginei conhecer. Busquei me capacitar, estudei — e sigo estudando — porque acredito que o conhecimento é a chave para se manter relevante e inspirado. De uma especialista em imigração, tornei-me uma executiva generalista, com um olhar amplo e estratégico sobre negócios, pessoas e impacto.

Em 2022, minha trajetória deu outro salto: tornei-me líder para toda a América Latina. Esse foi um marco não apenas na minha carreira, mas na minha vida. Cada desafio que enfrento me lembra da razão pela qual faço o que faço: meu trabalho não é apenas sobre metas ou resultados, mas sobre pessoas. É sobre oferecer às mulheres empreendedoras o impulso que elas precisam para crescer; sobre reconhecer e celebrar trajetórias que inspiram; sobre abrir caminhos para que histórias como a minha — cheias de desafios, mas também de superação — se multipliquem.

Hoje, meu trabalho me dá uma realização pessoal que não consigo descrever em palavras. A cada encontro, a cada projeto, vejo o impacto que podemos causar. Meu propósito, que se transformou tantas vezes ao longo dos anos, se fortalece ao perceber que posso contribuir para a construção de um mundo mais justo, inclusivo e cheio de possibilidades. E, mais do que isso, aprendi que o impacto que criamos na vida dos outros retorna para nós em forma de inspiração, força e gratidão.

Ao olhar para trás, percebo que cada recomeço foi também uma oportunidade de reinvenção. E ver o caminho percorrido é emocionante, mas o que me impulsiona é saber que o melhor ainda está por vir. Se há algo que aprendi, é que não importa de onde você vem, mas para onde está disposto a ir.

A verdade é que minha trajetória profissional não é apenas sobre o que conquistei, mas sobre o que pude devolver ao mundo. Cada passo, cada mudança, foi guiado pela vontade de transformar e pelo compromisso com meus valores.

E, enquanto sigo nessa jornada, uma coisa é certa: o céu realmente é o limite, e eu continuarei trabalhando para impactar, transformar e inspirar vidas, incluindo a minha própria.

REGINA MARQUES

reginafmarques@gmail.com
linkedin.com/in/reginamarques/

De malas e sem cuias, mudei!

O convite para o segundo casamento de nossa amiga inglesa, Pippa, foi o empurrão necessário para marcar nossa mudança do Brasil para a Inglaterra. Setembro de 2017 seria o marco de uma nova etapa em minha vida. O que levei comigo não cabia nas malas: era a bagagem da alma, com espaço para novas descobertas e desafios.

Desde quando conheci Richard, em uma competição de hipismo, a mudança sempre parecia algo iminente. *Coincidentemente*, nosso encontro aconteceu no mesmo dia em que me separei de Paulo, pai da minha filha Gabriela, pela sexta vez. Richard também passou por transformações em sua vida, incluindo três mulheres: eu, Gabi e sua babá. Stephanie nasceu e pelo Brasil ficamos por mais 26 anos.

Nossa decisão de mudar para a Inglaterra veio num momento de virada para mim. Depois de mais de uma década questionando a rigidez da vida corporativa e buscando novas formas de me expressar e contribuir para o mundo, essa mudança parecia o passo natural para esta fase da vida — e mais uma aventura para viver a dois.

A alma nas malas

Antes de levá-los comigo nessa mudança, gostaria de compartilhar alguns aspectos relevantes sobre minha trajetória. Cresci em um ambiente que não percebia diferenças entre homens e mulheres, exceto pela força física. Atribuo isso à educação humanista e igualitária dos meus pais, que sempre nos incentivaram a sermos melhores do que eles. Éramos dois meninos e duas meninas, e hoje somos homens e mulheres de quem eles têm todo motivo para se orgulhar. Escrever sobre nosso sucesso é fácil, mas não revela as dificuldades enfrentadas ao longo do caminho, que nos fortaleceram.

Carreguei a crença na igualdade de gênero até a fase adulta. Quando procurei um psiquiatra, disse que tinha curiosidade sobre o processo terapêutico e não acreditava nas diferenças entre os gêneros. Essa ingenuidade me deu liberdade para ser verdadeira e agir com coragem, sem perceber medos. Foi na vida adulta que comecei a vivenciar a desigualdade e, de certa forma, aceitar isso como normal — até quando decidi me tornar defensora dos direitos de igualdade.

A vida, contudo, sempre pareceu empenhada em me desafiar. Depois de formada, meu primeiro trabalho foi na linha de frente de uma fábrica de produtos dietéticos, gerenciando uma equipe majoritariamente feminina. Ali, enfrentei meu primeiro confronto direto com as complexidades de gênero. Quando precisei demitir um funcionário que não aceitava ordens de uma mulher, fui perseguida e ameaçada. Isso marcou o início de uma longa jornada de embates com o machismo enraizado no ambiente profissional.

Como engenheira e executiva, fui pioneira em várias frentes, mas era frequentemente a única mulher na sala. Sentia a pressão de representar "todas nós" e a responsabilidade de fazer valer minha voz. Algumas situações beiravam o absurdo: de gerentes tentando intimidar com olhares invasivos a decisões arbitrárias que colocavam homens em posições de poder, mesmo após ações questionáveis.

Esses episódios plantaram sementes de inquietude em mim, mas não floresceram imediatamente. Continuava racionalizando, acreditando que bastava ser competente para superar os desafios. Não via a luta pela igualdade como minha causa; via-a como algo externo, distante.

O preparo por amor

Comecei minha transição de carreira atuando em consultorias estruturadas, quando aprendi meu valor de ser única entre muitos. Depois de duas entrevistas com sócios da consultoria, imediatamente fui apresentada ao cliente como especialista em *Supply Chain*. Olhei ao redor da mesa, computei minha experiência e assumi que era mesmo essa especialista. Com o tempo, troquei chefes por clientes, tornando-me consultora independente.

Minha filha mais nova foi outra motivação determinante para buscar mais independência profissional. A pressão e ansiedade manifestadas no período de término de curso e espera de resultados de suas aplicações às universidades fizeram a maternidade falar mais alto. Minha filha passou a ter prioridade na agenda. Senti que seria minha oportunidade de compensar algumas ausências, quando trabalhava demais. Hoje, tenho consciência de que nossas escolhas não são compensáveis com medidas de tempo ou julgamento, e sim com atitudes perceptíveis. Stephanie passou na universidade que queria e me presenteou com um novo estilo de vida que me preparava para mudanças — ainda sem estarem plenamente planejadas naquele momento.

Aterrando para pertencer

Encontrar o lugar para morar e torná-lo um lar gostoso para viver foi um processo muito realizador, prazeroso, cansativo e de muito aprendizado. Aos poucos, me inseria no novo espaço. A conquista do nosso teto deu chão para continuar nossa jornada de assentamento. Começamos por nosso entorno, criando relações sociais: nossa vizinhança, frequentando a academia e privilegiando o comércio local.

Apaixonei-me por um vizinho de muro: o Richmond Park! Nesse parque, tive encontros nada furtivos comigo mesma. Enquanto explorava cada cantinho dessa natureza acolhedora, também explorava minha alma, buscando respostas para muitas perguntas. As respostas vinham com o aprendizado via observação da natureza exposta à variação das estações, especialmente nas árvores imponentes que ficavam nuas com dignidade durante o inverno e seguiam seu ciclo até a coloração outonal novamente. Os veadinhos me ensinaram muito sobre a natureza de gênero, rede de apoio e organização social. Não demorou para o Richmond Park se tornar meu refúgio, onde encontrei paz e inspiração.

Enturmar-me com a natureza foi mais fácil do que com os humanos, especialmente os ingleses. Demorou meses até ser convidada para o ritual do café com minhas colegas de aula. Enfrentei um certo estigma por ser brasileira, e essa sensação me impulsionou a mostrar que somos mais do que estereótipos. Comecei a conquistar espaço com interesse pela cultura local, gentileza e autenticidade.

Em um ano e meio, fui convidada para o primeiro Summer Brunch. Essa experiência me fez perceber o impacto que o preconceito pode ter em outras mulheres, especialmente aquelas menos empoderadas.

Quando o acaso se torna destino

Buscava respostas na natureza do Richmond Park e à beira do Rio Thames para encontrar onde poderia colocar minha energia de alma indignada e transformá-la em alegria para ser distribuída para muitos outros. O universo não responde se não nos movemos na intenção. Meus sentidos se aguçaram, conhecia pessoas interessantes, buscava acontecimentos atraentes e participava de novos grupos.

Entre as curvas inesperadas da vida, o acaso desempenhou um papel intrigante. Foi por um erro de agenda que conheci o Grupo Mulheres do Brasil. Em busca de uma palestra do Edu Lyra, acabei em outra, na qual falavam sobre a síndrome da impostora. O tema ressoou profundamente, e minha participação chamou a atenção das organizadoras, que me convidaram a entrar para o grupo e participar do Núcleo Londres. Parecia destino — ou talvez fosse o universo respondendo ao meu desejo de ser útil e pertencer.

Começar foi fácil, era só aparecer em reuniões em todos os espaços que o Grupo oferecia o compartilhamento de conhecimentos e sabedoria, como se estivesse numa universidade. Procurava o meu papel, e descobri que o papel é o que você pode fazer, com espaço para aprender e ensinar, acertar e errar.

Ao me engajar mais profundamente no voluntariado e ao me dedicar ao Grupo Mulheres do Brasil, encontrei uma forma de adaptar minha experiência anterior a um novo propósito. Sentir que meu trabalho estava sendo verdadeiramente útil e que estava promovendo uma mudança na vida de outras mulheres foi algo que nunca imaginei. Minha evolução espiritual, que antes parecia um conceito distante, começou a fazer sentido. Passei a ver o impacto das minhas ações, mesmo as pequenas, de uma forma que eu nunca havia enxergado antes.

Transformação na prática

Encontrei no voluntariado um espaço onde pude aplicar minhas habilidades com leveza, simplicidade e, principalmente, com a utilidade que sempre busquei dar ao meu trabalho. Eu não estava mais em busca de reconhecimento corporativo; queria contribuir de forma genuína para a sociedade e para as mulheres ao meu redor.

No Grupo, fui confrontada com desafios que testaram e expandiram minha visão de mundo. A ausência de hierarquias formais e a diversidade de experiências transformaram cada interação em uma aula. Aprendi que, mesmo sem recursos financeiros, é possível fazer muito com o que temos: vontade genuína e união.

A cada passo que dava, a cada história compartilhada no grupo, eu me via mais conectada com a mulher que estava emergindo dentro de mim. Essa mulher não se limitava mais às expectativas de um sistema corporativo que, até então, ditava minhas ações e decisões. Ela era mais livre, mais autêntica e mais consciente de seu papel no mundo. E esse foi, talvez, o maior aprendizado de todos: o autoconhecimento. Entender que nossa verdadeira força está em sermos nós mesmas, com nossas fraquezas e forças, nossos erros e acertos, é um dos maiores presentes que podemos dar a nós mesmas.

Na minha jornada, aprendi que o processo de evolução não é linear, e não precisa ser rápido. A transformação exige tempo, mas também requer coragem para dar o primeiro passo. Envolvendo-me com o Grupo Mulheres do Brasil e, mais tarde, com outros projetos que tinham a missão de promover a igualdade de gênero, vi que a mudança começa em nós, mas se espalha para os outros quando somos verdadeiramente autênticas. E, ao inspirar outras mulheres, encontramos, muitas vezes, a força necessária para nossa própria evolução.

Hoje, olhando para trás, posso afirmar que a mudança para a Inglaterra foi a oportunidade que eu precisava para transformar minha visão de mundo e minha trajetória pessoal. O que parecia ser um grande desafio se tornou o ponto de virada da minha vida. E, se há algo que eu quero compartilhar com outras mulheres, é que sempre existe a oportunidade de recomeçar e de alinhar nossa vida ao nosso verdadeiro propósito. É preciso estar aberta à transformação, disposta a aprender com as adversidades e a crescer com as experiências. Acredito que a verdadeira mudança começa com o simples ato de acreditar em si mesma, em sua capacidade de fazer a diferença no mundo.

Essa é a história que compartilho para inspirar outras mulheres. Não como quem chegou ao fim de uma jornada, mas como alguém que continua evoluindo. Minha maior mudança foi interna: de uma mulher que negava o feminismo para uma ativista pela igualdade de gênero. Meu desejo é que, ao ler estas palavras, você encontre coragem para abraçar suas próprias transformações — sejam elas planejadas ou frutos do acaso.

RENATA ANDRÉA MARQUES

@renatagamarques
linkedin.com/in/ciorenatamarques

Abrindo caminhos

Cresci no interior de São Paulo, em uma cidade chamada Mogi das Cruzes, como a filha mais velha de três irmãs. Meu pai, contador, e minha mãe, professora, construíram uma família de classe média que sempre colocou a educação em primeiro lugar. Foi com essa base sólida de valores que comecei minha jornada, mas não sem sacrifícios, desafios e a contribuição de pessoas que me ajudaram a enxergar e abrir caminhos.

Hoje, trabalho em uma empresa multinacional brasileira, a Natura, onde me sinto privilegiada por estar em um lugar onde compartilho dos mesmos princípios e valores. Atuo como CIO (Chief Information Officer) da América Latina promovendo o *Bem Estar Bem* através de produtos e serviços digitais, gerando impacto positivo nos negócios, na rede de consultoras, consumidores, clientes e colaboradores.

No ano de 2024, fui reconhecida pela Forbes como uma das melhores CIOs do Brasil. Quando soube da notícia, mal acreditei! Mas, olhando para minha jornada aceitei o reconhecimento com muita alegria e gratidão. Um reflexo de uma trajetória pautada por dedicação, paixão e ousadia, foco nas pessoas mas também por uma rede de apoio inestimável, começando em minha própria família e indo além, com pessoas que encontrei neste caminho da vida. Tive a felicidade de encontrar pessoas que abriram caminhos e que me fizeram acreditar em meu potencial.

A base familiar e o apoio incondicional

Meus pais foram os primeiros a abrir meu caminho. Meu pai, Sylvio, era um homem visionário e de espírito empreendedor que me encorajou a explorar o mundo da computação em uma época em que poucos enxergavam o potencial dessa área, especialmente para mulheres. Ele me ensinou a ousar, a pensar diferente e a buscar o novo, mesmo vivendo algumas decepções que poderiam me fazer mudar de crenças. Minha mãe, Ilda, foi meu exemplo de resiliência e determinação. Começou a trabalhar aos 15 anos como telefonista e, com muito esforço, tornou-se professora. Ambos, mesmo com recursos limitados, investiram em minha educação, fazendo o possível para que eu tivesse acesso a oportunidades melhores.

Esse apoio familiar não parou nos meus pais. Meu marido, Paulo, também desempenhou um papel fundamental ao longo de minha carreira. Desde o início do nosso relacionamento, ele entendeu a importância de dividir as responsabilidades familiares para que ambos pudéssemos nos realizar. Quando nossas filhas, Júlia e Luiza, nasceram, Paulo esteve sempre presente, compartilhando as tarefas diárias e sendo um pai dedicado e trazendo o espírito de aventura. Essa parceria foi essencial para que eu pudesse abraçar desafios no trabalho sem culpa ou sobrecarga.

Costumo dizer que Paulo é o meu "porto seguro", aquele que me dá força nos momentos de dúvida e celebra comigo as vitórias. Nosso relacionamento de 38 anos é baseado em diálogo, respeito e um profundo entendimento de que o sucesso de um é também o sucesso do outro.

Filhas que inspiram e uma neta que encanta

Hoje, sou mãe de duas mulheres incríveis, Júlia e Luiza, que estão trilhando carreiras de sucesso e já conquistaram seu espaço no mundo. Júlia é uma executiva no mundo tech e mãe da minha neta, Lara Maria, enquanto Luiza ocupa um cargo de liderança de novos negócios em uma grande empresa. Elas são minha maior fonte de orgulho e me enchem de alegria ao reconhecerem o impacto que tive em suas vidas.

É emocionante ouvir delas palavras de admiração e perceber como meu exemplo de persistência e dedicação moldou suas trajetórias. Mais do que mãe, também sou uma mentora para elas. Em nossas conversas, buscamos juntas soluções para desafios profissionais e pessoais, e trocamos aprendizados que nos fortalecem.

E há, claro, a Lara Maria, minha neta, que trouxe uma nova dimensão de amor à minha vida. Ver a relação e conexão que estamos construindo é um lembrete de que cada geração carrega os valores e as lições da anterior.

Muitas mulheres têm dúvidas se deveriam deixar a profissão para se dedicar ao papel de mãe. Sempre que esta pergunta chega até mim, respondo que depende do que as alimenta. No meu caso, trabalhar, interagir com outras pessoas, desenvolver talentos me enche de energia e com isso me torno uma mãe melhor, e vice-versa, como mãe ampliamos nosso repertório e nos tornamos líderes melhores. Temos que olhar para dentro, cuidar de nós para depois cuidar de pessoas amadas.

A trajetória profissional e os encontros transformadores

Minha carreira começou a tomar forma quando decidi cursar Processamento de Dados no Mackenzie.

Foi nesse período que a Sônia D'Alkimin, prima do meu então namorado, Paulo, me abriu uma grande porta ao me indicar para um programa de estágio em uma multinacional americana, a Monsanto. Mesmo já estagiando em uma empresa pública, resolvi participar do processo por consideração à Sônia que foi tão atenciosa, mas não tinha grandes expectativas. Quando cheguei à empresa, me encantei com as pessoas e o local, descobri que era ali que gostaria de trabalhar e crescer.

A jornada era pesada, trabalhava o dia todo e estudava à noite. Fases que variaram entre ônibus fretado saindo de Mogi às 4h30 da manhã, morar com meus avós em São Paulo e enfrentar ônibus lotado, até morar em um pensionado e depois de uns anos dividir apartamento com uma amiga. Apesar de parecer um sacrifício, nunca encarei como tal, sempre olhava o "copo cheio" e extraía boas lições.

O estágio se transformou em uma jornada de mais de 20 anos. Tive a sorte de encontrar líderes que acreditaram em mim, mas também compreendi que cada oportunidade começava comigo: compartilhando ambições, investindo em minha formação e sempre respeitando valores éticos e ao próximo.

Ainda na Monsanto, fui expatriada e resolvi mudar com duas filhas e meu marido para um projeto de vida, de família. Foram anos espetaculares onde aprendi as diferenças culturais, considerando que liderava times em 16 países diferentes, uma experiência incrível de autonomia para nossas filhas, um período sabático divertido para meu marido. Fui a primeira mulher expatriada e com filhos a aceitar o desafio naquela época, em 2007.

Passei também por uma experiência relâmpago em uma empresa sueco-suíça que não avaliei bem a cultura e não tive muita conexão com a forma de operar, fiquei por oito meses quando recebi um convite para ir para a Whirlpool, onde fiquei por seis anos e meio até sair da linha branca para a linha colorida, na Natura.

Curtos ou longos, não me arrependo de nenhum movimento, em todos eles saí com o que tenho de mais precioso: repertório e relações.

Sororidade e comunidades que transformam

No mundo corporativo, líderes que acreditaram em mim também desempenharam papéis fundamentais. Contudo, percebi que o primeiro passo sempre vinha de mim — compartilhando minhas ambições, investindo energia em projetos nos quais acreditava e sendo fiel a valores éticos e ao respeito pelo próximo.

Além disso, criei conexões que ampliaram minha visão de mundo. Desde 2013, faço parte de um grupo de mulheres CIOs, que começou como WCIO e hoje é conhecido como MCIO, uma associação com mais de 400 mulheres. Nele, praticamos sororidade 360 graus, trocando conhecimentos, oferecendo mentoria e ajudando umas às outras em transições de carreira. Essa comunidade é um espaço de apoio e aprendizado mútuo, onde percebi o poder das redes colaborativas para abrir caminhos.

Inspirada por essa experiência, criei o programa Múltiplas — Mulheres em Tecnologia, na empresa em que trabalho. Reunimo-nos trimestralmente para compartilhar desafios, histórias e ferramentas de desenvolvimento. Engajamos homens e mulheres na causa da equidade, reconhecendo e celebrando a força de cada uma. Esse programa tornou-se minha forma de retribuir ao universo tudo que recebi ao longo da vida.

Ainda embrionário, estimulado por minha filha Luiza, criamos mais um grupo de mulheres, jovens executivas, para rodas de conversa e mentoria. Hoje estamos em 12, mas certamente será multiplicado e um novo MultiplAZ (de a-z) começa a nascer para impactarmos umas às outras.

Abrindo caminhos ao próximo

Uma das histórias marcantes de como abrir caminhos aconteceu em um jantar de mulheres executivas. Fomos surpreendidas por Mah Victor, a maître do restaurante, que nos abordou com um poema que havia escrito. Sua coragem e talento nos emocionaram profundamente. Ao final da apresentação, perguntei qual era seu maior sonho, e ela respondeu: "Escrever um livro."

Ali mesmo, no estacionamento, nasceu o grupo "Pró-Poetisa", formado por mim e outras mulheres que se uniram para ajudá-la. Com o apoio de um editor, transformamos o sonho de Mah em realidade. Seu livro, *Contos de Farsas (e Outros Mais)*, que reúne crônicas e poemas que abordam temas universais, como amores, saudades, orgulho e a luta contra preconceitos.

Uma outra história que me enche de alegria, na qual indiretamente abri caminhos, é a do Rafael, que atuava como segurança na empresa e, todas as manhãs, me abordava citando frases de filósofos famosos. Resolvi gravá-lo e, em seguida, lancei a pergunta poderosa: "Qual é o seu sonho?". Ele confessou que sonhava em trabalhar como colaborador na Natura e montar uma biblioteca para incentivar pessoas a evoluírem através do conhecimento e educação. Pedi sua permissão para gravar as citações matinais e publiquei nas mídias sociais. Resultado: ele foi chamado para uma entrevista na Natura, onde começou a trabalhar na área de relacionamento da empresa. Agora, estamos finalizando as discussões sobre como colocar em pé o projeto da biblioteca, sendo que ele mesmo está desenvolvendo um aplicativo com a ajuda de um de nossos parceiros que o está mentorando.

Essas experiências reafirmaram minha crença de que sonhos compartilhados tornam-se mais fortes. Como dizia Yoko Ono, "Um sonho sonhado sozinho é apenas um sonho. Um sonho sonhado junto é realidade."

Reflexões

Ao longo da minha trajetória, percebi que abrir caminhos não é apenas sobre criar oportunidades para si mesma, mas também sobre estar atenta aos sonhos e potencial do próximo. Como gestora, pratico a escuta ativa, procurando entender as ambições de quem está ao meu redor, entender suas fortalezas e ressaltá-las para que acreditem em sua potência. Gosto de conectar pessoas, mentorar talentos e criar ambientes que inspirem confiança e crescimento.

Minha jornada foi construída por minha determinação de ousar, experimentar, servir. Encontrei em meu caminho pessoas que acreditaram em mim, outras que não acreditavam, mas que usei como estímulo para mostrar que conseguiria vencer. Também encontrei pessoas cujos sonhos tive o privilégio de apoiar e me sentir feliz com isso sem esperar nada em troca.

Para quem lê este capitulo, deixo uma mensagem: compartilhe seus sonhos, crie um plano e siga em frente. E, sempre que puder, abra portas para outros. Afinal, o universo é formado do encadeamento de relações e a força das conexões transforma destinos.

RENATA BINDO

linkedin.com/in/renata-bindo
renata.bindo@gmail.com

Aprenda a confiar em si mesma confiando na perspectiva positiva que os outros têm de você

Há mais de duas décadas, quando concluí a graduação e ingressei no mundo da consultoria estratégica em São Paulo, sabia que estava entrando em um ambiente historicamente dominado por homens. Meu portfólio de clientes incluía empresas dos setores de cimento, mineração e telecomunicações — setores igualmente considerados redutos da masculinidade. O trabalho era estimulante, mas tinha um desafio: muitas vezes eu era a única mulher na sala. Apesar de essa situação ser muitas vezes intimidadora, foi justamente esse ambiente que me permitiu prosperar e perseguir a carreira internacional que eu almejava. Normalizar o sentimento de não pertencimento — seja por ser uma das poucas mulheres na equipe ou uma estrangeira trabalhando em outros países — moldou minha trajetória. Essas experiências se tornaram alguns dos aspectos mais enriquecedores e transformadores da minha jornada pessoal e profissional.

Na minha carreira foram os homens — em posições de influência e decisão — que desempenharam um papel inestimável como aliados, tanto facilitando minha transferência internacional, como acelerando meu progresso profissional. Mas isso não quer dizer que as mulheres não foram importantes. Foi com elas que aprendi muito, principalmente a desenvolver habilidades que me diferenciam no papel de liderança hoje em dia.

Hoje, cada vez mais mulheres têm alcançado posições de destaque no ambiente de trabalho. Muitas, assim como eu, não tiveram o exemplo ou o apoio de lideranças femininas ao longo de sua trajetória devido à baixa representatividade. Meu desejo é inspirá-las a não apenas continuar compartilhando aprendizados, mas que realmente tenham um papel ativo na progressão de carreira de outras mulheres, e se tornem as aliadas que desejaram ter em suas próprias jornadas.

Homens como aliados

Entrar em uma sala com engenheiros, executivos ou mineradores pode ser desconfortável. No início da minha carreira, sentia a pressão de ter que provar meu valor, às vezes exagerando para me encaixar ou ser levada a sério. Mas, à medida que ganhei experiência, percebi que minhas contribuições eram mais impactantes quando eu era autêntica — trazendo empatia, curiosidade e colaboração para ambientes que, às vezes, eram excessivamente hierárquicos ou competitivos. Meu crescimento não veio de tentar me adaptar, mas de aprender os aspectos positivos desses ambientes enquanto abraçava o que eu tinha de único a oferecer. Por um lado, a comunicação direta e o foco em resultados, muitas vezes características masculinas no ambiente de trabalho, tornaram-se habilidades que incorporei ao meu estilo de liderança. Ter adotado esses atributos melhorou minha capacidade de ser mais assertiva, confiante, e ajudou que eu ganhasse respeito por meio de competência e consistência. Por outro lado, percebi que minha presença incentivava mudanças culturais sutis, mas significativas. As equipes se tornavam mais colaborativas, as discussões mais inclusivas, e o valor agregado por se considerar perspectivas diversas ficava mais evidente.

Um dos grandes aprendizados que tive em minha jornada foi perceber que as mulheres não precisam lutar contra os homens para progredir, mas sim colaborar com eles. Encontrei inúmeros colegas, mentores e líderes masculinos dispostos a apoiar meu crescimento e com genuíno interesse em promover um ambiente mais inclusivo, mesmo que nem sempre soubessem como fazê-lo. Algumas das minhas parcerias mais valiosas foram formadas com homens que enxergaram meu potencial, me desafiaram a me destacar e ativamente defenderam minha evolução, ajudando-me a construir autoconfiança. Eles conseguiam ver meu potencial antes mesmo de eu enxergá-lo. Por isso, para as mulheres, meu conselho é: aprenda a confiar em si mesma confiando na perspectiva positiva que os outros têm de você.

Por exemplo, em um projeto numa empresa de cimento, meu líder de equipe — um alto executivo — regularmente destacava minhas contribuições durante reuniões com os clientes. Seus comentários não apenas aumentaram minha visibilidade, mas também ajudaram que outros na sala ouvissem e respeitassem minha opinião. Em outra ocasião, um mentor masculino me incentivou a fazer uma apresentação desafiadora para um cliente, assegurando-me de que eu tinha as capacidades necessárias quando hesitei. Esses momentos ressaltaram a importância dos aliados masculinos na promoção da igualdade. Reforços diários e a criação de oportunidades para maior visibilidade são exemplos de ações que podem ser facilmente implementadas e têm um impacto profundo na carreira e progresso das mulheres.

Para mulheres que estão entrando em espaços predominantemente masculinos, minha experiência traz três lições importantes:

1. *Assuma sua diferença*: Sua perspectiva única é sua força. Não fuja do que a torna diferente — em vez disso, use sua voz para ampliar o escopo das conversas e soluções.
2. *Construa pontes, não muros*: Busque aliados entre seus colegas homens e envolva-os em sua jornada. O apoio deles pode ajudar a aumentar o seu impacto e acelerar mudanças culturais.
3. *Defenda a representatividade*: À medida que você avança, abra caminho para que outras mulheres entrem nesses setores. Representatividade não é apenas sobre igualdade; trata-se de trazer as melhores ideias e vozes para a mesa.

Para os homens (e mulheres) em posição de liderança, a mensagem é igualmente clara: sejam intencionais na criação de oportunidades para mulheres. Incluam, promovam, sejam mentores — essas formas de apoio às mulheres são essenciais para a construção de equipes mais fortes, inovadoras e visionárias. Ao apoiar mulheres, líderes podem desempenhar um papel ativo no desenvolvimento de indústrias mais justas, dinâmicas e orientadas para o futuro.

Descobri que ser transparente sobre minhas aspirações e desafios convidava ao apoio dos homens, e faço questão de reconhecer as contribuições que eles trouxeram para meu sucesso. Foi o apoio de chefes, homens, da consultoria onde trabalhei que realmente abriu as portas para minha carreira internacional. Quando falei do meu desejo de trabalhar em projetos no exterior, e mais tarde ser transferida do escritório de São Paulo para Londres, meus mentores não apenas ouviram; eles apoiaram ativamente essa mudança. Sou eternamente grata aos sócios do escritório de São Paulo da Monitor Group por me endossarem.

Outros momentos significativos da minha carreira no exterior também foram marcados pelo apoio de líderes masculinos. Para citar alguns: foi o então CMO da empresa em que trabalhava em Dubai quem me promoveu e me apoiou no meu primeiro cargo como diretora-executiva, reportando diretamente a ele. Foi um ex-colega que me contratou quando voltei a Londres e me ajudou a retornar ao mercado de trabalho após um ano de licença-maternidade. Foi também um chefe que defendeu minha permanência na empresa enquanto me ajudava a lidar com momentos de incerteza num ambiente tóxico.

Aprendizados de mulheres para uma carreira internacional

Embora os homens tenham sido essenciais para meu progresso profissional, dado que muitas vezes eram eles ocupando os cargos de poder e tomada de decisão, foram as mulheres quem mais me ajudaram a desenvolver habilidades interpessoais cruciais para ter sucesso internacionalmente. Minha jornada me levou a países muito diferentes uns dos outros. Do Brasil, fui para a Colômbia e o Chile, e, depois, do Reino Unido para a Índia, África do Sul e Emirados Árabes Unidos, incluindo períodos acadêmicos em Harvard e na Universidade de Cambridge. Entre as lições mais valiosas aprendidas através de mulheres ao longo do caminho está a importância da adaptação ao navegar por diferenças culturais com sensibilidade.

Houve vários momentos em que a adaptabilidade foi crucial na minha carreira. Por exemplo, na metade de um projeto de quatro meses na África do Sul, o cliente solicitou a substituição da gerente do projeto. Fui chamada para recuperar a situação e entregar o projeto com sucesso dentro do prazo restante. Foi um desafio significativo: precisei aprender rapidamente sobre a indústria, o mercado, a cultura e as necessidades únicas do cliente — tudo isso enquanto reconstruía a confiança e criava um relacionamento de trabalho positivo. O ponto de virada veio graças à colaboração e aos *insights* de colegas mulheres e à receptividade de uma cliente-chave. Juntas, realinhamos o escopo do projeto, ajustamos as formas de trabalho e garantimos que a entrega final superasse as expectativas. No final, essa experiência não apenas salvou o projeto, mas também estabeleceu a base para um relacionamento profissional e pessoal duradouro com elas.

Outro exemplo aconteceu durante um projeto de grande importância na Índia. Graças às colegas indianas da equipe, pudemos discutir diferenças culturais, normas sociais e o papel da hierarquia. Isso me permitiu superar as lacunas culturais entre as equipes locais e globais, levando a uma comunicação mais fluida e a um resultado mais colaborativo. Foi também durante um projeto nos Emirados Árabes Unidos que percebi, na época, que era nos banheiros femininos do escritório do cliente em Abu Dhabi que conexões mais profundas com as mulheres locais aconteciam, já que as interações públicas eram curtas e limitadas a tópicos profissionais. Essas interações ajudaram a me relacionar melhor com elas e a entregar um resultado superior.

Desenvolvi adaptabilidade e sensibilidade cultural com a ajuda de outras mulheres, e acredito genuinamente que as mulheres têm desempenhado um papel essencial na construção de pontes entre culturas e na liderança com humanidade.

Um dos principais desafios ao se mudar para o exterior é que as mulheres continuam tendo que lidar com grande parte das responsabilidades fora do trabalho, sejam elas relacionadas à casa, à família ou aos filhos sem um grupo de apoio. Ter tido que me adaptar a essa realidade e entender que liderar com empatia ajuda, e muito, as mulheres a não desistirem de suas carreiras profissionais foi transformador e um aprendizado necessário para seguir apoiando outras mulheres a balancear vida pessoal e profissional.

Como líder, tenho inúmeros exemplos em que eu apoiei mulheres em suas carreiras. Ajudei a evitar o afastamento por *burnout* de uma gerente que vinha sobrecarregada de outro projeto, diminuindo o escopo do seu trabalho e os seus *deadlines*. Adaptei a rotina de trabalho de uma funcionária retornando de sua licença-maternidade, permitindo que ela conciliasse sua carreira com o cuidado do filho. E sigo abrindo portas para mulheres que desejam transições de carreira, oferecendo oportunidades em minha equipe mesmo quando não possuem todas as habilidades exigidas pelo cargo para que possam alcançar as mudanças profissionais que tanto almejam.

Sempre reforço também a importância de se desenvolver uma rede de apoio sólida no exterior. Esse tem sido um dos aspectos mais gratificantes da minha carreira internacional. Meu tempo trabalhando em tantos países me permitiu criar amizades duradouras que resistiram ao teste do tempo. Sou profundamente grata por todo o apoio, gentileza e alegria que minhas amigas trouxeram para minha vida ao longo dos anos, muitas vezes transformando qualquer novo lugar em um lar.

Mais do que uma carreira: um propósito

Ao refletir sobre minha trajetória, percebo que, embora as mulheres já se apoiem mutuamente, ainda há muito mais que podemos fazer. Com mais mulheres assumindo posições de liderança, é crucial que tenham consciência de que podem abrir, ativamente, o caminho para que outras cresçam — seja por meio de mentoria, patrocínio, '*advocacy*' ou reconhecendo os desafios extras fora do trabalho que as mulheres enfrentam ao buscar sucesso no exterior. Compreendo profundamente o privilégio e a responsabilidade que vêm com esse papel, e estou totalmente comprometida em ajudar outras mulheres a alcançarem suas aspirações.

Para você que está lendo: se você é uma mulher que aspira liderar em um cenário global, saiba disso — o mundo precisa da sua voz, da sua perspectiva e da sua liderança. Dê um passo à frente, abrace o desconhecido e procure os aliados que irão ajudá-la em sua jornada. E se você é uma mulher que já alcançou o sucesso, use essa oportunidade para se tornar a aliada que essas jovens ambiciosas precisam para prosperar. Juntas, podemos construir um ciclo poderoso de apoio e empoderamento que transformará o futuro para as próximas gerações.

ROCIO VAN NIEROP

linkedin.com/in/rociomedinavn

A história da Latinas in Tech

Se alguém tivesse me dito, anos atrás, quando eu era uma jovem caminhando pelos corredores da escola de engenharia no México — sentindo olhares indesejados sobre mim, ouvindo assobios que não pedi — que um dia eu faria parte de uma irmandade global capacitando 40.000 latinas na indústria de tecnologia, eu não teria acreditado. Eu não teria ousado sonhar tão alto.

Mas a vida tem um jeito de nos mostrar os fios que devemos tecer, mesmo que o tecido não esteja claro no início. Para mim, tudo começou em fragmentos — um amor pela tecnologia, um instinto para a inovação e um fogo dentro de mim que se recusava a ser apagado pelo ambiente em que me encontrava. Na época, eu não imaginava que minha própria jornada se tornaria a espinha dorsal de algo muito maior do que eu.

Latinas in Tech começou como um pequeno grupo de mulheres compartilhando histórias enquanto tomavam café e comiam pão em San Francisco. Hoje, é um movimento global — uma força transformadora que conecta, empodera e impulsiona latinas na tecnologia.

Esta é a nossa história.

O despertar: um caminho nem sempre claro

Nasci na Bay Area, no coração do Vale do Silício, mas minhas raízes estavam firmemente plantadas no México. Quando eu tinha três anos, meus pais nos levaram de volta, e foi lá que cresci, estudei e aprendi o que significava ser mulher em espaços onde não éramos bem-vindas.

Eu era fascinada por STEM — matemática, física, computadores. Eu era boa nisso. Mas as escolas que eu sonhava em frequentar não pareciam ter sido feitas para alguém como eu. Caminhar pelos corredores da Engenharia para chegar ao escritório do meu pai sempre vinha acompanhado de assobios, olhares e sussurros. Comecei a acreditar que aquele não era meu lugar.

Afastando-me do sonho, escolhi Marketing — uma área que parecia mais "acessível". Mas a paixão pela ciência e tecnologia nunca desapareceu. Ela ficou ali, silenciosa, esperando o momento certo para ressurgir.

Esse momento chegou quando consegui meu primeiro emprego na indústria de tecnologia, em Boston. Trabalhar com software foi minha entrada em um mundo que eu não sabia que me transformaria para sempre. Mas, ao chegar, percebi que ainda não me sentia em casa.

Nos escritórios e salas de reunião, eu não via mulheres como eu. Mesmo sendo qualificada, me sentia deslocada. Meu sotaque parecia fora de lugar, minha formação acadêmica parecia menos valorizada perto de colegas que vinham de universidades de elite nos EUA. Aceitei meu primeiro emprego sem negociar salário porque achei que deveria apenas ser grata pela oportunidade.

Mas essa mentalidade de "apenas seja grata, não peça mais" é uma armadilha. É um peso invisível que gerações de latinas carregaram — e eu carreguei também, até que decidi que não mais.

A conexão: de conversas a um movimento

Depois de anos trabalhando entre Boston e Califórnia, finalmente cheguei ao Vale do Silício, onde a inovação e a disrupção são palavras de ordem. Mas algo me chamou a atenção: onde estavam as latinas?

Naquele momento, eu liderava a expansão da Prezi para a América Latina. Meus dias eram preenchidos com estratégias, viagens entre México e EUA, e reuniões com profissionais do setor. E em cada evento, cada conferência, cada conversa nos bastidores, percebia que as latinas estavam ausentes das posições de liderança.

Comecei a organizar pequenos encontros com latinas que, assim como eu, estavam em empresas globais de tecnologia, mas se sentiam invisíveis. Reuníamonos em cafés para compartilhar experiências, estratégias e desafios.

O que começou com quatro mulheres logo se tornou dezesseis. Depois cem. Depois mil.

Um dia, percebemos que os cafés já não nos comportavam. As próprias empresas começaram a nos receber — primeiro a Prezi, depois Google, Netflix, Salesforce. Os encontros passaram a ter painéis de discussão, mentorias e treinamentos. De repente, não era mais apenas *networking*. Era capacitação, era empoderamento, era mudança.

O crescimento foi exponencial. Mulheres de Nova York, Austin, Cidade do México e São Paulo começaram a nos procurar. E, antes que percebêssemos, havíamos alcançado 10.000 membros.

Por que Latinas in Tech era necessária?

A verdade é que Latinas in Tech não nasceu apenas de ambição — nasceu de necessidade.

Latinas representam quase 20% da população dos EUA, mas apenas 2% da força de trabalho em tecnologia. Dois por cento.

Isso significa que, apesar do nosso talento, da nossa formação e da nossa resiliência, as portas da indústria permaneceram fechadas para muitas de nós.

Vi essa realidade de perto. Mulheres brilhantes ficando para trás, subvalorizadas, sub-remuneradas e ignoradas em processos de promoção. O problema nunca foi falta de competência — foi falta de visibilidade.

Mas algo mágico acontece quando nos unimos. Eu vi isso nos primeiros encontros — mulheres compartilhando dicas, abrindo portas umas para as outras, criando conexões que as levavam mais longe.

Esse é o propósito da Latinas in Tech: criar um espaço onde podemos nos apoiar e nos amplificar mutuamente. Onde não precisamos esconder nossa cultura, nossa língua, nossa identidade para sermos bem-sucedidas.

Em 2022, tive a honra de receber o UN Women's Rise and Raise Others Award. Não foi apenas um reconhecimento pessoal, mas uma celebração de todas as latinas que desafiaram as estatísticas e abriram caminhos.

Expansão, impacto e o futuro

O que começou como um grupo informal tornou-se uma organização sem fins lucrativos estruturada.

Lançamos o Latinas in Tech Summit, o maior evento de tecnologia para Latinas do mundo. Criamos mentorias, *workshops* de desenvolvimento profissional e parcerias com grandes empresas.

E, agora, estamos prestes a lançar a primeira AI Academy criada por Latinas, para todos — a prova de que estamos não apenas participando da revolução tecnológica, mas liderando-a.

Os números falam por si:

- Mais de 40.000 membros em 25 capítulos, em sete países.
- US$ 35 bilhões em salários anuais representados.
- Centenas de mulheres conectadas a oportunidades em empresas como Amazon, Uber, Salesforce e muitas outras.

Mas nossa missão ainda está longe de terminar.

Latinas continuam sub-representadas. A disparidade salarial persiste. Muitas ainda sentem que não pertencem.

Por isso, seguimos ensinando mulheres a negociar seus valores, conquistar liderança e reescrever a narrativa. E cobramos que as empresas não apenas nos convidem para a mesa, mas nos garantam um espaço real para crescer.

Juntas, somos imparáveis

Quando olho para trás, vejo o impacto do que criamos. Sozinhas, nossas vozes são fortes. Mas juntas, somos imparáveis.

E, para toda latina que lê isto: você pertence. Ocupe o espaço. Ligue o seu *Jefa Mode*.

E nunca se esqueça: quando uma de nós sobe, levamos as outras com a gente.

ROSANGELA CHAMMÉ

zanzachamme@gmail.com

Minha história junto ao bar Valentino

Sou farmacêutica formada pela Universidade de Londrina (UEL), apaixonada pela profissão, mas a vida nos traz desafios que, na minha concepção, como budista, nos tornam mais fortes e corajosas quando os enfrentamos.

Em 1991, depois de tentar várias coisas na minha área, e mudando de cidade para acompanhar meu marido, casada, com filhos de 9 e 3 anos, voltamos a morar em Londrina. Estava louca para trabalhar, produzir e procurando o que fazer na minha área. Fomos ao Valentino numa noite, eu e meu marido, e numa conversa informal descobrimos que o bar estava à venda. Por mil motivos, um daqueles sonhos que todas as pessoas têm, como morar na praia ou morar fora do país... E aquela ideia de ter um bar *grudou* em nós dois. Meu marido tinha naqueles dias um compromisso de trabalho na Itália e ficamos acordados de pensar no assunto da compra do bar quando ele retornasse.

Enquanto ele viajava comecei a dar espiadas no bar durante a semana para sentir o movimento. Um dia, o então dono me disse que precisava vender o bar logo por motivos pessoais e que tinha um interessado, precisava de nossa decisão. Era uma sexta-feira, lembro muito bem. Passei uma noite agitada, pensando, e de manhã tinha uma conclusão de como fazer. Liguei para o ex-dono do bar e disse: quero comprar! Ele perguntou se havia conversado com meu marido (que estava fora). Disse "não, mas estou decidida". De onde nasceu aquela decisão? Era um mundo totalmente diferente do qual eu vivia, só conhecia como expectadora e agora iria me tornar uma atuante. Mais engraçado quando lembro que existia dentro de mim uma certeza de que ia dar certo.

Comprei, encarei os novos desafios e sem nenhum conhecimento do negócio fui cuidar do bar. Tive muito apoio de gente amiga e até de pessoas que ficaram minhas amigas. Meu marido retornou dois meses depois e até agora estamos juntos nesta jornada como sócios e companheiros. Durante sete anos trabalhei à noite e o fato de ser uma mulher gerenciando um bar noturno, a meu ver, empoderava as mulheres a virem sozinhas ao bar, pois estaríamos juntas, com muita conversa no balcão. E entendi que balcão de bar é uma bela terapia de trocas. São muitas as lembranças desta época fazendo com que às terças, quintas e domingos tivesse meus clientes *habitués*.

Esse bar foi fundado em 1979, por um professor de história e diretor de teatro, apaixonado por cinema e astros de Hollywood, entre eles Rodolfo Valentino. Em 1991, quando começamos nossa jornada, Londrina fervia em cultura. O FILO, acabava de se tornar Festival Internacional de Teatro sob direção de Nitis Jacon e em

1992 recebemos o Taller de Artes de Medellin com a peça El Bar de la Calle Luna. Nos anos seguintes, sempre havia apresentações envolvendo o Valentino, como peças escritas exclusivamente para o bar (Escala Revue Fantasy de Cardiff — Reino Unido). No aniversário de 15 anos do bar, Nitis Jacon dirigiu nova montagem de Barba Azul com o grupo Proteu, que havia estreado a primeira versão na década anterior.

Em várias edições do Festival de Música (e mais recentemente Festival Internacional de Música), professores, alunos e músicos de jazz, percussão, choro, se reuniam no bar para maravilhosas *jam sessions*. A partir de 2006 os shows no Valentino passaram a fazer parte da grade de atrações do Festival.

Além dos festivais, apresentações de música, dança, teatro, saraus literários, lançamentos de livros e discos, festas com DJs da cena vanguardista, o bar se consolidou com uma agenda variada, seis dias por semana, agregando músicos e tantos outros artistas a um público fiel. Essa agenda teve início nos anos 90, com apresentações de bandas como Jazzmania, Madera, Chaminé Batom, Marquinhos Diet, UqiadebÔ, e com as primeiras discotecagens da Terça Tilt e DJ João Durval, passando por apresentações de teatro e dança, como Proteu, Bombom/ Armazem, Delta, Funcart. Temos edições do Festival de Blues, já na 15ª edição, com artistas internacionais e shows anuais em homenagem a Elis Regina, todo mês de janeiro, há 33 anos.

Em 2006 tivemos que mudar o bar de lugar, e como deixar aquela casinha de madeira para trás? Impossível, é a alma do Valentino. A nova empreitada, além do transporte e reconstrução da casa, nos deu um salão anexo, com adequação acústica para shows. História e tempos modernos associados. Na inauguração do novo espaço, aquela casinha igualzinha — só que agora em novo espaço — levava muitas pessoas às lagrimas, pois foi refeita nas medidas e estrutura perfeitamente igual à anterior, parecendo um toque de mágica.

Aprendi tanto nestes 34 anos e continuo aprendendo. Consegui inclusive exercer minha profissão de farmacêutica e criar em mim uma empresária e uma agente cultural.

SANDRA CHEMIN

futureyou.be
linkedin.com/in/sandrachemin
@sandrachemin

O que estou fazendo aqui?

A onda atinge o casco com força, fazendo todo o barco tremer. Água escorre para dentro da cabine, um resquício da tempestade que ainda não terminou. O vento, embora tenha diminuído de 110 para 70 quilômetros por hora, continua feroz, enquanto as ondas de sete metros não dão trégua. Seguro o leme com todas as minhas forças, mantendo a proa contra o vento, enquanto Lucas, preso ao mastro, se prepara para içar a vela principal. Por um breve instante, o vento silencia — nosso mastro parece minúsculo diante das ondas gigantescas. Dois segundos de calma, e logo estamos subindo novamente. O vento ruge.

O que estou fazendo aqui? No meio do Oceano Pacífico, enfrentando uma tempestade tropical com nossas filhas a bordo, a pergunta é inevitável.

A tempestade passou, mas a pergunta me acompanha há vinte anos, me levou a morar a bordo de um veleiro e fundar cinco empresas ao longo do caminho. Vivi várias vidas, mudei tanto que isso virou minha profissão: ajudar líderes e empresas a se transformarem. Esta história é sobre as muitas respostas que encontrei.

Uma escola para uma cidade

Novembro de 2005. Fazia pouco menos de um ano que havíamos voltado da nossa primeira viagem morando a bordo. Júlia, nossa caçula, tinha poucos meses de vida, e havíamos mudado para Paraty.

Chegando lá, encontramos um vazio. Não havia escolas que falassem com os nossos valores. Eu sabia o que buscava porque havia conhecido, em São Paulo, um refúgio encantado. Uma escola com galo, galinha, chão de terra batida e crianças que corriam cheias de vida e entusiasmo — a Tearte, um quintal mágico criado por Teresita, uma das educadoras mais sábias que já conheci. Teresita, com seus cabelos brancos e quase 80 anos, não apenas conhecia as crianças, mas sabia impor limites tanto para elas quanto para seus pais. Ela se tornou uma referência para mim e foi para ela que eu levei a minha angústia:

— Tê, nós estamos nos mudando para Paraty e as escolas que encontrei por lá não falam com a gente.

Ela me olhou com aquele olhar que só os sábios têm e disse calmamente:

— Por que vocês não fundam uma escola?

— Nós? Não entendemos nada de educação!

— Tudo bem, calma. Você conhece outras famílias que também não se reconhecem nesse modelo de educação? Convide para uma conversa.

Nós conhecíamos. E foi assim que, em uma semana, seis casais se reuniram no quintal de casa. Entre chás e bolos, conversamos sobre o tipo de educação que gostaríamos de modelar para os nossos filhos — um espaço vivo que misturasse realidades e criasse pontes. Encontramos uma professora para conduzir uma colônia de férias e, pouco depois, conseguimos um casarão que reformamos com os outros casais.

Nascia assim a Escola Waldorf Quintal Mágico. Uma escola sem fins lucrativos, aberta a todos, onde metade dos alunos pagam e metade não. Uma escola desenhada para ser o Brasil real, misturando quem tem e quem não tem, apesar de todas as dificuldades, em um país sem apoio para esse tipo de iniciativa.

Lucas e eu sabíamos que não iríamos morar em Paraty muitos anos. Desde o começo, o que nos movia não era apenas criar uma escola para nossas filhas, mas deixar uma escola para a cidade. Por isso, apesar de termos doado recursos e dedicado quatro anos para a escola se estabelecer, queríamos que ela fosse gerida pela comunidade de pais e professores.

Essa escolha demandava outro tipo de habilidade. Precisamos aprender a ser facilitadores, que não centralizam decisões, mas ajudam o grupo a encontrar suas próprias soluções. Uma habilidade que me transformou e que se mostrou essencial anos depois.

Quatro anos depois da sua fundação, voltamos ao mar. E a escola continuou com o grupo que a sustentava. Anos depois, pouco antes da pandemia, eles enfrentaram seu maior desafio: a casa emprestada que servia de sede foi vendida. A escola ficou sem lugar para funcionar, em uma cidade turística e cara, sem apoio do governo.

O grupo de pais, com a força da comunidade, conseguiu um terreno. Um dos pais, arquiteto, criou o projeto da nova sede. E em alguns mutirões, com 105 famílias trabalhando juntas, a escola foi construída. Aquilo me encheu de emoção. Já fazia quase dez anos que havíamos saído de Paraty e a força do coletivo continuava mais forte que nunca. Recentemente, com nossa filha, visitamos a escola que hoje tem 19 anos, 239 crianças e acabou de receber a doação de um terreno de 50 mil metros quadrados para a construção do primeiro ensino médio Waldorf do estado do Rio de Janeiro.

É difícil descrever a sensação de deixar uma escola para uma cidade. Senti na pele o significado de legado. Algo que nasceu no quintal da nossa casa, de uma conversa com Teresita, cresceu para transformar uma cidade. Algo que eu achava que não seria capaz de fazer mas que, juntos, a muitas mãos, se tornou possível.

O dia em que a pergunta encontrou a maior empresa do país

Era 13 de março de 2020, uma sexta-feira. Eu estava no Rio de Janeiro, convidada para fazer uma palestra sobre liderança com propósito para a diretoria da Vale. Às seis da manhã toca o telefone. Do outro lado, Cristina Nogueira, a consultora que havia me convidado. A pandemia caía sobre nós.

Todas as reuniões tinham sido canceladas, mas a nossa foi mantida, em respeito por eu vir de tão longe — eu já vivia na Nova Zelândia. De repente, lá estava eu, com uma hora e meia para falar com a diretoria da maior empresa brasileira, no dia em que o mundo mudava.

A Vale, uma das maiores mineradoras do mundo, vivia uma tragédia — 270 pessoas morreram em Brumadinho após o rompimento de uma barragem da empresa. Foi um dos maiores desastres ecológicos e humanos do país. Naquele dia, fui recebida num contexto de muita incerteza e dor.

Perguntei-me: "Que história preciso contar hoje? Quais são as conversas que realmente precisam acontecer?"

Decidi mudar completamente o que havia planejado. Escolhi fazer uma fala pessoal. Contei a história da maior tempestade que enfrentamos no mar. Quando terminei, olhei para eles e disse: O que vocês estão fazendo aqui?

Foi nesse momento que Eduardo Bartolomeu, CEO da Vale à época, visivelmente tocado pela tragédia, me pediu para resgatar o propósito da Vale.

Ali nascia um dos projetos mais marcantes da minha vida e da história da FutureYou. Um trabalho que envolveu a empresa inteira e deixou sementes que continuam germinando até hoje. Ao longo de três anos, trabalhamos juntos para revelar e integrar o propósito da Vale em sua estratégia, liderança e operações. Revelamos o propósito coletivamente, reunindo 80 líderes do mundo inteiro, no meio da pandemia. Eu me lembro da emoção de assistir o vídeo com o manifesto do propósito na voz desses líderes, cada um em sua casa, isolados.

Criamos uma ferramenta para guiar decisões baseadas no propósito e capacitamos 150 líderes globais para liderar com propósito. Acordávamos de madrugada, cruzando fusos e idiomas, e a cada dia mais pessoas se juntavam. Nascia o grupo de Guardiões do Propósito, bem como uma trilha para que os 120 mil funcionários pudessem conectar seu propósito pessoal ao propósito da empresa.

Hoje, muitas das pessoas que participaram desse processo já deixaram a Vale, mas me escrevem para dizer que continuam carregando aquela semente. Carregam a consciência de que podem usar o seu lugar de poder, a sua influência e suas decisões para transformar a realidade ao seu redor.

A hora de fazer o que precisa ser feito

14 de novembro de 2024, sessão de mentoria com o presidente de um grupo de empresas que acompanho há quatro anos. André trazia um dilema: um relato de assédio moral havia chegado até ele. André precisava decidir o que fazer: Como resolver a questão sem comprometer o negócio?

Pedi mais detalhes. Um gerente comercial, vindo de uma empresa recém-adquirida, que apesar de trazer excelentes resultados, manipulava a equipe de forma inaceitável: enviava mensagens dizendo o que os funcionários deveriam falar em reuniões, criava um ambiente de medo e constrangimento. Perguntei:

— Qual é o melhor que pode acontecer se ele ficar? E o pior?

A resposta trouxe o real dilema à tona. Havia o receio de perder clientes e contratos. Do outro lado um risco ainda maior: passar a mensagem de que aquele comportamento era tolerado e destruir a cultura de confiança que André se empenhava tanto em construir. Continuei:

— Como os outros líderes estão enxergando isso?

Uma das líderes havia dito claramente: "O que aconteceu foi muito grave". Foi nesse momento que trouxe a reflexão que ele precisava ouvir:

— Você corre o risco de mostrar que essa é uma cultura permissiva. Comportamentos abusivos são inaceitáveis. Você precisa agir.

Três semanas depois, nossa sessão seguinte foi marcante. André chegou com os olhos brilhando, atrasado, e disse:

— Foi por um bom motivo. Acabei de demitir o gerente comercial.

Durante aquelas três semanas, ele resolveu encarar a situação de frente. Conversou com a equipe e descobriu que não havia sido apenas uma pessoa assediada, mas três. Ouvindo os relatos, ele percebeu o que não estava enxergando. Ele me disse:

— Foi muito forte ouvir o relato de uma pessoa assediada. Ficou claro o desvio do meu olhar.

André não apenas demitiu o gerente por justa causa, mas compartilhou com a equipe o que havia acontecido. Algo poderoso aconteceu:

Paulo, um gerente de outra área, decidiu compartilhar sua história:

— Quando minha esposa engravidou, eu não tive coragem de contar, tinha medo de ser demitido. Só contei aos oito meses. Logo depois, recebi uma ligação desse gerente: "Agora que você tem família para criar, você vai me obedecer."

Emocionado, Paulo concluiu:

— Vocês não têm noção da quantidade de pessoas que se sentem representadas pela sua atitude hoje.

André, um dos líderes mais sensíveis, conscientes e abertos que conheço, não estava vendo algo sério que acontecia ao seu redor. Como coach e mentora de executivos há muitos anos, sei como é difícil acompanhar a velocidade de tudo o que acontece em uma empresa. O mais importante não é saber de tudo ou não cometer erros, mas é como reagimos quando o problema aparece.

André criou espaços para enxergar o que não estava vendo. Ele fez, em três semanas, o que o presidente anterior havia deixado passar durante sete anos. E, ao fazer isso, mudou a vida de 25 pessoas daquela equipe.

Essa experiência também me lembra algo que tenho observado ao longo dos anos: uma das formas que tenho de ajudar outras mulheres é por meio dos homens. Trazer o olhar para os temas que importam e precisam ser vistos.

Embora essas histórias possam parecer distintas à primeira vista — uma escola, uma grande empresa e a equipe de uma unidade de negócios — todas elas carregam a mesma essência: não importa onde estamos, somos capazes de transformar a realidade ao nosso redor.

Se você está lendo este livro, eu lhe faço um convite:

Como você pode usar o seu lugar de poder, a sua influência, para transformar a realidade ao seu redor?

Volto ao começo desta história e à pergunta que me acompanha: *O que estou fazendo aqui?* Descobri que ajudo pessoas a encontrar significado, liderar as mudanças que importam e construir futuros que valem a pena ser vividos.

E você, qual é a sua contribuição?

SANDRA MONTES

smontes28@gmail.com
linkedin.com/in/samontes
@sandramontesaymore

As reviravoltas que a vida dá

2017 foi o pior e o melhor ano da minha vida e falar sobre isso é libertador. Foi a grande virada na minha trajetória como mulher, esposa, mãe, madrasta, filha e executiva, me tornando muito mais forte e segura.

A gente é o que compartilha, a soma de tudo que vivemos. Minha melhor versão nasceu de uma transição de carreira — é possível ser o que quisermos. Não mudei de carreira aos quarenta e cinco minutos do segundo tempo, mudei aos quarenta e cinco anos de idade. Estou só começando e ainda terei mais capítulos para contar.

Quem é a Sandra?

Sou curitibana, aquariana e tenho 51 anos. Venho de uma família grande, tenho duas irmãs e um irmão, a Silmara, a Silvana e o Sérgio — sim, somos todos do "S". Minha inspiração sempre foram os meus pais, o Antonio Romão, um economista bem-sucedido na carreira, que passou por algumas das mais importantes organizações no estado do Paraná, e a Lourdinha, minha mãe, uma mulher gigante de 1,50 m e pedagoga que se tornou empreendedora na sua aposentadoria, abrindo um ateliê de reciclagem de roupas para homenagear minha avó, costureira em toda a sua existência e que foi uma mulher de talentos manuais invejáveis, linda e sempre presente mesmo não estando mais neste mundo.

Eu, mulher, esposa, madrasta e mãe, nessa ordem. A primeira grande empresa em que trabalhei teve uma importância na minha vida, além da experiência, pois foi onde conheci meu marido — sim, casei com o meu chefe. O César Aymoré e eu somos casados há dezesseis anos e temos dois filhos, Bernardo e Guilherme, e tenho três enteadas, a Gabriela, a Victoria e a Eduarda. César me apoiou em um momento importante em que minha carreira deslanchou em São Paulo, ele foi um grande parceiro por escolher e acreditar que essa cidade era nosso caminho.

O que eu quero da minha vida é entregar o meu melhor ao mundo, impactar e deixar um legado. Sou extremamente grata por ter vivido o impacto de 2017, onde fui demitida — *spoiler* —, e porque hoje consigo ver que foi a melhor coisa que aconteceu, embora tenha sido difícil entender todo o luto que este fato carregou. Essa experiência me tornou uma mulher e líder muito mais forte e segura, fiel aos meus valores e princípios. Não entro e saio calada de uma reunião; se estou ali, minha voz tem que ser ouvida. Passei a exercer meu propósito e falo dele todos os dias, e agora vou falar aqui.

Minha carreira: como eu cheguei e saí de "lá"?

A carreira do meu pai foi minha inspiração. Decidi cursar Economia na faculdade e comecei em um estágio no Citibank. Ali foi meu primeiro emprego, a área financeira me provocava e eu achava que só ali teria uma carreira consolidada. Percebi que minha busca ainda não estava completa e tive a oportunidade de ir para a auditoria. Abraçar as oportunidades que surgem nos primeiros anos da nossa vida profissional é muito importante, e nem sempre será aquilo que queremos, mas às vezes elas abrem novos horizontes.

Assim que terminei a faculdade de Economia decidi ir para os Estados Unidos estudar inglês, naquele tempo a gente não nascia falando inglês como nossos filhos fazem hoje. Morei em Boulder, no Colorado, por um ano e, além do inglês, descobri onde realmente me sentia feliz. Estudava na Universidade e, como módulos extras, participei de um curso de marketing, marcas e comportamento do consumidor. Foi exatamente ali que descobri que gostava de gente, de entender o que as pessoas pensam, como vivem e como querem viver. Voltei para o Brasil e comecei uma pós-graduação em Marketing. Animada com esta primeira migração de carreira, apliquei para um programa de *trainee* de Marketing na Electrolux do Brasil.

Na Electrolux fui transferida para São Paulo, onde construí esta marca com todas as minhas forças e aprendi tudo que sei sobre estratégia, marketing e governança corporativa. Aprendi como viver em um ambiente formal e extremamente corporativo, além de ser a única mulher na maior parte das situações. Fui *trainee*, analista, coordenadora, gerente e diretora de Marketing Brasil, até chegar à posição de CMO — Chief Marketing Officer para a América Latina. Foram dezenove anos de dedicação e devoção, sentia que a minha vida estava ali, naquela marca. Fui treinada para participar do *board* de liderança como a única mulher nesta posição, andava de salto alto e bem arrumada todos os dias — como se isso suportasse a minha opinião e o meu reconhecimento dentro dos meus 1,60 m. Lembro-me de que algo em mim ainda me deixava pequena e me encolhia muitas vezes na fala, na voz e no meu comportamento, eu acreditava em um comportamento adequado para aquele estilo de gestão, mas na verdade eu podia mais e cabia a mim colocar isso pra fora.

Por dez anos me reportei ao CEO da Electrolux, o Ruy Hirschheimer, ele teve e tem uma grande importância na minha carreira e segue sendo meu mentor. Tivemos momentos bons e alguns difíceis, mas todos foram importantes para formar quem eu sou e como atuo. Tive um reporte duplo, também me reportava a Mary Kay Kopt, CMO global, que foi e sempre será uma grande inspiração para mim, minha primeira liderança feminina, ela me fez entender o valor real da escuta, da generosidade e que liderar é conhecer a pessoa além do cargo, ser humana acima de todas as coisas.

Em 2016, Ruy e MaryKay deixaram a Electrolux. Meu mundo caiu, era a primeira vez que eu passava por uma grande mudança na minha liderança. Quando a gente tem a sorte de trabalhar com pessoas tão boas, o medo de lidar com o novo é enorme e raramente estamos prontos para mudanças, nos apegamos muito a nossas zonas de conforto.

Em 2017, depois de algumas conversas com o novo CEO, entendemos que era o final de um ciclo para mim e para a empresa e deixei a Electrolux. Não tinha noção do que era viver sem o meu trabalho. Lembro bem que quando cheguei em casa, olhei para a pessoa que me auxiliou e me ajudou tanto e disse: "Preciso dispensar você, preciso cuidar da casa, reconhecer meus filhos e olhar para o meu marido". Foi duro tomar essa decisão, afinal ela não tinha nada a ver com aquilo, mas foi importante para mim. No dia seguinte, viajamos para a Disney com os meninos, chorei horas seguidas, queria me desligar de tudo e abraçar o Mickey com todo o meu privilégio, queria uma pausa para estar dentro de um universo onde tudo é lindo, porém ilusório. Voltei para o Brasil e, literalmente desempregada, não sabia o que fazer com as horas, os dias e não me reconhecia em mim mesma.

E agora, Sandra?

Eu estava assustada, com medo e muito receio de não saber fazer mais nada além de trabalhar com Linha Branca. Duvidei de mim mesma, não conseguia olhar para outras áreas, parecia o meu fim, tive receio de nunca mais ser reconhecida ou considerada como uma profissional e executiva competente, a síndrome da impostora. Além disso, a insegurança financeira me afrontava. A situação era confortável pela rescisão por um ano de não concorrência, porém o fato de não ter um salário no final do mês me assombrava. Meu marido para me confortar me deu um cartão de crédito e eu não sabia lidar com isso, sempre tive meu dinheiro, fui independente, e neste momento tive que aceitar o fato de que precisava dele. Foi um grande aprendizado admitir que receber ajuda, seja ela qual for, faz parte do processo, e está tudo bem exercer a parceria de um casal neste momento. A minha cobrança comigo era tão grande que quando chegava do mercado eu explicava para ele o que tinha gasto, um comportamento de quem se sente culpada por não estar contribuindo, mesmo eu tendo contribuído a vida toda.

Iniciei o ano com um profundo curso de autoconhecimento com a Alana Trauczynski. O curso se chamava "Recalculando a Rota". Ela me puxou, me fez olhar para dentro e observar quem eu era de verdade, foram três meses para me entender e descobrir o meu propósito de vida tanto pessoal como profissional, que hoje defendo e tenho orgulho em dizer que é "fazer a diferença na vida das pessoas, gerando um impacto positivo". Somado a isso, comecei a estudar o mundo digital, inspirada nos meus filhos que são "gamers", dos quais queria me aproximar e ter uma linguagem mais comum à deles, e a tecnologia era o caminho. Entendi que para impactar o mundo teria que estar dentro deste contexto, falar esta linguagem. Mas como fazer isso? Mudar de carreira aos 45 anos de idade? Como o mundo me veria?

Como uma transição de carreira me fez renascer?

Meu pontapé — melhor, minha coragem — de sair do mundo *offline* para o *online* me fez renascer na minha melhor versão e encontrar meu verdadeiro propósito pessoal e profissional. Foi um processo duro, intenso e extremamente necessário dentro de um mundo volátil, incerto, complexo e ambíguo — que amo!

Comecei a estudar plataformas digitais, me aproximei da Singularity University e a frase do Peter Diamandis que mencionava impactar 1 bilhão de pessoas no mundo através da tecnologia fazia muito sentido para mim. Fiz cursos *online* dentro e fora do Brasil, revisei meu LinkedIn, contratei uma consultoria para revisar meu CV, agendei todos os cafés para ouvir histórias de vida das pessoas, como mudaram, o que fizeram e como se sentiam, enviei e-mails para *headhunters*, para pessoas que conhecia e que não conhecia, pedi orientação e, o mais importante: eu pedi ajuda.

Fui puxada por muitas mulheres, Fátima Zorzato que me disse claramente o que meu CV deveria contar, quem eu sou e não ser de plástico. Morena Leite, que me convidou para integrar o Conselho do Instituto Capim Santo, em um momento em que não acreditava que sabia fazer outra coisa. Claudia Lebie, uma amiga de longa data que voltou para a minha vida como um furacão, me sacudiu e nunca mais saiu de perto de mim. Denise Paludetto, minha vizinha e executiva de alma que soube me olhar, me ouvir, me entender. Foram tantas mulheres que me estenderam a mão e me puxaram para a vida! Neste contexto, minhas amigas, minhas irmãs e minha mãe estiveram comigo, com a frase de toda uma vida: "Filha, você sempre foi adiante e acreditou que as coisas se encaixariam, por que agora seria diferente?"

Segui meu caminho fazendo entrevistas, aplicando para processos, vagas, e nada parecia perto do meu desejo de trazer impacto para o mundo e para as pessoas, tudo parecia frio, distante. Não me lembro de um dia dormir até às onze horas da manhã, impressionante como nós temos dificuldades de nos dar o direito de não fazer nada.

Até que, um dia, apliquei no LinkedIn para uma vaga de Diretoria de Marketing na OLX, que nitidamente exigia uma experiência em plataformas digitais, que eu não tinha. Na entrevista com Phillip Klein, responsável pela área, fizemos um pacto, que me dava a possibilidade de aprender com ele sobre tecnologia e performance em plataformas digitais e entraria com todo o meu conhecimento de Marketing e Comunicação, foi um dos momentos mais importantes na minha vida e ele acreditou na minha virada, a quem tenho imensa gratidão.

A minha chegada naturalmente foi receosa por parte da equipe, quem não tem medo de uma nova liderança? Mas, novamente, cabia exclusivamente a mim trazer as pessoas para o meu lado, mostrar que eu estava ali para somar e mais do que tudo aprender, eu precisava deles. Fiquei na OLX por três anos, sendo os dois últimos como CMO, e foi espetacular. Tive pessoas que me ajudaram muito nessa transição de carreira de um mundo *offline* para um mundo *online*, José Fay por sua sabedoria e por acompanhar a minha carreira e André Caldeira, que conhece o verdadeiro valor de um propósito.

Nunca mais usei saltos altos e não os quero de volta, passei a usar tênis todos os dias, feliz com a minha altura, com meu tom de voz, feliz dentro da minha pele. Deixei de andar de carro blindado, passei a usar Uber e metrô, queria estar mais próxima das pessoas que quero impactar. Se eu queria mudanças, eu precisava começar por mim. Foi ali que aprendi a ser uma pessoa mais simples, mais humana, expor as minhas vulnerabilidades e dizer: "Eu não sei, mas quero aprender."

Após este período, surgiu uma oportunidade para ser CMO do Rappi, onde o propósito seria devolver o tempo para as pessoas. Depois de um ano querendo me desafiar ainda mais, fui convidada para trabalhar na Olist, também como CMO, uma plataforma que empodera pequenos e médios empreendedores dentro do e-commerce para que sejam eficientes dentro dos marketplaces e possam sobreviver dentro deste mundo digital que evolui todos os dias. Mais uma vez, meu propósito de vida seguiu me guiando, impactando e sendo exercido todos os dias da minha vida.

Dentro deste tempo, passei a mentorear grupos femininos com o intuito de empoderar mulheres utilizando meu exemplo e minha vivência para provar que é possível mudar, quando e como quiserem. Tornei-me investidora anjo avaliando *startups* promissoras e priorizando as que são lideradas por mulheres. Tornei-me mentora da Soulcode para pessoas que também estão fazendo uma transição para o mundo da programação, do digital. Em seguida, fui convidada para ser conselheira de Administração da Camil Alimentos, uma nova fase e um novo aprendizado, onde a minha trajetória e transição de carreira foram essenciais para ocupar esta cadeira.

É por tudo isso que disse no começo do meu capítulo que a minha melhor versão nasceu de uma transição de carreira, e de uma demissão. Dividir a minha história é uma honra, sou grata por ter vivido cada parte da minha vida. Não romantizo, é claro que é muito difícil passar por isso, mas o que eu quero aqui é colocar minha voz no mundo para dizer que é possível ser o que a gente quiser. Eu mudei aos 45 anos de idade, e hoje consigo entender e aceitar aquele momento difícil da minha vida. Só agradeço.

Seguimos, luz na caminhada.

SANDRINE CAMIA

linkedin.com/in/sandrine-camia-4785a9a

Liderança feminina no Turismo: construindo pontes, quebrando paradigmas

Ser mulher e líder na indústria internacional do Turismo, enquanto represento um país, é tanto uma honra quanto uma imensa responsabilidade. Isso significa apresentar ao mundo a toda a riqueza da cultura, do patrimônio e a beleza natural de uma nação inteira, ao mesmo tempo em que asseguramos um crescimento sustentável e experiências significativas para os visitantes.

Do ponto de vista do Marketing, isso me exige desenvolver profunda adaptabilidade e uma compreensão profunda das tendências globais. Preciso fomentar parcerias que fortaleçam a presença do país no cenário internacional. Enfatizo aqui a importância das redes de apoio.

Sob a perspectiva da gestão, e considerando que temos tanto uma equipe de funcionários do governo baseada em Mônaco quanto representantes em diversos países, preciso criar canais de comunicação sólidos, promover a consciência cultural e alinhar perspectivas diversas com os objetivos estratégicos nacionais.

Um verdadeiro ecossistema. Uma rede essencial que precisa ser construída e nutrida. Isso requer uma visão global unificada, com perspectivas claras e equipes diversas e capacitadas. Especialmente entre novas gerações. Um abraço à multidiversidade.

O sucesso está na construção de uma rede que seja ao mesmo tempo estruturada e flexível. Vejo que essas características são muito relacionadas a nos, mulheres.

Por fim, e porque Mônaco é um país inteiro "como nenhum outro", promover o destino traz o desafio único de ir além dos clichês e ressignificar percepções.

Frequentemente visto como um destino para os ricos e famosos, Mônaco é muito mais do que isso — é um país com uma rica história, um compromisso com a sustentabilidade e uma oferta cultural diversa. Parte da nossa missão é destacar essas facetas, garantindo que os visitantes descubram a profundidade e a autenticidade que fazem de Mônaco um lugar verdadeiramente único.

Como mulher líder nesse setor, meu papel vai além da estratégia e da promoção — ele também envolve representatividade, inclusão e a abertura de caminhos para as futuras gerações de mulheres no Turismo e na liderança global. Ao fomentar vozes e perspectivas diversas, não apenas fortalecemos a posição de Mônaco no cenário mundial, mas também inspiramos mais mulheres a assumirem seu lugar na vanguarda desta indústria em constante evolução.

SARA MOHAZZEBI

@saramohazzebi

Matéria de capa

Ainda me lembro de correr pelo aeroporto JFK assim que meu voo aterrissou, indo direto para a banca de jornais. Eu estava tão empolgada que parecia ser o meu primeiro artigo publicado em uma revista. Mas não era. Era algo ainda maior do que esse momento. Eu havia realizado o sonho de alguém. Paguei pelo meu exemplar, vi meu artigo anunciado na capa e folheei até a matéria que estava procurando, e lá estava ela: linda, orgulhosa, sábia e ainda apenas uma adolescente.

Seu nome era Lovetta Conto. Ela havia sobrevivido à guerra civil na Libéria e caminhado até um campo de refugiados em busca de abrigo. Ela amava moda e criou uma linha de joias feitas a partir de balas reaproveitadas da guerra, com a palavra VIDA gravada nelas. Um dos seus sonhos era ver sua história publicada na revista Teen Vogue. Depois de conhecer Lovetta, decidi que faria esse sonho se tornar realidade. Se ela podia ser tão corajosa sendo tão jovem, o mínimo que eu poderia fazer era garantir que sua história estampasse sua revista favorita.

Um fato interessante sobre a Teen Vogue é que eles aceitam apenas 3% das submissões de freelancers, e quando recebi o e-mail confirmando a matéria e a sessão de fotos, fiz uma dança da alegria na minha cozinha. Algumas semanas depois, Lovetta e eu nos reencontramos em minha cidade, Los Angeles, onde ela modelou suas joias para o ensaio fotográfico da matéria. O que tornou essa história e essa sessão de fotos tão especiais e importantes foi o fato de mostrar a Lovetta que sua história importava, que seu trabalho tinha valor e que o mundo se importava. Nunca esquecerei o olhar de realização em seus olhos naquele dia e como meu coração se sentiu sabendo que tive um papel nesse momento.

A partir dessa experiência, compreendi a importância de fazer com que histórias de meninas e mulheres sobre justiça social e direitos humanos fossem vistas e lidas por audiências no mundo todo. Passei a contribuir com publicações como Marie Claire, Daily Beast, Emirates Woman e mantive a coluna global "Up To Real Good" no Yahoo! e na Take Part News, da Participant Media. Todos os dias, eu me inspirava em meninas e mulheres e aprendi o quão poderoso era o apoio mútuo entre mulheres para o bem-estar feminino em todos os lugares. Do Sul da África ao Brasil, do Líbano à Etiópia, dos Estados Unidos a muitos outros lugares, viajei pelo mundo em busca dessas histórias e dessas mulheres incríveis.

Um dos aspectos mais extraordinários do meu trabalho como jornalista é a quantidade de mulheres corajosas, fortes e vibrantes que conheci, dedicadas a tornar o mundo um lugar melhor. Elas expandiram o tamanho do meu coração, abriram minha mente para novas formas de ser e pensar e deixaram uma marca eterna em minha alma.

Não demorou muito após conhecer Lovetta Conto para que eu encontrasse a ativista Tiffany Persons, cuja trajetória e trabalho aprofundaram ainda mais minha admiração pelas mulheres e pela humanidade. Eu estava escrevendo uma reportagem sobre a história dos diamantes de sangue (também conhecidos como diamantes extraídos em zonas de guerra para financiar conflitos) e o progresso feito na busca por fontes éticas desses diamantes. Apesar de ter falado com grandes marcas de joias de luxo sobre suas novas práticas, ainda não havia encontrado ninguém do setor social ou de justiça que estivesse atuando nas regiões afetadas. E eu sabia que era essencial ter diversas perspectivas na matéria.

Continuei perguntando à minha rede de ativistas de direitos humanos, fundadores de ONGs, até que finalmente a encontrei. Tiffany era autêntica. Ela não fazia esse trabalho por reconhecimento ou por eventos de gala. Durante uma viagem de trabalho para filmar um documentário sobre a história dos diamantes, das minas em Serra Leoa até os compradores, ela se apaixonou pelo povo local e decidiu fazer parte da reconstrução dos recursos necessários. Desde programas educacionais até microcréditos e apoio direto às famílias afetadas pelo conflito dos diamantes de sangue, a organização sem fins lucrativos de Tiffany, *Shine On Sierra Leone*, fazia um trabalho essencial e necessário no local.

Mas levar a história de Tiffany ao grande público era algo completamente diferente da solicitação direta de Lovetta. Entrei em contato com Tiffany e disse que precisava entrevistá-la imediatamente para cumprir o prazo. Como mãe solo, com um emprego em tempo integral, administrando a *Shine On Sierra Leone* e organizando um evento de arrecadação de fundos na noite seguinte, ela não tinha tempo disponível. Eu disse que não poderia deixar seu trabalho sem destaque, então iria ao evento para entrevistá-la ali mesmo e depois passaria em seu escritório para escolher as fotos para o artigo.

O que eu não sabia naquele momento era que esse seria o início de uma parceria de trabalho e amizade para a vida toda. Semanas depois, Tiffany me ligou e disse que precisava lançar um site atualizado em três dias, pois sua organização estava concorrendo a um prêmio importante e ninguém conhecia sua história e imagens tão bem quanto eu. Eu já estava sobrecarregada de trabalho e prazos, mas não pude dizer não. Um fato curioso sobre Tiffany Persons: conhecê-la é se apaixonar por seu espírito e querer fazer parte de seu trabalho. Eu me desdobrei nos prazos e conseguimos. Nos últimos quinze anos, escrevi, produzi e dirigi desde textos para sites até discursos e vídeos para a *Shine On Sierra Leone*. Acompanhei Tiffany vencendo prêmios por seu trabalho inovador e criativo com a *Shine On* e outras iniciativas. Um dos meus momentos favoritos foi quando ela foi selecionada pela CNN África para contar a história da *Shine On* e revelou que, após fazer um teste de ancestralidade, descobriu que vinha exatamente das três tribos com as quais sua organização trabalhava desde sua fundação.

Testemunhar o esforço de Tiffany para manter a *Shine On* funcionando durante recessões, surtos de ebola e a pandemia da Covid-19 me lembra que escolher atuar no setor social não é para os fracos de coração. Como jornalista, ao cobrir os sucessos dessas mulheres incríveis, às vezes é fácil esquecer o nível intenso de sofrimento, desafios e sacrifícios que os ativistas e fundadores enfrentam. Suas vitórias são arduamente conquistadas, e mantê-las é um trabalho em tempo integral.

Uma coisa que nem sempre é abordada na cobertura sobre impacto social é como determinar quem está realmente fazendo o trabalho e verdadeiramente retribuindo, além da rede que nos ajuda a discernir quais histórias devem ser amplificadas. Sou grata, ao longo dos últimos anos, pela sabedoria da estrategista de defesa dos direitos humanos Aimee Oberndorfer-Le e Karen Robinson Colette, da ativista Rosebell Kagumire, da CEO da Elle Communications, Danielle Finck, da estrategista de impacto social Shauna Nep, da cineasta e produtora Katie Elmore, de Cory Sargeant, da Sargeant PR, e de tantas outras pessoas. Através delas, conheci mulheres extraordinárias cujas histórias foram uma honra contar.

O que me leva ao momento em que conheci outra mulher cujo trabalho admiro e respeito profundamente: a tenaz, gentil e criativa Amrita Thadani, da NeoCoco. Ao criar uma linha de roupas e acessórios através da arte do bordado à mão e do artesanato, empregando mulheres deslocadas, refugiadas e imigrantes, Amrita construiu uma empresa significativa e impactante. Sendo de ascendência persa e curda, sempre amei tecidos e artesanato, e achei as criações da NeoCoco verdadeiramente deslumbrantes. Também testemunhei Amrita continuar a enfrentar as questões de emprego e as reais necessidades das mulheres que trabalham na NeoCoco, transformando a empresa de moda com fins lucrativos em uma organização sem fins lucrativos. O compromisso de Amrita com a NeoCoco é incansável, desde os cursos que ela faz para ampliar as oportunidades das artesãs até os inúmeros eventos pop-up que realiza anualmente.

Não consigo imaginar o mundo sem as *Lovettas*, *Tiffanys* e *Amritas*. E é por isso que adoro celebrar essas mulheres e suas colegas. Há cerca de sete anos, uma das minhas amigas e colegas favoritas, Elina Gitig, me perguntou se eu queria fazer uma colaboração com a Orly Color Labs (um laboratório e espaço de criação de esmaltes personalizados da querida marca de esmaltes Orly) em Los Angeles. E eu aceitei. Todos os anos, no dia 8 de março, para o Dia Internacional da Mulher, organizo uma série de eventos chamada *Brains Beauty Guts* com a Orly Color Labs, onde celebramos com um painel e um evento que reúne mulheres de todas as origens. Já tivemos convidadas tão jovens quanto a adolescente Delara Tehranchi, do Coco's Angeles, até advogadas experientes em direitos humanos. Estamos agora no nosso sétimo ano, e a cada edição, sinto imenso orgulho de organizar esse evento com a Orly Color Labs e Elina, reunindo uma comunidade de mulheres.

E isso me traz até você. Minhas companheiras. Cabe a nós honrar e celebrar as histórias e vitórias umas das outras. Cabe a nós investirmos umas nas outras, seja com tempo ou recursos, seja pouco ou muito. E cabe a nós lembrarmos que, ao erguer e apoiar nossas companheiras, todas temos dentro de nós uma história digna de capa.

SHERRY PENZIAS

Dominó

Vamos fazer uma brincadeira aqui ?

Eu (primeiro personagem) conto para vocês quem é a Sherry Penzias (segundo personagem) e ela conta quem foi o Arno Penzias (terceiro personagem) o Arno fala sobre as mulheres que melhoram o mundo com as ciências (quarto personagem). E o quinto personagem? Esse papel é seu, leitora!

No final tem uma pergunta para você!

Vamos lá...

Advogada brilhante, formada por Stanford, maverick por natureza, como executiva ela teve um papel fundamental na construção do Vale do Silício como o epicentro da inovação global. Feminista convicta, sempre lutou pela igualdade de oportunidades, colocando os holofotes em causas que defendia vigorosamente. E, mesmo com toda sua força e independência, sempre deu palco ao marido, Arno Penzias, sem jamais diminuir seu próprio brilho.

É viúva de um gênio que recebeu seu Nobel em Física aos 44 anos.

No aniversário de 85 anos de Arno, Sherry deu uma aula de generosidade. Suas palavras não apenas coroaram o homem que ajudou a desvendar a origem do universo, mas refletiram sua própria grandiosidade — e ele estava presente, e ouvindo tudo. Uma mulher que equilibra amor, respeito e igualdade, sem abrir mão de seu impacto no mundo.

Trecho do discurso de sherry nos 85 anos de Arno

"A história de Arno é impressionante. Ele deixou a Alemanha aos seis anos, fugindo da perseguição nazista em um transporte infantil para Londres. Lá, reencontrou seus pais e seguiu para Nova York, onde começou sua trajetória brilhante na ciência.

É um dos responsáveis pela descoberta da radiação cósmica de fundo em micro-ondas, a prova definitiva do Big Bang — talvez a mais importante descoberta científica do século 20. Mas, nem todos sabem que ele também descobriu moléculas interestelares, abrindo um novo campo da ciência. Essas moléculas, ao longo de bilhões de anos, viajaram pelo espaço, pegaram carona em cometas e asteroides e, por fim, chegaram à Terra. Acredita-se que esse processo tenha sido essencial para o surgimento da vida no planeta.

Então, pensem nisso: Arno ajudou a desvendar a origem do universo e a origem da vida! Isso é algo realmente extraordinário.

Mas o que mais me emociona em Arno é sua humanidade. Para mim, o verdadeiro valor de um homem está na forma como ele se relaciona com o mundo. E Arno sempre se dedica a torná-lo um lugar melhor.

Ele sempre busca justiça. Ele não apenas rejeita qualquer piada que diminuam mulheres ou minorias — ele simplesmente não participa de clubes ou eventos onde a participação feminina não é justa. Ele também faz pequenas grandes ações no dia a dia. Sempre que saímos para caminhar, ele pega o lixo no caminho. Ele se importa com o mundo, tanto em uma escala cósmica quanto em gestos simples.

E tem também o seu senso de humor — imprevisível, único. Como o presidente da AT&T me disse uma vez: "Eu adoro ter Arno em nossas reuniões, mas nunca sei o que ele vai dizer!"

Ele vê o mundo de uma forma diferente, e isso torna a vida ao lado dele muito mais interessante. Nossos 22 anos de casamento sempre foram assim — estimulantes, surpreendentes e cheios de momentos divertidos."

Agora, a fala de Arno

"... Sobre o Nobel, o processo era um tanto previsível — os nomes dos possíveis vencedores frequentemente eram mencionados com antecedência. Lembro-me de acordar cedo certa manhã pensando: "Ainda não recebi uma ligação!". Acontece que acordei cedo demais, por volta das 8h. Mais tarde, quando recebi a ligação, a empolgação foi absurda. A cerimônia, com todos os fotógrafos e participantes, foi surreal.

Acredito que observar o ambiente ao seu redor e perguntar o que mais pode ser feito sempre leva à inovação. Estávamos em uma posição de criar coisas novas sem precisar de recursos extremos. No nosso caso, trabalhamos com equações nucleares, usinas de energia e instrumentos de comunicação, mas não é necessário um cenário assim para fazer descobertas revolucionárias. Basta observar ao seu redor e fazer perguntas. A tecnologia pode ajudar, mas não deve ser uma distração. Minha curiosidade incansável — enraizada na minha criação — moldou minha trajetória. Sempre fui fascinado por entender tudo.

Meu tempo no Bell Labs e o trabalho coletivo de tantas pessoas talentosas se destacam. Tenho um orgulho especial de ter incentivado mulheres na ciência. O Bell Labs tinha muitas mulheres, e eu acreditava, como ainda acredito, que elas mereciam oportunidades iguais. Notei que raramente eram promovidas, então prometi a mim mesmo mudar isso. Desenvolvemos programas para reconhecer talentos, incluindo um especificamente voltado para simplificar promoções para mulheres na ciência."

Agora a pergunta para você, que está lendo agora, lembrando dos personagens:

— Eu, a narradora.

— A Sherry

— O Arno

— As mulheres na Ciência

— Você que está lendo

A pergunta: Quem esta Puxando quem ?

SILVIA TOCCI MASINI

mstm10@gmail.com
@siltoccimasini
linkedin.com/in/silviatoccimasini

Quantas vidas você já viveu nessa vida?

Vivemos muitas vidas dentro de uma mesma vida. Às vezes, acontecem situações que fogem completamente ao nosso controle. Mas não são esses fatos que nos definem.

São as escolhas que fazemos que mudam completamente o rumo da nossa história. A vida é vibrante, agitada, cheia de sons, cores, tons e emoções... E é preciso coragem para viver essas vidas. Mas não estamos sós. E isso é a beleza de tudo.

"Silvia... Você tem a escuta e o acolhimento... Você precisa fazer Psicanálise." E foi assim que meu psicanalista plantou a semente para a próxima virada na minha vida.

Mas, vamos começar do começo...

Sou a quarta em uma família de cinco filhos: Luiz Guilherme, Cristina, Cecília, Silvia e Elvira. Todas as mulheres tinham o "Maria" na frente do nome.

Como sou filha de militar, moramos em algumas cidades. Logo que nasci, quando eu tinha dez dias, meu pai foi transferido para o Rio de Janeiro.

Minha mãe, que era uma mulher que encarava tudo, embarcou em um trem com quatro crianças (as idades eram sete, cinco, dois e eu com dez dias).

Nós quatro estávamos sempre juntos e meu irmão era quem comandava todas as brincadeiras. Tenho lembranças maravilhosas da minha infância.

E, quando achávamos que não viria mais ninguém, nasceu a Maria Elvira, deixando o time completo. Imagine uma família animada, em que todos os aniversários eram comemorados com festas. Sem contar o Natal, a Páscoa, o Dia das Mães, o Dia dos Pais... Todas as outras datas que podíamos inserir no calendário para festejar, nós comemorávamos.

Passei minha infância e adolescência entre São Paulo e um sítio dos meus bisavós no interior. Brincávamos de tudo, pescávamos no lago, dávamos comida para as galinhas, andávamos a cavalo, comíamos frutas no pé, caminhávamos pelo trilho de trem até a cidade, saíamos de bicicleta pelas ruas de terra... Era uma delícia!

Além do fogão convencional, havia um fogão a lenha e esse aroma e sabor me acompanham até hoje. Era maravilhoso! Uma infância vivida com liberdade e muita alegria.

Já na adolescência, foi nesse lugar onde começamos a frequentar os bailes de carnaval, as festinhas, os encontros na praça da cidade, os primeiros namoros. Enfim, uma fase muito feliz, rodeada de amigos.

Minha irmã Cecilia e eu fazíamos uma bela dupla. Saíamos de moto logo após o almoço, íamos para a fazenda dos amigos e nos divertíamos demais! Lá fizemos amizades que preservamos até hoje. Pudemos acompanhar com nossos amigos a adolescência, a escolha da carreira, os casamentos, a chegada dos filhos...

Infelizmente, quando completei 19 anos, uma tragédia se abateu sobre a nossa família. A Maria Elvira, a caçula de 12 anos, faleceu em um terrível acidente em uma estrada de terra nesse lugar onde tínhamos o sítio.

Naquele momento me dei conta do quanto a vida era frágil, pendurada por um fio fino e delicado, capaz de romper ao menor movimento. E, então, tudo virou de cabeça para baixo.

Deixei a faculdade, pois o que eu queria era ficar em casa, um lugar seguro, onde nada de ruim pudesse acontecer. Foram tempos difíceis, sombrios, cheios de dúvidas, inseguranças, tristeza e muito sofrimento.

Nossa família se uniu ainda mais para fortalecermos uns aos outros e uma rede de apoio se formou ao nosso redor. Eu me lembro que, apesar de termos uma funcionária em casa que cuidava de tudo, vizinhos e amigos nos ajudaram muito a enfrentar tudo aquilo que estávamos vivendo. Era incrível pois, de repente, a campainha tocava e chegavam algumas coisas em casa para nós...

Era um bolo para um lanche da tarde, uma torta para o jantar. Pequenos carinhos que nos consolavam e nos amparavam.

Desde a adolescência eu tinha o sonho de trabalhar e morar sozinha. Era algo que eu via nos filmes e achava o máximo. Meu pai, um homem super presente na minha vida, me disse que eu poderia trabalhar, mas que a faculdade tinha de ser prioridade.

Morávamos quase em frente a uma grande escola de São Paulo e acabei conseguindo um estágio. Três meses depois do acidente, recebi um convite para substituir uma professora. E assim comecei minha carreira na educação.

Voltei para trás nos estudos, fiz magistério, especialização e cursei Pedagogia.

Minha carreira na escola foi evoluindo conforme meu amor pela profissão ia crescendo. Estar no meio daquelas crianças era renovador e eu tinha a sensação de estar próxima da minha irmã novamente.

O tempo passou depressa e de monitora passei a professora, orientadora e diretora. Eu vivia totalmente envolvida pela profissão, com muito trabalho e uma dedicação intensa a tudo que girasse em torno da educação de jovens e crianças. A escola cresceu muito e eu crescia junto, absorvendo tudo com uma enorme vontade.

Mas minhas atividades profissionais não paravam por aí. Como eu sempre fui muito curiosa e tinha muitos amigos, outras oportunidades iam surgindo e eu mergulhava em todas.

Na minha cabeça, a vida era para ser vivida intensamente, então eu não deixava passar nada. Fiz comerciais de TV, ajudei um grande amigo a alavancar sua loja — cheguei a criar uma coleção de verão inteirinha! —, trabalhei em *casting* em uma importante produtora, fiz fotografia... Eu não parava, e tudo isso trazia mais vida para a minha vida.

Depois de mais de 15 anos na escola, decidi dar uma parada, repensar minha vida e carreira e acabei montando com duas cunhadas uma boutique em um lugar privilegiado de São Paulo. Foi um tempo muito diferente. Fazíamos desfiles, festas, eventos. E o mais interessante é que as clientes sempre me procuravam para alguma conversa mais profunda, um aconselhamento, um desabafo, e, enquanto ia me envolvendo em algo diferente de tudo o que já havia feito, eu continuava muito próxima à área que mais gostava: o relacionamento com as pessoas.

Um tempo depois, fui convidada a dar assessoria em duas escolas e aí me vi mais uma vez sendo puxada para algo que eu definitivamente nunca tinha abandonado.

Nessas duas instituições pude fazer uma análise de cenário, reestruturar toda a equipe e começar um trabalho de acompanhamento. Mais uma vez, eu começava uma nova vida. Sentia-me renovada, com uma vontade inexplicável de entrar de cabeça novamente na área. E, naquela etapa, se passaram vários anos. Durante esse período, fiz uma pós-graduação em Psicopedagogia e uma especialização em Gestão de Pessoas.

Em 2007 comecei a sentir que algo estava errado e que eu precisava mudar.

Saí da educação e, mais uma vez, entrei de cabeça em uma nova área: desta vez, no mercado editorial. Uma grande amiga que tinha uma editora havia acabado de fechar um contrato com uma gigante de brinquedos e gostaria de fazer revistas de atividades. E lá estava eu em uma nova vida. Foi um tempo incrível! Nós duas nos dávamos super bem e pudemos passar um tempo juntas fazendo um trabalho muito gratificante, vendo os números de vendas subir, participando de congressos e feiras aqui e fora do país.

E, então, surgiu uma excelente oportunidade com outra gigante internacional, mas o projeto teria de ser desenvolvido em outro tipo de editora. Contatei um amigo que tinha um grupo editorial justamente para aquela área e lá fui eu no pacote do contrato. Um ano depois, fizemos toda uma reestruturação no grupo e eu entrei no mercado de trade.

Como sempre busquei me especializar naquilo que fazia, fui para Yale, nos Estados Unidos, fazer o único curso de "Book Publishing" no mundo. Que experiência incrível! Aprendi com os maiores do mercado e pude conhecer pessoas de diversos países com diferentes perspectivas.

Fiquei 15 anos no mercado editorial e esse período abriu uma porta enorme para uma nova vida. Especializei-me em curadoria de obras e meu olhar sempre esteve voltado para o desenvolvimento pessoal. Não importava para qual segmento era o livro, ele tinha que ter alguma mensagem que ajudasse as pessoas a pensarem nas suas vidas. Eu sentia que esse era o meu papel: mesmo por meio de um livro, auxiliar as pessoas.

Participei todos os anos das maiores feiras de livro — Londres, Bolonha, Paris, Frankfurt, Nova York —, e as Bienais em São Paulo e Rio de Janeiro. O que eu mais gostava nessas feiras era o contato com as pessoas. Trocávamos tantas experiências, falávamos sobre tantos assunto. E, nas feiras internacionais, conversava com pessoas do mundo todo, fiz amigos em vários países e alguns mantenho contato até hoje.

Um dia, durante uma dessas viagens, parei para pensar no meu futuro, e algo despertou novamente em mim. Naquele momento decidi que quando eu completasse 60 anos, mudaria minha vida novamente; eu voltaria a atender as pessoas.

E foi isso que aconteceu.

No início da pandemia eu estava em Londres, e, quando voltei para São Paulo, tudo estava começando a fechar. Trabalhando em casa, fazendo curadoria de obras, tradução e preparação de texto, decidi conversar com um ex-professor de faculdade, psicólogo e psicanalista — meu mentor —, e foi naquele momento que ele me disse: "Silvia, você tem a escuta e o acolhimento... Você precisa fazer Psicanálise".

No mesmo dia, comecei a pesquisar vários cursos. Eu queria algo com excelência acadêmica e que me preparasse por completo. E foi assim que essa nova vida começou...

Hoje tenho meu consultório, trabalho em uma editora e faço um trabalho de atendimento em algumas escolas e empresas. Amo o que faço, pois a troca com pacientes é tudo o que eu mais prezo. A psicanálise é um mergulho profundo, muitas vezes em águas turvas que nunca quisemos alcançar. Mas ter a oportunidade de fazer essa jornada com alguém é extremamente gratificante.

Durante toda a minha carreira, sempre me preocupei em formar pessoas. Eu queria que elas crescessem profissional e pessoalmente, pudessem voar em suas carreiras, como também, assumir o meu lugar. E hoje, quando encontro essas pessoas, o que sempre escuto é: Sil, quando tenho que tomar uma decisão, penso: o que a Sil faria? E isso é maravilhoso!

Sou casada com o melhor companheiro há 20 anos, que me apoia em todas as minhas vidas.

Tenho sete sobrinhos e enteados que preenchem a minha vida. E, para deixar tudo ainda melhor, tenho quatro sobrinhos-netos que hoje são a minha grande paixão; um renovo que me enche de alegria. Em alguns momentos com eles, me sinto voltando lá atrás, perto daquilo que vivi, novamente...

Infelizmente, meu pai faleceu muito cedo. As rasteiras da vida foram mais fortes. Minha mãe é uma mulher incrível, uma referência para todos nós, hoje com 90 anos, tem uma energia maravilhosa. Faz trabalho voluntário, canta em um coral, assina a Sala São Paulo e rouba a cena em todas as ocasiões.

Viver para mim é isso: muitas vidas dentro de uma mesma vida. Quantas vidas mais terei dentro dessa vida? Não sei... Mas me levanto todas as manhãs com a convicção de que há muito ainda para viver e, com certeza, é isso que irei sempre buscar.

SIMONE CAGGIANO

linkedin.com/in/simone-caggiano
@simonehcaggiano

Fazer com prazer, quebrar paradigmas – escolher felicidade

O presente é o único lugar onde podemos aprender com o passado e criar o futuro. Nossa atitude reflete não apenas o que aprendemos, mas como usamos esse conhecimento para construir algo maior. Sempre acreditei que sonhar grande era o primeiro passo para transformar realidades, e foi assim que tracei minha trajetória.

Desde muito jovem, eu já sabia que minha jornada não seguiria roteiros tradicionais. Assumir riscos nunca me assustou, pelo contrário, me motivou. Escolhi não me encaixar em padrões, mas sim desenhar novos caminhos — não apenas para mim, mas para todas as mulheres que viriam depois.

Desafiar o impossível para abrir portas

Minha história começa no campo, um ambiente onde mulheres eram vistas como exceção, não como regra. Quando me formei em Agronomia, sonhava em trabalhar com pecuária, mas ouvi incontáveis "nãos". Passei meses insistindo, ligando para a Usina Costa Pinto, em Piracicaba, até que um dia, cansada de esperar, fui pessoalmente até lá. "Aqui não contratamos mulheres", me disseram. Mas eu não estava pedindo permissão, estava reivindicando meu espaço. Saí de lá empregada.

Foram anos de madrugadas geladas, desafios intensos e situações que exigiam não apenas conhecimento técnico, mas astúcia e perspicácia para navegar em um ambiente dominado por homens. A cada obstáculo vencido, sabia que estava pavimentando um caminho para outras mulheres. Eu entendia, mesmo sem verbalizar, que o lugar da mulher era onde ela quisesse estar.

Até que, aos 26 anos, um acidente quase interrompeu essa jornada. Uma distração, um segundo, e fui tragada pela força brutal de uma enfardadeira. Quando desligaram o equipamento, meu corpo estava coberto de sangue e graxa, meu polegar pendurado, meu futuro incerto. No caminho para o hospital, tive tempo suficiente para me perguntar se tudo aquilo valia a pena. A resposta veio com uma clareza avassaladora: sim, valia.

O acidente não me fez desistir, mas me deu um novo norte. Aprendi que conquistas não precisam vir à custa da nossa essência. Meu valor maior era a liberdade — de expandir meu potencial e fazer isso com prazer.

Dos cavalos ao mundo corporativo: o inesperado sempre abre portas

Meu amor por cavalos me levou ao Texas, onde me arrisquei mais uma vez.

Escrevi para os quatro maiores treinadores de cavalos Quarto de Milha dos Estados Unidos propondo uma troca: eu trabalharia de graça, e eles me ensinariam. Para minha surpresa, recebi respostas de todos. Escolhi o melhor e embarquei para um novo mundo.

Aprendi do zero, superei desafios físicos e culturais, e me tornei treinadora de cavalos. Mas foi essa experiência que, de forma inesperada, abriu caminho para algo ainda maior: um mestrado em Ciência Animal na Texas A&M University. E foi lá que minha vida mudou novamente.

Minha filha Isabella nasceu no Texas, e com ela veio um novo papel que eu nunca havia planejado: ser mãe. Diferente de todos os títulos que conquistei, esse era o único que não vinha com um diploma. Era aprendizado contínuo, com desafios diários, mas também com uma dose inesgotável de amor.

Quando voltei ao Brasil para uma visita, minha mãe agendou uma entrevista de emprego para mim. "Você tem um talento natural para comunicação", ela disse. Eu protestei, mas fui. E foi assim, quase sem querer, que entrei no mundo corporativo.

Na entrevista, um português me olhou por cima dos óculos e perguntou: "O que você sabe fazer?" Respondi sem pensar: "Cuidar de cavalos."

Para minha surpresa, ele sorriu. "Então pode começar."

Comecei como temporária na Portugal Telecom, mas, em questão de semanas, fui promovida e transferida para Brasília com minha filha pequena. Assumi desafios para os quais não me sentia preparada, mas aceitei todos. Trabalhei com relações com investidores, depois com marketing, atendimento e, por fim, um convite inesperado: ser embaixadora da Audi no Brasil.

"Mas eu não entendo nada de carros", disse ao CEO da Audi Brasil.

Ele respondeu com a mesma tranquilidade dos outros que me desafiaram ao longo da vida: "Carro, você aprende depois."

Foi o início de uma jornada de 15 anos na marca, onde cada entrega carregava minha assinatura e cada projeto tinha um pedaço da minha alma. Foram oito mudanças e sete presidentes, mas meu compromisso permaneceu o mesmo: quebrar barreiras, inovar e abrir caminhos para outras mulheres.

O valor da rede: servir é a chave do sucesso

Se há algo que aprendi ao longo dessa trajetória é que ninguém constrói nada sozinho. Valorizar as relações humanas foi o que me levou de treinadora de cavalos a diretora de uma gigante automotiva. Eu sempre olhei para o networking não como uma estratégia, mas como uma forma de troca genuína.

Construir conexões sólidas, baseadas em confiança e empatia, me permitiu fluir em diferentes áreas e conquistar espaços que antes pareciam inatingíveis. Minha inquietação sempre me levou a buscar mais — mais conhecimento, mais desafios, mais impacto. Foi isso que me fez fundar o Comitê de Mulheres Executivas da Câmara Brasil-Alemanha e criar o programa de Liderança Feminina na Live University.

Minha mãe, Nasira Caggiano, e minha filha, Isabella, foram minhas grandes forças ao longo do caminho. Nasira, com sua doçura e resiliência, me ensinou que é possível ser firme sem perder a ternura. Isabella me mostrou que a verdadeira coragem está em seguir nosso coração, independentemente das dificuldades.

Minhas três lições para você

Se minha jornada puder inspirar algo, que seja isso:

1. **Encare desafios**. Ninguém está 100% pronto para o próximo passo. Mas quando nos comprometemos, as oportunidades se multiplicam.
Ferramenta: *Confiança*.

2. **Faça o que ama**. O caminho mais seguro raramente é o mais satisfatório. Seguir a paixão exige resiliência, mas a recompensa é inestimável.
Ferramenta: *Prazer*.

3. **Aprenda com os outros**. Inteligência não é saber tudo, mas sim saber onde buscar conhecimento. Tenha mentores, modele pessoas que admira, e o sucesso virá.
Ferramenta: *Ousadia*.

A vida me ensinou que escolher o prazer não significa evitar desafios, mas sim enfrentá-los com coragem e autenticidade. Hoje, olho para trás e vejo que cada risco assumido, cada porta empurrada, e cada barreira quebrada não foram apenas para mim, mas para todas as mulheres que virão depois.

E essa é minha maior vitória.

SIMONE SILOTTI

+55 11 99758-1923
simonesilotti@uol.com.br
@simonesilotti #FaçaumBemINCRÍVEL

Uma vida feita de recomeços

Simone Silotti é uma mulher multifacetada que transita entre o campo e a cidade, entre a tradição e a inovação. Sua história, com suas conquistas no agronegócio e seu trabalho social, revela uma trajetória de resistência e resiliência. A história de Simone, que se entrelaça com o projeto #FaçaumbemINCRIVEL, é mais do que uma simples biografia; ela é um testemunho de coragem diante de desafios financeiros e sociais, e um exemplo de liderança rural feminina no Brasil.

A construção desse texto vai além dos dados e eventos cronológicos. Ela traz à tona uma mulher que não se limita às adversidades, mas que busca transformar o entorno por meio de iniciativas como a preservação dos recursos naturais e a democratização do acesso à informação e à tecnologia nas áreas rurais. A complexidade da sua narrativa, marcada por conquistas e dificuldades, tem um tom de autenticidade que cativa e inspira.

O fio condutor de seu enredo é a busca por um mundo mais justo e sustentável, onde a agricultura, a tecnologia e a solidariedade caminham juntas. Seu trabalho transcende o setor agropecuário, tocando a vida das pessoas e, principalmente, daqueles que mais precisam. A história de Simone não é apenas sobre sucesso profissional, mas também sobre a construção de um legado de impacto social profundo.

A história de Simone Silotti começa nos corredores das feiras livres, onde ela, ainda criança, com cinco ou seis anos, colhia o que sobrava das bancas: tomates amassados, folhas de repolho, frutas e batatas refugados. A vida era dura, mas cada alimento resgatado virava uma refeição compartilhada com a família. Anos mais tarde, o que era necessidade se transformaria em propósito de vida: combater o desperdício de alimentos e levar dignidade para aqueles que mais precisam.

Na zona rural de Ribeirão Pires, a 40 km da capital paulista, Simone cresceu aprendendo o valor da terra e a força da resiliência. Sua infância foi marcada por mudanças. Aos 12 anos, a perda da propriedade familiar forçou sua família a migrar para a periferia da cidade. O pai, um agricultor que se reinventou como pedreiro, nunca perdeu o amor pela terra, e foi dele que Simone herdou a coragem para recomeçar e, com a mãe, a resiliência.

Aos 26 anos, com uma graduação em Estudos Sociais e muita determinação, Simone se mudou para a capital de São Paulo, onde construiu uma carreira sólida em pesquisa de mercado. Durante 17 anos, ela trabalhou para grandes empresas, sempre com um olhar atento para os desafios enfrentados pelos agricultores familiares. Foi nesse ambiente corporativo que ouviu, inúmeras vezes, uma frase que ecoaria em sua mente por décadas: "O que falta aos agricultores é gestão."

O retorno à terra

Aos 46 anos, o chamado do campo tornou-se irresistível. Simone adquiriu uma pequena propriedade em Mogi das Cruzes, no coração do Cinturão Verde de São Paulo, e mergulhou no cultivo de hortaliças hidropônicas. Com o apoio do irmão Anízio, químico de formação, e da família, ela encontrou na hidroponia uma forma sustentável de produzir alimentos frescos, economizando água e reduzindo o desperdício.

No entanto, o retorno à terra trouxe à tona um novo desafio: as perdas no campo. Simone testemunhou a luta de pequenos agricultores para lidar com os excedentes de produção, a rigidez das exigências do mercado quanto ao padrão estético e as dificuldades inerentes ao modelo vigente de comercialização, formado por inúmeros atravessadores. A realidade era cruel: até 50% da produção de hortaliças podia ser descartada por não atender padrões de tamanho, por problemas na logística de distribuição ou pela crueldade da lei da oferta e da procura.

Foi nesse cenário que nasceu o #FaçaumBemINCRÍVEL, durante a pandemia de Covid-19. Simone viu na crise uma oportunidade de conectar produtores com excedentes a empresas dispostas a comprar esses alimentos, que seriam, então, doados para instituições sociais. O projeto criou um ciclo virtuoso: remuneração justa para os agricultores, redução do desperdício e alimento na mesa de quem mais precisava.

Impacto e reconhecimento

O impacto foi transformador. Desde 2020, o projeto já resgatou mais de 475 toneladas de alimentos de cerca de 200 produtores rurais, beneficiando mais de 400 mil famílias em vulnerabilidade social, em 17 municípios paulistas. Esse trabalho rendeu a Simone diversos prêmios, incluindo o Prêmio Josué de Castro, o reconhecimento como Líder da Ruralidade pelo IICA e a inclusão na lista das 100 Mulheres Mais Influentes do Agro pela Forbes. Em 2024, ela também recebeu o Prêmio Mulher do Agro, concedido pela Bayer e ABAG durante o Congresso Nacional de Mulheres do Agro.

Em 2023, aos 57 anos, Simone concluiu duas importantes formações: um tecnólogo em agronegócio pela Fatec e um MBA em gestão de projetos pela USP/Esalq. Para ela, o aprendizado é contínuo: "A terra me deu a oportunidade de me reconectar com a minha essência e com a missão de transformar vidas", afirma.

Um olhar para o futuro

Simone acredita que o futuro do agro está na tecnologia e na colaboração. Ela sonha com uma plataforma digital que democratize o acesso a soluções inovadoras para produtores rurais, integrando sistemas de gestão, marketplaces e ferramentas de georreferenciamento. "Se a tecnologia não chegar ao campo, os produtores vão continuar indo para a cidade, e isso é uma ameaça à agricultura familiar", alerta.

Além disso, Simone enxerga no cooperativismo uma ferramenta poderosa para fortalecer os pequenos agricultores e combater o êxodo rural. "É preciso furar as bolhas invisíveis que isolam os produtores dos mercados e dos consumidores. Cada alimento desperdiçado é uma oportunidade perdida de alimentar alguém."

A força das mulheres

Ao longo de sua trajetória, Simone também se destacou como uma voz poderosa para as mulheres no agro. Como integrante do Forbes Mulher Agro, ela tem participado ativamente de debates sobre liderança feminina, promovendo a sororidade e o empoderamento de outras mulheres do campo. "Estar entre essas mulheres me mostrou que juntas somos capazes de mudar o *status quo.*"

Com o #FaçaumBemINCRÍVEL, Simone provou que é possível transformar dificuldades em soluções e desafios em oportunidades. Sua história é um lembrete de que a força de uma pessoa pode alimentar milhares e de que cada gesto, por menor que pareça, pode fazer a diferença.

Conexão global pela agricultura sustentável

Simone Silotti tem se destacado como uma voz ativa na agricultura sustentável e na promoção do papel das mulheres no campo. Recentemente, sua atuação ultrapassou fronteiras, levando suas ideias e experiências para importantes eventos internacionais.

Em outubro de 2024, Simone foi convidada para palestrar no Encontro de Mulheres do Agro na Argentina, em Santa Fé. Durante o evento, ela reforçou a importância da união no enfrentamento dos desafios do campo. "A atividade agrícola é muito solitária, mas juntos temos um enorme poder de transformação. Juntem-se e pensem em um problema de cada vez."

Outro marco recente foi sua participação no Primeiro Encontro de Líderes Rurais na Costa Rica, promovido pelo IICA. O evento reuniu produtoras de diversos países da América Latina, destacando a diversidade e a inovação no campo. Simone aproveitou a oportunidade para reforçar sua visão: "Precisamos democratizar o acesso à tecnologia no campo, mas sempre com respeito ao meio ambiente e às pessoas que dele dependem."

Encerrando ciclo como produtora rural

Em novembro de 2024, Simone Silotti tomou uma decisão que simboliza não apenas o encerramento de um capítulo, mas a abertura de um horizonte ainda mais amplo: deixar de ser uma produtora rural para se dedicar integralmente a transformar o cenário da agricultura brasileira. Após anos cultivando hortaliças hidropônicas e liderando práticas sustentáveis em Mogi das Cruzes, Simone percebeu que seu impacto poderia ser multiplicado ao abraçar causas mais abrangentes.

Essa transição não foi fácil. A hidroponia não era apenas um negócio, mas também um espaço de aprendizado, reconexão com a terra, uma homenagem aos pais. Contudo, os desafios enfrentados dentro da porteira — desde o desperdício até as dificuldades de logística — despertaram nela a necessidade de atuar em um nível estratégico. "Compreendi, 50 anos depois, as dificuldades enfrentadas pelos meus pais, o porquê perdeu o acesso às nossas terras e que meu papel vai além do cultivo. Eu posso ajudar a resolver problemas estruturais que impactam não só pequenos produtores, mas todo o setor agrícola", reflete.

Agora, seu foco está em combater as perdas agrícolas e integrar inovação ao agro. Desde o uso de plataformas digitais para gestão eficiente até o fortalecimento de cadeias produtivas, Simone pretende ser uma facilitadora, conectando produtores, consumidores e tecnologia. Ela acredita que é possível unir sustentabilidade, produtividade e equidade no campo, transformando adversidades em oportunidades.

Essa mudança de rumo reflete sua essência: recomeçar, ousar e seguir em frente com coragem e propósito. "Estou encerrando este ciclo não com tristeza, mas com gratidão. Tudo o que vivi até aqui me preparou para um desafio ainda maior: ser uma aceleradora de mudanças para o agro brasileiro", afirma.

Simone encerra sua atividade como produtora rural com a mesma determinação que a levou a superar as adversidades do passado, pronta para escrever um novo capítulo na história da agricultura nacional.

A Vale Louros e o recomeço de Simone Silotti

Encerrando um ciclo repleto de conquistas e desafios, Simone Silotti, aos 58 anos, dá um novo passo com o lançamento da Vale Louros — VL&Co., um "bureau" que carrega em seu DNA a essência de sua trajetória no agro. Reconhecida por transformar conexões em resultados, Simone alia sua credibilidade, vasta experiência e um *networking* consolidado para liderar essa nova iniciativa.

A VL&Co. nasce guiada por um propósito claro: ampliar oportunidades, fomentar a prosperidade compartilhada e impulsionar a inovação no setor agropecuário. Focada no desenvolvimento de parcerias estratégicas e representação institucional, a empresa se posiciona como um agente transformador, conectando pessoas, ideias e negócios para gerar impacto positivo no Agro.

Para Simone, a Vale Louros é mais do que um novo empreendimento. É um recomeço, uma oportunidade de mostrar que, com resiliência, determinação e propósito, é possível ressignificar nossa história e compartilhar os louros.

SNEHA KHANWALKAR

antimusicals@gmail.com

O peso do cansaço e o som da resistência

Estou cansada, estou cansada, estou cansada, estou cansada, estou cansada, estou cansada, estou cansada, estou cansada, estou cansada, estou cansada, estou cansada, estou cansada, estou cansada, estou cansada, estou cansada, estou cansada, estou cansada, estou cansada, estou cansada, estou cansada. ADORO O SOM DE UMA MULHER IDOSA CANTANDO, AINDA MELHOR SE ELA NÃO TIVER DENTES. Estou cansada, estou cansada. O SOM DA PREOCUPAÇÃO É ALTO, O SOM DO MEDO É ENSURDECEDOR. ESPERO CONSEGUIR REPLICÁ-LO EM UM ESTÚDIO DE GRAVAÇÃO. TALVEZ ALGUÉM PAGUE POR ISSO. Estou cansada, estou cansada. UMA AMIGA MINHA PERDEU A VOZ, MAS ENCONTROU SEU SOM. EU ENCONTREI MEU SOM E DEPOIS PERDI MINHA VOZ. Estou cansada, estou cansada. TODAS AS MELODIAS LEVAM A UMA MEMÓRIA. SE EU ODEIO A MEMÓRIA, EU ODEIO A MELODIA. Estou cansada, estou cansada. ADORO O RITMO, UMA GRANDE PARTE DE SUA BELEZA ESTÁ NO SEU BALANÇO, SEJA ELE URGENTE OU PESADO, COMO AS ONDAS DO MAR, FLUXO E REFLUXO, E SUA CONSISTÊNCIA IMPREVISÍVEL. Estou cansada, estou cansada, estou cansada, estou cansada, estou cansada, estou cansada, estou cansada, estou cansada, estou cansada, estou cansada, estou cansada, estou cansada, estou cansada, estou cansada, estou cansada, estou cansada. "CANTE APENAS UMA NOTA CORRETAMENTE POR MUITOS MESES E VOCÊ TERÁ APRENDIDO A CANTAR", DISSE MEU GURU UMA VEZ. É UM CONSELHO CONSISTENTE. Estou cansada, estou cansada. SE VOCÊ FIZER, ESTARÁ FEITO. ISSO SE APLICA A TUDO, PELO QUE EU SEI. Estou cansada, estou cansada. VOCÊ PODE CODIFICAR SENTIMENTOS EM UMA PEÇA MUSICAL SE OS SENTIR O TEMPO TODO ENQUANTO A CRIA. E ASSIM, TRANSMITI-LOS AOS OUVINTES. ISSO É QUASE PERIGOSO. MAS NÃO ACHO QUE ALGUÉM TENHA TENTADO ISSO CONSCIENTEMENTE. TALVEZ EU DEVERIA, QUANDO NÃO ESTIVER TÃO CANSADA. Estou cansada, estou cansada. CONTINUAREI CRIANDO, PROMETI A MIM MESMA. Estou cansada, estou cansada. DO RE MI FA SO LA SI DO. Estou cansada, estou cansada. ESTOU EXTREMAMENTE CANSADA DO RUÍDO AO MEU REDOR, MAS OBRIGADA POR VASCULHAR ISSO COMIGO PARA ENCONTRAR ALGUMAS PALAVRAS QUE RESSOAM EM MIM.

SOL FELICIANO

linkedin.com/in/solangefeliciano

@solangefeliciano.oficial

Minha jornada para construir um futuro para mulheres

Meu nome é Solange Feliciano, mas muitos me conhecem como Sol Feliciano. Sou neta, filha, e mãe de dois meninos: Bernardo Feliciano de Oliveira, de 28 anos, arquiteto de formação; e Rodrigo Feliciano de Oliveira, menino de 14 anos, estudante, que adora jogar tênis de mesa e é atípico. Sou avó do Gael, um menino lindo de um ano e três meses de idade. Então sou avó, mulher, mulher negra e mãe atípica. O nome "Sol" foi escolhido pelo meu pai, um homem negro e atípico, que enfrentou a esquizofrenia, racismo e a ditadura ao longo da vida. Desde pequena, minha história se entrelaça com a de meus pais, e é a partir deles que começo a contar minha trajetória.

Minha mãe, uma mulher negra e analfabeta, era uma fonte de inspiração para mim. Sua jornada começou de maneira muito difícil: aos 7 anos de idade, a mais velha de 13 irmãos, começou a trabalhar como empregada doméstica. Até os 18 anos, serviu em casas de família. No entanto, após sofrer um abuso aos 18 anos, decidiu que nunca mais trabalharia em uma casa de família.

Aos 19 anos, minha mãe teve meu irmão e foi expulsa de casa, já que, em 1954, ser mãe solteira sem um relacionamento formalizado era visto como algo inaceitável. Meus avós, embora inicialmente tenham permitido que ela tivesse meu irmão, acabaram por expulsá-la logo depois.

Determinada a construir uma vida melhor, minha mãe, Dona Edite Simões dos Santos, deixou Miguel Calmon, na Bahia, e se mudou para São Paulo. Chegando à cidade grande, enfrentou inúmeros desafios, mas sua determinação era inabalável. Mesmo sem saber ler ou escrever, ela fingiu ter essas habilidades para participar de testes e conseguir um emprego na indústria, que sempre foi seu grande sonho. E ela conseguiu! Trabalhou na Samaritano e, posteriormente, na Indústria Matarazzo, onde construiu uma carreira de 40 anos como operadora de máquinas até se aposentar. Meu pai, por sua vez, teve uma trajetória diferente. Ele começou como jogador de futebol, mas, após um acidente em campo, teve que mudar de rumo. Estudou para se tornar torneiro mecânico e trabalhou em empresas como Goodyear e Bosch. Eventualmente, conseguiu um emprego como escriturário no serviço público, atuando tanto no estado quanto na Prefeitura de São Paulo. No entanto, sua carreira foi interrompida pela esquizofrenia, que levou à sua aposentadoria por invalidez. Fui criada em uma família extremamente estratégica. Minha mãe me ensinou a ser fria, calma e ágil em todos os momentos, pois meu pai precisava muito de mim. Ela trabalhava em dois turnos na Matarazzo, e quem cuidava de mim era meu pai, ou talvez fosse eu quem cuidava dele — até hoje, ainda não sei ao certo. Meu pai sofria de esquizofrenia, e, desde os seis anos de idade, minha mãe me ensinou o que fazer quando ele apresentasse sinais de surtos psicóticos causados pela esquizofrenia. Eu sabia exatamente a ordem: pegar as receitas e os remédios, ir até a vizinha para pedir que ligasse para a polícia, para o hospital psiquiátrico do Mandaqui, especificamente para falar com o Dr. Paulo José, e só então avisar o trabalho da minha mãe. Seguia esse ritual sem falhas, sem medo e sem chorar.

Fui criada com a ideia de que o nome e a educação eram tudo na vida e que eu poderia fazer qualquer coisa que desejasse. Meu pai, sempre sonhador e preocupado com o futuro, dizia que o maior desejo dele era me ver estudando na USP e me tornando doutora. Embora esse sonho não tenha se concretizado exatamente como ele imaginava, minha primeira formação foi em Tecnologia e Marketing, concluída na UNICID. Após isso, me especializei em várias áreas: Gestão de SEO no Senac, Gestão de E-Commerce na FMU, Gestão de Projetos na UAM, Gestão de Diversidade e Inclusão na Prática das Organizações pela PUC-RJ, Gestão de ESG e Aspectos Sociais do ESG pela PUC-RJ, e Gestão de Pessoas no MBA USP Esalq.

Ainda em 1994, três anos após o falecimento do meu pai em 1991, me candidatei a Miss Tatuapé. Cresci sem nunca me sentir menor que outras pessoas, mesmo morando em um cortiço e precisando tomar banho em um banheiro comunitário a 35 metros de casa. Minha mãe, porém, se sentiu intimidada quando soube da minha candidatura. Ela dizia que eu não era quem eu pensava, que eu era uma menina pobre e jamais ganharia aquele concurso. Mesmo assim, eu já tinha tudo planejado. Para a festa, usaria a roupa de dama de honra de uma prima que havia se casado recentemente, e o sapato seria o mesmo usado por ela no casamento. Trabalhei animando festas como Minnie Mouse, e com o dinheiro que ganhava — 50 reais, uma quantia significativa na época — paguei uma amiga que já participava desses concursos para me ensinar a andar de salto alto. Foram três meses de preparação, entre 135 meninas, das quais apenas sete eram negras, e no final, fui coroada Miss Simpatia Tatuapé 1994. Conquistei o que eu queria, porque sempre fui sonhadora e realizadora dos meus sonhos.

Embora meu pai não tenha visto, consegui realizar seu sonho de ver um diploma da USP em minhas mãos. No dia 1° de julho de 2024, entreguei meu TCC sobre o tema "Mulheres Negras em Cargos de Conselhos Administrativos Brasileiros" e tirei nota 10 pela banca. O trabalho será publicado pela USP. Não é ainda o doutorado que ele sonhava, mas é um diploma da USP, e considero isso uma das maiores vitórias e realizações dos meus ancestrais. Mas, essa parte eu deixo para contar mais no final.

Em 2011, comecei a perceber a importância do estudo na minha vida. Na época, trabalhava na empresa da família e logo me dei conta de algumas dificuldades que enfrentava. Determinada a superá-las, candidatei-me ao ProUni e consegui uma bolsa de 50%. Com muita persistência, no meio do ano consegui uma bolsa de 100% e pude me dedicar aos estudos. Foi assim que me formei em Tecnologia e Marketing.

Sabendo das minhas limitações no mercado, decidi me aperfeiçoar. Minha primeira iniciativa foi uma pós-graduação em SEO pelo Senac, que me levou à minha primeira certificação internacional. Mal sabia eu que, pouco tempo depois, o Google liberaria essa certificação gratuitamente, tornando qualquer um "especialista" na área (risos). Mesmo assim, esse curso foi um ponto de virada para mim.

Segui minha jornada acadêmica com uma pós-graduação em Gestão de E-Commerce. Nesse período, comecei a me sentir decepcionada com minha carreira no Marketing. Eu trabalhava com meu ex-marido, mas não me sentia valorizada. Apesar de ter criado e participado de vários eventos, nunca mencionavam minha presença ou contribuição. Cansada dessa situação, tomei a decisão de me demitir e buscar novas oportunidades no mercado.

Foi então que consegui uma vaga de gerência em uma *startup*. No entanto, logo percebi que aquela posição não era o que eu esperava. Sentindo a necessidade de me capacitar ainda mais, comecei a procurar cursos de liderança no Google. Foi nesse momento que descobri a página do Grupo Mulheres do Brasil e a propaganda do programa "Aceleradora de Carreira". Sem pensar duas vezes, me inscrevi para uma vaga.

Inscrevi-me no programa "Aceleradora de Carreira" e fiquei aguardando ansiosamente pela resposta. Enquanto esperava, assumi a posição na *startup* cheia de incertezas. A adaptação foi difícil, mas eu estava determinada a fazer a diferença.

Comecei a trabalhar na Med Web e, logo no primeiro mês, percebi que o aplicativo da empresa apresentava alguns bugs. Determinada a melhorar a qualidade do produto, tomei a iniciativa de criar um departamento de QA (Qualidade de Software). Como a empresa era majoritariamente masculina, decidi que esse novo departamento seria composto por mulheres. Contratei duas mulheres talentosas para integrar a equipe, dando início a um processo de mudança dentro da empresa.

Decidi criar o departamento de QA porque o aplicativo de shopping que gerenciava a grade de cinema e o controle de entrada e saída dos seguranças apresentava um bug recorrente. Esse problema estava gerando insatisfação entre os clientes, que incluíam mais de 200 shoppings espalhados pelo Brasil. Muitos reclamavam, e outros simplesmente pararam de usar o aplicativo, resultando em perdas significativas para a empresa.

A criação do departamento de QA foi um passo essencial para identificar e corrigir esses problemas, o que ajudou a recuperar a confiança dos clientes. Mas eu sabia que só corrigir os erros não seria suficiente. Para garantir uma experiência ainda melhor, criei também o departamento de CX (Customer Experience), voltado para entender a fundo a experiência dos clientes.

Esse novo departamento foi fundamental para transformar a percepção dos nossos serviços. Com a equipe de CX, conseguimos não apenas reter nossos clientes, mas também fazer com que eles se tornassem promotores da nossa marca, recomendando nossos serviços a outros potenciais clientes. Essa mudança de abordagem foi crucial para reverter o cenário de perdas e colocar a empresa em uma trajetória de crescimento.

Infelizmente, apesar dos avanços significativos que trouxe para a empresa com a criação dos departamentos de QA e CX, acabei sendo desligada. Foi um golpe difícil, especialmente considerando todo o esforço que coloquei na melhoria dos processos e na satisfação dos clientes.

No mesmo mês em que fui desligada, recebi um e-mail de Elizabete Scheibmayr, informando que eu havia sido aprovada para uma das 30 vagas do programa "Aceleradora de Carreira". A notícia deveria ter sido motivo de celebração, mas, naquele momento, eu estava enfrentando uma situação financeira delicada. Com o coração apertado, respondi ao e-mail agradecendo a oportunidade, mas expliquei que, devido ao meu recente desligamento, eu não teria condições financeiras de investir na minha carreira naquele momento, pois precisava focar em encontrar um novo emprego.

Elizabete Shaibermayer respondeu rapidamente ao meu e-mail, e suas palavras foram uma verdadeira surpresa. Ela me disse que, se eu me comprometesse a participar dos três encontros presenciais que aconteceriam na casa do Grupo Mulheres do Brasil, não cobraria pela minha participação no programa. A generosidade dela me tocou profundamente e sem hesitar aceitei a oferta.

No entanto, logo depois de confirmar minha participação, me dei conta de um grande conflito: no sábado de um dos encontros, eu tinha uma prova importantíssima da pós-graduação em Gestão de E-Commerce. Era a minha segunda dependência e, se eu faltasse, seria reprovada no curso.

Foi então que me vi diante de um dilema. Eu já havia respondido que compareceria aos encontros, mas agora não sabia como poderia ir na sexta-feira e, no sábado, faltar sem deixar de cumprir meu compromisso.

Apareci na sexta-feira para o encontro e fiquei impressionada com a quantidade de mulheres negras que encontrei ali. Nunca, em toda a minha vida, tinha me deparado com tantas pessoas que compartilhavam das mesmas dores que eu. Falo de dores porque o ano de 2018 foi extremamente difícil para mim.

Neste ano, precisei passar por duas cirurgias no útero para a retirada de um tumor. A primeira aconteceu em abril e a segunda em agosto de 2018. Em ambas as ocasiões, minha prima muito querida, Dilma — que Deus a tenha em um bom lugar — veio cuidar de mim e da minha família. A presença dela foi um verdadeiro alívio em meio a um período tão complicado.

Dilma e eu enfrentamos o racismo dentro da nossa própria família. Éramos as únicas negras, e nossa avó materna, que veio de Portugal, nunca demonstrou carinho por nós. Ela não escondia o desprezo, chegando a dizer, sem remorso, que nossa presença "sujaria" a pele dela. É importante destacar que meu avô, com quem ela se casou, era negro, mas ela justificava a pele dele dizendo que era "queimado do sol de Pernambuco."

Crescer em um ambiente assim nos uniu profundamente. Dilma e eu não brincávamos com os outros primos e nos isolávamos em nosso próprio mundo, tentando lidar com a rejeição e o preconceito que vivíamos. Esses episódios foram dolorosos, mas também moldaram nossa força, união e resiliência.

Infelizmente, no dia 26 de agosto de 2018, um sábado, minha prima Dilma faleceu, e esse dia ficou marcado para sempre na minha memória. Eu estava finalizando minha recuperação da segunda cirurgia no útero, e era o aniversário do meu sobrinho-neto. Dilma não iria comparecer à festa, pois estava de mudança.

Quase na hora dos parabéns, ela me ligou. Disse que havia terminado a mudança e estava na casa da vizinha porque queria tomar banho. Eu podia ouvir o chuveiro ligado enquanto conversávamos. Ela explicou que não conseguiu instalar o chuveiro na nova casa e pediu que eu e meu ex-marido, Allan, fôssemos no domingo para ajudá-la com isso e para colocar as telas nas janelas, para que os gatos não fugissem.

Durante a conversa, Dilma me disse algo que ficou gravado em minha alma. Ela falou que me amava muito e que era muito grata por eu ter sido a melhor prima que ela poderia ter, alguém que nunca a julgou ou culpou. Senti algo estranho naquele momento e comecei a chorar. Respondi dizendo que ela sempre foi meu porto seguro em tudo, e depois disso nos despedimos. Eu prometi que no dia seguinte iria à casa dela para instalar o chuveiro e as telas de proteção para os gatos. Ela então desligou o telefone, e eu voltei para o aniversário, onde cantamos parabéns, mas com uma sensação inquietante, como se fosse uma despedida.

20 minutos depois dos parabéns, recebi uma ligação da filha de Dilma, Adrian, informando que sua mãe não saía do banheiro. Eles a chamaram várias vezes, mas não houve resposta. Desesperados, arrombaram a porta e a encontraram caída no chão. Dilma havia sofrido um infarto fulminante.

Naquela noite, o chão se abriu sob meus pés. Eu fui a última pessoa a falar com ela, e nossa conversa realmente foi uma despedida. Perder minha prima Dilma, minha companheira de vida, foi devastador.

Então, aquele ano de 2018 não foi nada fácil para mim. Entre as dificuldades de saúde e a perda devastadora da minha prima Dilma, eu estava passando por um período muito difícil. Por isso, quando recebi a notícia de que havia sido selecionada para participar do programa Aceleradora de Carreira, a alegria foi indescritível. Era como se finalmente uma luz estivesse surgindo no fim de um túnel longo e sombrio.

No Comitê de Igualdade Racial do Grupo Mulheres do Brasil, decidi me voluntariar para devolver toda a energia que havia recebido e que me havia fortalecido. Tornei-me uma das coordenadoras do Projeto Impulsionadora de Carreira, que capacitava meninas de 16 a 26 anos para a entrada no mercado de trabalho. No projeto, ensinávamos como elaborar currículos, utilizar o LinkedIn, e nos preparar para entrevistas. Conseguimos um patrocinador na época, que era a ENEL.

Durante o ano da pandemia, ajudei as outras voluntárias a se adaptarem ao uso de ferramentas tecnológicas, para que tanto o Aceleradora de Carreira quanto o Impulsionadora de Carreiras pudessem continuar de forma online. Fiz cartilhas, gravei vídeos, e me esforcei ao máximo para explicar a todas que a tecnologia estava aqui para ficar e que precisávamos nos ajustar. Foi nesse momento que descobri meu verdadeiro propósito, minha NIA em Yorubá.

Mesmo enfrentando o desemprego por quase dois anos, eu consegui me manter financeiramente estável e usei esse período para construir conexões significativas. O programa Aceleradora, junto ao Grupo Mulheres do Brasil, foi crucial para mim, despertando minha capacidade de *networking*, que utilizei de maneira magistral, culminando em oportunidades valiosas.

Foi por meio dessa rede que conheci Janete Ribeiro, que me convidou para um projeto na Microsoft Brasil, o qual, embora não tenha sido aprovado, abriu portas importantes. O convite de Renato Gonçalves, então representante do BAM, para criar um projeto voltado para mulheres negras, resultou no Black Women In Tech, que capacitou diversas mulheres em Cloud Computing e se tornou um marco de transformação.

Entre 2020 e 2023, o projeto cresceu e trouxe conquistas incríveis, incluindo o prêmio Women that Build Awards 2022, da Globant, reconhecendo sua contribuição significativa nas áreas de ciência, tecnologia, engenharia, artes e matemática (STEAM) com impacto social.

Paralelamente, minha carreira evoluiu rapidamente: fui convidada para gerir uma *startup* de educação, onde fui promovida a diretora de Impacto em menos de seis meses. Lá, implementei o primeiro conselho consultivo, em parceria com a Revista Raça, trazendo equilíbrio e diversidade ao conselho. Isso me motivou a aprofundar meus estudos em governança, resultando em minha participação no PDC (Programa Operativo para Conselho Administrativo) na Fundação Dom Cabral, a convite da Associação Pacto pela Equidade Racial e de Fabiola Carla.

Atualmente, eu sou uma das conselheiras do COMPIR na Secretaria dos Direitos Humanos da cidade de São Paulo, Conselheira Consultiva da Fly Educação, Embaixadora da Jobcam, Embaixadora da Generation Brasil, membro do Mulheres Inspiradoras, liderado por Giovana Quadros, e participei em agosto de 2024 da Comissão do Comitê de Gênero do S20 no G20, contribuindo para a redação do *Communiqué* que será enviado para a África do Sul, com citações sobre gênero e raça. Também faço parte do Comitê de Impacto da Alumni da Fundação Dom Cabral e colidero o grupo de *networking* Café com ESG com Giovana Leão, além de eu ser palestrante de inovação e tecnologia trazendo um pouco de inclusão para um ambiente em que ainda falta equilíbrio, sou mentora e gestora de projetos.

Como fundadora da *startup* Black Women In Tech, que se tornou fornecedora da Microsoft Brasil, continuo a impactar positivamente a vida de muitas pessoas, especialmente mulheres negras na tecnologia. Faço parte do comitê de gestão do Future Is Now liderado por Laís Macedo, sou Embaixadora da CoPai (é uma união de pessoas, empresas, coletivos e instituições que defendem a regulamentação da licença paternidade estendida, remunerada e obrigatória no Brasil), e integro a Associação Pacto pela Equidade Racial no coletivo Pacto das Pretas.

Toda essa trajetória foi catalisada pelo programa social de uma organização social que me ajudou a redescobrir a menina cheia de sonhos e vontades que havia dentro de mim. Sou grata à Silvana Abramovay Marmonti, pelo convite incrível de contar um pouco da minha história e da minha jornada de vida em busca de um futuro para meninas e mulheres no Brasil e no Mundo.

SUSAN L. JUREVICS

linkedin.com/in/sjurevics

Minha querida amiga

"Perstare et Praestare" (Perseverar e Exceler", lema da Universidade de Nova York).
"Excelsior" ("Sempre para Cima", lema do Estado de Nova York).

Christine e eu nos conhecemos em 1998. Ambas éramos ex-alunas da Stern School of Business da Universidade de Nova York, tendo nos formado com dois anos de diferença, embora não tivéssemos nos conhecido durante a faculdade. Frequentar uma instituição acadêmica de renome global teve um impacto significativo em cada uma de nós, e ambas queríamos fortalecer nossos laços com nossa escola e com a comunidade de ex-alunos. Foi a NYU que nos conectou.

Ambas éramos executivas de negócios ambiciosas — ela no setor financeiro, eu na mídia e entretenimento. Ambas morávamos em apartamentos em Manhattan — ela no lado oeste, eu no lado leste — e crescemos em famílias católicas rigorosas, porém unidas. Cada uma de nós tinha dois irmãos e pais que nos ensinaram os valores do trabalho árduo e da humildade. Nos tornamos rapidamente amigas inseparáveis, como irmãs, sendo a maior confidente uma da outra.

Ao longo dos 22 anos seguintes, conforme nossas vidas e carreiras se desenrolavam, nossas trajetórias se entrelaçavam em momentos cotidianos e em marcos importantes, sempre nos apoiando mutuamente. Eu adorava a energia vibrante de Christine, sua calorosa presença e seu senso de humor afiado; ela era uma companhia incrível, frequentemente a alma da festa. Quando entrei para o conselho de uma organização sem fins lucrativos, Christine foi uma das minhas primeiras escolhas como membro do conselho. Quando Christine praticamente sozinha arrecadou uma quantia substancial de dinheiro para o Centro de Carreiras para Profissionais em Atividade da NYU — uma iniciativa criada para ajudar ex-alunos, especialmente mulheres, a conseguirem empregos em um dos piores períodos econômicos da história americana — eu contribuí financeiramente. Christine esteve presente em meus chás de bebê e passou feriados de Ação de Graças com minha família. Quando nossas mães faleceram, estivemos juntas em seus funerais. Esquiamos juntas, fizemos compras (Christine tinha um gosto impecável e uma queda por artigos de luxo — sapatos e bolsas, sempre!), reformamos nossas casas e viajamos pelo mundo. Embora cada uma de nós tivesse outras amizades, nossa relação era um pilar essencial na vida de ambas, marcada por profundo carinho, confiança inabalável e respeito mútuo.

Alguns anos após o início de nossa amizade, depois que eu já estava casada e com dois filhos, Christine foi diagnosticada com câncer de mama. Fiel ao seu estilo destemido, Christine se educou sobre o câncer, os tratamentos e suas opções. Acompanhá-la às sessões de quimioterapia, conhecer seus médicos e escolher perucas juntas me ajudou a processar seu diagnóstico. Christine sempre demonstrou coragem, otimismo e determinação. Sua vida vibrante como mulher solteira em Nova York era repleta de atividades, diversão e amizades, e ela não permitiria que essa doença tomasse conta de sua vida. Durante esse período, ao observá-la enfrentar o câncer de frente, com humor, estilo e graça, aprendi sobre a importância da resiliência, de focar no que podemos controlar e de estar disposta a abraçar o desconhecido. Christine sempre defendeu a importância da saúde e do bem-estar, muito antes disso se tornar uma tendência. Quando seu câncer entrou em remissão, juntei-me à sua família e amigos para celebrar sua recuperação em uma festa em seu apartamento.

Christine me confidenciou que esse diagnóstico grave em seus 40 anos lhe proporcionou uma nova perspectiva de vida, permitindo que ela refletisse sobre sua ambição, seu impacto e como escolhia passar seu tempo. Ela decidiu cercar-se apenas de pessoas que tinham uma visão positiva da vida e que desejavam deixar uma marca indelével no mundo. Christine se transferiu para São Francisco por conta do trabalho no setor financeiro, enquanto eu aceitei uma proposta de trabalho em Londres e me mudei para lá com minha família. Naturalmente, ajudamos uma à outra a fazer as malas para nossas respectivas mudanças, animadas com as novas aventuras e prometendo manter contato. Nossos horizontes se expandiram; viajamos, fizemos novas amizades e continuamos nosso envolvimento com a NYU, orgulhosas da instituição que nos formou como indivíduos, líderes femininas e amigas.

Com o Brexit e compromissos familiares nos EUA, meu marido, meus filhos e eu retornamos para Nova York. Fiquei encantada ao saber que Christine também estava voltando de São Francisco. Infelizmente, seu câncer havia retornado, e ela queria estar mais próxima de sua família, de sua equipe médica e dos tratamentos. Como esse destino cruel poderia recair sobre ela novamente? — eu me perguntava. No entanto, Christine enfrentou esse novo e indesejado diagnóstico com sua típica combinação de positividade, coragem, proatividade e diligência. Tirando uma licença do trabalho, ela concentrou seus esforços em explorar tratamentos menos invasivos, passar tempo de qualidade com familiares e amigos e orientar muitas pessoas, especialmente mulheres, a alcançar seu potencial. Mesmo quando sua energia diminuía, Christine organizava encontros em seu apartamento em Manhattan, conectando seus amigos a mim e a outras pessoas. Em uma dessas noites, Christine me confidenciou que sabia que seu tempo era limitado e me pediu que ajudasse a estabelecer um programa de pesquisa sobre câncer em seu nome, além de bolsas de estudo para mulheres pertencentes a minorias sub-representadas interessadas em estudar negócios na NYU. “Sim”, eu disse. “É uma honra. Você pode contar comigo.” Após sua partida, nos primeiros dias da pandemia de Covid-19, estabelecemos os dois programas. Tenho o orgulho de compartilhar que a primeira beneficiária da Bolsa de Estudos Christine A. Schneider na NYU se formará nesta primavera.

Aprendi muito com minha amizade com Christine. Tê-la em minha vida me inspira a ser a melhor versão de mim mesma como pessoa, mãe, líder empresarial e membro da comunidade. Christine era uma força da natureza, uma mulher incrível, generosa consigo mesma e com os outros. Ela realizou tanto em seus curtos 56 anos de vida. Ela me ensinou sobre o poder da positividade e sua capacidade de superar desafios imensos para encontrar beleza, graça e significado na vida. Aprendi que a dor profunda e a perda podem trazer aprendizado, propósito e novas oportunidades. Absorver as qualidades e a visão de Christine continua moldando minha personalidade, comportamentos e escolhas. Tento praticar essas lições regularmente, elevando-me e elevando outras pessoas como uma homenagem a ela, minha querida amiga.

TALITA ZAMPIERI

linkedin.com/in/talita-zampieri
@tzampieri
zampieritalita@gmail.com

Qual é a tua raiva?

A conquista da autonomia passa pelo questionamento das crenças, padrões e ideias que podem formar parte importante do nosso comportamento. É preciso coragem para sustentar o desconforto de pensar por conta própria.

E, muitas vezes, bancar a dor de deixar lugares conhecidos, em nome da linda jornada que nos leva em direção à nossa autenticidade.

Em 2024, participei de uma jornada de autoconhecimento potente, que movimentou muitas coisas dentro de mim e me inspirou a trazer esse ponto de vista aqui. No ano anterior, eu havia escrito meu primeiro relato de vida num lindo livro desse mesmo poderoso grupo de mulheres, onde eu contei sobre a minha caminhada e as pessoas que me "puxaram" ao longo da jornada. Mulheres e homens que, de alguma forma, foram importantes para a minha construção pessoal e profissional.

Este capítulo não é a continuidade, nem de perto, daquele texto anterior. É uma nova conversa sincera sobre o quanto somos incríveis por sermos as mulheres que somos. É um relato hedonista, autocentrado e por isso delicioso de ser escrito pela ousadia que ele carrega, num mundo onde o que precisamos é caber.

Voltando à jornada de autoconhecimento — que cada um tem a sua — da qual precisamos estar sempre atentos, eu revivi dores e prazeres importantes. Entendi que por mais que eu não quisesse acreditar, existia raiva dentro de mim, raiva das vezes que tive que caber, que tive que ceder, que tive que entender, que tive que ser a menina correta, a adolescente não problemática, a filha perfeita, a esposa dos sonhos, a profissional nota 10, a pessoa de princípios que entende, a mãe que acerta, a mulher que realiza, decide, faz e acontece. Não era só cansaço, era raiva mesmo em ter que ser assim, aliada à solidão que isso constrói de alguma forma 'lá dentro'. Minhas costas doeram muito naquele final de semana — e acreditem que o corpo fala, três meses depois operei a coluna por hérnia de disco — e então na grande sala desta jornada, entre choros e dedo na cara, pediram para eu tirar a mochila que eu estava carregando nas costas com raiva e grande peso.

Pediram que eu falasse, mas a voz não saía, então pediram que eu escrevesse uma carta para mim mesma a cada 5 anos de vida — iniciando do quinquênio mais recente, dizendo o que eu queria que a 'minha Talita' soubesse. Tirei de dentro de mim para o papel tão rápido que, após eu ler, todos à minha volta estavam emocionados, chorando e aplaudindo porque ali naqueles minutos eu fui muito honesta comigo mesma.

"Querida Talita de 40 anos,

Quando eu chegar aos 45 eu volto para falar contigo, mas quero te dar um *spoiler.* Você é uma mulher de garra, realizadora, conquistou e trilhou um caminho bonito na vida se corrompendo o mínimo possível, realizou feitos que nunca imaginaria, fez sua família orgulhosa, seu filho orgulhoso. A propósito, o seu filho de 14 anos é um baita cara legal, cabeça boa, meio leonino demais e às vezes cabeça dura — quem não é nessa idade, mas entendeu as suas broncas, a sua dedicação, os valores corretos que quis que ele internalizasse e por isso é um cara preocupado com o mundo, com o próximo, com as opiniões das pessoas. Só por isso, você já deveria se sentir realizada, até porque esse mérito é todo seu. Mas, olha, ensine a ele sobre expectativas na vida, quem sabe assim você não aprende de uma vez por todas. Dizem que nós aprendemos mais quando ensinamos. Fica a dica! E até breve!"

"Querida Talita de 35 anos,

A vida está confusa né? Você passou por tantas coisas e está meio perdida com seus sentimentos, quer se libertar do seu casamento e fica na dúvida de como fazer para valer. Se o Tom sofrerá, se você saberá tocar a vida, se você se reencontrará...? Você vai.

Você será uma super CMO de uma empresa de tecnologia líder em seu segmento, admirada e querida pelo seu time, pelo mercado, construindo coisas muito legais que nem imagina que faria. Você vai encontrar o amor da sua vida, um pai maravilhoso para os dele e para o seu Tom. Vocês serão felizes e construirão uma vida linda, verdadeira, sem ansiedades, com papos honestos, parceria, companheirismo e intimidade. Solte-se!"

"Querida Talita de 30 anos,

A vida está divertida, cheia de novidades, você perdeu uma filha, mas logo nasceu o Tom, saudável e com um chorinho rouco. Você está aproveitando a maternidade por completo, está conhecendo lugares que nunca viu, está construindo novas coisas, mas já começa a questionar alguns valores das pessoas ao seu lado e saiba que você está certa. Acredite em você!"

"Querida Talita de 25 anos,

Você está aí no momento de maior construção da sua vida, do seu ponto de vista — preste atenção nisso. Casou-se, construiu um negócio que fará sucesso e já está ganhando destaque na carreira. Está conhecendo o mundo, realizando sonhos, mas entenda que a maturidade trará algumas escolhas importantes e que esse momento está longe de ser o seu auge, você ainda sabe pouco sobre a vida, pouco sobre você... mas curta tudo e vá se conhecendo mais e mais para, lá na frente, não duvidar do que o seu eu mais profundo lhe pede. Curta muito!"

"Querida Talita de 20 anos,

Ah, minha garota, não se preocupe tanto com todas as expectativas que depositaram em você. Seja jovem, você está na faculdade, viaje, brinque, surfe, transe, você não vai engravidar cedo — só porque isso aconteceu com a sua mãe — se entregue mais. Você não precisa resolver tudo agora, terá uma vida para fazer isso e, acredite, nunca resolverá tudo. Não se sinta mal por estar tendo oportunidades que a sua família não teve, eles querem que você voe, de verdade. Divirta-se!"

"Querida Talita de 15 anos,

Mantenha a sua curiosidade e descubra-se sem medo. As responsabilidades virão de forma absurda logo mais. Você não precisa carregá-las desde já. Dê tempo para você nessa corrida de conquistas, a vida inteira é feita de escolhas e renúncias e está tudo bem, faz parte! Saiba disso. Nós aprendemos juntas, somente aos 42 anos, que nem sempre ganhar é ganhar ou perder é perder. Então nem pense demais nisso. Não vale a pena o tempo desperdiçado.

Beije na boca, jogue o seu vôlei, vibre com o seu teatro hoje, porque você não vai fazer faculdade de artes dramáticas mesmo, então aproveite enquanto pode. Não se responsabilize pelo que não é seu. Só viva!"

"Querida Talita de 10 anos,

Olá pequena garota, que delícia essa idade. Ainda não dá para entender tudo que vem pela frente e nem precisa, né? Aliás, uma dica: deixe aí atrás as mochilas pesadas que você levará contigo. Deixe aí a história e os traumas que não são seus, comece a sua adolescência sem a carga, os sonhos dos outros, os 'pedidos escondidos' que não lhe pertencem. Viva a sua vida, as suas opiniões, honrando de onde vem, mas sabendo que você não deve nada a ninguém. Seja você!"

"Querida Talita de 5 anos,

Olá menina alegre, curiosa, feliz, que acredita em brincadeiras, bonecas, sonhos e realizações, que não entende os preconceitos do mundo e nem os que ocorrem com você. Continue assim. Brinque pela vida, seja leve e não deixe nunca ninguém a colocar para baixo, você vai entender que jamais deve se encaixotar por conta de outra pessoa ou qualquer situação. Você aprenderá isso na prática e esta sua criança lhe salvará, porque a menina sincera, que acredita na verdade das coisas, caminhará consigo para sempre. Fale sempre o que pensa com amor, que tudo dará certo!"

"Querida Talita que acabou de nascer,

Minha menina, garota, moça, mulher, você é tudo o que quiser ser. Por isso, escolha bem o que quer ser, os caminhos, as pessoas que a acompanharão, a carga que carregará. Saiba que você faz o seu destino e isso não é clichê, é a mais pura verdade. O seu pensamento a leva para o lugar onde ele quiser ficar, então pense positivo, pense grande, pense que você é vencedora, mesmo que pelo caminho possa parecer o contrário. Você terá traumas como todo ser humano, não se entregue por isso. Você não terá um pai ao seu lado e tudo bem, você terá uma família generosa que lhe dará muito amor e apoio, embora exigirá muito de você.

Lei de ação e reação. Você também aprenderá com ela. Ninguém dá o que não recebe ou não recebeu, os aprendizados da vida são longos, árduos, mas valem a pena. Você terá sucesso, uma carreira linda, de realização, vai conhecer muita coisa, lugares, culturas, vai saber o que é confundir sentimentos, amor sem ser amor, paixões, traições, amizades boas e ruins, vai ter medo, vai aprender a fazer negócio cedo, vai ter voz neste mundão, vai fazer diferença na vida das pessoas, vai carregar umas mochilas na vida durante muito tempo, vai ter raiva, mas vai aprender a soltar para seguir leve...

E tudo vai valer a pena pelo amor que tem dentro de você, pelo amor que recebe, pelo amor que distribui. Pelos lindos encontros que a vida vai lhe proporcionar. E, lembre-se, faça tudo com a sua força interna e com o coração.

Quando você estiver nos seus 40 anos vai querer abraçar a menina que a trouxe até aqui com um amor imenso e vai escorrer lágrimas no seu rosto, simplesmente por ser quem você é.

Obrigada!"

Essa carta me acompanha, lembro dela sempre, lembrarei de escrever sobre meu próximo quinquênio e o próximo, e o próximo, e o próximo.

Quero seguir construindo e escrevendo para a 'minha Talita'.

E então eu penso: quantas meninas-mulheres tem por aí precisando receber cartas delas mesmas, que demonstrem o quanto elas são incríveis pela ótica de uma mulher mais sábia e mais madura?

Eu sempre apreciei o poder de uma mulher que acredita nela mesma.

Imagine muitas mulheres acreditando si mesmas, juntas!

O mundo quer construir nossa competição gratuita, mas somos apoio.

Sempre me dediquei a enxergar a outra pessoa.

Nunca me senti confortável deixando alguém no caminho.

Nem as minhas Talitas, nem as Natashas, Danielas, Robertas, Elianas, Marias...

Todo apoio nessa vida é válido e é lindo, mas quando vem de uma mulher, uma igual, uma pessoa que sabe dos seus anseios, da sua luta, dos seus receios e cobranças, fica mais gostoso e mais leve.

Somos muitas e não estamos sós — Somos revoadas!

Meu propósito é maior que a minha carreira, *Rise and Raise Others* é minha atuação antes mesmo da minha cadeira profissional atual no LinkedIn ou na apresentação que fazem sobre mim em palestras, *talks* e *podcasts*.

Em casa, olho para as minhas enteadas como a menina e a jovem mulher que fui um dia e me dedicarei até meus últimos dias para que elas sempre sejam grandes mulheres, que acreditem em seus próprios potenciais. Com os meninos, filho e enteado, a dedicação é para que sejam homens de valores, respeitando e admirando mulheres com igualdade, sem machismo, sem deboche ou deslumbre. Respeito acima de tudo e apoio sempre. Que sejam homens que lutem junto a elas. Quais elas forem.

Eu preferencialmente contrato e indico mulheres para todas as vagas de trabalho, de onde atuo ou de onde me pedem indicação.

Homens tem oportunidades comigo, sim, mas precisam ser defensores da nossa causa, do abismo que ainda existe entre homens e mulheres, precisam contratar, promover mulheres, defender e respeitar mulheres.

Só aceito trabalhar e conviver com os mesmos termos acima.

Deixei a carga no caminho para tirar a raiva de dentro de mim e ser a cada dia a minha melhor versão, para mim, para a minha família, para outras mulheres e meninas.

Encontre em você a coragem de ser quem é, de agir com o que acredita, de deixar no caminho o que não lhe pertence, mesmo que isso incomode a muitos. Incômodo sempre existirá, você sendo quem você não é ou quem quer ser.

Prefira incomodar os outros do que a si mesma.

Escreva cartas para você a cada 5, 10, ou 20 anos, mas faça com aquela certeza de que o ciclo que passou já teria lhe provado que você é incrível só por existir.

"Querida mulher leitora de qualquer idade,

Você é muito mais poderosa do que seus últimos anos a fizeram acreditar, pense nisso! Exalte suas potências, tenha coragem para ser quem você é de verdade e descubra quais 'mochilas' você precisa tirar das costas.

Ame-se!"

TÂNIA COSENTINO

linkedin.com/in/tania-cosentino-18bb236

Líder ativista na era da mudança

Eu não me esqueço: às margens do Rio Negro, a cerca de 1h30 de Manaus (AM), a vida das famílias ribeirinhas de Tumbira e Santa Helena do Inglês era um exercício de resiliência. A luz elétrica, restrita a quatro horas diárias por um gerador a diesel, não era só um luxo distante; era um divisor de oportunidades. Sem energia, não havia água gelada, alimentos armazenados adequadamente ou condições para estudar e trabalhar. O comércio local sucumbia às limitações, e as noites eram entregues à fragilidade das velas.

Tudo mudou com a chegada de uma fonte de energia limpa e contínua, um projeto pioneiro que transformou a realidade da região. A eletrificação da pousada e do restaurante abriu as portas para o turismo sustentável, injetando dinamismo econômico. O artesanato encontrou novos mercados e as comunidades não apenas aumentaram a renda, mas conquistaram acesso a algo essencial: o direito de sonhar com um futuro melhor. Meu papel como líder foi mostrar que é possível mudar realidades.

Eu não me esqueço: Denise não era uma jovem comum. A perda precoce da mãe a lançou cedo em um papel que poucos encaram com tanta coragem: criar os irmãos e amadurecer antes do tempo. Por mérito próprio, conquistou uma vaga em uma universidade de ponta e, pouco depois, um cargo na multinacional onde eu trabalhava. Seu brilho nos olhos logo me chamou a atenção, mas a sua autoconfiança ainda era um desafio.

Eu enxerguei ali um talento a ser lapidado. Entreguei a ela o desafio de criar, com recursos limitados, a área de Sustentabilidade da filial brasileira da empresa e, mais tarde, das demais unidades da América do Sul. Incentivada a superar suas inseguranças, ela construiu um departamento que se tornou referência global. Denise foi chamada para atuar no escritório central da empresa, em Hong Kong. Hoje, ela é *head* global de Sustentabilidade de uma multinacional italiana e figura entre os 10 principais executivos dessa área na Europa. Como líder, o meu papel foi desbloquear o potencial que já existia. Denise fez o resto.

Eu não me esqueço: a história de Cris e Livia merecia um roteiro de cinema. Uma é professora de Português; a outra, bacharel em Direito. Juntas, elas decidiram desafiar estereótipos e criar uma EduTech que não só corrige redações, mas também conecta coordenadores, professores e alunos. Assim nasceu a Pontue, um lembrete audacioso de que mulheres e tecnologia não só combinam, como têm tudo para escalar o futuro.

Mas, para isso, elas precisaram de um ecossistema que jogasse a favor. Hoje, apenas 3% dos investimentos em capital de risco vão para *startups* fundadas por mulheres. Uma leitura preguiçosa pode sugerir a falta de ambição ou aptidão feminina. Um olhar mais atento, uma verdade desconfortável: barreiras desproporcionais e invisíveis continuam barrando boas ideias e soluções inovadoras. Derrubar esses muros exige mais do que boa vontade. Como líder, meu papel é incentivar a revisão de processos, questionar velhas regras e suposições, fomentar o *Fair Play*.

Essas e tantas outras histórias que testemunhei e ajudei a transformar não me escapam da memória. Nenhuma delas foi obra do acaso. Fui moldada para isso quando ainda era uma menina da zona norte de São Paulo. Sou a primogênita dos três filhos do comerciante Mario e da secretária Nair, donos de uma filosofia clara: o mundo é duro, mas você pode moldar o seu destino — desde que esteja disposto a se esforçar, a entregar resultado e a perseguir a excelência. Para eles, o sucesso não era um objetivo aspiracional; era uma exigência. O único lugar aceitável era o topo.

Meus pais também me ensinaram que a excelência só faz sentido quando caminha com humanidade. Em casa, generosidade e respeito eram mais do que valores; eram práticas diárias. Desde cedo, eu e os meus irmãos aprendemos a estender a mão, a enxergar o outro e a agir. Esses ensinamentos moldaram quem eu sou e pavimentaram o caminho para o meu estilo de liderança, em que resultado e propósito coexistem em equilíbrio.

Na escola pública onde estudei, eu encontrei professores que reforçaram esses valores e ampliaram os meus horizontes. Eles enxergaram o meu potencial e expandiram a minha curiosidade pelas Exatas, um campo até hoje limitado para as meninas pela perpetuação de estereótipos absurdos. Sugeriram que, para me diferenciar no mercado de trabalho, eu buscasse uma escola técnica após o Ensino Fundamental.

As vagas eram raras e cobiçadas. Ingressei em um curso preparatório, e o diretor não hesitou em dizer que as minhas lacunas de formação eram um passaporte para a derrota. Eu tinha somente 14 anos e aquele foi o primeiro dos muitos "nãos" que eu ouvi. Também o primeiros dos muitos "sins" que eu escolhi dizer para mim mesma.

Com o apoio da família e dos professores, eu mergulhei nos estudos. Se não estava na escola, estava no quarto, entre pilhas de livros. Numa manhã de domingo, meu pai me acordou com um jornal entre as mãos. Meu nome estava entre os candidatos mais bem colocados. Aquele momento não foi apenas uma vitória; foi a prova de que o esforço e a autoconfiança podem transformar qualquer adversidade em um degrau para o sucesso.

Na minha turma, éramos apenas cinco meninas — um padrão que se repetiu na faculdade, no estágio e em todas as empresas por onde passei. Até hoje as mulheres representam menos de 20% nos cursos de ciências exatas. Eu precisei aprender a conquistar o meu espaço. A educação que recebi e a autoconfiança que construí foram meu escudo contra um mundo que teima em subestimar o potencial feminino. Enquanto muitas estudantes e profissionais desistem, desanimadas por comentários que viram sentenças, escolhi transformar esses desafios em combustível — não só para quebrar barreiras e ir além, mas também para abrir caminho.

Eu já fazia estágio na Siemens quando ingressei na única faculdade que oferecia Engenharia à noite. Durante o dia, como vendedora, eu enfrentava clientes que, entre perguntas técnicas e negociações desafiadoras, duvidavam que eu fosse capaz de subir em máquinas como os meus colegas. À noite, na sala de aula, lidava com professores que repetiam o discurso arcaico de que "Engenharia não era coisa para mulheres". Essa realidade, que ainda marca a jornada de jovens profissionais, evidencia o despreparo em criar ambientes verdadeiramente inclusivos.

Após 16 anos na Siemens, minha fome de aprendizado me levou a aceitar novos desafios: primeiro na Rockwell Automation e, depois, na Schneider Electric. Essas mudanças não só ampliaram minha visão sobre culturas organizacionais, mas também me ensinaram que eu sou a principal responsável pela minha carreira.

Nas empresas há líderes que são exemplos brilhantes; outros, lições do que não fazer. Eu tive a sorte de cruzar com líderes que me apadrinharam — estenderam a mão nos momentos difíceis e abriram portas nos bastidores, em fóruns onde eu sequer estava presente. Esses aliados foram fundamentais na minha trajetória, mas nunca me isentaram da minha própria responsabilidade.

Muitas pessoas esperam que as organizações concedam oportunidades e acabam frustradas com as expectativas não atendidas. Eu escolhi o caminho da ação. Desenvolvi uma mentalidade de crescimento e defini aonde queria chegar e o que era melhor para mim.

Foi assim que me tornei diretora comercial e, depois, presidente da Schneider Electric Brasil. Meu nome nunca foi a escolha óbvia — especialmente para a presidência, um cargo até então ocupado exclusivamente por franceses. Em ambos os casos, eu levei meu *pitch* aos tomadores de decisão. Não estava 100% pronta para essas posições, mas conhecia os meus pontos de desenvolvimento e confiava no meu potencial para trabalhar neles.

Sem garantias, fui enviada para a sede da empresa, na França. Embarquei sozinha, sem o meu marido, determinada a aproveitar a chance para provar, com resultados, que eu era a melhor escolha entre os candidatos. Voltei ao Brasil, um ano depois, como a primeira mulher e a primeira brasileira a assumir a presidência da Schneider no país. Além de gerir a empresa, eu sabia que tinha um importante papel a desempenhar dentro e fora da companhia. Transformei a Sustentabilidade e a Diversidade & Inclusão em pilares estratégicos, capazes de impactar vidas, impulsionar negócios e redefinir padrões no mercado.

Foi nesse momento que alavanquei a Denise para criar a área de Sustentabilidade e liderar projetos transformadores, como levar acesso à energia para comunidades remotas no Amazonas. Essa iniciativa não era apenas um marco corporativo, mas um exemplo vivo do impacto social que uma liderança comprometida pode gerar.

Em vez de uma hierarquia rígida e impermeável, decidi implementar uma política de portas abertas e trazer à mesa discussões até então tabus. Sob a minha liderança, a Schneider Electric tornou-se pioneira em abordar a equidade de gênero de forma estruturada. Antes mesmo do lançamento do *He For She*, da ONU, eu entendia que os homens não deveriam ser vistos como adversários. Para mobilizá

-los, é preciso apresentar a causa como uma questão de meritocracia, pois há uma lógica econômica, social e ética.

Esse trabalho, somado a outros passos relevantes, como fóruns específicos para acolher a comunidade LGBTQIAPN+, transformou a cultura corporativa e mostrou que liderança é, antes de tudo, coragem para reimaginar o *status quo* e transformar intenções em ações concretas.

Em 2019, eu recebi uma mensagem inesperada pelo LinkedIn. Era a Microsoft, em busca de uma líder que compartilhasse dos seus valores. A primeira pergunta que me fizeram foi: "O que motivaria uma mudança?". Eu tinha 53 anos e quase duas décadas na Schneider, mas a resposta veio sem hesitação: a chance de aprender mais e causar um impacto ainda maior.

O frio na barriga? Estava lá, como sempre. Nunca foi motivo para me parar — pelo contrário, é o que me faz sentir viva. Vi a oportunidade de contribuir para o crescimento dos negócios e acelerar a transformação digital de pessoas, comunidades, parceiros e clientes no país.

A tecnologia e a Inteligência Artificial são motores potentes de desenvolvimento social e econômico. Para liberar esse potencial, é preciso investir em requalificação e infraestrutura. Além de anunciar o maior investimento único da história da Microsoft no Brasil, com foco em capacitação e infraestrutura de Nuvem e IA, nós revisamos processos e programas voltados ao público interno e externo. Um deles é o estímulo ao empreendedorismo feminino, que impulsiona *startups* lideradas por mulheres, como a da Cris e da Livia, para mudar estatísticas e promover inovações que beneficiem a sociedade.

Na busca por mais D&I, eliminamos a exigência de diplomas de universidades de elite nos processos seletivos. Eu, que não era formada por uma, sei que é possível superar lacunas na formação, e nós podemos ajudar nossos funcionários a fazer o mesmo. Acredito que só com uma base diversa nós conseguiremos criar o *pipeline* da liderança do futuro.

Deixo, em 2025, a presidência da Microsoft Brasil para assumir uma posição estratégica, voltada ao combate a ameaças cibernéticas na América Latina. Continuarei meu trabalho de líder ativista, pois me entendo como uma agente de mudanças. As demandas do negócio e da sociedade estão em constante transformação. Os líderes precisam atuar como facilitadores, antecipando movimentos e tendências e orquestrando recursos de forma eficiente para todos. Sem intencionalidade, não há mudança ou impacto.

Há um provérbio africano que diz: "Quando não souber para onde ir, olhe para trás e saiba pelo menos de onde veio". Eu não me esqueço das histórias que ajudei a transformar, pois elas me mantêm firme em meu propósito. Eu me levanto diariamente com paixão e determinação, pois liderar transcende títulos. É sobre inspirar com propósito, agir com impacto e esculpir um legado que eleve pessoas e transforme o mundo.

TINA PONTE

cristinaponte@gvmail.br
linkedin.com/in/tinaponte/

Passando minha gratidão adiante

Quando você nasce com uma irmã mais velha, você já nasce sendo puxada por uma mulher. E quando você tem a sorte de ter uma irmã mais nova, já aprende desde pequena a puxar outras. É por isso que eu, contrariando algumas estatísticas, adoro ser a filha do meio. Nunca estive sozinha.

Venho de uma família de muitas mulheres, de mulheres fortes. Minhas irmãs, tias, primas, avós sempre foram as condutoras de quase tudo que acontecia ao meu redor. E, é claro, minha mãe sempre foi quem dava as ordens da casa. Da roupa que iríamos vestir até o que estaria na declaração de Imposto de Renda, as decisões sempre partiam dela. Meu pai também sempre foi uma referência importante, obviamente. Música, política e questões sociais foram temas que aprendi convivendo com ele. Mas na disciplina do dia a dia, era mamãe quem ditava as regras — e ele tratava de não desobedecer também.

Com três meninas, uma das grandes preocupações dela sempre foi uma possível gravidez na adolescência. Ela sempre fez questão de nos contar exatamente o que aconteceria neste caso: o menino some e você precisa parar sua vida para cuidar da criança. Nada de festas, viagens com amigos e nem mesmo a sonhada faculdade seria possível fazer por alguns anos. Acho que por isso senti tanta empatia quando conheci a Dani.

Daniela era funcionária terceirizada na montadora em que eu trabalhava. Cuidava da frota de veículos com tanta dedicação e organização que pelo final do chassi era capaz de dizer onde e com quem estava cada carro. Era alguns anos mais nova que eu que, a esta altura, já estava naquela fase recém-casada tentando engravidar, mas Dani já tinha dois meninos grandinhos, com idades perto de 12 anos. Trabalhando juntas, logo fui conhecendo sua história: Dani teve o primeiro filho aos 16 anos e na ocasião não teve outra opção a não ser largar os estudos para cuidar do bebê. Casou-se — é muito bem casada com o pai dos meninos até hoje — e dois anos depois teve mais um filho. Conseguiu, a muito custo e com a ajuda da sua rede de apoio, completar o segundo grau, fazendo supletivo apenas anos depois.

Com o passar do tempo, fomos ficando mais próximas, ainda que nossas realidades parecessem tão distantes. E me lembro quando ela dividiu comigo uma aflição: queria muito fazer faculdade, mas sua renda mensal ainda não permitia. Ela, super planejada, me dizia que tinha uma "janela" de poucos anos para isso, pois quando o mais velho completasse os 17 anos, a prioridade seria pagar a faculdade dele. Fiquei pensando naquilo e em como eu poderia ajudar.

"Não dê o peixe, ensine a pescar". Neste caso, o ditado não se aplicava. Como eu poderia fazer aquela menina que já tinha uma jornada dupla, vinha de longe para trabalhar, a buscar outra fonte de renda? Ao mesmo tempo, eu que ainda não a conhecia mais profundamente, pensava que se eu pagasse os estudos dela, quem sabe ela não valorizaria aquilo dado "de graça". Concluí que ofereceria arcar com 50% do valor da mensalidade. Chamei a Dani, propus este acordo e ela não sabia se acreditava ou se agradecia, mas agarrou a oportunidade e começou a faculdade no ano seguinte.

No nosso combinado, precisei dizer que se algo acontecesse e eu me apertasse de grana, conversaríamos juntas sobre o que fazer. Tanto que, dois anos depois, quando eu finalmente engravidei, Dani veio me dizer que entenderia se eu precisasse deixar de ajudá-la. Mas felizmente tudo correu bem e por quatro anos e meio eu depositava para ela mensalmente metade do valor da faculdade.

Quando ela finalmente se formou, eu estava lá para aplaudir. Ela conseguiu. Desde então ela carinhosamente me chama de "fada madrinha", apelido que aceitei com carinho, sempre pensando que ela é minha Cinderela. A faculdade deu a ela novas oportunidades e a possibilidade de aumentar a renda da família não só para pagar os estudos dos filhos, mas também para que ela mesma fizesse mais outra graduação e pós. Hoje, Dani atua em uma das maiores empresa de consultoria do mundo e tem uma carreira sólida, de muitos reconhecimentos.

Sem dúvida, esta história com a Dani, conta uma puxada que consegui fazer e que significou muito para mim. Mas gosto de pensar que o mais importante é estar sempre puxando quem precisa, mesmo que com pequenas atitudes. Vou contar um pouco sobre elas, na esperança de que, através delas, você acredite que também pode puxar.

Já dei tantas mentorias que perdi as contas. De estagiários a pares, de microempreendedoras a pessoas buscando emprego, sempre tento ajudar — homens e mulheres — a organizar suas ideias, fechar *gaps* e potencializar seus pontos fortes. A cada conversa ensino coisas, mas acima de tudo aprendo — sobre mim, sobre o outro, sobre o mundo. Uma das mentorias que lembro com carinho foi para a Diana: mulher periférica, deficiente visual e empreendedora abrindo sua clínica de massoterapia. Lembro de ter pensado: será que tenho algo a ensinar para uma mulher tão forte? Felizmente eu tinha: desenhei com ela um planejamento do negócio, orientei sobre ações de comunicação e dei várias dicas de gestão financeira. Em contrapartida, aprendi com ela sobre ousadia, coragem e paixão por concretizar seus sonhos — e tenho certeza de que saí muito mais fortalecida por ela do que ela por mim.

Também aprendi a puxar mulheres que não conheço. Dentro das infinitas causas sociais que existem esperando o nosso apoio, a causa dos pacientes com câncer sempre foi a que mais me tocou. Ainda mais há pouco mais de 10 anos, quando três amigas tiveram câncer de mama, no espaço de um ano. Senti que eu precisava fazer algo para ajudar mulheres nessa situação e comecei de mansinho uma campanha anual para arrecadação de lenços, daqueles que é possível usar para cobrir a cabeça quando os cabelos caem pela quimioterapia. Por vários anos, eu fazia a campanha do 'Outubro Rosa', coletando lenços e entregando cada ano em um lugar diferente — hospitais oncológicos, ONGs e mutirões. Em 2020, falando com uma amiga, conheci o Instituto Amor Rosa. Eles são uma ONG com foco em apoio a pacientes oncológicos do SUS: cestas básicas, kits de higiene para pacientes em tratamento, suporte psicológico e eventualmente a doação de itens como cadeiras de rodas e perucas. Passei a destinar para eles os lenços doados todos os anos.

Em 2022, resolvi entregar pessoalmente as doações e conheci mais a fundo o trabalho do Instituto e de seus voluntários. A sede, no centro de São Paulo, estava repleta de doações e, para minha surpresa, de tampinhas plásticas. Entendi que a venda para recicladores era a principal fonte de renda deles, que custeava todas aquelas ações tão importantes, para pessoas para as quais a doença não era o único desafio a ser vencido. Voltei para casa pensando em como ajudar mais. Pesquisei na internet e encontrei um coletor de tampinhas, feito com plástico reciclado. Conversei com uma amiga que tem uma agência de propaganda e ela prontamente criou um adesivo lindo para identificar os coletores com a campanha 'Tampinhas de Amor'. Então, através das redes sociais, saí atrás de prédios e pontos comerciais que topassem receber o coletor e entregar mensalmente as doações. Assim funciona a campanha: retiro as doações, com ajuda da família separamos por cores e, mensalmente, envio ao instituto. Seguramente já entreguei centenas de quilos de tampinhas, mas a cada vez que vou lá, penso no que mais posso fazer para puxá-los.

Preciso, no entanto, falar também das puxadas que recebi. Uma das mais relevantes veio em 2022, pleno pós pandemia. Recebo uma mensagem de uma amiga querida, também dos tempos em que trabalhei na montadora. "Você *guenta* mais um grupo de WhatsApp? De mulheres?" — escreveu ela, já me puxando para o 'Uma Sobe e Puxa a Outra'. Um grupo com o propósito genuíno de sororidade. Aceitei de primeira. Uma vez lá dentro, comecei a olhar para os lados: as mulheres, chamadas de Titãs, eram incríveis, muitas famosas e todas "superpoderosas". Pensei que o grupo não era para mim e confesso que considerei sair à francesa. Só que aí começaram as atividades, trocas, *talks*. Quando vi, já estava megaenvolvida, aproveitando cada conversa, conteúdo e ação.

O grupo me impulsionou para onde eu não tinha imaginado. Puxada pela Cris, amiga que eu mesma puxei para o grupo, escrevemos um capítulo de um livro, que me fez entender quanto e como podemos tocar outras mulheres com nossas histórias. A história de cada uma é a história de todas.

Mas nem tudo saiu como planejado. Opiniões divergentes sobre como conduzir as ações do grupo modificaram o espaço seguro. Discussões e desentendimentos culminaram com a saída de várias integrantes um ano e dois meses depois do início do grupo. Na minha cabeça, não era possível que um grupo que me fez tão bem acabasse assim, tirando a possibilidade de puxar tantas mulheres que precisam deste impulso. Entrei no *feed* para dizer "não saiam!". Convidei quem quisesse pensar em como organizar a continuidade do grupo para que me chamasse no privado.

Em alguns dias, cerca de 5 mulheres do grupo se manifestaram. A debandada geral parou (ufa!) e começamos a fazer encontros virtuais, para discutir como seguir. Com o sangue de uma marketeira, tive que organizar uma pesquisa com as cerca de 250 mulheres que ainda tínhamos no grupo. O que descobrimos: o propósito da sororidade, entre as participantes do grupo e com mulheres de fora dele, seguia nos unindo. Assuntos como empoderamento feminino, saúde emocional e carreira seguiam tendo alta relevância para todas. E havia um desejo de retomarmos ações que potencializaram a vida de tantas que estavam lá — os *talks* de *reboot* (desenvolvimento pessoal, em múltiplas frentes), os *pop-ups* (subgrupos que tratam temas específicos como saúde emocional, presença feminina em conselhos, assuntos sociais e diversidade), além de encontros presenciais, que sempre potencializavam a energia de estarmos todas juntas.

De lá para cá, a jornada não tem sido um caminho sem obstáculos, mas sem dúvida está sendo muito divertida. Fiz novas amigas, daquelas com quem a gente consegue rir e chorar na mesma conversa. Puxamos mais de 30 novas integrantes para o grupo, apenas nos últimos meses. E retomamos ações que, tenho certeza, estão ajudando a puxar muitas mulheres. Sigo acreditando que o grupo é o espaço perfeito para que, como mulheres, possamos agir para encurtar as distâncias para os homens que ainda vemos na sociedade, usando nossa força para evoluir nosso contexto. O sentimento de que mesmo tudo isso ainda é muito pouco, está sempre me rodeando. Mas cada mensagem de gratidão e cada sinal de transformação em alguém, aquecem meu coração.

Confesso que escrever sobre as puxadas que fiz e faço, as que recebi e recebo, me trouxe um certo incômodo. Afinal, seja na empatia que tive com a Dani, nas conversas com a Diana, na coleta mensal de doações para o Instituto ou na organização das próximas ações do grupo, sempre ajo pensando naquela pequena ação e, como ela pode fazer diferença para uma ou algumas pessoas e não gasto muito tempo falando sobre aquilo que fiz ou deixei de fazer. Mas, como contei, quando fui puxada para escrever um capítulo no primeiro livro 'Uma Sobe e Puxa a Outra', percebi o quanto a minha história, por mais simples e comum que possa parecer, é capaz de inspirar outras pessoas a fazer coisas parecidas. De repente, lembrei do filme 'A Corrente do Bem', em que um professor desafia sua classe de alunos pré-adolescentes a fazer alguma ação para "mudar o mundo". Trevor, o personagem central, tem uma ideia brilhante: fazer algo bom e inesperado para três pessoas, pedindo a elas que, em troca, façam o mesmo. E assim se estabelece, a partir de um aluno daquela classe, um verdadeiro movimento de transformação. E eu, que em geral ignoro todas as correntes de texto que me mandam, desafio você a aceitar esta corrente: espalhe o amor, pedindo em troca apenas que as pessoas sigam fazendo isso pelas outras. Juntos e juntas somos muito mais que a simples soma de nós!

VALERIE COCKERELL

valerie@cockerellconsulting.com
+1 407 4962361

Lições de liderança na vida e Pó de Pirlimpimpim

Aprendi duas lições muito importantes ao longo da minha vida, e elas vieram de duas personalidades muito diferentes: minha mãe e o Mickey Mouse.

A primeira lição eu aprendi cedo: uma mãe é uma líder nata, e essas habilidades podem ser aproveitadas no ambiente de trabalho. Pense nisso: uma mãe ensina e nutre seus filhos e os encoraja como sua maior fã. Uma mãe define expectativas claras, orienta e disciplina quando necessário (essa parte eu me lembro bem!), mas ama seus filhos incondicionalmente. Ela se adapta rapidamente a novas situações, gerencia seu tempo e faz várias tarefas como ninguém, e deseja o melhor para seus filhos. Ela sabe que terá que aprender "no trabalho", mas mesmo assim está comprometida a longo prazo. Se você é mãe, sabe exatamente do que estou falando.

Minha mãe, Anna, não foi uma exceção. Ela se dedicou a criar minha irmã e eu enquanto continuava seus estudos. Demonstrou sua resiliência ao superar desafios e aproveitou todas as oportunidades que a vida lhe ofereceu com curiosidade e entusiasmo.

O exemplo dela guiou minhas decisões ao longo de toda a minha vida.

Aos 16 anos, segui o exemplo da minha mãe: tendo me formado no ensino médio, me mudei sozinha para Londres com cinco palavras de inglês no meu vocabulário. Loucura, né? Mas, quando essa oportunidade surgiu, rapidamente disse "sim!". Eu queria ver o mundo e sabia que falar inglês era um pré-requisito. Acontece que essa decisão moldou o resto da minha vida. Após 18 meses em Londres, em total imersão em uma família inglesa, terminei meus estudos na França.

Quando me formei, meu inglês fluente abriu as portas para "o lugar mais mágico da Terra": consegui um cargo de gerente em varejo para a inauguração da Disneyland Paris. Era uma oportunidade que eu não podia deixar passar.

Essa foi uma experiência profissional incrível e também o lugar onde conheci Dan, meu Príncipe Encantado. Após um noivado de cinco semanas (mais uma vez, rapidamente disse "sim!"), nos casamos em Paris. Quatro anos depois, recebemos a proposta de nos mudarmos para o Walt Disney World, na Flórida, e, novamente, eu disse "sim!". Arrumei minhas malas e lá fomos nós.

Ao nos estabelecermos em Orlando, assumi várias posições de liderança no Walt Disney World e fiz a transição de Operações de Varejo para o Escritório de Compras.

"Valerie, você está interessada em supervisionar o portfólio de varejo do World of Disney, a maior loja do WDW?" Claro! "E o Epcot?" Claro! "Disney Cruise Lines?" Por que não?!

Sempre aceitei novas responsabilidades e cresci dentro da organização. Mais importante, aprendi muito, refinei minhas habilidades e ganhei experiência valiosa. Enquanto isso, nossa família cresceu com a chegada de três filhos: Jullian, Margot e Tristan. Minhas responsabilidades ampliadas exigiam viagens extensas, e deixar três crianças pequenas em casa não era fácil. Logo, decidi tirar alguns anos para passar mais tempo em casa. Para ser honesta, eu tinha medo de ficar entediada e não encontrar realização como mãe em tempo integral. Mal sabia eu!

Rapidamente me vi ocupada com caronas, atividades pós-escola, trabalho voluntário e socialização, com e sem as crianças. No entanto, a Disney chamou novamente. Desta vez, o convite veio do Disney Institute. Queriam que eu facilitasse seus programas para organizações externas na Flórida, Califórnia e Canadá. Como poderia recusar? Eu não tinha muita experiência com palestras, mas minha resposta foi um sonoro "sim!".

Seis anos depois, Dan e eu nos tornamos ninho vazio: as crianças foram para a faculdade, e ambos começamos a sentir vontade de uma nova aventura. Dan sempre amou o Colorado, e ambos somos esquiadores ávidos. Que tal deixar a Disney, começar nosso próprio negócio de consultoria e nos mudar para as Montanhas Rochosas? Sim, sim e sim! Não demoramos para vender a casa, empacotar um caminhão e atravessar o país.

Nosso negócio de consultoria e palestras decolou imediatamente, e viajamos extensivamente pela América do Norte, América do Sul, Europa e até a Austrália. Trabalhamos com todos os tipos de líderes, em organizações de diferentes tamanhos e setores. Mais uma vez, aprendemos muito, mesmo nos encontrando fora da zona de conforto em muitas ocasiões. Além disso, trabalhar em estreita colaboração com meu marido foi uma nova experiência e uma "aventura interessante", para dizer o mínimo. Mas, considerando que ainda estamos casados, acho que nos saímos muito bem!

Então surgiu outra oportunidade: Dan estaria disposto a assumir um novo cargo dirigindo uma universidade na Austrália? Isso implicava que eu continuaria nosso negócio de consultoria sozinha. Adivinha o que dissemos? Sim! Até hoje, chamamos Sydney de lar enquanto nos adaptamos a um novo modo de vida "lá embaixo".

Você pode estar se perguntando onde encontrei a confiança para sempre dizer "sim!", aceitar novos desafios profissionais, mudar de carreira, emigrar pelo mundo e me reinventar tantas vezes. Bem, como mencionei anteriormente, percebi que, como mãe, estava singularmente preparada para isso.

Percebi que as competências necessárias eram basicamente as mesmas que usava diariamente com meus filhos. Poderia aproveitar minhas habilidades como mãe para ser mais eficaz no trabalho e me adaptar a um ambiente em constante mudança.

Pense nisso: como líder empresarial, você deve treinar seus membros de equipe e estabelecer expectativas. Deve encorajá-los, orientá-los e discipliná-los quando o treinamento e a orientação não forem suficientes. Precisa criar um ambiente de confiança e promover a colaboração. Deve gerenciar seu tempo de forma eficaz e estar preparado para mudanças de última hora. E precisa estar disposto a aprender "no trabalho", pois nada o prepara completamente para todos os cenários. Em última análise, seu objetivo como líder é ver os membros de sua equipe se desenvolverem na melhor versão de si mesmos.

Eu já tinha praticado tudo isso com meus três filhos. Por que não usar a mesma abordagem com os membros da minha equipe?

Saber que eu poderia contar com minha experiência como mãe me deu a confiança para assumir novas responsabilidades e nunca me acomodar no *status quo*. Como mulheres, muitas vezes nos questionamos e subestimamos nossas habilidades quando, na verdade, somos singularmente competentes para liderar de forma eficaz e nos adaptar às mudanças. Espero que mulheres líderes mais jovens encontrem força ao saber disso, assim como eu ao longo da minha carreira. Esse entendimento continua a guiar minhas decisões até hoje.

Ao longo do caminho, veio uma segunda lição de vida. Esta veio, cortesia do Mickey Mouse: os fundamentos da liderança têm pouco a ver com o foco nos resultados financeiros, mas têm TUDO a ver com os relacionamentos que construímos e a confiança que estendemos aos outros. Percebi que ninguém consegue alcançar muito sozinho. Precisamos de pessoas. E, devido ao mundo intrincado e complexo em que vivemos, essas pessoas devem ter habilidades, talentos e perspectivas diferentes das nossas. Pessoas de diferentes gêneros, raças, culturas, crenças ou gerações. Pessoas às quais escutamos com a intenção de entender. Pessoas que têm a oportunidade de discordar de nós e apontar nossos erros. Pessoas que podem ser nossos colegas, clientes, membros da equipe, familiares, amigos ou até inimigos.

Pergunte a si mesmo: quando foi a última vez que você conversou com alguém que discordava fundamentalmente de você? Você estava ouvindo atentamente ou preparando sua resposta? Você deixou suas emoções guiarem sua resposta? Você descartou rapidamente o ponto de vista dessa pessoa? E quanto às pessoas que trabalham para você? Quando foi a última vez que você deu a elas permissão para falar? Você considerou o ponto de vista delas? Fez alguma mudança? Responda objetivamente e avalie onde pode estar deixando a desejar. É provável que você encontre áreas com espaço para melhorias. Vamos ser honestos: gostamos de parecer competentes e de estar cercados por pessoas que pensam como nós. Todos preferimos operar dentro da nossa zona de conforto. É aconchegante e seguro. Mas isso não nos permite aprender e crescer.

Aprendi essa lição da forma "difícil" na minha vida profissional: quando me tornei líder na Disneyland Paris, pensei que sabia o que significava ser líder. Assumi minhas novas responsabilidades como gerente de Área de Varejo no Festival Disney e trabalhei longas horas. Tentei provar que sabia tudo sobre o negócio tomando a maioria das decisões e delegando pouco. Cerquei-me de pessoas que tinham as mesmas opiniões ou, pelo menos, fingiam ter. Consistentemente apresentava ideias e iniciativas novas, muitas vezes esquecendo o ponto de vista dos outros ou o quanto os membros da minha equipe já tinham em suas listas de afazeres.

Então chegou a hora de realizar nossas avaliações de 360º, como era padrão na Disney. Quando li os resultados, fiquei chocada. Ninguém tinha virado abóbora, mas descobri que eu era mais Lady Tremaine, a madrasta malvada, do que Cinderela. Minha equipe se ressentia do meu constante microgerenciamento, da falta de respeito pelo equilíbrio entre vida profissional e pessoal, do turbilhão de novas solicitações e do fato de terem pouca voz na condução das operações. Em outras palavras, eu não estava demonstrando nenhum dos fundamentos da liderança. Eu tinha falhado em construir relacionamentos e criar um ambiente onde os membros da minha equipe importassem. Como resultado, a maioria deles estava desengajada do negócio e apenas cumprindo o mínimo necessário para manter o emprego.

Após o choque inicial e o ressentimento que veio junto, eventualmente reconsiderei minha abordagem. Talvez, apenas talvez, eu pudesse delegar mais frequentemente e, no processo, preparar os membros da minha equipe para assumirem mais responsabilidades; eu poderia me afastar das operações e focar em decisões importantes de longo prazo que fossem mais estratégicas; poderia envolver os outros no processo de resolução de problemas e permitir que apresentassem seus pontos de vista antes de me manifestar; poderia construir uma equipe com uma maior variedade de habilidades e experiências e conhecê-los melhor; e, por último, poderia gastar mais tempo reconhecendo-os e garantindo que soubessem que eram importantes.

Para ser honesta, minha mudança de rumo não aconteceu da noite para o dia. Houve mais falhas e erros por vir. Mas aqui está a beleza disso: quando você se cerca de pessoas em quem confia e que confiam em você, elas estão lá para ajudar quando você está em apuros. Melhor ainda, com grande confiança mútua, as pessoas falarão e avisarão antes que você cometa um erro tolo. Mas aqui está a questão: construir relacionamentos e criar um ambiente de confiança é um conceito subjetivo e vago, que não se expressa na forma de um Indicador de Desempenho-Chave. Então, a maioria dos líderes o descarta como algo secundário. Normalmente, isso fica bem abaixo da lista de prioridades, enquanto mantemos os olhos nos resultados financeiros.

Felizmente, a Disney é uma organização onde respeito mútuo, reconhecimento, promoção de confiança e colaboração, e comunicação em todas as direções são parte da sua missão como líder. E, com isso, quero dizer que seu desempenho é avaliado com base na sua capacidade de atingir resultados de negócios e no seu estilo de liderança. Porque quando os membros da sua equipe são apoiados, valorizados e reconhecidos, eles desempenham um papel superior... não porque têm que fazer isso, mas porque querem. Construir grandes relacionamentos é uma prioridade... E funciona! Você não precisa acreditar em mim. Basta considerar o sucesso da Disney. É a empresa de entretenimento número um do mundo e estabelece o padrão de excelência em serviço. Para mim, essa é a "Metodologia da Magia"!

Nenhuma das duas lições de vida que acabei de compartilhar é muito complicada. Na verdade, muitas dessas habilidades já estão no seu DNA. E porque são tão simples, são fáceis de entender, lembrar e implementar. O sucesso na liderança requer apenas que você lidere com o coração, como uma mãe faz, com dois bons "ouvidos atentos", uma boa dose de bom senso, determinação para continuar aprendendo e, claro, alguma autoconfiança...

E, como um famoso personagem da Disney disse uma vez: "Sempre se lembre de que você é mais corajoso do que acredita, mais forte do que parece e mais esperto do que pensa." (Ursinho Pooh)

VANESSA GIACOMO

@vanessagiacomo

A vida só faz sentido no coletivo

Lembro-me de quando era criança, cheia de sonhos e incentivada por duas mulheres incríveis: minha mãe e minha avó. Elas nunca colocaram limites aos meus sonhos; muito pelo contrário, usaram as ferramentas que tinham para me empoderar e dar asas às minhas vontades.

Fui morar no Rio de Janeiro, levando comigo o que herdei dessas mulheres: coragem. Minha mãe sempre me dizia: "Filha, o NÃO você já tem; corra atrás do SIM!" Bati na porta de vários produtores, mas não consegui um teste. Pedi ajuda a alguns amigos atores, mas a grande maioria pensava apenas em si, como se estender a mão a alguém pudesse tirar sua oportunidade.

Quando consegui entrar, ouvi de muitas pessoas: "Você estava na hora certa com a pessoa certa!" E sim, concordo, mas isso tem um nome: OPORTUNIDADE. Não acho que indicar alguém tira sua chance. De jeito nenhum. Acredito que o que é nosso nos espera na hora e no momento certos, e isso também tem um nome: DESTINO.

A gratidão que sinto por viver da minha arte me torna uma pessoa generosa com os outros. São essas as coisas que nos preenchem como seres humanos: as mais lindas virtudes, gratidão e generosidade.

Tenho uma amiga atriz, uma grande atriz, que fez uma novela comigo. Era a primeira novela dela. No seu primeiro dia de gravação, ela estava no canto, tímida, tentando entender como se comportar naquele ambiente e com as pessoas ao seu redor. Fui até ela, me apresentei com um sorriso e o coração aberto para recebê-la. Imaginei como ela estava se sentindo, coloquei-me em seu lugar e quis criar uma intimidade rapidamente, para que ela se sentisse à vontade comigo em cena.

Nem todo mundo sabe, mas sou muito brincalhona e gosto de deixar o ambiente de trabalho sempre alegre. Sempre fui assim, desde a época da escola, então não seria diferente com minha nova amiga. E, sim, nos tornamos amigas!

Ela não é do Rio e, assim que a novela terminou, percebi que estava difícil para ela se manter. Ofereci meu sítio (que fica no Rio) e perguntei se ela gostaria de morar lá. Ela ficou tão feliz, mas muito educada, não queria ser um peso. Disse a ela que poderia ficar o tempo que quisesse, sem se preocupar. A mãe dela ficou muito agradecida; ela também é uma pessoa de coração lindo, grato e generoso. Ficamos ainda mais próximas.

Na pandemia, ela preferiu voltar para a cidade dela, para ficar ao lado da família, já que o mercado estava parado, e não faria sentido ela ficar no Rio, longe de todos. Quando começamos a flexibilizar, conversamos e ela me contou que estava pensando em desistir da profissão e morar no exterior. Ela é uma grande atriz e sei do seu potencial.

Então, disse a ela: "Jamais! Amanhã eu tenho uma reunião com um produtor muito importante. Ele vai me chamar para um personagem em uma série e você vai comigo". Ela respondeu: "Não vou, não. Não quero te atrapalhar. Ele pode não gostar de você me levar e ficar um clima chato".

Eu disse: "Amiga, não posso prever o sentimento dele. Mas não posso permitir que você desista antes dessa última tentativa. EU ACREDITO EM VOCÊ! Vou pedir um teste. Vou contar sua história e colocar nas mãos de Deus".

Imaginem para uma mulher tão educada como ela aceitar ir comigo, ainda mais tímida. Mas lá fomos nós. Entrei na reunião junto com ela. Sentamos à frente dele. Ela ficou calada e eu, primeiramente, agradeci a oportunidade que ele estava me dando. Ele começou a falar dos personagens.

Minha amiga é mais nova que eu e ele mencionou duas personagens. Uma não importava a idade, caberia tanto para ela quanto para mim, e a outra seria um desafio muito maior para mim, com caracterização para envelhecer, e essa ela jamais faria, por ser bem mais jovem que eu. Disse a ele, com toda segurança: "Quero fazer essa mãe".

Ele respondeu: "Não sei se conseguiríamos te colocar como mãe dos atores que já estão escalados." Eu falei: "Por favor, você pode chamar a caracterizadora e podemos tentar fazer uma maquiagem agora. Assim, você já aprova ou não. Mas quero muito fazer essa personagem!" E era verdade: seria um desafio maior para mim, além de liberar a outra personagem que caberia para minha amiga.

Na sequência, apresentei-a: "Quero te apresentar a minha amiga, que é uma grande atriz e só falta a ela uma oportunidade, que tenho certeza de que ela vai encontrar aqui. Ela está pensando em desistir da carreira para viver em outro país. Não posso deixar isso acontecer sem que ela tente mais uma vez. Você pode chamá-la para um teste. É só o que ela precisa: uma oportunidade".

Ele me disse, olhando para ela: "Não vou passar você só por um pedido dela. Não faço isso! Vou te chamar para um teste e, se você fizer um bom teste, o personagem será seu". Fui para a caracterização. A maquiadora foi incrível; aliás, ela é maravilhosa. Estava tão nervosa, pedindo a Deus que a maquiagem fosse aprovada.

Para minha alegria, o produtor amou e aprovou, e fiquei com a personagem mais velha. Ele marcou o teste para alguns dias depois para minha amiga. Saímos de lá emocionadas! Eu tinha certeza de que a personagem seria dela.

No dia do teste dela, resolvi ligar, mas imaginei que ela já estava fazendo o teste e não me atenderia. Desisti de ligar e mandei uma mensagem de áudio longa, dizendo que acreditava na potência dela como atriz e que só ela sabia de todas as dores e lutas que enfrentou até ali e que isso lhe servisse de força para conquistar essa vitória. Que seria muito mais do que apenas uma personagem; seria a certeza de que essa era a trajetória que ela seguiria dali em diante. "Vá lá e busque o que é seu!"

Coincidência ou não, ela escutou minha mensagem antes de entrar, largou o celular e, emocionada com o que ouviu, foi buscar o que era dela, com toda sua força feminina! E brilhou!

Duas horas depois, recebi uma ligação do produtor, emocionado: "Sua amiga fez um teste brilhante, não tem como não ser dela a personagem. Obrigado pela indicação!" E fizemos a série juntas!

As pessoas não sabiam o simbolismo que isso tinha para nós. Era uma resposta do destino, uma vontade de Deus. Hoje, ela brilha cada vez mais! E está sempre torcendo pelas minhas conquistas, vibrando, linda e generosa, características marcantes dessa mulher incrível que ela é. Eu também sempre vibro por ela na mesma energia.

A vida não faz sentido se vivida sem pensar no coletivo. Não é um monólogo contado apenas por um ponto de vista. A vida tem movimento; sempre vamos precisar dos outros e os outros de nós. Não se pode fazer nada esperando algo em troca; não é sobre isso. É sobre encontrar pessoas com coração generoso, pessoas gratas, que farão pelos outros essa corrente que não pode ter fim: uma corrente de amor.

VANESSA SIMÕES

linkedin.com/in/vanessasimoesm
vanessa@vsxpessoas.com.br

Conexões que transformam: dicas para mulheres avançarem na carreira

Quando decidi trabalhar com RH, meu principal objetivo era ajudar as pessoas a se desenvolverem, atingirem sua melhor versão e encontrarem posições que trouxessem realização, desafios e motivação. Mas, nos primeiros anos da minha carreira, a área de RH ainda tinha pouca força dentro das organizações, o que limitava as oportunidades de atuar como eu desejava. Foi então que decidi migrar para a consultoria de RH, onde sigo até hoje.

Na consultoria, me deparei com outro desafio: a escassez de mulheres em posições de liderança e um mercado que, na época, mostrava pouca disposição para promover diversidade e transformação. Apesar disso, não desisti. Passei a estudar liderança feminina, buscando entender nossas características e diferenças, e me dediquei a apoiar mulheres — tanto candidatas quanto clientes — a superar seus desafios para alcançar as posições que almejavam.

Aprofundei-me no estudo dos vieses que permeiam nossas vidas, especialmente no mundo corporativo, entendendo como eles dificultam processos seletivos e retardam mudanças significativas.

Como consultora, atuando com recrutamento de lideranças e desenvolvimento de pessoas, tive a oportunidade de abrir caminho para muitas mulheres ao longo dos anos e testemunhar de perto a transformação de empresas e áreas de negócios sob suas lideranças. Neste capítulo, quero compartilhar com vocês uma dessas histórias: a minha experiência com a Jhenyffer.

Conheci a Jhenyffer em um *webinar* que apresentei no início da pandemia para um grupo de jovens executivos da comunidade do Instituto Anga. Naquele encontro, falei sobre carreira e desenvolvimento de competências para posições de *C-level*. Ao final da conversa, a Jhenyffer me procurou. Disse que estava fundando uma *startup* com a missão de apoiar mulheres ingressando no mundo corporativo ou que enfrentavam dificuldades para crescer em suas carreiras. A empresa ainda estava em seus primeiros passos, e ela me convidou para atuar como conselheira consultiva, trazendo minha experiência em recrutamento e minha vivência como empreendedora.

Como já pode ter acontecido com muitas de vocês, inicialmente duvidei da minha capacidade de contribuir e me perguntei se eu realmente saberia como ajudá-la. Além da hesitação, momentos como esse também trazem à tona nossa resistência à mudança, além daquele famoso desejo de permanecer na zona de conforto. Essa relutância pode nos impactar negativamente não apenas na progressão de carreira, mas também em aspectos da vida familiar e de saúde.

Para superar essa resistência, é importante lembrar que ela tem uma base fisiológica. Nosso sistema neural é projetado para favorecer o caminho de menor esforço, aquele baseado em comportamentos e ações já repetidos no passado. Por isso, sair da zona de conforto nos parece tão desconfortável e desafiador.

A boa notícia é que consegui vencer minhas resistências, e aceitei o convite para me tornar conselheira da Jhenyffer e da "Se Candidate Mulher". Apoiar essa construção foi uma experiência incrível. A "Se Candidate Mulher" cresceu significativamente, captando investimentos de investidores-anjo e fundos de *venture capital*. Em um dos eventos de comemoração após uma captação, lembro de conversar com um investidor que me perguntou se eu também havia investido na empresa. Minha resposta foi que sim, eu vinha investindo desde 2020 um dos meus bens mais preciosos: meu tempo.

Como poucas mulheres me apoiaram ao longo da minha carreira, poder estar ao lado da Jhenyffer sem nenhum interesse financeiro ou corporativo, apenas com o desejo de que ela e a empresa tivessem sucesso, também me transformou. Essa experiência me ajudou a ser um exemplo concreto de que a sororidade é real e de que mulheres podem e devem apoiar umas às outras, desconstruindo a ideia, ainda presente no mundo corporativo, de que somos mais críticas e competitivas entre nós do que colaborativas. A vida, afinal, não é um jogo de soma zero, e com cooperação nós todas podemos crescer e construir novas realidades.

Ao longo dos anos, trabalhando com clientes e candidatas seniores e estudando liderança feminina, percebi que nós, mulheres, podemos alcançar o que desejarmos e assumir as posições que quisermos. No entanto, o primeiro passo é compreender o que significa sucesso para cada uma de nós e como essa visão pode nos impulsionar ou nos limitar na busca pelos próximos passos.

Geralmente, as mulheres têm uma visão mais ampla e holística de sucesso, diferente da perspectiva tradicional, muitas vezes associada ao poder, status e remuneração. Para muitas de nós, sucesso significa encontrar equilíbrio entre vida pessoal e profissional, gerar impacto positivo no ambiente de trabalho e na sociedade, e alinhar realizações aos nossos valores e propósitos.

Essa definição de sucesso tem um lado muito positivo, pois nos direciona a objetivos mais significativos e duradouros. Por outro lado, pode trazer dilemas internos que nos fazem hesitar em assumir papéis de destaque, principalmente por medo de comprometer áreas importantes da vida.

Como mencionei, minha atuação em recrutamento e desenvolvimento de pessoas tem sido extremamente gratificante, pois me permite apoiar as pessoas a se tornarem a melhor versão de si mesmas. Contudo, os projetos focados no desenvolvimento de mulheres têm sido especialmente inspiradores. Ver mais mulheres sentindo-se fortalecidas para perseguir seus caminhos de carreira é uma experiência incrível e motivadora.

Por isso, decidi compartilhar algumas dicas que costumo oferecer às minhas clientes e que podem ser úteis para enfrentar os seus desafios de carreira. É importante destacar que essas recomendações não são exclusivas para mulheres; muitos homens também podem se beneficiar delas ao trilhar seus próprios caminhos no universo profissional.

A primeira dica é valorizar suas realizações e apropriar-se do seu sucesso. Ao longo de nossas vidas, somos ensinadas a ser modestas, valorizar o esforço coletivo e evitar a autopromoção, o que pode nos impedir de reconhecer e celebrar nossas próprias conquistas.

Esse tipo de pensamento pode nos prejudicar de várias formas, inclusive em processos seletivos. Durante minha experiência com a "Se Candidate Mulher", apoiamos muitas mulheres a enxergar um padrão revelado por diversas pesquisas: enquanto os homens se candidatam a uma vaga atendendo cerca de metade dos requisitos, as mulheres costumam esperar até que preencham todas as qualificações para se sentirem confortáveis em aplicar.

Esse desafio também se reflete nas entrevistas. Com mais de 18 anos recrutando executivos seniores para cargos de *C-level*, observei muitas vezes como a dificuldade de autopromoção afeta as candidatas, especialmente na maneira como contam suas histórias. Entrevistadores menos experientes, por exemplo, tendem a se encantar por candidatos que "vendem" melhor suas realizações, independentemente da relevância real por trás delas.

Desenvolver a confiança para comunicar nossas conquistas de maneira autêntica e estratégica é fundamental. Isso não apenas faz uma grande diferença em nossa trajetória profissional, mas também nos torna exemplos inspiradores para outras mulheres ao nosso redor, incentivando-as a fazer o mesmo.

A segunda dica, que está diretamente ligada à primeira, é garantir que suas conquistas sejam reconhecidas e valorizadas. Para ilustrar este ponto, vou compartilhar uma experiência que vivi em um cliente há algum tempo. Eu estava conduzindo um processo de desenvolvimento para um grupo de executivos e executivas e, como parte desse trabalho, conversei com pares e líderes desses profissionais para entender como eram percebidos na organização. Em uma dessas conversas, o diretor de RH mencionou que uma das diretoras tinha muita dificuldade de tomar a iniciativa para mostrar suas entregas e resultados. Ele comentou que, se fosse um homem, provavelmente já estaria em uma posição mais alta, porque teria se promovido muito melhor ao longo dos anos.

Essa situação é muito comum entre nós. Frequentemente confiamos na ideia de que bons resultados falam por si só e que seremos automaticamente reconhecidas por nossos colegas e líderes. No entanto, o ambiente corporativo raramente funciona dessa forma, o que pode gerar frustração e até estagnação em nossas carreiras.

Antes de compartilhar minha última dica, quero contar um momento especial em que testemunhei a força da generosidade, da sororidade e de como mulheres podem abrir caminhos umas para as outras. Quando o grupo "Uma Sobe e Puxa

Outra" foi criado, as fundadoras perceberam que, mesmo sendo formado por mulheres muito bem-sucedidas, a síndrome da impostora estava presente em muitas de nós e nos influenciava negativamente. Isso afetava até a maneira como nos apresentávamos e contribuíamos com as demais integrantes do grupo, já que muitas sentiam que não eram boas o suficiente e preferiam não participar.

Para resolver esse problema, criamos o *Reboot*, que já está em sua segunda edição. Esse ciclo de conversas reúne mulheres do grupo especialistas em diferentes temas, como comunicação assertiva, valorização de conquistas, uso estratégico do LinkedIn, como usar a imagem a seu favor, entre outros. O impacto foi transformador e, já na primeira edição, vimos mulheres superando suas inseguranças e "espantando suas impostoras"!

Minha última dica — e é a última apenas por falta de espaço neste capítulo, pois há muitas outras que gostaria de passar para vocês — é desenvolver a habilidade de usufruir dos relacionamentos. Nós, mulheres, somos reconhecidas por construir redes sólidas e conexões significativas, mas, muitas vezes, deixamos de utilizar plenamente essas redes que criamos.

Com frequência, hesitamos em pedir ajuda ou envolver outras pessoas para alcançar nossos objetivos de carreira, ao mesmo tempo que dedicamos atenção e energia ajudando quem precisa. Essa relutância, muitas vezes motivada pelo medo de parecer oportunista, limita o potencial das nossas conexões. É fundamental entender que maximizar os relacionamentos é uma competência profissional essencial. Líderes bem-sucedidos sabem equilibrar a reciprocidade, criando relações baseadas tanto em oferecer ajuda quanto em buscar suporte.

Um livro que explora bem esse tema é *Dar e Receber*, de Adam Grant. Nele, o autor desafia a ideia de que pessoas bem-sucedidas são aquelas que priorizam apenas seus interesses. Ele apresenta evidências de que os "doadores" — pessoas que ajudam os outros — alcançam maior sucesso quando equilibram generosidade com estratégia. É exatamente disso que falamos aqui: continuar a apoiar com generosidade, mas também utilizar nossas conexões para impulsionar nossas carreiras.

Hoje enxergo com clareza que cada uma de nós pode estar onde quiser, transformando sua própria trajetória e inspirando outras mulheres ao longo do caminho. Reconhecer e valorizar suas conquistas, comunicar seu valor de forma estratégica e utilizar suas conexões com propósito não são apenas ações para crescer profissionalmente, mas também para fortalecer um movimento de mulheres mais confiantes e bem-sucedidas.

Lembrar que não estamos sozinhas é essencial: a sororidade, as redes que construímos e as oportunidades que criamos juntas nos tornam mais fortes. O mundo ainda apresenta desafios, mas, com cada passo dado rumo ao reconhecimento do nosso potencial, avançamos não apenas por nós mesmas, mas por todas que seguem ao nosso lado e como exemplo para as próximas gerações. O sucesso é muito mais poderoso quando é compartilhado, e cada uma de nós tem um papel único nessa construção coletiva.

VERA ONDEI

@veraondei
linkedin.com/veraondei

Vozes são fundamentais

Minha mãe me colocou no mundo e me deixou ir. Na vida, Rita Lee Jones me embalou com sua música. Foi dela o primeiro show em São Paulo, logo no início da faculdade de Jornalismo, lá em meados dos anos 1980. "A sorte de ter sido quem sou, de estar onde estou, não é nada se comparada ao meu maior gol: sim, acho que fiz um monte de gente feliz", diz ela em *Rita Lee: Uma Autobiografia*, uma obra que vale a pena por cada palavra escrita. Sou uma entre a "gente feliz" criada por sua arte. Rita Lee, que morreu em maio de 2023 aos 75 anos, sempre usou sua voz para cantar sobre mulheres. Foi uma transgressora da moral e dos bons costumes e exaltou a sexualidade do "bicho esquisito, todo mês sangra" — trecho de uma música e um tabu na época.

Nascida e criada em uma cidade do interior de São Paulo, "longe de tudo e perto de lugar nenhum" — frase que ouvi em uma reportagem que fazia na Chapada dos Guimarães (MT) — me descobri apaixonada pelas suas músicas de letras caóticas que marcaram gerações. A rainha do rock foi icônica e anos à frente de sua época. Rita Lee cantava a liberdade. Foi uma mulher atemporal e — ouvi isso em algum lugar — o "melhor mau exemplo" que eu poderia ter tido. Simone de Beauvoir que o diga, que também contou sua história em *Memórias de uma Moça Bem Comportada*, vociferando que "a liberdade que eu ansiava não era apenas um direito; era uma necessidade vital". De direito, ou "ser de direito", ainda hoje implica em posicionamentos, em questionar normas estabelecidas, em defesa de valores e, no sentido filosófico ou ético da expressão, lidar com o senso de equidade e de ser "o que eu quiser ser".

Vale registrar que no Brasil, até 1962, mulheres casadas necessitavam do consentimento masculino para viajar, trabalhar ou realizar outras atividades, porque o homem era considerado o "chefe da sociedade conjugal". Mas a total equiparação legal só foi consolidada com a Constituição Federal de 1988. Ah, vale registrar, também, que 20 anos antes, no concurso Miss América de 1968, uma manifestação das ativistas do Women's Liberation Movement, nos EUA, colocou no lixo sutiãs, cintas, maquiagens, laquê, sandálias de salto alto, entre outros apetrechos significantes. Vem daí o mito de mulheres incendiárias de sutiãs, criado pela imprensa da época, dado o fato que nenhuma peça foi queimada.

Seres "incendiários", ações "incendiárias", manifestações "incendiárias", posições "incendiárias" é tudo aquilo que sai do esperado e isso ocorre ainda nos dias atuais. Mulheres em cargos *C-level* são "incendiárias", mulheres em conselhos são "incendiárias", mulheres no comando de empresas e fazendas são "incendiárias", mulheres pilotando aviões são "incendiárias", mulheres chefes de cozinha são "incendiárias" e por aí vai. Muitas, sem mesmo perceberem, são mulheres "incendiárias".

O canto como expressão

Estudei violão por alguns anos e parei ainda criança. Mas adulta fui cantar no CUCA, o Coral da Universidade Católica de São Paulo. Fiquei lá por 12 anos, em ensaios extenuantes e apresentações no Brasil e países da América Latina. Cantando no CUCA, aprendi três lições: você nunca está sozinha; se errar, sem hesitar, vá em frente que o solo é seu; se sair da nota, outra te cobre enquanto você volta para o tom. Para quem não tem familiaridade com o canto coral, ele é composto por quatro vozes: duas agudas (soprano e tenor) e duas graves (contralto e baixo). Mulheres geralmente são sopranos e contraltos. Homens são tenores e baixos, embora no CUCA houvesse mulheres tenores. Eu sou soprano.

O canto coral transcende a música, porque ele lhe dá lições de vida sobre comunidade, perseverança e amparo. Do CUCA, que deixou de existir há mais de uma década, ainda mantenho amigos e amigas, e levo metáforas da vida: "você nunca está sozinha" tem o valor da colaboração e do apoio coletivo; "se errar, vá em frente que o solo é seu" me mostrava a coragem e a importância de continuar, mesmo diante da falha; e "se sair da nota outra te cobre" coloca em primeiro plano a solidariedade e a força de ser comunidade.

As lições do CUCA sempre me pareceram uma progressão lógica de aprendizados, e que a harmonia e a resiliência precisam andar de mãos dadas. Técnica e musicalmente, as sopranos têm um papel crucial no coral. Frequentemente, essas vozes mais agudas carregam a melodia principal. Mas embora sejam protagonistas, elas precisam se integrar ao conjunto para garantir a harmonia geral. Meu desafio para alcançar as notas mais agudas fazia com que tivesse como objetivo um controle vocal refinado, aprendesse a ter uma respiração precisa e a mais difícil aprendizagem: tirar de dentro de mim resistência para sustentar passagens melódicas. Foi um desafio cantar *The Messiah Hallelujah*, de Georg Friedrich Händel, uma música composta em 1742, que o maestro Renato Teixeira ousou executar conosco. Conta a história que Händel criava suas músicas moldando as composições para duas mulheres: as sopranos italianas Francesca Cuzzoni e Faustina Bordoni, que protagonizaram várias de suas obras na inglesa Royal Academy of Music. A função de uma soprano ecoa a ideia de protagonismo, mas o fato é que se ela perder a conexão com o grupo sua música desanda. O equilíbrio das vozes é a essência de um coro. Mas há momentos na vida em que por mais que se procure conexões, elas não existem. Fui a primeira mulher a fazer testes para trabalhar nos Guias 4Rodas, da Editora Abril, o que era uma ousadia no final dos anos 1980. Viajar sozinha pelo país, dirigir um carro por estradas que não fazia ideia do que estava à frente, não ter a comunicação de um trivial celular, ser invisível na tarefa de avaliar, beirava uma epopeia sagradamente particular.

Depois, quando comecei no jornalismo agro, em meados dos anos 1990, dava para contar nos dedos das mãos a quantidade de mulheres na comunicação do setor. Espelho que me apeguei foi uma mulher negra, a jornalista Glória Maria, desde os anos 1970 na Rede Globo e que faleceu em fevereiro de 2023, aos 73 anos. Certa vez, ela disse: "Fui a primeira mulher a fazer matérias de aventura na televisão, a voar de asa-delta, a cobrir guerra. Mas acho que fiquei conhecida mesmo porque subia em todos os morros e favelas sem problemas". Meus morros eram outros, claro, não eram os das favelas. Mas eu mirava Glória, pelas aventuras que o jornalismo agro poderia me dar e porque era onde eu queria estar.

Dentro de mim, a produção de alimentos permanece sendo a hercúlea empreitada de fazer a terra entregar aquilo que ela tem de mais sagrado: a sua gênese. Por isso eu estudava. Estar em uma propriedade rural significava entrar em uma aventura quase desconhecida. Estudava não com o objetivo de montar uma pauta, mas para entender com certa profundidade aquilo que iria falar, antes de perguntar. Porque a conversa precisava começar a partir de um nível "masculino" da coisa para que ela evoluísse. E se hoje o campo ainda é um ambiente masculino, imagina há cerca de três décadas. Para ficar mais "sabida das coisas", cheguei a planejar uma faculdade de Zootecnia. Mas o ser jornalista me impediu, porque se eu não precisasse mais perguntar, do que me serviria a minha profissão? Nos anos seguintes e além, no decorrer de reportagens, quando ouvia a pergunta vinda do outro lado: "Você é veterinária?", ou "você é agrônoma?", o sentimento de vingança era quase uma epopeia particular ao responder: "Não, eu sou só uma jornalista".

Já trabalhei com grandes mulheres do jornalismo, a profissão é hoje um setor tomado por nós e as redações se transformaram em espaços conquistados. O jornalismo é um ambiente transitável para as mulheres. Aprendi com o tempo e o tempo me ensinou que estar com a palavra escrita é uma das minhas alegrias. Na escrita, vou deixando como um rastro, mas não sei se tenho o dom, a métrica e a competência para o ensino.

Nunca quis ser editora de nada. Minha ideia lá no início era fazer carreira como repórter especial, o que significava para mim ter a liberdade da escrita. Por isso digo que "estou editora" há mais de 20 anos, meu negócio mesmo é a reportagem e sei que tenho algumas crias no mundo. Os encontros têm sempre algum apelo de maternidade. Passar para a frente o que se sabe é um dos atos mais transformadores que podemos realizar. Compartilhar conhecimento não apenas perpetua ideias e saberes, mas também empodera indivíduos e isso traz questionamentos se aquele conhecimento continua a ampliar nossos horizontes.

É assim que a roda gira e nos dias atuais as redes sociais na comunicação fazem acelerar esse papel. Kyra Piscitelli é uma jornalista de mente inquieta nesse universo online. Convivi, recebi e tenho compartilhado conhecimento com ela nos últimos anos. É uma cabeça pensante, um ser do teatro com arte na veia. A arte é uma aventura que vai além da escrita, porque ela te ajusta no tempo e no espaço. A arte também me levou à minha mais recente aventura em curso:

aprender com uma menina.

Há anos programava reler o *Diário de Anne Frank* no ritmo em que o livro foi escrito, e que já li na adolescência. Finalmente, em 2024 marquei e não me esqueci da data. Abri o livro no dia 12 de junho do ano passado — ela começou a escrevê-lo em 12 de junho de 1942 — e vou terminar em 1° de agosto de 2026. Anne parou de escrever em agosto de 1944, no dia em que foi separada de sua família e enviada a um campo de concentração — judia, no livro ela conta seus dias e como lutava para sobreviver ao Holocausto. Em 4 de fevereiro do ano seguinte, Anne morreu. Logo nas primeiras páginas do livro, a gente fica sabendo que ela queria ser uma jornalista, uma grande jornalista. Anne tem sido uma companhia constante e fico à espera que o dia de cada leitura chegue. O livro de Anne, para mim, é uma procura calma por espaços. Hoje, é ela que me puxa.

VERA SUPLICY

vlsuplicy@hotmail.com

O bar e a banda que transformaram São Paulo

Vou contar dois acontecimentos que a maioria dos paulistanos, se não conhece, já ouviu falar: o Bar Supremo e Banda Gueri-Gueri. Mas o que não sabem é como a cidade mudou depois deles.

Bar Supremo: revolução nos Jardins

Vou voltar um pouco no tempo quando São Paulo era uma cidade fechada. Tudo acontecia *indoor*. Nós invejávamos o Rio de Janeiro. Tudo acontecia lá. O burburinho das ruas, os bares com mesas nas calçadas. Graças a elas que Tom Jobim, sentado, viu uma linda moça passar e compôs a música mais tocada no mundo — *Garota de Ipanema*.

Aqui em São Paulo era o oposto. Nos bares, as mesas ficavam só dentro do salão. Mulheres não podiam entrar sozinhas ou em grupo... Tinham que estar acompanhadas por uma figura masculina senão eram barradas. Outro detalhe: os homens não podiam estar usando tênis... Tudo muito formal.

Nessa época (1985), Roberto Suplicy e mais dois amigos, Américo Marques da Costa e Arnaldo Diederichsen, resolveram abrir um bar tipo boteco carioca na esquina da rua da Consolação com a Oscar Freire (bar que se preze tem que ser de esquina) nos Jardins (lugar nobre da cidade) com janelas e portas abertas onde todos seriam bem-vindos, inclusive mulheres desacompanhadas e homens de tênis. Foi uma revolução. Se tornou ponto de encontro de artistas, jornalistas, da sociedade e malucos da cidade. Como, por exemplo, Arnaldo Jabor, Jô Soares, Vera Fischer, Bruno Barreto, Cassiano Gabus Mendes, Chiquinho Scarpa, José Wilker, Marília Gabriela, Luiz Oswaldo Pastore, Edgar Poças, Raul Cortez, Cissa Guimarães, Paulo Cesar Pereio... Um lugar divertido onde se conversava de tudo... Se você não chegasse cedo não conseguia lugar. Um outro detalhe inovador era o sistema de garrafas de whisky personalizado. Eles podiam comprar uma garrafa e iam consumindo quando e quanto quisessem. Chegou a ter 1.400 nas prateleiras. Apenas um cliente assíduo, o querido jornalista Carlito Maia, podia ter uma garrafa de água personalizada. kkk.

Mas havia um problema, mesas na calçada eram proibidas na cidade, e isso fazia muita falta para levar alegria às ruas.

Não conformado com isso, Roberto juntou-se com deputado Marcos Mendonça e amigos para lutar por uma mudança na legislação. Depois de muitas batalhas finalmente veio a vitória: mesas na calçada foram liberadas. Festa Total! Eram superdisputadas, as pessoas sentavam descontraidamente, alguns de bermuda, outros com seus cães, e passavam a tarde lá. Com isso as ruas ficaram mais movimentadas, as pessoas gostavam de passar na frente do Supremo para ver quem estava por lá.

A trilha musical do Supremo também era muito elogiada. Roberto, apaixonado por música, aproveitou um pequeno porão no bar para criar o Supremo Musical. Todos acharam que o espaço era pequeno e não seria possível transformá-lo em um lugar de shows. Ali foi criado um pequeno palco e 80 lugares. Foi contratado um arquiteto especialista em acústica e a qualidade do som ficou espetacular. Todos os novos artistas queriam se apresentar lá. A produtora Lucia Rodrigues ajudou muito na programação musical. Passaram pelo Supremo Musical os, na época, iniciantes Maria Rita (primeira vez que subiu num palco), Banda Mantiqueira, Luciana Melo, Simoninha, Chico Pinheiro, Jairzinho, Max de Castro e também artistas já famosos como Nana Caymmi, Jair Rodrigues, Alaíde Costa, César Camargo Mariano, Johnny Alf, Itamar Assumpção, Peri Ribeiro, Lenny Andrade e Francis Hime, entre outros. Apresentar-se naquele pequeno porão virou sinônimo de qualidade e reconhecimento. Os ingressos eram super disputados e cada show uma experiência exclusiva.

O Supremo desencadeou uma mudança cultural. Gradualmente, mais frequentadores abriram seus próprios bares, inspirados pelo sucesso do Supremo. Roberto não apenas os incentivava, mas também oferecia conselhos. São Paulo começou a prosperar com pequenos espaços musicais e bares de esquina, espalhando alegria e transformando uma cidade antes fechada em um vibrante centro urbano. Hoje, São Paulo é conhecida como uma cidade que nunca dorme, repleta de lugares emocionantes para se divertir.

Gueri-Gueri: o Carnaval de São Paulo

Agora vou contar o segundo acontecimento, o Gueri-Gueri. No Brasil inteiro, uma semana antes do Carnaval, as cidades já começavam a se animar. Os carnavalescos em grupos e blocos iam pelas ruas fantasiados cantando e dançando. E antigamente em São Paulo era o contrário, as pessoas começavam a deixar a cidade e ela ficava parecendo uma cidade fantasma.

Numa noite, Roberto e eu estávamos sentados junto com uns amigos na mesa 1 — um grupo que frequentava o Supremo diariamente. Entre eles, Totonho Maluf, diretor da Vai-Vai, famosa e premiada escola de samba em São Paulo — conversando justamente sobre esse assunto.

Como a cidade ficava sem graça nessa época do ano. Havia pessoas que não podiam viajar e ficavam nesse marasmo enquanto o país dançava. Aí Roberto sugeriu — "por que não fazemos uma banda para sair uma semana antes do Carnaval?" — Todos adoraram a ideia. Mas não era simples; eram necessários muitos detalhes para colocar o bloco na rua. Mas resolvemos que, mesmo assim, sairíamos. Como combinado, um sábado antes do Carnaval, em 1986, o Gueri-Gueri estreou. Um emprestou uma Saveiro, outro arrumou 15 bateristas da Vai-Vai, outro trouxe umas garrafas de whisky, outros de champanhe, e lá fomos nós para a rua com 60 amigos. O desfile percorreu uns 10 quarteirões e ao voltar já tinha aumentado de tamanho. Já eram mais de 200.

No ano seguinte, chegando fevereiro, a pedido de muitos, resolvemos sair com a banda novamente. Achamos que era necessário estruturar melhor, e cada um ficou com uma missão. A mim foi achar um patrocinador. Sabia que ia ser muito difícil, afinal um bloco em São Paulo nessa época onde a cidade esvaziava e o Carnaval parecia que não existia, achei que seria quase impossível conseguir, mas, mesmo assim, fui visitar as cervejarias. A resposta era sempre a mesma: um não, acompanhado de um sorrisinho irônico. De repente, para minha surpresa, uma marca aceitou. Na época, uma marca sem projeção, com pouca venda, somente na periferia. Voltei com a notícia. Todos reclamaram: "Essa cerveja!?!?!" — e eu respondi — "Foi essa que eu consegui, então fiquem contentes".

Arrumamos um caminhão com equipamento de som e, com pequenos patrocínios, trouxemos uma bateria da Vai-Vai um pouco maior. Nos preparamos e calculamos que o número de foliões iria triplicar, chegando a uns 600. Erramos feio: foram cerca de 1.500 pessoas. Faltou bebida, mas não faltou alegria, e a festa continuou linda. Depois de cinco anos a banda saía com um supertrio elétrico, toda a bateria da Vai-Vai, passistas pintadas por artistas plásticos como Granato, Cláudio Tozzi, Black, Iberê... O mais assíduo era o querido Gustavo Rosa que também desenhou camisetas, uma mais bonita que a outra e mais de 30.000 foliões cantando o refrão —"Sei lá o que é Gueri-Gueri... sei lá o que o Gueri-Gueri é"... O mais divertido é que era uma banda para todas as idades. Como eu tinha duas filhas adolescentes, Roberta e Fernanda, elas traziam os amigos, enquanto eu e o Roberto trazíamos os pais e até os avós. Era um ambiente leve e seguro.

Roberto, sempre criativo, comprou um ônibus, tirou o teto e o transformou no Gueri Guest, um camarote ambulante, onde os assíduos e queridos convidados podiam acompanhar a banda com mais estrutura. Uma vez encontrei com uma amiga querida, a famosa cantora de samba Beth Carvalho e a convidei, se um sábado antes do Carnaval ela estivesse em São Paulo, para vir ver a banda passar. Ela riu e disse:"Banda em São Paulo? Quero só ver". No ano seguinte, ela veio e não acreditou que em São Paulo pudesse ter esse Carnaval tão animado, lindo e organizado. Ficou tão impressionada que subiu no trio elétrico e debaixo de chuva cantou o percurso inteiro. Foi um espetáculo emocionante!

Teve um ano em que tinha tantos foliões que, tanto a rua Oscar Freire quanto a rua da Consolação, ficaram lotadas por cerca de 10 quarteirões. O trio elétrico mal conseguia andar. No ano seguinte, a solução foi mudar o desfile para o Ibirapuera, onde continuou com o mesmo sucesso. Lá, puxaram samba artistas como Elza Soares, Neguinho da Beija-Flor, Tobias da Vai-Vai, entre outros.

Por sinal, aquela cerveja, que nos acompanhou em todos os anos, que ninguém conhecia ficou famosa e vendendo superbem graças ao Gueri-Gueri.

E, se hoje é essa profusão de blocos carnavalesco trazendo tanta alegria e pessoas de todo Brasil movimentando a cidade, é devido ao Roberto Suplicy e à mesa 1 do bar Supremo.

Hoje, sob o comando de Fernanda, filha de Roberto e minha filha também, o Gueri-Gueri se tornou o melhor e mais concorrido baile de Carnaval da cidade, com shows de primeira qualidade e cheio de gente linda e animada. Sem dúvida esses dois eventos, o Bar Supremo e a Banda Gueri-Gueri mudaram a cidade e o comportamento das pessoas.

Roberto é sempre muito criativo e empreendedor. Deixou um legado inestimável para São Paulo. Com suas ideias e iniciativas, ajudou a transformar a cidade em um lugar mais aberto, acolhedor, vibrante e divertido. Assim como ele, há outras pessoas desconhecidas que também contribuíram para que São Paulo se tornasse esta cidade cosmopolita.

Meu marido foi sempre um visionário, um empreendedor criativo e generoso. Entre várias outras ideias inovadoras que o Roberto pôs em prática lembro que, na época, quando fazia filmagens em Super 8, um amigo pediu para filmar o seu casamento. Ele inovou mais uma vez, não filmou só o casamento, filmou o dia inteiro dos noivos. Fez tamanho sucesso que fez com que todos que produziam esse gênero de filmes tivessem que copiar também. Abriu o restaurante Filomena junto com sua filha Roberta, onde o Alex Atala estreou, e hoje é um consagrado *chef* de cozinha. A também estreante Patrícia Anastassiadis, recém-formada na época, hoje uma arquiteta reconhecida graças ao Filomena. O Traço de União, um bar de samba que foi o pioneiro em São Paulo e também muito copiado. Lançou um bar chamado Dry que lançou o retorno da moda do Dry Martini. Tem mais histórias para serem contadas, mas deixo para contar em uma próxima vez.

VIRGINIE FERNANDEZ

virginie.alda13@gmail.com
+55 19 99606-4637
linkedin.com/in/virginiefernandez/

A generosidade entre mulheres é um ato revolucionário

"O sucesso de cada mulher deve inspirar outra. Somos mais fortes quando nos erguemos juntas" (Serena Williams).

Maria Paula tem 45 anos e é diretora-geral para a América Latina de uma empresa de insumos para laboratórios. Altamente bem-sucedida, com uma sólida carreira internacional, foi identificada como talento para assumir posições ainda mais estratégicas na organização. Na nossa primeira conversa, antes mesmo de iniciarmos formalmente o processo de *coaching*, ela compartilhou alguns desafios que a acompanham: a impaciência, a tendência de abraçar muitos temas ao mesmo tempo e o hábito de se desafiar incessantemente, o que acaba exaurindo sua equipe. Após as contribuições da área de RH e de seu gestor, alinhamos objetivos claros para o *coaching*. No entanto, ao final da nossa primeira sessão, em meio a uma reflexão sobre o que ela considerava seus maiores desafios e a razão de sua constante busca por superação, ela soltou uma frase que me deixou completamente impactada: *"Na verdade, estou sempre na ação, porque, se paro e penso em mim, fico com a percepção de que não estou à altura"*.

Continuamos aprofundando o tema, e, ao final da sessão, perguntei quais momentos haviam sido marcantes para ela. Curiosamente, essa confissão não foi mencionada. Quando questionei se aquilo não deveria estar na lista, ela respondeu com um sorriso tímido:

"Jura? Te marcou? Eu nem percebi que tinha sido uma frase forte."

Tenho certeza de que Maria Paula está tão acostumada a carregar essa visão crítica sobre si mesma que aquilo não soou como um *insight*, mas apenas como uma confissão íntima, algo que sempre a acompanhou.

Pedi para ela preencher o *teste de síndrome da impostora*, desenvolvido por Pauline Rose Clance, uma das pioneiras no estudo desse fenômeno. Juntamente com Suzanne Imes, Clance cunhou o termo *impostor phenomenon* em 1978, descrevendo a sensação persistente de que conquistas são fruto de sorte, fraude ou erro, e não de competência. Esse sentimento é desproporcionalmente comum entre mulheres e indivíduos de alta performance, em grande parte devido a pressões culturais e sociais. Os resultados de Maria Paula no questionário, que avalia fatores como medo de fracasso, dificuldade em aceitar elogios e sensação de inadequação, foram os mais altos que já presenciei, mesmo ela sendo uma das pessoas mais bem-sucedidas entre todas as minhas coachees.

Minha jornada com mulheres e a síndrome da impostora

Trabalhar com Maria Paula e com outras mulheres incríveis que acompanho me traz a clara sensação de que estou exatamente onde deveria estar. Além de programas de liderança e dinâmicas de *team building* para diferentes públicos — homens, mulheres, jovens e seniores —, também lidero programas voltados especificamente para o desenvolvimento feminino.

Jamais imaginei que um dia estaria desenvolvendo programas de liderança feminina, muito menos que estaria escrevendo capítulos de livros voltados para histórias de mulheres, como este. Até os 28 anos, minha trajetória na França foi intensamente marcada por contextos masculinos: cresci entre dois irmãos, construí amizades majoritariamente com homens e iniciei minha carreira sob a supervisão de chefes predominantemente masculinos. Na única vez em que tive uma chefe mulher, a experiência foi tudo, menos acolhedora.

Foi apenas ao chegar ao Brasil, em 2001, que entrei em um universo de liderança feminina. Primeiro, com colegas incríveis: mulheres de alto desempenho, ambiciosas e comprometidas, que conquistaram posições de liderança tanto no Brasil quanto no exterior. Que orgulho dessas trajetórias! Depois, na esfera pessoal, com amigas extraordinárias que me ensinaram o poder das redes de apoio e da amizade feminina. Comecei a retribuir quando assumi a minha primeira posição de diretora de Recursos Humanos. Lembro de estimular — e, às vezes, até insistir — com colegas que costumavam ser excessivamente críticas em suas autoavaliações de desempenho, enquanto seus colegas homens eram significativamente mais generosos consigo mesmos. Essa disparidade gerava um desequilíbrio que, amplificado pelo efeito halo — aquele viés em que uma qualidade positiva ilumina toda a percepção sobre a pessoa — perpetuava injustiças nos processos de avaliação final. O resultado era claro: colegas masculinos obtendo avaliações superiores, o que se traduzia em maiores bônus, aumentos salariais e posições privilegiadas nas planilhas de sucessão.

Hoje, mesmo tendo deixado o universo corporativo há três anos, continuo a orientar mulheres que cruzam meu caminho, ainda que não sejam formalmente minhas clientes. Recentemente, conversei com Aline, uma ex-colega francesa que possui uma carreira internacional impressionante. Aline já trabalhou em países como França, Alemanha, Espanha, os Nórdicos, Brasil e Dubai — e esses são apenas os que consigo lembrar.

Metade dessas mudanças foram possibilitadas por mobilidade interna na empresa; a outra metade foi fruto de sua capacidade de reinvenção ao acompanhar a transferência internacional de seu marido. Juntos, eles construíram uma dinâmica admirável, revezando-se em mudanças estratégicas para equilibrar as carreiras de ambos.

Aline é uma líder admirável, com passagens por áreas como vendas, marketing e desenvolvimento de negócios, em setores diversos. Além disso, é uma profissional leve e divertida, capaz de animar qualquer ambiente. Um verdadeiro *party animal*, ela consegue festejar até altas horas e, no dia seguinte, mesmo de ressaca, apresentar um plano estratégico com foco e tranquilidade. No meio dessa vida frenética, ela também encontrou espaço para criar dois filhos. Hoje, ocupa uma posição internacional em uma grande empresa de perfumes e cosméticos e busca alçar voos ainda maiores.

No entanto, as posições que ela almejava não estavam à altura de seu potencial. Durante nossa conversa, fiz questão de pontuar, de forma muito direta, os seus feitos e a excepcionalidade de sua trajetória. Ela ficou visivelmente constrangida — e vermelha. Tenho certeza de que, se aplicasse o teste de síndrome da impostora, o resultado dela seria médio: suficiente para não sabotar sua carreira, mas limitador ao impedir que ela mire em posições que verdadeiramente correspondam ao seu talento. Afinal, como ninguém está 100% preparado para esses *stretch roles*, o importante é acreditar que o aprendizado ocorre no caminho.

Recentemente, conversei com Joanna, diretora internacional de RH de uma renomada empresa de luxo, que também passou por outras grandes organizações do setor ao longo de sua carreira. Durante nossa conversa, ela destacou um dado impressionante: ao longo de toda a sua trajetória, consegue lembrar de menos de cinco casos em que uma executiva bateu à sua porta para se candidatar a uma posição de destaque. Estamos falando de uma situação global, intergeracional, que só começará a mudar quando trabalharmos de forma intencional para desconstruir a síndrome da impostora nas mulheres.

O último relatório do *Gender Gap Index* indica que, no ritmo atual, levaremos 132 anos para alcançar a igualdade entre homens e mulheres. Esse dado impactante nos lembra de que ainda temos pelo menos cinco ou seis gerações pela frente antes de atingir esse equilíbrio. Até lá, o trabalho de combater a síndrome da impostora continuará sendo uma prioridade crucial.

Cada vez que me vejo conversando com uma mulher ou um grupo de mulheres que não reconhecem o valor que têm, sinto uma mistura de raiva, indignação, urgência e frustração. Mas também sinto um profundo desejo de agir. Sempre puxei pela liderança feminina, mesmo antes de trabalhar de maneira intencional com esse tema. Em todos os contextos profissionais que integrei, entrei sendo uma das poucas mulheres e saí deixando equipes muito mais equilibradas.

Lembro, por exemplo, que quando deixei minha posição como diretora de Recursos Humanos para a América Latina no grupo LVMH, 90% das posições de direção geral eram ocupadas por mulheres. Não foi algo planejado, não havia metas de KPIs, mas criamos, de maneira orgânica, o que chamo de "pirâmide ao contrário". E isso é algo que me enche de orgulho.

No entanto, também fui puxada ao longo da minha carreira, principalmente por homens, já que tive chefes predominantemente masculinos em ambientes corporativos majoritariamente masculinos. Mas há um momento específico em que uma mulher teve um impacto decisivo na minha vida. Era uma conselheira de comunicação muito respeitada na França, dona de uma grande agência, que estava treinando os executivos da Moët Hennessy para apresentações estratégicas durante a convenção anual da empresa. Como era de se esperar, a maior parte dos palestrantes era composta por homens.

Naquela noite, com uma taça de champanhe na mão, criei coragem para elogiá-la pelo trabalho e me apresentar. No meio da conversa, confessei o meu medo de falar em público — um medo que me acompanha desde sempre e que havia se intensificado após uma experiência desastrosa aos 26 anos, quando fiz uma apresentação em inglês para 500 executivos da minha empresa anterior. Lembro dela me olhando diretamente nos olhos e dizendo: *"Você é jovem, você é mulher, e trabalha em uma empresa extremamente masculina. Você tem a responsabilidade de falar. Sua voz precisa ser ouvida!"*

Naquele momento, minha primeira reação foi de irritação — odeio que me digam o que fazer! Mas, com o tempo, aquelas palavras foram decantando. Semanas depois, percebi que ela estava certa. Aos poucos, comecei a enfrentar meu medo, me expondo em contextos desafiadores, mas de forma progressiva. Não foi fácil, mas hoje reconheço o impacto transformador que aquela conversa teve em mim.

Conselhos para ajudar mulheres com síndrome da impostora

Ser generoso não exige grandes preparativos; basta estar atento e intencional, disposto a apoiar as mulheres ao nosso redor, seja no círculo social ou no ambiente profissional.

1. *Reforce as conquistas com fatos concretos* — Muitas mulheres tendem a minimizar suas realizações. Ajude-as a listar evidências objetivas, como resultados alcançados e *feedbacks* positivos. Diga: "Você chegou aqui por competência. Aqui estão as provas disso."
2. *Use e abuse de elogios sinceros* — Durante um programa de liderança feminina, minha sócia Nathalie teve a ideia brilhante de propor um exercício: as mulheres presentes deveriam listar as qualidades que viam umas nas outras. Foi emocionante — e desafiador. Muitas delas encontraram dificuldade em aceitar os elogios, mas o impacto positivo foi tão grande que elas replicaram o exercício em seus próprios times.
3. *Crie espaços seguros para conversas* — Pergunte: "Como você está se sentindo? Como posso ajudar?" Ouvir, sem julgamento, pode ser transformador.
4. Desafie a autocrítica excessiva — Questione gentilmente: "Se fosse outra pessoa na sua posição, como você avaliaria?" Esse exercício ajuda a equilibrar a perspectiva, pois, muitas vezes, somos mais duras conosco do que com os outros.
5. *Incentive a busca por desafios* — Encoraje candidaturas para posições desafiadoras, mesmo que pareçam intimidadoras. Como Sheryl Sandberg sabiamente disse: "Se a você for oferecida uma poltrona em um foguete, não pergunte qual é o assento. Apenas entre."
6. *Celebre pequenas e grandes vitórias* — Rituais simples, como um brinde ou um café para marcar uma conquista, ajudam a criar memórias positivas e fortalecem a confiança.
7. *Atue como mentora ou patrocinadora* — Abra portas, conecte mulheres a oportunidades e ofereça suporte ativo. Este ano, tornei-me mentora no Instituto Vasselo Goldoni, e tem sido uma experiência gratificante.

A generosidade entre mulheres é um ato revolucionário. Criar redes de apoio é a chave para enfrentarmos, juntas, os desafios impostos por uma sociedade que ainda subestima nossa força e capacidade. Quando nos erguemos umas às outras, criamos não apenas conexões, mas também um movimento poderoso capaz de transformar vidas — e o mundo.

VIRNA DIAS

@virnadd
linkedin.com/in/virna-dias-830a28181

De medalhas olímpicas aos palcos corporativos: abrindo caminhos e inspirando transformações

O esporte ensina lições valiosas. Ele exige disciplina, resiliência, e nos prepara tanto para a vitória quanto para a derrota. Saber vencer sem se acomodar e perder sem desistir é essencial para crescer. Mas a verdadeira transformação está em como utilizamos esses aprendizados para abrir caminhos — para nós mesmas e para os outros.

Eu nunca fui a mais talentosa, a mais alta, a mais forte ou a mais habilidosa. Mas, desde cedo, percebi que minha determinação e dedicação poderiam me levar a lugares que o talento, sozinho, jamais alcançaria. Eu me concentrei em fortalecer meus pontos fortes, mas também encarei minhas fraquezas com coragem, treinando duro todos os dias para superá-las.

Não foi o talento que me manteve na Seleção Brasileira por 18 anos. Foram a disciplina e a consciência de que cada passo dado, cada esforço feito, abriria não só as portas para meus sonhos, mas também para inspirar aqueles ao meu redor.

Como atleta, aprendi a importância de olhar além de mim mesma. Em cada vitória, havia uma equipe, um esforço coletivo, um objetivo maior. E foi essa mentalidade que me permitiu não apenas alcançar meus próprios objetivos, mas também pavimentar o caminho para que outros pudessem trilhar suas jornadas.

Lembro-me de momentos em que a vida testou minha capacidade de resiliência e liderança. Em Sydney, antes das Olimpíadas de 2000, fraturei o pé em um momento decisivo. Muitos acreditavam que seria impossível eu competir. Mas, em vez de desistir, fiz uma promessa a mim mesma: dedicaria cada segundo ao meu processo de recuperação. Não foi apenas a medalha de bronze que conquistamos que marcou aquele momento, mas a mensagem que ficou: superar barreiras inspira e a determinação de seguir em frente pode abrir portas para os outros acreditarem no impossível.

Mais tarde, no Flamengo, recebi o convite de vestir a camisa 10, meu número dos sonhos, por ser inspirada em Zico, um ícone de liderança e humildade. Foi um projeto desafiador — o time não era o favorito, e muitos duvidaram da nossa capacidade de chegar longe. Mas, ao lado de Leila, criamos uma parceria que ia além da quadra. Trabalhamos para elevar a equipe e mostrar que, com união e dedicação, podíamos transformar expectativas. Conquistamos o título da Superliga e provamos que o trabalho duro e a crença no coletivo podem abrir os caminhos mais improváveis.

Como mãe e atleta, também enfrentei o desafio de conciliar minha carreira com a criação do meu filho, Vítor. Tive que tomar a difícil decisão de permitir que ele morasse com o pai em busca de estabilidade. Carreguei o peso da culpa de ser uma mãe distante, mas usei essa dor para me fortalecer e mostrar que, mesmo em meio às adversidades, era possível ser uma inspiração para ele e para tantas outras mães que vivem essa mesma realidade.

Outro momento que exemplifica o poder do espírito de equipe foi durante minha jornada na Seleção Brasileira, especialmente nos períodos de renovação e reconstrução. Muitas vezes, enfrentamos adversidades, não apenas contra adversários difíceis, mas também na busca de redefinir nosso estilo de jogo, e encontrar o equilíbrio entre jovens talentos e jogadoras experientes. Foi nesse contexto que entendi que liderar era mais do que apenas mostrar resultados em quadra — era inspirar, motivar e ajudar cada integrante a encontrar sua melhor versão.

Lembro-me de uma jovem atleta que entrou para a seleção em um momento crucial. Ela tinha talento, mas era insegura. Duvidava do próprio potencial. Meu papel foi estender a mão, compartilhar minha experiência e, principalmente, mostrar que ela não estava sozinha. Trabalhamos juntas dentro e fora de quadra, e ver essa atleta se tornar uma peça fundamental na equipe foi uma das maiores recompensas da minha carreira. Isso reforçou em mim a ideia de que abrir caminhos é uma das maiores virtudes do espírito de equipe.

Outro exemplo foi na semifinal das Olimpíadas de Atenas, em 2004. Embora tenhamos enfrentado uma das maiores decepções ao perder para a Rússia, aquele jogo me ensinou uma lição poderosa sobre como os laços criados em momentos difíceis são tão importantes quanto as vitórias. Depois daquela derrota, em vez de nos afastarmos, nos unimos ainda mais. Aprendi que, mesmo nas perdas, é possível abrir caminhos — fortalecendo a resiliência, criando novas estratégias e ajudando umas às outras a crescer.

Essa mentalidade me acompanhou quando decidi transitar para o vôlei de praia. Trabalhar em dupla exige um nível de colaboração e confiança ainda mais profundo. Na areia, seus erros são expostos, e você depende inteiramente da parceira. Essa experiência me mostrou como a transparência, a comunicação e a empatia podem abrir portas, não apenas para melhorar o desempenho esportivo, mas para construir relações de confiança e respeito mútuo.

Cada passo na minha trajetória, seja nos momentos de glória ou nos de dificuldade, me ensinou que o verdadeiro impacto da nossa jornada não está apenas nas conquistas pessoais, mas nos caminhos que abrimos para outras pessoas. Liderar é inspirar, é olhar para o lado e enxergar potencial onde, talvez, nem mesmo a própria pessoa veja.

Quando penso em tudo o que o esporte me ensinou, uma coisa é clara: os laços que criamos ao longo do caminho são tão importantes quanto as medalhas que conquistamos. Seja apoiando uma jovem atleta insegura, buscando superar uma derrota dolorosa ou aprendendo a confiar plenamente em uma parceira, cada momento foi uma oportunidade de crescer junto com os outros.

Acredito que as maiores mudanças acontecem quando transformamos nossas experiências, em aprendizado coletivo. Quando usamos nossas histórias, não para alimentar egos, mas para empoderar. O espírito de equipe é sobre isso: elevar o outro, construir juntos, abrir portas e criar um legado que vá além de nós mesmos.

E, se eu puder deixar uma mensagem final, seria esta: não subestime o poder de quem caminha ao seu lado. Seja na quadra, na vida ou em qualquer outra jornada, o maior impacto que você pode causar não está apenas em vencer desafios, mas em como você inspira os outros a também acreditarem que podem vencer. O legado que deixamos é feito de pessoas que ajudamos a crescer. É isso que nos torna verdadeiramente vitoriosos.

VIVI DE MARCO

linkedin.com/in/vivi-de-marco-0b80293b

Minha trajetória na televisão brasileira

Depois de tantos anos escrevendo histórias, informando e documentando, quando olho para esta página em branco e a missão é falar sobre mim mesma, tudo fica mais difícil! Talvez seja modéstia. Informar é mais fácil, afinal, essa é minha profissão. Sou jornalista. Nem vou dizer há quantos anos — é fácil perceber que já percorri um longo caminho.

Comecei na TV Bandeirantes como editora de política, e uma das minhas primeiras coberturas foi a morte do presidente eleito Tancredo Neves. Chorei enquanto editava as imagens do caixão descendo a rampa do Palácio do Planalto. Também editei todas as manifestações das "Diretas Já". Estava de plantão em Brasília no dia em que Ulysses Guimarães celebrou a Constituição de 1988. Em cada um desses momentos, mal podia acreditar que estava trabalhando onde sempre sonhei: na televisão!

Depois de passar um bom tempo na redação, hoje sou diretora-geral do programa "Mais Você", apresentado por Ana Maria Braga! Não sou uma executiva como a maioria dos membros deste grupo incrível, onde "uma sobe e puxa a outra". No entanto, posso dizer que tive o privilégio de ser uma profissional que fez a transição do jornalismo para o entretenimento informativo. Fiz essa mudança há 25 anos (2024).

No meio artístico, tive a oportunidade de "farejar" talentos. "Puxei" vários deles para a televisão, e tudo deu certo até hoje. Felizmente, fui "puxada" pela Ana Maria antes mesmo da estreia do "Mais Você", em 1999, porque nos demos bem desde o primeiro contato. Até saí do programa por um ano para lançar a versão ao vivo do "Vídeo Show", mas fui "puxada" de volta.

Voltando um pouco no tempo, lembro-me de quando mudei de área — e essa expressão é literal, pois o prédio de produção da Globo fica do lado oposto ao do jornalismo. Achei que seria mais fácil, mais divertido e que me livraria dos plantões de fim de semana. O horário era de segunda a sexta-feira e, acima de tudo, eu ficaria livre da necessidade de escolher entre trabalhar no Natal ou no Ano Novo.

Porém, essa ilusão durou pouco. O rigor de trabalhar com informação é o mesmo e, em um programa diário, não dá para relaxar ou se desconectar nos fins de semana, porque os acontecimentos não param. Quando um programa termina, já é hora de pensar no próximo, e o desafio é fazer *sempre melhor que o anterior*. Além disso, há um detalhe a mais: a disputa pela audiência é ainda mais acirrada.

Apesar de tudo, preciso confessar que valeu a pena, porque tenho a sorte de trabalhar com a melhor comunicadora do Brasil, que é Ana Maria, uma parceira de ideias e alguém que não aceita ficar na zona de conforto. Se ela foge da zona de conforto, sua equipe também foge, e é assim que chegamos perto do 25º aniversário do programa, sempre nos reinventando.

Só cheguei até aqui porque segui um caminho de trabalho árduo, zero preguiça, muita curiosidade e entusiasmo. Sou assim: uma sagitariana com ascendente em Sagitário. Quem entende um pouco de astrologia vai compreender. Para quem não acredita nisso, eu simplesmente diria que nasci carregada de energia, encantada pelo mundo, pelas pessoas e por histórias. Atributos essenciais para estar onde estou.

Como cheguei ao "Plim Plim" (apelido da Globo)

Voltando um pouco mais no tempo, lembro-me do sonho de estar na TV Globo. Demorou para termos uma televisão em casa. Nos fins de semana, eu assistia na casa dos meus avós paternos. Era um rádio com imagem, e isso me intrigava. Como aquilo era possível? Olhava para o cabo conectado à tomada e me perguntava: seria aquele cabo que levava as pessoas para dentro da tela da TV?

Naquela época, ninguém soube me explicar. Mesmo sem entender, lembro do meu fascínio e de imaginar que, um dia, estaria dentro daquele tubo. Não sabia como, mas tinha certeza de que isso aconteceria. Sem a menor noção, acho que joguei esse sonho com tanta força para o Universo que a "Lei da Atração" funcionou. Olha onde estou hoje.

Até o início de 1991, eu era editora-executiva do Jornal Bandeirantes. Trabalhei com Joelmir Beting, Marília Gabriela, Ferreira Martins, Fernando Mitre, Silvia Jafet, Celso Ming, José Augusto Ribeiro e Newton Carlos. O principal telejornal da emissora tinha uma duração considerável, e fechar cada edição era um exercício de tenacidade. Às vezes, o jornal começava e o final ainda não estava pronto. Era praticamente um programa ao vivo. Mas eu lidava bem com isso. Nunca precisei apertar o "botão do pânico". Essa "qualidade" acabou sendo meu passaporte para a Globo.

Sabendo do meu perfil, um amigo que havia saído da Band para a Globo (José Emílio Ambrósio) me indicou para ser editora-executiva do SPTV – 2ª Edição.

Assumi a posição que pertencia a Amauri Soares, o atual CEO da Globo. Sem saber, ele criou um espaço que me permitiu crescer na carreira. Ainda me lembro do frio na barriga no meu primeiro dia de trabalho. A data não poderia ser mais simbólica: 1° de maio de 1991, Dia do Trabalho!

O editor-chefe do SP2 era Carlos Nascimento, um grande jornalista. O telejornal, que antecede o Jornal Nacional, era mais curto do que a edição do meio-dia. Para mim, a adaptação foi fácil.

No ano seguinte, entrei no "Bom Dia São Paulo", ao lado do âncora Carlos Tramontina. O telejornal era mais leve, e, aos poucos, percebi que Tramontina era muito aberto a inovações e curiosidades além das notícias. Foi quando tive a ideia de incluir uma receita no jornal. Percebi que isso ajudaria as donas de casa a economizar tempo e dinheiro.

O panetone abençoado

A receita precisava ter relação com as notícias. Um Natal, ainda no século passado, tive a ideia de ensinar como fazer um panetone caseiro que não ressecasse. Tinha que ficar igual ao do supermercado: fofinho e úmido, mas com um custo menor.

Pesquisei e descobri que um tipo de fermento especial ajudava a dar essa textura. Testamos. Ficou ótimo. A receita foi ao ar no começo de dezembro, para que as pessoas pudessem se preparar para vender ou fazer para a família.

No anúncio, escrevi: "Aprenda a fazer um panetone caseiro igual ao do supermercado, mas pela metade do preço!" O sucesso foi tão grande que a receita teve que ser reprisada — algo raro em um telejornal.

Além disso, como ainda não existia internet, fizemos cópias da receita e deixamos na entrada da Globo. Naquele dia, as filas deram a volta no quarteirão! Esse "case" me deu ainda mais notoriedade e chamou a atenção da imprensa. Depois disso, meu nome passou a ser associado aos telejornais do meio-dia, por saber como falar diretamente com as famílias.

Em 1999, quando a Globo fechou um contrato com Ana Maria Braga para lançar o "Mais Você", Amauri Soares (que havia retornado à emissora como editor regional em São Paulo) me recomendou para integrar a equipe que estava vindo com Ana da Record. Eu não conhecia Ana Maria pessoalmente, mas no nosso primeiro encontro, senti que teríamos uma boa sintonia. E foi exatamente isso que aconteceu, até hoje. Somos movidas pelo novo, pelas surpresas, pelo diferente e, acima de tudo, pela verdade.

Uma professora chamada "Minuto a Minuto"

O maior aprendizado que me deu confiança no entretenimento foi observar os números da audiência. Bons índices, além de serem fundamentais para a saúde comercial da TV, mostram as preferências do público.

É óbvio que a audiência cresce quando buscamos temas de maior interesse, e é aí que entra o "minuto a minuto": com ele, podemos acompanhar instantaneamente o que agrada ou afasta o público. Ter essa ferramenta como guia facilita muito a tomada de decisões.

Alguns conteúdos naturalmente chamam mais atenção, como notícias sensacionalistas, catástrofes e coberturas ao vivo de grandes fatos. Já em programas de informação e entretenimento, precisamos oferecer algo a mais ao espectador: além de diversão, um conteúdo útil, com informações que tragam algum benefício ao público.

Apresentar um programa diário e ao vivo para o país inteiro é uma enorme responsabilidade. A TV aberta é acessível a todos, e é preciso aprender a falar com milhões de pessoas ao mesmo tempo. E é isso que Ana faz todos os dias: conversa com milhões de brasileiros sobre temas que interessam a milhões.

Essa frase, inclusive, é uma das favoritas do nosso diretor, Mariano Boni, que também é movido por desafios. Agora, imagine o desafio de liderar uma equipe que produz esse conteúdo.

O aprendizado acontece todos os dias. Observando, aprendi que fatos e imagens inusitadas rendem resultado na TV. Também aprendi que intuição é tão importante quanto estar bem informada. Intuição acompanhada de sensibilidade. Essa é uma dupla infalível.

Na rotina do programa, realizamos uma longa reunião de pauta toda semana. Após 24 anos no ar, não há assunto que ainda não tenha sido tratado no nosso programa. Se cada vez que alguém sugerisse um tema a resposta fosse "ah, já fizemos isso antes", seria como jogar um balde de água fria.

Acredito profundamente que ideias antigas podem ser renovadas e atualizadas. Por isso, todas as ideias são bem-vindas. O segredo é sempre se perguntar: "O que o público vai ganhar com isso?" Pode ser:

- Uma dica importante para um negócio
- Uma ideia inspiradora
- Um conselho para a vida
- Uma história que emociona e diverte
- Uma receita que faz o telespectador salivar só de olhar

A curiosidade da audiência: polenta vs. salada

Aqui vai uma curiosidade: apresentar uma receita de salada não gera uma audiência proporcional ao desejo das pessoas de serem saudáveis. Agora, se colocarmos uma polenta cremosa com ragu de costela, ou um belo bolo de chocolate, o resultado é garantido. Se isso acontece, é porque despertamos uma emoção no telespectador.

A TV é um meio que transborda emoção. Nosso radar deve estar sempre ligado, captando o que as pessoas gostam de ver e o que têm curiosidade em saber.

O programa deve se adaptar a isso, mas sem perder de vista os acontecimentos do momento, porque a TV aberta só vai sobreviver enquanto for AO VIVO. Se não for ao vivo, fica difícil competir com o *streaming*.

Antes de Encerrar...

Quando entrei na faculdade, minha primeira escolha foi Relações Públicas, mas logo me aproximei do grupo de Jornalismo. Naquela época, já percebia que meu perfil combinava mais com uma "rotina sem rotina", algo que só o jornalismo permite.

Foi um colega de turma quem me deu minha primeira oportunidade na profissão. O nome dele é Caetano Bedaque, e foi ele quem me indicou para meu primeiro emprego como jornalista na Bandeirantes. A partir dessa oportunidade, passei a guiar minha carreira acreditando que a solução mais fácil nem sempre é a melhor.

Esse foi o mesmo conselho que dei à minha filha jornalista, Mariana De Marco, a quem dedico este capítulo. E também à minha filha advogada, Danielle De Marco, que é a "voz da razão" da família.

Cresci na profissão.

Fui "puxada" para inúmeros desafios e sempre tentei corresponder.

E é por isso que estou aqui hoje, puxada por minha amiga Natasha Caiado, a quem deixo um muito obrigada.

Adorei a experiência!

YOSRA MOJTAHEDI

linkedin.com/in/yosra-mojtahedi-b7433980
@yosramojtahedi
yosra.mojtahedi@gmail.com

Em nome da mulher. Em nome da vida. Em nome da liberdade

Meu nome, *Yosra*, significa "serenidade após a tempestade" em persa. No entanto, eu me identifico mais com o oposto: a tempestade que irrompe após a calmaria, uma força em movimento — imprevisível e indomável.

Nasci em Teerã, filha de uma mãe persa e de um pai curdo, originário do Curdistão Iraniano. Essa herança dupla me enraizou profundamente em uma terra marcada por identidades complexas e, por vezes, conflitantes. O que sempre me fascinou, no entanto, foi a riqueza do meu legado curdo: uma família espiritual moldada pelas tradições sufistas, por figuras patriarcais e por uma história religiosa que se estende por mais de três séculos.

Na infância, cresci em um mundo delimitado por fronteiras invisíveis, mas sempre presentes, onde a religião parecia estruturar tudo, sem nunca se explicar completamente. Minha família praticava uma forma de espiritualidade enraizada na nossa herança sunita, mas, após a Revolução de 1979, as tradições de orientação espiritual, outrora conduzidas por meus antepassados paternos, se esvaneceram. Meus tios optaram por não continuar esse legado, deixando a fé se transformar mais em uma memória cultural do que em um pilar diário.

Meu pai, no entanto, trouxe uma espiritualidade diferente para o nosso lar: para ele, a música e a poesia eram formas sagradas, preces informais que ecoavam a ideia de um mundo mais livre. Na escola, a realidade era completamente diferente. A religião dominava tudo, ditando não apenas comportamentos, mas também pensamentos, impondo uma norma que eu não conseguia compreender nem aceitar completamente. A educação acontecia em um ambiente exclusivamente feminino, onde os meninos estavam ausentes, invisíveis, quase inexistentes. Essa separação tornou o "outro" masculino um mistério e, conforme eu crescia, algo até mesmo intimidante. Tudo parecia trancado a sete chaves, mas esse confinamento apenas alimentou minha curiosidade.

Cada proibição sussurrava que existia um "em outro lugar" que eu precisava descobrir, mesmo que isso significasse quebrar as regras. A própria palavra "Deus" me inquietava. Como nos era ensinado, Deus era vasto, masculino, autoritário, quase inacessível.

Aos quinze anos, chegou um momento crucial: escolher o primeiro passo para o meu futuro. Nessa idade, a sociedade esperava que seguíssemos um caminho pré-determinado: nos tornarmos esposas, mães ou, no máximo, seguir uma carreira considerada “apropriada”.

Mas dentro de mim, uma voz insistia que eu queria mais. Foi nesse período que meu pai, com seu espírito livre e poético, me entregou uma chave preciosa:

“A arte é uma porta”, ele me disse, “uma abertura para um mundo sem fronteiras.” Essas palavras ressoaram profundamente em mim. A arte parecia ser ao mesmo tempo uma fuga e uma arma, uma forma de transformar minha raiva silenciosa em algo belo e poderoso.

Na arte, encontrei uma liberdade que me era negada em todos os outros lugares.

Quando descobri o desenho, foi uma revelação. O lápis se tornou um refúgio, um modo de existir fora dos olhares e das regras. Eu rabiscava em segredo, em pedaços de papel, nas margens dos cadernos escolares. Esses momentos roubados eram os únicos em que eu me sentia livre. Mas, mesmo assim, precisava ser cautelosa. Se meus desenhos se afastassem demais das normas impostas, poderiam ser considerados inapropriados.

Ao entrar na adolescência, minha resistência interna cresceu ainda mais. Meu pai, percebendo minha paixão pela arte, me encorajou: “Continue”, ele disse. “A arte é um mundo sem limites.” Essas palavras me deram coragem para transformar um canto da nossa garagem em um ateliê improvisado. Esse pequeno espaço tornou-se meu santuário, meu refúgio inviolável.

Hoje, olhando para trás, entendo que esses anos moldaram minha visão sobre o corpo, a feminilidade e a liberdade. Eles me ensinaram a transformar a dor em criação, a usar a arte para expressar o que as palavras não conseguiam. Mas também deixaram cicatrizes profundas — uma relação complicada com meu próprio corpo e uma raiva latente que precisei aprender a canalizar.

Dos 15 aos 27 anos, naveguei pelo mundo da arte, enviando meus trabalhos para galerias ao redor do mundo. De Turquia a Dubai, de Abu Dhabi à Alemanha, minhas obras viajaram muito além das fronteiras do Irã.

Com o tempo, meus quadros evoluíram. Eles mantinham a aparência de desenhos monocromáticos, mas se tornaram mais ricos em figuras femininas, flores e camadas suaves de cores sobrepostas. No entanto, essas camadas gradualmente foram cobertas pelo preto — um véu misterioso e pesado. Não entendia completamente por que minhas telas se transformavam dessa forma. Mas, no final, poucos elementos permaneciam visíveis, exceto por uma boca selada por uma flor ou por olhos parcialmente revelados.

Esse preto — onipresente e crescente — tornou-se a base do meu trabalho, envolvendo e contendo fragmentos de corpos femininos. Ele carregava uma tensão sutil: uma feminilidade afirmada, mas também oculta. Dentro dessa escuridão, desenrolava-se uma história — uma história de censura, tanto interna quanto externa.

O preto não era apenas uma escolha estética. Ele carregava um peso político e pessoal profundo. Simbolizava uma forma de autocensura, um diálogo entre minha liberdade interior e as restrições sociais impostas a mim. Em um país onde a censura — especialmente em relação ao corpo feminino — é onipresente, esse véu negro tornou-se um espaço de resistência.

Hoje, esse preto enigmático e profundo é minha assinatura artística. Sob esse véu escuro, ele conta uma história universal: a história do invisível lutando para ser visto, das vozes silenciadas persistindo para serem ouvidas.

Sair do meu país, como uma fuga para outro lugar, não foi apenas um ato de fuga, mas uma necessidade profunda de reconciliação comigo mesma, de fazer as pazes com meu corpo, tantas vezes visto pela sociedade iraniana como um campo de batalha. Foi um gesto radical, motivado pelo desejo de libertar minha existência e minha arte das amarras culturais e sociais que as aprisionavam.

A arte, nesse processo, tornou-se tanto um guia quanto um espelho: Ela me ofereceu uma nova perspectiva, me dando a sensação de que continha a chave para minha liberdade recuperada. No entanto, ao chegar a um contexto menos restritivo, logo percebi que a liberdade não era tão facilmente alcançável como eu havia imaginado. Embora os limites físicos e sociais tivessem se dissipado, outro peso, mais sutil, mas igualmente poderoso, começou a se manifestar.

Minhas telas, agora livres da censura, já não falavam com a mesma urgência, a mesma energia. A cor, que eu havia prometido redescobrir, estava presente, mas não possuía a profundidade que eu esperava.

Uma cor sem significado, sem a necessidade visceral de expressar uma revolta oculta. A obsessão por cobrir minhas telas de preto, um legado dos anos sob controle, começou a desaparecer.

Mas algo fundamental ainda precisava ser reconstruído.

O vazio e a redescoberta

O vazio, essa falta de sinceridade, tornou-se ainda mais palpável à medida que eu me instalava nessa nova realidade. As telas, cheias de cor, pareciam não dizer nada.

Por mais que eu tentasse aprofundar as pinturas, adicionar camadas, tudo soava vazio, sem verdade. A repetição dos gestos mecânicos, como se eu tentasse preencher um vazio interno, já não me satisfazia. Eu estava constantemente em busca de algo, mas essa busca parecia ilusória.

Meu ateliê tornou-se um labirinto de obras, e, ainda assim, nada parecia emergir dele. Então, tomei uma decisão: parar.

Não foi um fracasso, mas uma pausa necessária. Um passo para trás, para compreender o que eu realmente buscava além das aparências, além das cores, além das formas. Essa decisão marcou um ponto de virada na minha busca interior.

Se eu queria que minha arte transmitisse uma mensagem autêntica, antes eu precisava redescobrir a verdade sobre mim mesma. Reconciliar-me com esse corpo feminino que aprendi a temer, a esconder, e, pela primeira vez, a amar em sua total autonomia.

Foi um processo longo e incerto, mas que me permitiu me desprender das expectativas externas, dos julgamentos, e finalmente olhar para dentro, para ver o que eu estava pronta para revelar ao mundo. Foi nesse momento preciso que tomei consciência da profundidade da minha própria censura.

Percebi que não se tratava apenas da censura externa, imposta por política e religião. Mas também da voz interior, nascida desse sistema rígido, que me impedia de me expressar livremente. A violência dessa restrição interna me atingiu em cheio.

Uma violência que se imprimiu na minha arte, fazendo de cada mulher que eu desenhava um reflexo de mim mesma, aprisionada, uma versão minha incapaz de se exteriorizar, uma versão minha que se sentia invisível. Era um grito sufocado, um tormento que ninguém parecia disposto a ouvir.

A arte como rebelião silenciosa

Nesse silêncio imposto, busquei refúgio no ato criativo. Comprei papel, lápis e marcadores e, diante da página em branco, a pergunta surgiu: "O que eu vou criar?"

Mas havia uma proibição dentro de mim, aquela que me impedia de desenhar corpos, especialmente corpos femininos. Era como se, a cada traço de pincel ou lápis, eu estivesse tocando uma realidade que me perturbava. E, ainda assim, não conseguia evitar inscrever a feminilidade no meu trabalho.

Comecei desenhando plantas, formas botânicas, fascinada pela resiliência delas, pela capacidade de se reinventarem e surgirem em condições desfavoráveis. Depois, decidi substituir essas formas botânicas por representações humanas, corpos humanos, especialmente corpos femininos.

Foi essa raiva contida que eu quis inscrever nas minhas telas. Essa rebelião silenciosa, mas profundamente presente.

As formas botânicas que eu inicialmente usava começaram a se entrelaçar aos contornos desses corpos femininos silenciados. E, no final, o feminino e o masculino se fundiram, criando uma hibridização.

Dei vida a um universo alternativo, um mundo onde as fronteiras entre os gêneros se dissolviam, onde a identidade se tornava mais fluida, mais complexa.

Criando um mundo sem fronteiras

Através dessa hibridização, encontrei uma forma de expressar minha raiva contra essa sociedade, contra as estruturas de poder, contra o Homem e a Mulher, cada um desempenhando seu papel sem jamais questionar o sistema. Essa fusão foi uma tentativa de escapar das regras impostas. Uma maneira de criar um novo espaço de liberdade. Um mundo onde os limites de expressão e identidade fossem abolidos.

Na minha juventude, o enigma de Deus me atormentava. E, sem entender completamente o porquê, uma vontade irresistível de criar robôs germinou dentro de mim.

No Fresnoy — Studio of Contemporary Arts, meus sonhos começaram a ganhar forma, como se eu fosse uma deusa criadora. Atraída pela natureza, a fonte suprema de inspiração, uma chama me guiou para a materialização de corpos inanimados — esculturas. Minha exploração me levou a laboratórios científicos e pesquisadores, tentando entender como dar vida a uma entidade com comportamentos humanos, sem precisar do nascimento físico.

Como assumir o papel de um Deus — ao mesmo tempo tirano e masculino — soprando vida em algo inanimado?

Essas perguntas giravam na minha mente.

E, ao persegui-las, percebi que minha arte estava transcendendo os limites impostos a mim, tanto cultural quanto fisicamente.

Eu estava rompendo com as restrições daquilo que me ensinaram.

Buscando explorar um mundo onde fronteiras — entre culturas, gêneros ou disciplinas — simplesmente não existiam.

Hoje, posso dizer que dei vida a esculturas que percebo como máquinas-humanas.

Através de colaborações entre arte e ciência, especialmente com o laboratório Defrost, criei robôs macios que replicam os movimentos dos músculos humanos.

Mas não era apenas sobre criar máquinas.

Era sobre criar um espaço onde as limitações do corpo e da mente pudessem se dissolver.

Onde as fronteiras entre o humano e o não-humano, o orgânico e o sintético, deixassem de ter qualquer poder.

A ideia de um Deus masculino criando a vida me inspirou a conceber seres híbridos.

Uma simbiose emergiu entre planta, mineral, humano e máquina.

Minha relação tumultuada com a religião me levou a essa criação: dar vida a uma entidade que unisse homem e planta, mulher e homem, máquina e matéria orgânica.

Um ser que desafiasse a própria noção de fronteiras — físicas, intelectuais ou espirituais — e proclamasse com força: Somos Um!

ZULEICA BARRETO CAMPOS

+55 43 99172-0077
@drazuleicapsiquiatra

Penso, logo... Sofro. E me medico?

"O correr da vida embrulha tudo, a vida é assim: esquenta e esfria, aperta e daí afrouxa, sossega e depois desinquieta. O que ela quer da gente é coragem" (Guimarães Rosa, *Grande Sertão: Veredas*).

Desde sempre me interesso pelas histórias das pessoas. O encontro com o outro sempre despertou em mim muitas perguntas: por que aquela pessoa reage daquela determinada forma? O que aconteceu em sua vida e como isso influencia ao longo de sua história para que ela seja quem ela é hoje? O que a assusta ou motiva? Cada ser humano é um universo particular, mas infelizmente vivemos em tempos em que essa obviedade parece perder força. Estamos lamentavelmente, a meu ver, imersos em um contexto social de imposições uniformizantes e dessubjetivantes, que valorizam a padronização superficial, o que tende a negligenciar e inibir as singularidades de cada pessoa.

Quando decidi cursar Medicina, jamais imaginei que essa curiosidade pelas histórias humanas se tornaria futuramente o meu ofício. Ao longo da graduação, transitei sem muita convicção sobre qual especialidade seguir. Psiquiatria, na época, não era sequer cogitada — talvez por preconceito, talvez por medo. Mas a vida se impôs a mim, com sua alteridade radical. Meu pai, um homem sempre muito alegre e animado, era também um homem excessivamente preocupado, o que costumava deixá-lo frequentemente nervoso. Sofria com os imprevistos rotineiros da vida; costumava dizer: "Estou com a cabeça fervendo". Quando falava isso, pressionava a mão na região temporal direita de sua cabeça, aflito. Aos 58 anos, descobriu um tumor maligno no cérebro, exatamente na região temporal direita. Em apenas dois meses, faleceu.

Esse episódio marcou profundamente minha vida. Além da dor por uma perda tão atroz e precoce, um câncer justamente no local onde ele expressava seu sofrimento! Coincidência? Obviamente sei que não há como medir o quanto seus conflitos emocionais poderiam ter contribuído para o desenvolvimento daquela doença fatal, mas foi a partir daquele outubro de 1997 que uma certeza me invadiu e nunca mais me abandonou: a mente humana é incrivelmente poderosa, tanto para o bem quanto para o mal. Você que está lendo estas palavras já se interrogou a respeito de como está a sua relação com sua cabeça? Está cuidando do seu mental? Quando eu passei a me fazer estes questionamentos, decidi mudar o rumo da minha trajetória profissional. Ingressei na residência de psiquiatria na Escola Paulista de Medicina (Unifesp), mesma instituição onde havia feito a minha graduação. No início, como a quase totalidade dos médicos recém-formados, tinha uma certa avidez por fazer diagnósticos e prescrever tratamentos medicamentosos. Contudo, tive a sorte de ser instigada, por excelentes professores, a enxergar o sofrimento psíquico por outras perspectivas.

Uma supervisão em especial revolucionou meu pensamento. Era o caso de uma mulher que permanecia deprimida por muitos anos após a morte de seu filho. Fazia uso de altas doses de antidepressivos, sem melhoras significativas de seus sintomas. Não conseguia voltar a gostar da vida, retomar suas atividades, fazer novos investimentos em atividades prazerosas. Tinha parado de trabalhar, e se afastado do marido e da filha. Se culpava, mas não conseguia fazer diferente. O professor que fazia supervisão do caso me disse algo que inicialmente pareceu um disparate: "Deprime aquele que não consegue entristecer. " Naquele momento, a frase me soou contraditória e enigmática. Afinal, a depressão não era sinônimo de tristeza profunda? Demorei bastante para compreender que ele se referia à dificuldade de elaborar lutos, algo essencial para superar as frustrações e adversidades da vida.

Freud já dizia, há quase um século, que o sofrimento é inerente à condição humana, não é possível viver sem sentir mal-estares. Ele identificava três grandes fontes de frustração que a vida impõe a nós, viventes: a finitude do corpo, a incontrolabilidade do tempo e as relações humanas. Envelhecemos, e seguimos inexoravelmente para a morte. Podemos planejar um ano as férias na praia, mas não podemos planejar a ausência de chuva. Além disso, as relações interpessoais são fonte constante de decepções, não conseguimos controlar os sentimentos e atitudes alheios. Podemos nos apaixonar, mas não podemos convencer o outro a nos corresponder... Essas frustrações geram tristeza, raiva, medo ou sensação de vazio — emoções legítimas, mas que muitas vezes vêm sendo patologizadas pela nossa sociedade contemporânea.

Vivemos em uma era que preconiza alegria constante, produtividade e sucesso aparente. Onde então colocamos nossos medos, inseguranças, tristezas e dúvidas? Como lidar com sentimentos que não são "instagramáveis"? Cria-se uma fantasia de acreditar que seja possível não ter esses afetos tidos como indesejáveis, como se eles não fizessem parte da vida de todos nós. Escuto diariamente pessoas que se sentem desvalorizadas, culpadas e impotentes, comparando suas vidas com as vidas dos outros, que parecem ser tão mais felizes, bem-sucedidos e realizados. São mais bonitos, mais joviais e bem-sucedidos. Têm mais dinheiro, satisfação e prazer. Essas comparações incessantes e até cruéis, alimentam a sensação de incompetência e fracasso, o que leva a mais apatia e paralisia. Este estado de mal-estar pode, dentre tantos destinos desfavoráveis, acarretar uma busca por ajuda na psiquiatria.

É bastante provável que uma pessoa que esteja nesta situação e receba um diagnóstico psiquiátrico, como depressão ou ansiedade, dentre tantos outros, experimente um alívio imediato. Então não é sua culpa, não é ele que está "falhando", mas o transtorno que determina aquele estado em que ele se encontra. Aquele vazio e falta de sentido da sua vida tinha então um nome, uma causa, uma justificativa. No entanto, esse alívio implica um perigo; pode rapidamente se transformar numa certa alienação. No dicionário, alienar é: "Transferir para outrem o domínio ou a propriedade de". Expropriação? Redução a rótulo? Penso que este é um caminho bastante perigoso, na medida em que pode fazer com que aquele sujeito pare de se interrogar a respeito de si, dos seus conflitos, dos porquês se encontra naquela condição. Parando de refletir e deixando que o transtorno fale por ele. Vejo aí um enorme risco de cronificação deste sujeito em uma posição de doente, portador de um transtorno, ou, pior ainda, identificado a ele. Infelizmente é bastante fácil confirmar esta minha hipótese, escutamos no nosso cotidiano falas como: "sou bipolar", "sou TDH", "sou deprimida".

Ao longo dos meus 25 anos de prática clínica, tenho observado um crescimento vertiginoso no número de diagnósticos psiquiátricos e no uso de medicamentos psicotrópicos. Embora se argumente que este aumento ocorra porque antes os transtornos não eram devidamente diagnosticados, avalio que as causas sejam mais complexas. Acredito que esta estatística também reflete a maneira como estes pacientes estão sendo escutados. Se uma pessoa chega a um psiquiatra se queixando de desânimo, falta de vontade ou dificuldade em realizar tarefas rotineiras, muito provavelmente receberá o diagnóstico de transtorno depressivo seguido de uma prescrição de um ou mais antidepressivos. Mas isso é tudo? Realmente trata? O que vem depois? Provavelmente ela experimentará alguma melhora nos seus sintomas, mas é extremamente comum que, passado algum tempo, o paciente se queixe de piora, referindo que o remédio deixou de fazer efeito, que os sintomas voltaram. Aumenta-se a dose, associa-se outro, outros... Recebo para atendimento, com frequência, pacientes que já vêm fazendo uso de doses altíssimas de medicação com pouca ou nenhuma melhora; já tendo feito uso de diversas medicações diferentes e ainda com vários efeitos colaterais indesejáveis.

Estou dizendo que não acredito em diagnósticos? Claro que não é isto. O ponto que quero destacar é forma de abordar o sofrimento psíquico, a pressa de tentar enquadrar num transtorno. Enquadrar, emoldurar, delimitar, limitar. Limita e afunila a escuta do profissional e do próprio paciente.

Aquela mãe que eu citei no início do texto, que havia perdido o filho, estava de fato deprimida, mas não saía daquele estado com medicação. Precisou falar muito sobre a sua dor, sobre a culpa de ter deixado seu primogênito viajar com os amigos. Não aceitava o fato de que filhos crescem e saem de perto dos pais. Não tem como crescer sem correr riscos, não é possível viver sem correr riscos. Se condenava por não ter sido uma mãe melhor, por não ter tido mais paciência. Criava inúmeras condenações que, apesar de torturantes, alimentavam a fantasia de que teria algo que ela poderia ou teria que ter feito para salvar seu filho. Precisou falar muito, chorar muito, para aceitar que ele não tinha morrido por incompetência dela, mas devido aos impossíveis da vida. Esta travessia de um luto foi possível, assim também como foi possível ela deixar de tomar antidepressivo.

Citei um caso extremo, de uma perda muito grave. Mas precisamos refletir também sobre as frustrações gerais e cotidianas da vida e em como estamos lidando com elas. Vivemos em tempos de reducionismo biológico, onde sofrimentos naturais são rapidamente categorizados como doenças, numa certa patologização das experiências humanas. Medicalização da vida? Se o que é preconizado é estar bem, o não estar bem precisa ser eliminado rapidamente? Se uma pessoa está aflita porque pensa em encerrar um casamento que não deseja mais, porém a ideia da separação lhe causa ansiedade devido às incertezas a respeito do futuro, e este estado é interpretado como transtorno ansioso, ela já será medicada? É possível que, ao fazer uso de medicação, essa pessoa se acalme e desista de se separar, ou de tentar mudar de emprego. Pode seguir infeliz, mas não está mais ansiosa com aquela situação. Ansiar pode ser padecer, causar ânsia, mas também é querer, almejar, desejar.

Não é possível generalizar, nem seria prudente. Cada situação é única e precisa ser escutada com calma, respeitando a subjetividade de cada indivíduo. É o que eu tento fazer na minha prática clínica diária. Convido as pessoas a falarem longamente a respeito de si, a se interrogarem, a se implicarem em seus sintomas. Costumo brincar dizendo que sou uma "psiquiatra que dá trabalho", com orgulho. Faço questão de não deixar meus pacientes em uma posição passiva, submetidos à minha avaliação e esperando que um remédio resolva tudo, que transforme a sua vida. Suportar escutar a respeito de suas dores, sem pressa de anestesiar. Muitas vezes medicações são necessárias, quando os sintomas estão impedindo o desenrolar da vida. Mesmo quando prescrevo medicações sigo neste posicionamento de interrogar, não dando ao remédio o lugar principal no tratamento. Costumo dizer que, em psiquiatria, o remédio não cura, geralmente apenas alivia sintomas. Tratar é questionar a origem destes sintomas. Faço provocações, "vamos tratar deste assunto? Este assunto é: como está a sua vida?!"

Quando recebi o convite para escrever para este livro, cuja temática é abrir caminhos, decidi falar a respeito da minha forma de trabalho, de como tento ajudar as pessoas a abrirem outros caminhos. Diagnóstico rápido fecha caminhos, limita as ações possíveis de cada sujeito. Tento não falar para os pacientes, mas falar com eles. Sei que, colocando desta maneira, pode parecer fácil ou simples. Evidentemente que não, não existe mágica. É um processo trabalhoso, lento e doído, tanto para quem escuta, mas principalmente para quem está falando e se escutando. Dá muito trabalho, mas é esse o meu trabalho, o meu oficio.

TERCEIRO MOVIMENTO

DIÁLOGOS MUSICAIS

DIÁLOGOS MUSICAIS

- **André Cavalli** – CEO do IT Forum, maior plataforma digital de comunicação e encontros no setor de tecnologia no Brasil. 564
- **Arnaldo Godoy** – Professor, historiador, autor, Consultor Geral da União 566
- **Arno Penzias** – Vencedor do Prêmio Nobel de Física de 1978. Revelou evidências do Big Bang *(in memorian)* 568
- **Bret Waters** – Empreendedor, investidor e professor em Stanford, dedicado a impulsionar *startups* de inovação 570
- **Edu Lyra** – Empreendedor social, fundador e CEO da ONG Gerando Falcões...... 572
- **Edward Leaman** – Especialistas em *branding* e professor da Universidade de Stanford *(in memorian)* 573
- **Edward Shanken** – Professor universitário e historiador de arte, estuda a conexão entre arte, ciência, tecnologia e novas mídias 574
- **Hugh Forrest** – Presidente do SXSW, o maior festival mundial para inovação, tecnologia, música e cultura 576
- **Lee Cockerell** – Ex-vice-presidente executivo de Operações do Walt Disney World Resort 577
- **Luciano Tasso** – Professor universitário e ilustrador, criador da imagem da capa deste livro 578
- **Marcelo de Salles Gomes** – Presidente do Meio & Mensagem, plataforma de comunicação, marketing e mídia mais relevante do Brasil 579
- **Rich Miller** – CEO da Telematica, Presidente da Provenant Data e head no desenvolvimento dos protocolos que originaram o e-mail e o chatbot 581
- **Ronaldo Costa Filho** – Embaixador, Cônsul-Geral do Brasil em São Francisco, CA, Estados Unidos da América 584
- **Tobia Salvadori** – Diretor do Conselho de Turismo da Itália 585
- **Ugo D'Agostino** – Diretor do Palais des Festivals de Cannes 587

ANDRE CAVALLI

linkedin.com/in/andre-cavalli-860411b

Equidade e liderança sem preconceitos

Nasci e cresci em um ambiente muito masculino. Somos em quatro homens e minha mãe. Meu pai, Luiz Cavalli, dois irmãos gêmeos, Márcio e Marcos, e eu, o caçula, que nasci sete anos depois. Do extremo norte da cidade de São Paulo, bairro do Jardim Ceci, na Vila Nova Cachoeirinha, crescemos como a grande maioria de lá: onde os pais saíam para o trabalho desde muito cedo.

Meu pai, que trabalhou por mais de três décadas na rede varejista Pão de Açúcar, iniciou sua trajetória no varejo como repositor de estoque ainda na reconhecida loja nº 1, na Av. Brigadeiro Luís Antônio, em São Paulo. O fato é que a vida de trabalho no que veio a se transformar na maior rede de varejo do país não incluía horários flexíveis e oferecia poucos finais de semana livres. Minha mãe, Nilcea, que conheceu meu pai enquanto trabalhavam juntos, mais tarde conseguiu outros empregos como recepcionista e telefonista em uma agência de publicidade.

A dinâmica era desafiadora. Estávamos no extremo da cidade, e eles dois, com três filhos pequenos em casa, enfrentavam uma logística que exigia muita resiliência. A responsabilidade e determinação da minha mãe para administrar trabalho, criação e educação dos filhos, além da organização da casa, assim criaram um ambiente bastante rígido e disciplinado. Sua força a tornou a matriarca e líder sob todos os aspectos da família: sonhos, novo lar, educação dos filhos, finanças e, principalmente, os momentos de descontração, como as noites de sexta-feira e a magia do Natal em família. Nesse contexto, cresci em um cenário onde não havia qualquer diferença entre a capacidade e as possibilidades entre homens e mulheres.

Acredito que essa base, ao longo da minha trajetória profissional, sempre me moldou para olhar o ambiente de trabalho de forma completamente desprendida de preconceitos. Aliás, pela referência de minha mãe e o ambiente em que cresci, nas posições de liderança que tive e tenho até hoje, coincidências ou não, a grande maioria das pessoas com quem trabalho foram e são mulheres.

Por outro lado, reconheço que essa equidade natural na família me deixou menos sensível e demorou para eu entender que essa não é a realidade natural para a maioria. Aprofundar-me e compreender o enorme abismo e os preconceitos que existem quando o tema é equidade nas empresas se tornou evidente através dos movimentos e das incríveis mulheres que cruzaram minha trajetória profissional.

Hoje, lidero a plataforma IT Forum, o principal grupo de comunicação de tecnologia que conecta profissionais e empresas no Brasil. Realizamos o principal encontro de tecnologia do país, também chamado IT Forum. Junto aos sócios e diretores, buscamos atuar de forma cada vez mais afirmativa no segmento em que estamos inseridos.

Em 2024, no Brasil, das 500 maiores empresas, apenas 12% possuem mulheres em posições de principal liderança em tecnologia. Esse número vem crescendo, com mais mulheres fortes e inspiradoras surgindo a cada dia. No IT Forum, estabelecemos a meta afirmativa de alcançar 30% de mulheres presentes em nossos principais encontros de liderança tech no país.

Tive o privilégio de crescer em uma família que me proporcionou uma visão livre de preconceitos sobre capacidade e gênero. Contudo, esse privilégio também trouxe o desafio de compreender que minha experiência não é a regra. Ao longo da minha jornada, venho aprendendo, refletindo e trabalhando para que as mulheres tenham cada vez mais espaço, poder e reconhecimento que merecem. A força e liderança que vi em minha mãe, hoje encontro em minha esposa Valquíria e tantas mulheres que cruzam meu caminho, e isso segue me inspirando a contribuir com o que posso para um mercado mais justo e igualitário.

ARNALDO SAMPAIO DE MORAES GODOY

linkedin.com/in/arnaldo-godoy-a0999b177

O enigma do feminino: entre o tempo e a eternidade

É impossível falar de uma mulher, ou de todas as mulheres, ou mesmo de algumas mulheres. Falar de todas é não falar de nenhuma. Falar de nenhuma é falar do nada, pois nenhuma é a própria essência do vazio. Falar de algumas, ou de poucas, é pecar, é errar — pois, ao fazê-lo, algo, alguém ou várias são inevitavelmente deixadas para trás. E toda escolha nesse campo é arbitrária. Um pecado capital. Quando se trata de mulheres, a arbitrariedade é simplesmente inaceitável.

Então, o que fazer? O ideal, penso eu, é focar em apenas uma. Uma que encarne, que galvanize a condição feminina. Falar da mãe é uma transgressão freudiana — em pessoa poderia atestar isso. Falar da avó é como entrar em um mundo que Nabokov jamais ousou inverter. Falar da filha parece precário; filhas são, afinal, esperanças eternas, não realidades tangíveis e imanentes.

A única alternativa, então, é lembrar de alguém que exerceu influência, alguém imbuída de certa magia, alguém cuja lembrança desperta uma cascata de doces recordações. Ela tinha 15 anos; eu talvez 20. Ela me puxou para a pista de dança. Ela correu atrás de mim, enamorada de uma versão minha. E eu não era nada — nada além de nada. Eu temia aquele encontro, pois ela ainda era uma criança, e crianças não devem ser ludibriadas.

Os anos se passaram, e nos reencontramos quatro décadas depois. Ela permanecia radiante: olhos escuros que cintilavam com mistério, uma expressão alegre, uma voz rouca, mãos elegantes que se moviam como poesia, e cabelos que caíam em ondas suaves. Eu, curvado pelo tempo, vestia o cinza da idade, minha alma uma mescla de triunfos e arrependimentos.

Aquele reencontro foi um lampejo de esperança — um lembrete de que, para aqueles que amam, desejam ou esperam em reverência silenciosa, o tempo não passa de verdade. E seu enigma, como o de todas as mulheres, permanece impenetrável, pois cada mulher é um universo em si mesma, e universos não são feitos para serem explicados — são feitos para serem sentidos. Seu rosto trazia as marcas do tempo, mas não do cansaço; seu sorriso contava histórias de resiliência e força serena. Seus olhos ainda guardavam o brilho da menina que fora, um reflexo de algo mais profundo — o mistério de ser tantas coisas e, ao mesmo tempo, inteiramente singular. Ela estava ali, como se nunca tivesse partido, como se quarenta anos não fossem mais do que o piscar de um olho. E, ainda assim, eu não sabia dizer se estava diante de uma mulher ou da própria essência de todas elas.

Falar de uma mulher é tentar agarrar o vento, tentar nomear o que só pode ser vivido. Talvez o maior segredo resida nisso: cada mulher carrega dentro de si uma infinidade de possibilidades, como um caleidoscópio que, a cada movimento, revela novas formas e cores, nunca repetindo. Ela era isso — um fragmento do feminino infinito. Quando dançava, era como se comandasse o mundo com a graça de um sussurro. Quando falava, o silêncio caía ao seu redor, como se o próprio universo parasse para escutá-la. Ela era uma mulher, mas era todas as mulheres, como se sua existência trouxesse as marcas de Eva, Pandora, Antígona — de todas as mulheres que já amaram e foram amadas.

E, diante dela, diante de tudo o que ela representava, compreendi a hesitação, a reverência, ao falar das mulheres. Não pode haver descrição, apenas entrega. Não pode haver definição, apenas admiração. A cada gesto, cada riso, cada olhar, ela contava uma história que jamais poderia ser escrita — apenas vivida. Talvez esse seja o maior mistério: perceber que nunca saberemos de verdade, porque, no fim, o entendimento não é o que importa. O que importa é a admiração. É render-se. É encontrar-se na imensidão de um universo que jamais será possuído. E, ao fitá-la, compreendi que o tempo, para aqueles que amam profundamente, nada mais é do que um detalhe.

ARNO PENZIAS

Arno Penzias nasceu em Munique e se mudou para os Estados Unidos aos seis anos de idade como refugiado. Após se formar em Física, começou a trabalhar na Bell Labs, uma empresa americana de telecomunicações. Foi durante um dos projetos da empresa que ele descobriu a radiação cósmica de fundo em micro-ondas. Essa descoberta forneceu evidências para a teoria do Big Bang e rendeu a ele o Prêmio Nobel de Física de 1978, sendo considerada uma das maiores conquistas científicas do século 20.

Na entrevista[1] *em que reconta a história por trás da descoberta das micro-ondas cósmicas, Arno compartilha também reflexões sobre uma iniciativa voltada para mulheres na ciência, da qual se orgulha de ter ajudado a implementar.*

Um dia ensolarado na Califórnia, na casa de Arno e Sherry Penzias

Sempre fui curioso e cheguei aos Estados Unidos como refugiado. Essa experiência me moldou como adulto.

Quando cheguei à Costa Oeste, uma das coisas que me encantaram foi que, mesmo na década de 1960, havia muitas pessoas trabalhando e produzindo. Isso me ajudou imensamente — eu não estava sozinho. Sempre tive aptidão para a ciência e, de forma intuitiva, segui esse caminho. Nessas condições, conseguimos criar avanços originais em tecnologia e inovação. Durante esse período, desenvolvemos radiotelescópios, que possibilitaram novas formas de comunicação. A colaboração e a experimentação coletiva foram fatores essenciais para essas descobertas. Sempre me certifiquei de que todos se sentissem parte do processo, com limites claros e os devidos créditos atribuídos aos colaboradores.

Sobre o Prêmio Nobel, o processo foi um tanto previsível — os nomes dos possíveis vencedores eram frequentemente mencionados com antecedência. Lembro-me de ter acordado cedo em uma manhã pensando: 'Ainda não recebi nenhuma ligação!'. Acontece que eu tinha acordado cedo demais, por volta das 8h. Mais tarde, quando finalmente recebi a chamada, a emoção foi avassaladora. A cerimônia, com todos os fotógrafos e convidados, foi surreal.

Acredito que observar o ambiente ao seu redor e se perguntar o que mais pode ser feito sempre leva à inovação. Estávamos em uma posição de criar coisas novas sem precisar de recursos extremos. No nosso caso, trabalhávamos com equações

1 Esta entrevista foi realizada antes do projeto do livro por Natasha de Caiado Castro e Pyr Marcondes, e sua publicação foi autorizada pela titan Sherry Penzias, uma pioneira do Vale do Silício e viúva do notável Arno Penzias.

nucleares, usinas de energia e instrumentos de comunicação, mas não é necessário um cenário tão grandioso para realizar descobertas inovadoras. Basta observar o que está ao seu redor e fazer perguntas. A tecnologia pode ajudar, mas não deve ser uma distração. Minha curiosidade incessante — enraizada na minha infância — moldou minha trajetória. Sempre fui fascinado por entender tudo.

Minha passagem pela Bell Labs e o trabalho coletivo de tantas pessoas talentosas se destacam na minha memória. Tenho um orgulho especial de ter incentivado mulheres na ciência. Havia muitas mulheres na Bell Labs, e eu acreditava, como ainda acredito, que elas mereciam oportunidades iguais. Percebi que raramente eram promovidas, então prometi a mim mesmo mudar isso. Desenvolvemos programas para reconhecer talentos, incluindo um especificamente voltado para simplificar promoções para mulheres na ciência.

BRET WATERS

bretwaters@gmail.com
bretwaters.com

Mulheres no Vale do Silício: o legado da inovação e da resiliência

Fui criado por uma mãe solo que trabalhou em tempo integral enquanto criava dois filhos. Em 1971, ela foi uma das fundadoras da *Women's Action Alliance* de Gloria Steinem. Minha mãe era uma feminista convicta e trabalhou arduamente para romper todas as barreiras que encontrou pelo caminho. Quando se aposentou, estava no topo de sua profissão — era reitora de uma universidade e palestrava em todo o mundo.

Com o tempo, me casei e tive duas filhas e, mais tarde, me casei uma segunda vez com uma mulher que já tinha três filhas. Então, agora tenho cinco filhas incríveis. Minha vida inteira foi moldada por mulheres inteligentes, fortes e bem-sucedidas.

Segui carreira na indústria de tecnologia do Vale do Silício, onde trabalhei com muitas mulheres brilhantes, determinadas e talentosas. Algumas pessoas enxergam o Vale do Silício como um ambiente dominado por homens alfa, mas a verdade é que ele não existiria sem as mulheres que o construíram até se tornar o que é hoje.

Joanna Hoffman pode ter sido a integrante mais importante da equipe original do Macintosh da Apple, pois era conhecida como a única pessoa capaz de enfrentar Steve Jobs. Carol Bartz, CEO da Autodesk nos anos 1990, desenvolveu a metodologia *"Fail Fast Forward"*, que ainda hoje impulsiona a cultura de inovação do Vale do Silício. Sandy Lerner cofundou a Cisco. Donna Dubinsky foi CEO da Palm, empresa que abriu caminho para os *smartphones* modernos. Katrina Lake fundou a Stitch Fix e a levou à bolsa de valores aos 32 anos. Sheryl Sandberg criou a plataforma de anúncios do Google e, depois, foi COO do Facebook — nenhuma dessas empresas seria o que é hoje sem Sheryl. Essas mulheres — e muitas outras — construíram carreiras extremamente bem-sucedidas no Vale do Silício e ajudaram a transformar a região no maior polo global de inovação e tecnologia que conhecemos hoje. Suspeito que, muitas vezes, elas tiveram que trabalhar o dobro de seus colegas homens para chegar onde chegaram, mas elas conseguiram.

Graças ao trabalho árduo dessas mulheres, as oportunidades que minhas filhas têm hoje são extraordinárias. O sexismo ainda existe no Vale do Silício, é claro, e as mulheres ainda enfrentam desafios injustos. Mas, atualmente, mais de um quarto dos sócios de empresas de capital de risco são mulheres, o número de *startups* lideradas por mulheres que recebem financiamento nunca foi tão alto, e equipes fundadoras mistas estão se tornando a norma no Vale do Silício.

Ainda há muito a ser feito para alcançarmos a verdadeira equidade, sem dúvida, mas as mudanças dos últimos anos seriam inimagináveis para as mulheres de gerações anteriores. As mulheres sempre foram a base do sucesso de qualquer economia, mas, no Vale do Silício, elas finalmente estão mais próximas de receber o reconhecimento que merecem. Minha mãe ficaria orgulhosa.

EDU LYRA

linkedin.com/in/edu-lyra

Liderança feminina e transformação social

Quero começar dizendo que nada seria possível sem o apoio de minha esposa, Mayara, ou minhas filhas, Lara e Luiza. No entanto, a frase que sempre tive como maior referência em minha vida diz que "Não importa de onde você vem, mas para onde você vai", que é de dona Maria Gorete de Brito Lyra.

Curiosamente, o tom de otimismo que sempre me guiou veio de uma mulher que não teve tantas oportunidades na vida. Minha preta, como costumo chamá-la, sempre deu duro e aguentou firme no tempo de ausência de meu pai — que foi preso quando eu ainda era criança.

A história de minha mãe não é tão diferente dos relatos de milhões de brasileiras. Ainda existem muitas Marias Goretes sofrendo com a falta de oportunidades decorrentes de um histórico machismo que ainda assola nosso país. Mais do que falar, eu prefiro mostrar. Na Gerando Falcões, ONG que lidero, 70% da liderança total é feminina, e temos 63% de mulheres em cargos da alta liderança. No total, 39% de todos os funcionários são mulheres negras. Essa é uma meta diária e de evolução constante para que as mulheres sintam-se representadas, acolhidas e respeitadas. São elas que estão jogando no ataque e transformando a pobreza da favela em peça de museu. É inspirador ver que 44 mulheres de tamanha relevância estão impulsionando outras com mensagens de apoio, transformação e emancipação feminina.

Vocês não puxam só umas às outras; vocês puxam todos nós, mostrando a importância da diversidade e inclusão. Estou muito orgulhoso e agradecido pelo convite para escrever a respeito, pois este livro não pode ser apenas uma obra, ele precisa ser um manual. Um manual que nos ensinará e nos mostrará que temos um novo caminho a seguir, muito mais justo e igualitário.

EDWARD LEAMAN[1]

Ser avô, entender a velhice e ser lembrado pelo amar

Hoje, muitas mulheres são proprietárias de negócios, empresárias, executivas. É a primeira vez que vemos o poder feminino emergindo. Na minha área, varejo, essas pessoas não querem que a loja seja similar às antigas. Elas querem que a loja seja bem organizada e eficiente, porque elas compram com base em informação. Isso é uma grande mudança geracional. Fui criado numa família do varejo. Eu, ainda menino, ficava nas lojas da minha mãe. E você acaba entendendo como agradar. Isso gera informação.

O que você faz profissionalmente deveria causar o mesmo sentimento nas pessoas do que a arte. Quando você vê um filme bonito, lê um livro fantástico, ouve uma música incrível, come uma refeição fabulosa, olha nos olhos de uma mulher, você sente, se emociona, chora, ri. Eu sou pai. Não há nada como abraçar suas crianças — os meus têm 21 e 19 anos. A profundidade do amor incondicional é o que há de mais incrível. Não há nada mais importante do que isso. Não há lugar, experiência física ou algo que eu tenha feito na minha vida mais importante do que quando meu filho diz "eu te amo".

Quanto ao que eu ainda quero viver, são duas coisas e isso pode soar estranho.

Número um: ser avô.

Número dois: eu estou bastante interessado, mas não de forma mórbida, na minha morte. Como será envelhecer? Fico fascinado com a ideia de como será lidar com o fim da minha vida — isso se eu estiver no controle, claro. E eu quero ser lembrado pela minha capacidade de amar. Minha vida toda tenho saído implacável na jornada pela definição do amor. Eu acredito em "permanecer" apaixonado não em "estar" apaixonado — pelas pessoas que você ama para ajudar a fazê-las crescer, serem felizes e terem sucesso. É por isso que eu leciono.

Quando eu vou para Stanford, toda quinta, estou sempre muito cansado. Eu já trabalhei duro a semana toda. É uma viagem de duas horas e, quando chego, estou realmente cansado. Digo para mim mesmo: "Não sei se dou conta..." Então, depois de três horas, eu saio dali tão alto quanto uma pipa. Eu me sinto inspirado. Tudo isso por causa dos estudantes, a imaginação deles, o talento. É incrível. Eu sou um criativo e as ideias não caem do céu; elas vêm das pessoas. Esses estudantes me tornam melhor e eu os torno melhores. Seu parceiro, sua criança, eles tornam você melhor. Isso é amor.

---

1 Edward Leaman, um dos maiores especialistas em branding do mundo e professor da Universidade de Stanford, atuou com marcas como GAP, Nike, Giorgio Armani, The Body Shop, Porsche e Stella McCartney. Generosíssimo mestre, feminista, um lord inglês que transformou o mundo em algo melhor. Faleceu em 2024, tempos depois de dar este depoimento para Natasha de Caiado Castro. Ele estava envolvido e engajado na produção deste livro e infelizmente não teve tempo de ser avô nem entender a velhice.

EDWARD SHANKEN

artexetra.com

Declaração para Ensemble

Minha jornada como feminista começou quando eu ainda era criança, no final dos anos 1960. Graças à minha mãe, Judy Fishman, cresci cercado por panfletos de organizações feministas e ímãs de geladeira apoiando o Movimento de Libertação das Mulheres e a Emenda dos Direitos Iguais. Meu pai, Mayor Shanken, serviu como modelo de masculinidade que valoriza e apoia mulheres fortes. Em meados da década de 1990, Olga Silverstein e Beth Rashbaum escreveram de forma célebre sobre a importância de "criar bons homens". Um quarto de século antes disso, lembro-me de minha mãe dizendo que era seu dever me criar para ser um *mensch*, termo iídiche para "boa pessoa". Ofereço essa breve autobiografia como um preâmbulo para celebrar quatro líderes inovadoras e visionárias que impactaram diretamente minha vida e me inspiraram: Kathy Roth-Douquet (EUA), Analivia Cordeiro (BR), Yosra Mojtahedi (IR/FR) e Fabiane Borges (BR).

Conheci Kathy na nossa primeira semana de faculdade, em 1982. Ela trouxe figuras políticas de destaque para o campus, incluindo o ex-candidato presidencial dos EUA John Anderson e Geraldine Ferraro, a primeira mulher a concorrer à vice-presidência. Entre as muitas conquistas profissionais de Kathy, ela atuou na Casa Branca e no Departamento de Defesa, recebendo prêmios por reformas militares e serviço civil excepcional. Desde 1998, como esposa de um militar, enfrentou quatro deslocamentos e nove mudanças, criou dois filhos e coescreveu dois livros, incluindo *AWOL: The Unexcused Absence of America's Upper Classes from Military Service — and How It Hurts Our Country (2007)*[1]. Em 2009, fundou a Blue Star Families, uma das maiores organizações sem fins lucrativos de apoio a famílias de militares, onde atua como CEO. Além de suas conquistas notáveis, Kathy me inspira por sua habilidade em equilibrar seus ideais políticos, serviço ao país, criação e disseminação do conhecimento, apoio à família e ajuda a milhares de outras famílias. Além disso, ela é uma pessoa encantadora e uma grande amiga.

Em 1973, aos 19 anos, em meio aos brutais anos de chumbo da ditadura militar brasileira, Analivia Cordeiro programou um computador para gerar coreografias computacionais para Matrix 3X3, a primeira obra de videoarte do Brasil, um exemplo pioneiro de dança de tela vanguardista e um marco da arte de novos meios e da arte contemporânea. A jovem artista convenceu a TV Cultura, em São Paulo, a produzir e exibir o vídeo. A obra também foi apresentada em um evento paralelo no Festival de Edimburgo, o que rendeu a Analivia inúmeros convites para compartilhar seu trabalho. Ela continuou suas pesquisas enquanto se dedicava a assegurar o devido reconhecimento histórico a seu pai, o artista e teórico Waldemar Cordei-

1 *"A Ausência Injustificada das Classes Altas Americanas no Serviço Militar — e Como Isso Prejudica Nosso País"* (Tradução livre, não editado em Português).

ro. Depois de cumprir essa missão com sucesso, sua própria obra foi redescoberta e tem sido exibida internacionalmente desde 2015. Nos conhecemos online em 2021, quando a entrevistei sobre Matrix 3X3. Fiquei cativado por sua inteligência, paixão e energia. Ela me inspira por sua arte revolucionária e por sua perseverança como artista mulher do sul global, que superou condições perversas de opressão e sexismo para produzir contribuições inovadoras e originais à arte. Também me impressiona sua clareza de propósito, sua presença majestosa e a graça com que conduz sua vida.

Nascida em Teerã em 1986, durante o regime do ditador religioso Aiatolá Khomeini, Yosra Mojtahedi estudou arte no Irã antes de buscar asilo na França, em 2014. Na última década, recebeu diversos prêmios, residências e comissões por suas esculturas e instalações, amplamente exibidas. Quando conheci Yosra e vi seu trabalho em 2023, fiquei imediatamente impressionado com as qualidades pessoais que permeiam sua obra: profundidade emocional e espiritual, uma fusão de poesia e filosofia, fé e ceticismo, um abraço à euforia e à mortalidade. Apoiante fervorosa do movimento Mulher, Vida, Liberdade, sua escultura combina imagens explicitamente sexuais e eróticas, materiais simbolicamente carregados como petróleo, carvão, sangue e cabelo, além de elementos robóticos e sonoros, formando uma crítica feminista feroz contra a misoginia e a opressão. Sua arte ressoa com a urgência da experiência individual vivida e com a potência da experiência coletiva universal. Formalmente impecável, intensamente impactante e repleta de espírito, sua obra evoca um profundo sentimento de *pathos*, perda e sofrimento, além dos ciclos de vida, morte e renascimento. Yosra me inspira porque sua arte dá voz a milhões de mulheres que sofrem em silêncio, clamando por reconhecimento, empatia e justiça.

Fabiane Borges possui uma extraordinária combinação de flexibilidade intelectual, criatividade e uma energia positiva contagiante. Essa fusão permite que ela integre diversos campos de teoria e prática e transforme ideias em realidade. Além de ter um doutorado em psicoterapia clínica, com formação em análise lacaniana, ela realizou pós-doutorados e residências em pesquisa arte-ciência sobre o espaço sideral e oceanografia. Sua práxis combina expertise em terapia de grupo, curadoria, escrita e imaginação de futuros alternativos, com o objetivo de catalisar transformações sociais. Organizou dois festivais internacionais de Tecnoxamanismo no Brasil e mais de quarenta outros eventos sobre o tema, reunindo artistas, programadores e comunidades indígenas para oficinas transdisciplinares, rituais e sessões colaborativas. Editou a coletânea TCNXMNSM (2016) e publicou ensaios fundamentais definindo esse campo de estudo. Para promover "uma visão do espaço sideral que valorize o bem comum, a paz e a responsabilidade intergeracional", e que incentive "solidariedade planetária e respeito mútuo", publicou duas edições de Extremophilia (2018, 2024). Recentemente, Fabiane lançou um programa de residência, o Lab Arte Ciência Oceânica, em Ubatuba, Brasil. Tenho profunda admiração por sua capacidade de pensar e agir de forma expansiva e por inspirar outros a fazer o mesmo.

HUGH FORREST

sxsw.com
@hugh_w_forrest

Vozes, ideias e criatividade

Ensemble reúne as vozes, as ideias, a criatividade e a inspiração de mais de 130 mulheres incríveis de todo o mundo.

Este livro é um poderoso testemunho de que as mulheres estão impulsionando as inovações mais empolgantes e as soluções mais envolventes para os muitos desafios que enfrentamos.

Além disso, *Ensemble* nos lembra que as sociedades que estão abertas às ideias que as mulheres trazem para a mesa são aquelas que terão mais sucesso no mundo complexo de hoje e de amanhã.

LEE COCKERELL

lee@leecockerell.com
leecockerell.com

O talento das mulheres

A presença de mulheres em posições de liderança, seja no mercado de trabalho ou em qualquer outro aspecto da vida, torna tudo melhor. As mulheres possuem um talento especial na forma como prestam atenção aos detalhes e às necessidades emocionais de todos ao seu redor.

LUCIANO TASSO

lucianotasso.blogspot.com
lucianotasso@ltasso.com.br

Espelhos da alma

"Os olhos são o espelho da alma" e, nas expressões femininas, toda força e rigidez são diluídas nos finos traços de seu rosto. Foi tendo por base essas premissas, assim como as indicações das autoras, que me inspirei para escolher cores fortes, mas ao mesmo tempo marcantes para criar a ilustração para a capa de *Ensemble*.

Olhares diferentes, mas sempre expressivos; bocas que falam sem precisar gritar; e, na vaidade da roupa usada pela personagem central, uma sinfonia de cores, instrumentos e enfeites que amarram a diversidade e pluralidade de pensamentos. Também vi, na trança desta personagem, a oportunidade de representar corpos unidos, uma metáfora para o *Raise Others*, criando uma escalada ascendente que sustenta as ideias expostas no livro.

MARCELO DE SALLES GOMES

linkedin.com/in/msgomes

Intencionalidade acelerando a transformação

Realizado há 45 anos no Brasil, o Prêmio Caboré é um dos maiores reconhecimentos que um profissional pode receber ao longo de sua carreira na indústria de marketing e comunicação. Para se chegar aos vencedores, primeiro os editores do Meio & Mensagem (publicação especializada no segmento) escolhem três indicados em cada categoria, e depois os assinantes votam em processo auditado pelo PwC. Assim, olhar para o conjunto de profissionais vencedores em um ano é uma ótima maneira de se contar a história do mercado naquele exercício. Sob esse ponto de vista, o Caboré dá sinais interessantíssimos da evolução do setor, ao longo de suas cinco mais recentes edições, quando o assunto é o empoderamento feminino e a igualdade de gênero.

Na verdade, não há igualdade alguma, mas uma supremacia absoluta das mulheres como arrebatadoras de corujas — o animal ícone de sabedoria que simboliza as virtudes no troféu entregue aos ganhadores. Desde 2020, dentre 40 premiados nas oito categorias voltadas a profissionais, 30 foram mulheres. Em 2024, foram cinco, incluindo o Caboré de Dirigente da Indústria da Comunicação, envergado no palco do Monte Líbano, na noite de 4 de dezembro, Dia Mundial da Propaganda, por Patrícia Muratori, diretora-geral do YouTube. Foi somente a segunda vez que uma mulher saiu vencedora na categoria — Fiamma Zarife, a pioneira, levou a coruja em 2020, quando liderava o então Twitter; hoje ela é a número 1 do Airbnb no Brasil.

Ou seja: ao mesmo tempo um marco, a conquista de Patrícia é também uma ressalva. Por mais que tenhamos avançado, ainda há um longo caminho a ser percorrido. No seu papel de publicação B2B líder e ciente de sua responsabilidade na promoção do desenvolvimento da indústria, Meio & Mensagem entende o tamanho do desafio, mas está certo de que a jornada será completa. Não apenas por acreditar nas lideranças do setor, mas por ter estabelecido, a partir da ascensão da atual liderança editorial, políticas de governança perenes relacionadas à igualdade de gênero, para os pontos de maior visibilidade pública que o trabalho de seus jornalistas proporciona.

Desde então, o número de fotos de mulheres publicadas passou a ser contabilizado semanalmente, edição a edição, para que o *gap* em relação ao número de fotos de homens publicadas fosse zerado — e para que a busca pela eliminação desta diferença pudesse ser matematicamente comparada e comprovada, seja nas reportagens publicadas, seja na capa de cada uma das 50 edições semanais lançadas anualmente. O mesmo método foi aplicado tanto na curadoria dos profissionais a se apresentarem ou participarem de debates nos eventos da casa, como o

Maximidia e o ProXXIma, quanto na escolha de nomes a ganharem destaque em seleções especiais, como o 30 Under 30.

Acredito ser importante compartilhar esta experiência porque cada indústria vive um estágio diferente na participação feminina em posições de destaque e poder, e as publicações B2B que cobrem o *trade* podem ajudar a acelerar este processo. Não se pode simplesmente aceitar o que vem do mercado, pois isto replica o *status quo*. É preciso de fato estabelecer ações editoriais intencionais e afirmativas, que funcionem como um propulsor da transformação.

Mais do que reconhecer mulheres de destaque em eventos anuais, iniciativa que o Meio & Mensagem também tem há mais de 10 anos com a homenagem "Women to Watch Brasil", acredito que é no dia a dia, tornando natural a presença feminina nas pautas e nos palcos da indústria, que superaremos muitos estereótipos e preconceitos históricos.

Cada passo dado é uma conquista, e a certeza de que as ações afirmativas são cada vez menos necessárias é o verdadeiro reflexo de que a igualdade de gênero não será mais uma luta, mas uma realidade.

RICH MILLER

linkedin.com/in/richmiller
elematica.com
@rhm2k.bsky.social

Inventando um futuro: inovação e empoderamento

No mês de janeiro de 2025, participei de um reencontro da General Magic, a *startup* de tecnologia do Vale do Silício da qual fiz parte desde o início, há 35 anos. Ao refletir sobre meu tempo como vice-presidente sênior e membro da equipe executiva, fico impressionado com o quão visionária a empresa era — não apenas por sua tecnologia inovadora, mas também por seu compromisso com a diversidade e a inclusão como ingredientes essenciais para a inovação.

Na General Magic, nossa missão era audaciosa: criar dispositivos eletrônicos de consumo integrados à comunicação de dados para conectar o mundo. No início dos anos 1990, imaginamos dispositivos portáteis capazes de enviar mensagens, compartilhar informações, facilitar compras — tudo por meio de um assistente digital pessoal (PDA), uma espécie de concierge pessoal. Esses conceitos se tornaram a base dos *smartphones*, do *e-commerce* voltado ao consumidor, dos emojis e dos aplicativos que hoje definem a vida moderna. Mas a verdadeira magia da General Magic não estava apenas na tecnologia, estava nas pessoas. Estava em cultivar um ambiente onde visionários — incluindo mulheres excepcionais — pudessem liderar, inovar e transformar o mundo.

Joanna Hoffman, uma figura central na equipe original do Macintosh da Apple, atuou como vice-presidente de Marketing da General Magic. Susan Kare trouxe suas habilidades icônicas de design para nossos produtos, influenciando a linguagem visual do revolucionário sistema operacional Magic Cap. Megan Smith, que começou como tecnóloga júnior, mais tarde se tornou executiva sênior do Google e serviu como CTO dos Estados Unidos durante o governo Obama. Essas são apenas algumas das notáveis mulheres que ajudaram a moldar a General Magic e que, posteriormente, transformaram o mundo da tecnologia.

Revolucionando a comunicação

Um dos meus primeiros desafios na General Magic foi resolver um problema fundamental: como criar sistemas de comunicação, conteúdo e serviços transacionais que pudessem ser utilizados por assistentes digitais pessoais. Ficou claro que grande parte da inteligência residiria no que chamávamos de "nuvem". Essa era uma ideia radical em um mundo sem internet — sem navegadores, sem e-mail voltado ao consumidor e com apenas alguns serviços empresariais para usuários corporativos.

Quinze anos antes, eu havia trabalhado nos primeiros sistemas de e-mail, mensagens instantâneas e plataformas de colaboração para pesquisadores. Uma década depois, ajudei a projetar sistemas de e-mail corporativo e transferência de arquivos e a estabelecer padrões de interconectividade. Em 1990, chegou o momento de levar essas capacidades ao consumidor final.

Na General Magic, liderei uma das duas equipes de engenharia encarregadas de desenvolver tecnologias em nuvem para empresas de telecomunicações. Meu outro trabalho em tempo integral envolvia convencer gigantes das telecomunicações, como AT&T e NTT, a adotarem nossos serviços e levá-los ao mercado. Eu descrevia essa tarefa como *"tentar capturar elefantes com uma rede de borboletas"*. Meu objetivo era persuadir essas enormes corporações a investirem em serviços impulsionados por nossas tecnologias, permitindo que seus clientes se conectassem por meio dos PDAs fabricados por empresas como Sony e Motorola, que licenciavam nossa tecnologia.

Esse espírito de resolução de problemas e colaboração definiu a General Magic. Entendíamos que inovação não se tratava apenas de hardware ou código, mas de criar tecnologia que conectasse pessoas e tornasse sua vida mais fácil.

Pioneirismo na conectividade

Na General Magic, não estávamos apenas construindo dispositivos ou capacitando empresas de telecomunicações — estávamos criando o futuro. Transformamos ficção científica em realidade:

- *O Smartphone Moderno*: Dispositivos capazes de enviar mensagens, rodar aplicativos e se conectar à internet. Quinze anos depois, Tony Fadell, que começou como engenheiro júnior na General Magic, liderou a equipe da Apple que criou o iPhone, concretizando muitas das nossas ideias originais.
- *Magic Cap OS*: Um sistema operacional revolucionário e visualmente envolvente, projetado para ser intuitivo. Ele também introduziu os primeiros emojis. Embora nosso desejo fosse criar dispositivos de bolso, os primeiros dispositivos Magic Cap lembravam os atuais iPads mais espessos.
- *Agentes de Software e Conceitos de Nuvem*: Com o Telescript, fomos pioneiros na ideia de agentes de software — pacotes de código que viajavam pelas redes para atender a pedidos dos usuários e retornavam com resultados ou alternativas.

Essas inovações não foram apenas conquistas técnicas; elas tinham o objetivo de empoderar as pessoas para se conectar, se comunicar e criar de maneiras inéditas.

O poder do empoderamento

Nada disso teria sido possível sem a equipe extraordinária que deu vida a essas ideias. As mulheres desempenharam um papel fundamental na construção de uma tecnologia que não era apenas avançada, mas também centrada no ser humano. Na General Magic, era algo natural ver mulheres liderando reuniões estratégicas, apresentando ideias inovadoras e impulsionando iniciativas cruciais. Chamávamo-nos de "Magicians"— um grupo que se apoiava mutuamente, mentorava os mais jovens e desafiava o *status quo* diariamente.

Meu papel era abrir portas para esses inovadores, provando que uma empresa de apenas 150 pessoas podia transformar a mentalidade de gigantes globais de telecomunicações e eletrônicos de consumo — e, por fim, a vida de milhões de pessoas. Eu confiava na minha equipe para experimentar, via os fracassos como parte do processo e garantia de que todas as vozes fossem ouvidas. *Empoderar talentos — independentemente do gênero — desbloqueia soluções que nenhuma pessoa sozinha poderia alcançar.*

Construindo legados duradouros

O trabalho que realizamos na General Magic estava muito à frente do seu tempo, mas seu impacto é inegável. As tecnologias que desenvolvemos há 35 anos agora sustentam todos os *smartphones* e serviços baseados em nuvem. As pessoas que fizeram parte da General Magic — as que criaram, lideraram e inovaram — continuaram a moldar o mundo da tecnologia como líderes em inúmeras empresas.

Desde a solução de desafios complexos de engenharia até a reinvenção da forma como a tecnologia nos conecta, o legado da General Magic é feito de ideias ousadas e propósitos compartilhados. Mas também é uma prova do poder do empoderamento: reconhecer talentos, incentivar a colaboração e criar oportunidades para os outros.

A lição é clara: *quando empoderamos mentes diversas, inovadores e líderes, não estamos apenas construindo produtos; estamos moldando o futuro.*

Na General Magic, essa crença guiou tudo o que fizemos.

Porque, quando as pessoas certas se unem e têm espaço para liderar, não estamos apenas resolvendo problemas.

Estamos criando magia.

RONALDO COSTA FILHO

linkedin.com/in/ronaldo-costa-57263672

O poder do exemplo na igualdade de gênero

"Uma Sobe e Puxa a Outra". A concepção é simples e ao mesmo tempo poderosa. A simplicidade da iniciativa deriva primordialmente da ideia de que cada mulher reúne todas as condições para exercer o protagonismo em todas as esferas de sua própria vida. A força da ideia decorre do exemplo que representa a tomada de liderança por uma mulher para as demais que estão à sua volta.

É importante ressaltar que esse esforço no domínio individual não vem às expensas da luta mais ampla, nos níveis nacional e internacional, para assegurar a plena igualdade das mulheres nos domínios econômico e social das sociedades, por avanços nos campos normativo e cultural.

O progresso das leis para garantir essa igualdade por vezes parece lento. Mas há que se lembrar que até a década de 60 do século passado ainda havia país na Europa Ocidental em que as mulheres ainda não detinham o direito ao voto. São apenas 60 anos. O progresso no campo do comportamento pode ser ainda mais difícil do que no campo legislativo. A mudança de percepções e atitudes, bem como a superação de preconceitos, demanda intenso trabalho educativo que floresce lentamente, geração a geração.

Tive recentemente o privilégio de ser o representante permanente do Brasil junto às Nações Unidas, em Nova York, ocasião em que pude testemunhar pessoalmente a importância que a igualdade de gênero ocupa na agenda das Nações Unidas. A Comissão sobre a Situação da Mulher (CSW), que se reúne a cada mês de março, é reconhecidamente o segundo evento em relevância no calendário anual da organização, ficando atrás apenas da abertura da Assembleia Geral, de setembro. O atual secretário-geral das Nações Unidas, António Guterres, que assumiu o cargo em 2017, determinou a paridade de gênero na alta direção da entidade como um de seus objetivos, e que logrou alcançar.

A medida do secretário-geral da ONU tem, de alguma forma, paralelismo com a iniciativa "Uma Sobe e Puxa a Outra". Em ambas, sobressai a força do exemplo. Em ambas, é o sucesso de uma mulher que demonstra às demais que elas também podem atingir os seus objetivos.

Dessa forma, sinto-me imensamente honrado em ter sido convidado a contribuir para essa nova edição de "Uma Sobe e Puxa as Outras", ao lado de testemunhos de numerosas mulheres sobre as suas trajetórias particulares na conquista de seus objetivos, e assim servirem de exemplo para outras.

TOBIA SALVADORI

linkedin.com/in/tobiasalvadori

Mulheres que transformaram a Itália

Meu nome é Tobia Salvadori, e tenho a grande fortuna de liderar o Conselho de Turismo da Itália — um cargo que me permite revelar as histórias ocultas de uma terra extraordinária. A Itália, um país moldado pelo legado de mulheres poderosas, é um testemunho vivo da coragem, do intelecto e do espírito inabalável que marcaram nossa história. Compartilhar as trajetórias dessas mulheres que desafiaram as normas de sua época e abriram caminho para as líderes de hoje não é apenas um privilégio, mas uma missão.

Ao me dirigir a vocês, as mulheres pioneiras do presente, minha esperança é oferecer um vislumbre do passado da Itália por meio de três figuras notáveis: *Trotula de Ruggiero*, *Tina Anselmi* e *Rita Levi Montalcini*. Elas não são apenas ícones históricos — são símbolos de resiliência e um chamado à ação para todos que ousam sonhar e redefinir o futuro. Convido vocês a embarcar comigo nesta jornada por suas vidas, onde segredos repousam em manuscritos antigos, legados são sussurrados através do tempo e histórias aguardam para ser descobertas.

Trotula de Ruggiero: guardiã da sabedoria antiga

Nossa jornada começa no século XI, entre os corredores sagrados da Escola de Salerno. Imaginem Trotula de Ruggiero, uma mulher que caminhava silenciosamente por corredores repletos de manuscritos — textos que suas mãos reformulariam para refletir uma verdade revolucionária. Em uma época em que a saúde da mulher era negligenciada, o trabalho de Trotula foi nada menos que transformador. Ela explorou os mistérios do corpo feminino, documentando suas descobertas de uma maneira que ousava desafiar séculos de silêncio. Seus escritos sobre saúde feminina se tornaram um código subterrâneo, iluminando caminhos para futuros médicos. Suas palavras ainda ecoam, nos instigando a questionar, descobrir e desafiar os próprios limites do conhecimento.

Tina Anselmi: guerreira da justiça

O cenário político da Itália no século 20 foi marcado por conflitos e mudanças, e no centro de tudo estava Tina Anselmi, uma mulher de determinação inabalável. Sua jornada começou como integrante da Resistência Italiana durante a Segunda Guerra Mundial, ainda na adolescência. Escondendo-se nas sombras, arriscando a própria vida pela liberdade, ela demonstrou uma coragem que moldaria toda a sua trajetória. Esse mesmo espírito combativo a levou a se tornar a primeira mulher ministra do Trabalho na Itália, onde lutou para reformular leis em prol da classe trabalhadora e da igualdade. Como uma guerreira armada com políticas e princípios inquebrantáveis, Anselmi foi uma tempestade silenciosa no parlamento — uma força que transformou a própria estrutura da sociedade italiana. Seu legado permanece vivo, nos lembrando de que a luta pela justiça vale a pena, mesmo quando a vitória não é certa.

Rita Levi Montalcini: a cientista que desafiou a escuridão

Agora, imagine Roma no início dos anos 1940. A guerra devasta o mundo exterior, as leis antissemitas lançam sombras sobre a vida dos judeus italianos e, em um canto oculto da cidade, Rita Levi Montalcini trabalha incansavelmente em um laboratório improvisado. Armada apenas com seu intelecto aguçado e uma curiosidade insaciável, ela desafiou não apenas a escuridão da guerra, mas também as restrições impostas a ela. Sua descoberta do Fator de Crescimento Neural (NGF) lhe renderia, mais tarde, o Prêmio Nobel, mudando para sempre o curso da neurociência. A determinação de Rita transcendeu todas as barreiras, provando que, mesmo diante da adversidade extrema, a luz da descoberta sempre encontra um caminho para brilhar.

Um convite para explorar seu legado

Essas mulheres — Trotula, Tina e Rita — não estavam destinadas a um destino comum. Elas desafiaram os limites da sociedade, suas vidas marcadas por segredos, resiliência e um propósito inabalável. Deixaram pistas nas páginas da história, mensagens ocultas em seus escritos e legados, instigando as gerações futuras a buscar a verdade e erguer-se diante dos desafios.

Para vocês, líderes e inovadoras do presente, suas histórias são um chamado à ação, um lembrete de que a força muitas vezes reside em lugares invisíveis e que a coragem é uma jornada, não um destino.

A Itália aguarda por vocês. Caminhem pelas ruas que elas um dia percorreram, sintam os ecos de sua determinação nos muros de Salerno, nos corredores do parlamento e nos laboratórios de Roma. Venham não apenas para contemplar a beleza de uma nação, mas para desvendar os mistérios deixados por essas mulheres extraordinárias. Aqui, encontrarão inspiração entrelaçada em cada canto da Itália — um convite para despertar sua própria força, construir seu próprio legado e, assim como essas mulheres, romper barreiras que inspirarão as próximas gerações.

UGO D'AGOSTINO

linkedin.com/in/ugo-d-agostino-6b9b1311

Organização

Em Cannes, funções operacionais são ocupadas por mulheres. Em particular, no Palais des Festivals, bem como nos grandes hotéis, os departamentos operacionais de turismo de negócios e lazer são geridos por mulheres.

Onde há ordem e organização, há mulheres.

QUARTO MOVIMENTO

O BIS

O BIS

Ao longo das páginas deste livro percorremos nossa histórias, onde revelamos nossos sonhos, realizações, conquistas, dores e amores.

Agora é sua vez!

Venha se unir a esta sinfonia.

Participe deste Movimento!

Escreva seu capítulo!

Conte sua história!

Divida conosco!

Juntas chegamos mais longe, mais rápido e muito mais fortes!

@ensemblethebook

contact@ensemblenetwork.org

Esta obra foi impressa com papel
oriundo de madeira de reflorestamento
com manejo sustentável.